Manfred Becker-Huberti
Lexikon der Bräuche und Feste

Manfred Becker-Huberti

Lexikon der Bräuche und Feste

3000 Stichwörter
mit Infos, Tipps und Hintergründen

Herder
Freiburg · Basel · Wien

2. Auflage 2001

Umschlaggestaltung und Layout:
Finken & Bumiller, Stuttgart
Umschlagmotive, von links: Mauritius; F & B;
Matthias Stomer, Anbetung der Hirten (1622),
Sammlung des Fürsten von Lichtenstein, Schloss Vaduz.

Druck und Bindung: Freiburger Graphische Betriebe
Gedruckt auf umweltfreundlichem,
chlor- und säurefrei gebleichtem Papier
ISBN 3-451-27317-9

Lebendige Bräuche im Jahreskreis – geerdeter Himmel und verhimmlichte Erde

Wer dicht neben einem Kirchturm steht, sich an ihn lehnt, der erkennt Details in einem kleinen Ausschnitt in aller Deutlichkeit. Der Gesamtblick, der Überblick aber bleibt in der Regel verwehrt. Wer den gleichen Kirchturm aus der Ferne erspäht, hat große Mühe, ihn von anderen Türmen und Gebäuden zu unterscheiden. Benennen und beschreiben können wird er ihn wohl eher nur in Ausnahmefällen.

Nähe und Distanz geben unterschiedliche Perspektiven. Die richtige Nähe und die richtige Distanz zum richtigen Zeitpunkt – sie garantieren eine Gesamtschau, die zu einem Verständnis führt, wenn die zum Sinnverstehen nötigen Zusammenhänge bekannt sind. Wem das »Memento mori« der Kapuziner kein Begriff ist, der hält die Leichen in den Kapuzinergrüften eher für eine antiquierte kirchliche Gruselshow. Wem Heilige fremd und Patrone suspekt erscheinen, wird mit Namenstag, Taufnamen und Patenschaft wenig anfangen können.

Als Pressesprecher eines großen Bistums lebe ich in der Kirche, bin Teil von ihr. Täglich höre und lese ich die Meinungen derer, die aus großer, manchmal unüberbrückbar erscheinender Distanz Fragen an diese Kirche haben. Mein Auftrag ist es, ihnen beim Verstehen zu helfen: auf der Sachebene und der Meta-Ebene, durch Information und Herstellen einer Beziehung. Täglich durchwandere ich vielmals die Strecke zwischen Nähe und Distanz und weiß deshalb um das weit verbreitete Nichtwissen von Details, Zusammenhängen und Gesamtschauen.

Die berufliche Erfahrung und mein langjähriges Interesse an religiösem Brauchtum haben mich veranlasst, die Fragen und Antworten zu sammeln, zu ergänzen und zu systematisieren, um sie interessierten Menschen zugänglich zu machen, die die Suche nach Antworten auf ihre Fragen noch nicht aufgegeben haben.

Religiöse Bräuche verwurzeln den Glauben im Alltag und feiern ihn. Wie Liturgie durch Riten und Rituale dem Glauben in der Kirche (als heiligem, gottgeweihten Ort, lat.: **fanum**) Gestalt verleiht, so geschieht Ähnliches außerhalb der Kirche (lat.: **profanum**) durch das Brauchtum. Die enge Verbindung zwischen **fanum** und **profanum** lässt sich noch bei einigen Bräuchen nachweisen: Martinsfeuer, Martinslampe und Martinszug haben ebenso liturgische Vorbilder wie der sprichwörtliche Zachäus der Kirmes (im Evangelium des Kirchweihsonntags) oder der Narr der »fünften Jahreszeit« und seine

Schellen (im Evangelium des Fastnachtssonntags).

Warum soll jemand Karneval feiern, dem die Fastenzeit und Ostern nichts bedeuten? Welchen tieferen Sinn findet jemand im Schenken zu Weihnachten, der nicht begriffen hat, dass es nicht um materiellen Erwerb geht, sondern um die Vergegenwärtigung des himmlischen Jerusalem? Warum soll man mit einer selbst gebastelten Fackel hinter einem Sankt Martin auf dem Pferde herziehen und anschließend heischen (gripschen, schnörzen, betteln ...), wenn man Teilen nicht als christliche Grundhaltung verstanden hat? Natürlich kann man das alles auch tun, ohne verstanden zu haben, was man tut, ohne zu akzeptieren, welche Ideen dahinterstehen. Der Reiz des Nachvollzugs ist aber schnell verloren, wenn der Sinn nicht mehr verstanden wird.

Die Welt braucht Bräuche. Bräuche bilden und stärken eine Gemeinschaft, vereinen zu gemeinsamen Tun. Religiöse Bräuche tragen Sinn in den Alltag, machen Glauben bräuchlich. Jahrzehntelang schienen sie verschollen, eingegraben in einer Festung, zu der es keinen Zugang gab, weil Aufklärung und wechselnde Ideologien bis zum kritischen 68er-Bewusstsein wie ein breiter Festungsgraben das Symboldenken isolierten.

Inzwischen regen sich wieder Neugier und Interesse. Eine neue Generation ist herangewachsen, die mit ihren Fragen bei den »Hinterbliebenen« der 68er-Generation sich nicht immer gut bedient fühlt. Das Grafitto aus den 70ern »Es muss mehr als alles geben« darf in einer saturierten Gesellschaft wieder ausgesprochen werden. »Der Mensch lebt nicht vom Brot allein« haben die Alten schon gewusst.

Bräuche sind wieder »in«. Manch einer sucht nach den Quellen bräuchlichen Tuns, will wissen, was er da eigentlich tut und warum es so geschieht, wie es geschieht. Warum verschenken wir »Weckmänner«? Woher kommt eigentlich der Osterhase? Woher die nicht seltenen Aversionen gegen den Weihnachtsmann?

Dieses Buch bietet sich als Brückenschlag an zwischen Fragen und Antworten, die sich in einer schier unüberschaubaren Fülle von Literatur, vielfach älteren und vergriffenen Büchern und Aufsätzen, aber auch in neuerer Fachliteratur finden. Der Autor hat nach bestem Wissen und Gewissen zusammengetragen, was ihm wissenswert erscheint, was immer wieder gefragt wird. Wer noch tiefer einsteigen möchte in die Welt des Brauchtums, findet ausgewählte Literaturhinweise am Ende des Buches.

Der Leser ist eingeladen zu verstehen, wo durch Bräuche und Feste der Himmel geerdet und die Erde verhimmlicht werden.

Ich möchte allen danken, die durch Fragen und Antworten, Forschungen und Veröffentlichungen, Hinweise und Hilfen zu diesem Buch beigetragen haben. Spezieller Dank gebührt Herrn Ludger Hohn-Morisch, der als Verlagslektor auch dieses Buch sachkundig und hilfreich begleitet hat. Ein ganz besonderer Dank gilt meiner Frau Käthe, die – nicht immer ohne stille Seufzer – wieder einmal die Entstehung eines Buches erlebt hat und dabei ertragen musste, dass ihr Mann seine karge Freizeit zu großen Teilen im Dialog mit einem Computer statt mit ihr verbrachte. Dank auch meinen Kindern Susanne und Christian, die durch kritische Rückfragen, manche inhaltliche Verbesserung durchsetzten.

Epiphanie und Fest der Heiligen Drei Könige
im Jahr 2000
Manfred Becker-Huberti

A

Aba Noël ↗ **Weihnachtsmann**

abblümeln

Ab dem 13. Jh. war der Weihnachtsbaum, ↗ **Christbaum**, zugleich ↗ **Gabenbaum**, d. h., er war mit Süßigkeiten für die Kinder behangen. Meist am Tag der heiligen ↗ **Dreikönige** (6. Januar), manchmal schon ↗ **Neujahr** oder mancherorts auch erst zu ↗ **Lichtmess** (2. Februar) durften die Kinder den Baum plündern bzw. abblümeln. Der Begriff »abblümeln« weist auf die ursprüngliche Funktion des Naschwerks hin: Es waren die Blüten und Früchte des ↗ **Paradies-** oder ↗ **Lebensbaumes** (vgl. auch ↗ **Baum aussingen**).

Abend, Heiliger ↗ **Heiliger Abend**

Abendmahl, (Letztes)

Mit Abendmahl bezeichnen die Christen der Reformation den Nachvollzug des »Letzten Abendmahles« Jesu in Jerusalem, dessen am ↗ **Gründonnerstag** gedacht wird. Katholiken sprechen von ↗ **Kommunion** (vgl. ↗ **Osterkommunion**) oder ↗ **Eucharistie**.

Aberglaube

Nach einer in »DIE WELT« vom 13. Januar 1995 veröffentlichten Erhebung des Instituts für Demoskopie Allensbach achten die Bundesdeutschen abergläubisch eher auf ↗ **Glücksbringer** als auf Unglücksbringer: Ein vierblättriges Kleeblatt (vgl. ↗ **Glücksklee**) beachten 38%, den ↗ **Schornsteinfeger** 26%, eine Sternschnuppe 25%, die »13« (vgl. ↗ **Dreizehn**) 24%, die schwarze Katze von links 22%, ein ↗ **Hufeisen** 17%, ihre Geldbörse schütteln, wenn der Kuckuck ruft 12%, die berühmte Spinne am Morgen beachten 11%, Freitag den 13. fürchten 9% und dass Schwalbennester am Haus Glück verheißen glauben 9%.

Abstinenz ↗ **Fasten**

Abwehrgebärde ↗ **Gähnmaul**

Achatius ↗ **Vierzehnheilige**, ↗ **Vierzehn Nothelfer**

Adam und Eva

Liturgisch treffen am ↗ **Heiligen Abend** Sündenfall und Erlösung, Tod und Leben, alter und neuer Adam, Paradies- und Kreuzesbaum zusammen: Am 24. Dezember gedachte die Kirche früher des ersten (fiktiven) Menschenpaares, Adam und Eva, die im ersten alttestamentlichen Buch Genesis erscheinen. Der »alte Adam« begegnet schon in einem 465 verfassten Gedicht des Sidonius Apollinaris auf den Opfertod Christi bezogen. Die Begrifflichkeit basiert auf dem Denken des Paulus: In seinen Briefen (Römer 6,6; Epheser 4,22; Kolosser 3,9) spricht der Apostel von dem »alten Menschen« als dem Urheber der Sünde und des Todes und dem »neuen Menschen«, d. h. dem in der Taufe Neugeborenen. Der Geburt des Erlösers in der Nacht vom 24. auf den 25. Dezember musste natürlich der Sündenfall vorausgehen. Adam (hebr.: der aus der [roten] Erde Geschaffene) und Eva (hebr.-aram.: die Lebenschenkende) sind Eigennamen für die die urgeschichtliche Genealogie eröffnenden ersten Menschen, gleichzeitig aber auch Bezeichnungen für die Menschen und die Menschheit und ihre Erfahrung der Verstricktheit in Sollen

Adam und Eva mit dem Paradiesbaum, nach einem alten Holzschnitt. – Vorlage: Archiv Marianne Mehling

und Können, Größe und Elend, Berufung und Versagen. Weil Adam sich von Eva und der Schlange hat verführen lassen und vom »Baum des Lebens« (↗ **Paradiesbaum**, ↗ **Lebensbaum**, ↗ **Kreuz**) eine Frucht gegessen hat, um zu »sein wie Gott«, wurde das erste Menschenpaar aus dem Paradies vertrieben.

Der Stammbaum Jesu (vgl. Lukas 3,38) endet mit der Aussage, dass Adam »von Gott« abstamme. Adam, Schöpfung Gottes, wird so implizit Jesus, dem Sohn Gottes, gegenübergestellt. Der Gottessohn muss Mensch werden, um die Menschen zu erlösen. Adam steht Jesus als Antitypus gegenüber: Der durch Adams Tat begründete Tod wird durch die von Jesus Christus erwirkte Auferstehung aufgehoben; trotzdem müssen alle sterben, weil sie gesündigt haben – auferstehen werden die, die geglaubt haben. Durch Adam ist die Sünde in die Welt gekommen, durch Jesus Christus wurde die Sünde besiegt. Die Adam-Christus-Typologie hat ihre neutestamentliche Entsprechung in Römer 5,12ff: Durch einen einzigen Menschen (= Adam) kam die Sünde in die Welt und durch die Sünde der Tod, und auf diese Weise gelangte der Tod zu allen Menschen; weil alle sündigten, ... sind durch die Übertretung des einen die vielen dem Tod anheimgefallen; so sind erst recht die Gnade Gottes und die Gabe, die durch die Gnadentat des einen Menschen Jesus Christus bewirkt worden ist, den vielen reichlich zuteil geworden.

Weil Gott bei der Vertreibung der Ureltern aus dem Paradies der (alten) ↗ **Eva** vorausgesagt hat, sie werde der Schlange den Kopf zertreten, wird ihr die Mutter Jesu, Maria, als neue Eva gegenübergestellt (Eva-Maria-Typologie): »Maria hat uns wiederbracht, was Eva hat verloren.« Schon seit dem 3. Jh. sind die Darstellung Adams und Evas, die Erschaffung des Menschen und der Sündenfall Themen christlicher Kunst. Meist werden Adam und Eva Jesus Christus gegenübergestellt. Seit dem 9. Jh. finden sich Kreuzigungsdarstellungen mit dem toten oder auferstehenden Adam unter dem Kreuzesstamm oder die Ureltern auf der einen Seite des von der Schlange umwundenen, als **Lebensbaum** gedeuteten Kreuzes. Der Baum der Sünde (**Paradiesbaum**) und der Baum des Lebens (**Lebensbaum** = Kreuz) zeigen, wie aus dem Tod das Leben ersteht. Während die Nacktheit im Mittelalter Kennzeichen und Attribute der Ureltern sind, werden sie in der Renaissance zum Mittel, um Schönheit und Gottebenbildlichkeit der ersten Menschen darzustellen. Entsprechend diesem Verständnis ging dem mittelalterlichen ↗ **Christgeburtspiel** ein ↗ **Paradiesspiel** (vgl. ↗ **Krippenspiel**) voraus, in dem Adam und Eva und die Schlange vorkamen. Der **Paradiesbaum** (mit Äpfeln) blieb beim Szenenwechsel oft stehen. Der spätere ↗ **Christbaum** wurde mancherorts auch **Adamsbaum** genannt.

Adamsapfel

Mit diesem Begriff ist nicht die »Sündenfrucht« vom ↗ **Baum des Lebens** selbst, nach mittelalterlicher Auffassung ein ↗ **Apfel**, gemeint. Es ist der seit dem 18. Jh. bezeugte volkstümliche Begriff für den Schildknorpel des Mannes, der beim Schlucken bewegt wird. Der Namensgebung liegt der Gedanke zugrunde, ein Stück des Paradiesapfels sei Adam und seinen männlichen Nachkommen zur Strafe oder Erinnerung regelrecht »im Halse steckengeblieben«. Diese Idee ist nicht auf Deutschland begrenzt: Im Engl. ist die Rede von »Adam's apple«, im Schwed. von »adamsäpple«, Frankreich kennt den »pomme d'Adam«. Es scheint, dass die Begriffsbildung »Adamsapfel« den hebr. Begriff »tappuach ha adam« = »vorstehender Schildknorpel des Mannes« umgedeutet hat, denn das hebr. »tappuach« meint die »Erhebung« (am menschlichen Körper) und zugleich »Apfel«; das hebr. »adam« ist dagegen der Begriff für Mann oder Mensch. Dies führte wahrscheinlich dazu, dass – über die Gleichsetzung des Gattungsbegriffs Mensch mit dem Namen des ersten Menschen – Adam der Paradiesapfel symbolhaft im Halse steckenblieb und zum Adamsapfel wurde. Mit dem Adamsapfel in direkter Verbindung steht die bekannte Redewendung: Jemanden beim Krips packen (holen, kriegen, nehmen), d.h. ihn am Hals greifen, dingfest machen. Krips ist abgeleitet von »Grieps« = Kerngehäuse z.B. beim Apfel. Grieps wurde auf den Kehlkopf übertragen, weil – nach volkstümlicher Sicht – das Kerngehäuse des von Eva gereichten Apfels Adam im Kehlkopf steckenblieb.

Adamsbaum ↗ **Christbaum**
Ädappel ↗ **Düppekuchen**

Adieu
Neben der säkularen Abschiedsformel »Auf Wiedersehen« ist in deutsch- und französischsprachigen Gebieten auch noch das »Adieu« verbreitet, manchmal verballhort zum **Tschüss**. »Adieu« stammt vom lat. »Ad Deum«, dem Sinn nach: »Gott befohlen« – eine Grußformel, die vor allem in Süddeutschland manchmal noch zu hören ist.

Adonisgärtlein ↗ **Barbara**, ↗ **Tellersaat**

Advent
Seit dem Ende des 4. Jh. lässt sich in Spanien und Gallien eine zunächst dreiwöchige Vorbereitungszeit auf Weihnachten beobachten (lat.: »adventus«: Ankunft; griech.: »epiphaneia«: Zeit der Vorbereitung auf das Fest der ↗ **Menschwerdung**), die sich durch eifrigen Gottesdienstbesuch und Askese (Fasten, gute Werke) auszeichnet. Entstanden sein dürfte der Advent (auch ↗ **Adventsfasten**, ↗ **Adventsquadragese**, **Tokunft unses heren**, **Singezeit**, **Quadragesima parva**, **Winterquadragese**) unter orientalischem Einfluss als Vorbereitungszeit auf die Taufe. Nach Gregor von Tours (594) hat Bischof ↗ **Perpetuus von Tours** (491) eine vierwöchige Adventsfastenzeit nach dem Vorbild der österlichen Fastenzeit eingeführt, beginnend nach Martini (den Adventbeginn nannte man auch »caput adventus«). Martini (Schlachttag, ↗ **Martinsminne**, Heischegänge, ↗ **Lichterprozession**) und der 11.11. als letzter Tag vor der Fastenzeit haben darum närrische Züge angenommen (↗ **winterliches Karnevalsbrauchtum**): Der Karneval findet gleichfalls vor dem Fastenbeginn im Frühjahr statt. Seit der zweiten Hälfte des 6. Jh. galt in der gallischen Liturgie das Adventsfasten allgemein; pastoral akzentuiert waren Buße und Umkehr: Erwartet wurde die Geburt des Erlösers, dessen gegenwärtige Heilswirkung bereits erfahren und die als Beweis der Vollendung der Erlösung bei der Wiederkunft Christi gefeiert wurde. Im 6. Jh. lässt sich das Begehen des Advents auch in Rom nachweisen, allerdings wohl sechs Sonntage umfassend, was Papst Gregor I. d. Gr. (590–604) zur Kürzung auf vier Sonntage veranlasste. Erst aber die dem Konzil von Trient

(1545–1563) folgenden Liturgiebücher schrieben den Advent gesamtkirchlich vierwöchig vor; Mailand hält bis heute an einem sechswöchigen Advent fest. Die reformatorischen Kirchen stehen in der römischen Tradition. Die Syrer bezeichnen die vier Wochen (Ostsyrer) bzw. fünf Wochen (Westsyrer) vor dem Weihnachtsfest als ↗ **Wochen der Verkündigung.**

Adventsblasen ↗ Turmblasen

Adventsbräuche

Beliebtester Adventsbrauch ist heutzutage das Aufstellen eines ↗ **Adventskranzes** als Zeitmesser mit vier Kerzen für die vier Adventssonntage. Eine ähnliche Funktion hat der ↗ **Adventskalender** für Kinder, der die Tage des Dezembers bis Weihnachten zählt. Seit dem 15. Jh. sind die ↗ **Klöpflesnächte**, ein Orakelbrauch, bekannt. Das ↗ **Klöpfeln** als Heischebrauch der Kinder ist verknüpft mit dem Hinweis auf die Geburt Christi (seit der 1. Hälfte des 16. Jh.). Das Ansinge-Lied wird im 17. Jh. dem Kirchenlied immer ähnlicher (vgl. ↗ **Sternsingen**). Das ↗ **Frautragen**, das Tragen eines/r Marien- oder Josefsbildes

Adventskalenderdorf.
Vorlage: Christophorus-Verlag, Freiburg i.Br.

bzw. -plastik von Haus zu Haus, stellt eine spätere Form der ↗ **Herbergssuche** dar und wird örtlich wieder neu belebt. »Advent-Blasen«, »den heiligen Christ herabblasen«, das ↗ **Turmblasen**, ist in Nordwestdeutschland und in den Niederlanden üblich. ↗ **Rorate-Messen** oder Rorate-Ämter, besondere Adventsgottesdienste, gibt es ebenfalls bis in die Gegenwart. Das ↗ **Adventsfasten** (vgl. ↗ **Advent**) dagegen hat schon das Kirchenrecht von 1917 nicht mehr gefordert. Der Tag der hl. ↗ **Lucia** (= ↗ **Wintersonnwende**) nimmt die ↗ **Lichtsymbolik** in Form der Kerzenkrone auf. Heiligenfeste im Advent galten als Lostage für ↗ **Wetter**, Beginnen, Heirat: ↗ **Andreas**, ↗ **Barbara** (↗ **Barbarazweige**), ↗ **Thomas.** Das Fest des hl. ↗ **Nikolaus**, im Mittelalter ↗ **Kinderbeschenktag** und Termin für das ↗ **Kinderbischofsspiel** (vgl. ↗ **ludus episcopi puerorum**), verschmolz mancherorts mit alten nächtlichen Lärmumzügen Vermummter (↗ **Buttnmandeln**, ↗ **Klausen**, ↗ **Strohschab**, ↗ **Knecht Ruprecht**, ↗ **Rauhe Perchta**). Der Adventskalender hat seit dem 19. Jh. das ↗ **Strohhalmlegen** verdrängt. Wo ↗ **Weihnachtskrippen** als ↗ **Wandelkrippen** aufgestellt sind, beginnt in der Adventszeit der Aufbau und die Gestaltung der Krippe.

Adventsfasten ↗ Advent, ↗ Martinsfasten, ↗ 11.11.

Adventsfastnacht ↗ Martini

Adventskalender

Ebenfalls von evangelischer Seite wurde um 1850 der Adventskalender entwickelt, der vom 1. bis zum 24. Dezember begleitet und nicht die vier Adventssonntage wie der ↗ **Adventskranz**, sondern den Kalendermonat zur Berechnungsgrundlage nimmt. Adventsgliederungen dieser Art scheinen aber älter zu sein, wie ein Bild des Malers Petrus Christus aus Brügge beweist: Im 15. Jh. zeigt er in einem seiner Bilder die Gliederung des Advents in 24 Tage. Die »modernen« Adventskalender des 19. Jh. erprobten das »Abstreichen« oder »Abreißen« der 24 Werk- bzw. Sonntage durch Kreidestriche, Abrisskalender, stückweises Abbrennen von Kerzen mit aufgeklebter Tageszählung, Weihnachtsuhren und Weihnachtsleitern (mit Stufen für jeden Tag). Urheber der gedruckten Adventskalender mit Klapptürchen, die im Gegensatz zum Adventskranz je einem einzelnen Kind gehören, scheint der Münchner Verleger Gerhard Lang zu sein, der 1908 die ersten Exemplare druckte. Diese Adventskalender, die sich vielfach bloß als »Weihnachtskalender« verstanden, gerieten durch die Nazis von der christlichen Symbolik ab und hin zur Darstellung von Geschenken oder Märchenmotiven. Die Entdeckung der Adventskalender durch die Süßwarenindustrie hat den Prozess der Entchristlichung der Adventskalender keineswegs aufgehalten. Gedruckte evangelische oder katholische Adventskalender, die Kindern helfen wollen, den Advent bewusst als Vorbereitungszeit auf Weihnachten zu erleben, sind zwar in der Minderzahl, aber vielfach von hoher pastoraler und pädagogischer Qualität. Daneben gibt es stets neue und interessante Einfälle, die Zeit des Wartens und der Vorbereitung auf Weihnachten, den Advent, zu gliedern. Jüngere Beispiele suchen neue Wege. Einen Adventskalender kann man auch backen, z.B. indem man einen Teig wie einen Tannenbaum auf der Tischfläche formt und in 24 einzelne Stückchen teilt, die jeweils nummeriert und verziert werden. Andere haben einen ganzen Wohnort in einen Adventskalender verwandelt. Zu jedem Tag befindet sich an einer anderen zu suchenden Stelle ein Motiv und die Teillösung einer Aufgabe, die erst am 24. Dezember abgeschlossen ist.

Adventskranz

Das seit dem 19. Jh. bekannte Aufstellen oder Aufhängen von Adventskränzen, ein Brauch

Adventskranz.
Vorlage: Christophorus-Verlag, Freiburg i.Br.

»halbsakralen Charakters«, ist – wenigstens im deutschsprachigen Raum – zu einer flächendeckenden »Bildgebärde« der Adventszeit geworden. Hervorgegangen ist der Adventskranz aus evangelischen Adventsandachten, die der Hamburger Pfarrer und spätere Berliner Oberkonsistorialrat Johann Hinrich Wichern (1808–1881) am »Rauen Haus« in Hamburg-Horn, einer 1833 von ihm gegründeten Anstalt zur Betreuung gefährdeter Jugendlicher, eingeführt hat. Am 1. Advent wurde auf einem Tannenkranz eine erste Kerze entzündet und dann jeden Tag eine mehr, so dass am Heiligen Abend 24 Kerzen brannten. Mit dieser Symbolik nahm Wichern das Wort vom »Licht, das in der Finsternis leuchtet« (Johannes 1,1) auf, das Christus als das »wahre Licht« kennt, das »Fleisch wurde und unter uns wohnte«. Der Advent sollte durch die Adventskerzen immer mehr Licht geben und in Christus, dem Licht des Weihnachtsfestes, münden. Der Kreis des Adventskranzes nahm das Bild von der Sonne auf, die an Weihnachten wieder an Stärke gewinnt und Christus symbolisiert. Der Kranz kann auch als Hinweis auf den

Kreislauf der Zeit verstanden werden. Die Form des ursprünglichen Adventskranzes mit 24 Kerzen bot Schwierigkeiten, weil Kränze dieser Größe nicht leicht herzustellen und zu gebrauchen waren. Ihr Vorbild stellten die großen kreisrunden Leuchter in romanischen Kirchen (z.B. Aachen, Hildesheim...) dar. Alternativen, Adventsgestelle oder sogar Adventsbäumchen, wurden von den Menschen nicht angenommen. Erst als man auf die Idee kam, statt einer Kerze pro Tag nur eine Kerze pro Adventssonntag, also vier, zu nehmen, erhielt der Adventskranz die heutige Form und setzte sich – von Norden nach Süden – als ein Element für Gruppen (Familie, Gemeinde, Schule ...) durch.

Nach dem Ersten Weltkrieg begann der Adventskranz überkonfessionell zu werden, denn seine Symbolik vertrug sich durchaus mit den liturgischen Vorgaben der katholischen Kirche: das Licht als Bild für Christus, die Tannenzweige als Hinweis auf Christi Geburt. Zur Verbreitung des Adventskranzes beigetragen hat sicher auch die Tatsache, dass Adventskränze und -gestecke in zahlreichen Varianten von Gärtnereien und Blumengeschäfte angeboten werden.

Es gibt noch eine andere denkbare Herleitung des Adventskranzes. Im frühen Mittelalter gab es die normierte Regel, dass Mägde und Knechte in der Zeit der strengen Winterkälte nicht außer Haus gezwungen werden durften. Der Arbeitswagen des Hofes blieb zum äußeren Zeichen der Beachtung dieser Regel in der Scheune. Das vierte Rad des Wagens wurde abmontiert und in den Hausfirst oder über den Kamin innerhalb des Hauses gehängt. In einem doppelten Sinn wurde das Rad zugleich als Sonnensymbol begriffen, und damit war die Hoffnung verbunden, die Sonne möge bald wiederkehren. Das ↗ **Wagenrad** wurde deshalb mit ↗ **immergrünen** Zweigen umwunden. ↗ **Winterkränze** dieser Art wurden von der Kirche bekämpft und als sündhaft bewertet, zugleich aber auch – vor allem von Benediktinern und Zisterziensern – verchristlicht, indem die Symbolik umgedeutet wurde. In diesem Sinn wurde mit Zweigen von Buche, Eibe, Fichte, Föhre, Nussbaum, ↗ **Ilex** und Wacholder geschmückt. Die ↗ **Mistel** fand dagegen keine Verwendung.

Adventsmonat ↗ **Monate: Dezember**
Adventsquadragese ↗ **Advent**, ↗ **Martinsfasten**
Adventsquatember ↗ **Quatember**

Adventssonntage

Die Adventssonntage wurden durchnummeriert: 1., 2., 3. und 4. Advent. Generell wurde ein Adventssonntag auch »Dominica adventus domini«, »Dominica in adventu (domini)« genannt. Im Französischen entstand die Bezeichnung »Dimanche des oleries«. Der 1. Advent wurde nach dem Tagesevangelium auch »Ite in castellum« genannt oder »Aspiciens a longe«, der 4. Advent »Adventus domini«, »Memento (mementote) nostri (mei) domini«. Der 4. Adventssonntag galt zudem als einer der vier ↗ **Goldenen Sonntage** und wurde **Goldener Adventssonntag** genannt. Der 3. Advent hieß der **silberne**, der 2. Advent der **kupferne** und der 1. Advent der **eiserne Adventssonntag.**

A.D.

Die Abkürzung steht meist für »anno domini« = »im Jahr des Herrn«. Mit A.D. werden die Jahre nach der Geburt Christi benannt. Wendepunkt dieser Zeitmessung ist also die Geburt Christi, die im Jahr 0 in der Nacht vom 24. auf den 25. Dezember angenommen wurde. Das Jahr 1 ist somit das erste Jahr »nach der Geburt Christi«. Die Zeit davor wird als die Zeit vor Christi Geburt benannt. Lateinisch heißt es entsprechend »post Christi natum« für die Zeit nach Christi Geburt und »ante Christi natum« für die Zeit davor (vgl. ↗ **Agnus Dei**).

Aftermontag ↗ **Dienstag**
Agapemahl ↗ **Fastenbrechen**
Ägidius ↗ **Vierzehnheilige, Vierzehn Nothelfer**

Agnes

Am 21. Januar feiert die katholische Kirche das Gedächtnis der hl. Agnes, Tochter eines römischen Patriziers, die zu Beginn des 4. Jh. unter Kaiser Diokletian den Märtyrertod erlitt. An der alten »Via Nomentana«, »fuori le mura«, also außerhalb der früheren Stadtmauer Roms, über den Katakomben, in denen auch Agnes beigesetzt wurde, erhebt sich die Basilika Sant' Agnese.

Hl. Agnes, Kupferstich. Vorlage: Franz Ittenbach; Stecher: Albert Bauer. Privatbesitz, Nr. 364/1877

Am jährlichen Gedenktag der hl. Agnes, die als römische Stadtpatronin verehrt wird, feiert der Generalabt der lateranensischen Chorherren, dessen Gemeinschaft die Basilika der hl. Agnes betreut, ein feierliches Pontifikalamt in dieser Kirche. Am Ende des Wortgottesdienstes werden unter dem Applaus der Römer – die, jahreszeitlich bedingt, fast ohne Touristen unter sich sind – zwei Lämmer, Geschenk der Trappistenabtei Tre Fontane, in mit Blumen und Lorbeer geschmückten Körben auf den Altar gelegt. Die Lämmer (»Unschuldslämmer«, vgl. ↗ **Osterlamm**) sind sowohl Symbol Christi (↗ **agnus dei** = Lamm Gottes) als auch der Gemeinde (»verlorenes Schaf«) und – wohl auch wegen der Namensähnlichkeit – der hl. Agnes (lat.: »agnus« = »Lamm«). Der Name Agnes scheint abgeleitet aus dem Griechischen: »agneia« meint Reinheit, Züchtigkeit und »agne« rein. Der Generalabt segnet die Lämmer und betet dabei unter anderem: »Allmächtiger Gott, lass Deinen Segen herabkommen auf die Lämmer, aus deren Wolle das ↗ **Pallium** des Papstes, der Patriarchen und Erzbischöfe gefertigt wird.« Während in der Basilika der Gottesdienst fortgesetzt wird, befinden sich die Lämmer bereits auf dem Weg in den Vatikan. Dort wird ihnen ein feierlicher Empfang bereitet. Der Papst segnet die Lämmer und übergibt sie dann der Obhut der Benediktinerinnen von »Santa Cecilia in Trastevere«. In ihrem Kloster werden die Lämmer geschoren. Die Schwestern fertigen unter Verwendung der Lammwolle »Pallien« an: heutzutage ein weißes, mit schwarzen Kreuzen versehenes Band, das auf den Schultern getragen wird und von dem ein Streifen auf die Brust, ein anderer über den Nacken herabhängt. Bis zur Verleihung der Pallien – meist am Fest der Apostel ↗ **Petrus** und ↗ **Paulus** (29. Juni) – werden diese in einer Nische über dem Grab des ersten Bischofs von Rom aufbewahrt und so zu Berührungsreliquien. Alle Patriarchen und Metropoliten (Leiter einer Kirchenprovinz) müssen nach geltendem Kirchenrecht innerhalb von drei Monaten nach der Amtsübertragung persönlich oder durch einen Vertreter in einem Konsistorium um das Pallium bitten, das ihnen der Papst oder der Kardinalprodiakon dann verleiht (CIC, cann. 355, § 2, und 437). – Das Pallium war ursprünglich ein vom Kaiser verliehenes Würdezeichen, das der Papst selbst trägt und das dieser spätestens seit 500 im Westen kirchlichen Würdenträgern verleiht. Der Papst, die Patriarchen und die Metropoliten tragen das Pallium über dem Messgewand nur bei der Feier der hl. Messe. Während der Papst aufgrund seines Amtes das Pallium weltweit trägt, verwenden es die anderen nur innerhalb ihrer Kirchenprovinz. Seit der Antike ist das Pallium ein Zeichen der Fülle des bischöflichen Amtes und der Verbundenheit mit dem Nachfolger Petri. Symbolisch nimmt der Hirte so das Schaf auf seine Schultern und vollzieht das von Christus selbst beschriebene Tun eines »guten Hirten« (vgl. Matthäus 18,12–14). Es war Brauch, am Tag der hl. Agnes die Tiere besonders gut zu füttern, besonders die Schafe. Morgens gab es das **Agnetenbrot** zum Frühstück, das vor allem den Mädchen besonders gut schmeckte, die am Abend zuvor ohne Abendbrot zu Bett gegangen waren, weil es hieß, man träume dann von seinem Zukünftigen.

Agnetenbrot ↗ Agnes

Agnus Dei
Eine runde oder ovale Wachsscheibe, die auf der Vorderseite das ↗ **Lamm Gottes** (lat.: »agnus die«) als Prägebild zeigt und auf der Rückseite die Abbildung eines oder mehrerer Heiliger, trägt den Namen Agnus Dei. Das ↗ **A.D.**, wie es der Volksmund auch nannte, steht im Zusammenhang mit der ↗ **Osterkerze** in der Bischofskirche des Papstes. Diese Osterkerze wurde – im 8. Jh. erstmals nachweisbar – am Ende der österlichen Zeit zerstückelt und unter die Gläubigen verteilt, die dieses Stück Bienenwachs wie eine Reliquie verehrten oder als Amulett trugen, das als segensstiftend und unheilabwendend galt. Weil der Osterkerzenrest nicht die Nachfrage befriedigte, wurden zusätzliche Wachsprägungen geweiht. Ursprünglich weihte sie der Archidiakon am Karsamstag in der Lateranbasilika. Seit Papst Martin V. (1417–1431) blieb die Weihe dem Papst persönlich reserviert, der sie im ersten und jedem siebten Jahr seines Pontifikates vornahm. Gregor XIII. (1572–1585) untersagte die bunte Bemalung der Wachsoblaten. Die im Mittelalter nur für die gesellschaftlich Höhergestellten erhältlichen Wachsprägungen wurden in Ostensorien (Schaubehältern) ausgestellt, Reliquienschätzen hinzugefügt und Bestandteil von Gnadenaltären und Grundsteinausstattungen. In aufklappbaren Medaillons trug man das Agnus Dei – für das sich das Wort **Deli** für Trachtenschmuck ableitet – zum Schutz gegen Blitz, Feuer, Überschwemmungen, Seuchen, Sünde, ↗ **Teufel**, böse Geister und gegen Meineid vor Gericht bei sich. Seit dem 19. Jh. werden Wachsprägungen auch von beschaulichen Klöster ausgegeben (vgl. auch ↗ **Agnes**).

Aires ↗ **Monate: August**

Alaaf
Kölner Hochruf (vgl. ↗ **Helau**), heute nur noch in Verbindung mit der Karnevalszeit: »Kölle alaaf!« »Alaaf« leitet sich ab von »all ab« und meint – vor allem anderen: in Abhebung von anderen, von denen nichts Gutes zu sagen ist. »Kölle allaf« bedeutet also: Köln kommt vor allen anderen Städten, der Stadt Köln ist nichts vorzuziehen. Ist ein einzelner gemeint, steht »alaaf« voran: »Alaaf Käthchen, alaaf Jüppchen«. Dies gilt auch für Sachen: »Alaaf Mostert«, d.h., es geht nichts über diesen Senf. »Alaaf« als Hochruf oder Toastspruch auf Kölner ist erstmals 1773 bezeugt. Einige andere Kommunen (z.B. Aachen) haben das »Alaaf« übernommen, andere halten am »Helau« fest. Wo der eine Ruf zu Hause ist, ist der andere verpönt.

Alemannenfasching ↗ **Sonntag**
Aller manne faschangtag ↗ **Invocabit**
Aller sintentag ↗ **Allerheiligen**

Allerheiligen
Sammelfeste für alle hl. Märtyrer und alle anderen Heiligen bzw. die Heiligen einer bestimmten Region begegnen im christlichen Altertum im österlichen Umfeld. Der älteste Beleg findet sich bei Johannes Chrysostomos für Antiochien im 4. Jh. am Oktavtag von ↗ **Pfingsten** mit der Bezeichnung »Herrentag aller Heiligen«. Nach der Pascha Domini feierte man den Nachvollzug dieser Pascha durch die Heiligen. In der Ostkirche haben sich dieses Fest und dieser Termin bis heute erhalten. In der Westkirche wurde der Termin ursprünglich übernommen. Im 8. Jh. heißt dieser Sonntag in Würzburg »Dominica in Natali Sanctorum«. In Irland entstand im 8./9. Jh. – als der Zusammenhang zwischen diesem Fest und ↗ **Ostern** verblasste – ein neuer Festtermin: Der 1. November markiert hier den Winterbeginn und ist zugleich Jahresanfang. Hintergrundfolie ist nun nicht mehr Ostern, sondern die sterbende Natur, durch die die ewige Welt der Heiligen sichtbar wird. Im 9. Jh. gelangte durch die irisch-schottischen Missionare das Allerheiligenfest am 1. November auf den Kontinent. Im irischen Einflussbereich (z.B. in den USA) haben sich vorchristliche Brauchelemente erhalten, analog den Saturnalien vor dem römischen Neujahr. Am ↗ **Halloween**, dem Vorabend der Heiligen (= hallows), wird ein ausgelassenes Brauchtum gepflegt. Andere Bezeichnungen für Allerheiligen: **Godeshilligendach**, **Aller sintentag** (Rheinland), »Helgona messa«, »helmisse« (Skand.).

Allerseelen
Jährliche Gedenktage für alle Verstorbenen (Sammelfest) gibt es in der Westkirche seit dem frühen Mittelalter, meist nach der Osterzeit, z.B.

Ludwig Richter, Allerseelen, aus: Das große Festtagsbuch. Feiern, Tanzen und Singen. Hrsg. v. Walter Hansen. Freiburg i.Br. 1984. Vorlage: Archiv Herder

am Pfingstmontag oder am Montag nach dem ↗ **Dreifaltigkeitssonntag**. Tendenziell gibt es eine – allerdings nicht allgemeingültige – Verbindung zwischen ↗ **Ostern** und dem Totengedächtnis. Papst Johannes XXIII. (1958–1963) hat noch von Ostern als »Fest aller Toten« gesprochen. Seit dem 9. Jh., befördert durch Cluny, setzt die Verlagerung des Gedenktages auf den 2. November, den Tag nach ↗ **Allerheiligen**, ein. Einem zunächst nur bei den Dominikanern, dann bei den Priestern des hispanischen Einflussgebietes verbreiteten Brauch nach durften an diesem Tag drei Messen von jedem Priester gelesen werden. Dieser Brauch wurde 1915 von Papst Benedikt XV. (1914–1922) auf die ganze Kirche ausgedehnt.

Der Tag ist tief im Volksbewusstsein verankert, das von einer »Sippenfrömmigkeit« gespeist wird. Am Vortag von Allerseelen, am Nachmittag von Allerheiligen, werden die Gräber mit ↗ **Grün** und Blumen (Astern und Chrysanthemen) geschmückt (Repräsentanz der Verstorbenen durch die Lebenden) und ein ↗ **ewiges Licht** aufgestellt. Im 16. Jh. ist dies bereits für Köln belegt, wo ein Gottesdienst und ein abendliches Gedächtnismahl dazugehörten. Der Armseelenkult wurde durch die von einigen Kirchenvätern vertretene und vom Trienter Konzil (16. Jh.) bestätigte Auffassung gefördert, die Seelen Verstorbener, die vor Gottes Gericht bestanden hätten, seien vor ihrer Aufnahme in den Himmel an einem Ort der Reinigung (Purgatorium, Fegfeuer). Die Lebenden könnten den Toten durch Armseelenspenden helfen: durch Messopfer, Gebete, Opfer und Fasten. Die »Pflege der Seelen« in Form von »Seelgerätestiftungen« (**Seelgerät**), die Hilfe der Lebenden für die Verstorbenen, deren endgültige Erlösung durch »gute Werke« befördert werden sollte, konzentrierte sich nun auf Allerseelen. Die Jesuiten gründeten die ↗ **Armseelenbruderschaften** (vgl. ↗ **Bruderschaften**) unter dem Patronat des hl. ↗ **Josef**. Nach altem Volksglauben, der auch in evangelischen Gebieten verbreitet war, stiegen die Armen Seelen an diesem Tag aus dem Fegfeuer zur Erde auf und ruhten für kurze Zeit von ihren Qualen aus. Zuwendungen für Arme, Mönche, Nonnen und Patenkinder (z.B. das **Seelspitzbrot**, ein ↗ **Gebildebrot**, oder **Seelenkuchen**, kleine runde Mürbeteigkekse mit Rosinenaugen und Mündern aus kandierten Kirschen, oder **Seelenbrote**, **Seelenzopf**, **Stuck**, **Allerseelenbrötchen**), aber auch spirituelle Gaben wie Gebet, Licht und Weihwasser prägten diesen Tag. An manchen Orten finden noch feierliche Prozessionen der Gläubigen auf den Friedhof statt, wobei auch die Priestergräber besucht werden. Der Kirchenchor intoniert auf dem Friedhof das »Dies irae, dies illae«. Mit dem Allerheiligentag endete in früheren Jahrhunderten das alte Wirtschaftsjahr. Das neue begann mit ↗ **Martini**. Andere Bezeichnungen für Allerseelen: **Selentag**, **Seltag**.

Allerseelenbrötchen ↗ Allerseelen

Allerseelen-Bruderschaft ↗ Bruderschaft

Allerweltskirmes ↗ Kirmes, ↗ Martinikirchweih

Allgäuer Brotvögel ↗ Pfingsten

Alpererfahrn ↗ Martini

Als man aschen aufs haupt nimmt ↗ Aschermittwoch

Als man die palmen wihet ↗ Palmsonntag

Altarbild ↗ Fastensonntage

Altarkreuz ↗ Fastensonntage

Alte Fasnacht ↗ Invocabit

Alte Wetterhex ↗ Frühlingsanfang

Altenberger Licht

Seit 1950 tragen Mitglieder der organisierten katholischen Jugend am 1. Mai das Altenberger Licht mit einer Stafette in das Land. Altenberg, bis zur Säkularisation eine Zisterzienserabtei, ist Zentrum der Katholischen Jugend Deutschlands und war in nationalsozialistischer Zeit ein Ort des Widerstands. Das Altenberger Licht wird an der Kerze vor der Altenberger Madonna entzündet und in den Gemeinden oft zum Entzünden der Kerzen vor dem ↗ **Maialtar** benutzt.

Alternative Weihnacht

Der prozentuale Anteil von Nichtchristen in Deutschland, Konsumorientierung unter dem Motto »Paradise now« und die unübersehbare Individualisierung haben zu einem alternativen Weihnachsstil geführt. »X-mas-Party« statt ↗ **Christmette** oder Bahamas statt Bratäpfeln lautet das Motto. Aber, ob hier geblieben oder fortgeflogen, statt Besinnung ist »action« angesagt. Werner Gross vom Berufsverband Deutscher Psychologen sieht im Bedeutungsverlust der Familie und im damit verbundenen Anstieg der Single-Haushalte eine Hauptursache für das alternative Phänomen. Immerhin machen in manchen Großstädten die Alleinstehenden bereits die Hälfte der Bevölkerung aus (1995 waren es bundesweit 12,75 Millionen). Während Christen oder sozialromantisch Motivierte konventionell Weihnachten feiern, fliehen die anderen vor Ritualen, und so jetten rund 4 Millionen Deutsche reiselustig in die Sonne. Die Alternativen »vor Ort« schlürfen »Halleluja-Bier« in Bonn, betreiben »Lämmerhüpfen« in Köln, »Heilige Party Nächte« in Hamburg oder »Schräg hinter'm Weihnachtsbaum-Performance« in Offenbach. Während ein Teil der alternativen Szene Veranstaltungen mit – oft satirisch verzeichnetem – weihnachtlichem Charakter bevorzugt und dabei wohl auch immer bitterer darüber wird, was ihnen der Festanlass einmal bedeutete, suchen andere nach Veranstaltungsorten, die in ihrem Ambiente nicht die geringste weihnachtliche Andeutung anbieten: »Normaler Trink- und Kickerbetrieb« nennt dies eine Kneipe in München. Die ↗ **Christmette** ist heute ein Wahlangebot neben anderem zu Weihnachten.

Altes Jahr ↗ Silvester
Alttestamentlich-prophetische Hypothese ↗ Hypothesen zum Weihnachtstermin
Altweiber, Altweiberfastnacht ↗ Weiberfastnacht, ↗ Weiberrecht
Anblasen ↗ Frühlingsbräuche
Ander augst ↗ Monate: September
Ander herbst ↗ Monate: Oktober

Andreas

Der ursprüngliche Jünger des Täufers Johannes und ältere Bruder des Simon ↗ **Petrus** stammte aus Bethsaida und lebte als Fischer in Kafarnaum am See Gennesaret. Er gehörte zu den ersten vier von Jesus berufenen Jüngern. Sein griechischer Name (andreios) bedeutet »mannhaft, tapfer«. Nach alten Überlieferungen mis-

Hl. Andreas, aus: Das Stundenbuch von Johann ohne Furcht, Herzog von Burgund, fol. 127v. Flandern, wahrscheinlich Gent (1406–1415). Bibliothèque Nationale, Paris (ms. lat. nouw. acq. 3055)

sionierte Andreas nach Jesu Tod und Auferstehung in Pontos, Bithynien, Gegenden südlich des Schwarzen Meeres, in den unteren Donau-Ländern mit Thrakien und in Griechenland. Nach einer Quelle des 4. Jh. soll Andreas dort am 30. November 60 am schrägen Kreuz (= ↗ **Andreaskreuz**) den Märtyrertod erlitten haben. Die Reliquien (Translationsfest / Übertragungsfest am 9. Mai) befinden sich seit 357 in der Apostelkirche in Konstantinopel, wo ihnen – in Rivalität zum römischen Apostelfürsten Petrus – besondere Verehrung zukommt.

Das Andreasfest am 30. November ist schon bei Gregor von Nazianz (329/330–390) bezeugt. Der westliche Andreaskult geht auf den Mailänder Bischof Ambrosius († 397) zurück. 1462 steigert sich die Andreasverehrung durch die Übertragung des Andreas-Hauptes nach Rom; die Rückgabe der Reliquie erfolgte am 26.9.1964 durch Papst Paul VI. (1963–1978). In der Kunst wird Andreas meist mit langem und starkem Bart dargestellt; neben den generellen Attributen von Schriftrolle und Buch sind ihm Fisch, Fischernetz, Strick und das Diagonalkreuz (»crux decussata« = ↗ **Andreaskreuz**) erst seit dem späten Mittelalter beigestellt. Herzog Philipp III. der Gute (1396–1467) gründete 1429 den ↗ **Orden vom Goldenen Vlies**, dessen Patron Andreas ist, wie er es bereits für das burgundische Herzoghaus und das Land Burgund war; das Andreaskreuz ist Bestandteil des Wappens von Burgund. Andreas ist zudem Schutzpatron von Russland, Griechenland, Spanien und Schottland (= Andrew; vgl. auch das Andreaskreuz als Teil der britischen Flagge). Stadtpatron ist der Heilige in Neapel, Ravenna, Brescia, Amalfi, Mantua, Manila (Innenstadt), Brügge, Bordeaux und Patras. Andreas ist Patron der Fischer, Fischhändler, Seiler, Metzger, Wasserträger, alten Jungfrauen, Bergwerke. Er wird angerufen um Heirat, Kindersegen und gilt als Helfer bei Halsweh, Gicht, Krämpfen und Rotlauf (= ↗ **Andreaskrankheit**).

Der Heilige hatte solche Bedeutung, dass von 1537 bis 1678 der Dezember auch als ↗ **Andreas-Monat** bezeichnet wurde. Bis ins 9. Jh. endete das ↗ **Kirchenjahr** am 30. November. Der Andreastag war deshalb und ist bis heute Anlass für Jahresend- und Jahresanfangsbräuche (↗ **Jahresende**). An ihm finden abergläubisch-scherzhafte Heirats- und ↗ **Liebesorakel** statt (↗ **Orakelbräuche**). Die Andreasnacht war ↗ **Losnacht** (Losen = Wahrsagen, Vorhersagen). Weit verbreitet war das ↗ **Apfelorakel** (↗ **Apfel**): Ein Mädchen schälte einen Apfel so, dass die Schale ein unzerschnittenes langes Band bildete. Dieses warf sie hinter sich. Ließ sich aus dem ↗ **Apfelschalen**band ein Buchstabe erkennen, so war es der erste Buchstabe im Namen des Zukünftigen. In Sachsen pflegte man das ↗ **Tremmelziehen**: Um Mitternacht musste ein Mädchen schweigend ein Holzscheit aus dem aufgestapelten Holz ziehen. Ein gerades und glattes Scheit kündigte einen jungen, starken Ehemann an, ein Aststück einen alten, krummen. Im Harz genossen die Mädchen zwei Becher Wein als Schlaftrunk und glaubten, im Traum ihrem Liebsten zu begegnen. In Thüringen deckten sie ihm den Tisch und öffneten das Fenster in der Hoffnung, dass er sich zeige. In Böhmen wurde das ↗ **Lichtelschwimmen** praktiziert: Doppelt so viele Walnussschalen wie versammelte Mädchen wurden, mit einer kleinen Kerze versehen, in einen großen Wasserbottich gesetzt. Jedes Mädchen hatte so sein eigenes Licht und ein weiteres, dem es im Stillen den Namen des erwünschten Zukünftigen gab. Die Nussschalen, die sich trafen, symbolisierten nach dem Orakel ein zukünftiges Brautpaar. Andernorts stiegen die Mädchen rückwärts mit dem linken Fuß zuerst ins Bett und sagten dabei:

Heiliger Andreas, ich bitt',
Dass ich mei Bettstatt betritt,
Dass mir erscheint

Der Herzallerliebste mein,
Wie er geht
Und wie er steht
Und wie er mi zum Traualtar führt.

In Hessen ließen sich die Mädchen von einer unbescholtenen Witwe schweigend und ohne Dank einen Apfel schenken, aßen die erste Hälfte vor und die zweite nach Mitternacht und glaubten so, vom Liebsten zu träumen. Anderswo legte man die zweite Apfelhälfte unter das Kopfkissen. Wieder in anderen Gegenden schlichen die Mädchen heimlich in den Hühnerstall. Gackerte ein Huhn, sollten sie ledig bleiben, krähte der Hahn, so stand die Hochzeit bald vor der Tür. Andere Mädchen umspannten mit den Armen den Gartenzaun; die Anzahl der erfassten Latten gab die noch zu wartenden Jahre bis zur Heirat wieder. Auch andere Gelegenheiten – z.B. Holzspäne auszählen, um Mitternacht in den Brunnen schauen, mit neuem Besen das Zimmer ausfegen, am Andreasmorgen eine Knospe finden, eine Kerze abbrennen lassen, am Nachbarhaus horchen ... – dienten dem Auszählen der Wartezeit oder dem Erkennen des Zukünftigen. Der Andreastag war mancherorts auch Schlachttermin. In den USA begeht man noch heute diesen Tag in dieser Weise. Es gibt Rindergulasch oder Brunswick Stew.
Als ursprüngliche Nacht des Jahreswechsel hatte die Andreasnacht früher ähnliche Bedeutung wie heute der Silvesterabend (↗ **Silvester**). Deshalb fand das heute noch übliche ↗ **Bleigießen** auch zu diesem Zeitpunkt statt. In Oberfranken gehört der Abend den **Paretla**: mit alten Lumpen verkleideten Kindern, das Gesicht mit Ruß geschwärzt, ein Bart aus Flachs, Kapuze, Sack und Reisigbesen. Wenn sie vor ein Haus kommen, singen sie:

Heint ist die Paretnocht.
Hot mei Vater an Gasbock gschlocht,
Hot na neina Ufn gschiert,
Is er widder rausmarschiert.

Äpfel, Plätzchen oder auch Geld sind der Lohn dieses ↗ **Heischebrauches**. In Süddeutschland und in Österreich beginnen in der Andreasnacht die ↗ **Klöpflesnächte**, in der die Klöpfelgeher mit Hammer und Besen gegen die bösen Mächte hinausziehen, die im Dunkeln alle Häuser umgeistern (↗ **Klöpfeln**). Mit ↗ **Glocken** und Knarren wird gelärmt, Wände und Türen abgeklopft, damit alles Böse entfleucht (↗ **Lärmbrauchtum**). Natürlich erhalten die Glücksbringer freundliche Gaben. In ganz alten Zeiten besuchte an diesem Abend der Belzemärtel (= ↗ **Pelzmärte**, vgl. ↗ **Martini**) die Kinder, belohnte oder bestrafte sie. Auch in Frankreich hat sich dieser Brauch inzwischen auf Nikolaus verlagert. Die Kinder im Riesengebirge hängen aber noch am Andreasabend ihre Strümpfe vor das Fenster. Am Morgen sind die ↗ **Andreasstrümpfe** mit Äpfeln, Nüssen und dem **Andreaskranz**, einem Hefegebäck mit Rosinen, gefüllt. Schenk- und Kaufbräuche haben sich jedoch auch in anderen Gegenden erhalten. In Schweinfurt verschenkte man ↗ **Andreasbrote** an die Armen, und auch in Schottland backen die Bäcker am Tag ihres Nationalheiligen **Andreasbrot**, in der Schweiz und anderswo finden ↗ **Andreasmärkte** statt. In Böhmen gehörte alles Garn, das die Mägde am **Andreastag** gesponnen hatten, den Mädchen (= **Andreasgarn**). Die Bäuerin schenkte den Mägden zusätzlich Flachs und Geld, damit sie die Freundinnen und Freunde bewirten konnten, die sie am Abend des Andreastages in der Spinnstube besuchten. Das Schneiden von Zweigen am Andreastag (**Andreasreiser**, vgl. ↗ **Barbarazweige**) war im 15./16. Jh. statt an Barbara üblich. Damit verbunden waren ↗ **Orakelbräuche**: Frauen, die im Mittelalter am **Andreastag** einen Weichselzweig schnitten und ihn ins Wasser stellten, konnten mit dessen Hilfe in der Christnacht angeblich erkennen, wer eine Hexe war. Diese trug dann nämlich ein hölzernes Gefäß auf dem Kopf. Am **Andreastag** geschnittene Zweige mussten nach besonderen Regeln geschnitten und zusammengestellt werden. Grüne ↗ **Lebensruten** bringen besonders Glück, wenn man sie am Andreasabend um sechs, neun oder zwölf Uhr schneidet. Am besten ist es, wenn die **Andreasreiser** von sieben oder neun verschiedenen Bäumen oder Sträuchern stammen: Apfel, Birne, Kirsche, Pflaume, Rosskastanie, Holunder, Himbeere, Johannisbeere, Stachelbeere. Die Zweige müssen schweigend und ungesehen geschnitten werden. Drei Zweige werden mit je einem farbigen Band gekennzeichnet. Jede Farbe bezeichnet einen Wunsch. Blüht der betreffende Zweig zu Weihnachten, geht der Wunsch in Erfüllung. An der Art des Wetters an Andreas schloss man auf das ↗ **Wetter** zu Weihnachten: Wenn es an Andreas schneit, der Schnee hundert Tage liegen bleibt.

Andreasbrote ↗ Andreas
Andreasgarn ↗ Andreas

Andreaskrankheit
Rotlauf oder Andreaskrankheit nennt man eine Infektionskrankheit der Schweine, die vor allem im Sommer und Herbst auftritt: mit Fieber, Hautrötung meist am Bauch und inneren Schenkeln.

Andreaskranz ↗ Andreas

Andreaskreuz
Der Tradition nach ist der Apostel Andreas an einem Kreuz hingerichtet worden, bei dem Längs- und Querachse gleich lang waren und die Form des Buchstabens »X« bildeten. ↗ auch **Andreas.**

Andreasmarkt ↗ Andreas
Andreas-Monat ↗ Monate: Dezember
Andreasnacht ↗ Andreas, ↗ Licht- und Spinnstubenzeit
Andreasreiser ↗ Andreas
Andreasstrümpfe ↗ Andreas

Andreismaent ↗ Monate: Dezember
Aneignungszauber ↗ Bilderstreit, ↗ Ikonoklasmus
Anfang geht mit, Aller ↗ Neujahr

Angelus
Das Gebet »Der ↗ **Engel des Herrn**«, zu dem täglich morgens und abends in vielen Pfarrkirchen eine Glocke läutet, wurde und wird gern mit dem lateinischen Anfangswort »Angelus« und der Ruf der Glocke »Angelus-Läuten« benannt.

Anklöpfeln ↗ Klöpfeln
Anno Domini ↗ A.D.
Annuntiationsstil ↗ Jahresende
Antlass(tag) (in den vasten) ↗ Antlasstag, ↗ Gründonnerstag, ↗ Karwoche
Antlasseier ↗ Antlasstag
Antlasskranz ↗ Antlasstag, ↗ Fronleichnam

Antlasstag
↗ **Gründonnerstag** hieß auch Antlasstag, ein Wort, das von antlâz, Ablass, Nachlass von Sündenstrafe, kommt. Gründonnerstag wurden nämlich früher die öffentlichen Büßer, also jene, die öffentlich zu einer Kirchenstrafe verurteilt worden waren, wieder in die kirchliche Gemeinschaft aufgenommen. Die an Gründonnerstag gelegten Eier hießen entsprechend **Antlasseier.** Sie galten als besonders heilkräftig und wurden für die ↗ **Eier-** und ↗ **Speisenweihe** aufgehoben. Als besonders heilkräftig galten auch die Kräuter, die man am Gründonnerstag sammelte. Zusammen mit Blumen wurden sie zum ↗ **Antlasskranz** geflochten. Diesen Kranz verwahrte man oft das ganze Jahr über und steckte ihn – zusammen mit einem Antlassei – in den ↗ **Erntekranz** (vgl. ↗ **Erntedankfest**).

Antonius, der Eremit
Am 17. Januar wird der Gedenktag des »Mönchvaters« und Einsiedlers Antonius gefeiert, der

Antonius der Einsiedler.
Zeichnung: C. Clasen; Stecher: E. Rittinghaus.
Privatbesitz, Nr. 100/1853

der Überlieferung nach 105-jährig um 356 gestorben ist. Der berühmteste Mönch des Altertums soll allen Versuchungen des ↗ **Teufels** widerstanden haben. Er wird oft zusammen mit einem Schwein dargestellt, das in der Legende eine Rolle spielt. Vor allem im 14.–18. Jh. wurde der hl. Antonius als Wundertäter und Krankenpatron hoch verehrt: als Schutzherr der Armen und Kranken, der Haustiere, besonders der Schweine, der Schweinehirten, Metzger und Bürstenmacher, zeitweise auch als Patron des Ritterstandes. Das so genannte **Antoniusfeuer** (eine Seuche) galt als eine Krankheit, die der Heilige als Strafe auferlegen oder aber gnädig verhindern konnte. Die von dem Antoniusfeuer befallenen Kranken erhofften Heilung durch das **Antoniuswasser**, das zu Ehren des Heiligen verabreicht wurde.
Mit liebevoller Respektlosigkeit nannte man Antonius im Rheinland **Sautoni**, in Westfalen **Swinetünnes** und in Tirol **Fackentoni**. Die Antoniter, ein Krankenpflegeorden, besaßen das Privileg, am Gedächtnistag des Heiligen ihre Schweine, die **Antoniussäue**, als Entgelt für ihre Krankenpflegetätigkeit frei herumlaufen zu lassen. Die **Antoniussäue** durften von niemandem verjagt, mussten aber von allen gefüttert werden. Andernorts wurde ein eigenes **Antoniusschwein** von der Dorfgemeinschaft gehalten, das – mit einem Glöckchen um den Hals gekennzeichnet – in einem Stall bei der Kirche hauste, sich aber im ganzen Dorf frei bewegen durfte. Am 23. Dezember oder am 17. Januar wurde dieses Schwein geschlachtet, in der Kirche gesegnet und unter die Armen verteilt. Am Festtag des hl. Antonius aß man Schweinebraten, Kassler oder Schweinskopfsülze. Das an diesem Tag gebackene **Antoniusbrot** oder **Antoniusbrötchen** aus Weizenmehl galt, besonders für Tiere, als heilkräftig.
Antonius erreichte große Bedeutung als einer der ↗ **Vierzehn Nothelfer**, sowie der ↗ **Vier Marschälle Gottes** und – in Verbindung mit den hl. ↗ **Sebastian** und Rochus – als Pestpatron.

Antoniusbrot / -brötchen ↗ **Antonius, der Eremit**
Antoniusfeuer ↗ **Antonius, der Eremit**
Antoniussäue / -schweine ↗ **Antonius, der Eremit**
Antoniuswasser ↗ **Antonius, der Eremit**

Antonius von Padua
Heiliger der »Schlickefänger« nennen alte Düsseldorfer den hl. Antonius von Padua, nicht zu

verwechseln mit dem **Sautoni** (↗ **Antonius, der Eremit**) vom 17. Januar. »Schlickefänger« sind im Düsseldorfer Platt eigentlich Heimtücker, in diesem Zusammenhang aber ironisch-direkt die Ungeschickten, Trotteligen und Vergesslichen – eben jene, die durch ein Gebet oder eine Kerzenspende bei Antonius von Padua, dessen Bild in vielen Kirchen hängt, Hilfe erhoffen. Sein Gedenktag ist der 13. Juni. Aus Lissabon gebürtig, wurde er zuerst Augustinerchorherr, dann aber Franziskaner, um in Afrika zu missionieren. In Südfrankreich und Italien engagierte er sich ebenfalls. Franz von Assissi bestellte ihn für seine Minderbrüder zum Lehrer für Theologie. Gestorben ist er am 13. Juni 1231 und in Padua beigesetzt. Er wird als Helfer in vielen Nöten angerufen.

Aperschnalzen
Ein dem ↗ **Schellenrühren** vergleichbares ↗ **Lärmbrauchtum**: Peitschenknallen im Salzburger Land zwischen Dreikönige und Lichtmess, »um den Schnee zu vertreiben«.

Apfel
Einerseits ist der Apfel (ahd.: »apful«) das »Hausobst« des hl. ↗ **Nikolaus.** Die Äpfel symbolisieren die Goldklumpen des Heiligen aus der Jungfrauenlegende. Andererseits war der Apfel durch die ↗ **Paradiesspiele** (vgl. ↗ **Krippenspiele**), zur Frucht des Lebens geworden; nach mittelalterlichem Verständnis konnte die sündhafte Frucht nur ein Apfel sein, denn – so die damals einleuchtende Begründung – Apfel und Übel, also Schuld (Apfel = lat.: »malus«; Übel = lat.: »malum«) klangen schließlich nicht ohne Grund ähnlich. Der Apfel versinnbildlicht zudem Fruchtbarkeit und Wohlhabenheit. Im Mittelalter war er der Vitamin-C-Lieferant des Winters. Mancherorts aß man am Heiligabend einen Apfel, der im kommenden Jahr vor Unglück schützen sollte. In Westfalen schenkte man sich zu Weihnachten wechselseitig Äpfel, die sofort verspeist werden mussten, »damit einem das Geld niemals ausgeht«. Im Westen Deutschlands hebt man die Apfelkerne der zu Weihnachten verspeisten Äpfel auf, um sie einzupflanzen.
In vielen ↗ **Orakelbräuchen** ist der Apfel unentbehrlich: Ein Mädchen, das am Heiligabend einen Apfel teilt, kann an den Kernen im Apfelgehäuse seine Zukunft ablesen (↗ **Apfelorakel**). Unverletzte Kerne künden Gesundheit, ein wie ein Stern geformtes Kerngehäuse zeigt Glück und Segen an. Wer Weihnachten einen Apfel so schält, dass die ganze Schale ein unzerrissenes Band bildet, kann dieses über die rechte Schulter nach hinten werfen. Die Lage der Schale gibt Aufschluss über Braut oder Bräutigam, Hochzeitstermin usw. Für die jungen Burschen gab es ein eigenes ↗ **Liebesorakel** (vgl. ↗ **Orakelbräuche**): Ein junger Mann, der am Weihnachtsmorgen, einen Apfel essend, vor dem Hoftor saß, erfuhr, wen er im nächsten Jahr heiraten würde: das erstbeste Mädchen, das den Weg – bestellt oder auch nicht! – entlang kam. Ob sich die jungen Burschen das (Liebes-)Leben nur leicht machen wollten oder aber mit diesem »Orakel« ihre Bräute öffentlich einführten, ist nicht überliefert.
Die Symbolik des Apfels reicht weit: In Verbindung mit dem ↗ **Paradiesbaum** wird der Apfel zum Sündensymbol (vgl. auch den bildhaften ↗ **Adamsapfel**); als **Brautapfel** (Gabe bei der Verlobung oder Brautschmuck) ist er Teil eines Rituals und äußeres Zeichen eines nicht sichtbaren Vorgangs; als ↗ **Palmapfel** symbolisiert er wieder die Sünde, der das Leiden vor der Erlösung folgt; als **Reichsapfel** mit dem Kreuz gekrönt wird er in der Hand von Königen und Kaisern zum Sinnbild der Weltherrschaft und der überwundenen Erbsünde.

Apfel(schalen)orakel ↗ **Andreas**, ↗ **Apfel**, ↗ **Losbrauchtum**, ↗ **Orakelbräuche**, ↗ **Silvester**

Apfelschalen werfen ↗ **Andreas**, ↗ **Apfel**, ↗ **Losbrauchtum**, ↗ **Orakelbräuche**, ↗ **Silvester**

Apologetische Hypothese ↗ **Hypothesen zum Weihnachtstermin**

Apostelprozession ↗ **Christi Himmelfahrt**

Apotropäisch ↗ **Dämonenglaube**

April ↗ **Monate: April**, ↗ **Ostarmanoth**, ↗ **Ostermond**

Aprilis ↗ **Monate: April**

April-Narr ↗ **Aprilscherz**

April-Ochs ↗ **Aprilscherz**

Aprilscherz, 1. April

Ovid hat den April als den Monat besungen, der die Mutter Erde, die Knospen und Blüten ebenso öffnet wie die Herzen der Menschen. Das lat. »aprilis« deutete er als das Öffnen (lat.: »aperire«) des jungen Frühlings. – Die Vertreibung des Winters erfolgt in Indien durch Narren (Huli-Fest). Im deutschsprachigen Kulturraum werden noch heute Menschen »in den April geschickt«: »Am ersten April schickt man die Narren, wohin man will«. »April, April« ruft man dem **April-Ochsen** nach, der auf einen Scherz, oft ↗ **Narrenaufträge**, hereingefallen ist. Schon bei den Germanen verkörperte der **April-Narr** den machtlosen Winter, der getäuscht und geneckt wurde, damit er sich möglichst schnell »verzog«. In der alemannischen ↗ **Fastnacht** sind es die Narren, die den Winter und seine Dämonen vertreiben. Der 1. April galt den frühen Christen als Geburtstag des verräterischen Apostels ↗ **Judas**. Wie Freitag der 13. galt er darum als ↗ **Unglückstag**. So wie der Aprilscherz den Frühling eröffnet, eröffnet der ↗ **Silvesterscherz** das neue Jahr.

Aranmanoth ↗ **Monate: August**

Arbeit bei Kunstlicht

Für die Handwerker galt die Zeit zwischen Michaelis (29. September), vgl. ↗ **Michael**, und ↗ **Lichtmess** (2. Februar) als die Zeit, in der bei künstlichem Licht gearbeitet wurde. Die Beendigung dieser Phase an Lichtmess wurde gefeiert.

Arbeitsruhe

Da nach der alttestamentlichen Erzählung der Vertreibung aus dem Paradies die körperliche Arbeit als Strafe galt (vgl. Genesis 3,1–24), war Arbeit das Kennzeichen normaler Tage. Ausnahmen waren die Sonn- und Feiertage, an denen Arbeitsruhe galt. Gehandelt wurde nach der Regel: An sechs Tagen sollst du arbeiten, am siebten Tage ruhen. Der Sonntag war Tag des Gottesdienstbesuches und der Ruhe. Verboten waren knechtliche Arbeiten außer der Grundversorgung des Viehs in den Ställen. Verstöße gegen die Regel wurden und werden nach staatlichem Recht geahndet (vgl. ↗ **Feiertage, stille**).

Arbeitsverbot in der Weihnachtszeit ↗ **Julfriede**

Arbor-Jesse-Thematik

Nach Lukas 1,27 wurde der Verkündigungsengel zur Jungfrau Maria gesandt, die verlobt war mit Joseph »aus dem Hause ↗ **David**«. Ihn selbst spricht der Engel an als »Josef, Sohn Davids« (Matthäus 1,20). Joseph und Maria ziehen nach Betlehem, zur »Stadt Davids« (Lukas 2,4), weil sie sich bei einer – historisch nicht belegbaren – Volkszählung in die Stadt der Väter begeben müssen. Die Geburt Jesu wird als messianisches Ereignis dargestellt, weil sich in Jesus die an David ergangene messianische Verheißung erfüllt (vgl. 2 Samuel 7,12–16; Jesaja 11,1). Paulus verweist dementsprechend auf die Prophezeiung des Jesaja (11,1.11), wonach mit einem »Spross aus der Wurzel ↗ **Isais**« das messianische Reich beginne. In Matthäus 1,1–17 und Lukas 3,23–38 wird Jesu Stammbaum aufgestellt und auf David und seinen Vater **Isai** (= ↗ **Jesse**) zurückgeführt. In der Offenbarung (22,16) spricht Jesus von

Wurzel Jesse: aus der Holzschnittfolge »Geistliche Auslegung des Lebens Jesu Christi« (15. Jh.)

sich: »Ich bin die Wurzel und das Geschlecht Davids«. Paulus (Römer 1,3) bekennt entsprechend: »Jesus ist der Messias aus der Nachkommenschaft des David.« Die Rückbindung Jesu als der von den Propheten angekündigte Messias, seine Abstammung (= Adoption) durch den Nährvater Joseph und damit durch die Daviden fand unter dem Namen »Arbor-Jesse-Thematik« bzw. ↗ **Wurzel-Jesse-Thematik** Eingang in die lateinische Hymnendichtung bis hin zu deutschen Kirchenliedern (z.B. »Melker Marienlied«, um 1130 und ↗ **«Es ist ein Ros' entsprungen«**, Ende 16. Jh.), wo Maria zum Rosenstock wird, aus dem der Spross Jesus hervorgeht, und griff über auf »Prophetenspiele«, Liturgie, Malerei und Plastik. Die häufige Wurzel-Jesse-Darstellung bezog später auch ↗ **Maria** ein, die so nicht allein als Gottesmutter, sondern auch als Braut Christi und der Kirche verehrt wurde.

Jesus, in der Malerei und Grafik im Bild der dornenlosen Rose symbolisiert, ist gemeint, wenn es heißt: »Es ist ein Ros' entsprungen aus einer Wurzel zart, wie uns die Alten sungen, von Jesse kam die Art.« Ein beeindruckendes Beispiel für diese Darstellungform ist die Predella des Douvermann-Altars im Xantener Dom. Um 1518, am Ende der Renaissance, hat der Künstler die Wurzel Jesse und zugehörige Figuren filigran aus einem einzigen Eichenstück geschnitzt. Über dem Südportal der Lambertikirche in Münster, an der die Käfige der Wiedertäufer hängen, ist der Reis aus dem Wurzelstock Jesse in Stein zu sehen. Das Original der Skulptur befindet sich im Bode-Museum in Berlin. Das lateinische Mittelalter, das Sprache und Worte nicht auf bloße Informationsträgerschaft reduzierte, sah eine Parallele in den beiden Begriffen »virga Jesse« (= Spross oder Reis Jesse = Jesus) und »virgo Maria« (= jungfräuliche Gottesmutter Maria).

Arestag ↗ **Donnerstag**

Arianer, Arianismus, Arius (lat.)**, Areios** (griech). Nach Arius (260–336), Theologe und Priester, benannte frühchristliche Sekte. Sie vertrat die Ansicht, Christus sei von Gott geschaffen, keine Person der göttlichen Trinität, Gott nicht ähnlich; Jesus sei nur ein Geschöpf, weder Erlöser noch Offenbarer. Gegen Arius und seine Anhänger formulierte 325 das Konzil von Nizäa, der Sohn sei »wahrhaftiger Gott vom wahrhaftigen Gott, geboren, nicht geschaffen, wesensgleich mit dem Vater«. Bis heute formuliert das nizänische Glaubensbekenntnis: »... gezeugt aus dem Vater, Gott von Gott, Licht von Licht, wahrer Gott von wahrem Gott, gezeugt, nicht geschaffen ...« Gegen den Arianismus und gegen den ↗ **Doketismus** bekennt das Weihnachtsfest die Gottheit des wahrhaftig Mensch gewordenen Gottessohnes. Die Kirche hat die ↗ **Inkarnation** (lat. »Einfleischung«, ↗ **Menschwerdung**) Jesu von Anfang an verteidigt (vgl. 1 Johannes 4,2): »Daran erkennt ihr den Geist Gottes: Jeder Geist, der bekennt, Jesus Christus sei im Fleisch gekommen, ist aus Gott.« Während der 25. Dezember eben dies bekennt und im strengen Sinn ↗ **Epiphanie** darstellt, feiert das eigentliche Fest Epiphanie die ↗ **Theophanie**, die Erscheinung, das Vorzeigen der Göttlichkeit Jesu Christi. Wahrer Gott und wahrer Mensch, diese Dualität haben die Christen von Anfang an in ihrem Weihnachtsfest bezeugt.

Arma Christi

Die ↗ **Leidenswerkzeuge**, also jene Marterinstrumente, die Jesus von Nazaret an sich erfahren musste – **Kreuz**, **Geißel**, **Nägel**, **Dornenkrone**, **Schwamm**, **Zange**, **Geißelsäule**, **Lanze**, ↗ **Kreuzinschrift**, **Hammer**, **Bohrer**, **drei Würfel**, **Strick**, ↗ **Brett mit 30 Silberlingen**, ↗ **Leichentuch** – wurden im Mittelalter als Hoheitszeichen Christi und Majestätssymbole verehrt. Sie wurden zu den **Arma Christi** und bildlich in Verbindung mit dem ↗ **Schmerzensmann** dargestellt sowie bei figürlichen Kreuzesdarstellungen als Attribute angebracht. Ihre Darstellung befriedigte nicht ästhetische, sondern religiöse Gefühle. Die **Arma Christi** waren Gegenstände der Verehrung in der Passion, galten als Reliquien Christi, waren Waffen im Kampf gegen die Sünde, wurden im späten Mittelalter zu heraldischen Symbolen und degenerierten bis zu Amuletten. Die **Arma Christi** werden in Rom in der Kirche S. Croce di Gerusalemme verehrt. Papst Innocenz VI. hat 1353 für Deutschland und Böhmen sogar ein Fest »De armis Christi« am Freitag nach der Osteroktav eingeführt. 1735 wurde dieses Fest als »festum ss. lanceae et clavorum D.N.I.Chr. ex indulto in Germania« approbiert. ↗ **Marterl** nennt man in Bayern die in Feld und Flur aufgestellten Kreuzplastiken, weil sie oft mit den Leidenswerkzeugen Christi geschmückt sind (vgl. ↗ **Passionsfrömmigkeit**).

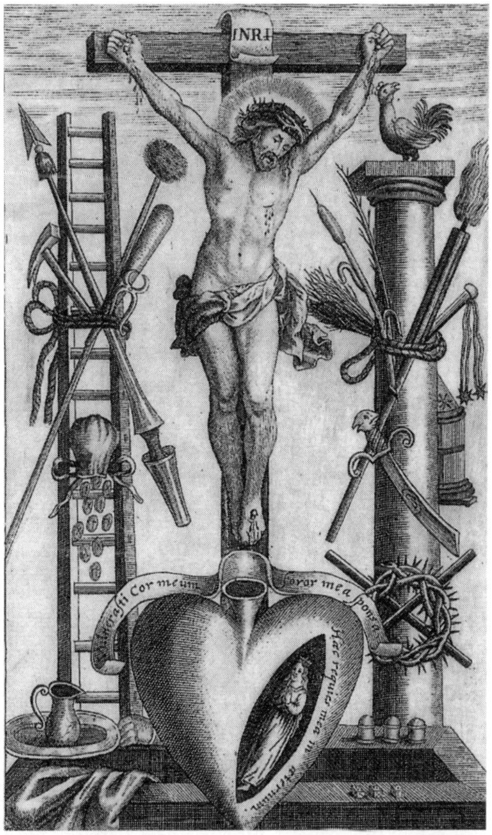

Kreuzigung mit Leidenswerkzeugen Jesu. Kupferstich und Radierung. Aus: Das Leben Christi in 27 Bildern, Kölnisch, um 1380/90. Rheinisches Bildarchiv Köln

Armseelen-Bruderschaften ↗ Allerseelen, ↗ Bruderschaft
Armsünderglocke ↗ Glocken
Arne, Mand na de ↗ Monate: September
Arnemonat ↗ Monate: August
Artemis ↗ Diana

Asche

Asche als Symbol für Vergänglichkeit und Bußgesinnung war im gesamten Orient zu Hause, natürlich auch in Israel. Ein »Reinigungswasser« wurde z.B. aus der Asche einer verbrannten, fehlerlosen roten Kuh, vermischt mit verbranntem

Zedernholz, Ysop und Karmesin, gesammelt von einem kultisch reinen Mann, hergestellt (Numeri 19,9f.). Als »Asche-Sprüche« bezeichnete man wertlose Reden (Genesis 18,27; Ijob 13,12), als »Aschehüten« die Götzenverehrung (Jesaja 44,20). Der Büßer sitzt »in Staub und Asche« (Ijob 30,19), streut sich »Asche auf sein Haupt« (2 Samuel 13,19; 1 Makkabäer 3,47) und kleidet sich in »Sack und Asche« (Ester 4,1; Jesaja 58,5; Matthäus 11,21; Lukas 10,13). Die neutestamentliche Formulierung, nach der in Sack und Asche Buße getan wird, fand Eingang nicht nur in deutsche Redensarten. Im Französischen heißt es: »Faire pénitence dans la sac et dans la cendre« (veraltet); im Englischen: »To repent in sackcloth and ashes«; im Niederländischen: »In zaken en as zitten«.

Im Christentum fand die Asche in Bußgottesdiensten und – seit dem 10. Jh. – beim ↗ **Aschenkreuz** am ↗ **Aschermittwoch** Verwendung. Die Symbolik der Asche wird heute noch in einem anderen Gottesdienst verwendet, nämlich in der Messe zur Amtseinführung eines neuen Papstes. Vor den Augen des neugewählten Papstes verbrennt einer der ranghöchsten Kardinäle einen Wollfaden, um den Neugewählten auf die Vergänglichkeit und Nichtigkeit allen Scheins aufmerksam zu machen. Als Mahnung und Erinnerung an die eigene Endlichkeit, als Hinweis auf die Notwendigkeit zu Buße und Umkehr angesichts des unausweichlichen Todes, den der im vermeintlich immerwährenden Jetzt lebende Mensch nur zu gerne verdrängt, ist die Symbolik der Asche ein nach wie vor lebendiges Symbol.

Aschenklas ↗ **Nikolaos** ↗ **Nikolaus-Name**

Aschenkreuz

Am ↗ **Aschermittwoch** begann in der frühen Kirche die öffentliche (Kirchen-)Buße, an dem die Büßer ein Bußgewand anlegten und mit ↗ **Asche** bestreut wurden. Als die öffentliche Buße außer Gebrauch kam (10. Jh.), übertrug sich die Aschesymbolik auf alle Gläubigen (Synode von Benevent 1091). Aschesegnungen im Christentum lassen sich daher bis mindestens ins 10. Jh. zurückverfolgen. Das Aschenkreuz auf der Stirn der Gläubigen ist Zeichen des Anbruchs der Bußzeit und des ↗ **Fastens**. Bei der Austeilung spricht der Priester traditionell die Worte: »Bedenke, Mensch, dass Du Staub bist und wieder zum Staub zurückkehren wirst« (vgl. Genesis 3,19) und erinnert damit an Jesus Sirach 17,32, wo die Menschen als »nur Staub und Asche« gesehen werden. Die Asche des Aschermittwochs wird seit dem 12. Jh. aus Palmzweigen des Vorjahres gewonnen.

Auftragen des Aschenkreuzes am Aschermittwoch.
Foto: Joseph Mick, Köln

Aschermittwoch

Seit dem 6. Jh. bildet der Mittwoch vor dem 6. Sonntag vor Ostern (↗ **Invocabit**) den Auftakt zur österlichen ↗ **Fastenzeit**. Unter Einbeziehung von Karfreitag und Karsamstag und unter Ausschluss der Sonntage ergeben sich 40 Fastentage vor dem höchsten christlichen Festtag, dem Gedächtnis der Auferstehung Jesu Christi. Weil die Büßer in der Kirche an diesem Tag nach alter Tradition mit ↗ **Asche** bestreut wurden, erhielt dieser Tag den Namen Aschermittwoch.

Seit dem 10. Jh. lässt sich die Austeilung des ↗ **Aschenkreuzes** an diesem Tag nachweisen. Mancherorts hieß der Aschermittwoch auch ↗ **Pfeffertag**, weil Langschläfer mit grünen ↗ **Ruten** aus den Federn »gepfeffert« wurden. Andernorts gab es den ↗ **Aschermittwochstreich**: Kinder besuchten ihre Paten, gaben ihnen ein paar Streiche mit einer grünen ↗ **Rute** und erhielten dann Brezeln. Statt eines grünen Reis' konnten auch bändergeschmückte Tannenzweige (Sachsen), Birkenreise (Harz, Mecklenburg) benutzt werden. Im Raum von Hannover pfefferten die jungen Burschen und warfen Asche. Wacholder- und Fichtenzweige wurden in Norddeutschland benutzt, wo dieser Brauch **Fuen** hieß. Hier pfefferte man die Langschläfer, bis sie sich mit Lebensmittelspenden freikauften. In Halberstadt wurde am Aschermittwoch die Gegensätzlichkeit vom »alten ↗ **Adam**« und »neuem Adam« augenfällig thematisiert: Ein armer Missetäter wurde als »Adam« aus der Kirche gejagt, musste während der Fastenzeit barfuß betteln und erhielt an den Kirchentüren Speise, bis er am ↗ **Gründonnerstag** beim Abendmahlsgottesdienst feierlich wieder aufgenommen und dann als gereinigt entlassen wurde: ein Reinigungssinnbild für die ganze Stadt.
Der Fastenauftakt hat viele Namen: Erster Tag (Mittwoch) in der Fasten oder Macherdag (in der Vasten) (Rheinland); dies quadragesimale oder nach dem Gebetsbeginn der Aschenweihe: Exaudi nos domine. Gemäß der klassischen ↗ **Fastenspeise** heißt der Tag auch **Heringstag**. Die meisten Namen nehmen Bezug auf die tagesspezifische Asche: **Aschetag**, **Assedach**, **Aschrigmickt**, **Aschewoensdach**, **Ashwednesday**, **Askeonsdag**, **Als man aschen aufs haupt nimmt**, »cendres« (Frkr.), »cineres«, »dies cinerum«, »- cineris et cilicii«, »- quadragesime«, **Erster Tag (Mittwoch) in der Fasten**, **Eschtag**, **Esztag**, **Eschige / escherige Mitwoch**, **Eschmittwoch**, **Eszmittwugen**, **Eistag**, **Eischtag**, **Exaudi nos domine** (nach der Aschensegnung), »feria quarta cinerum«, **Heschiche Mittwoch**, »Ingende vasten«, »Initium jejunii«, »- quadragesime«, **Macherdag (in der vasten)** (Rhld.), **Mittwoch do man in die vasten geht**, **Öschriger Mittwoch**, **Quadragesima intrans**, **Schurtag**. Aschermittwoch als Schwellenfest zwischen ↗ **Fastnacht** und ↗ **Fastenzeit** wird nicht erst in unseren Tagen durch – vermeintlich oder tatsächlich – »nachgeholte« Fastnachtsveranstaltungen (Ball der Köche, Taxifahrer ...) pervertiert. Das symbolische ↗ **Fischessen** am Aschermittwoch zelebrieren einige als lukullisches Ereignis. In Goethes Faust I lesen wir bereits:

So sei die Zeit mit Fröhlichkeit vertan!
Und ganz erwünscht kommt Aschermittwoch an.
Indessen feiern wir, auf jeden Fall,
Nur lustiger das [sic] wilde Karneval.

Aschermittwoch der Künstler
Auf Vorschlag von Paul Claudel fand nach dem Zweiten Weltkrieg in Paris erstmals ein »Aschermittwoch der Künstler« statt, eine Idee, die Josef Kardinal Frings in Köln 1950 aufgriff. Seitdem treffen alljährlich Bischof und Künstler zu einer religiösen Standortbestimmung zusammen. Weltweit findet der Aschermittwoch der Künstler in über 100 Städten statt.

Aschermittwochstreich ↗ Aschermittwoch
Aschetag ↗ Aschermittwoch
Aschewoensdach ↗ Aschermittwoch
Aschrigmickt ↗ Aschermittwoch
Ashwednesday ↗ Aschermittwoch
Askeonsdag ↗ Aschermittwoch
Assedach ↗ Aschermittwoch
Astern ↗ Ostern
Ätsch Gäbeli ↗ Rübenschaben, ↗ Schabab
Auferstehung Christi ↗ Ostern
Auferstehungsfahne ↗ Osterfahne
Auferstehungsfest ↗ Ostern

Auferstehungspflanze
Es gibt eine exotische Pflanze, die Generationen von ↗ **Jerusalem**pilger als Auferstehungspflanze mitgebracht haben: die **Rose von Jericho** (lat.: »anastatica hierochuntica«). Die zu den Senfgewächsen gehörende Pflanze präsentiert sich als kleine schlichte Kugel aus vertrockneten Ästchen. Legt man sie aber in etwas Wasser, streckt sie ihre Zweige aus und verwandelt sich in eine Blume. Dies lässt sich beliebig wiederholen. Die traditionelle Auferstehungspflanze des Mittelalters aber ist der ↗ **Löwenzahn**.

Fra Angelico, Krönung Mariens, Tafelbild (um 1434/35). Florenz, Uffizien. Vorlage: Archiv Herder

Auffahrtstag ↗ Christi Himmelfahrt
Aufnahme Mariens in den Himmel ↗ Mariä Himmelfahrt
Aufräumtag ↗ Verlorener Montag
Augenmaß ↗ Narrenaufträge
Augst, ander ↗ Monate: September
August ↗ Monate: August

Ausgehende Osterwoche
Bezeichnung für die Woche nach Ostern (vgl. ↗ **Ostern**).

Austern ↗ Ostern
Auwest ↗ Monate: August

Ave, Maria (Ave-Maria)
Das bei Katholiken populäre Gebet **Gegrüßet seist du, Maria** (lat.: »Ave, Maria«), vor allem durch den ↗ **Rosenkranz** weit verbreitet, hat seinen Ort in der biblisch belegten Verkündigung (↗ **Mariä Verkündigung**) des Engels ↗ **Gabriel** an Maria (vgl. Lukas 1,28ff).

B

Baba Noël ↗ Weihnachtsmann
Bacchanalia ↗ Fastenzeit
Bäckerdutzend ↗ Dreizehn

Baldachin
Innerhalb der Liturgie sind Baldachine Hoheitszeichen, die dem unter ihnen Geborgenen herausragende Bedeutung zuweisen. Bekanntester Baldachin der Christenheit ist wahrscheinlich der Papstaltar in der Peterskirche. Überdachte Altäre finden sich aber auch andernorts und aus früheren Jahrhunderten, z. B. der Hauptaltar in der Abteikirche Maria Laach. Es gab und gibt nicht nur statische Baldachine, sondern auch mobile. Gebräuchlich sind vor allem tragbaren Baldachine für die ↗ **Fronleichnamsprozession**, die **Traghimmel**.

Baldachin, aus: Etschmiadzin-Evangeliar, Matenadaran Nr. 2374, fol. 5v, Tempietto. Vorlage: Archiv Herder

Balmtag ↗ Palmsonntag
Balthasar ↗ Dreikönige

Barbara
Der Gedenktag der hl. Barbara wird am 4. Dezember begangen (**Barbere, Barblentag**). Die Legende nennt als Zeitpunkt ihres Martyriums und Todes die Regierungszeit des Kaisers Maximians (306) und Nikomedien als Lebensraum. Die Entstehung der Legende scheint im 7. Jh. im byzantinischen Raum zu liegen. Der heidnische Vater Dioskuros ließ Barbara ihrer Sicherheit wegen in einen Turm sperren, wo sie als Symbol der Trinität ein drittes Fenster brechen ließ. Als Christin verfolgt, wird sie von ihrem eigenen Vater enthauptet, den darauf ein Blitz erschlägt. Vor ihrem Tod hatte Barbara die Verheißung erhalten, dass niemand, der sie anruft, ohne Sakramentenempfang stirbt. In Zeiten, in denen die Menschen eher von einem strengen Richtergott ausgingen, war das tägliche Gebet zur hl. Barbara eben aus diesem Grund zwingend. Dies erklärt auch die enorme Popularität dieser Heiligen bis in unsere Tage. Nach dem II. Vatikanischen Konzil wurde Barbara als historisch nicht gesicherte Heilige nicht mehr im Römischen Heiligenkalender geführt. Ihrer kulturhistorischen Bedeutung wegen wurde ihr Gedenktag aber in den Regional-Kalender für das deutsche Sprachgebiet als nichtgebotener Gedenktag (lat.: »memoria ad libitum«) aufgenommen.

Michael Sintzel, Die hl. Barbara. Aus: Das große Festtagsbuch. Feiern, Tanzen und Singen. Hrsg. v. Walter Hansen. Freiburg i.Br. 1984. Vorlage: Archiv Herder

Die zunächst nur in der Ostkirche verehrte hl. Barbara wird um 700 im Westen genannt. Um 1000 sollen ihre Gebeine nach Venedig gekommen und von dort in das Kloster S. Giovanni Evangelista in Torcello gelangt sein. Seit dem 14. Jh. wurden die Bergbaugebiete in Sachsen, Schlesien und Böhmen besondere Kultlandschaften der hl. Barbara; die Verehrung in den Alpen, mit Ausnahme in Tirol, stammt überwiegend aus der Gegenreformation des 17. und 18. Jh. Im Ruhrgebiet fand die Barbaraverehrung Einzug mit den Bergarbeitern im neu eröffneten Bergbau.

Schon in vorchristlicher Zeit war der 4. Dezember ein besonderer Tag: ↗ **Frau Holle**, ↗ **Bertha**, ↗ **Perchta**, ↗ **Holda** und andere verzauberten Gestalten erschienen am Vortag und erschreckten die Menschen. In Oberfranken verfolgten mit Fetzen verkleidete junge Burschen, so genannte »**Bäreli**«, nach Einbruch der Dunkelheit die Mädchen, die sich noch außer Haus aufhielten, beschimpften sie und schlugen sie mit ↗ **Ruten**. Barbara gilt besonders als Patronin der Sterbenden (gegen plötzlichen unversehenen Tod), zugleich aber auch der Bergleute – laut Legende öffnete sich während ihrer Flucht vor dem Vater ein Felsen und verbarg sie –, Artilleristen, Baumeister, Turmwächter, Feuerwehrleute, Glockengießer und Glöckner. In Basel und St. Gallen feuern die Artilleristen am 4. Dezember beim **Barbaraschießen** 22 Kanonenschüsse zu Ehren der Heiligen ab. In Niederösterreich finden in Artilleriekasernen die oft ungezügelten **Barbarataufen** für junge Offiziere statt. **Barbara-Essen** veranstalten die ehemaligen Artilleristen. Die Bergleute begingen früher den 4. Dezember als Feiertag mit Hochamt und festlichem Mahl: Bergmanns-Kapellen in Knappenuniformen begleiteten den Tag. – In Niederösterreich tragen die Frauen beim Kirchgang ↗ **Barbarazweige**, die während der Messfeier geweiht werden. Barbara gehört mit ↗ **Katharina** und ↗ **Margareta** zur Gruppe der ↗ **drei heiligen Madeln** (Bauernpatroninnen) unter den ↗ **Vierzehn Nothelfern**. Zusätzlich mit der hl. Dorothea bilden die vier Heiligen die ↗ **quattuor virgines capitales**, also die vier besonders heiligen Jungfrauen. Die mittelalterliche Verehrung belegen **Barbaraspiele** ebenso wie weit verbreitete künstlerische Darstellungen meist mit Turm und Kelch, aber auch mit Hammer, Fackel, Schwert als Marterinstrumente, später auch mit Bergmannswerkzeugen und sogar mit Kanonenkugeln. Der Barbaratag kurz nach Beginn des ↗ **Kirchenjahres** war Lostag, an dem Zukunftsschau stattfand. Angeblich konnte jener, der um Mitternacht an einer einsamen Kreuzung lauschte, erfahren, was ihm im kommenden Jahr bevorstand. Im Burgenland ist die ↗ **Tellersaat** des **Barbaraweizens** als »winterliches Grün« bekannt; andernorts heißt man es **Adonisgärtlein.** Man streut Weizen- oder Gerstenkörner auf einen flachen Teller, begießt sie mit Wasser und stellt das Ganze an einem geschützten Ort warm. Zu Weihnachten ist die Saat aufgegangen und bildet einen dichten grünen Busch, in den man als Hinweis auf das »Licht der Welt«, Christus, eine Kerze stellt. Bis heute werden am Barbaratag von Obstbäumen Zweige geschnitten und ins Wasser gestellt. Sie sollen zu Weihnachten blühen und den Glanz verdeutlichen, die die Geburt des Erlösers in die Nacht der Sünde gebracht hat. Verwendet werden vor allem: Weichsel, Apfel, Birne, Pflaume, Flieder, Linde – heute verwendet man auch Äste von Mandelbäumchen, Forsythie, Jasmin, ↗ **Weide** und Rosskastanie. In den Alpen nennt man die Barbarazweige ↗ **Barbarabaum.** In Niederösterreich erhielt früher jedes Familienmitglied einen eigenen Zweig, um daraus sein Glück ableiten zu können. Beim Schneiden der Zweige sollten bestimmte Regeln eingehalten werden. In Böhmen durfte man nur mit dem Hemd bekleidet und mit vom Baum abgewandtem Gesicht schneiden, anderswo nur während des Vesperläutens. – Am Barbaratag umwand man früher die Obstbäume mit Stroh, weil man sich von diesem Brauch reichlichen Fruchtsegen erhoffte. Das Strohband sollte die Bäume vor dunklem Zauber bewahren. Auch ↗ **Wetterorakel** gab es am Barbaratag: Gibt Sankt Barbara Regen, bringt der Sommer wenig Segen.

Barbarabaum ↗ Barbara
Barbara-Essen ↗ Barbara
Barbaraschießen ↗ Barbara
Barbaraspiele ↗ Barbara
Barbarataufen ↗ Barbara
Barbaraweizen ↗ Barbara
Barbarazweige ↗ Barbara
Barbere ↗ Barbara
Barblentag ↗ Barbara

Bäreli ↗ Barbara
Barett ↗ Phrygische Mütze

Bari
Süditalienische Hafenstadt, in der am 8. Mai 1087 die geraubten Gebeine des hl. ↗ **Nikolaus** eintrafen, die am 9. Mai erstmals öffentlich verehrt wurden. Der 9. Mai wurde deshalb zum Feiertag ↗ **Translatio S. Nicolai**, der für Jahrhunderte in der gesamten Kirche gefeiert wurde.

Barmonat ↗ Monate: Januar
Bartel, Barthel ↗ Bartholomäus
Bartholomä ↗ Bartholomäus

Bartholomäus
Das Fest des hl. Bartholomäus (**Bâtle**, **Barthel**, **Bartel**, **Bartholomä**) am 24. August feiert einen Apostel, der im Neuen Testament nur in der Apostelgeschichte genannt wird, aber der Tradition nach mit Natanael aus Kana gleichgesetzt wird. Der Gedenktag erinnert an die Übertragung der Reliquien auf die Insel Lipari und nach Benevent. Um 1000 wurden sie nach Rom überführt, wo sie in einer nach dem Heiligen benannten Kirche auf der Tiberinsel ruhen. Die Gehirnschale des Heiligen wird aber in Frankfurt am Main verehrt, wo Bartholomäus Stadtpatron ist, und zwar sicher nicht ohne Grund; denn der Apostel ist Patron der Fischer (und Schäfer). In eben diesem Sinne ist auch die Kirche St. Bartholomä am Königssee zu ihrem Patrozinium gekommen.
Der 24. August markiert das Ende der Schon- und Laichzeit der Fische: Bartholomäus eröffnet den Fischfang in den Binnengewässern. Gefeiert wurde dies früher mit Fischessen, Prozessionen und Fischzügen. **Fischerkönig** wurde der, der den erfolgreichsten Fang vorweisen konnte. Der hl. Bartholomäus, oder genauer sein Gedenktag ist sprichwörtlich geworden. »Wissen, wo Barthel den Most holt« meint, sich zu helfen wissen, alle

Schliche kennen, sehr gewandt, hintertrieben, schlau und verschlagen sein. Belegt ist diese Redensart seit der zweiten Hälfte des 17. Jh., z. B. in Grimmelshausens »Simplicissimus« (I,139). Von allen Erklärungen scheint die am glaubwürdigsten zu sein, die sich am Gedenktag des hl. Bartholomäus (24. August) orientiert. Dieser Tag ist für den Ausgang der Weinernte wichtig. Für Bauern und Winzer war dies ein Lostag. In einem Hinweis von 1872 aus Augsburg heißt es, dass alle Wirte ihre Schankgerechtigkeit verlören, wenn sie an Bartholomä noch keinen Most hatten. Beziehen kann sich diese Aussage nur auf den Obstmost, weil es den Traubenmost wegen der ausstehenden Traubenlese noch gar nicht gibt. Da auch der Obstmost am Fest des hl. Bartholomä noch sauer ist, kann jene Redensart allerdings nur ironisch sein: Das muss schon ein verflixt gewitztes Kerlchen sein, der weiß, wie man am Barthelstag zu (trinkbarem) Most kommt. Dazu passen Redensarten im Schwäbischen: »Dear besseret se wia's Bartles Moscht, dear ischt zua Esse woara«, oder »Dea richt se wie Bartls Moscht, un den habbe mr uff de Mischthufe gschütt.« In einem Reim heißt es: »Bâtle roicht en wollfle (wohlfeilen) Moscht, beim Michl (29. September) er scho maier koscht.« Wenn auch der frühe Most noch nichts taugt, so sieht man am Bartholomäustag doch schon recht gut, in welchem Garten gutes Obst oder gute Trauben einen guten Most geben werden. Nach einer schwäbischen Wetterregel heißt es: »Wie der Bartholomäus sich hält, so ist der ganze Herbst bestellt.« Bartholomäus, der personifizierte 24. August, weiß also schon, wo der Most zu holen sein wird. In der Tat lautet die Redensart ursprünglich: »Barthel weiß, wo er den Most holt.« Zu dieser Deutung passt auch die mehrfach belegte schwäbische Scherzfrage: »Wo holt der Bartle den Moscht?« oder: »Waischt au, wau Bartle da Moscht holet?« Die Antwort heißt: »Beim Michel!«, d.h. erst Ende September. Bekannte Drohungen wie »I will der zaige, wo Bartle Moscht holt!« oder »Dem will i sa, wo Bartle de Moscht holt!« stößt einer aus, der dem anderen zeigen will, wo es lang geht. – Die Bezeichnung des Tages als ↗ **Hasenbartl** kennzeichnet ihn ebenso als Schmaustag wie den ↗ **Gänsmartin** und ↗ **Schweinethomas.**

Michael Sintzel, Der hl. Bartholomäus. Aus: Das große Festtagsbuch. Feiern, Tanzen und Singen. Hrsg. v. Walter Hansen. Freiburg i.Br. 1984. Vorlage: Archiv Herder

Bartl ↗ **Nikolaus-Begleiter**

Basler Morgenstreich ↗ **Karneval international**

Basilius
Am 2. Januar feiert die lateinische Kirche das Gedächtnis des hl. Basilius; die griechische Kirche feiert ihn schon einen Tag zuvor. Basilius, um 330 in Cäsarea, dem heutigen Kayseri in der Türkei, geboren und am 1. Januar 379 verstorben, war Erzbischof in seiner Heimatstadt. Er trat hervor als Bekämpfer des ↗ **Arianismus** und Garant des Zusammenhalts unter den Bischöfen. Er gilt als der Größte unter den so genannten drei Kappadokiern, zu denen noch sein leiblicher Bruder Gregor von Nyssa und Gregor von Nazianz zählt. Basilius wird nicht nur zu den Kirchenvätern gezählt, sondern gilt auch als der Vater des östlichen Mönchlebens. In weiten Teilen des Geltungsbereichs der Ostkirche erhalten die Kinder am Festtag des hl. Basilius statt an Weihnachten Geschenke. In das griechische ↗ **Neujahrsbrot** wird eine Gold- oder Silbermünze eingebacken, die dem Finder im neuen Jahr Glück bringen soll. Hier könnte ein Vorbild für den Königskuchen liegen (vgl. ↗ **Dreikönigsfest**).

Baskenmütze ↗ **Phrygische Mütze**
Bastl ↗ **Sebastian**
Bâtle ↗ **Bartholomäus**
Battenmänner ↗ **Nikolaus-Begleiter**
Bauernfastnacht ↗ **Alte Fastnacht**, ↗ **Fastnachtszeit**, ↗ **Veilchendienstag**

Baum aussingen
Bei den Baltendeutschen war der Brauch verbreitet, am 6. Januar die Kerzen des Christbaumes abbrennen zu lassen. Ein Kerze löschte man rechtzeitig, um mit ihr im nächsten Jahr die Kerzen am neuen Christbaum anzuzünden und so ein Zeichen der Kontinuität zu setzen. Beim »Baum aussingen« sang man das Lied »O Tannenbaum« und beschloss es, wenn die Kerzen zu verlöschen begannen, mit der Strophe: »Im nächsten Jahr zur Weihnachtszeit kommt wieder her und bringt uns Freud'! Ade, du lieber Weihnachtsbaum. Ade, ihr lieben Lichtchen.« Ab dem 7. Januar stand der Weihnachtsbaum, behangen mit Speckschwarten, für die Vögel im Garten (vgl. ↗ **Lüttenweihnacht**, ↗ **Tierweihnacht**).

Baum der Verheißung
Eine der »Wurzeln« des ↗ **Christbaums** ist die aus Isai bzw. Jesse, dem Vater des Königs David, wachsende Wurzel, die ↗ **Wurzel Jesse** (↗ **Arbor-Jesse-Thematik**), die ihre kostbare Frucht in Jesus Christus hat.

Baum des Lebens ↗ **Christbaum**, ↗ **Adamsbaum**, ↗ **Paradiesbaum**
Baum plündern ↗ **Abblümeln**

Baum wecken
In Bayern und Österreich gingen Bauer und Gesinde nach der Mette zu jedem ihrer Obstbäume, klopften an den Stamm und sagten einen vererbten Spruch auf, um »den Baum zu wecken« und daran zu erinnern, dass Weihnachten sei und er im kommenden Jahr fruchtbar sein solle (vgl. ↗ **Lüttenweihnacht**, ↗ **Mettenmahl**, ↗ **Thomas**)

Baumwollbrot ↗ **Joseph**
Bäwer ↗ **Narrenaufträge**
Bechtelitag ↗ **Silvester**
Bechteln ↗ **Silvester**
Bechtelsmahl ↗ **Silvester**
Beelzebub ↗ **Nikolaus-Begleiter**

Befana
Name der ↗ **Dreikönigshexe** in Italien (Befana ist eine Verballhornung von Epiphania). Der Legende nach ist Befana eine unglückliche Person, die zwar von der Geburt Jesu gehört hat, aber zu spät aufgebrochen ist. Sie bringt nun in jedes Haus Geschenke; denn es könnte ja gerade das Haus sein, das Jesus beherbergt. Die pädagogische Wegweisung ist unverkennbar. Befana

kommt durch den Kamin und ist deshalb rußschwarz. Sie füllt die von den Kindern aufgestellten Schuhe mit Süßigkeiten und kleinen Geschenken. Bösen Kindern steckt sie nur ein Kohlenstück in die Schuhe.

Beichteier ↗ Beichtgeld
Beichtgeheimnis ↗ Johannes Nepomuk

Beichtgeld
In Zeiten ohne Kirchensteuer, ohne festes Gehalt für die Seelsorger und ohne feststehende Geldeinnahmen waren diese auf Lebensmittelspenden der Gläubigen angewiesen. Für die Spendung der Sakramente erbaten die Geistlichen Gebühren, die so genannte ↗ **Stolgebühr** (Gebühren für Handlungen, bei denen die Stola getragen werden musste), von denen aber die Armen ausgenommen sein sollten. Ursprünglich waren diese Stolgebühren auch Lebensmittel – deshalb auch **Beichteier** –, später Geldleistungen. Aus dieser Zeit stammt der Begriff »Beichtgeld«, eine Gebühr, die in der österlichen Zeit im Zusammenhang mit der österlichen Pflichtbeichte fällig wurde. Das Beichtgeld hieß an anderen Orten auch **Beichtpfennig**.

Beichtpfennig ↗ Beichtgeld

Beichtzettel
Wer seine ↗ **Osterbeichte** absolvierte, erhielt von seinem Beichtvater den österlichen Beichtzettel als Beleg für die Pflichterfüllung des Kirchengesetzes. Der Pfarrer konnte so zählen, wieviele Pfarrangehörige ihre Osterbeichte abgelegt hatten. Der Beichtzettel ist nicht zu verwechseln mit dem ↗ **Osterbildchen** (lat.: »schedula paschalis«), das nach dem Empfang der ↗ **Osterkommunion** durch den Küster oder die Messdiener an die Kommunikanten ausgeteilt wurde und wird. Das Osterbildchen ermöglicht zudem, die Zahl der österlichen Kommunikanten festzustellen.

Beichtzettel der Pfarrkirche St. Urbanus, Buer (1952). Vorlage: Ludger Hohn-Morisch, Emmendingen

Beiern ↗ Glockenbeiern
Belzebub ↗ Nikolaus-Begleiter
Belzemärtel (Pelzemärtel) ↗ Martini

Berchtel
Der rauhe Percht hat sein weibliches Gegenstück in der Berchtel, der »schaichen ↗ **Perchta**«. Sie ging im Advent in Bayern und Österreich durch die Dörfer, schenkte den Kindern ↗ **Hutzelbrot** und Nüsse, wenn sie fleißig gewesen waren, oder strafte sie mit der ↗ **Rute**, wenn sie nicht gelernt und gearbeitet hatten. Die **Budelfrau**, ganz weiß gekleidet, lobte und strafte in Niederösterreich. Die **Buselbrecht**, eine in schwarze Lumpen gekleidete Alte mit geschwärztem Gesicht und zotteligem Haar, trat in der Gegend um Augsburg auf und streute den Leuten Mehl ins Gesicht (↗ **Nikolaus-Begleiter**).

Berechnungshypothese ↗ Hypothesen zum Weihnachtstermin
Berliner Weihnachtspyramide ↗ Christbaum
Berta ↗ Perchta, rauhe
Beschenken ↗ Bescherung, ↗ Gabenbringer, ↗ Geschenk, ↗ Kinderbeschenktage, ↗ Schenken
Bescherbaum ↗ Christbaum

Bescherung

Ein Kinderfest mit Bescherung ist eigentlich der Nikolaustag, dessen Bräuche sich aber auch auf den Martinstag ausgedehnt haben. Das Zurückdrängen der Heischegänge (↗ **Gripschen**) hat die Bescherung zu Sankt ↗ **Martin** befördert. In Westfalen stellten Hausbesitzer den Kindern des Hauses einen Korb mit Äpfeln und Nüssen hin und behaupteten, diesen habe der hl. Martin gebracht. In Pommern wurde ein Korb mit Rüben auf den Tisch gestellt, die zuvor mit Silber- und Goldmünzen gespickt worden waren. Die Kinder mussten mit verbundenen Augen oder spitzen Stöcken die Rüben greifen. In Belgien werfen die Eltern am Martinsabend Äpfel, Nüsse, Gebäck und Naschzeug durch ein Fenster ins Zimmer. Die Geschenke dürfen nur von den Kinder aufgehoben werden, die an Sankt Martin glauben. Nach zahlreichen Martinsumzügen in Deutschland erhalten die teilnehmenden Kinder vom Träger der Veranstaltung (Heimatverein, Schule, Karnevalsverein, Kirchengemeinde...) eine »Martinstüte«. So soll gesichert werden, dass jedes Kind ein Geschenk und eine »süße Erinnerung« an das Fest erhält. Mancherorts hat die Martinstüte das Heischen (mit Absicht!) verdrängt. Durch die Reformation hat sich das Kinderbeschenken auf Weihnachten verlagert, ↗ **Weihnachten**.

Beschneidung Jesu

Im 6. Jh. hatte sich in Gallien und Spanien ein »Fest der Beschneidung des Herrn« am 1. Januar ausgebildet, das Bezug nahm auf die Angabe bei

Weihnachtsfest am preußischen Hof (1809). Quelle unbekannt

Lukas 2,21: »Als acht Tage vergangen waren und das Kind beschnitten werden sollte, erhielt das Kind den Namen Jesus, wie der Engel es genannt hatte, noch bevor es im Mutterschoß empfangen war.« Wenn man den 25. Dezember mitzählt, ist der achte Tag der 1. Januar. Rom übernahm dieses Fest im 9. Jh. und verdrängte dafür ein Marienfest. Das Fest der Beschneidung des Herrn oder lat. »In Circumcisione Domini« wurde mit der Liturgiereform 1969 aufgegeben. Zurückgegriffen wurde für den 1. Januar wieder auf das alte römische Erbe. Der Tag nennt sich heute ↗ **Hochfest der Gottesmutter Maria und des Namens Jesu**, vgl. auch ↗ **Marienfeste.**

Betglocke ↗ Glocken
Betholz ↗ Klausenholz

Betlehem
Die etwa 8 km südlich von ↗ **Jerusalem** gelegene Stadt Davids, aus der nach prophetischen Worten der Messias kommen sollte. Obwohl schon Origenes (185–254) auf die allseits bekannte ↗ **Geburtshöhle** bei Betlehem hinweist und Kaiser Konstantin ab 325 an dieser Stelle eine Kirche über der Geburtsgrotte des Erlösers mit dem lateinischen Namen »Ecclesia Speluncae Salvatoris« erbauen ließ, meinen heute die Experten aufgrund der nicht ausreichend stimmigen Zeitangaben für den Geburtstermin, sowie aufgrund der messianischen Verweisung auf Betlehem, der historisch nicht gesicherten Volkszählung des Neuen Testamentes und vor allem aus der unzumutbaren Entfernung von 180 km zwischen Betlehem und dem Wohnort ↗ **Nazaret** von Josef und Maria schließen zu müssen: Betlehem sei als Geburtsort Jesu nicht gesichert. Möglicherweise hätten die ersten Christen die Geburt Jesu nach Betlehem »verlegt«, um für Jesus den messianischen Anspruch von Geburt an beanspruchen zu können.

Geburtsgrotte in Betlehem.
Foto: Alfons Senfter

Betlehemitischer Kindermord ↗ Unschuldige Kinder

Bewegungs-, Rüge- und Spottgebärden
Das berühmt-berüchtigte ↗ **Vogel zeigen**, ursprünglich einmal eigentlich das ↗ **Narren stechen**, ↗ **Gähnmaul** und ↗ **Rübenschaben** oder ↗ **Schabab**: Das ↗ **Rüge- und Spottbrauchtum** braucht Zeichen und Gebärden, um Verachtung ausdrücken zu können.

Biggesel ↗ Nikolaus-Begleiter
Bilder, lebende ↗ Lebende Bilder

Bilderstreit, Ikonoklasmus
Wesentlich für die Verehrung Gottes und großer Menschen war in der Menschheitsgeschichte die Beantwortung der Frage, wie sie zu verehren sind: nur als innere Vorstellung oder auch gezeichnet, gemalt, plastisch figuriert. Seit prähistorischer Zeit lassen sich bildliche Darstellun-

Betlehemitischer Kindermord. Aus einem in Nordengland, wohl in York um 1170 entstandenen Psalter; hier fol. 11v. Kongelige Bibliothek, Kopenhagen, Ms. Thott 143, 2°. Vorlage: Archiv Herder

gen von Göttern und des Heiligen belegen. Schriftlose Kulturen verwenden die Abbildungen meist, um durch sie Einfluss über das Dargestellte zu gewinnen (**Bilderzauber**, **Aneignungszauber**). Das religiöse Bildverständnis kann so weit reichen, dass zwischen religiöser Wirklichkeit und ihrer Abbildung kein Unterschied mehr besteht: Bild und im Bild Dargestelltes werden eins. Das Bild ist der Gott und wird wie der Gott selbst geehrt, z. B. durch Waschung, Kleidung, Opfer (Kultbild, Idolatrie oder Idololatrie). Diese Praxis ist klar getrennt von einem symbolischen Bildverständnis: Das Heilige oder Göttliche wird im Bild symbolisch präsent; es gibt keine Identifikation zwischen Abbild und Dargestelltem. Zwischen diesen beiden polarisierenden Bildverständnissen sind die Übergänge fließend. Daneben gibt es – allerdings als im Altertum singuläre Erscheinung – das Bilderverbot in Israel. Der Dekalog fordert: »Du sollst dir kein Kult-Bild machen« (Deuteronomium 5,8) und drückt damit das theologische Grundwissen aus: Gott ist unverfügbar. Die statische Konkretion wurde als Gegensatz zur Unverfügbarkeit Gottes gesehen. Das alttestamentliche Bilderverbot – oft mit dem Fremdgötterverbot verbunden – findet sich an vielen Stellen der Bibel (z. B. Exodus 20,4 par; Deuteronomium 5,8; Exodus 20,23; 34,17; Levitikus 19,4; 26,1; Deuteronomium 27,15). Die Wichtigkeit dieser Problematik im Alten Testament zeigt sich darin, dass im Hebräischen der Bibel mehr als zehn verschiedene Begriffe für »Bild(er)« benutzt werden.

Das Neue Testament hat das Alte Testament als feststehend und geltend zur Voraussetzung, weshalb das alttestamentliche Bilderverbot im Neuen Testament vorausgesetzt wird. Die hier deutlich zurückgenommene Thematisierung des Problems bedeutet allerdings eine neue Akzentuierung. Das Neue Testament bekämpft alle Erscheinungen der Idolatrie (im NT wird in diesem Zusammenhang der griechische Begriff »eidolon« benutzt). Für das Kultbild selbst braucht das Neue Testament »eikon«, einen Begriff, der schon bald unscharf und auf andere Verhaltensweisen in Glaube und Kult angewendet wird. Ein eigenes Feld bildet im Neuen Testament die alttestamentliche Idee von der Gottebenbildlichkeit, die in der griechisch beeinflussten Welt auf den Gedanken von Urbild und Abbild trifft. Besonders in der neutestamentlichen Briefliteratur entstehen so beispielsweise Bezüge zwischen Christus und Kirche, Gläubigen und Gott. Zentral wird aber im Neuen Testament die Vorstellung von Christus als einzigem Abbild des unsichtbaren Gottes (Kolosser 1,15; 2 Korinther 4,4).

Christus. Enkaustik-Ikone. Konstantinopel (8. Jh.). Sinai, Katharinenkloster. Vorlage: Archiv Herder

In der Ostkirche, die in einer Welt voller antiker Götterbilder entstand, galt zunächst einmal das alttestamentliche Bilderverbot uneingeschränkt weiter. Im 6. Jh. kommt das verehrte Bild, die ↗ **Ikone**, auf. Es wird von Bilderwundern berichtet; verehrte und Hilfe spendende Bilder existieren als Mosaike, Wandmalereien, amulettartige Anhänger, Reliefs. Das Tafelbild als Ikone scheint erst seit dem 13. Jh. zu dominieren. Zum Bilderstreit (↗ **Ikonoklasmus**), d.h. zum Konflikt um die Rechtmäßigkeit der Verehrung christlicher Bilder, kommt es, als sich das byzantinische Kaiserhaus gegen die Bilderverehrung ausspricht. Kaiser Leon III. (717–741) erlässt 726 und 730 ein Bilderverbot. Die Synode von Hiereira, die sich selbst als ökumenisches Konzil verstand, verfügte 754 die Abschaffung der Bilder. Den Bilderverehrern (Ikonodulen) warfen ihre Gegner (Ikonoklasten) Abgötterei, Götzendienst und Häresie vor. Bereits 787 wurden durch Kaiserin Irene (Mitregentin 780, Kaiserin 790, Mitregentin 792, Kaiserin 797–792) und Patriarch Tarasios auf dem 7. Ökumenischen Konzil von Nizäa die Bilderverehrung nicht bloß wieder zugelassen, sondern geradezu verbindlich. Auch eine zweite Phase der Bilderfeindlichkeit (815–843) konnte die Entwicklung nicht aufhalten. Die Synode von Konstantinopel entschied 843 zugunsten der Bilderverehrung. Die Erinnerung daran bewahrt in der Orthodoxie das alljährlich gefeierte »Fest der Orthodoxie«. Die Ausbreitung der Bilderverehrung erfolgte seit dem 10. Jh. Neue Auseinandersetzungen folgten im 16. Jh. in Russland, als die einen streng am Kopieren des alten Stils festhielten und damit die Idee von der Abbildlichkeit der Ikone fundierten und andere neue Themen und naturalistische Stile bevorzugten.

Im Westen entstand im 3. Jh. durch die italienisch-gallische Grabkunst ein erster christlicher Bilderkreis, der ab 400 durch ein Bildprogramm bei der Kirchendekoration ergänzt wurde: In der Apsis trifft man auf den thronenden oder richtenden Christus (»Pantokrator«), im Langhaus auf biblische Geschichten. Angesichts fortbestehender Bilderfeindlichkeit wird auf die pädagogische Funktion der Bilder (als »biblia pauperum«) verwiesen, ein auch fränkische Theologen überzeugendes Argument, denn dort war die Bilderverehrung zuvor unbekannt. Im 10. Jh. kamen im Norden der Westkirche plastische Kultbilder auf, die meist durch eingebrachte ↗ **Reliquien** legitimiert wurden. Einen neuen Impuls brachte die Gotik im 12./13. Jh.: Beeinflusst durch die östliche Tafelmalerei (»maniera greca«) entstanden neue Vergegenwärtigungen Christi, vor allem seine Kindheit und Passion kamen nun zur Darstellung. Als Andachts- und Altarbilder hielten sie ebenso Einzug in die Kirchen wie die Madonnenbilder – einige davon später als wunderwirkend verehrt –, deren Verbreitung besonders von dem 1233 neu gegründeten Servitenorden betrieben wurde. Die Reformatoren des 16. Jh. verhielten sich gegenüber der Bilderverehrung überwiegend ablehnend. Zwar duldete das Luthertum Bilder, aber der Calvinismus verwarf sie entschieden, woraus sich ihre Zerstörung (Bildersturm) ableitete. Die Gegenreformation und die Katholische Reform wiederum förderten religiöse Bilder und ihre Verehrung. Gerade in der Barockzeit entstanden zahlreiche Wallfahrten zu »helfenden Bildern« neu. Holzstich, Kupferstich, Stahldruck und neuere Drucktechniken förderten seit der Spätgotik Entstehung und Verbreitung kleinformatiger Andachtsbilder. Ein neuer Bildersturm ergab sich durch die Französische Revolution und die sie begleitende Aufklärung. Das 19. Jh. suchte einen neuen Weg zur Reform christlicher Bilder in klassischen Vorlagen (Nazarener, Beuroner Schule), während das 20. Jh. eine Tendenz zur Abstraktion sakraler Bilder zeigt. Die liturgische Funktion der Bilder ist heute stark reduziert.

Bilderzauber ↗ **Bilderstreit**, ↗ **Ikonoklasmus**
Billiger Jakob ↗ **Jakobus der Ältere**
Binsenmarkeier ↗ **Ostereier**
Birnenwecken ↗ **Stollen**
Bisemonet ↗ **Monate: August**
Bittprozession ↗ **Bitttage**

Bitttage

Der 5. Sonntag nach Ostern wird nach dem Eingangsgebet »Vocem jucunditatis« genannt, aber auch »Rogate«. Die Bezeichnung »Rogate« leitet sich weder vom Eingangsgebet noch vom Evangelium des Sonntags ab. »Rogate« ist hergeleitet von der **Bittprozession** (lat.: »rogate = bittet«), die für den Markustag, den 25. April, wahrscheinlich im 4. Jh. in Rom angeordnet wurde. Die unter Gregor dem Großen (590–604) neu belebte Bittprozession in Form einer feierlichen ↗ **Flurprozession** (lat.: »litaniae maiores = größerer, älterer Bitttag«) sah immer das Singen der Allerheiligenlitanei vor. Nach der Mitte des 5. Jh. hat Bischof Mamertus von Vienne in Südfrankreich drei Sühnetage vor ↗ **Christi Himmelfahrt** eingerichtet, an denen die Gläubigen Buße tun und Werke der Nächstenliebe verrichten sollten. Am Ende des 8. Jh. übernahm die ganze lateinische Kirche diesen Brauch, angeordnet durch Papst Leo III. (795–816). Diese Woche bekam den Namen **Bittwoche**; der Montag, Dienstag und Mittwoch der Bittwoche wurden zu **Rogationstagen**, Bitttagen. Zur Unterscheidung von anderen Bitttagen wurden diese »litaniae maiores« = größere, ältere Bittgänge genannt; die anderen hießen »litaniae minores« = jüngere, kleinere Bittgänge. Traditionell waren die Bitttage dazu da, Gott um Gnade zu bitten, um Fruchtbarkeit für Feld und Flur, um Verhütung von Hagel, Frost und anderem Unwetter. Für die Gegenwart bestimmt die Grundordnung des ↗ **Kirchenjahres**: »An den Bitt- und Quatembertagen betet die Kirche für mannigfache menschliche Anliegen, besonders für die Früchte der Erde und für das menschliche Schaffen; auch eignen sich die Tage für den öffentlichen Dank.« Nach wie vor werden die Bitttage traditionell in der Woche vor Christi Himmelfahrt gehalten, können aber auf einen Tag zusammengezogen oder über mehrere Tage hin gehalten werden.

Bittwoche ↗ **Bitttage**

Blasius
Das Fest des hl. Märtyrerbischofs Blasius, der den ↗ **Vierzehn Nothelfern** zugerechnet wird, feiert die Kirche am 3. Februar. Nach der Legende soll der 316 durch Enthauptung getötete Blasius, der vor seinem Bischofsamt Arzt gewesen sein soll, einem Kind, das an einer verschluckten Fischgräte zu ersticken drohte, durch seinen Segen geholfen haben. Deshalb spenden die Priester am Blasiustag oder nach den Gottesdiensten an ↗ **Mariä Lichtmess** (2. Februar) über zwei gekreuzte brennende Kerzen (↗ **Andreaskreuz**) den ↗ **Blasiussegen**. Die Segensformel lautet: »Durch die Fürsprache des hl. Bischofs und Märtyrers Blasius befreie und bewahre dich der Herr von allem Übel des Halses und jedem anderen Übel.« Der Volksmund hat das Ritual, das vielen Menschen im 20. Jh. überholt vorkommt, ironisch als »achtes Sakrament« bezeichnet. Niemand wird heute mehr glauben, dass der Blasiussegen quasi automatisch vor einer Gräte im Hals bewahrt. Nach wie vor drückt aber der Blasiussegen aus: Gott ist bei dir in jeder Lebenslage, Gott sagt zu dir Ja, wie gut oder schlecht es dir auch immer geht. Und, wenn Gott es will, wird er dich aus jeder Not befreien – auf seine Weise.

Hl. Blasius. Pfarrkirche St. Blasien/Schwarzwald. Foto: Manfred Becker-Huberti

Blasiussegen ↗ **Blasius**

Blauer Montag
Im übertragenen Sinn heute Bezeichnung für »Schwänzen« (= blaumachen) oder Verweigern von Arbeit besonders vor und nach Sonn- und Feiertagen. Nach einer Theorie ist der Begriff abgeleitet vom ↗ **Lichtblaumontag**, dem ersten Montag nach ↗ **Lichtmess**, ab dem die ↗ **Arbeit bei Kunstlicht** eingestellt wurde (vgl. auch **Karmontag**, ↗ **Karwoche**).

Blauer Dienstag ↗ **Karwoche**

Bleigießen
Seit dem Altertum ist im ganzen europäischen Raum das – abergläubische – Bleigießen (auch ↗ **Wachsgießen** und Zinngießen) verbreitet. Dabei wird Blei durch Erhitzen verflüssigt und in ein mit Wasser gefülltes Gefäß gegossen. Die erkalteten Formen des Bleis werden dann gedeutet. Die Herkunft dieses ↗ **Orakelbrauchs** ist ungeklärt; dem Blei werden aber schon im Altertum und Mittelalter magische Wirkung beigemessen. Man verwendete es zu medizinischen Zwecken als Auflage oder Arznei, trug es scheibenförmig als Amulett, benutzte es zum »Vernageln« von Krankheiten und nagelte geweihtes Blei mit ↗ **apotropäischer** Absicht an die Stalltür. Der noch unerschlossene Hintergrund dieser Bräuche könnte sein, dass man annahm, Blei ziehe das Böse an sich und halte es fest, so wie man fest

Edmund Herger, Das Bleigießen der Mägde in Thüringen.
Vorlage: Archiv Manfred Becker-Huberti

glaubte, Blei absorbiere Gift. Die mit dem Bleigießen – auch ↗ **christoffeln** genannt - verbundene Zukunftsschau scheint ursprünglich mit der ↗ **Thomas**-Nacht (der 21. Dezember ist der kürzeste Tag im Jahr) verbunden gewesen zu sein, um sich dann rückwärts auf ↗ **Andreas** (ehemals ↗ **Jahresende**) und vorwärts auf Weihnachten (↗ **Weihnachtsorakel**), ↗ **Silvester** und ↗ **Dreikönige** auszubreiten. Die beim Bleigießen entstehenden Formen werden symbolisch gedeutet: Z.B. bedeutet eine Nadel einen Schneider, ein Nagel einen Schuster, Pflanzenformen einen Förster, Bauer oder Gärtner, Hammerformen einen Handwerker. Zu Buchstaben geformtes Blei deutet auf den ersten Buchstaben des Vornamens eines in Aussicht stehenden zukünftigen Bräutigams. Ein Kranz kündigt Hochzeit im laufenden Jahr an, ein Sarg den Tod. In der Gegenwart ist das Bleigießen in den Hintergrund getreten, aber nicht verschwunden. Prognosen und Szenarien gelten nicht selten als wissenschaftlich seriöse Zukunftsschauen; dass aber auch »antike« Zukunftsschauen, Orakelbräuche und ↗ **Losbräuche** fröhlich fortexistieren, zeigen die in fast allen Zeitungen omnipräsenten Horoskope und astrologischen Hinweise. Der irrationale Drang des Menschen, die uneinsehbare Zukunft einzusehen, wird wohl auch die Gegenwart und Zukunft prägen.

Blumenstreubrauch ↗ **Blumenteppich**, ↗ **Fronleichnam**, ↗ **Johannes der Täufer**, ↗ **Rosmarin**
Blumenteppich ↗ **Fronleichnam**, ↗ **Johannes der Täufer**, ↗ **Rosmarin**
Blumostern ↗ **Palmsonntag**
Blumostertag ↗ **Palmsonntag**
Blütenteppich ↗ **Blumenteppich**, ↗ **Fronleichnam**, ↗ **Johannes der Täufer**, ↗ **Rosmarin**

Blutes unseres Herrn Jesus Christus, Fest des kostbarsten

Bis zur Kalenderreform 1970 feierte die Kirche am 1. Juli das »Fest des Kostbarsten Blutes unseres Herrn Jesus Christi« bzw. »Pretiosissimi Sanguinis D.N.J.C.«. Ursächlich für das alte Fest waren die zahlreichen Heilig-Blut-Reliquien, die es in allen Regionen der katholischen Welt gab. Eingerichtet aber wurde das Fest, das »zu den Quellkammern des Opferblutes Christi« führt, so der Schott, am 10. August 1849 durch Pius IX. (1846–1878) zum Dank dafür, dass er nach seiner Flucht aus Rom glücklich aus dem Exil von Gaeta zurückgekehrt war. Pius X. (1903–1914) hat es dann auf den 1. Juli gelegt. Heute ist der Festinhalt in das ↗ **Fronleichnamsfest** integriert, das sich deshalb nun ↗ **Hochfest des Leibes und Blutes Christi** nennt.

Blutfreitag ↗ **Freitag**
Blutküchlein ↗ **Freitag**
Blutritt ↗ **Freitag**
Blutstag ↗ **Fronleichnam**
Bochseln ↗ **Klöpfeln**
Bochseltiere ↗ **Klöpfeln**
Bock ↗ **Nikolaus-Begleiter**

Bocksonntag ↗ Sonntag
bœf gras ↗ Fastnachtsochse
Bohnenfest ↗ Bohnenkönig, ↗ Dreikönigsfest, ↗ Schwarzer König

Bohnenkönig

Der in weiten Teilen Europas verbreitete Brauch, in einer Speise (z.B. dem ↗ **Königskuchen**) eine Bohne zu verstecken, war im Mittelalter Kern des ↗ **Königsspiels** am Vorabend von Dreikönige (auch ↗ **Bohnenfest**, ↗ **Dreikönigsfest**, ↗ **Freudenkönig**). Der Finder der Bohne wurde zum König des Festes, zum Bohnenkönig, ernannt. Er durfte – zu einem späteren Zeitpunkt – ein Fest ausrichten, sich dabei einen Hofstaat zulegen und fiktive Ehren erhalten. Sobald er zum Glas griff, riefen alle Gäste aus: »Der König trinkt!« – und tranken mit. Dieses »Reich auf Zeit« des närrischen Bohnenkönigs mit seinem unechten Hofstaat und den leiblichen Genüssen erhält bereits die wesentlichen Elemente, die der ↗ **Karneval** im 19. Jh. in gewandelter Form wieder aufnimmt.

Bohnenlied

An das Bohnenlied erinnert heute nur noch die Redensart: »Das geht noch übers Bohnenlied«, »Das ist mir übers Bohnenlied«. Gemeint ist: Das ist unerhört, unglaublich, ungehörig, schamlos, über das erlaubte Maß hinaus. Belegt seit dem 15. Jh. In ↗ **Fastnachtsspielen**, bietet möglicherweise Walther von der Vogelweide den ältesten Hinweis auf ein Bohnenlied: »waz êren hat frô Bône, daz ma sô von ir singen sol?« Die Bohnenlieder beendeten jede Strophe mit der Zeile: »Nu gang mir aus den Bohnen«, d.h.: Lass mich in Ruhe, ungeschoren, geh' deiner Wege, mit einem solchen Narren mag ich nichts zu tun haben. Bezug nimmt diese Aussage auf den Spruch: »Wenn die Bohnen blühen, gibt es viele Narren«; vgl. den Spruch: »Die Bohnen blühen, die Narren ziehen«, ndl.: »Als de boonen bloei-

Jacob Jordaens, Fest des Bohnenkönigs (um 1640/45). Wien, Kunsthistorisches Museum

jen, de zotten groeijen.« Dahinter steht die Vorstellung, die Bohnenblüte betäube den Geist, verursache einen Rausch. Das lat. »Cum fabis stultorum capita florent« und das frz. »Les fèves sont en fleur, les fous sont en vigeur« drücken eben dies aus. Das Bohnenlied, ein Fastnachtslied, erzählte in vielen Strophen von allen möglichen Tor- und Dummheiten. Wenn eine Torheit noch närrischer war als das im Bohnenlied vorgegebene Maß, konnte es wie in einem Luzerner Neujahrsschauspiel der zweiten Hälfte des 15. Jh. heißen: »Dieser sach bin ich fast müed, es ist mir über's bonenlied.« Obwohl im 15. Jh. das Bohnenlied Überholtes, Veraltetes bezeichnete, erhielt sich die Redensart, die auch noch Ludwig Uhland 1859 in einem Gedicht verwendete: »Ihr fordert, dass ich Lieder singe, / Mit Deutschlands Barden Glied an Glied? Der Anblick unser deutschen Dinge, / Der geht mir übers Bohnenlied.« Der überlieferte Text der ersten Strophe des Bohnenliedes lautet: »Wer lützel bhalt und vil vertut, / Der darf nit ston in sorgen, / Das man zletzt vergant sein gut, / Kein Jud tut im drauf borgen. / Wer nütze ding will achten [ge]ring, / Sein selbs nit wil verschonen, / Dem sagt man bald, e dass er alt: / Nu gang mir aus den bonen!«

Bohrer ↗ **Arma Christi**, ↗ **Leidenswerkzeuge**, ↗ **Passionsfrömmigkeit**
Boklaus ↗ **Nikolaos**, ↗ **Nikolaus-Name**

Bonhomme Carnaval
Personifikation und Symbolfigur des Karnevals in Quebec, Kanada (vgl. ↗ **Karneval international**, ↗ **Strohmann**).

Bonifatius
Der Märtyrer Bonifatius, der zu den ↗ **Eisheiligen** gerechnet wird, ist um 306 in Tarsus gestorben. Sein Gedenktag wurde vor der jüngsten Liturgiereform am 14. Mai begangen. Er ist nicht zu verwechseln mit dem Bischof und Märtyrer Bonifatius (675–754), der als Missionar der Deutschen gilt; sein Fest wird am 5. Juni begangen.

Bonifaz ↗ **Bonifatius**, ↗ **Eisheilige**
Böschungshobel ↗ **Narrenaufträge**
Böser Klaus ↗ **Nikolaus-Begleiter**
Brachet ↗ **Monate: Juni**
Brachmanoth ↗ **Monate: Juni**
Brachmonat ↗ **Monate: Juni**
Brachmond ↗ **Monate: Juni**
Braemaent ↗ **Monate: Juni**
Braimaint ↗ **Monate: Juni**
Brandlöscher ↗ **Florian**
Brauchmonat ↗ **Monate: Juni**

Brauchvermischung
Im Laufe der Jahrhunderte sind die Bräuche im Advent mancherorts durcheinander geraten: Der süddeutsche ↗ **Pelzmärte**, vom Namen her dem hl. Martin verbunden, poltert am Nikolaustag, der ↗ **Nikolo** zieht mit Engeln und ↗ **Teufeln** in der Adventszeit durch die Dörfer; andernorts zog der Christmann oder die Christpuppe, begleitet von weißgekleideten Gestalten, mit Taschen voller Geschenke umher. Die vielen Teufel und Teufelchen, Verkleidungen und Masken, lassen neben dem Vermischen von ↗ **Martins-**, ↗ **Nikolaus-** und ↗ **Winter**brauchtum auch das Eindringen von ↗ **Narrenbrauchtum** erkennen.

Brautapfel ↗ **Apfel**
Bräutigam, himmlischer ↗ **Fatschenkinder**
Brautkraut ↗ **Myrte**, ↗ **Rosmarin**

Brauweiler, Abtei
1024 von dem lothringischen Pfalzgrafen Ezzo und seiner Gemahlin Mathilde, Tochter Kaiser Ottos II., gegründete Benediktinerabtei; 1028 Kloster und Kirche zu Ehren der hl. ↗ **Nikolaus** und Medardus geweiht. Erhalten ist eine qua-

litätvolle, monumentale hölzerne Sitzfigur des Heiligen in Bischofstracht, 2,20 Meter hoch und 230 Kilogramm schwer, entstanden um 1491 aus einem einzigen Eichenstamm.

Brett mit 30 Silberlingen ↗ **Arma Christi**, ↗ **Leidenswerkzeuge**, ↗ **Passionsfrömmigkeit**

»Da warf er das Geld in den Tempel, ging weg und erhängte sich«. Relief, Freiburger Münster.
Foto: Archiv Herder

Brezel

Die Brezel (lat.: »precedella«; jiddisch: »Bejgel«) ist heute kein seltenes ↗ **Festgebäck** mehr, zumal weil sie vor allem an Festtagen, z. B. als ↗ **Neujahrsbrezel**, **Kirmesbrezel**, ↗ **Osterbrezel** usw. gehäuft auftritt. Die Geschichte der Brezel (vielleicht abgeleitet von lat. »bracellum« = Arm, oder »brachia« oder »bracciola«: verschlungene Arme/Ärmchen) reicht weit ins Dunkel der Vergangenheit zurück. Die wahrscheinlich in vorchristlicher Zeit zu kultischen Zwecken als Opfergebäck und Grabbeigabe hergestellten Salz- und Laugenbrezeln wurden vom Christentum adaptiert. Dazu gibt es mehrere Erklärungsversuche: Dem heidnischen Sonnenreif wurde das ↗ **Andreaskreuz** hinzugefügt; das römische Ringbrot, das früher auch in der Liturgie gebrochen wurde, war Vorbild für diese Brotform. Als Ring mit einem Kreuz in der Mitte erschien die Brezel vielen als Symbol für den Strick, mit dem Jesus am Ölberg gefesselt und gefangengenommen wurde. Sie soll auch die Hände eines Mönches darstellen, der seine Hände in die Kuttenärmel steckt.

Im Mittelalter wurden die Brezeln zum typischen Frühjahrs- und ↗ **Fastengebäck**, später aber ein Geschenk für Kinder und Bedürftige an kirchlichen Festtagen. Am Beginn des 20. Jh. war der »Brezelbäck«, der die auf einer langen Stange gestapelten Brezeln zum Verkauf anbot, keine Seltenheit. Noch heute, am Sonntag ↗ **Laetare** (4. Sonntag der Fasten- bzw. Passionszeit), werden in Rheinhessen und in der Pfalz traditionell ↗ **Sommertagsumzüge** durchgeführt, bei denen auf buntgeschmückten »Stecken« die »Sommertagsbrezeln« mitgetragen und anschließend verzehrt werden.

Zu keiner Zeit hat die Brezel als typisches Hausgebäck gegolten. Sie wurden vom »Brezelbäck« hergestellt und gerieten zum Markenzeichen der Bäcker, die ihre Dienste unter dem Zeichen der Brezel anboten und noch heute anbieten. Nicht nur als Opfergebäck, Grabbeigabe, ↗ **Fastenspeise** oder Festtagsgeschenk wurde und wird die Brezel benutzt, auch zu freudigen Anlässen: Paare oder solche, die es werden wollen, brachen früher zeichenhaft gemeinsam die Brezel. Anderswo überreichten sich unverheiratete Männer und Frauen so genannte »Liebesbrezeln«; wurde sie vom andern angenommen, galt dies als Zusage an den Verehrer. Auch als Glücksbringer scheint die Brezel eine Rolle zu spielen; das Ver-

Brezel. Foto: Manfred Becker-Huberti

schenken von Brezeln scheint mit altüberlieferten Fruchtbarkeitsriten verbunden zu sein. Beim »Boissen«, einem oberpfälzischen Neckspiel, versuchten die Burschen, die Mädchen zu fangen und auf ihr Hinterteil zu klopfen. Gelang dies, erhielt die Getroffene zum Trost eine Brezel. Die Brezel steht aber auch in Verbindung mit der Schule. Die Kinderliedersammlung des Achim von Arnim (1781–1831) und Clemens von Brentano (1778–1842) »Des Knaben Wunderhorn«, Heidelberg 1806/08, ist mit dem Wort »Kinderlieder« überschrieben, das aus Brezeln gebildet ist. Diese Zeile spielt auf den alten Schulbrauch an, den Kindern das ABC mit Hilfe der Brezel beizubringen. Aus ihr lassen sich nämlich alle Buchstaben und Buchstabeneinzelteile herausbrechen. Die Brezel wurde zu Schuljahresbeginn und zu Schulfesten ausgeteilt, weshalb ihr Name von einigen vom lat. »pretiola« (der kleine Preis) abgeleitet wird.

Briefe an das Christkind oder den Weihnachtsmann

1897 schrieb die kleine Virginia O'Hara aus New York an die Zeitung »Sun« einen Brief unter der Frage: »Gibt es einen ↗ **Weihnachtsmann**?« Der Chefredakteur der »Sun« nahm diesen Brief so ernst und wichtig, dass er ihn nicht nur selbst beantwortete, sondern die Antwort auch auf der ersten Seite seiner Zeitung abdruckte. Dieser Briefwechsel wurde über ein halbes Jahrhundert – bis zur Einstellung der »Sun« – jedes Jahr auf der Titelseite abgedruckt. 1977 hat die »WELT am Sonntag« in Deutschland diese Tradition übernommen und veröffentlicht seitdem Jahr für Jahr den Antwortbrief von Chefredakteur Church. Die »Kölnische Rundschau« hat die Idee 1988 in einer Variante übernommen: Sie lässt jedes Jahr Prominente auf die Frage »Gibt's das ↗ **Christkind** oder nicht?« antworten. An das Christkind oder den Weihnachtsmann einen ↗ **Wunschzettel** zu schreiben ist erst seit rund 150 Jahren üblich. In ihrem Bestreben, den Adressaten aber auch wirklich – und unter Ausschluss der eigenen Familie, die ja immer wieder Selbstständigkeit fordert – selbst ausfindig zu machen, schrecken Kinder auch vor technischen Herausforderungen nicht zurück. Wenn ein Ort schon so heißt, so denken die Kinder wohl, wird der Gabenbringer, der als heiliger Mann ja schließlich auch über Wunderkräfte verfügt, nicht weit sein. Auf die Art und Weise sah sich die Telekom veranlasst, 1995 sechs Postämter einzurichten, die sich der kindlichen Weihnachtsbriefe annahmen. Der nachfolgenden Auflistung ist, wenn bekannt, jeweils das Briefaufkommen in einem bestimmten Jahr nachgestellt: 16798 Himmelpfort; 21709 Himmelpforten (10.000 Briefe jährlich); 31137 Himmelsthür in Hildesheim (1993: 35.000); 49681 Nikolausdorf in Garrel; 51766 Engelskirchen (1994: mehr als 20.000); 66352 St. Nikolaus in 66352 Großrosseln (1993: 6.000). Über diese sechs offiziellen Postämter hinaus betätigt sich noch das Postamt in Nikolausberg in 37077 Göttingen als Empfänger und Beantworter der Briefe an das Christkind. In Österreich befindet sich aber der absolute Spitzenreiter: Das Postamt von Christkindl hat 1994 etwa 2,5 Millionen Briefe registriert; 1950 waren es erst 42.000. »Brieven aan

Sinterklaas« empfängt auch das Postamt St. Nicolaashof in den Niederlanden.

Briefe an den Osterhasen

Parallel zu den ↗ **Briefen an das Christkind oder den Weihnachtsmann** scheint seit wenigen Jahren der Bedarf aufzukommen, auch an den Osterhasen Briefe zu schreiben. Nach Angaben einer Zeitung erhält so Hanni Hase, Am Waldrand 12, 27494 Ostereistedt, jährlich etwa 5.000 Briefe.

Broderwoche ↗ **Septuagesima**
Broimaent ↗ **Monate: Juni**
Bromiger Freitag ↗ **Freitag**
Brot, siebenerlei ↗ **Laetare**
Brotsonntag ↗ **Laetare**, ↗ **Sonntag**
Broumaent ↗ **Monate: Juni**
Brückenpatron ↗ **Johannes Nepomuk**, ↗ **Nikolaus**

Bruderschaft

Der Gedanke an den Tod, das eigene Sterben und die Angst, ohne Beichte und priesterliche Lossprechung dem gnädigen, aber auch gerechten Gericht Gottes anheim zu fallen, beschäftigte den mittelalterlichen Menschen nicht nur an den Gedächtnistagen für Tote. Die sprichwörtliche Sterbensangst war ganzjährig und lebenslänglich präsent, das Leben im Angesicht des Todes eine unabweisbare Realität, gegen die man sich vielfältig zu sichern suchte. Hierzu gehörten unter anderem trickreiche Vorsichtsmaßnahmen, wenn etwa ↗ **Christophorus** in vielen Kirche überlebensgroß in Eingangsnähe dargestellt wurde, weil man glaubte, wer ihn an einem Tag sehe, werde an diesem Tag nicht sündenbeladen sterben. Hierher gehörte aber auch die Bereitstellung von ↗ **Seelgerät**, d.h. Maßnahmen, die – im Leben bereitet – Sterben und Gottes Gericht barmherzig sein lassen.

Eine Hilfe dabei waren Bruderschaften, die heutigen Menschen meist nur noch über die Sankt **Sebastianus-Schützenbruderschaft** bekannt sind. **Marianische Bruderschaften** gibt es nur noch wenige. Das ↗ **Ursula-Schifflein** ist nicht einmal mehr in Köln für eine nennenswerte Zahl von Menschen ein Begriff. ↗ **Todesangst-Christi-Bruderschaften** sind meist nur noch eine Erinnerung an vergangene ↗ **Passionsfrömmigkeit**. Dabei hat das Bruderschaftswesen einmal eine große Rolle gespielt. Bruderschaften waren freiwillige Zusammenschlüsse von Christen auf dem Weg durch die Zeit, Gemeinschaften auf dem Weg zum Heil – meist zum eigenen Seelenheil. Deshalb schlossen sich Menschen zusammen, meist unter dem Patronat eines Heiligen, wählten einen Bruderschaftsmeister, vereinbarten regelmäßige Treffen, bei denen Gottesdienst gefeiert wurde, beschäftigten oft einen Priester, der für sie das Heil »verwaltete«. Die lebenslängliche Bitte um einen gnädigen Tod verband sich mit dem Gedächtnis an und dem Gebet für die verstorbenen Mitglieder der Laienbruderschaft. Für das mittelalterliche Köln ist ein Bestand von etwa 120 solcher Bruderschaften belegt. Im 14. Jh. gab es allein in Bayern 212 **Allerseelen-Bruderschaften**, auch **Gut-Tod-Bruderschaften**, **Armseelenbruderschaften** genannt. Der eigene soziale Stand drückte sich in der Zugehörigkeit zu einer bestimmten Bruderschaft aus. In Köln waren beispielsweise die Schneider in der **Heilig Kreuz-Bruderschaft** zusammengeschlossen, in Neuss trafen sich die Kaufleute in der **Nikolaus-Bruderschaft.** Die Santiago-Wallfahrer und -Interessenten waren in der **Jakobus-der-Ältere-Bruderschaft** zusammengeschlossen. Im Rheinland gibt es auch heute noch sehr aktive **Matthias-Bruderschaften**, die – oft alljährlich – Fußwallfahrten zum dreizehnten Apostel Matthias nach Trier veranstalten. Das Leben dieser Gemeinschaften regelten Statuten, in denen die Rituale festgeschrieben waren. Nach dem jährlichen Pflichtgottesdienst, z. B. am Gedenktag des Bruderschaftspatrons, saß man auch beim gemeinsamen Essen zusammen, was in der Kritik des Reformators Martin Luther bedeutete, die Bruderschaftsmitglieder hätten nur »eyn bier, eyn fressen und eyn sauffen« im Kopf. Natürlich konnte »das Zwischenmenschliche« den eigentlichen Sinn einer Bruderschaft auf den Kopf stellen. Dies dürfte aber nicht primär den Grund für den Niedergang des Bruderschaftswesens ausgemacht haben. Nicht nur das ständische Denken ist heute aufgegeben, auch Geselligkeit ist erheblich anders organisiert als früher. Religiosität hat heute einen Grad von Intimität, wie ihn früher nur die Sexualität hatte. Auch Gott wird heute nicht mehr ausschließlich in seiner Richterfunktion gesehen. Die religiöse Begründung besteht für viele Menschen nicht mehr.

Brunnenfeste, -taufe, -weihe

Am Ostermontag sammelten sich die nicht verlobten Mädchen in Ostdeutschland am geschmückten Brunnen und wurden von den jungen Burschen mit Wasser bespritzt. »Erlöst« wurde ein Mädchen nur, wenn einer der Burschen es zu seinem Mädchen erklärte. In Hamburg schmückte man die Brunnen seit Ende des 19. Jh. in Erinnerung an die Choleraepedemie 1892, nach der die verseuchten Brunnen ersetzt werden mussten. Erinnert wurde an den Wert und die Bedeutung sauberen Wassers. Eben dies spielte auch die entscheidende Rolle bei den Brunnenfesten, die im Mai (↗ **Maibrunnenfest**) im Süddeutschen stattfinden. Der Brunnen (im Nordwesten heißt er ↗ **Pütz**) wurde gereinigt und festlich geschmückt: Girlanden, oft mit ausgeblasenen bunten Eiern als Fruchtbarkeitssymbol versehen, und Birkengrün gaben die Kulisse für Kerzen und Lampen. Früher wurden bei dem Reinigungsfest auch die schadhaften Geräte, Schöpfkellen und Wassertransportgefäße, ersetzt. Wenn nötig, wählte man einen neuen Brunnenmeister. In einigen Gegenden umkränzte man den Brunnenrand mit Moos und versteckte in Moosnestern Eier, aus denen der Dorfbäcker einen großen Kuchen für alle buk. Umzüge und Frühlingsspiele gehörten zu diesem festlichen Ereignis, das als Nachbarschaftsfest gefeiert wurde.

Geschmückter Brunnen.
Foto: Dr. Max Brändle, München

Buch, Goldenes und Schwarzes

Beim ↗ **Einkehrbrauch des heiligen Nikolaus** übernimmt ↗ **Nikolaus** die Rolle eines gütigen Richters, der aus katechetisch-pädagogischen Gründen lobt oder mahnt. Seinen Wissensschatz bezieht er aus dem »Goldenen Buch« (mancherorts hat sich das Buch bereits dualisiert zu einem »Goldenen« und einem »Schwarzen Buch«). Die Idee himmlischer, von Gott oder den Göttern geführter Bücher ist eine orientalische Tradition. Der ägyptische Götterhimmel hatte in Thot, der babylonische in Nabo eigene Schreibergötter. Die Heilige Schrift kennt Bücher gleich in fünffacher Bedeutung: Wenn vom »Buch des Lebens« die Rede ist, wird es beim »göttlichen Gericht« aufgeschlagen. Es enthält das vorgezeichnete Lebensschicksal. Daneben spricht die Bibel von einem versiegelten Buch der »göttlichen Ratschlüsse«. Die Propheten erhalten ihre »Offenbarungen« ebenfalls unter dem Bild eines Buches. Thomas von Aquin setzte das »Buch des Lebens« konsequenterweise gleich mit »Auserwählung« (Summa theol. I, Quaest. 24, Art. 1). In der Offenbarung des Johannes ist in der Gerichtsszene noch von anderen Büchern als nur dem »Buch des Lebens« die Rede: »Die Toten werden nach ihren Werken gerichtet, wie es in den Büchern aufgezeichnet war« (Offenbarung 20,12; vgl. Daniel 7,10). Das biblische Symbol des Buches für die Allwissenheit Gottes, der die Menschen nach ihrem Tun individuell richtet, wurde volkstümlich zu einem realen Buch (resp. zwei Büchern), in dem gute und schlechte Taten fein säuberlich verzeichnet sind. Das reale Gericht erfolgt aber nicht erst am Lebensende, sondern – aus didaktisch leicht erkennbaren Gründen – jährlich am Nikolaustag. Auch unsere Vorfahren kannten schon die psychologische Regel von der positiven Verstärkung, auch wenn sie den einen oder anderen Begriff noch nie gehört hatten. Dass aus der religionspädagogisch sinnvollen Absicht, durch Lob zu bestätigen und durch milde Strafe vom bösen Weg abzubringen, mit der Zeit ein den Kindern oft angstmachendes Spektakel zur Belustigung Erwachsener wurde, lag nicht im Interesse der Erfinder. Vielleicht liegt auch eine der Schwierigkeiten, die wir heute mit diesem Brauch haben, darin begründet, dass unser Verhältnis zur Schuld weniger eindeutig und die Verhältnisse schwieriger geworden sind, als dass sie sich einfach nur den Kategorien »gut« und »böse« zuordnen ließen.

Bûche de Noël ↗ **Christklotz**

Buchsbaum

In nördlichen Gegenden ist Buchsbaum (lat.: »buxus semperivirens L.«) Ersatz für den/die ↗ **Palm(en)** am ↗ **Palmsonntag.**

Bucksen jagen ↗ **Narrenaufträge**
Budelfrau ↗ **Berchtel**
Bullerklas ↗ **Nikolaus-Begleiter**
Bullkater ↗ **Nikolaus-Begleiter**
Bumbernickel ↗ **Rumpel-** oder **Pumpermetten**
Bunsen ↗ **Narrenaufträge**
Bunte Glaskugeln ↗ **Passionsfrömmigkeit**

Burtscheid, Abtei

997 von Kaiser Otto III. als Memorialstiftung für seine Mutter ↗ **Theophanu** gegründetes Benediktinerinnenkloster, seit 1138 reichsunmittelbar, 1220 von Zisterzienserinnen übernommen, 1802 säkularisiert. Die ehemalige Abteikirche St. Johann Baptist ist heute Aufbewahrungsort der ältesten bekannten Nikolausdarstellung nördlich der Alpen: eine aus dem 10./12. Jh. stammende byzantinische Mosaik-Ikone des Heiligen in einem silbervergoldeten Rahmen des 13. Jh. Für die Herkunft der Ikone gibt es zwei legendäre und eine wissenschaftliche Erklärung: Eine Tradition will wissen, die Ikone stamme aus dem Brautschatz der Theophanu. Dem lässt sich entgegenhalten, dass dies aufgrund stilkritischer Untersuchungen eher auszuschließen ist. Nach einer von Caesarius von Heisterbach überlieferten Legende (Dialogus miraculorum, dist. VIII, cap. 76) ist die Ikone nach dem lebenden Nikolaus gemalt worden und von dem Gründerabt, einem legendären griechischen Königssohn Gregor, nach Burtscheid gebracht worden. Die

Wissenschaft vermutet dagegen eine Entstehung im 12. Jh. in einer Konstantinopeler Werkstatt. Nach Burtscheid ist die Ikone wahrscheinlich 1220 im Zusammenhang mit der Übernahme des Klosters durch die Zisterzienserinnen gekommen.

Büschelfrauentag ↗ **Marienfeste: Mariä Himmelfahrt**
Busebrecht ↗ **Nikolaus-Begleiter**
Buselbrecht ↗ **Berchtel**
Busseklas ↗ **Nikolaos**, ↗ **Nikolaus-Name**
Bußprozession ↗ **Passionsprozession**

Buß- und Bettag
Kirchlich und/oder staatlich eingesetzte Bußtage gab es 1878 in 28 verschiedenen Ländern noch 48. Einerseits nahmen sie Elemente der ↗ **Quatember** auf, andererseits hatten sie den Charakter von öffentlichen Bußübungen, wie sie seit dem 30-jährigen Krieg bekannt waren. 1852 schlug die Eisenacher Konferenz den Mittwoch vor dem ↗ **Totensonntag** als einheitlichen evangelischen Buß- und Bettag vor, der bis 1994 zugleich staatlicher Feiertag war. Seit 1995 ist der Buß- und Bettag in Deutschland nur noch ein kirchlicher Feiertag. Einzelne dt. Bundesländer haben den Buß- und Bettag wieder als Feiertag eingerichtet.

Bußzeiten ↗ **Fasten**

Bütt(e)
Die Bezeichnung für ein offenes Fass geht auf das mlat. »butina« = Flasche, Gefäß zurück. Im rheinischen ↗ **Karneval** dient(e) ein offenes Fass als »Kanzel« für den ↗ **Büttenredner** und seine ↗ **Büttenrede** (vgl. ↗ **Karnevalssitzung**).

Büttenrede
In der ↗ **Bütt**, ursprünglich ein großes Fass, trägt ein ↗ **Büttenredner** während einer Karnevalssitzung seine Rede vor. Meist tritt der Redner in einer bestimmten Gestalt auf, z. B. als Gerichtsdiener, als »Verdötschter«, als Pfarrer usw. und berichtet aus diesem Blickwinkel Närrisches und Kritisches. Ursprünglich steht die Büttenrede neben dem ↗ **Narrengericht** in der Tradition der ↗ **Rüge- und Spottbräuche**, konnte bissig, politisch provokant und entlarvend sein. Heute sind viele Büttenreden zu reiner – wenn auch oft nicht allzu »reinlicher« – Unterhaltung degeneriert.

Büttenredner
Wer eine ↗ **Büttenrede** im Karneval vorträgt, ist ein Büttenredner. Ursprünglich und heute auch noch oft sind es Laien, die dies als Freizeitbeschäftigung betreiben. Allerdings tut dies bei den großen Karnevalssitzungen im Rheinland heutzutage kaum einer noch kostenlos oder »för ene Kringel Blootwooscht« (für einen Blutwurstkranz).

Buttmandeln ↗ **Nikolaus-Begleiter**
Buttnmandel ↗ **Martini**
Butz ↗ **Nikolaus-Begleiter**
Butzemärtel ↗ **Martini**
Butzenlutz ↗ **Lucia**
Buxtehude ↗ **Narrenorte**
Buzebercht ↗ **Nikolaus-Begleiter**

C

Campus Martius ↗ **Pfingsten**

Candlemas
Englisches Wort für ↗ **Mariä Lichtmess**

Cantate (auch: Kantate)
»Cantate Domino canticum novum« heißt es zu Beginn des ↗ **Introitus** (Eingangsgebets) des 4. Sonntags nach Ostern: »Singt dem Herrn ein neues Lied.« »Cantate« steht deshalb synonym für den 4. Sonntag nach Ostern.

Cappa ↗ **Chlamys**, ↗ **Kapelle**, ↗ **Kaplan**
Caritas ↗ **Kümmernis**
Carlings-Sonntag ↗ **Erbsensonntag**, ↗ **Judica**

Carrus navalis
Bezeichnung für den Schiffskarren, der bei feierlichen Umzügen zu Frühlingsbeginn mitgeführt wurde.

Casa sancta ↗ **Loreto**
Caspar ↗ **Dreikönige**
Chag Ha-Mazzot ↗ **Ostern**
Chag Ha-Pessach ↗ **Ostern**

Chandeleur
Französisches Wort für ↗ **Mariä Lichtmess.**

Chanukka
Das Chanukka-Fest, der **Jom Chanukka** (vgl. 1 Makkabäer 4,59; 2 Makkabäer 10,8; Johannes 10,22ff) war ein jüdisches Tempelweihefest zur Winterzeit, am 25. des neunten Monats Kislew. Dieses Fest konnte seinem Inhalt nach nicht von den Christen adaptiert werden; dennoch gibt es interessante Parallelen zwischen dem Jom Chanukka und dem Weihnachtsfest: die Maßeinheit des neunten Monats und des 25. Tages zur Terminfestsetzung; der Festbeginn mit dem Vortag, dem 24. Kislew; die Festdauer von acht Tagen (vgl. ↗ **Oktav** = acht Festtage), die ↗ **Lichtsymbolik.** Weil der Jom Chanukka in den Advent fällt, hat man ihn auch – den Juden gegenüber wenig sensibel – »jüdisches Weihnachtsfest« genannt. Die hier suggerierte Annahme, ein jüdisches Fest hätte sich aus christlichen Vorgaben entwickelt, stellt die Verhältnisse auf den Kopf. Das Chanukka-Fest scheint jedoch nicht nur formal das christliche Weihnachtsfest geprägt zu haben, sondern wurde auch zum Vorbild der ↗ **Kirchweihfeste.** Seit dem Mailänder Edikt von 313 gibt es für diese christliche Erinnerungsfeier eine liturgische Vorlage.

Charfreitag ↗ **Freitag**, ↗ **Karfreitag**, ↗ **Karwoche**
Chinxen ↗ **Pfingsten**

Chlamys
Originäre Bezeichnung für den Offiziersmantel des hl. ↗ **Martin**, der – im Gegensatz zu den heutigen roten – weiß gewesen sein muss, weil die kaiserliche Garde, zu der Martin gehörte, weiße Mäntel trug. Erst später hat sich für die chlamys die Bezeichnung ↗ **Cappa** eingebürgert (vgl. ↗ **Mantelteilung**).

Chorfreitag ↗ **Karfreitag**, ↗ **Karwoche**

Chrisam

Chrisam (Olivenöl und Balsam) wird durch den Bischof am ↗ **Gründonnerstag** (oder an einem anderen Tag der ↗ **Karwoche** zwischen ↗ **Palmsonntag** und ↗ **Karfreitag**) geweiht und dient zur Salbung u.a. bei Taufe, Priesterweihe und Krankensalbung. Das Chrisam ist auch in Redensarten eingegangen. Wenn es von jemandem heißt: »An dem ist Chrisam und Taufe verloren«, dann sind bei ihm alle Bemühungen ohne Erfolg. Vgl. das lat. Vorbild: »Oleum et operam perdidit.«

Christbaum

In allen Kulturen und Religionen symbolisiert der Baum das Leben; deshalb sind Bäume Göttersitze, befinden sich heilige Orte in Hainen, entstehen Gerichtslinde und ↗ **Maibaum**. Auch in der Bibel spielen Bäume eine große Rolle: vom **Paradiesbaum** über den ↗ **Baum der Verheißung** (vgl. ↗ **Arbor-Jesse-Thematik**) bis zum Kreuzesbaum. Innerhalb der Liturgie tauchen Bäume und Zweige auf: bei sommerlichen Festen wie ↗ **Fronleichnam** die ↗ **Maien** (frische Birken[-zweige]) als Schmuck, dagegen ↗ **Palmen-**, Oliven-, Buchsbaum- oder ↗ **Weidenzweige** als Ehren- und Huldigungszeichen oder Segensträger. ↗ **Immergrüne** Bäume und Zweige im Winter (Fichte, Tanne, Kiefer, Eibe, ↗ **Buchsbaum**, ↗ **Ilex** (= Stechpalme), ↗ **Mistel**, Stechginster, Wacholder, Efeu, Kronsbeere, ↗ **Rosmarin**) symbolisieren das Wiedererwachen der Natur. Schon in vorchristlicher Zeit war Grün Garant der Hoffnung (vgl. ↗ **Grün und Rot**), dass die Natur wieder erwacht, das Sonnenlicht wieder herrscht. Dämonische Vorstellungen verbanden sich mit diesem Grundgedanken: Die Lebenskraft der immergrünen Pflanzen sollte die Dämonen verscheuchen und gute Geister beherbergen. Im Mittelalter schmückte man Häuser und Kirche von ↗ **Advent** bis ↗ **Lichtmess** mit grünen Zweigen und ↗ **immergrünen** Girlanden (»weyenacht meyen«). Die der ganzen Natur durch Christus zukommende Hoffnung, die in die dunkle, kalte und unerlöste Welt gekommen war, wurde damit verdeutlicht. Beim ↗ **Krippenspiel** steht in der Kirche ein immergrüner Baum als »Paradiesbaum« (auch **Adamsbaum**), von dem an der dramaturgisch bestimmten Stelle die »Frucht« gepflückt wurde, vgl. ↗ **Apfel**. Mit den Jahren wurde der Paradiesbaum immer schmucker: (vergoldete) Nüsse, ↗ **Festgebäck** und Süßigkeiten machten die »paradiesische« Funktion des Baumes für die Gläubigen deutlich. In »Silber«papier und in »Gold«papier eingewickelte Früchte dieses Baumes sind so zu den Vorlagen für ↗ **Christbaumkugeln** und ↗ **Christbaumschmuck** geworden. Am Ende der Weihnachtszeit, dem 6. Januar, durfte der Paradies- bzw. Christ- oder **Weihnachtsbaum** geplündert werden, d.h., die Früchte wurden »geerntet« (↗ **abblümeln**).

Geschmückter Christbaum.
Vorlage: Georg Westermann Verlag, Werkarchiv

Im 16./17. Jh. taucht der Paradiesbaum auch außerhalb der Kirche auf: bei Gemeinschaftsfeiern von Zünften und Bruderschaften. Er hat sich vom ↗ **Krippenspiel** abgelöst, wird zum Symbol der Advents- und Weihnachtszeit. Für 1605 ist in Straßburg der erste Christbaum belegt, der als ↗ **Gabenbaum** oder **Bescherbaum**, aber ohne Kerzen, hergerichtet war. In einer Chronik heißt es: »Auf Weihenachten richtett man Dannenbäume zu Strassburg in der Stubben auf, daran henckett man rossen aus vielfarbigem Papier geschnitten, Äpfel, flache kleine Kuchen, Zischgolt, Zucker ...« Diese neue Sitte fand nicht nur Freunde. Johann Konrad Dannhauer, Pastor am Straßburger Münster, polterte in einem 1642 erschienenen Werk dagegen: »Unter anderen Lappalien, damit man die alte Weihnachtszeit oft mehr als mit Gottes Wort begeht, ist auch der Weihnachts- und Tannenbaum, den man zu Hause aufrichtet, denselben mit Puppen und Zucker behängt und ihn herinach schütteln und ↗ **abblümeln** lässt. Wo die Gewohnheit herkommt, weiß ich nicht. Es ist ein Kinderspiel ...« Dennoch galt der Christbaum sehr bald in evangelischen Familien als weihnachtliches Symbol »rechtgläubiger« Protestanten. Er wurde zum konfessionellen Gegensymbol der ↗ **Weihnachtskrippe**. Im 18. Jh., als die Weihnachtsfeiern zunehmend zu Familienfesten wurden, wandert der Christbaum fast konsequenterweise mit in die Wohnungen auch der einfacheren evangelischen Menschen. Für 1748 ist der erste Weihnachtsbaum in Amerika bei Siedlern in Pennsylvanien belegt. Eingeführt haben ihn die nach Amerika »vermieteten« hessischen Soldaten. Der mit Lichtern geschmückte Christbaum – die ↗ **Lichtsymbolik** verbindet ↗ **Ostern** und Weihnachten – scheint nicht überall und immer sofort mit dem Christbaum verbunden gewesen zu sein. Der preußische König Friedrich der Große (1740–1786) berichtet 1755 von Tannenbäumen, an denen die Eltern »vergoldete Erdäpfel« (= Kartoffeln) aufhängen, »um den Kindern eine Gestalt von Paradiesäpfeln vorzuspiegeln«. Möglicherweise wurde die mit dem Christbaum verschmelzende Lichtsymbolik von den ↗ **Lichterkronen** – kronenförmige Leuchtergestelle – übernommen. Außerdem war die Lichtsymbolik im **Klausenbaum** lebendig, einem – dem Namen nach zuvor wohl mit Nikolaus verbundenen – mit Tannengrün oder Buchsbaum umwundenes pyramidenförmiges Kerzenleuchtergestell aus Stäben, die in vier Äpfeln steckten, und oben eine oder auf allen Seiten je eine und insgesamt vier Kerzen trugen. Als **Paradeisel** (wohl vom Paradiesbaum abgeleitet) steht der Klausenbaum auch auf dem weihnachtlichen Tisch.

Eine weitere Variante dieser jahreszeitlich gebundenen Lichterpyramiden stellt die ↗ **Berliner Weihnachtspyramide** dar, ein Bescherbaum und Leuchtergestell zugleich, wahrscheinlich dem Paradeisel nachempfunden. Einen der ältesten Belege für einen Christbaum mit Lichtern – hier noch ein Buchsbaum – liefert Liselotte von der Pfalz (1652–1722) in einem Brief vom 11.12.1708: »Ich weiß nicht, ob ihr ein anderes Spiel habt, das jetzt noch in ganz Deutschland üblich ist; man nennt es Christkindel. Da richtet man Tische wie Altäre her und stattet sie für jedes Kind mit allerlei Dingen aus, wie neue Kleider, Silberzeug, Puppen, Zuckerwerk und alles Mögliche. Auf diese Tische stellt man Buchsbäume und befestigt an jedem Zweig ein Kerzchen; das sieht allerliebst aus, und ich möchte es heutzutage noch gern sehen. Ich erinnere mich, wie man mir zu Hannover das Christkindel zum letztenmal [= 1662] kommen ließ« (nach Gandow, 58). Mit brennenden Kerzen bestückte Christbäume finden sich zuerst bei protestantischen adligen und wohlhabenden bürgerlichen Familien und dringen erst dann im Laufe des 18. und 19. Jh. zunächst in die Wohnstuben evangelischer Familien und ab dem 19. und 20. Jh. auch in die Wohnzimmer katholischer Familien. In Österreich steht 1816 der erste Weihnachtsbaum, in Frankreich 1840 – nachdem Lieselotte von der Pfalz 1710 vergeblich die Einführung versucht hatte. Durch den deutschen Prinzgemahl Albert der britischen Königin Victoria (1837–1901) fand der Weihnachtsbaum auch nach England. Von der Sitte, am Nachmittag des Heiligabends auf den Gräbern kleine Christbäume mit Kerzen aufzustellen, wird Ende des 19. Jh. erstmalig berichtet. Der in Bayern, Österreich und im Elsass verbreitete Brauch nimmt die Toten in die menschliche Schicksals- und Festgemeinschaft mit hinein. Hier wird der gleiche Gedanke realisiert wie beim ↗ **Mettenmahl**. Da in DDR-Zeiten den dortigen Gewalthabern weder Christ- noch Weihnachtsbäume – wobei der Begriff **Weihnachtsbaum** schon eine deutliche Reduzierung vom Festanlass zum puren Festtag darstellt – passen konnten, haben die Ideologen dem Christbaum einfach eine passende Geschichte und einen neuen Namen zugeschustert. Zunächst schnitten sie die gesamten christlichen Wurzeln des Christbaumes radikal ab und erklärten seine Vergangenheit nur noch als ↗ **Festbaum** der Zünfte, der zum **Kinderbaum** geworden sei. Eben deshalb habe ihn die Sowjetunion 1935 zu Silvester als Gabenbaum eingeführt. Natürlich war in der DDR der Christbaum als »Christ«baum untragbar: Er wurde in **Schmuckbaum** umbenannt.

Berühmte Christbäume stehen auf dem Petersplatz in Rom und auf dem Trafalgar Square in London. Der Papst erhält jedes Jahr einen Weihnachtsbaum für den Petersplatz zum Geschenk. Den berühmten Londoner Weihnachtsbaum bekommen die Engländer jedes Jahr aus Oslo zum Geschenk. Die Norweger erinnern damit jährlich an ihre gemeinsame Waffenbrüderschaft gegen die deutschen Nationalsozialisten. 1995 wurden in Deutschland für Weihnachten 22 Millionen Bäume im Alter von acht bis zwölf Jahren im Marktwert von 400 Millionen DM geschlagen.

Christbaumkerzen

↗ **Kerzen** am Christbaum tauchen im 17. Jh. auf (vgl. ↗ **Christbaumschmuck**), als sich die Weihnachtsfeier in den privaten Bereich verlagerte. Die Christbaumkerzen nehmen die weihnachtliche ↗ **Lichtsymbolik** auf: Jesus Christus hat sich als das Licht der Welt (Johannes 8,12) bezeichnet und bringt mit seiner Geburt Licht in unsere Welt; gefeiert wird dies in der längsten Nacht des Jahres. Die weite Verbreitung von Kerzen am Christbaum wurde zunächst durch die Erfindung der Kunstwachskerzen aus Stearin möglich, weil sich Bienenwachskerzen breite Bevölkerungsschichten nicht leisten konnten. Das Aufkommen elektrischer Christbaumkerzen hat die Christbaumbeleuchtung relativ ungefährlich gemacht.

Christbaumkugel ↗ Christbaumschmuck
Christbaum plündern ↗ Abblümeln

Christbaumschmuck

Der Schmuck des ↗ **Christbaums** bezieht sich auf das zu feiernde Ereignis, zeigt, welche Funktion der Baum hat. Aus der Tradition des ↗ **Paradiesbaums** kommend, war der Christbaum paradiesisch geschmückt: An ihm hingen (rote) Äpfel, rote Schleifen, (vergoldete) Nüsse, Plätzchen und Zuckerzeug. ↗ **Christbaumkerzen** sind ab dem 17. Jh. nachweisbar. In diesem Jahrhundert wird der Christbaum zugleich auch ↗ **Gabenbaum**, d.h., an ihm hängen (auch) Spielsachen für die Kinder, eine Sitte, die in dem miniaturisierten Holzspielzeug (Berchtesgadener Land, Thüringen), das als Christbaumschmuck verwendet wird, fortlebt. Während die Christbaumkerzen die mit Weihnachten verbundene ↗ **Lichtsymbolik** aufnehmen, verdeutlichte der alte Christbaumschmuck den Zusammenhang von ↗ **Weihnachten** und ↗ **Ostern**, Krippe und Kreuz: Die roten Äpfel und Schleifen versinnbildlichen das Blut, das der Neugeborene später vergießen wird, um die Menschen zu erlösen (vgl. ↗ **Grün und Rot**). Dass Krippe und Kreuz eine Einheit bilden, dass der Neugeborene als Erlöser und nicht als bloßes Kleinkind gefeiert wird, drückten die Menschen damit sinnfällig aus. In dem Maße, wie das Bewusstsein vom Inhalt des Weihnachtsfestes und der Funktion und Symbolik des Christbaums schwand, drangen ästhetisierende Elemente ein: Lametta (Engelshaar), das vor allem bei falscher Entsorgung Umweltprobleme bringt, und ↗ **Christbaumkugeln** aus Glas, Metall und Kunststoff, die als Ersatz der ehemaligen Paradiesäpfel dienen. Noch weiter entfernt sind künstlicher Schnee, Goldketten usw. Christbaumkugeln aus Glas wurden möglich, als es Justus von Liebig 1870 in Morgenstern bei Gablonz gelang, Glaskörper von innen zu versilbern. Lauscha in Thüringen und Rosenheim in Oberbayern sind Zentren des gläsernen Christbaumschmucks.

Christblock ↗ Christklotz
Christbrand ↗ Christklotz

Christbürde

Mittelalterlicher Sammelbegriff für kleine Geschenke an Kinder zu Weihnachten, wie sie um 1500 benannt werden: »Wägelin, Pappenmänner zum Ziehen, Klappern, Schäfgen und Pferden« (vgl. ↗ **Spielzeug**).

Christ Geburt ↗ Weihnachten
Christgeburtsspiel ↗ Krippenspiel

Christi Himmelfahrt

Die »Himmelfahrt Christi« (andere Namen für Christi Himmelfahrt sind: **Auffahrtstag, Goldene None, Gots auffartstag, Gots offertag, Helgethorsdag** oder **hellig Thorsdag** (Skand.), **Hemelvart, Himmelfahrt Christi** (Gottes, unseres Herrn), **Schöner Nontag, Schönnontag,** »Nona aurea«, **Nontag, Nuntag, Mindeste Kreuzgang,**

Christus, der Herr. Aus einem in Nordengland, wohl in York um 1170 entstandenen Psalter; hier fol. 15v. Kongelige Bibliothek, Kopenhagen, Ms. Thott 143, 2°. Vorlage: Archiv Herder

Offartstag, Offertstag, Uffartstag, Uffertstag) gehört zum Urbestand christlichen Glaubens. Der Auferstandene erscheint vierzig Tage lang nach der ↗ **Auferstehung** mit verklärtem Leib als der Erhöhte und beweist sich damit als der Existenzweise Gottes teilhaftig. Die Präsenz Christi zeigt ihn nicht als der Welt entrückt, sondern auf eine neue Art und Weise in ihr Anwesende. Mit der Auferstehung hat Christus den Himmel als Dimension des Einsseins von Gott und Mensch überhaupt erst begründet. Als »zur Rechten Gottes sitzend« ist er das machtvolle Haupt der Kirche, die als sein Leib zwar noch in der Welt besteht, aber schon an der Erhöhung teilhat. Im Bewusstsein um den Zusammenhang zwischen Himmelfahrt Christi und Geistsendung haben die Christen bis weit in das 4. Jh. an Christi Himmelfahrt ↗ **Pfingsten** mitgefeiert. Wahrscheinlich erst im Nachgang zum Konzil von Nizäa (325), als der Osterfeststreit beilegt wurde, verlagerte sich das Verständnis von den vierzig Tagen: Ursprünglich theologisch als Zwischenzeit vor einem Neubeginn verstanden, wurden sie nun zu einem historischen Fixpunkt vierzig Tage nach der Auferstehung. Abhängig von den ↗ **Ostergrenzen** kann das Fest frühestens auf den 30. April und spätestens auf den 3. Juni fallen. Seit 370 kann das Fest Christi Himmelfahrt als eigenständiges Fest vierzig Tage nach ↗ **Ostern** nachgewiesen werden. Gefeiert wird es am Donnerstag nach dem 5. Sonntag nach Ostern.

Im liturgienahen Brauchtum hat vor allem das duale Phänomen der Himmelfahrt Christi einerseits und der Geistsendung andererseits beeindruckt. Der mittelalterliche Mensch, im Bemühen das Gelehrte ein- und ansichtig zu machen, damit es »be-griffen« werden konnte, verdeutlichte die Himmelfahrt realistisch: In der Kirche wurde eine Christusfigur in das Gewölbe hinaufgezogen. Sobald sie den Blicken entschwunden war, regnete es aus dem Gewölbehimmel Blumen, Heiligenbildchen und zum Teil auch brennendes Werg, das die Feuerzungen des Heiligen Geistes darstellte. Natürlich hat sich im Mittelalter mit diesem bildhaften Ereignis auch finsterer Aberglaube verbunden: Beim Aufziehen der Christusfigur folgten ihr viele Blicke der Betrachter: Denn wohin die Figur zuletzt schaute, von dort wurde das nächste Gewitter erwartet! In anderen Gegenden war es üblich, zusätzlich zur Himmelfahrt Christi das Gegenstück dazu zu veranschaulichen: Aus dem Kirchengewölbe (= Himmel) wurde eine Teufelsdarstellung gestürzt, die dann von der Gemeinde geschlagen wurde. Diese Inszenierung des ↗ **Himmelssturzes** – benannt nach dem Beginn des Sturzes (↗ **Höllensturz**, wenn das Ziel des Sturzes den Namen gab, ↗ **Engelssturz**, wenn das Objekt des Sturzes benannt werden soll) – von ↗ **Lucifer** geschah auf dem Hintergrund von Jesaja 14,12ff, wo zwar der König von Babel (= Assur) gemeint war, der aber den Christen stets als Beispiel für Hoffart und als Verkörperung ↗ **Satans** galt. Symbolisch wurde die Herrschaft des Bösen beendet und damit konnte Christus den ihm zustehenden Himmelsthron einnehmen. Sebastian Franck beschreibt dieses Brauchtum in seinem »Weltbuch« von 1534: »Bald darauff folgt das Fest der Auffart Christi / daran yederman voll ist / und eyn gef[l]ügel essen muß / weiß nit warumb / da zeucht man das erstanden bild / so diese zeit auff dem altar gestanden ist / vor allem volck zu dem gewelb hinein / und würfft den teüfel eyn scheützlich bild anstatt herab / in den schlagen die umbstenden knaben mit langen gerten biß sy in umbringen. Darauff wirfft man oblat[en] von hymmel herab / zu bedeuten das hymel brot.«

Dass an Christi Himmelfahrt üblicherweise nur Fleisch von Geflügel (= ↗ **fliegendes Fleisch**) gegessen und damit auch zu Hause der Himmelfahrt Christi gedacht wurde, war sicher eine etwas naive Vorstellung. In einzelnen Gegenden der Alpen haben sich zwar noch Teile dieses Brauchtums bis ins 20. Jh. erhalten, aber Reformation und Aufklärung haben über diese alten Bräuche weitgehend gesiegt. Auch Brauchtumsvarianten, Hochheben und Umhertragen einer Figur des Auferstandenen, haben den Untergang nicht aufhalten können. Vielleicht ist das ↗ **Gebäck in Vogelform**, das in manchen Gegenden zu Christi Himmelfahrt gebacken wird (z. B. **Göbbelchen** in Köln), noch eine Erinnerung an die alte Rolle des Geflügels an diesem Festtag. Zu dem aus dem Kirchengewölbe geworfenen **Himmelsbrot**, **Manna**, hat es jedenfalls keinen Bezug. Für viele Menschen der Gegenwart, die den Kontakt zum christlichen Glauben verloren haben, reduziert sich der Himmelfahrtstag auf seine Rolle als ↗ **Vatertag**. Aber auch der Vatertag hat vielleicht einen Teil seiner Wurzeln in religiösem Brauchtum. Seit alters waren auch am Himmelfahrtstag ↗ **Flurumgänge** und ↗ **Flurumritte** üblich. Strittig ist die Begründung für dieses Tun: Die einen halten sie für einen germanischen Rechtsbrauch, wonach jeder Grundeigentümer einmal im Jahr seinen Besitz umschreiten musste, um den Besitzanspruch aufrechtzuerhalten. Andere ergänzen oder ersetzen diese Erklärung: Es handle sich um die Imitation des Gangs der elf Jünger zum Ölberg zum Zweck ihrer Aussendung (vgl. Matthäus 28,16f), der so genannten **Apostelprozession**, oder es sei die Erinnerung an die von Papst Leo III. (795–816) am Montag, Dienstag und Mittwoch vor Christi Himmelfahrt eingerichteten ↗ **Bittprozessionen**. Worin auch immer Grund oder Anlass der Flurumgänge gelegen haben mögen: Schon im Mittelalter hatten sie oft den religiösen Sinn verloren und waren zu quasireligiösen Touren verkommen, bei denen der Alkohol eine erheblich größere Rolle spielte als das Weihwasser. Aus diesen – von der Reformation geächteten und der katholischen Kirche meist zu reformieren oder abzuschaffen gesuchten Sauftouren – entwickelten sich im 19. Jh. »Herrenpartien« oder ↗ **Schinkentouren**, die – nach Einführung des ↗ **Muttertages** 1908 bzw. 1914 problemlos zum Gegenstück, dem »Vatertag«, wurden, – ein Tag, der in den USA seit 1916 bzw. 1924 begangen wird.

Mit Christi Himmelfahrt sind Bauernwetterweisheiten verbunden, z. B.: Regnet es am Himmelfahrtstag, der Weinbauer klagen mag. – Regen zu Christi Himmelfahrt macht dem Bauern die Ernte hart.

Christkind, Christkindle

Diese Kunstfigur ist eine Erfindung ↗ **Martin Luthers**, der – gemäß protestantischem Heiligenverständnis – die Heiligen abschaffte und damit auch den hl. ↗ **Nikolaus** in seiner Funktion als ↗ **Gabenbringer**. Der ↗ **Kinderbeschenktag** wurde auf Weihnachten verlegt und das »Christkind« zum **Gabenbringer**. Ob damit tatsächlich der Neugeborene zum heimlichen Gabenbringer werden sollte, ist fraglich. Zeitgenössische Abbildungen zeigen immer ein (eher weibliches als männliches) Kind von 10 bis 15 Jahren, das meist mit Engelsflügeln ausgestattet ist. Das Mysterium, wer oder was das Christkind nun eigentlich sei, ist nie aufgeklärt worden. Wie Nikolaus, der seine Geschenke heimlich und bei Nacht brachte, handelt auch das Christkind. Öffentlich inszenierte Auftritte sind eher selten. Heute ist das Christkind in evangelischen Kreisen weitgehend durch den ↗ **Weihnachtsmann** abgelöst. Das Christkind dagegen ist zum Gabenbringer in katholischen Familien geworden.

In der Umgangssprache hat das »Christkind« gegensätzliche Bedeutung angenommen. »Das ist ein rechtes Christkind« bedeutet: Es ist ein Feigling, jemand ist zu nichts zu gebrauchen, dumm und ungeschickt. Ähnlich zu verstehen sind Redewendungen wie: »Sei doch kei Christkindle!«, wenn sich einer als vermeintlich weich oder empfindlich zeigt, oder: »Eine Stimme wie ein Christkind haben«, d.h. eine schwache, leise Stimme. Vielleicht ist diese Wertung von einem kleinen Kind, vielleicht dem hilflosen neugeborenen Christkind übernommen. Schon ironisch heißt es im Schwäbischen: »Des ischt a reachts Chrischtkendle«, d.h., jemand ist überempfindlich. Im Moselfränkischen wird die Wertung eindeutig negativ: »Das ist ein Christkind« betrifft einen, der in seinem starken Rausch Ungehörigkeiten verübt. Als (echtes) »Christkind« wurden aber auch die bezeichnet, die am 25. Dezember Geburtstag haben. »Christkind« oder – im Diminutiv – »Christkindle« bezeichnet im Schwäbischen und Alemannischen auch einen Brauch: Eine verkleidete weibliche Person, meist ein weiß gekleidetes Mädchen mit einem dichten Schleier, geht am Weihnachtsabend in die Häuser und bringt Geschenke.

Christkindl-Anschießen ↗ Weihnachtsschießen

Christkindl einläuten

In einigen katholischen Regionen läuteten am 17. Dezember um 15 Uhr alle ↗ **Glocken**. Dies war nicht nur der Hinweis auf das eine Woche später beginnende Weihnachtsfest. Bis zur römischen Kalenderreform feierte die Kirche an diesem Tag das Gedenken an ↗ **Lazarus** aus Bethanien, den Jesus wieder ins Leben gerufen hatte. Das Glockengeläut erinnerte an die an diesem Tag fälligen Weihnachtsgaben für Alte und Kranke und die damit verbundenen Weihnachtsbesuche. Die römischen Wintersonnwendfeiern, die Saturnalien, begannen ebenfalls am 17. Dezember.

Christklotz

Ein entprechend vorbereiteter, geweihter Holzklotz, der am Heiligabend in den Kamin gelegt wird, heißt Christklotz, **Christblock**, **Christbrand**, **Mettenbrocken**, **Mettenstock**, **Weihnachtsscheit** oder im Französischen **bûche de Noel**, und war in vorchristlichen Zeiten als ↗ **Julklotz** bekannt. In Lettland wurde der Heiligabend nach dem Holzklotz benannt (bluku vakars); in Flandern nannte man ihn **Krestavendblok**. Die älteste Nachricht über den Christklotz stammt von dem um 580 verstorbenen Bischof Martin von Bracara, der verbot, auf dem Herd über einem Holzblock Feldfrüchte zu opfern und Wein zu vergießen. Im 8. Jh. wird dieses Verbot durch den westfranzösischen Klosterbischof Pirmin, der auch im Rheinland wirkte, erneuert. Später scheint der Brauch immer mehr verchristlicht worden zu sein, denn 1184 gehört ein Christblock bereits zu den dem Pfarrer von Ahlen/Westfalen zustehenden Weihnachtsgaben. Im Mittelalter ließ man den Christklotz in den zwölf Tagen zwischen Weihnachten und Dreikönige im Kamin brennen, um den man saß. Alte Feindschaften wurden begraben (vgl.

Christkind und Hans Trapp im Elsass, aus: Otto Frhr. von Reinsberg-Düringsfeld, Das festliche Jahr, Leipzig 1898

↗ **Weihnachtsfrieden**). Wer den Stamm fällen durfte, aus dem der Christblock geschnitten wurde, galt im neuen Jahr als gefeit gegen alles Unglück. Wer dem Stamm beim Heimtransport begegnete, grüßte ihn und hatte so Teil am Segen. Der Holzblock wurde nie ganz verbrannt. Reste davon sollten gegen Unwetter schützen. Mancherorts wurde der angekohlte Holzklotz entsprechend in den Herd eingegraben oder befestigt. Die Reste des alten Holzklotzes nahm man jährlich aus dem Kamin und verstreute sie zwischen Weihnachten und Dreikönige (↗ **Rauhnächte**) auf den Feldern. Manchmal wurde ein Stück Holz aufbewahrt, um damit den neuen Christblock im nächsten Jahr anzuzünden. In vorchristlicher Zeit hieß dieses Holz »Julklotz« und wurde zur ↗ **Wintersonnenwende** ins Haus geholt und am Herdfeuer entzündet. Wer den Holzscheit während der Rauhnächte brennen ließ, erwarb dadurch Segen. Die Asche des Julklotzes sollte heilbringende Kräfte haben: Man streute sie den Tieren unter das Futter und auf die Felder. Der vorchristliche Opferbrauch wurde christianisiert, indem die mit Weihnachten verbundene Licht- und Baumsymbolik Aufnahme fand. Der Christblock spielte auch eine Rolle bei den ↗ **Weihnachtsorakeln**. In Großbritannien wird eine beliebte Weihnachtsspeise als »Weihnachtsscheit« oder »Bûche de Noel« bezeichnet: Eine Biskuitroulade, gefüllt mit Kastanienpüree oder Buttercreme, wird mit Schokoladenbuttercreme überzogen und mit Hilfe einer Gabel so geriffelt, dass das Gebäck wie ein Holzstamm aussieht.

Christkönigsfest

Am Ende des ↗ **Kirchenjahres** feiern Katholiken heute den Christkönigssonntag, ein Ideenfest, das Pius XI. (1922–1939) im Jahr 1925 zum Andenken an das 1600-jährige Jubiläum des Konzils von Nizäa (325) eingeführt hat. In Anbetracht der in Europa zerfallenden Monarchien bürstete der Papst bewusst gegen den Strich: Die Anerkennung des Königtums Christi in der aktuellen Zeit hatte demonstrativen Charakter. Ursprünglich wurde das Fest am letzten Sonntag vor ↗ **Allerheiligen**, dem ↗ **Dreifaltigkeitssonntag**, als Bekenntnistag der Jugend gefeiert, die mit persönlicher Präsenz und Fahnenabordnungen öffentlich ihren Glauben demonstrierten. Als die Nationalsozialisten den Dreifaltigkeitssonntag mit dem Reichssportfest belegten, wurde das Treuebekenntnis der Jugend auf den Christkönigssonntag verschoben. Die Bekenntnisfeiern haben diesen Tag noch in der Nachkriegszeit geprägt.

Christmas

Der englische Begriff »Christmas« (alternativ heute gern **X-MAS**) ist von der Messe oder Mette zu Weihnachten abgeleitet. Der Begriff hat – außer verschiedenen Städten wie z. B. Christmas in Florida – zwei Inseln den Namen gegeben (vgl. ↗ **Weihnachtsinsel**).

Christmas Island ↗ **Weihnachtsinsel**
Christmette ↗ **Mette**
Christmonat ↗ **Monate: Dezember**
Christmond ↗ **Monate: Dezember**
Christnacht ↗ **Heiligabend**
Christoffel ↗ **Christophorus**
Christoffelgebet ↗ **Christophorus**
Christoffeln ↗ **Christophorus**
Christofferus ↗ **Christophorus**
Christoforus ↗ **Christophorus**

Christophorus

Einem Christophoros, dessen vor der Kalenderreform am 24. Juli gedacht wird, wurde nach einer Inschrift am 22. September 454 eine Kirche in Chalkedon geweiht, weshalb von einem Märtyrer dieses Namens auszugehen ist. Ohne dass es gesicherte Daten zu diesem Christophoros gab, bildeten sich um ihn Legenden, die sich in

Hl. Christophorus. Kölner Dom (15. Jh.).
Foto: Carsten Horn

einen östlichen und einen westlichen Zweig aufspalteten. Nach einer Handschrift des 8. Jh. berichtet der Osten von einem menschenfressenden Kynokephalen **Reprobus**, auch Offerus (lat.: Träger) oder Offer genannt, der in der Taufe den Namen Christophoros und die menschliche Sprache erhält. Als Missionar in Lykien tätig, bestätigt ihn Gott durch einen ↗ **grünenden Stab**. Sein Martyrium erleidet er nach Folter durch Enthauptung. Den Reliquien verleiht Gott Wunderkraft und Schutz gegen böse Geister und Unwetter. Aufgrund des ungewöhnlichen Legendenmotivs vom menschenfressenden Hundeköpfigen vermutet die Forschung den Ursprung der Legende im ägyptisch-gnostischen Bereich (verchristlichter Anubis).

Zum Westen hin verbreitete sich die Christophoros-Legende entlang der byzantinischen Pilgerstraße, eliminierte aber auf diesem Weg das Element der Bestie. Der Heilige wurde zum ↗ **Riesen**; das genus canineorum wird zur Herkunftsbezeichnung Cananeus: aus Kanaan. Die »Legenda aurea« erweiterte die Legende im 13. Jh. um zeitgenössisch ritterliches Denken: Das Vasallenmotiv tritt hinzu. Aus Christophoros wird lat. **Christoforus**, **Christofferus**, **Offerus**, der nur dem mächtigsten Herrn dienen will. Als er schließlich als Eremit Gott dadurch dient, dass er Pilger durch einen reißenden Fluss trägt, trifft er auf Christus, verborgen in der Gestalt eines Kindes. Unter der Last des Kindes droht Christophorus zusammenzubrechen. Da offenbart sich ihm Christus und tauft ihn im Fluss. Die Gottesbegegnung wird durch einen »grünenden Stab« bestätigt. Diese aus den Südalpen stammende Legendenvariante wird auf dem Weg zum Norden um das Motiv des Fährdienstes und die Begegnung eines Heiligen mit Christus erweitert.

Im Westen wird Christophorus zu einem populären Heiligen, einem der ↗ **Vierzehn Nothelfer**. Seine Verehrung verbreitet sich über ganz Europa, ist ab dem 16. Jh. auch in Amerika präsent. Angerufen wird er als Helfer in Gefahr, bei ↗ **Unwetter** und Dürre. Der Anblick eines Bildes des Heiligen am Morgen galt vom 13. bis ins 16. Jh. als sicherer Lebensschutz bis zum Abend, als Schutz vor einem unvorhergesehenen Tod. Ritter brachten deshalb ein Bild des Christophorus an der Innenseite ihres Schildes an, Bürger malten ihn auf die Innenseite der Stadttore. Vor allem fand sich der Heilige überlebensgroß in fast jeder Kirche wieder – gemalt oder als Plastik –, damit jeder Gottesdienstbesucher auch beim Besuch der Kirche des hl. Christophorus ansichtig wurde. Seines Fährdienstes wegen galt er als Patron der Pilger und Reisenden, Schiffer und Fuhrleute. Das Stabwunder machte ihn zum Patron der Gärtner. Heute ist der Heilige vor allem als Schutzpatron im Straßenverkehr bekannt; seine Plakette ist in vielen Autos angebracht. Zahlreiche Rettungshubschrauber tragen seinen

Namen. Die Christophoruslegende liefert auch den Grund für die Verbalisierung des Namens zu **christoffeln**: Da der Heilige auch zu Wohlstand verhelfen sollte, stand das Verb für das Beschwören eines Schatzes, für zaubern, magisches Tun und – im übertragenen Sinn – das ↗ **Bleigießen**, das die Zukunft zeigen soll. Das Verb »christoffeln« leitet sich ab vom **Christoffelgebet**, in Wahrheit eine Zauberformel, die den ↗ **Teufel** zum Erscheinen zwingen sollte und bei der Schatzsuche verwendet wurde. Im so genannten Christoffelgebet tauft Jesus Christophorus und ernennt ihn dann zu seinem Schatzmeister. Weil Christophorus somit auch Herr aller verborgenen Schätze ist, soll das Christoffelsgebet den Teufel zur Mithilfe bei der Schatzsuche zwingen.
Ein wenig von der großen Bedeutung des hl. Christophorus hat sich in der nicht mehr weit bekannten Redensart erhalten: »Vom großen Christopher reden«. Ausgedrückt wird hier, dass jemand dreiste Zuversicht zur Schau stellt, wie sie sich eigentlich nur ein Christophorus hätte leisten dürfen. Auch in einer anderen Redensart lebt das Wesen des Heiligen weiter: »Er hat einen **Christoffel**, der ihn über Wasser trägt«, benutzt das legendarische Bild des Christophorus, um auszudrücken, dass jemand Hilfe gewährt, zu der der Betroffene selbst nicht in der Lage ist.

Christotokos
Den Titel Christusgebärerin hatte Nestorius der hl. Maria zubilligen wollen, nicht aber die Bezeichnung ↗ **Theotokos**, Gottesgebärerin. Das Konzil von Ephesus entschied 431 gegen Nestorius (vgl. ↗ **Marienfeste**).

Christrose
An den Spross aus der ↗ **Wurzel Jesse** (vgl. ↗ **Arbor-Jesse-Thematik**) erinnert diese im Winter blühende Pflanze, die auch als ↗ **Christwurz**, ↗ **Schneekatze** oder ↗ **Schneerose** bezeichnet wird. Sie wurde als Orakelblume verwendet: Zwölf zu Weihnachten in Wasser gestellte Knospen versinnbildlichen die Monate des Jahres. Offene Knospen zu Weihnachten kündigen gutes, geschlossene Knospen schlechtes Wetter im entsprechenden Monat an (vgl. ↗ **Orakelbräuche**).

Christstollen ↗ Stollen

Christus mansionem benedicat
Lateinische Übersetzung des Segenswunsches »Christus segne dieses Haus«, den die ↗ **Sternsinger** beim ↗ **Sternsingen** oder ↗ **Dreikönigssingen**, in Verbindung mit der entsprechenden Jahrszahl, abgekürzt an das Türkreuz schreiben: 20 + C + M + B + 00.

Christwurz ↗ Christrose

Circumdederunt
Erstes Wort des ↗ **Introitus** (Eingangsgebet der hl. Messe: »Circumdederunt me gemitus mortis« – Todesstöhnen hielt mich umfangen) am Sonntag ↗ **Septuagesima**, dem ersten Sonntag der **Vorfastenzeit** (vgl. ↗ **Fastensonntage**).

Civitas dei
Der Begriff hat – ebenso wie die **civitas diaboli** – seinen Ursprung in der ↗ **Zwei-Staaten-Lehre** des hl. Augustinus (354–430). Seit den Zeiten Papst Gregors I. d. Gr. (590–604) bis zur Liturgiereform in Deutschland (1970) nach dem II. Vatikanischen Konzil (1962–1965) gab es für den Karnevalssonntag, Quinquagesima, eine gleichbleibende Perikopenordnung: Die Epistel (= Lesung) trug das Hohelied der Liebe vor (1 Korinther 13,1–13), in der das Fehlen von Gottes- und Nächstenliebe als närrisch gedeutet wurde, und das Evangelium den Weg Jesu über Jericho nach ↗ **Jerusalem** (Lukas 18,31–43). Der Text der Epistel stand in einem großen Zusammenhang: Im biblischen Sinne ist der ein ↗ **Narr**, der Gott leugnet und dem der

Mensch allein das Maß aller Dinge ist (Psalm 53,2; Matthäus 5,22), der alles auf das Hier und das Jetzt setzt (Lukas 12,12), der seine einzige Hoffnung auf irdische Güter richtet (Psalm 49,11), der sich Dinge rühmt, die er nicht oder zu Unrecht erworben hat und dann damit prahlt (Jeremia 17,11; 2 Korinther 11,17.21 u. 12,16). Was gemeint ist, »übersetzt« der Epheserbrief (4,17b–24) in das Bild vom alten und neuen Menschen: »Lebt nicht mehr wie die Heiden in ihrem nichtigen Denken! Ihr Sinn ist verfinstert. Sie sind dem Leben, das Gott schenkt, entfremdet durch die Unwissenheit, in der sie befangen sind, und durch die Verhärtung ihres Herzens. Haltlos, wie sie sind, geben sie sich der Ausschweifung hin, um voll Gier jede Art von Gemeinheit zu begehen. Das aber entspricht nicht dem, was ihr von Christus gelernt habt. Ihr habt doch von ihm gehört und seid unterrichtet worden in der Wahrheit, die Jesus ist. Legt den alten Menschen ab, der in Verblendung und Begierde zugrunde geht, ändert euer früheres Leben, und erneuert euren Geist und Sinn! Zieht den neuen Menschen an, der nach dem Bild Gottes geschaffen ist in wahrer Gerechtigkeit und Heiligkeit.« Der »alte Mensch« ist ein Narr, der – wie ↗ **Adam** – in der Sünde verharrt, der »neue Mensch« ist der Christ, der Jesus Christus und seinen Regeln nachfolgt.

Während die ↗ **Fastenzeit** eine Übung und ein Weg zum neuen Menschen ist und in dieser Zeit am Erstarken des »Reiches Gottes« gearbeitet wird, bietet die ↗ **Fastnacht** Gelegenheit, spielerisch, auf Zeit und – natürlich nur zum Abgewöhnen – den »alten Menschen«, den Narren, nachzuspielen. Die pädagogische Spielregel lautet: Erfahre an dir selbst, wie falsch närrisches Verhalten ist, kehre um, alter Mensch, und werde zu einem neuen Menschen, einem Christusnachfolger! Während der Narr in und für diese Welt lebt, soll der Christ zwar in der Welt, aber nicht für diese Welt leben. So wie die außerliturgische Martinsfeier die Form des Martinsfeuers und der Martinslaternen der liturgischen ↗ **Lichterprozession**, wie der ↗ **Zachäus** der Kirmesfeiern dem Evangelium des Gottesdienstes zum Jahrestag der Kirchweih entnommen sind, empfing auch die Fastnacht ein Schlüsselelement aus der Liturgie. Nach dem Episteltext (1 Korinther 13,1): »Wenn ich in den Sprachen der Menschen und Engel redete, hätte aber die Liebe nicht, wäre ich dröhnendes Erz oder eine lärmende Pauke« galt der Narr als jemand ohne (Gottes- und Nächsten-)Liebe, dem kein Sein und kein Haben über dieses Defizit hinweghelfen kann. Wer ohne Nächstenliebe ist, der ist und bleibt ein Narr.

Noch folgenreicher war das mit dieser Narrendefinition verbundene Bild vom »dröhnendes Erz« und der »lärmenden Pauke«. Seit dem Mittelalter definiert sich der Narr und Gottesleug-

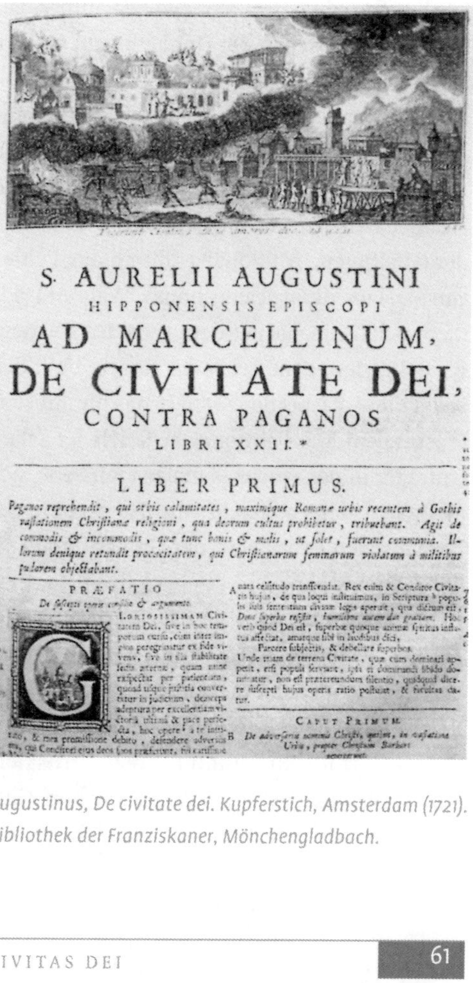
S. AURELII AUGUSTINI
HIPPONENSIS EPISCOPI
AD MARCELLINUM,
DE CIVITATE DEI,
CONTRA PAGANOS
LIBRI XXII.

LIBER PRIMUS.

Paganos reprehendit, qui orbis calamitates, maximéque Romanæ urbis recentem à Gothis vastationem Christianæ religioni, quâ deorum cultus prohibetur, tribuebant. Agit de commodis & incommodis, quæ tunc bonis & malis, ut solet, fuerunt communia. Illorum denique retundit procacitatem, qui Christianarum feminarum violatum à militibus pudorem objectabant.

PRÆFATIO

CAPUT PRIMUM

Augustinus, De civitate dei. Kupferstich, Amsterdam (1721). Bibliothek der Franziskaner, Mönchengladbach.

ner in seiner Erscheinung mit ↗ **Schelle** und Pauke: viel Lärm um nichts, Heidenlärm. Die Schelle wurde zum Erkennungszeichen des Narren. Abraham a Santa Clara (1644–1709), der bildhaft-wortgewaltige Barockprediger, definierte die Narren als Kinder dieser Welt, die »vorn und hinten mit Schellen« geziert sind. Ihnen ist die Gottesliebe verloren gegangen, und deshalb machen sie mit Schellengeläut das Böse wichtig. Es gehört geradezu zum Wesen des Bösen, dass es laut auftritt und auf sich aufmerksam macht; der »Heidenspektakel« ist noch immer sprichwörtlich. Das Gute dagegen lässt sich eher im Verborgenen finden und muss deshalb gesucht werden (vgl. das Bild vom Reich Gottes als verborgener »Schatz im Acker«, Matthäus 13,44).
Anhand des Epistel- und des Evangelientextes des Karnevalssonntags stellten die Prediger über Jahrhunderte hin zwei Modelle gegenüber: Die **Cupido-Gemeinschaft** der Ungläubigen, symbolisiert durch die ↗ **Schellenträger** (nach der Epistel des Karnevalssonntags ist die klingende Schelle das Zeichen der Lüsternheit, lat.: »cupido«), die die »societas mala«, die böse Gesellschaft, darstellen, und die Caritas-Gemeinschaft der Gläubigen, symbolisiert durch das Fehlen von Masken, die »societas bona«. Während sich die »societas mala« auf dem Weg des Abstiegs nach Babylon, dem Reich des Bösen, befindet, steigt die »societas bona« auf in das himmlische ↗ **Jerusalem**. Das babylonische Reich der Schellenträger in der »societas mala« realisierte sich aktuell in der Fastnacht, die Herrschaft des himmlischen Jerusalems, der Unmaskierten als die »societas bona«, in der Fastenzeit. In diese Deutung eingeflossen war unverkennbar die Zweistaatenlehre des Augustinus (354–430), bei der sich dualistisch die »civitas diaboli«, das Reich des ↗ **Teufels**, der »civitas dei«, dem Reich Gottes, erfüllt im himmlischen Jerusalem (Hierosolema caeleste), gegenüberstehen. Charakterisiert wird der Herrschaftsbereich des Teufels durch Lärm, Narrheit, Streit und Diesseitsorientierung, das Reich Gottes dagegen durch Ruhe, Frieden, Gottesliebe und Jenseitsorientierung. Zumindest für das Reich des Bösen gab es historisch reale Beispiele: das (alte) Babylon und das (neue) Babylon, das heidnische Rom. Herr der »civitas diaboli« war der Teufel. In seinen Herrschaftsbereich begab sich der Mensch als Narr, der immer zugleich auch Gottesleugner war. Als Narrheit begriff das Mittelalter beim vernünftigen Mensch die Unfähigkeit, seine natürlichen Triebe zu beherrschen. Als Folge der Erbsünde galt die besondere Anfälligkeit des Menschen für Reize, die den Hochmut und das Verlangen nach Sinnenlust ansprechen. Seit Gregor d. G. (1572–1585) unterschied man sieben Ausformungen des erbsündlichen Hochmutes: Hoffart, Neid, Zorn, Geiz, Unkeuschheit, Unmäßigkeit und religiös-sittliche Trägheit.

Civitas diaboli ↗ Civitas dei
Class ↗ Nikolaos, ↗ Nikolaus-Name
Clawsdach ↗ Nikolaus-Fest

C + M + B

Abkürzung des Segenswunsches, den die ↗ **Sternsinger** beim ↗ **Dreikönigssingen** oder ↗ **Sternsingen** für ↗ **«Christus mansionem benedicat«** an die Haustüren schreiben; früher als ↗ **Caspar**, ↗ **Melchior** und ↗ **Balthasar**, die Dreikönige, gedeutet.

Colinda-Sänger

Der Begriff ist abgeleitet vom lat. »calare = ankündigen«. Als Colinda-Sänger werden in Rumänien Sängergruppen bezeichnet, die am Neujahrsmorgen durch den Ort ziehen. Dabei schleppen ein Ochse oder mit Pferdemasken verkleidete junge Männer einen großen hölzernen Pflug mit (vgl. ↗ **Pflugmontag**). So wird der Beginn der Feldarbeit im neuen Jahr angezeigt.

Cornelius, Papst ↗ Vier Marschälle Gottes

Crêpes

Dünne ↗ **Pfannkuchen**, die besonders zu ↗ **Lichtmess** als ↗ **Lichtmesscrêpes** hergestellt wurden. Im Rheinland hießen sie ↗ **Kreppchen**.

Cupido-Gemeinschaft ↗ Civitas dei

Cynxen ↗ Pfingsten

Cyriakus ↗ Vierzehnheilige, Vierzehn Nothelfer

D

Dachschere ↗ **Narrenaufträge**

Dämonenglaube

Die Vorstellung von – meist bösen, selten guten – Geistern, die die Phänomene in der Natur bewirken, aber auch auf das Leben des einzelnen Einfluss nehmen, war in vorchristlicher Zeit weit verbreitet und hat sich – natürlich – durch das Christentum nicht auf einen Schlag verloren, zumal die katholische Kirche bis heute daran festhält, dass nicht nur »das Böse«, sondern auch »der Böse«, ↗ **Teufel**, wirklich existieren. Bis in die Gegenwart hinein gibt es darum Versuche, das Böse und den Bösen zu bannen, sich zu schützen. Verbunden ist dies in der Regel mit magischen Vorstellungen, die – so meint man – zweifellos zum Erfolg verhelfen, hält man genau die Form ein. Bei der Dämonenabwehr unterscheidet man **defixive** (= bannende), **exorzistische** (= vertreibende) und **apotropäische** (= abwehrende) Rituale.

Darbringung im Tempel ↗ **Lichtmess**
Darstellung des Herrn ↗ **Lichtmess**, ↗ **Marienfeste**
Darstellung Mariens im Tempel ↗ **Marienfeste: Unsere liebe Frau in Jerusalem**

David

Der Sohn des **Isai** (lat.: **Jesse**) aus Betlehem. David (hebr.: Geliebter), war von etwa 1000 bis 961 vor Christus König von Juda und Israel. Seine Regierungszeit stellte eine kulturelle, religiöse und machtpolitische Hochblüte dar. David wurde zum Messias-Typos; deshalb erwarteten die messianisch geprägten Juden einen Daviden als Messias, der die alten Verhältnisse wiederherstellen sollte (vgl. ↗ **Arbor-Jesse-Thematik**).

Deckendonnerschdiesch ↗ **Donnerstag**, ↗ **Weiberfastnacht**
Defixiv ↗ **Dämonenglaube**

Deielendames

Auf nervtötendes loses Geschwätz und eintönigen Singsang kann man im Rheinland noch heute die Reaktion hören: »Nu mach doch keene Deielendames.« Der Begriff »Deielendendames« leitet sich vom »Te Deum laudamus« her, einem lat. Hymnus.

Dekalog ↗ **Zehn Gebote**
Deli ↗ **Agnus Dei**
Demre ↗ **Myra**

Depp

Die Worte »Depp« und »deppert« (»Tepp«, »Tapp« in Bayern und Österreich) gehen auf das frühnhd. »tapp« zurück, das auch für »tappen« den Ursprung bildet. Der »Depp« ist demnach ein täppischer, tölpelhafter Dummkopf. Abgesehen von der beschimpfenden Zuweisung »Du Depp«, wird der Begriff meist abweisend und negierend gebraucht: »Jemandem nicht den Deppen machen«, »nicht deppert sein«. Die auch gebräuchliche Redensart »den Deppen spielen« weist auch darauf hin, dass man – und das nicht nur zur Fastnachtszeit – in die Rolle des Deppen schlüpfen kann (vgl. ↗ **Dieldapp**).

Deutscher Michel ↗ Michael

Dezember ↗ Monate

Diana

Griech. **Artemis**, lat. **Diana**, wurde im griech. Götterhimmel die Tochter des Zeus und Zwillingsschwester von Apollon genannt. Als ihren Geburtstag feierte man den 6. Tag des Monats Dezember. Als Geburtsort galten Delos oder Ephesos, wo ihr ein prächtiger Tempel geweiht war, das Ziel zahlreicher Pilger. Artemis hat Züge einer vorgriechischen »Herrin der Tiere«, ist Göttin der Mädchen und Frauen, »Göttin des Draußen«, rituell und mythisch verbunden mit Frauwerdung und Geburt. In der Männerwelt hat Artemis Verbindung zu Krieg und Jagd. Die Apostelgeschichte (vgl. 19,23–40) berichtet, dass die paulinische Verkündigung den Kult der Artemis in Ephesus gefährdete und zu einem Aufruhr derer führte, die um ihre wirtschaftlichen Interessen fürchteten. Lukas demonstriert an diesem Vorkommnis die Überlegenheit des Evangeliums gegenüber einem Kult, der seine materiellen Interessen in den Vordergrund stellt. Wenn ↗ **Nikolaus** wirklich im 4. Jh. gelebt hat, muss die Auseinandersetzung mit dem in Kleinasien blühenden Artemis-Kult seine Pastoral geprägt haben. Es wäre dann ein bemerkenswerter Zufall, wenn sein Gedächtnistag rein zufällig auf einen 6. Tag des Monats des Dezembers gefallen wäre; der 6. kann vielmehr mit Absicht gewählt worden sein, um den Artemis-Kult zu überdecken. Das Vorkommen der Artemis in den Nikolaus-Legenden, wo sie, wenn diese Legenden im Westen erzählt wurden, Diana hieß, stützt diese Vermutung.

Diana von Ephesus. Rom, Kapitolinisches Museum im Konservatorenpalast. – Foto: Archiv Herder

Dickkopp ↗ Januar: Monate

Dieldapp

Ein tölpelhafter, tollpatschiger, ungeschickter, täppischer (vgl. ↗ **Depp**) Mensch, der auf einem Dielenboden plump herumtappt, ist ein »Dieldapp« (auch: **Dilldapp**, **Diltap(p)**, **Dilltap**, **Tiltap**). Der Begriff ist seit dem 15. Jh. belegt. Bei den ↗ **Fastnachtsspielen** ist der Dilldapp der Name eines lärmenden Bauern, aber auch eine generelle Bezeichnung für den Tölpel oder Deppen. In einem Fastnachtsspiel des 15. Jh. heißt es: »herr wirt, ich heisz der tilltapp, ich bin gar ein einveltiger lapp.« Bei Hans Sachs taucht ein »Eberlein Dilltapp« auf. Vom Dieldapp meint Hans Sachs: »Ein dildopp brütt ander dildappen« (vgl. ↗ **Depp**, ↗ **Narrenaufträge**, ↗ **Narrenmutter**, ↗ **Narren säen**).

Dienstag

Die römische Bezeichnung dieses Tages, ↗ **Dies Martis** (Tag des Kriegsgottes Mars), wurde nur von den romanischen Sprachen übernommen (vgl. frz.: »mardi«; ital.: »martedi«; span.: »mártes«). Im Deutschen haben sich verschiedene Bezeichnungen entwickelt: In bayerisch-österreichischer Mundart heißt der Dienstag **Ertag** oder **Irtag** (auch: **Irchtag**), was eine Ableitung vom griechischen Kriegsgott Ares vermuten lässt. Ein zweiter Name leitet sich von dem Himmels- und Kriegsgott Tyr, angelsächs. Tiv, hd. Ziu (Tiu) ab, der dem altindischen Dyaus, dem griechischen Zeus und dem römischen Jupiter entsprach (ahd.: Ziostac; mhd.: Zistac; an.: Týsdagr; angelsächs.: Tivesdag; engl.: Tuesday). Schwäbisch-alemannisch spricht man noch vom **Ziestag**, **Zistig** (auch: **Tistag**), im 14. Jh. verballhornt zu **Zinstag**. Das Wort »Dienstag« scheint abgeleitet vom »Mars Thingsus«, dem Gott des Things, der Volksversammlung, die über das Recht wacht. Als **Dinsetag** und **Dingstag** taucht der Name seit dem 13. Jh. in Urkunden auf und beherrscht seit dem 16. Jh. die Schriftsprache. In einigen Gebieten der Alpen wird der Dienstag auch als **Aftermontag**, Tag nach dem Montag, definiert. Die Liturgie bezeichnet den Dienstag als »feria tertia«.

Die wenigen abergläubischen Vorstellungen, die mit dem Dienstag verbunden sind, erklären sich dadurch, dass dieser Tag dem Kriegs- oder – noch bedeutender – dem Rechtsgott verbunden ist. Der Dienstag ist ein ↗ **gerader Tag**, weil die Wochentage ab Montag gezählt wurden. Dem Missverständnis vom Dienstag als **Diensttag** = Tag des Dienstes (Bertold von Regensburg spricht vom »dies servitii«) entspricht die bayerisch-österreichische Fehldeutung des Irtages als **Irrtag**, an dem man in die Irre geht. – Ein Zauberschwert musste an einem »dies Martis« geschmiedet sein. Kaiser Heinrich IV. (1084–1106) begann alle kriegerischen Auseinandersetzungen an einem Dienstag. Weil der Dienstag dem Kriegsgott geweiht war, galt er anderen als ↗ **Unglückstag**, der – neben dem Donnerstag – als **Hexentag** galt. Die niederdeutsche Namensbildung Dienstag verweist auf den **Gerichtstag**. Auch der Ertag galt im bayerisch-österreichischen Bereich als Gerichtstermin. Dieser Brauch dauert in dem Narrenspiel zu Karneval fort, wenn die Frauen – meist am ↗ **Karnevalsdienstag** – ↗ **Narren-** oder **Rügegericht** über ihre Männer oder ihresgleichen abhalten. Früher galt der Dienstag auch als ↗ **Hochzeitstag**, der aber immer öfter auf Donnerstag verschoben wurde, weil die Hochzeitsfeier bis zum Sonntag andauerte. Als Rechtstermin war der Dienstag natürlich auch zum Dienstantritt geeignet. Er wurde aber dort vermieden, wo er Irtag hieß, weil befürchtet wurde, das Personal würde »irr gehen«, das heißt, kein Jahr aushalten. Dienstags, der ein ↗ **Fleischtag** ist, treibt man das Vieh, das ja Fleisch ansetzen soll, erstmals auf die Weide. Auch für Feldarbeiten wurde dieser Tag gewählt. Wer nüchtern an einem Dienstag in der Fastenzeit badete, sollte ganzjährig vor Kreuzschmerzen gefeit sein.

Dienstag, fetter ↗ Karneval international
Dienstag in der Fasten, Letzter ↗ Karwoche
Dienstag, schiefer ↗ Karwoche
Diensttag ↗ Dienstag
Dilldap(p) ↗ Dieldapp, ↗ Narrenaufträge
Diltap(p) ↗ Dieldapp, ↗ Narrenaufträge
Dingstag ↗ Dienstag
Dinsetag ↗ Dienstag
Dionysius ↗ Vierzehnheilige, Vierzehn Nothelfer
Dippedotz ↗ Düppekuchen

Doketismus

Frühchristlich-gnostische Sekte der Doketisten (griech.: »dokein = so scheinen«), die annahm, Jesus habe nur scheinbar einen menschlichen Leib besessen und sei deshalb auch nur scheinbar gestorben. Dagegen wird die Betonung der ↗ **Menschwerdung** Gottes – wahrer Gott und wahrer Mensch – im Weihnachtsfest fokussiert.

Doktor ↗ Fastnachtsanfang, -beginn, ↗ Strohmann

Dollochs ↗ Nikolaus-Begleiter
Dölpes ↗ Dieldapp, ↗ Narrenaufträge
Domesesel ↗ Thomas
Domina perchta ↗ Nikolaus-Begleiter
Dominica alba ↗ Sonntag
Dominica in albis ↗ Weißer Sonntag
Dommustag ↗ Thomas
Donnerkreuz ↗ Hilfen gegen Unwetter

Donnerstag

Jupiter, der dem römischen Donnerstag, dem **dies Jovis**, den Namen gab, wurde im deutschsprachigen Raum durch den Wetter- und Gewittergott Donar ersetzt. Die romanischen Sprachen dagegen erhielten den Jupiterbezug – frz.: jeudi; ital.: **giovedi**; span.: juéves. Im Deutschen wurde der Donartag über ahd.: **Donarestag**, mhd.: **Donrestac**, altnord.: **Thorsdag**, angelsächs.: **Thunoresdag**, engl.: **Thursday** zum Donnerstag. Nachweisen lassen sich auch die Namen **Jovis**, **Pfincztag**, **pfünztag**, **Phinztag** und **Tunrestag**. Der bayerisch-österreichische Sprachraum bildet insofern eine Ausnahme, als hier der Donnerstag den Namen **Pfinstag** oder **Pfinztag** annahm. Es wird vermutet, dass gotische Christen diese Namensbildung, die der griechischen Bezeichnung »PEMPTE« HEMERA (= fünfter Tag [der Woche]) nachgebildet ist, eingeführt haben. Vgl. parallel für Dienstag: **Arestag, Ertag, Irtag.** Die Liturgie nennt den Donnerstag »feria quinta«.

Im Brauchtum spielen einzelne Donnerstage, die durch eigene Namen hervorgehoben werden, eine besondere Rolle: der Donnerstag vor ↗ **Fastnacht** bzw. ↗ **Karneval: Zimberstag** in Westfalen, **Weiberfastelabend**, ↗ **Weiberfastnacht** oder ↗ **Lutzenfastenabend** in Köln, ↗ **Fetter Donnerstag** im Rheinland, in Luxemburg und bei den Flamen, **Deckendonnerschdiesch** im Hunsrück,

Das Hansellaufen auf der Baar, aus: Otto Frhr. von Reinsberg-Düringsfeld, Das festliche Jahr, Leipzig 1898

Feister Pfinstag in Böhmen, **Irrsinniger Donnerstag** oder **Pfinztag** in der Schweiz, **Toller Donnerstag** in Westböhmen, **Gumpiger**, **Lumpiger** oder **Schmutziger** (↗ **Schmotziger** = fetter) **Donnerstag** in Schwaben; schmutziger oder ↗ **Rußiger Donnerstag** heißt auch der Donnerstag nach Aschermittwoch in der Schweiz und Baden.

Die vorchristliche Bedeutung des Donnerstags wurde durch den ↗ **Gründonnerstag** noch gesteigert. Er galt als besonders glückbringend, ebenso die auf Donnerstag festgesetzten Feiertage ↗ **Christi Himmelfahrt** und ↗ **Fronleichnam**. Eine besondere Rolle spielen noch die drei letzten Donnerstage vor Weihnachten, die heiligen Nächte oder ↗ **Klöpflesnächte**. Die mit dem Donnerstag verbundenen Bräuche und abergläubischen Vorstellungen lassen sich durchweg aus der die Jahrhunderte überdauernden Bedeutung des Donar für den Donnerstag erklären, dessen Tag den Germanen Festtage gewesen sein müssen. Darauf deutet die Heilighaltung des Donnerstages – den die Alten noch über den Sonntag stellten – und die teilweise ↗ **Arbeitsruhe** (ausgenommen sind Arbeitsruhevorschriften für Donnerstagabend, die sich vom Freitag als Tag der Freya und/oder Todestag Christi ableiten): Donnerstags darf kein Geschirr gereinigt, kein Holz geschlagen und kein Mist ausgefahren werden. Selbst die Vögel tragen Donnerstags nichts zum Nest, zur Erinnerung daran, dass Gott die Vögel an einem Donnerstag geschaffen hat. Das Spinnen am Donnerstag galt als verboten; für ↗ **Zauberei** war der Donnerstag allerdings geeignet.

Die Erinnerung an Donar bleibt in christlichen Zeiten erhalten. Wie Donar geht Christus an Donnerstagen am liebsten über Land. Am Tag Christi Himmelfahrt kommt es immer zu einem Gewitter. An diesem Tag darf man nicht nähen, der Blitz schlägt sonst ein (Ostpreußen), oder der Träger des Kleidungsteils zieht die Gewitter nach sich (Voigtland). Die an diesem Tag gesammelten Kräuter wurden, zu Kränzen gewunden, im Haus zum Schutz gegen Blitzschlag aufgehangen. Der ↗ **Wettersegen** findet statt: Flurprozessionen, bei denen an vier Punkten ein Wettersegen gesprochen wird. Die Fronleichnamsprozession nahm oft Züge dieser Flur- und ↗ **Wetterprozessionen** an: Mitgeführte Kränze und Sträußchen, Äste und Zweige der Birke und Tanne, mit denen die Altäre geschmückt waren, wurden aufbewahrt. Man verwendete sie gegen Blitzgefahr und Krankheiten bei Mensch und Vieh. Der Brauch, donnerstags ↗ **Erbsen** zu essen, verweist auf Donar, dem die Erbsen heilig waren. Erbsen gelten aber auch allgemein als **Geisterspeise**. U.a. werfen die Kinder, die an den ↗ **Klöpflestagen** umherziehen, Erbsen an die Fenster und schlagen mit kleinen hölzernen Hämmern, Donars Erkennungszeichen, an die Fenster und Blendläden. Glaube und Bräuche in Verbindung mit den Lebenswenden, vor allem Geburt und Hochzeit, haben gleichfalls noch Bezüge zu Donar. Kinder, die an einem Donnerstag geboren sind, ↗ **Donnerstagskinder**, können Geister sehen. Erst später ist diese Vorstellung auf ↗ **Sonntagskinder** übergegangen. Gleiches gilt für den, der an einem auf den Donnerstag fallenden Weihnachtstag geboren ist. Wer an einem ersten Donnerstag in einem dritten Monat (März, Juni, September, Dezember) zur Welt kam, galt als **Wunderkind**. Ein Donnerstag eines Donnerstagsmonats – eines Monats, der mit einem Donnerstag beginnt – hat Vorbedeutung für das ↗ **Wetter** des ganzen Monats. »**Donnerstagshochzeit** – Glückshochzeit« heißt es besonders in Süddeutschland: Der Donnerstag war besonders geeignet, weil Donar als Gott der Hochzeit galt und seinem Hammer phallische Bedeutung zugesprochen wurde. Andernorts sollte an Donnerstagen gerade nicht geheiratet werden, weil es dann in der Ehe »donnere«.

Als Schützer von Vieh und Ackerbau, Recht und Heilung wirkt Donar in zahlreichen abergläubischen Vorstellungen bis in die jüngste christliche Zeit. Donnerstags geborene Tiere galten als besonders kräftig, donnerstags Begonnenes muss gelingen. Recht kann man an Donnerstagen sprechen und Gesundheit erlangen. Im christlichen Mittelalter entstehen **Donnerstagsgebete**, die – eng verwandt mit ↗ **Freitagsgebeten** – mit diesen das Motiv teilen, durch dreimaliges Beten arme Seelen zu erlösen. Im Böhmerwald betete man: »Heut is Dunnerstag, heut is a heiliger Tag. Heut hat unser Herrgott sein bittres Leid'n und Sterb'n anfanget. Sie hab'n an bund'n, sie hab'n an valasse'n. Sie hab'n an verstoss'n, sie hab'n an af's heilige Kreuz afg'nagelt. Unter dem Kreuz steht d' heilige Maria und spricht: Wer dös Gebet dreimal spricht und nie vagißt, Dem hat's fünf arme Seel'n g'schenkt: Die erst' – sein' Vadern, Die zweit' – sei(n)' Muadern, Die dritt' – sein' Bruadern, Die viert' – sein(n)' Schwestern, Und die fünft' – die sei(n)', Kummt nia in koa(n) Pei(n). Amen.«

Donnerstag, fetter ↗ Donnerstag, ↗ Fastnachtszeit, ↗ Weiberfastnacht

Donnerstag, großer ↗ Gründonnerstag, ↗ Karwoche

Donnerstag, grüner ↗ Gründonnerstag, ↗ Karwoche

Donnerstag, gumpiger ↗ Donnerstag, ↗ Weiberfastnacht

Donnerstag, hoher ↗ Gründonnerstag, ↗ Karwoche

Donnerstag, irrsinniger ↗ Donnerstag, ↗ Weiberfastnacht

Donnerstag, lumpiger ↗ Donnerstag, ↗ Weiberfastnacht

Donnerstag, rußiger ↗ Donnerstag, ↗ Weiberfastnacht

Donnerstag, schmotziger ↗ Donnerstag, ↗ Fastnachtszeit, ↗ Weiberfastnacht

Donnerstag, schmutziger ↗ Donnerstag, ↗ Weiberfastnacht

Donnerstag, schwerer ↗ Fastnachtszeit

Donnerstag, toller ↗ Donnerstag, ↗ Weiberfastnacht

Donnerstag, unsinniger ↗ Fastnachtszeit

Donnerstag, weißer ↗ Gründonnerstag, ↗ Karwoche

Donnerstag, wuetig ↗ Fastnachtszeit

Donnerstagsgebete

Bestimmte Gebete, die an einem Donnerstag zu sprechen waren, stehen in enger Verbindung mit den ↗ **Freitagsgebeten**. Ihnen allen liegt eine magische Einstellung zugrunde, nach der es geradezu zwingend zur Verwirklichung der eigenen erbetenen Vorstellung komme, wenn die vorgegebene Form eingehalten werde. Durch dreimaliges (!) Beten sollen die Armen Seelen im ↗ **Fegefeuer** erlöst werden und die eigene perspektivisch vor dem Fegfeuer bewahrt bleiben.

Donnerstagshochzeit ↗ Donnerstag

Donnerstagskinder ↗ Donnerstag, ↗ Sonntagskinder

Donstag, gumpiger ↗ Fastnachtszeit

Döppelkooche ↗ Düppekuchen

Dorendage ↗ Fastnachtszeit

Dorendonderdach ↗ Fastnachtszeit

Dorledage ↗ Fastnachtszeit

Dornenkrone ↗ Arma Christi, ↗ Leidenswerkzeuge

Drachenstich ↗ Fronleichnam

Drei ↗ Dreizahl

Dreifaltigkeit

Der Dreifaltigkeitsglaube und der ↗ **Dreifaltigkeitssonntag**, gefeiert am ersten Sonntag nach Pfingsten, haben kein eigentliches Brauchtum ausgeprägt, es sei denn, man bezieht die volkstümliche Darstellung der Dreifaltigkeit im ↗ **Dreihasenbild** ein, das in früheren Jahrhunderten auf ↗ **Ostereiern** wiedergegeben wurde und heute auch im Dom von Paderborn zu sehen ist.

Dreifaltigkeit und Krönung Mariens. Seitenaltar in der Wallfahrtskirche von Eggenfelden/Niederbayern. Foto: Löbl-Schreyer, Bad Tölz

In der kirchlichen Kunst hat jedoch eher der ↗ **Gnadenstuhl** zur Darstellung der Dreifaltigkeit gedient: Ein als älterer Mann dargestellter Gottvater hält Christus am Kreuz hängend vor sich, wobei der Heilige Geist als ↗ **Taube** über oder zwischen diesen beiden Gestalten einbezogen ist.

Dreifaltigkeitssonntag
Der Sonntag nach Pfingsten (↗ **Pfingstoktav**) wird von Katholiken und Protestanten als Dreifaltigkeitssonntag bzw. als Sonntag ↗ **Trinitatis** begangen. Der Tag heißt auch »dies trinitatis«, »dominica trinitatis«, »Pentecoste clausum«, **Salvatorstag, Trifeldicheit.** Der Montag nach Trinitatis hieß in Westfalen ↗ **Guter Montag.**
Kein Ereignis aus dem Leben Jesu ist der Bezug, sondern die Glaubenslehre von der Seinsweise des einen Gottes in drei Personen. Dieses Ideenfest geht auf Auseinandersetzungen zurück, die in der Kirche mit dem ↗ **Arianismus** im 3. Jh. begannen. ↗ **Arius** (ca. 280–336) hatte einen strengen Monotheismus gepredigt, der Christus mit Gott nicht gleichstellte. In langewährenden Streitigkeiten unterlag der Arianismus. Die Kirche sah in Gottvater, dem Gottessohn Christus und dem Heiligen Geist drei verschiedenartige, aber gleichwertige Personen des einen Gottes. Ausgedrückt wird dies u. a. durch die Schlussformel (Konklusion) der Gebete, die seit der jüngsten Liturgiereform lautet: »... durch Jesus Christus, deinen Sohn, unseren Herrn und Gott, der in der Einheit des Heiligen Geistes mit dir lebt und herrscht in alle Ewigkeit«.
In manchen Landesteilen heißt dieser Sonntag auch **Güldensonntag** oder ↗ **Goldener Sonntag**; denn an diesem Tag oder in dieser Nacht soll die ↗ **Goldene Wunderblume** mit magischer Kraft erblühen. Mit ihr kann man verwunschene Jungfrauen erlösen, Berge öffnen, um die verborgenen Schätze an sich zu nehmen usw.. Christen, die an diesem Tag dreimal die Kirche besuchen, soll alles gelingen (vgl. ↗ **Sonntag**).

Drei goldene Samstage ↗ **Samstag**

Dreihasenbild
Eine Begründung für die Bezeichnung »Haseneier« für ↗ **Ostereier** scheint in katholischen Gegenden nicht der Osterhase gewesen zu sein, sondern ein bestimmtes Motiv der Bemalung der Ostereier. Für die Zeit um 1760 berichtet der Goethe-Maler Heinrich Wilhelm Tischbein aus dem protestantischen Nordhessen, dass für Ostern die Eier mit Figuren in Gelb, Rot und Blau gezeichnet wurden: »Auf einem standen drei Hasen mit drei Ohren, und jeder Hase hatte doch seine gehörigen zwei Ohren.« Beschrieben wird hier das Motiv des »Dreihasenbildes« – heute findet sich das bekannteste Beispiel als Glasbild im

Dreihasenbild, Allegorie der Dreifaltigkeit. Relief am Dom zu Paderborn. Foto: Archiv Manfred Becker-Huberti

Kreuzgang des Paderborner Doms. Das Dreihasenbild, das drei Hasen in Kreisform so abbildet, dass ihre beiden Ohren jeweils einem der benachbarten Hasen mit zu gehören scheinen, verdeutlicht die ↗ **Dreifaltigkeit**, die Einheit in der Dreiheit. Wenn solche Hasenbilder zunächst auf katholischen Ostereiern, später auch auf evangelischen Ostereiern auftauchten, nährten sie – bei Fortfall der katholischen Brauchtradition – den Umkehrschluss, dass die abgebildeten Hasen auch die Eier brächten.

Drei heilige Jungfrauen ↗ **Drei heilige Madl**

Drei heilige Madl
»Sankt ↗ **Barbara** mit dem Turm, Sankt Margreth (vgl. ↗ **Margaret(h)a**) mit dem Wurm (= Drachen), Sankt Kathrein (vgl. ↗ **Katharina**) mit dem Radl, das sind die heiligen Madl«, lautete eine weitverbreitete Definition für eine Heiligengruppe von Frauen, auch **Drei heilige Jungfrauen** genannt (vgl. auch ↗ **Vierzehn Nothelfer**).

Dreikönige (Caspar, Melchior, Balthasar)
Im Rahmen der Geburtserzählung berichtet der Evangelist Matthäus (2,1–16), und nur er tut dies, ohne eine Anzahl anzugeben, von Magiern (gr.: mágoi; im engeren Sinn Angehörige der medisch-persischen Priesterkaste; im weiteren Sinne Astrologen, Traum-, Orakeldeuter, Seher), die einen »Stern« (↗ **Stern von Betlehem**) gesehen haben, dem sie über ↗ **Jerusalem** bis zum Geburtsort Christi gefolgt sind. Herkunft, Anzahl, Namen werden nicht genannt. – Heute wird die Historizität der Magiererzählung von der Forschung mehrheitlich nicht aufrechterhalten. Anhand der drei symbolischen Geschenke – ↗ **Gold, Weihrauch und Myrrhe** – wurde schon von Origenes (um 185–254) die ↗ **Dreizahl** der Magier angenommen, was bald Allgemeingut wurde. Auch Tertullian (um 160–220) verweist auf Jesaja 60,3 und Psalm 72,10: »Könige von Tarschisch, Saba und Scheba bringen Geschenke.« Spätestens seit Caesarius von Arles (469–542) sind die drei Magier endgültig zu Königen geworden. Als letztes bilden sich für die drei Könige Namen aus. Die »Legenda aurea« nennt noch die angeblich hebräischen Namen »Appelius, Amerius, Damscus« und die angeblich griechischen »Galgalat, Balthasar, Melchior«. Aber schon das berühmte Mosaik aus dem 6. Jh. in Ravenna (S. Apollinare Nuovo) listet auf: Der Älteste heißt demnach Caspar, der mittlere Balthasar, der jüngste Melchior. Keiner der drei hat eine schwarze Hautfarbe. Seit dem 9. Jh. sind Caspar (persisch: Schatzmeister), Melchior (= Gottesschutz) und Balthasar (= Lichtkönig) üblich. Einer davon, zunächst überwiegend Caspar, dann aber Melchior, galt als »Mohr« und Vornehmster der Drei. Seit Beda Ve-

nerabilis (674–735) repräsentieren die Dreikönige die drei Lebensalter: Jüngling, Mann »in den besten Jahren« und Greis. Die Dreikönige versinnbildlichen darüber hinaus die drei damals bekannten Kontinente: Asien, Europa und Afrika. Über den weiteren Lebensweg der Dreikönige erzählen die Apokryphen. Das Proto-Evangelium des Thomas (6. Jh.) berichtet von ihrer Taufe. Sie sollen später zu Priestern und Bischöfen geweiht worden sein. Nach einer gemeinsamen Weihnachtsfeier seien alle drei kurz nach 53 nach Christus hintereinander gestorben.

Die Reliquien der Dreikönige sollen durch Kaiserin Helena († 330), Mutter des ersten christlichen römischen Kaisers Konstantin (um 280–337), aufgefunden worden und nach Konstantinopel gelangt und von dort durch Bischof Eustorgius I. im 4. Jh. nach Mailand verbracht worden sein. Sie ruhten in einem großen römischen Sarkophag in S. Eustorgio. Als Kaiser Friedrich Barbarossa 1162 Mailand erobert und zerstört, bemächtigt er sich auch der Reliquien der Stadt. Die Reliquien der hl. Dreikönige überlässt er seinem Kanzler, dem Kölner Erzbischof Rainald von Dassel (1159–1167), der sie am 23. Juli 1164 (Fest der Translation/Übertragung der Reliquien) feierlich in die Stadt Köln überführte. Hier wurde 1180–1225 durch den »Meister von Verdun« für die Reliquien ein kostbarer Reliquienschrein, der aus der Kombination von drei Schreinen bestehende **Dreikönigsschrein**, angefertigt, der größte erhaltene des gesamten Mittelalters. Er wurde Anlass zum Bau der berühmten Kölner gotischen Kathedrale, für die 1248 der Grundstein gelegt wurde. Um 1200 trennte man bei den Reliquien die Häupter ohne Unterkiefer ab und stellte sie gekrönt auf einem so genannten **Häupterbrett** aus. 1904 wurde ein Teil der Reliquien vom Erzbistum Köln an Mailand zurückgegeben. Dort werden sie in einer Urne unter dem Altar von S. Eustorgio verehrt.

Die hl. Dreikönige galten als Reichsheilige, waren den deutschen Königen und Kaisern Vorbild und Fürbitter, weshalb diese nach ihrer Krönung in Aachen nach Köln zogen, zum Gebet vor dem Dreikönigsschrein. Die »Realpräsenz« von königlichen Heiligen, die als erste Heiden Christus selbst in der Krippe gesehen und angebetet haben, darf für mittelalterliche Menschen nicht unterschätzt werden. Den Heiligen wurden starke Schutzkräfte zugesprochen: Sie helfen gegen Schicksalsschläge, wenden alles Böse von Mensch, Vieh und Haus. Die Bedeutung spiegelt sich bis heute in ihrem überaus kostbaren Reliquienschrein, in der für diesen Schrein gebauten Kathedrale, dem Kölner Dom, »Non-plus-ultra« der Gotik, und im Wappen der Stadt Köln usw.

Das ↗ **Dreikönigswasser** galt als »hochgeweihtes« Wasser. Bis heute haben zahlreiche Gast-

Ludwig Richter, Epiphanias, aus: Das große Festtagsbuch. Feiern, Tanzen und Singen. Hrsg. v. Walter Hansen. Freiburg i.Br. 1984. Vorlage: Archiv Herder

stätten nicht nur im Rheinland Namen, die daran erinnern, dass Pilger an ihnen vorbei auf dem Weg nach Köln gezogen sind: Stern, Mohr, Dreikönige ... Der ↗ **Dreikönigstag** (auch **Groß-Neujahr** genannt, weil der Termin zeitweise auch Jahresanfang war) galt als **Perchtentag** (vgl. ↗ **Percht**), an ihm enden die ↗ **Rauhnächte**; die Nacht vom 5. auf den 6. Januar ist die schlimmmste und gefährlichste der Rauhnächte, die ↗ **Oberstnacht.** An diesem Tag wurde das – ursprünglich apotropäische – ↗ **Türkreuz** angebracht, das im Segenszeichen der ↗ **Sternsinger** aufging. Die hl. Dreikönige waren natürlich auch Gegenstand der ↗ **Weihnachtskrippe** und des ↗ **Krippenspiels** bzw. ↗ **Dreikönigsspiels.** Als letzteres aus dem Kirchenraum »auswanderte« und in Puppentheatern (vgl. ↗ **Hänneschen-Theater**) heimisch wurde, gerierte Caspar zum ↗ **Kasperle.**

Die Frage der »Echtheit« der Reliquien und des »Beweises« der Echtheit ist eine moderne Fragestellung. So wenig, wie sich die Echtheit beweisen lässt, ist bisher die Unechtheit der Reliquien bewiesen. Gesichert ist, dass diese Gebeine seit dem Altertum verehrt wurden, dass sie in Stoffen aufbewahrt werden, die sich nur mit denen aus Palmyra in Syrien vergleichen lassen. Möglicherweise hat auch schon das Mittelalter die Frage der Echtheit der Reliquien als nicht erweisbar angesehen. Es fällt auf, dass das ikonographische Programm der Darstellungen am Dreikönigsschrein – im Gegensatz zu allen anderen Schreinen des Mittelalters – nicht auf die Darstellung des Lebens der der Heiligen abhebt, sondern auf den theologischen Kontext: Nicht das Leben der drei Magier, sondern das Leben Jesu Christi wird dargestellt. Die Magier kommen nur in ihrer heilsgeschichtlichen Rolle anbetend bei der Geburtsszene vor. Aus der Gestaltung des ikonographischen Programms wird die Frage nach der »Echtheit« der Reliquien überflüssig.

Dreikönigsfest

Ein Dreikönigsfest kennt der liturgische Kalender nicht, außer in Köln, von wo sich dieser Brauch seit dem 13. Jh. durchgesetzt hat. Im römischen Generalkalender heißt dieser Tag heute **Hochfest Erscheinung des Herrn**, früher auch ↗ **Epiphanie.** Nachdem 1164 (Translationfest 23. Juli, Übertragung der Reliquien) die Gebeine der heiligen Dreikönige von Mailand nach Köln gelangt waren, bildete Köln das Zentrum der ↗ **Dreikönigsverehrung.** Es bildeten sich Wallfahrten und Prozessionen, Patrozinien, Patronate, ↗ **Bruderschaften.** Als Feiertag ist der Dreikönigstag heute fast überall abgeschafft. Gesetzlicher Feiertag ist er noch in den deutschen Bundesländern Baden-Württemberg, Bayern, Sachsen-Anhalt, sowie in Österreich und in Teilen der Schweiz. Auch dort, wo der Dreikönigstag nicht mehr gesetzlicher Feiertag ist, wirkt das alte Fest aber noch insofern nach, als die weihnachtlichen Schulferien erst nach dem 6. Januar enden.

»Der König trinkt«, aus: Otto Frhr. von Reinsberg-Düringsfeld, Das festliche Jahr, Leipzig 1898

Der Vorabend des Dreikönigstages spielte im Volksglauben eine besondere Rolle. Als letzter Abend der zwölf ↗ **Rauhnächte**, der als der schlimmste galt und deshalb **Oberstnacht** hieß, traten noch einmal Jahresendbräuche auf: Dämonenglaube und Christentum waren hier bemerkenswert miteinander verknüpft. Es war aber auch die **Dreimahlsnacht**, in der ein dreifaches Mahl, das **Dreikönigsmahl**, eingenommen wurde. Wir dürfen uns vorstellen, dass man an diesem Abend ein fröhliches (Familien-)Fest feierte, mit dem offiziell auch die ↗ **Karnevalszeit** begann. Beim Dreikönigsfest wurde seit dem 13. Jh. der »König«, ↗ **Freudenkönig** oder ↗ **Bohnenkönig**, bestimmt, der einen ganzen närrischen Hofstaat (z. B. Rat, Sekretär, Arzt, Mundschenk, Vorschneider, Diener, Sänger, Musikant, Koch, Hofnarr) bestimmte und mit ihm feierte. Wenn der König trank, mussten alle rufen: »Der König trinkt.« Dieses Satz wurde geradezu zum Synonym für dieses Spiel, das bis zur Mitternacht dauerte und von jedem verlangte, dass er seine Rolle durchspielte. In den Niederlanden wurde jeder, dem beim Spiel ein Fehler unterlief, mit einem schwarzen Strich ins Gesicht gekennzeichnet. Dieser Teil des Dreikönigsfestes trug auch den Namen ↗ **Königsspiel.** Das Auslosen des Königs geschah durch das Einbacken einer Bohne in den ↗ **Königskuchen**; verschiedentlich wurden auch zwei Bohnenkerne eingebacken, wobei die schwarze Bohne den König und die weiße die Königin bestimmte. In Frankreich, wo es diesen Brauch auch gab, hieß der Kuchen »Galette du Roi«. Anderswo bestimmte man den König durch Auslosen; es wurden Losbriefe ausgestellt, so genannte ↗ **Königsbriefe.** Der König musste – zu einem späteren Zeitpunkt – ein Königsessen ausrichten. Das Königsspiel war in Europa weit verbreitet. In England nannte es sich ↗ **Lord of Misrule** (Herr der Unordnung und des Unfugs) oder Bohnenkönig mit der ↗ **Königin Markfett.** Vielleicht hat der Brauch, durch eingebackene Münzen oder vergleichbare Gegenstände (Bohne, Mandel, Erbse) einen Glücklichen zu ermitteln, im griechischen Neujahrsbrot (vgl. ↗ **Neujahrsgebäck**) sein Vorbild. Die Dienstboten feierten ein eigenes Königsspiel, das den Namen ↗ **Schwarzer König** trug (vgl. ↗ **Basilius**, ↗ **Pflugmontag**, ↗ **Silvester**).

Dreikönigshexe ↗ Befana
Dreikönigsmahl ↗ Dreikönigsfest
Dreikönigsschrein ↗ Dreikönige

Dreikönigssingen

Seit der Mitte des 16. Jh. lässt sich das Dreikönigssingen oder ↗ **Sternsingen** nachweisen. Zunächst nur erwerbslose Handwerker und Soldaten, später Kinder mit Bettelsack zogen singend von Haus zu Haus und erheischten dabei Süßigkeiten und Geschenke. Meist waren drei oder auch mehr als Könige verkleidet, einer immer als »Mohr«. Die Gruppe führte einen Stern mit sich, der sich drehen ließ. Wiederbelebt wurde der Brauch nach dem Zweiten Weltkrieg. Kinder werden offiziell als ↗ **Sternsinger** ausgesandt, die für Kinder in der Dritten Welt um Gaben singen, sammeln und segnen. An oder über die Haustür schreiben sie dabei mit Kreide die neue Jahreszahl und verknüpfen diese mit dem Buchstaben ↗ **C + M + B**, die keine Abkürzungen für ↗ Caspar, ↗ **Melchior** und ↗ **Balthasar** sind, sondern den Segensspruch ↗ **Christus mansionem benedicat** (= Christus segne dieses Hauses) bedeuten. Für das Jahr 2001 steht das Zeichen: 20 + C + M + B + 01.

Dreikönigsspiele

Dreikönigsspiele nannte man die dramatisierte Form früherer Wechselgesänge, szenische Darstellungen aus dem Leben der hl. Dreikönige, die – wie das ↗ **Krippenspiel** – außerordentlich populär waren. Die Inhalte wurden der Dreikönigslegende des Johannes von Hildesheim (1364) bzw. der »Legenda aurea« entnommen. Die zum Teil beängstigend ausufernden und dem eigentlichen Sinn immer weiter entfernteren Spiele fanden große Resonanz, wurden aber von der Reformation und der Aufklärung bekämpft. Aus diesen Dreikönigsspielen hat der Caspar als **Kaspar**, **Kasper** oder **Kasperle** Eingang in das Puppenspiel gefunden (vgl. auch ↗ **Hänneschentheater**).

Dreikönigstag ↗ Dreikönige
Dreikönigsverehrung ↗ Dreikönige

Dreikönigswasser
Das Benediktionale von 1978 (liturgisches Handbuch der Segnungen) macht auf die drei Aspekte des ↗ **Dreikönigsfestes** (vgl. auch ↗ **Dreikönige**) bzw. der Festes ↗ **Epiphanie** aufmerksam: »Heute führte der Stern die Weisen zum neugeborenen König. Heute wurde bei der Hochzeit Wasser zu Wein. Heute wurde im Jordan Christus von Johannes getauft, uns zum Heil.« Anknüpfend daran, dass Jesus in fließendem Wasser getauft wurde, berichtete Johannes Chrysostomus (344–407) über den Dreikönigstag: »Die Leute bringen um Mitternacht dieses Festes Wasser in Krügen, das sie geschöpft haben, nach Hause und bewahren es das ganze Jahr auf, weil heute dieses Wasser geheiligt ist.« Dies geschah in Erinnerung an die Taufe Jesu im Jordan. Einer wundergläubigen Zeit entspringt der zweite Teil der Mitteilung: »Es geschieht ein offenbares Wunder, da dieses Wasser trotz der Länge der Zeit, oft zwei und drei Jahre lang, unverdorben und frisch bleibt und trotz so langer Zeit mit dem erst jüngst geschöpften Wasser durchaus wetteifern kann.« Neben dem Wasser der Osternacht, dem ↗ **Osterwasser**, hat das Dreikönigswasser in der Volksgläubigkeit den Rang »hochgeweihten« Wassers. Mit einem Gefäß, das nur diesem Zweck diente, transportierte man das Wasser, das ursprünglich wohl nur aus fließendem Wasser geschöpft wurde, später zur Segnung in die Kirche und dann nach Hause. In der Kirche hatte der Priester bei seinem Segen u. a. gesagt: »Segne dieses Wasser mit der Kraft des Heiligen Geistes. Lass es Menschen, die es in der Wohnung aussprengen, zum Zeichen deiner Macht und Nähe werden.«

Dreikönigszettel
Im Rahmen der mittelalterlichen Dreikönigsverehrung erschienen am Hals zu tragende oder im Haus aufzubewahrende Dreikönigszettel, die vor Diebstahl, Überfall, auf Reisen, vor Kopfweh, Fallsucht, Fieber und Todesgefahr bewahren sollten.

Dreimahlsnacht ↗ Dreikönigsfest

Dreinageltag
Papst Innocenz VI. (1352–1362) hat 1353 das »Festum ss. Lanceae et Clavorum Domini nostri«, das Fest der Verehrung der ↗ **Leidenswerkzeuge Christi**, ↗ **Arma Christi**, eingeführt. Volkstümlich bildete sich die Bezeichnung Dreinageltag aus. Feiertag war der Freitag nach dem ↗ **Weißen Sonntag**. Der Kärntner ↗ **Vierbergelauf** nahm die vier Leidenswerkzeuge (**Dornenkrone**, **Kreuz**, **Lanze**, **Nägel**) zum Thema.

Dreinägeltag ↗ Weißer Sonntag

Dreißiger
Die Zahl 3 weist in der christlichen Zahlenmystik auf die ↗ **Dreifaltigkeit** (vgl. ↗ **Dreizahl**) hin, die 10 auf die Vollkommenheit. 30 und 33 sind deshalb beliebte Maßeinheiten für die Länge von Gebetsübungen, vgl. den ↗ Dreißiger-**Rosenkranz** (33 Vaterunser) zu Ehren des Lebens Jesu (»Corona Domini«), der Anfang des 16. Jh. aufkam. Es entstand der Brauch, in der Zeit zwischen dem 13. bzw. 15. August und dem 13. bzw. 15. September besondere Gebete zu Ehren der Himmelskönigin zu sprechen (↗ **Frauendreißiger**, ↗ **Frauendreißigster**, ↗ **Marientage**). An diesen Tagen soll die Gottesmutter die Erde beson-

ders segnen. Diese »kirchliche Erntedankzeit« beinhaltete auch das Sammeln von Blumen, Früchten und Kräutern, die von der Kirche geweiht wurden und gegen Krankheiten und böse Geister helfen sollten. Im übrigen gelten auch die Mai- und ↗ **Rosenkranzandachten** als Dreißiger.

Drei tolle Tage ↗ **Fastnacht**

Dreizacke, gebackene
Ein Gebäck im Rahmen der ↗ **Frühlingsbräuche.**

Dreizahl
Die Zahl 3 symbolisiert einzigartig Heiligkeit: Im Glauben des Christentums existiert Gott in Dreieinigkeit. Nach Pythagoras ist die 3 die ungerade Zahl schlechthin, weil sie aus der unteilbaren 1 und der 2, Verdoppelung und Trennung, besteht und weil sie beide Zahlen zusammen in eine höhere Einheit führt. Nächst der 1 ist die 3 der Vollkommenheit nahe: Sie hat Anfang, Mitte und Ende. Die Zahl 3 kennt auch viele biblische Bezüge: Sie bezeichnet den dreimal heiligen Gott (Jesaja 6,3), drei Engel erscheinen Abraham (Genesis 18,2), dreimal muss ein Israelit vor Gottes Angesicht erscheinen (Exodus 23,17; 34,23), drei Jünglinge überleben im Feuerofen usw. Bei den ↗ **Dreikönigen** bezeichnet die Zahl 3 die drei damals bekannten Kontinente: Asien, Europa und Afrika. Nicht nur die – laut mündlicher Tradition – dunkle Hautfarbe eines der drei Könige und die Namen verweisen darauf, sondern auch das oder die ihnen zugesellte(n) Dromedar(e) oder Kamel(e).

Dreizehn
»Jetzt schlägt's [schlägt die Glocke] aber dreizehn«, heißt es in einer weit verbreiteten Redensart, d.h., etwas ist ganz ungewöhnlich, völlig anormal. Diese Redensart bezieht sich auf die Uhr, die eben nur zwölf Stunden zeigt; deshalb und darüber hinaus scheint die Dreizehn die geltende Ordnung (12 Götter, 12 Tierkreiszeichen, 12 Monate, 12 Stunden, 12 Stämme Israels usw.) des geschlossenen **Duodezimalssystems** außer Kraft zu setzen. Gilt aber die Dreizehn, so die volksnahe Annahme, dann hat der ↗ **Teufel** seine Hand im Spiel, dann ist die Sache gefährlich. Es heißt ja auch: »Dreizehn ist des Teufels Dutzend«, oder wenn gesagt wird: »Er ist der Dreizehnte im Dutzend«, so meint das, dass er er überflüssig ist. Im Bayerischen bedeutet »alle dreizehn treiben«: Liederlichkeiten aller Art. – Die Überschreitung der Dreizehn konnte auch »sprengenden«, positiven Sinn haben, z. B. wenn eine herausragende, das Normalmaß überschreitende Person als Ergänzung bzw. Führung dazu kam: Zwölf Mönche und ein Abt können ein neues Kloster gründen. Vergleichbares kannte das alte germanische Recht, wenn zu den zwölf Schöffen ein Richter hinzukam, um mit ihnen zusammen Recht zu sprechen. – Die Doppelbedeutung der Zahl Dreizehn zeigt sich auch in der jüdischen Geschichte: Am dreizehnten Tage des zwölften Monats im zwölften Regierungsjahr des Königs Xerxes (486–464 v. Chr.) sollten alle Juden getötet werden. Durch das Eingreifen Esthers wurde dieses Pogrom verhindert. Aus der ↗ **Unglückszahl** Dreizehn wurde so eine ↗ **Glückszahl.**
In christlicher Zeit hat die Dreizehn fast ausschließlich unheilbringende Bedeutung. Sie wurde im Zusammenhang mit dem Tod Jesu gesehen, da er (oder aber Judas) ein »Dreizehnter« war. – ↗ **Freitag, der Dreizehnte**, hat immer eine unheilvolle Bedeutung. Im Volks(aber)glauben hat sich so die Zahl Dreizehn als **Orakelzahl** mit böser Bedeutung verfestigt. Die Zahl von dreizehn Tischgästen galt als Zeichen dafür, dass der zuletzt Hinzugekommene (manchmal auch der Erste oder Älteste) bald sterben würde. Noch heute wird die Zahl dreizehn bei Tisch vermieden, d.h., die überzählige Person wird an einen ande-

ren Tisch gesetzt oder eine zusätzliche Person herbeigeholt. Es gibt andere Beispiele, bei denen die Zahl dreizehn »unterdrückt« wird: In vielen Hotels gibt es kein Zimmer mit der Nummer dreizehn und/oder keinen dreizehnten Stock, in vielen Flugzeugen fehlt die dreizehnte Sitzreihe. – Der positive Begriff ↗ **Bäckerdutzend** meint die Dreizehn; ihm liegt die Sitte der Bäcker zugrunde, bei Abnahme von zwölf (einem Dutzend) Broten eines als Gratis-Zugabe hinzuzufügen. – Die Häufung schlechter Vorzeichen ist im Volksglauben von besonderem Übel. Wenn die Dreizehn mit einem ↗ **Freitag** zusammentraf, der als Todestag Jesu als »schlimm« galt, verwies dies auf besonders Pech, dem man – nach magischem Denken – nur noch durch bestimmte Zeremonien (Gegenzauber) entgehen konnte.

Dreschmonat ↗ Januar, ↗ Monate: Januar
Dresdner Stollen ↗ Stollen
Dresdner Striezelmarkt ↗ Weihnachtsmarkt
Dritter Herbst ↗ Monate: November
D(r)lappen ↗ Dieldapp, ↗ Narrenaufträge
Drudenfuß ↗ Rose
Dunkelmette ↗ Mette, ↗ Trauermette
Dunkelnächte ↗ Sperrnächte
Duodezimalsystem ↗ Dreizehn

Düppekuchen
Oder **Dippedotz**, **Döppelkooche**, **Duppes** ist die »alternative ↗ **Martinsgans**«, vor allem in und um das Neuwieder Becken. Düppekuchen heißt im Hochdeutschen »Topfkuchen«. Hierbei handelt es sich nicht um ein Gebäck, sondern um eine ausgesprochen schmackhafte Mahlzeit, die aus Kartoffeln in einem Bräter zubereitet wird. Die Feldfrucht ↗ **Kartoffel** – oder **Ädappel**, **Erdapfel**, **Krumbiere** = Frucht (= Birne) aus der Erdkrume – verweist nicht nur auf ein früheres Arme-Leute-Essen, sondern auch auf das relativ geringe Alter dieser Mahlzeit.

Duppes ↗ Düppekuchen
Durchsitz-Nacht ↗ Licht- und Spinnstubenzeit
Durchspinn-Nacht ↗ Licht- und Spinnstubenzeit
Düsseli ↗ Nikolaus-Begleiter
Dustermant ↗ Monate: Dezember
Düvel ↗ Nikolaus-Begleiter
Dymmelweka ↗ Karwoche

E

Ehrenscheibe ↗ Scheibenschlagen

Ei(er)

Zur Ei-Symbolik vgl. ↗ **Ostereier**; auch ↗ **Antlass-**, ↗ **Beicht-**, ↗ **Binsenmark-**, ↗ **Fabergé -**, ↗ **Gips-**, ↗ **Imperiale -**, ↗ **Karfreitags-**, ↗ **Klapper-**, ↗ **Pacht-**, ↗ **Pasch-**, ↗ **Porzellan-**, ↗ **Reimgefüllte -**, ↗ **Schenk-**, ↗ **Sol-**, ↗ **Stroh-**, ↗ **Zinseier.**

Eier, reimgefüllte ↗ Ostereier
Eieranwerfen ↗ Eierspiele, Osterspiele
Eierbaum ↗ Auferstehungspflanze, ↗ Osterstrauß
Eierkippen ↗ Eierspiele, ↗ Osterspiele
Eierknicken ↗ Eierspiele, ↗ Osterspiele
Eierlaufen ↗ Eierspiele, ↗ Osterspiele
Eierlesen ↗ Eierspiele, ↗ Osterspiele
Eiermann ↗ Ostergebäck
Eierpecken ↗ Eierspiele, ↗ Osterspiele
Eierpicken ↗ Eierspiele, ↗ Osterspiele
Eierpoizen ↗ Eierspiele, ↗ Osterspiele
Eierrollen ↗ Osterspiele
Eierschieben ↗ Eierspiele
Eierschlagen ↗ Eierspiele

Eierspiele

Zum Osterfest gehören untrennbar die mit den hartgekochten Ostereiern verbundenen ↗ **Osterspiele.** Am weitesten verbreitet und heute noch üblich ist das ↗ **Eierkippen**, ↗ **-knicken**, ↗ **-pecken**, ↗ **-picken**, **-schlagen**, ↗ **-titschen** oder ↗ **-tütschen** (Schweiz). Zwei Spieler schlagen je ein Osterei mit der stumpfen oder spitzen Seite gegeneinander. Abwechselnd hält der eine fest, und der andere schlägt. Wessen Ei zerbricht, muss es dem Mitspieler ausliefern. Wer mit einem Gipsei mogelt, muss – außer mit Schimpf und Schande – mit Gruppenkeile rechnen. In manchen Orten gab es für dieses »Ritual« eine eigene Spielwiese, die **Pickwiese.** – Das **Eierrollen**, **-schieben** oder **-werfen** ist ein weiteres Osterspiel: An einem kleinen Hang lassen die Spieler nach unterschiedlichen Regeln Eier in eine Grube rollen. Gewonnen hat der, dessen Eier am wenigsten eingedötscht sind oder dessen Ostereier am weitesten gerollt oder am meisten andere Eier beschädigt hat. Bei den Sorben hieß dieses Spiel ↗ **Waleien**, und man musste mit dem eigenen Osterei das eines anderer Spielers in der Grube treffen. – Auch der ↗ **Eierwettlauf** gehört zu den Osterspielen: Mehrere Spieler tragen ein Ei auf einem Suppenlöffel, müssen ein bestimmtes Ziel erreichen und zum Ausgangspunkt zurückkehren. Derjenige, der sein Osterei unversehrt und am schnellsten zurückbringt, hat

Johann B. Pfung, Das Eierlesen. Braith-Mali-Museum, Biberach a.d. Riss

gewonnen. Dieses Spiel lässt sich leicht durch Einbau von Hindernissen und komplizierteren Eiertragevorrichtungen als Suppenlöffel erschweren. – ↗ **Eieranwerfen** oder ↗ **-poizen** heißt ein anderes Osterspiel: Ein Spieler umschließt mit seiner Hand ein Ei, lässt aber zwischen Daumen und Zeigefinger einen Freiraum. Ein Mitspieler muss aus einem bestimmten Abstand eine Münze so werfen, dass er die Münze auf dem Ei plaziert. Trifft er, gehört ihm das Ei. Trifft er nicht, wird der Eierhalter um diese Münze reicher. In der Schweiz heißt dieses Spiel **Zwänzgerlen.** – Beim ↗ **Eierlesen** oder ↗ **Eierlaufen** gibt es zwei Parteien: die Springer und die Sammler. Die Springer werden in das Nachbardorf geschickt, eine ↗ **Osterbrezel** zu kaufen und herzubringen. Die Sammler schwärmen ins eigene Dorf und sammeln eine bestimmte Anzahl von Eiern. Die Gruppe, die zuerst ihre Aufgabe erledigt hat, ist Gewinner. Das Gesammelte und Gekaufte wird zu einer gemeinsamen Mahlzeit verarbeitet und bei Musik und Tanz genossen. Dieses Spiel ist in zahllosen Varianten anzutreffen.

Eiertitschen ↗ Eierspiele, ↗ Osterspiele
Eiertütschen ↗ Eierspiele

Eierweihe, österliche
Am Ostersonntag findet nach dem Hochamt in vielen Kirchen der Eiersegen (auch **Ostereierweihe** oder ↗ **Speisenweihe**) statt. In festlich hergerichteten Körben (↗ **Weihekorb**) werden Eier und andere Speisen durch ein Familienmitglied in die Kirche getragen und vom Priester gesegnet (= geweiht). Mit der gesegneten Speise – außer Eiern ein ↗ **Osterfladen**, ↗ **Osterbutter**, ein Stück Schinken oder Speck, Wurst, Meerrettich und Salz – trägt man den österlichen Segen nach Hause. Hier wurde die gesegnete Speise zum Frühstück serviert; denn es gab den alten (Aber-) Glauben: Geweihtes muss man nüchtern essen, damit der Segen wirkt. Von schlitzohrigen Kindern wird erzählt, dass sie vor der Speisenweihe die Ostereier an beiden Enden anschlagen (»anditschen«), »damit die Weihe besser hineingeht«. Im Mittelalter vergrub manch einer ein solches Ei – oder wenigstens seine Schalen – auf dem Acker, um auch diesen an dem Segen teilnehmen zu lassen, der sich wiederum für den erntenden Bauern rentierte.
Die Eier- oder Speisenweihe zu Ostern ist uralt. Im 12. Jh. führte die Kirche die feierliche »Benedictio ovorum« ein. Zur Zeit des Papstes Paul V. (1605–1621) betete der Priester in der Ostermesse: »Segne, Herr, wir bitten dich, diese Eier, die du geschaffen hast, auf dass sie eine bekömmliche Nahrung für deine gläubigen Diener werden, die sie in Dankbarkeit und in Erinnerung an die Auferstehung des Herrn zu sich nehmen.«

Eierwerfen ↗ Eierspiele, ↗ Osterspiele
Eierwettlauf ↗ Eierspiele, ↗ Osterspiele
Eigentlicher Weißer Sonntag ↗ Sonntag

Einkehrbrauch des heiligen Nikolaus
Nachdem das Nikolausfest durch die Reformation als ↗ **Kinderbeschenktag** obsolet geworden war, reagierte die Gegenreformation, indem sie dem Fest ein katechetisch-pädagogisches Gepräge gab. Nikolaus und Gefolge kehrten in jedes Haus mit Kindern ein und examinierte diese. Abgefragt wurde, ob die Kinder ihre Gebete verrichtet hatten und den Anordnungen der Eltern gefolgt waren. Die Guten wurden belohnt und die Säumigen verwarnt. Nicht zu verkennen ist, dass hier im Brauchtum die kirchenrechtlich vorgeschriebene Visitation des Bischofs in einer Pfarrgemeinde zum Vorbild des Einkehrbrauchs wurde. Das »Gericht«, das Nikolaus abhielt, spiegelt zudem das Weltgericht Gottes in der Ewigkeit wider. Ausgelöst bzw. verankert mag der Einkehrbrauch in der Lesung des Nikolaustages sein, in der – vor der Liturgiereform – auf die Richtschnur des hl. Nikolaus verwiesen wur-

Besuch des Nikolaus, nach einem Holzschnitt (19. Jh.).
Vorlage: Archiv Marianne Mehling

de, zwischen Gut und Böse zu unterscheiden: »Gedenkt eurer Vorsteher, die euch das Wort Gottes verkündet haben! Schaut auf den Ausgang ihres Lebens und ahmt ihren Glauben nach« (Hebräer 13,17). Das Evangelium vom Nikolaustag war das Gleichnis von den Talenten (Matthäus 25,14–23). Wie in einem Gleichnis Jesu der Herr Rechenschaft von seinen Knechten fordert, fragte der als hl. Nikolaus Einkehrende die Kinder das gelernte Glaubenswissen ab und belohnte die Fleißigen und strafte die Faulen (»gegenreformatorische Adventspädagogik«, so Werner Mezger).

Der Einkehrbrauch hat durch die vielfach komödienhafte Inszenierung und die Ausnutzung als »Angstmacher« gelitten. Dennoch hat sich der Einkehrbrauch nicht überlebt, vielerorts wird er noch praktiziert. Auch heute kann man ihn sinnvoll und verantwortlich inszenieren, wenn man mit dem Brauch keine Angst auslöst und die Kinder die Güte des Heiligen erleben lässt. Gemäß pädagogischer Erkenntnisse sollte das Gute verstärkt und das Nicht-so-Gute negiert werden. Es empfiehlt sich, eine den Kindern bekannte Person als »Nikolaus« einzusetzen oder aber wenigstens die Verkleidung vor den Kindern im Kindergartenalter selbst durchzuführen. ↗ **Knecht Ruprecht** darf nicht als Angstmacher bedrohlich werden. Ein Sack, in den Kinder gesteckt werden (könnten), hat mit dem Heiligen gar nichts zu tun (vgl. auch ↗ **Buch, Goldenes und Schwarzes**, ↗ **Ketten**, ↗ **Kettenrasseln**, ↗ **Nikolaus-Begleiter**, ↗ **Rute**.

Einlegebrauch des heiligen Nikolaus

Das heimliche Einlegen von Äpfeln, Nüssen und Süßigkeiten in der Nacht vom 5. auf den 6. Dezember, dem hl. ↗ **Nikolaus** zugeschrieben, hat selbst Martin Luther noch bis 1535 in seiner Familie praktiziert. Mit der Verlegung des Schenktermins auf Weihnachten fiel der Brauch jedoch in den meisten protestantischen Regionen fort oder übertrug sich auf Weihnachten und das ↗ **Christkind**.

Der Einlegebrauch scheint sich im Abendland mit der Schülerlegende entwickelt zu haben und parallel zum ↗ **ludus episcopi puerorum** aufzutreten. Das »Einlegen« der Gaben ist wohl abgeleitet von dem legendären »Einlegen« der Goldklumpen seitens des Bischofs Nikolaus in das Haus der drei armen Mädchen. Das durch den Kamin eingeworfene / eingelegte Gold hat sich nach alter Tradition in den am Kamin zum Trocknen aufgehängten Strümpfen der Mädchen verfangen. Im angelsächsischen Einflussbereich sind deshalb Strümpfe oder Schuhe – schlaue Kinder verwenden auch deshalb voluminösere Stiefel – gängige »Empfangsbehälter«, vgl. ↗ **Gabenteller**. In katholischen Regionen wurde im 17. Jh. der Einlegebrauch durch den

↗ **Einkehrbrauch des hl. Nikolaus** abgelöst (auch ↗ **Nikolaus-Schiff**).

Einspeiber ↗ Nikolaus-Begleiter

Einzug Jesu in Jerusalem

Thema des ↗ **Palmsonntags** (auch ↗ **Zweiter Passionssonntag**) mit ↗ **Palmweihe** und ↗ **Palmprozession** (vgl. ↗ **Fastensonntage**).

Eischtag ↗ Aschermittwoch

Eiserner Adventssonntag ↗ Adventssonntag

Eisheilige

Bezeichnung für die – bis auf Pankratius durch die neuere Liturgiereform geänderten – Gedächtnistage der hl. **Pankratius** (12. Mai), **Servatius** (13. Mai) und ↗ **Bonifatius** (14. Mai) = Pankraz, Servaz, Bonifaz. An diesen Tagen ist erfahrungsgemäß ein verspäteter polarer Kälteeinbruch mit Nordwinden und sogar Frost zu erwarten. Dies hat zu der Tagesbezeichnung »Eisheilige« für den 12. bis 14. Mai geführt. In Süddeutschland, Österreich und der Schweiz gehört auch der 15. Mai, der Gedächtnistag der hl. Sophia, zu den Eisheiligen. Der 15. Mai heißt deshalb auch ↗ **Kalte Sophie**. Die Redewendung »Die Eisheiligen abwarten« bedeutet, erst nach dem 14./15. Mai mit dem Pflanzen zu beginnen.

Eismonat ↗ Monate: Januar

Eismond ↗ Monate: Januar

Eistag ↗ Aschermittwoch

Eisvogel ↗ Martinsfischer

Elbe(n)tritsche ↗ Narrenaufträge

Elf, 11.11., Elfter im Elften, Elferrat

Den Narren ist die 11 eine symbolische Zahl. Diese Bedeutung ist ungleich älter als der 11.11. als offizielle Beginn der jeweils neuen närrischen Zeit. Die Rekrutierung des 11.11. als Karnevalsauftakt datiert in die Zeit zwischen dem Ersten und Zweiten Weltkrieg. Der »Elfte im Elften« als ↗ **Karneval**sbeginn ist zwar eine Erfindung jüngerer Zeit, während die alte Zahlensymbolik in der 11 die Überschreitung der gottgesetzten Zehn Gebote sah. Die 11 erweist sich so als Zahl der Sünde, des Todes. Sie ist insofern eine »Schnapszahl«, weil sie Gottes Gebote übertritt. Da das Mittelalter in jenem den Narren sah, der Gottes Gebote übertrat, war die 11 geradezu die Kennzahl der ↗ **Narren**. Ein literarischer Beleg für die allgemeine Geltung dieser Auslegung liefert Friedrich von Schiller in »Die Piccolomini« (II, 1): »Elf! Eine böse Zahl. Elf ist die Sünde. Elf bedeutet die Überschreitung der Zehn Gebote!« – Die Elf wird auch gesehen als Zeichen für den Anbruch der letzten Stunde, vergleichbar dem Bildwort: »Es ist fünf vor Zwölf.« Abwegig dagegen ist die Deutung, die 11 beruhe auf der Abkürzung ELF und verdeutliche die Prinzipien der Französischen Revolution: **É**galité – **L**iberté – **F**raternité. – In Düsseldorf erwacht am 11.11. um 11.11 Uhr der personifizierte ↗ **Karneval**, der ↗ **Hoppeditz**, zum Leben; in Köln wird die neue Karnevalssession ausgerufen. Dies alles ist kein Zufall und keine Willkür. Am letzten Tag vor der Fastenzeit wurde die geltende Ordnung auf den Kopf gestellt, an den Karnevalstagen vor Aschermittwoch ebenso wie an Martini (11.11.) vor der früheren Winterfastenzeit. Das Datum des 11.11. erwies sich bei der Wiederbelebung der Fastnacht während der deutschen Romantik als außerordentlich hilfreich, konnte man doch mit einem neuen Brauch am 11.11. an eine alte Symbolik anschließen: Mit dem 11.11. wird Gottes Ordnung außer Kraft gesetzt – im Christentum aber natürlich nur auf Zeit und in Maßen und – pastoral gesehen – nur in pädagogischer Absicht! Konsequenterweise lässt sich der »Ausbruch« des Karnevals deshalb exakt definieren: am 11.11. um 11.11 Uhr. Übrigens führte die Nähe von Karneval und ↗ **Martin** dazu, dass das Martinsbrauchtum vielerorts von den Karnevalsver-

Elferrat, hier: Sitzung der großen Kölner Karnevalsgesellschaft (um 1892). Foto: Rheinisches Bildarchiv Köln (RBA 96 783)

einen organisiert und unterstützt wird. Der 11. November, der Tag der Beisetzung des hl. Martin (also nicht wie sonst meist üblich der Todestag = 8.11.), wurde zum offiziellen kirchlichen Feiertag von Sankt Martin. Der 11.11. scheint mit Absicht als offizieller Gedächtnistag gewählt worden zu sein: Offenbar »passte« der asketische Heilige besonders zu diesem Tag, der in der gallikanischen Liturgie Beginn der vorweihnachtlichen Fastenzeit (= ↗ **Martinsquadragese** oder ↗ **Adventsfasten**) war. Bei der – damals in Frankreich üblichen – sechswöchigen Fastenzeit (40 Tage, zurückgerechnet vom Tag Epiphanias [= 6. Januar] an; das Weihnachtsfest am 25. Dezember ist erheblich jünger) hatte der 11. November eine Bedeutung wie heute ↗ **Aschermittwoch.** – Der rheinische ↗ **Sitzungskarneval** des 19. Jh. hat sich gleichfalls der Zahl 11 bemächtigt. Der **Elferrat**, der das Tribunal der Jakobiner karikiert, besteht aus elf Narren, die diesem ↗ **Narrengericht** oder ↗ **Rügegericht** vorstehen.

Ellgriesli ↗ Narrenaufträge

Emmanuel (Immanuel)

Hebr.: »Gott mit uns« – so lautet der Name des messianischen Jungfrauensohnes schon bei Jesaja (7,14; 8,8). Im Neuen Testament werden die alttestamentlichen Messiasprophezeiungen auf Jesus bezogen.

Emmausgang

Vor allem in Süddeutschland ist der Emmausgang noch lebendig: ein Brauch in Erinnerung an den Gang der Jünger nach Emmaus, denen sich Jesus unerkannt anschließt (vgl. Lukas 24,13–29). Ausgeführt wird der Emmausgang als ein geistlicher Gang mit Gebet und Gesang oder als ein besinnlicher Spaziergang durch die erwachende Natur am Ostermontag, der deshalb auch **Emmaustag** heißt. In säkularisierter Form kommt der Emmausgang in der klassischen Literatur vor: als ↗ **Osterspaziergang** in Goethes Faust.

Emmaustag ↗ Emmausgang

Engel

Das deutsche Wort Engel entspricht dem lat. ↗ **angelus** und bezeichnet einen Boten Gottes. Die Bibel beschreibt Engel als Männer, die sich als Boten Gottes erweisen (vgl. Genesis 18) und als leuchtende Erscheinung (Lukas 2,9). Nur drei Engel erwähnt die Bibel mit Namen: ↗ **Michael**, ↗ **Gabriel** und ↗ **Raf(ph)ael**, vgl. ↗ **Erzengel**. Ein vierter Engel erscheint als »gefallener« Engel: ↗ **Satan** oder der ↗ **Teufel** mit Namen ↗ **Luc(z)ifer**. Die drei der Bibel namentlich bekannten Engel führen in ihren hebräischen Namen alle die Silbe »El« mit, die »Gott« bedeutet. Um diese Beziehung zu verdeutlichen, um auszudrücken, dass kein Engel ohne Beziehung zu Gott auch nur denkbar, geschweige denn benennbar ist, müsste man im Deutschen eigentlich die Namen wie folgt schreiben: Micha-El, Gabri-El, Rafa-El. In jüngerer Zeit scheinen Engel – nachdem sie phasenweise überhaupt nicht erwähnt wurden – wieder populär zu werden, misst man dies an der anschwellenden Zahl von Buchtiteln zum Thema oder an demoskopischen Befragungen: Immerhin glaubt jeder zweite Deutsche nach einer Forsa-Umfrage von 1995, dass er einen persönlichen Schutzengel hat; 55% der Befragten halten Engel für ein religiöses Symbol, 35% sind sich sicher, dass es Engel wirklich gibt. In der Kunst der letzten Jahrzehnte waren Engel selten ein Thema; die letzten

Hans Memling, Musizierende Engel (um 1490). Detail eines Triptychons, Tafelmalerei der ehem. Orgeltribüne der Kirche S. Maria la Real in Najera/Kastilien. Antwerpen, Musie des Beaux-Arts

Jahrhunderte hatten sie in der bildenden Kunst bereits zu pausbäckigen Flügelköpfchen degenerieren lassen. In der christlichen Kunst sind sie aber von Anfang an dargestellt worden, seit dem 4. Jh. fast immer mit Flügeln, um sie von Menschen zu unterscheiden und als geistige Wesen zu kennzeichnen. Als Geistwesen leben Engel in der Transzendenz, sind auf Gott hin ausgerichtet, dienen ihm und loben ihn (vgl. die ikonographischen Motive des **Engellobs**, ↗ **musizierenden Engel**, die **Engelchöre** ...). So wie Engel in der Geburtserzählung die Hirten zur Krippe weisen, haben sie Hilfs- und Schutzfunktion (↗ **Schutzengel**) für die Menschen. In der Literatur und vor allem in der Kunst macht die Präsenz von Engeln das hinter ihnen stehende Wort Gottes anschaubar, d.h. durch die Engel wird die Transzendenz sichtbar. Die sichtbaren Engel versinnbildlichen Unsichtbares, die physisch Sichtbaren bezeugen das spirituell Unsichtbare. Gleichgültig, ob Engel tatsächlich zu DDR-Zeiten als »Jahresendpuppen«, »geflügelte Jahresendfiguren« oder – wie behauptet – als »Jahresendzeitflügelfigur« benannt wurden oder ob dies eine nachträgliche Erfindung ist, diese Begriffe kennzeichnen die dümmliche Sprachregelung von Ideologen, die glauben, durch Namensänderungen Wirklichkeit verändern zu können.

Engelamt ↗ **Rorate-Messen**
Engel des Herrn ↗ **Ave, Maria,** ↗ **Englischer Gruß**
Engel, musizierende ↗ **Engel**
Engellob ↗ **Engel**
Engelschor ↗ **Engel**
Engelshaar (Lametta) ↗ **Christbaumschmuck**
Engelsturz ↗ **Christi Himmelfahrt,** ↗ **Michael,** ↗ **Teufel**

Englischer Gruß
Als englischer Gruß gilt die Grußformel des Erzengels ↗ **Gabriel** an Maria (Lukas 1,18), die im ↗ **Ave Maria** (»Gegrüßet seist du, Maria«) Eingang ins Gebet gefunden hat. Das Mariengebet »Der ↗ **Engel des Herrn**« (↗ **Angelus**), bezieht sich auf Gabriel.

Enthauptung Johannes des Täufers ↗ **Johannes der Täufer**
Eostro ↗ **Ostern**

Epiphanie
»Epiphanía« (griech.) bezeichnet »Erscheinung, Offenbarwerden« und wurde auf den römischen Kaiser angewandt: Ankunft oder Auftreten des Herrschers, Staatsbesuch. Epiphanie oder Erscheinung des Herrn heißt seit altersher das zweite Weihnachtsfest am 6. Januar. Während der 25. Dezember die ↗ **Menschwerdung** oder ↗ **Inkarnation** feiert, wird am 6. Januar die Göttlichkeit Jesu Christi vorgestellt. Aus diesem Grund scheint auch das Gedächtnis der Heiligen ↗ **Dreikönige**, die zumindest in Deutschland den eigentlichen Festtagssinn überdecken, auf diesen Tag gelegt worden zu sein: Gelehrte Heiden, die als erste vor Jesus mit Geschenken niederknien, die einem König oder Messias gebühren, beleuchten die Göttlichkeit des Neugeborenen. Da sich die römischen Kaiser als Götter verehren ließen, wurde parallel zu Epiphanie die Bezeichnung **Theophanie** eingeführt, um die Erscheinung des wahren Gottes hervorzuheben. Verschiedentlich wird deshalb darauf verwiesen, eher den 25. Dezember mit Epiphanie und den 6. Januar mit Theophanie zu verbinden. Die fast 2000-jährige Tradition, die Epiphanie primär mit dem 6. Januar verbindet, lässt sich aber wohl kaum leicht zur Seite schieben. ↗ **Kleine Weihnacht** oder ↗ **Groß-Neujahr** bezeichnen ebenfalls diesen Tag.

Epperle ↗ **Monate: April**
Eppilre ↗ **Monate: April**
Eppurele ↗ **Monate: April**
Erasmus ↗ **Vierzehnheilige, Vierzehn Nothelfer**
Erbessonntag ↗ **Invocabit**
Erbsbär ↗ **Nikolaus-Begleiter**

Erbse
Der Brauch, ↗ **donnerstags** Erbsen zu essen, verweist auf den Germanengott Donar, dem die Erbsen heilig waren. Erbsen gelten aber auch allgemein als Geisterspeise. U. a. werfen die Kinder, die an den ↗ **Klöpflestagen** umherziehen, Erbsen an die Fenster und schlagen mit kleinen hölzernen Hämmern, Donars Erkennungszeichen, an die Fenster und Blendläden. Erbsen als Symbol für erhoffte Vielfalt und Reichtum spielten in Wales eine Rolle. Man aß sie mit dem Wasser einer Bergquelle oder bereitete aus ihnen – vorher eingeweicht in Apfelwein, Wein oder Wasser – eine Suppe. In Nordostengland briet man Erbsen und Bohnen in Butter und würzte sie mit Essig und Pfeffer. Dies geschah am Sonntag ↗ **Judica,** auch ↗ **Erbsensonntag** genannt. Erbsen spielen aber aber auch als traditionelle Speise zu ↗ **Silvester** als »pars pro toto« eine Rolle.

Erbsensonntag ↗ **Carlings-Sonntag,** ↗ **Judica**

Erdapfel ↗ Düppekuchen
Erne ↗ Monate: August
Erntebrauchtum ↗ Erntedankfest

Erntedankfest
Fest und Feier zu Erntedank haben zwei verwandte Quellen: Solange sich der Mensch als Objekt der göttlichen Schöpfung begreift, wird er Teile dieser Schöpfung wie z. B. seine Nahrung aus Ackerbau und Viehzucht auf Gott zurückführen und sich zu Dank verpflichtet wissen. Dies gilt vor allem dann, und dies ist die zweite Quelle, wenn sich der Mensch als eingebunden in den Naturkreislauf erfährt, von dem auch die Nahrungsgewinnung abhängig ist. Der Abschluss der Ernte bot darum immer Anlass zu Dank und Feier. Wer schöpft schließlich nicht gerne aus dem Vollen? Allen Religionen ist es eigen, dass sie »die Frucht der Erde und der menschlichen Arbeit«, wie es in jeder Eucharistiefeier von den Gaben des Brotes und Weines heißt, als Gottesgeschenk betrachten, so auch im Judentum. Im Buch Genesis wird berichtet, dass Kain ein Opfer von den Früchten des Feldes und Abel ein Opfer von den Erstlingen seiner Herde brachte. Im späteren Judentum gab es zwei Erntefeste: das Pfingstfest als Getreide-Erntefest und das Laubhüttenfest als Wein- und Gesamt-Erntedankfest. In der katholischen Kirche ist ein Erntedankfest seit dem 3. Jh. belegt, das allerdings kein weltweit verbreiteter einheitlicher Festtermin war. Den kann es auch nicht geben, weil der Festzeitpunkt je nach Klimazone unterschiedlich ausfällt. Für Deutschland ist der erste Sonntag im Oktober als Erntedanksonntag erst 1972 von der Deutschen Bischofskonferenz festgelegt worden. Die Gemeinden sind aber nicht verpflichtet, dieses Fest zu feiern. In evangelischen Gemeinden ist der Michaelstag (29. September) oder einer der benachbarten Sonntage Festtag.

Erntefest in Ungarn, aus der Zeitschrift »Über Land und Meer«

Heutzutage ist die kirchliche Erntedankfeier in den Gottesdienst integriert. Erntegaben schmücken den Altar oder werden im Gottesdienst zum Altar gebracht. In vielen Gemeinden ist dieser Gottesdienst auch mit einer Solidaritätsaktion zugunsten hungernder Menschen verbunden. Die weitgehende Industrialisierung der Landwirtschaft und die Maschinisierung des Ackerbaus verdrängen außerkirchliches Erntedankbrauchtum, wo es nicht als Folklore (z. B. Almabtrieb) erhalten bleibt. Es gab, und mancherorts gibt es auch noch heute ein vielfältiges Brauchtum, im Süden stärker als im Norden Deutschlands. Vor allem Erntefeste mit Festessen und Tanz prägen diesen Tag. Meist sind diese Erntefeste durch die Gutsherren entstanden, die alle Mägde und Knechte z. B. mit Erntebier und festlichem Essen bewirteten. Vorausgegangen war die Übergabe der **Erntekrone** oder des **Erntekranzes**. In Schottland hat sich die **Erntesuppe**, »Hotch-potch« aus frischem Fleisch und den besten Gartengemüsen, bis heute als Spezialität erhalten. In einigen Gegenden wird aus den letzten Garben eine ↗ **Erntepuppe** hergestellt, die als »Opfergabe« auf dem Feld verbleibt. Anderswo wird die Erntepuppe zum Fest mitgenommen, wo sie beim Ehrentanz mitwirkt. Erntedankelemente sind auch in vergleichbaren Festivitäten enthalten: Der Almabtrieb in den Bergen beinhaltet sie ebenso wie manche Heiligenfeste im Spätherbst. Das Fest des hl. Michael (29. Sept.) gehört dazu wie das des hl. Martin (11. Nov.), an dem die ↗ **Martinsminne** (der neue Wein) getrunken und die ↗ **Martinsgans** gebraten wird.

Einer Zeit, in der die ökonomische Betrachtungsweise dieser Welt immer mehr durch die ökologische ergänzt wird, täte eine Rückbesinnung auf die Abhängigkeit von der Natur und auf die notwendige Dankbarkeit gegenüber Gott gut. Das Erntedankfest ist ein Gradmesser für dieses gesellschaftliche Bewusstsein (vgl. ↗ **Stoppelhahn**).

Erntekranz ↗ Erntedankfest
Erntekrone ↗ Erntedankfest
Erntemonat ↗ Monate: August
Erntemond ↗ Monate: August

Erntepuppe

Aus Stroh geformte Figur, die nach der Ernte als »Opfergabe« auf dem abgeernteten Feld verbleibt (vgl. ↗ **Erntedankfest**). In der Erntepuppe wird ein Ereignis ebenso personifiziert wie in anderen ↗ **Strohpuppen**, z. B. dem ↗ **Nubbel** zu Karneval oder dem ↗ **Zachäus** zur Kirchweihe.

Erntesuppe ↗ Erntedankfest
Erscheinung des Herrn ↗ Dreikönigsfest
Erster (1.) April ↗ Aprilscherz
Erster Herbst ↗ Monate: September
Erster Passionssonntag ↗ Passionssonntag, Erster
Erster Sonntag in der Fasten ↗ Invocabit
Erster Tag (Mittwoch) **in der Fasten** ↗ Aschermittwoch

Ertag ↗ Dienstag, ↗ Donnerstag

Erzengel

Als Erzengel werden die drei in der Bibel namentlich genannten ↗ **Engel** bezeichnet: ↗ **Michael**, ↗ **Gabriel** und ↗ **Raf(ph)ael**. Sie werden seit dem 4. Jh. verehrt und in einem eigenen Fest am 29. September gefeiert. Ursprünglich war dieser Tag der Weihetermin der Kirche St. Michael in Rom.

Es ist ein Ros' entsprungen

Eine Rose, die im Winter erblüht, ist heutzutage kaum mehr ein Wunder. Aus Haifa oder Kalifornien werden sie zu Abertausenden eingeflogen. Um die Besonderheit der Heiligen Nacht zu erweisen, erblühten aber in mittelalterlichen Erzählungen, die bereits vorchristliche Vorläufer haben, plötzlich Bäume, Sträucher oder Blumen. In diesem Lied ist nicht nur dieses Symbol gemeint: Es ist angespielt auf die alttestamentliche Verheißung, es werde ein Reis (= Spross) aufgehen aus dem Stamm ↗ **Isai** (= Jesse), vgl. ↗ **Arbor-Jesse-Thematik**, ↗ **Christrose**. Der Text des Liedes stammt aus dem 15. Jh. und ist – mit einer anderen Melodie als der heutigen – in einem marianischen Gebetbuch 1599 erstmals mit 21(!) Strophen belegt. Weil der protestantischen Seite die im Text des populären Liedes enthaltene Marienverehrung ein Dorn im Auge war, hat der bekannte Wolfenbüttler Kantor Michael Praetorius (1571–1621) 1609 einen neuen vierstimmigen Tonsatz verfasst und den Text auf drei Strophen reduziert. Die letzte Zeile lautete in der ursprünglichen »katholischen« Fassung: »bleibend ein' reine Magd« und vergegenwärtigte die Jungfrauengeburt. Praetorius machte daraus: »wohl zu der halben Nacht«. Trotzdem hat sich dieses Lied im evangelischen Bereich erst im 19. Jh. durchgesetzt. Es wird heute mit drei bis fünf Strophen wiedergegeben, wobei die zweite Strophe in der katholischen Fassung – »hat uns ein

Kind geboren und blieb doch reine Magd« – und in der ökumenischen Fassung – »hat sie ein Kind geboren, welches uns selig macht« – lautet.

Eschige / escherige Mitwoch ↗ Aschermittwoch
Eschmittwoch ↗ Aschermittwoch
Eschtag ↗ Aschermittwoch

Esel

Der um 4000 v. Chr. in Ägypten domestizierte Esel genoss eine ambivalente Beurteilung: Einerseits war er das sprichwörtlich dumme, störrische und fast wertlose Tier, andererseits unentbehrlich als Arbeitskraft, Lastenträger und Reittier. In der Heiligen Schrift führt Gott nachlesbar vor, dass er aus diesem sprichwörtlichen Esel Wissen und Weisheit locken kann, die den auf ihm sitzenden Propheten Bileam zum eigentlichen Esel werden lässt (vgl. Numeri 22,21–34). Im Gegensatz zu den »Herrentieren« Pferd, Dromedar, Kamel oder Elefant war der Esel das Tier der Mittel- und Unterschicht. Der Einzug Jesu in ↗ **Jerusalem** auf dem Weg zum Tod vollzieht sich auf einem Esel: Jesus zeigt sich als der erniedrigte König, der dem Tod entgegenzieht. Der Esel (vgl. ↗ **Palmesel**) wird zum »Haustier Gottes«, sagt Bischof Ambrosius von Mailand (Luc. lib. IX,9–14). Das Bild des Esels lehrt den Betrachter, sich willentlich in Demut einer heiligen Zucht und Ordnung zu unterwerfen. Der hl. Franz von Assisi sprach deshalb von seinem Körper als »Bruder Esel«, dem er die Lasten schwerer Arbeit und Askese aufzwang. Wenn ↗ **Nikolaus**, der Sohn reicher Eltern, mit einem Esel bei der ↗ **Kinderbescherung** auftaucht, dann führt er dem Betrachter das damals noch gängige Wissen vor Augen und machte deutlich: Handle wie ich, folge Christus nach, mach dich klein und wähle das Motto »Ich dien'«. Dass die Menschen mit der Zeit diese Deutung nicht mehr verstanden und deshalb

Auf einem Esel zieht Jesus in Jerusalem ein. Szene aus einem Tafelbild des Kölner Meisters (um 1360). Wallraf-Richartz-Museum, Köln

schlicht pragmatisch reagierten, spricht nicht gegen die Bildhaftigkeit. Aber Heu und Stroh für einen weit gereisten Esel sind halt offensichtlicher als mühsam zu erreichendes Verständnis. Wir Menschen handeln gerne nach der Regel: Was sich versorgen lässt, entbindet uns von Sorgen. Der versorgte Esel enthebt von der Sorge, darüber nachzudenken zu müssen, warum ich »mich selbst zum Esel machen« soll. Nicht ohne Grund hat unser bildhaftes Sprichwort heute das, was man im Süddeutschen »ein Gerüchle« nennen würde. Vielleicht hat aber der Brauch, für den Esel des Heiligen Heu, Hafer und Mohrrüben bereitzustellen (vgl. das bekannte Lied: »Stell' das Eselchen unter den Tisch, dass es Heu und Hafer frisst ...«), einen germanischen Brauch zum Vorbild, der christlich »überdeckt« wird (vgl. auch ↗ **Reittiere des heiligen Nikolaus**, ↗ **Wotan**, ↗ **Ochs und Esel**).
Wie dem auch sei: Der »Esel« wurde zum Begriff, um die Bespöttelten als träge, dumm, ungeschickt, sangesunbegabt usw. zu kennzeichnen. »Esel« als Schimpfwort und als Kennzeichnung

eines dummen Menschen war schon bei den Römern sprichwörtlich; im Deutschen erstmals nachweisbar bei Notker (um 1000): »Er lebet in esiles wise.« Hugo von Trimberg stellt um 1300 »edelinge und eselinge« einander gegenüber. Heinrich Bebel verzeichnet 1508 in seiner »Sprichwörtersammlung« lateinisch: »Multi sunt asini bipedes«; es kehrt auf Deutsch 1541 in Sebastian Francks »Sprichwörtersammlung« wieder: »Es sind vil Esel auff zweyen füßen«, vgl. frz.: »Il y a bien des ânes qui n'ont que deux pieds« (heute unüblich). Eselsschimpfworte und Eselsredensarten sind in zahllosen Varianten überliefert und belegen, wie bräuchlich und allgemein verständlich das Bild war. – Das Markanteste am Esel, seine Ohren, gerieten zum Hauptkennzeichen der ↗ **Narren**. In der Tierallegorese, die gerade im ↗ **Karneval** realsiert wurde, kennzeichnete der Esel den unbelehrbar dummen Menschen. Dies schlug sich in der Literatur und in Redewendungen nieder, aber auch in der Kunst: Im Hamburger Dom stand ein in Stein gehauener Esel, der Dudelsack blies. Der zugehörige Text lautete: »De Welt het sick umgekehrt, drumm heff ick arm Esel dat Pypen geleert.« Dieses Motiv ist uralt. Schon im griechischen Altertum hieß es: »onos pros lyram«, lat.: »asinus ad lyram«, woraus sich das deutsche Sprichwort ableitete: »Er passt dazu wie der Esel zum Lauteschlagen.« – In älteren Fastnachtsbräuchen gibt es gelegentlich den ↗ **Eselsritt**: Ein Narr reitet – meist mit dem Rücken zum Kopf des Tieres - seines Weges.

Eselsfest

Im Mittelalter wurde am 14. Januar der Flucht nach Ägypten gedacht, die oft szenisch dargestellt wurde. Ein Eselsfest entstand. An diesem Tag oder am Sonntag ↗ **Estomihi** (= Karnevalssonntag) wurde bei den liturgischen Antworten und Gesängen der Ruf des Esels nachgeahmt, und den Schlusssegen bekräftigte ein dreifaches »I-ah«. Das »festum stultorum« gehört in das Arsenal der Narrenfeste, die sich im Anschluss an Weihnachten entwickelten (Rollentausch: Kinderabt oder -bischof am Fest ↗ **Unschuldige Kinder**; Messparodien am Fest Unschuldige Kinder oder am Sonntag Estomihi usw.). Diese platten Lustigkeiten haben Reformation und Aufklärung nicht toleriert, sondern zum Erliegen gebracht (vgl. ↗ **Purim**).

Eselsritt

In Luthers »Tischreden« heißt es: »Mit guten Worten fein betrogen und recht auf den Esel gesetzt«. Gleichfalls in Grimmelshausens »Simplicissimus«: »Den dollen Fähnrich zoge ich gleich herüber und setzte ihn auf den Esel«; schweizerisch: »Einen uf en Esel setze«. Die Redensart, jemanden »auf den Esel setzen (oder bringen)« bedeutete zu diesem Zeitpunkt: jemanden ärgern, als dumm und von oben herab behandeln. Die Redensart geht aber auf einen Rechtsbrauch des Mittelalters zurück: auf den »Eselsritt«. In Frankreich, Italien, Deutschland und selbst im Orient wurde auf Eselsritt in den verschiedensten Fällen erkannt. Gefangene wurden »zum Schimpf auf dem Esel geführt«. In Frankreich wurden Männer, die sich von ihren Frauen hatten schlagen lassen, dazu verurteilt, »a chevauchier un asne, le visage par devers la queue dudit asne«. Der letzte öffentliche Eselritt als Delinquentenschande und -spott fand Ostern 1814 in Leipzig statt. Danach findet sich dieses Eselsreiten nur noch als Fastnachtsbrauch. Der närrische Ritt lässt nicht deutlich werden, wie hart diese Strafe in der Wirklichkeit gewesen sein muss, die einem Betroffenen einen lebenslangen Makel anhängte. Der Brauch lebte in einer Variante in der – inzwischen überholten – Pädagogik nach: In den mittelalterlichen Klosterschulstuben befand sich ein hölzerner Esel, auf den sich Schüler zur Strafe setzen mussten. Faulen Schülern wurde im 18. Jh. noch ein Eselsbild zur Strafe umgehängt. In amerikanischen Schulen bekam man einen Eselshut mit Eselsohren aufgesetzt. Dieser Eselsritt steht im Kontrast zum Eselsritt Jesu, der auf dem ↗ **Palmesel** nachgespielt wurde.

Esszettel ↗ Maria

Esto mihi, Estomihi

Erste Worte des ↗ **Introitus** (Eingangsgebet der Messe: »Esto mihi in Deum protectorem = Sei Du mein Schützergott«) des Sonntags ↗ **Quinquagesima**, des ↗ **Fastnachtssonntags**, dritter und letzter Sonntag der Vorfastenzeit (vgl. ↗ **Fastensonntage**, »Dimanche gras«/frz.).

Esztag ↗ Aschermittwoch
Eszmittwugen ↗ Aschermittwoch
Eucharistia, Eucharistie ↗ Fronleichnam
Eucharistische Frömmigkeit ↗ Fronleichnam

Eulenspiegel

Die Schwankfigur des **Till Eulenspiegel** ist dem gleichnamigen Buch mit 16 Geschichten entnommen: 1515 in Hochdeutsch gedruckt, ist die nach 1480 entstandene niederdeutsche Fassung eines Anonymus verloren. Geschildert werden die Erlebnisse eines Bauernburschen aus Kneitlingen im Braunschweigischen. Eulenspiegel steht für einen, der ↗ **Schabernack** treibt, einen Auftrag allzu wörtlich ausführt und ihren Sinn darum ironisch verkehrt. Bäuerlicher Witz triumphiert über städtische Vernunft. Eulenspiegel, der natürlich aus pädagogischen Gründen belehrend angelegt ist, trägt die Kappe des alten ↗ **Schalknarren** mit Eselsohren, Hahnenkamm und Glöckchen.

Eustachius ↗ Vierzehnheilige, Vierzehn Nothelfer
Eutropia ↗ Kümmernis
Eva ↗ Adam und Eva
Evenmant ↗ Monate: September

Ewige Anbetung ↗ Ewiges Gebet

Ewiges Gebet

Der Anspruch der Ewigkeit beim Ewigen Gebet konnte natürlich nie eingelöst werden. Auch um den Fortbestand des Ewigen Gebetes in unserer Zeit ist es nicht sehr gut bestellt. Doch es gibt das Ewige Gebet nach wie vor: Von der ersten Stunde des Neujahres bis zur letzten Stunde des Jahres gibt es in jeder Diözese – je nach ihrer Größe natürlich – nach Möglichkeit eine ununterbrochene Gebetskette von Pfarrkirchen, Klöstern, Kapellen, in denen die eucharistische Anbetung vor dem ausgesetzten Allerheiligsten stattfindet. Die Form der eucharistischen Frömmigkeit, vgl. ↗ **Fronleichnam**, lässt sich bis ins 10. Jh. zurückverfolgen, als sich eine Andacht des kontinuierlichen Betens über 40 Stunden entwickelte. – Ein Sonderfall dieser Gebetsform war die Andacht am ↗ **Heiligen Grab**, die gleichfalls 40 Stunden andauerte, auf die man die Grabesruhe Christi berechnet hatte. Später stellte man feierlich die ↗ **Monstranz** an diesem Grab auf. Dann verschob sich die eucharistische Gebetswache auf das Ende der Gründonnerstagsliturgie. 1527 ist erstmals in Mailand ein ↗ **Vierzigstündiges Gebet** vor dem Allerheiligsten im Dom an den Kartagen bezeugt, das sich dann als **Ewige Anbetung** in den Kirchen des Bistums fortsetzte. In Deutschland kam das Ewige Gebet im 17. Jh. auf. Gerne wurde das Ewige Gebet auf die Karnevalstage gelegt – als Sühnegebet in der Fastnachtszeit. Im Westfälischen hieß es dann, man müsse gerade an den »tollen Tagen« für die Rheinländer beten. Im Rheinland, und ausgerechnet in Köln, fand an den tollen Tagen ebenfalls das Ewige Gebet statt: Die Jesuiten glaubten, auf diese Weise die Schüler ihrer Schule vor den Auswüchsen des Karnevals bewahren zu können. Es haben sich Ordensgemeinschaften gebildet, z. B. die »Benediktinerinnen von der ewigen Anbetung«, die sich ausschließlich der ewigen Anbetung widmen. – Das Beten ohne Unterbrechung hat auch in der Gegenwart neue Formen gefunden. 1955 hat das Katholische Männerwerk des Erzbistums Freiburg in der wunderschön gelegenen Wallfahrtskirche auf dem Lindenberg bei St. Peter im Schwarzwald die Reise Adenauers nach Moskau, um die Freilassung der deutschen Kriegsgefangenen zu erbitten, mit einer Gebetswache begleitet. Bekanntlich war diese Reise erfolgreich. Seit dieser Zeit setzen Männer des Erzbistums dieses Gebet fort. Auf eigene Kosten halten sich jede Woche mehr als zwanzig Männer auf dem Lindenberg auf, um Tag und Nacht die ununterbrochene Anbetung fortzusetzen.

Ewiges Licht
Das Licht, das zum Zeichen der Gegenwart Christi in der geweihten Hostie vor dem Tabernakel brennt, wird erstmals im 11. Jh. im Orient bezeugt und verbreitet sich in der 2. Hälfte des 12. Jh. auch im Abendland. In Deutschland kann der Brauch erstmals 1270 in der Frauenabtei Quedlinburg belegt werden. Getragen und finanziert wurde das Ewige Licht durch Eucharistische ↗ **Bruderschaften.** Die ersten allgemeinverbindlichen Vorschriften enthält das nachtridentinische »Rituale Romanum« von 1614: Das Ewige Licht soll vor dem Altar, eventuell an der Seitenwand angebracht werden. Es wird gespeist durch Olivenöl oder Bienenwachs, eventuell auch durch andere Pflanzenöle.

Ewigkeitssonntag ↗ **Totensonntag**

Exaudi
»Exaudi, Domine, vocem meam, qua clamavi ad te« formulierte der Eingangsvers des ↗ **Introitus** (Eingangsgebet) zum 6. Sonntag nach Ostern: »Erhör mein Rufen, Herr, mit dem ich zu dir flehe.« Exaudi steht für diesen Tag.

Exorzistisch ↗ **Dämonenglaube**

Exsurge
Erstes Wort des ↗ **Introitus** (»Exsurge = Wach' auf«) am Sonntag ↗ **Sexagesima**, dem zweiten Sonntag der ↗ **Vorfastenzeit**, einem Sonntag vor ↗ **Fastnachtssonntag** (vgl. auch ↗ **Fastensonntage**).

F

Fabergé-Eier ↗ Ostereier
Fackelschwingen ↗ Frühlingsbräuche
Fackelsonntag ↗ Invocabit
Fackeltag ↗ Laetare
Fackelwettrennen ↗ Frühlingsbräuche
Fackentoni ↗ Antonius, der Eremit

Fahne

Sie ist ein meist rechteckiges, an einer Stange befestigtes Stück Stoff, uni- oder mehrfarbig, manchmal mit Symbolen versehen. Die Fahne (ahdt. »fano« = Tuch) stellte im gesamten indogermanischen Raum ein Identifikationssymbol dar und wurde sowohl im sakralen als auch im profanen Bereich benutzt. Sie unterscheidet sich vom meist quadratischen Banner, der (Reiter-)Standarte und der Flagge, die es jeweils mehrfach gibt, z. B. als Nationalflagge; Fahnen dagegen sind nahezu immer Unikate. Im lateinischen Westen scheint die Fahne ihr Vorbild in den Feldzeichen (lat.: »signa«) der römischen Legionen zu haben, die sich über ein quer zur Stange angebrachtes Tuch (lat.: »vexillum«) entwickelt hat. In Antike und Mittelalter entwickelte sich die Fahne ganz allgemein zu einem militärischen Feldzeichen, mit dem Aufkommen des Wappenwesens Anfang des 12. Jh. auch zu Macht- und Schutzsymbolen. Im Lehnswesen demonstriert die Fahne Rechts- und Besitzansprüche. Im 16. Jh. wurde die Fahne beim Militär Zeichen der Einheit der Truppe, Symbol für soldatische Ehre und Treue. Im 18. und 19. Jh. fast mystisch verklärt, hat die Fahne kaum noch militärische Bedeutung, sondern wird Erkennungszeichen traditionell ausgerichteter ständisch-korporativer Gruppen: z. B. für Kirche, Adel, Universitäten, studentische Verbindungen, (Schützen-)Vereine, Zünfte, Parteien.

In strengem Gegensatz zu den Fahnen des Heidentums kannten die Christen anfangs nur das Kreuz als religiöses Siegeszeichen (lat.: »vexillum crucis« oder »- Christi«). Erstes Anzeichen für eine Überbrückung des Bruchs mit der Vergangenheit war das Labarum Konstantins des Großen (»In diesem Zeichen wirst du sie-

Auferstandener vor seiner Mutter mit Osterfahne. Aus der Holzschnittfolge »Geistliche Auslegung des Lebens Jesu Christi« (15. Jh.)

gen…«). Aber bis in das 9. Jh. hielt die kirchliche Reserviertheit gegenüber der Fahne an. Erst seit diesem Zeitpunkt tritt die Ecclesia, die allegorische Darstellung der Kirche, mit einer Fahne auf. Seit dem 10. Jh. tauchen Kirchenfahnen zu liturgischen Zwecken auf. Sie symbolisieren den Triumph Christi (Auferstehungs- oder ↗ **Osterfahne**) und der Heiligen. Heiligenfahnen gewannen an Bedeutung, als die Fahnen in kriegerischen Dienst genommen wurden. Eine besondere Stellung erwarb das »Vexillum S. Petri«, eine Fahne, die der Papst verlieh, wenn ein Kriegszug zum »heiligen Krieg« erklärt wurde. Im engeren liturgischen Raum lässt sich die Fahne zuerst in der klassischen römischen Vorform nachweisen: Wie bei römischen Feldzeichen wurde bei der Querstange des Kreuzes ein Ziertuch angebracht. Seit dem 10. Jh. verbreitete sich der Brauch als Attribut des ↗ **Osterlamms**, des auferstandenen Christus, des Erzengels und Bannerträgers ↗ **Michael**, als Kirchweihfahne, die Zeichen der Kirchweihfreiheit war, als ↗ **Bruderschafts-**, Vereins- und Prozessionsfahne. Eigene Riten entstanden: Die ↗ **Fahnenweihe** z. B., für die es seit dem Mittelalter liturgische Texte gibt. Gelb-weiß als »Kirchenfarben« bürgern sich ein. Mit der Fahne verband sich Symbolik. Ihrer Bedeutung als Hoheitszeichen wegen wurde und wird die Fahne nur von Offizieren getragen (**Fahnenoffizier**, -junker, Fähnrich). Als Sieges- und Herrschaftszeichen musste »die Fahne hochgehalten« werden. Ausnahmen gab es nur gegenüber Gott und dem Regenten. Das **Fahnesenken** gilt bis heute als Reverenz nur für Gott (bei der Wandlung, vor der vorüberziehenden Eucharistie in der ↗ **Monstranz**) und den residierenden Fürsten. Mangels regierender Fürsten senkt sich heute die Fahne auch vor einem Schützenkönig. Gesenkt wurde und wird die Fahne zudem auch aus Ehrfurcht vor Toten und aus Trauer (**Halbmastbeflaggung**). Mancherorts gab es schwarze Fahnen, die als Zeichen des Todes einem Leichenzug vorangetragen wurden. (Die schwarze Piratenflagge, ergänzt durch grinsenden Totenkopf und gekreuzte Gebeine, nimmt diese Symbolik ironisch auf.) Das Fahnenschwenken sollte die Segenswirkung, die mit der Fahne verbunden war, der Allgemeinheit enthalten. Dies galt aber nicht nur für das allgemeine **Fahnenschwenken**, sondern auch für das individuelle: Durch Schwenken der Fahne über einem Ehrlosen wurde dieser wieder ehrbar gemacht. Die Fahnen kirchlicher Prozessionen demonstrierten somit nicht nur den Triumph und die Herrschaft des Gekreuzigten, sondern entfalteten auch seinen Segen. – Außerhalb des Christentums gibt es zahlreiche – auch sehr viel weitergehende – Bräuche im Zusammenhang mit Fahnen; erinnert sei nur an die grüne Fahne des Propheten Mohammed oder die Gebetsfahnen der Tibeter.

Hl. Familie auf der Flucht nach Ägypten.
Speculum humanae salvationis. Bodenseeraum, 1325–30.
Stift Kremsmünster, Codex 243, fol. 16v

Fahnenoffizier ↗ Fahne
Fahnenschwenken ↗ Fahne
Fahnensenken ↗ Fahne
Fahnenweihe ↗ Fahne

Faire la Saint Martin (frz.)
oder ↗ **martiner** bezeichnet in Frankreich »gut essen und trinken« (vgl. ↗ **Martinsminne**).

Faistag ↗ Pfingsten
Faisten ↗ Pfingsten
Falla (Festival der Flammen) ↗ **Josef(ph)**
Familie, Heilige ↗ Heilige Familie
Faschang ↗ Fastnachtszeit, ↗ Veilchendienstag
Faschangtag ↗ Fastnachtszeit, ↗ Veilchendienstag

Fasching
Fasching ist in Süddeutschland und im bayerisch-österreichischen Raum der Name der ↗ **Fastnacht** bzw. des ↗ **Karnevals** und der entsprechenden Festtage. »Fasching« taucht im 13. Jh. als »vaschanc, vastschang« auf. Das mhd. »vastschanc« meint »Ausschenken des Fastentranks«. Bezeugt ist auch der Freudenruf: »Oho, vaschang.« »Vaschang« wurde im 17. Jh. an die Wörter auf -ing angeglichen (vgl. auch ↗ **Fastnachtszeit**, ↗ **Veilchendienstag**).

Faschingszeit ↗ Fastnachtszeit
Fasenacht ↗ Fastnacht
Fasenickel ↗ Nikolaos, ↗ Nikolaus-Name
Fasnachtsfeuer ↗ Invocabit
Fasnet ↗ Fastnacht
Fasnetfunken ↗ Invocabit
Fassnacht ↗ Fastnachtszeit, ↗ Veilchendienstag
Fassnachtabend Montag zuvor ↗ Fastnachtszeit, ↗ Rosenmontag
Fassnachtfeiertag ↗ Fastnachtszeit, ↗ Veilchendienstag
Fassnacht, lotzel ↗ Fastnachtszeit

Ludwig Richter, Kinderkarneval, aus: Das große Festtagsbuch. Feiern, Tanzen und Singen. Hrsg. v. Walter Hansen. Freiburg i.Br. 1984. Vorlage: Archiv Herder

Fassnacht, lutzel ↗ Fastnachtszeit
Fassnacht, tumbe ↗ Fastnachtszeit
Fassnacht, wuette ↗ Fastnachtzeit

Fastabend
Dem Begriff nach (vgl. die Begriffsbildung ↗ **Heiligabend**) bezeichnet Fastabend den Abend vor der Fastenzeit, also ↗ **Fastnachtsdienstag**. Dieser Tag hat die Bezeichnung Fastabend auch beibehalten, als noch weitere Tage hinzukamen: der Donnerstag vor Fastnachtssonntag (↗ **kleiner Fastabend**, ↗ **schmotziger Donnerstag**, ↗ **Weiberfastnacht**, ↗ **Fastnachtssonntag** (großer Fastabend) und – im 19. Jh. – der ↗ **Rosenmontag** (vgl. ↗ **Fastnachtszeit**).

Vorösterliche Fastenzeit nach neuem und altem katholischen Festkalender im Vergleich zum evangelisches Kirchenjahr

Aktuelles katholisches Festjahr	Früheres katholisches Festjahr	Evangelisches Kirchenjahr
	Osterfestkreis – Vorfastenzeit	Vor der Passionszeit
	3. Sonntag nach Erscheinung Septuagesima	3. Sonntag vor der Passionszeit, Septuagesimae
	4. Sonntag nach Erscheinung Sexagesima	2. Sonntag vor der Passionszeit, Sexagesimae
	5. Sonntag nach Erscheinung Quinquagesima, Estomihi	Sonntag vor der Passionszeit, Estomihi
	Die Heilige Fastenzeit	Passionszeit
Österliche Busszeit		
Aschermittwoch	Aschermittwoch	Aschermittwoch
1. Fastensonntag	1. Fastensonntag Quadragesima, Invocabit	1. Sonntag der Passionszeit, Invokavit
2. Fastensonntag	2. Fastensonntag Reminiscere	2. Sonntag der Passionszeit, Reminiszere
3. Fastensonntag	3. Fastensonntag Oculi	3. Sonntag der Passionszeit, Okuli
4. Fastensonntag	4. Fastensonntag Laetare	4. Sonntag der Passionszeit, Lätare
5. Fastensonntag	1. Passionssonntag Judica	5. Sonntag der Passionszeit, Judika
Karwoche		
Palmsonntag	2. Passionssonntag Dominica II. Passionis seu in Palmis, Palmsonntag	6. Sonntag der Passionszeit, Palmsonntag
Gründonnerstag	Gründonnerstag Feria Quinta in Cena Domini	Gründonnerstag
Karfreitag	Karfreitag Feria Sexta in Passione et Morte Domini	Karfreitag
Karsamstag	Karsamstag	Karsamstag / Karsonnabend

Fastelabend ↗ Fastenzeit, ↗ Invocabit
Fasteläer ↗ Fastnacht
Fastelavend, lutker ↗ Fastnachtszeit
Fastelavendsavend, groten ↗ Fastnachtszeit
Fastelovend ↗ Fastnacht

Fasten

Das mhd. Wort »vasten« (ahd.: »fasten«; got.: [ga] »fastan«; engl.: »to fast«; schwed.: »fasta«) bedeutete im Gotischen »[fest-]halten, beobachten, bewachen«. Der christlich-asketische Gehalt in Form der Enthaltsamkeit scheint – ausgehend von der ostgotischen Kirche – mit dem Wort zuerst im Sinn von »an den Fastengeboten festhalten« verbunden worden zu sein und sich so im 5. Jh. ausgebreitet zu haben. Substantiviert wurde daraus »das Fasten« und »die Fasten« als Fastenzeit. Was Fasten bedeutet, hat sich auch in der Umgangssprache festgesetzt. Mit ironischem Charme formulieren die Franzosen: »Danser devant de buffet« = Vor dem (leeren) Küchenschrank tanzen. Parallel heißt es in einer deutschen Redensart: »Vor leeren Schüsseln sitzen« oder »Die Schüssel leer finden«, d.h. keinen Anteil erhalten oder zu spät zum Essen kommen, wenn nichts übrig geblieben ist. Fasten – also nicht zu verwechseln mit Diät oder Schlankhungern – versteht sich als religiös begründete freiwillige Nahrungsenthaltung in Bußzeiten.

↗ **Bußzeiten** sind alle ↗ **Freitage** des Jahres und die österliche Fastenzeit. An allen Freitagen gilt das Gebot der ↗ **Abstinenz.** Die Enthaltung von Fleischspeisen dient der Erinnerung an den Tod Jesu, dessen an allen Freitagen gedacht wird. Von ↗ **Aschermittwoch** bis zur ↗ **Ostermette** dauert die österliche Fastenzeit, in der die Regeln des Fastens gelten: nur eine volle Mahlzeit pro Tag und zwei kleine Stärkungen. Zwei Tage im Jahr sind Fast- und Abstinenztage zugleich:

Frans Hogenberg, Die Mager Fasten und der Vette Vastelavont, Stich von 1558. München, Bayerische Staatsbibliothek (HbH. VI 53, PL XXXVI)

↗ **Aschermittwoch** und ↗ **Karfreitag**. An diesen Tagen soll nur **eine** sättigende Mahlzeit ohne Fleisch eingenommen werden. Die Deutschen Bischöfe haben 1978 diese Regelung bestätigt. Für den Freitag haben sie aber auch geistliche Opfer anerkannt wie z. B. Gottesdienstbesuch, Dienst am Nächsten usw. sowie ein Verzichtopfer, bei dem das Ersparte Menschen in Not zukommen soll. Als geistliche Methoden haben Fasten und Abstinenz ein Leben im Geist der Buße, Bereitschaft zu Umkehr und Neuausrichtung auf Gott zum Ziel. Fasten bedeutet für Christen Abwendung von sinnlichen Genüssen, Drosselung des körperlichen Energiehaushaltes und Konzentration auf außerordentliche Bewusstseinszustände, Kontemplation. Geschlechtliche Enthaltsamkeit und Schweigen können das Fasten ergänzen. Die geistige Aufnahmefähigkeit wächst, und die natürlichen Sinne werden frei für übernatürliche Wirklichkeiten. Als Mittel geistlichen Lebens fördert Fasten die Überwindung der Spaltung des Menschen in Körper und Geist. Im Alten Testament wird vielfältig und ausführlich über das Fasten berichtet. Jesus übt heftige Kritik an der jüdischen Fastenpraxis, die ihm mehr Schein als Sein war. Weil Jesus vor Beginn seines öffentlichen Wirkens 40 Tage gefastet hat (vgl. Matthäus 4,2), wurde das Fasten und seine symbolhafte Dauer (auch Noah und Mose werden nach je 40 Tagen aktiv) Zeitmaß des vorösterlichen Fastens der Christen. Bis zum heutigen Tag verpflichtet das ↗ **Kirchengebot** alle Katholiken, die das 14. Lebensjahr vollendet haben, zur Abstinenz. An das Fastengebot sind alle, die das 18. Lebensjahr vollendet haben, bis zum Beginn des 60. Lebensjahres gebunden.

Das Mittelalter hatte zum Teil außerordentlich strenge Fastenregeln: Verboten waren alle Fleisch- und Milchprodukte, die so genannten ↗ **Laktizinien** Milch, Käse, Butter, und Eier, die als »flüssiges Fleisch« galten. 1491 wurden die Fastengesetze erstmals etwas gelockert, und Papst Julius III. (1550–1555) erteilte allen Christen Dispens für Butter bzw. Öl und Eier, Käse und Milch. Das Fastengebot hat seit jeher die Phantasie der Menschen angeregt, um das Fasten, wenn schon nicht zu einem kulinarischen Ereignis, dann aber doch zu einer erträglichen Zeit werden zu lassen. Auf »rheinisch-katholisch-schnoddrig« liest sich dies so: »Wer schon fasten muss, soll wenigstens gut essen!« Dass in mittelalterlichen (natürlich bayerischen!) Klöstern die Gans zu einem »Wassertier« gleich Fischen und damit zur Fasten(!)speise gemacht wurde, scheint eine unausrottbare Fama zu sein. Starkbier als Fastengetränk (↗ **Fastenbier**) war aber in Klöstern normal, weil Bier das einzige Getränk des Mittelalters für einfache Leute war und den Mönchen auch in der Fastenzeit die notwendige Energie für schwere körperliche Arbeit zuführte. Wissen muss man dabei, dass es Kaffee und Tee noch nicht gab, (nicht abgekochtes) Wasser zu trinken vielfach unhygienisch war und sich Wein allein schon aus Kostengründen nicht als Alternative anbot. Natürlich blieb die Menge des Bieres pro Mönch streng rationiert. Dennoch ist die Geschichte des Fastens nicht ohne Überraschungen für den modernen Betrachter, der sie ausschließlich unter spirituell-asketischen Gesichtspunkten sieht. Nicht nur von Thomas von Aquin ist bekannt, dass er einen außerordentlichen körperlichen Umfang besaß. Von einschlägigen Berechnungen wissen wir heute, dass französische Mönche im Mittelalter täglich durchschnittlich 5000–7000 Kalorien aufnahmen, an Festtagen auch erheblich mehr, an Fastentagen eben weniger. Hier ging es nicht nur um den Grundsatz, dass essen soll, wer arbeitet. Die Speckschicht der Mönche war auch ein Schutz gegen die Kälte in den ungeheizten Schlafräumen und Folge einer permanenten Angst vor dem Hungertod. Wie bei jeder Großorganisation boten Neuheiten, die eine Grundsatzentscheidung notwendig machten, ausreichenden Anlass – ob guten Glaubens oder auch nicht –, das System zu hinterfragen. Das galt natürlich auch für die Fastenzeit.

So wurde zum Beispiel die **Schokolade** als ↗ **Fastenspeise** legitimiert. 1569 hatten die Bischöfe von Mexiko eigens Fra Girolamo di San Vincenzo in den Vatikan zu Papst Pius V. (1566–1572) gesandt, damit dieser entschied, ob das Getränk mit dem Namen »Xocoatl« von der Frucht des Cacahatl und dem Baum Cacahaquahuitl in der Fastenzeit getrunken werden dürfe. Das Konzil von Trient (1545–1563) hatte gerade die Kirchendisziplin zu verschärfen gesucht, natürlich auch das Fastengebot. Als der Papst widerwillig von der heißen Schokolade gekostet hatte, soll er gesagt haben: »Potus iste non frangit jejunium« – Schokolade bricht das Fasten nicht. Seinen Siegeszug trat der Kakaotrunk an, als in einem Kloster entdeckt wurde, dass man das Fett vom flüssigen Kakaobrei abschöpfen und diesen durch Beimischung von Vanille und Zucker trinkbar machen kann. In Guatemala erfanden Klosterköche, wie man Schokolade in Form von Tafeln als feste Speise konservieren konnte. Von Italien aus trat dann die Schokolade einen Siegeszug in Europa an – und führte Anfang des 17. Jh. zu einer erbitterten Auseinandersetzung zwischen den Jesuiten und den Dominikanern. Während die Jesuiten für die Schokolade eintraten, führten die Dominikaner einen Feldzug dagegen. Zahlreiche Schriften erschienen; erst 1662 fand die Auseinandersetzung eine Ende – durch eine Schrift des Kardinals Brancaccio zugunsten der Schokolade.

Im religiösen Sinn ist Fasten kein Selbstzweck. Das Fasten wird in den Religionen nicht als eine auf die Gesundheit ausgerichtete »Reduktionsdiät« betrachtet, sondern als eine disziplinarische Übung, als ein Verzicht, der die Sinne frei macht für neue religiöse Erfahrungen. Enthaltsamkeit sollen Herz und Seele für den Dienst Gottes freier, lebendiger und williger machen. Nach Augustinus lebt der Mensch gewöhnlich »secundam carnem« (gemäß dem Fleisch); das Fasten aber gestattet ihm, »secundam spiritum« (ausgerichtet nach dem Geist Gottes) zu leben. Immer wieder mussten die Gläubigen daran erinnert werden, dass es nicht auf die Buchstaben (der Fastengebote) ankam, sondern auf den Geist. Darum waren auch kostspielige raffinierte Fischgerichte ebenso zu meiden wie Fleisch (so z. B. das Provinzialkonzil 1536). Während sonntags das Fastengebot ausgesetzt war, blieben in der Woche Fleisch, Eier, Butter und Milch verboten. In der ganzen Fastenzeit gab es keine öffentlichen »Lustbarkeiten« oder feierlichen Hochzeiten. Selbst Fleischlieferungen an Nichtkatholiken waren (z. B. in Köln) verboten. Die Einhaltung des Fastengebots wurde von der weltlichen Obrigkeit überwacht.

Fastenbier ↗ **Fasten**

Fastenbrechen

Die Beendigung des Fastens, das Fastenbrechen, wurde von jeher feierlich begangen. Auch heute wieder findet man Gemeinden, in denen nach der Oster- oder ↗ **Christmette** ein gemeinsames Essen begangen wird. Dieses so genannte ↗ **Agapemahl** (Liebesmahl) hat seinen Vorläufer im gemeinsamen Mahl der jüdischen Gemeinde nach dem Kabalath-Sabbath, dem Sabbath-Eröffnungsgottesdienst am Freitagabend nach Sonnenuntergang. Die Erinnerung an das Fastenbrechen ist in der englischen Sprache lebendig geblieben: das Frühstück – nach der »durchfasteten« Nacht – wird »breakfast« genannt; das Motto einer schwarzen kolahaltigen Limonade, das auf Deutsch lautet; »Mach' mal Pause ...« hat seine Entsprechung auf Englisch in: »Have a break...«. Die Esspausen und die Pausen allgemein sind »Fastenbrechen«, denn sie unterbrechen das Nichtessen, das Fasten.

Fastengebäck
Vielfach waren Salzbrezeln, Kringel und süße ↗ **Brezeln** üblich. Der Brezelbäcker und der Brezenmann boten ab ↗ **Aschermittwoch** Brezeln (= Fastenbrezeln) an. Die Kölner ↗ **Göbbelchen**, vgl. ↗ **Christi Himmelfahrt**, sollen ursprünglich Vögel darstellen; vielleicht sind sie mit den russischen Frühlingsvögeln verwandt, die gebacken wurden, weil man glaubte, am 10. März kämen die Frühlingslerchen heim.

Fasten, großes ↗ **Fastenzeit, österliche**
Fastenlaken ↗ **Fastentuch**
Fasten, lange ↗ **Fastenzeit, österliche**

Fastenpredigt
Die Predigten in der Fastenzeit hatten den Charakter von Buß- und Volkspredigten. Sie waren nicht – wie die normale Sonntagspredigt – Homilien (= Auslegungen) des Sonntagsevangeliums, sondern bildeten eine thematische Reihe, bei der aktuelle pastorale oder theologisch wichtige Fragen angesprochen werden konnten. In Zeiten ohne elektronische Medien, Fernsehen, Radio, Buch und Zeitung hatten diese Predigten nicht nur Unterhaltungswert, sondern prägten sich den Menschen auch tiefer ein.

Fastenquadragese ↗ **Fastenzeit**
Fastenquatember ↗ **Quatember**

Fastensonntage
Der österliche Festkreis gliederte sich in drei Teile: in die ↗ **Vorfastenzeit**, die ↗ **Fastenzeit** und die österliche Zeit bis ↗ **Pfingsten**. Die Vorfastenzeit umfasste die drei Sonntage ↗ **Septuagesima**, ↗ **Sexagesima** und ↗ **Quinquagesima**. Oft wurden die Sonntage der Vorfastenzeit auch nach den Anfangsworten des ↗ **Introitus** (= Eingangsgebet der Messe) benannt: ↗ **Circumdederunt** (für Septuagesima), ↗ **Exsurge** (für Sexagesima) und ↗ **Esto mihi** (für Quinquagesima). Die Sonntagsnamen bezeichnen nicht die genauen Abstände bis zum Osterfest, sondern deuten auf die abgerundet berechnete siebzigtägige, sechzigtägige und fünfzigtägige Vorbereitungszeit. Passend zum christlichen Verständnis der als ↗ **civitas diaboli** gedeuteten Fastnachtszeit erinnert der Sonntag Septuagesima an die 70 Jahre der Gefangenschaft der Juden in Babylon und ihrer Pilgerschaft von dort nach ↗ **Jerusalem**. Die ↗ **Fastenzeit** (↗ **Quadragesima**) beginnt mit ↗ **Aschermittwoch**: Der erste Fastensonntag hieß ↗ **Invocabit** (Introitus: »Invocabit me = Er ruft mich an«), der zweite ↗ **Reminiscere** (Introitus: »Reminiscere miserationum tuarum = Denk an deine Güte«), der dritte ↗ **Oculi** (Introitus: »Oculi mei semper ad Dominum = Meine Augen schauen immer auf zum Herrn«).
Der vierte Fastensonntag spielt eine Sonderrolle. Als ↗ **Mittfasten** leuchtet in ihm bereits Ostern auf. Auch sein Name ist dadurch geprägt: ↗ **Laetare** (Introitus: »Laetare, Jerusalem = Freue dich, Jerusalem«). Der fünfte Sonntag der Fastenzeit ist nicht mehr Teil der numerischen Reihung der Fastensonntage. Er heißt ↗ **Erster Passionssonntag** oder ↗ **Judica** (Introitus: »Judica me, Deus = Schaffe Recht mir, Gott«). Die Lesungen dieses Tages stellen das Leiden (lat. »passio«: das Leiden, die Leidensgeschichte) Christi vor Augen, den »Schmerzensmann« Jesus. Altarkreuz und Altarbilder wurden mit dunklen, oft tiefvioletten Tüchern verhüllt, um an die Erniedrigung des Erlösers zu erinnern. Die ↗ **Verhüllung der Altarkreuze**, vgl. ↗ **Fastentuch**, blieb bis nach der Kreuzverehrung am Karfreitag, die Altarbilder blieben verhüllt bis zum »Gloria« in der Osternacht.
Der ↗ **Zweite Passionssonntag**, die Eröffnung der ↗ **Karwoche**, ist eher unter dem Namen ↗ **Palmsonntag** bekannt. Nach vorausgehender ↗ **Palmweihe** memoriert eine feierliche ↗ **Palmprozession** den ↗ **Einzug Jesu in Jerusalem** vor seinem Leiden. Das Tagesevangelium trägt die

Leidensgeschichte Christi bis zu seiner Beisetzung vor.

Fastenspeisen

Typische Fastenspeisen waren früher: Gemüse-, Fisch-, Wein-, Bier-, Wasser-, Gries-, Graupen- oder Reissuppen, Milch- oder Kaltschalen, Brot- und Semmelspeisen, Aufläufe, ↗ **Pfannkuchen**, Hirsebrei, Hülsenfrüchtegerichte, Hülsenfrüchtebrei, Milch- und Käsespeisen, Trockenobst. Oft bildeten sich – landschaftlich gebunden – einzelne Tage aus: Mehl- und Fischtage, Knödeltage, ein Tag für Hülsenfrüchte.

Fastentuch

Schon die »Consuetudines« von Farfa erwähnen um 1000 den Brauch, in der Fastenzeit vor dem Altar ein Velum, das **Fastenvelum** (»velum quadragesimale«, Fastentuch; **Fastenlaken**, aber auch: ↗ **Hungertuch** – der Name »Hungerdoek« ist in Münster 1306 erstmals belegt –, **Kummertuch**, ↗ **Schmachtlappen**), ursprünglich einfarbig schwarz oder violett, aufzuhängen. In einem meist rasterförmigen Bildaufbau wurde die Heilsgeschichte von der Schöpfung bis zum Weltende erzählt oder aber Tier-, Pflanzen- oder andere Motive dargestellt. In einer alten Handschrift aus Augsburg heißt es über das Hungertuch: »Darin [in der Fastenzeit] eszen sie 40 tag kein fleisch, auch nit milch, kesz, ayr, schmalz, dann vom remischen stuel erkaufft. Da verhüllt man die altar und hayligen mit einem tuech und last ein hungertuech herab, daz die syndige leut die götz nit ansehen.« Die Hungertücher sind Objekte eines mittelalterlichen Fastenbrauches, der Verhüllung des Altars durch das Fastenvelum, das später zum Symbol für Fasten und Buße wurde. So heißt es etwa in den Predigten Geilers von Kayserberg über das ↗ **Narrenschiff**: »Dich soll leren das Hungertuch, so man ufspannt, Abstinenz und Fasten.« Aufgehängt wurde das Fastentuch zu Fastenbeginn am

Maria mit den Aposteln. Das sog. »Fastentuch der Richmodis von Aducht« (12. Jh.).
Vorlage: Archiv Manfred Becker-Huberti

Aschermittwoch. Es hing im Chorbogen der Kirche vor dem Hauptaltar, verhüllte den Altar und konnte, da meist zweigeteilt, zur Seite gezogen werden. Das Fastentuch blieb dort bis zur Komplet am ↗ **Karmittwoch**. Wenn aus der Passion zitiert wurde: »et velum templi scissum est medium« (und der Vorhang des Tempels riss mitten durch), wurde das Tuch herabgelassen. Die dadurch begründete Redensart: »Das Fastentuch ist gefallen« bezeichnete – direkt und indirekt – das Ende der Fastenzeit.

Hungertücher zur Altarverhüllung verweisen auf die religiösen ↗ **Verhüllungs- und Sichtbarkeitsriten**. Sie finden sich nicht nur im Kult der Ostkirche, der Ikonostase; die Altarverhüllung der Westkirche steht in enger Verbindung mit der seit frühchristlichen Tagen bekannten Verhüllung des Kreuzes, der Bilder und Reliquiare während der Passionszeit. Die Westkirche hat eine Vorliebe für die Schaubarkeit kultischer Mysterien entwickelt, so dass sie keine ständige Verhüllung, sondern bloß eine zeitweilige kennt. Die Altarverhüllung in der Fastenzeit galt als Bußübung der Gläubigen. An den Sonntagen der Fastenzeit wurde das Fastentuch vor dem Hauptalter geöffnet, nicht aber die Fastentücher vor den Seitenaltären. An Wochentagen wurde das Fastentuch auch vor dem Hauptaltar nicht zurückgezogen. Als Gründe für dieses Fastenbrauchtum werden angeführt: die so auch äußerlich sichtbare Unwürdigkeit der Gläubigen während der Bußzeit, die Verhüllung der Gottheit Christi während seiner Passion, die Parallelität des »velum templi« zum »velum quadragesimale«, wobei das Zerreißen des ersteren den Opfertod Christi anzeigte, das »Herabfallen« des letzteren auf die bevorstehende Auferstehung verwies. Die Entfernung des Fastentuchs vor der Osternacht verdeutlichte, dass Christus wieder unverhüllt in göttlicher Herrlichkeit vor den Menschen steht, dass er den Himmel geöffnet und die Blindheit der Herzen weggenommen hat, die hinderte, das Geheimnis seines Leidens zu verstehen.

Der – allerdings entwicklungsmäßig keineswegs einheitliche – Gebrauch des Fastentuches änderte sich mit den theologischen Auffassungen. Als in der Gotik ein »Sichtbarkeitskult« das »Sehenwollen« des Mysteriums und damit des Altarsakramentes forderte, entstanden nicht nur ↗ **Monstranzen** für die Hostie und Ostensorien (Schaugefäße) oder Reliquiare für die Reliquien: Die Lettner in den Kirchen, die sich dort befanden, wo später die Kommunionbank steht, und die somit den Blick in den Chorraum der Kirche einschränkten, fielen dem neuen Bedürfnis ebenso zum Opfer wie die Fastentücher: Sie erhielten nun kleinere Ausmaße und wurden so hoch in den Chorbogen gehängt, dass der Blick auf das Altarsakrament nicht versperrt wurde. Dadurch änderte sich die Funktion der Fastentücher: Ihr Aushängen bezeichnete nun nur noch die Buß- und Fastenzeit. Ihre Hochblüte erlebten die Hungertücher im 14./15. Jh. in Deutschland, Frankreich, Italien, Spanien und England.

Dieser Fastenbrauch scheint von den Klöstern, wahrscheinlich den Nonnenklöstern, ausgegangen zu sein und hat sich über die Stifts- und Kathedralkirchen in die Pfarrkirchen ausgebreitet. Mit Beginn der Neuzeit verflüchtigte sich auch dieser Brauch, hielt sich nur noch in Westfalen und im Münster zu Freiburg. Nur im Westfälischen erlebte das Hungertuch im 16. und 17. Jh. einen erneuten Auftrieb. Nach dem II. Vatikanischen Konzil wurde der Brauch durch die Bischöfliche Aktion »Misereor« 1976 neu belebt: Alle zwei Jahre erstellt ein Künstler ein neues Hungertuch, das in Kopie in vielen Kirchen während der Fastenzeit aufgehängt wird, in der das Ersparte den Armen zukommen soll. Herausragende Beispiele der Hungertücher sind nur in zwei geschlossenen Gruppen erhalten: in Westfalen und in Kärnten. Ansonsten haben sich bloß Einzelstücke erhalten, die – wie im Fall von Gurk, Bedburdyck und Korschenbroich nachweisbar – mit Westfalen in Verbindung stehen. Das Hungertuch aus dem Dom von Gurk stammt aus dem Jahr 1458 und misst 8,90 m x 8,87 m, das Virgener Fastentuch von 1598 misst 5 m x 8 m. Das größte erhaltene Fastentuch in Deutschland stammt aus dem Jahr 1612 und gehört dem Freiburger Münster (12,25 m x 10,0 m). Einen hohen künstlerischen Wert hat das kürzlich renovierte Fastentuch von Zittau/Sachsen aus dem Jahr 1472 (8,6 m x 6,8 m). Das älteste bekannte Fastentuch besaß Sankt Aposteln in Köln, wo es 1875 verbrannte. Die Fastentücher bestanden meist aus Leinen, manchmal auch aus Seide. Die Tücher wurden bestickt, bedruckt oder bemalt. Unsere Redewendung, »am Hungertuch nagen«, geht auf diese Fastentücher zurück und meint: hungern, darben, ärmlich leben, kümmerlich vegetieren. Ursprünglich hieß es wohl: am Hungertuch »naejen« = nähen, d.h. ärmlich, kümmerlich leben. In diesem Sinn auch: »Ich web' euch nur ein Hungertuch« in Freiligraths Gedicht »Aus dem Schlesischen Gebirge« von 1844.

Fastenvelum ↗ **Fastentuch**

Fastenwoche, letzte ↗ **Karwoche**

Fastenzeit, österliche

Im christlichen Festkalender geht die österliche Fastenzeit (↗ **Quadragesima**) dem Osterfest voran, das durch das Konzil von Nicäa 325 auf den ersten Sonntag nach dem Frühlingsvollmond festgesetzt wurde. ↗ **Ostern** ist deshalb ein beweglicher Festtermin, der auf die Zeit zwischen den 22. März und den 25. April fallen kann. Der Termin der Fastenzeit (vgl. ↗ **Fastensonntage**) ist daher auch »beweglich« und bestimmt sich im Verhältnis zu Ostern durch die Länge der Fastenzeit. In Bezug auf das Fasten Jesu in der Wüste (Matthäus 4,2) legte die Kirche die Länge der Fastenzeit auf 40 Tage und Nächte fest. Die in 40 Einheiten zu teilende Zeitspanne bezeichnet die erdzugewandte Vielfalt und kommt in der Bibel mehrfach vor: 40 Jahre wandern die Israeliten durch die Wüste (Exodus 16,35), 40 Tage begegnet Mose Gott auf dem Sinai (Exodus 24,18), 40 Tage wandert Elias zum Berg Horeb (1 Könige 19,8), 40 Tage fastet Jesus in der Wüste (Matthäus 4,2; Lukas 4,2), und 40 Tage nach der Auferstehung (= Ostern) feiert die Kirche ↗ **Christi Himmelfahrt** (Apostelgeschichte 1,3).

Der Beginn der Fastenzeit liegt auf einem Mittwoch und das Ende der Fastnachtszeit auf dem Dienstag nach dem 6. Sonntag vor Ostern (↗ **Invocabit**). Als die Synode von Benevent 1091 die Sonntage in der Fastenzeit als Gedächtnistage der Auferstehung Jesu vom Fasten ausnahm, rückte deshalb der Beginn der Fastenzeit um 6 (Wochen-)Tage vor. Die Fastnacht endet seitdem am Dienstag nach dem 7. Sonntag vor Ostern (↗ **Estomihi**), und die Fastenzeit beginnt mit dem folgenden Mittwoch, dem ↗ **Aschermittwoch**. Jene, die ihre Fastnacht nach der alten Fastenordnung vor der Regelung in Benevent (1091) feiern, begehen die ↗ **Alte Fastnacht** (auch: ↗ **Bauernfastnacht**), die immer in die liturgisch geltende Fastenzeit fällt. Zum Unterschied von der Alten Fastnacht wurde der der neuen Fastenordnung entsprechende neue Fastnachtstermin ↗ **Herrenfastnacht** genannt. Die Fastenzeit gilt als ↗ **gebundene Zeit**, denn in dieser Zeit waren die Christen an Verpflichtungen gebunden: an die Pflicht zum ↗ **Fasten**, d.h. zum Verzicht auf Fleisch, Milchprodukte (= ↗ **Laktizinien**) und Eier, sodann zur Mitfeier der ↗ **Karwoche** und der österlichen Gottesdienste, sowie zur Teilnahme an der ↗ **Osterbeichte**. Andere Namen für die österliche Fastenzeit oder **Fastenquadragese** sind: ↗ **Quadragesima**, »Quadragena«, »Quarentana«, »Quadragesimum major«, »- ante pascha«, »tempus quadragesimale«, **Großes Fasten**, **Lange -**, »jejunium longum«, »- quadragesimale«, »- paschale«, »jejunia«.

Fastnacht

Schon um 1200 ist mhd. »vastnacht« (= Vorabend des Fasttages ↗ **Aschermittwoch**) und nachfolgend das leichter auszusprechende »vas[e]nacht« belegt, das das mittelrheinische und oberdeutsche »Fas[e]nacht« ausbildete. Es wird nicht ausgeschlossen, dass der Begriff »Fastnacht« (auch) durch ein im frühnhd. »faseln« = gedeihen, fruchtbar sein, enthaltenen Stamm mit der Bedeutung »Fruchtbarkeit« mitgeprägt wurde, vgl. die rheinische Begriffsbildung »Fasabend, Fas(t)elabend. Ehe die Fastnacht im 12. Jh. durch die Kirche auf die Zeit vor dem Fasten eingegrenzt wurde, feierte man in ganz Deutschland die Fastnacht als Vorfrühlings- und Fruchtbarkeitsfest. Heute gilt der ↗ **11.11.** (↗ **Elfter im Elften**) als offizieller Fastnachtsbeginn. Wenn auch die Zahl 11 als Symbol- und ↗ **Narrenzahl** schon bekannt war, gilt der 11.11. als Narrendatum erst seit dem 19. Jh.. Die Fastnacht begann früher und und beginnt vielfach auch heute noch (= Fastnachtssession) am ↗ **Dreikönigstag**, ein Relikt des Alten ↗ **Bohnenfestes**. Die eigentliche Fastnacht dauert sechs Tage: Sie beginnt im Alemannischen am Donnerstag (↗ **gumpiger, schmotziger Donnerstag**) vor Karnevalssonntag oder im Rheinischen an ↗ **Weiberfastnacht**, dem Donnerstag vor Karnevalssonntag (**kleiner Fastabend**) und dauert bis zum Karnevalsdienstag (↗ **Veilchendienstag**). Der Karnevalssonntag (↗ **Estomihi**) hieß auch **großer Fastabend**. Als die **drei tollen Tage** galten Donnerstag, Sonntag und Dienstag. Als sich nach 1823 der ↗ **Rosenmontag** durchsetzte, lief dieser Tag dem ↗ **Veilchendienstag** den Rang ab. Als Gegengewicht zu den »tollen Tagen« legte und legt die Kirche gern das ↗ **Ewige Gebet** in die Fastnachtszeit (↗ vgl. **Invocabit**).

Die Fastnacht hat im deutschsprachigen Bereich drei verschiedene Gesichter, die jedes in sich noch einmal eine kaum zu beschreibende Vielfalt birgt: Im Rheinland – ganz grob gerechnet von Mainz bis zum Niederrhein weit hinter Düsseldorf – zeigt sich die rheinische Fastnacht (auch: ↗ **Karneval, Fasenacht, Fastelovend, Fasteläer** ...) mit Sitzungskarneval, Karnevalsumzügen und – deutlich reduziert – Maskenbällen und Redouten. Dieser Karneval ist in der deutschen Romantik, in den zwanziger Jahren des 19. Jahrhunderts aus alten und jüngeren Elementen neu komponiert worden. Gleichwohl gilt alles relativ Neue schon als »uralt«, und die traditionelle Narretei nehmen hier manche todernst. Wiederum grob teilt sich der rheinische Karneval in das »Alaaf-Land« von Köln und Aachen sowie ein wenig Umland und in das restliche »Helau-Land«, in das noch einmal Gebiete mit Sonderrufen eingesprengselt sind (z. B. Jülich mit »Jod preck«, vgl. ↗ **precken**). – Im schwäbisch-alemannischen Raum hat sich die alemannische **Fasnet** mit ihren detailreichen mittelalterlichen Elementen prägnant erhalten. Die verwirrende Formvielfalt, die voneinander zu unterscheidenden Typen erschließen sich Fremden – und manchem Einheimischen gleichfalls – nur schwer. Weniger platte Lustigkeit als vielmehr hintersinniger und ritualisierter Humor bietet diese allemannische Fastnachtsvariante. – In Sichtweite der Alpen und ein wenig drum herum heißt der Karneval nicht mehr Fastnacht, sondern ↗ **Fasching**. Er findet nahezu nicht auf der Straße und nicht in Form von Karnevalssitzungen statt. Hier prangen die Narren verkleidet in Ballsälen auf Maskenbällen und Redouten. Wie Geschichte nachwirkt: Das Vermummungsverbot aus Angst vor Attentaten und Verunglimpfungen durch »Republikaner« und andere der untergegangenen Donaumonarchie und der Wittelsbacher wirken hier noch nach.

Fastnacht, alte

Nachdem die Synode von Benevent 1091 (vgl. ↗ **Fastenzeit, österliche**) die Fastenzeit neu geordnet, sich die Fastenzeit deshalb um eine Woche nach vorn verschoben hatte, konnte sich diese Neuordnung vor allem am Oberrhein nicht gegen die ältere Tradtion durchsetzen. In Basel, im Badischen und hier besonders in Teilen des Markgräflerlandes hielt man an der »alten Fastnacht« als ↗ **Bauernfastnacht** zum alten Termin gegenüber der ↗ **Herrenfastnacht** am neuen Termin fest. Bis heute beginnt in diesen Gebieten die Fastnachtszeit erst, wenn andernorts bereits die Fastenzeit begonnen hat. Die Alte Fastnacht war oft auch eine protestantische Demonstration gegen die »katholische« Fastenzeit. Die Alte Fastnacht ist geradezu sprichwörtlich geworden: Wer zu spät kommt, kommt hinterher wie die alte Fastnacht. Wer ein schlechter Zahler ist, weil er immer auf die Zukunft vertröstet, für den fällt die Fastnacht immer spät (↗ vgl. **Invocabit**).

Fastnacht ausgraben ↗ Fastnachtsanfang, -beginn
Fastnacht begraben ↗ Fastnachtsschlussbräuche
Fastnachtdienstag ↗ Fastnachtszeit
Fastnachterwecken ↗ Fastnachtsanfang, -beginn
Fastnacht, große ↗ Invocabit, ↗ Sonntag

Fastnacht im Kloster

Auch in den Klöstern gab es Fastnachtsfeiern, nicht nur bei den Männern, sondern auch bei den Nonnen und Stiftsfrauen. Was sonst verboten war, galt dann als erlaubt: Von Tee, Kaffee, Schokolade, Karten- und Glücksspiel bis zum frühen Morgen berichtet eine Nonne 1729 aus einem rheinländischen Kloster. Von übervollen Speisetafeln, Wein und Tanz wissen auch Visitationsprotokolle des 16. und 17. Jh. kritisch zu berichten. Zumindest in Kölner Klöstern des 16. Jh. verkleideten sich Nonnen und Mönche über ihrem Habit: ↗ **Mützenbestapelung** hat sich dafür als Name eingeprägt.

Fastnacht, kleine ↗ Fastnachtszeit
Fastnacht, letzte ↗ Sonntag
Fastnacht, lotzgin ↗ Fastnachtszeit

Fastnachtsanfang, -beginn

Zur öffentlichen Demonstration, dass mit der Fastnacht eine »neue Zeit« beginnt, gehören verschiedene Bräuche. Das ↗ **Fastnachterwecken** ist weit verbreitet: Eine den Karneval personifizierende ↗ **Strohpuppe** (↗ **Lazarus Strohmannus**, ↗ **Nubbel**, ↗ **Hoppeditz**, ↗ **Jokili**, ↗ **Geck**, ↗ **Peijass**, ↗ **Doktor** ...) wird aus einem Brunnen gezogen, ersteht aus einem Grab (↗ **Fastnacht ausgraben**), wird vor der Stadt abgeholt. Diese Auferweckung ist meist verbunden mit einer ersten Karnevalsrede, die die Notwendigkeit begründet, aufgrund der Narrheit der Welt mit närrischer Weisheit ein neues Reich zu gründen. Es wird geschunkelt, die er-

Böhmischer Heischeumzug mit dem Fastnachtsbär. Vorlage: Archiv Manfred Becker-Huberti

sten Karnevalslieder werden gesungen, es ist feuchtfröhlich. – Vor allem in Süddeutschland ist die Aufrichtung eines ↗ **Narrenbaumes** üblich, der aller Welt die Geltung der ↗ **Narrenfreiheit** anzeigt. Während das Fastnachterwecken heutzutage am 11.11. stattfindet, werden die Narrenbäume meist am »schmotzigen« oder »gumpigen« Donnerstag, also dem Karnevalsdonnerstag, aufgestellt. Dieser Donnerstag heißt im Rheinischen ↗ **Weiberfastnacht**, weil an diesem Tag die Weiber, heute ein negativ belegter Begriff, die »Herr«schaft ergreifen. Mit dem ↗ **Sturm des Rathauses** und der ↗ **Schlüsselübergabe** beginnt hier die engere Fastnachtszeit.

Fastnachtsfiguren, -verkleidung

Bereits im Mittelalter wurde in der Fastnacht ein **Karnevalskönig** eingesetzt, der ein Narrenreich regierte, zu dem natürlich auch ein närrischer Hofstaat gehörte. In dieser Tradition stehen der heutige ↗ **Elferrat**, die Karnevalsgarden, Tanzgemeinschaften usw. Der Standardnarr aber war der ↗ **Schalknarr**, ein »normaler« Mensch, dem »natürlichen Narren« (= körperlich oder geistig Behinderten!) nachgebildet: kahlgeschoren, ausgestattet mit mit der ↗ **Narrenkappe** (↗ **Gugel**), also Hahnenkamm, Eselsohren, ↗ **Schelle**, ↗ **Mi-parti** (geteilte Färbung der Kleidung). Er versinnbildlicht den Gottesleugner, die Unkenntnis der Nächstenliebe, die egomanische Eigenliebe. Ergänzt wird der Standardnarr durch ↗ **Teufel**, ↗ **Hexen** und ↗ **Riesen**, den Repräsentanten der dämonischen Mächte, die in der ↗ **civitas diaboli** leben und als Weltverführer agieren. Während die Zuordnung des Teufels zur civitas diaboli eindeutig ist, gilt für die Hexen, dass es sich um Frauen (seltener um Männer) handelt, die sich mit dem Teufel eingelassen haben und geschlechtlich mit ihm verkehren. Die Riesen galten nach der im Mittelalter üblichen Ansicht als Normbrecher und Übertreter des göttlichen Gebotes, weil sie die von Gott festgesetzten

Fastnachtstreiben, aus F. Nork, Der Festkalender, Stuttgart 1847

Größenordnungen übertraten. Konsequent verkleideten sich die Narren auch in moderneren Zeiten in Kostüme der »Feinde des Christentums«: Chinesenkostüme, Indianermasken, Verkleidungen als Neger oder Cowboys stehen in dieser Tradition. Repräsentanten der bösen Welt sind ebenfalls die Träger von ↗ **Fleckenkostümen**, deren Flecken äußeres Zeichen des von Sünden befleckten menschlichen Leibes sind. Die **Schellenträger** zeigen durch die ↗ **Schellen** ihre Zugehörigkeit zur ↗ **Cupido-Gemeinschaft** (vgl. die frühere Lesung des Fastnachtssonntags) an. Die **Schönmasken**, z. B. die barocken **Weißnarren**, führen die Vergötzung des menschlichen Körpers vor (pulchritudo carnalis), dem die Verderbtheit der Seele entspricht.

Fastnachtshühner

In früheren Jahrhunderten fiel der Genuss von Eierspeisen unter das Fastengebot, weil »ovum enim aliud est, quam caro liquida« (Aegidius Bellemara), Eier also als nichts anderes galten als ↗ **flüssiges Fleisch**. Im Rahmen des fastnachtlichen fleischlichen Lebens (»secundum carnem«, vgl. ↗ **Hanswurst**) standen Abgabe und Verzehr von Fastnachtshühnern (lat.: »pulli carnisprivia-les«). Auf diese Weise wurde die Eierproduktion während der ↗ **Fastenzeit** drastisch eingeschränkt. Die in der Fastenzeit dennoch anfallenden Eier wurden gesammelt und aufbewahrt. Ein Teil, bunt eingefärbt, nachdem sie hartgekocht waren, wurde zur ↗ **österlichen Eierweihe** gebraucht. Die anderen dienten am Ostermontag zu ↗ **Eierspielen** (Eierlauf, Eierlesen). Die Pflichtabgabe von Fastnachtshühnern, die mit der Lockerung der Fastengebote entfiel, blieb lange im Gedächtnis der Menschen erhalten. In einem Nürnberger Fastnachtspiel von Hans Rosenplüt sprechen Schöffen darüber, dass sie mit Beginn der Fastenzeit »nymer nach den krapfen gan« dürfen, sondern zum »gaystlich man« werden müssen. Bedauerlicherweise sei es ihnen »zu disen zeyten« verboten, »ayr« zu essen. Die Diagnose wird aber durch die österliche Perspektive erhellt: »Die Fassnacht hat uns procht zu grossem schaden, Das wil uns dy Ostern wider kern mit air und fladen.« Für Nürnberg ist um 1500 ↗ **Eierwerfen** als Fastnachtsbrauch belegt; im Karneval von Binche/Belgien ziehen die »Gilles« mit Eierkörben mit. Im Venezianischen Karneval des 17. Jh. warfen maskierte Narren Damen »ova odorifera« zu, wahrscheinlich mit Duftstoffen gefüllte Eier.

Fastnachtskehraus ↗ Fastnachtsschlussbräuche

Fastnachtsmontag ↗ Fastnachtszeit, ↗ Montag

Fastnachtsochse

Der **bœf gras**, ein herausgeputzter Mastochse, wurde in Frankreich – analog zum ↗ **Pfingstochsen** – an den letzten Fastnachtstagen durch die Stadt geführt.

Fastnachtsschlussbräuche

So wie durch ein bestimmtes Brauchtum der ↗ **Fastnachtsanfang, -beginn** öffentlich angezeigt wird, geschieht dies auch zum Fastnachtende. Karnevalsgemäß endet die Fastnacht an Fastnachtdienstag (↗ **Veilchendienstag**) mit einem **Fastnachtskehraus**. Zum Festende um 24 Uhr gehört die Beerdigung, Verbrennung, Ertränkung ... der den Karneval personifizierenden ↗ **Strohpuppe** (↗ **Lazarus Strohmannus**, ↗ **Nubbel**, ↗ **Hoppeditz**, ↗ **Jokili**, ↗ **Geck** ...), das **Fastnachtsbegraben**. Den Abschluss bildet oft das **Geldbeutelwaschen**.

Fastnachtssonntag ↗ Estomihi, ↗ Fastnachtszeit, ↗ Invocabit

Fastnachtsspiele

Die Lust des Mittelalters an Spiel und Vergegenwärtigung (vgl. ↗ **Krippen-**, ↗ **Paradies-** und ↗ **Passionspiel**) führte zu einer Summe von Fastnachtsspielen, in denen das Närrischsein vorgeführt wurde. Sie enthalten Bilder, Symbole und Elemente, die bis heute fortgelten, z. B. ↗ **Narren säen**, ↗ **Narrenschiff**, ↗ **Jungbrunnen** usw.. Zu den Fastnachtspielen gehörte auch das ↗ **Ringstechen**, das bei der romantischen Wiederbelebung der Fastnacht in Düsseldorf vergeblich zu reanimieren gesucht wurde.

Fastnachtsumzug ↗ Rosenmontag

Fastnachtszeit

Die **Faschings-**, Fastnachts- oder **Karnevalzeit** im engeren Sinn umfasst sechs Tage: von Donnerstag vor Fastnachtssonntag (↗ **schmotziger Donnerstag**, ↗ **Weiberfastnacht**) bis Fastnachtsdienstag. In dieser Zeit tobt dort, wo es ihn gibt, der ↗ **Straßenkarneval**. Als **Karnevalssession** oder als Zeit für ↗ **Karnevalssitzungen** und ↗ **Maskenbälle** gilt die Zeit von Dreikönige (6. Januar) an. Hier wirkt das alte ↗ **Bohnenfest** des Bohnenkönigs nach. Im Rheinland ist der 6. Januar Auftakt der jeweiligen Session. Der ↗ **11.11. (Elfter im Elften)** als närrischer Starttermin hat zwar für sich den Vorteil, dass die Zahl Elf seit Jahrhunderten als ↗ **Narrenzahl** gilt, im 19. Jh. bei der romantischen Karnevalsreform neu entdeckt wurde und Eingang in das Brauchtum (Elferrat) fand. Der 11.11. als Karnevalsauftakt, Beginn der **Karnevalssession**, hat sich aber erst in der Zeit zwischen den beiden Weltkriegen ergeben. – Wenn im Zusammenhang mit der Fastnacht von den ↗ **Drei tollen Tagen** die Rede ist, dann sind damit die drei Tage gemeint, an denen vor dem 19. Jh. gefeiert wurde: der ↗ **Kleine Fastabend** (heute Weiberfastnacht), der ↗ **Große Fastabend** (Karnevals-/Faschingssonntag) und der eigentliche Fast(en)abend, der Vorabend des ersten Fastentages, der ↗ **Fastnachtsdienstag.** Der so genannte ↗ **Rosenmontag** kam als vierter toller Tag erst nach 1823 hinzu, als in Köln der ↗ **Rosenmontagszug** eingeführt wurde. Aus den drei tollen Tagen sind seit dem 19. Jh. wenigstens vier geworden. – Die ehemalige (und gegenwärtige) Bedeutung der Fastnachtszeit lässt sich allein schon an der Fülle der Begriffe erkennen, mit denen die einzelnen Tage gekennzeichnet werden. Die gesamten Fastnachtstage von Donnerstag vor dem Fastensonntag bis Dienstag danach bezeichnete man als: ↗ **Bacchanalia** (»- clericorum«, »- dominorum«, »- sacerdotum«), »carementranum«, »caresme prenant«, »carnelevamen«, »carnis laxatio«, »carnis levamen«, »carnislevarium«, »carnisprivium«, »carnisvola«, **Dorendage, Dorledage, Fastelabend,** »Laxatio carnis«, »Orgia Bacchi«, **Vastelabend, Vastelaun.** – Der ↗ **Donnerstag** vor dem Fastnachtssonntag, im Rheinland ↗ **Weiberfastnacht** bezeichnet, heißt: **Dorendonderdach, Feister Phinztag, Gumpiger Donstag, Kleine Fastnacht** (Oberrhn.), **Lotzel Fassnacht, Lotzgin Fastnacht, Lutker Fastelavend, Lutzel Fassnacht,** ↗ **Fetter Donnerstag, Schwerer Donnerstag** (Rhld.), **Semperstag, Simperdach, Sumperdach, Sumperstag, Tumbe Fassnacht, Tumber Tag, Unsinniger Donnerstag, Weiberdonnerstag, Wenige Rinnabend, Wuette Fassnacht, Wuetig Donnerstag, Wuscheltag** (Basel), **Zemperstag, Zimpertag.** – Am ↗ **Freitag** vor ↗ **Estomihi** wurde früher keine Fastnacht gefeiert. Als Gedächtnistag des Todes Jesu stand er nicht zur Disposition, weshalb es für diesen Tag auch keine althergebrachten Bezeichnungen gibt. Auch der ↗ **Samstag** vor dem Fastnachtssonntag wurde nicht für Fastnachtfeierlichkeiten genutzt. Er wird als Vorabend der Fastnacht **Groten Fastelavendsavend** oder **Schmalziger Samstag** bezeichnet.

Der ↗ **Fastnachtssonntag** oder Sonntag ↗ **Estomihi**, der 7. Sonntag vor Ostern oder ↗ **Quinquagesima**, wird bezeichnet als »carnisprivium clericorum«, »- dominorum«, »- sacerdotum«, »dies carnisprivii«; frz.: »dimanche cabée«, »- gras«, »- grassot«; »dimissio carnium«, »dominica ad carnes levandos«, »- ad carnes tollendas«, »- carnisprivii (novi)«, »- carnelevaris«, »- in carnisprivii«, »- rossa«, »- quinquagesima«, **Gross Vastavend, Großfastabend, Grosser Fastelavend, Grote Vastingesdach, Herrenfastnacht,** »jejunium clericorum«, **Köttsöndag** (skand.), **Narrenkirchweihtag, Papenvastelavend** (ndl.), **Pfaffenfastelabend, Pfaffenfassnacht,** »Quintana« [da an diesem Tag das Evangelium von den fünf Broten verlesen wird], **Rinnensonntag, Schutteldach** (Aachen), »Shrove Sunday« (Engl.), **Sonntag carnisprivii, Sonntag in den Dorentagen, Vefstigste Dach.**

Der ↗ **Montag** nach **Estomihi** hat als ↗ **Rosenmontag** seine heutige Bedeutung erst im 19. Jh. mit der Einführung des ↗ **Rosenmontagszugs** gewonnen. Aber auch in der Vergangenheit wurde an diesem Tag Karneval gefeiert, wie einige alte Namen des Tages belegen: »dies Lunae salax«, »- pingues«, ↗ **Fassnachtabend Montag zuvor, Frassmaendag, Geiler Montag, Kleiner Fastelavent** (Niederrh.), **Kleinfastabend, Mondages in den lesten Vastelavende, Montag an der Fassnacht, Ruckerstag** (Frankfurt).

Der Dienstag nach Estomihi zählte früher zu den drei tollen Tagen, dementsprechend finden sich Bezeichnungen für diesen Tag in verschiedenen Nationen: »Shrove Tuesday« (Engl.), ↗ **Smörtisdag** (Skand.), »Marci gras« (Frkr.), **Kleiner Fastel-**

avent (Ndl.), **Junge Fassnacht** (Schweiz). Andere Namen sind: **Bauernfastnacht**, »carnisprivium novum«, »dies carnisprivii ultima«, »carnisprivium laicorum«, **Faschang, Faschangtag, Fasching**, »fassangus«, **Fassnacht, Fassnachtfeiertag**, ↗ **Fetter Dienstag, Feister Zinstag, Frassgerdag, Gemeine Fastnacht, Grüne Fassnacht**, »Lardarium«, **Letzte Fassnacht, Letzter Fastelavand, Letztfastabend, Rechte Fassnacht, Vassangtag, Vastnacht**. Karnevalsdienstag definiert sich auch vom Folgetag her als »feriae antecinerales« (Frkr.).

Für die Woche zwischen Estomihi und ↗ **Invocabit** gab es Bezeichnungen wie: »inter duo carnisprivia«, »hebdomada in capite jejunii«, »h. carnisprivie«, »h. carnelevarii«.

Fasttage

Neben der geschlossenen österlichen Fastenzeit (vgl. ↗ **geschlossene Zeit**), zwischen Aschermittwoch und Ostern (früher auch der Adventszeit) gab es in jeder Woche den ↗ **Freitag** als Fast- und Abstinenztag. Fleischgenuss (und Genuss von ↗ **Laktizinien**) war untersagt. Im hohen Mittelalter war auch der ↗ **Mittwoch** Abstinenztag mit der Begründung, an diesem Tag sei Jesus von ↗ **Nazaret** gefangengenommen worden.

Father Christmas (amer.) ↗ **Nikolaus**, ↗ **Phrygische Mütze**, ↗ **Schenktermine**, ↗ **Weihnachtsmann**

Fatschenkinder

Das Lukasevangelium berichtet an zwei Stellen (2,7 u. 12) vom in Windeln gewickelten Jesuskind (vgl. ↗ **Windeln des Jesuskindes**). Eben ein solches Kind zeigen Krippendarstellungen auf Sarkophagen seit dem 3. Jh., dann auch andere künstlerische Vergegenwärtigungen. Ein gewickeltes oder faschiniertes (lat.: »fascia« = Binde, Wickelband, Windel; vgl. österreichisch: »faschen« = mit einer »Fasche« umwickeln; der lat.

Christuskind als Fatschenkind. Ikone eines venezianischen Künstlers (Detail; 1256–58). Sinai, Katharinenkloster. Foto: Archiv Herder

Begriff »fascia« ist abgeleitet von den »fasces«, jenen Rutenbündeln der Römer, die auch den Faschisten den Namen gegeben haben) Jesuskind – deshalb auch »Fatschenkind« – entspricht der biblischen Vorgabe. Im Mittelalter scheint es üblich gewesen zu sein, Novizinnen puppenartige Jesusfiguren zu schenken, die – oft in kostbaren Kleidungsstücken – in den Zellen der persönlichen Frömmigkeit dienten. Mit der volksmundlichen Bezeichnung ↗ **Trösterlein** scheint die Funktion umschrieben zu sein, die das Volk diesen Figuren in den Klosterzellen zuwies. – Auch beim ↗ **Kindleinwiegen** tauchen diese Jesusdarstellungen auf. Ungeklärt ist bislang, ob die Fatschenkinder zunächst im 14. Jh. der persönlichen Frömmigkeit der Nonnen dienten und dann erst beim Kindleinwiegen verwendet wurden oder umgekehrt. Historische Fatschenkinder sind Einzelstücke; auch wenn einzelne Klöster darauf spezialisiert waren, aus Wachs, Holz oder Porzellan die Köpfe des Jesuskindes zu formen, so sind die einzelnen Fatschenkinder durch sorgfältige und kostbare Ausstattung von modernen Massenproduktionen zu unterscheiden. Die Fatschenkinder stellen immer ein liegendes gewickeltes Kleinkind dar, von dessen Körper nur noch Schultern und Kopf zu sehen sind. Deshalb war es auch nur nötig, den Kopf aus Wachs, Holz oder Porzellan zu formen, weil der Körper durch Textilien oder Stroh geformt wurde. Aufbewahrt wurden die Fatschenkinder auf Samtkissen in Glaskästchen, in hölzernen Wiegen oder in Schachteln. Im alpenländlichen Bereich sind Fatschenkinder noch Ziele der Wallfahrt in Altenhohenau und Reutberg (Oberbayern), Holzen bei Donauwörth, Maria Medingen bei Dillingen, Mindelheim, München und Passau-Niedernburg (Niederbayern).

Von diesen Fatschenkindern zu unterscheiden sind ähnliche Christkindfiguren, die den Typ »**Himmlischer Bräutigam**« darstellen: stehende Figuren, oft mit wechselnder Kleidung, die zur Verehrung in Kapellen und Kirchen meist ganzjährig aufgestellt waren oder noch sind. Berühmte Beispiel dieses Typs sind das »Santo Bambino« in der Basilika des Franziskanerkonvents S. Maria in Ara coeli zu Rom oder das Prager Kindl. Ein evangelische Variante, das Bornkindl, hat sich im Erzgebirge erhalten. – Fatschenkinder gehören auch zum traditionellen ↗ **Christbaumschmuck**, der heute allerdings industrielle Massenware ist: Zum holzgeschnitzten Berchtesgadener Christbaumschmuck gehört ein Fatschenkind, dessen Holzkörper bemalt wurde. – Ob die ↗ **Stollen** Gebildebrote sind, weil sie ein Fatschenkind darstellen sollen, ist umstritten. Dafür spricht die weit verbreitete Annahme dieser Meinung, dagegen, dass ein Stollen das wichtigste Element des Fatschenkindes, seinen Kopf, nicht abbildet. In den Alpenländern backen Kinder für ihre Paten, Mütter für auswärtig lebende Kinder so genannte ↗ **Fatschenkinder**, die mit Zuckerguss und Flitter geschmückt werden.

Faxen machen

(Närrische) Streiche, Possen, Scherze in Wort und Gebärdespiel sind vor allem im Mittelalter verbreitet. Das Wort »Faxen« ist abgeleitet von dem lautmalenden »fickfacken« = sich hin und her bewegen, substantivisch Fickesfackes, Fiksfaks; Facks, Faken = Posse, Streich. Der Plural »Faken, Faksen« wird auch »Faxen« geschrieben. Heute ist dieses alte Wort in Konkurrenz zum Fernkopieren geraten, dem (Tele-)Faxen: Wenn einer »Faxen« macht, hält man diese heute eher für (tele-)faxen.

Feber ↗ **Februar**, ↗ **Monate: Februar**

Februar

Zweiter Monat des Kalenderjahres, benannt nach dem römischen Monat Februarius, dem Reinigungsmonat, der seinen Namen vom altitalischen Gott der Unterwelt, Februus, hatte. Andere Namen: **Feber**, **Hornung** (weil sich die Tiere hörnen), »mensis plutonis«, »- purgatorius«, **Narrenmond**, **Rebmonat**, **Redmonat**, **Schmelzmonat**, **Selle**, **Sille**, **Silmaent**, **Sollman**, **Spörkel**, **Sporkel**, **Spurkel**, **Sprokille**, **Sulle**, **Taumond**, **Volborn**, **Vulneborn**, **Wlneborn**, **Zelle**, **Zille**, **Zulle** (vgl. ↗ **Monate: Februar**).

Feiertage, stille

In dem Maß, wie unsere Gesellschaft nicht mehr von gelebten christlichen Vorstellungen geprägt ist, werden auch christlich definierte Grundvorstellungen in Frage gestellt. Z. B. bei der ↗ **Karwoche**, insbesondere dem ↗ **Karfreitag**, aber auch bei anderen Gedenktagen im Jahreslauf, wird heute gefragt, warum Menschen, denen diese Tage nichts bedeuten, sich an die gesellschaftlich geltenden Regeln des »stillen Feiertages« halten müssen. Obgleich in Deutschland Ländersache, sind die Einschränkungen an den so genannten stillen Tagen in wesentlichen Punkten bundesweit identisch.

Am ↗ **Volkstrauertag** ist es über das »Versammlungsverbot für nichtkatholische Veranstaltungen unter freiem Himmel« hinaus verboten, während der Hauptgottesdienstzeiten gewerbliche Ausstellungen, Märkte, Tanz- und Sportveranstaltungen oder Volksfeste durchzuführen. An ↗ **Allerheiligen** und am ↗ **Totensonntag** sind solche Veranstaltungen noch weiter eingeschränkt. Ganz besonderen Schutz genießt der Karfreitag. Neben der zeitlichen Beschränkung können auch Veranstaltungen ganz untersagt werden.

Feister Pfinstag ↗ Donnerstag, ↗ Weiberfastnacht
Feister phinztag ↗ Fastnachtszeit
Feister Sonntag ↗ Sonntag
Feister Zinstag ↗ Fastnachtszeit, ↗ Veilchendienstag

Feldbeten, Felderweihe

Im Alpenraum findet nach der österlichen Festmesse heute wieder das Feldbeten oder die Felderweihe statt. Der Bauer spricht ein Gebet und steckt geschmückte Palmsträuße (↗ **Palm**) auf das Feld.

Feldkreuz ↗ Kreuzauffindung
Festbaum ↗ Christbaum
Fest der allerseligsten Jungfrau Maria von der Erlösung der Gefangenen ↗ Marienfeste
Fest der Auferstehung ↗ Ostern
Fest der Begegnung ↗ Marienfeste, ↗ Darstellung des Herrn
Fest der Beschneidung des Herrn ↗ Marienfeste, ↗ Hochfest der Gottesmutter Maria
Fest der Erscheinung der unbefleckten Jungfrau ↗ Marienfeste, ↗ Unsere Liebe Frau in Lourdes
Fest der Mutterschaft der allerseligsten Jungfrau Maria ↗ Marienfeste, ↗ Mutterschaft der allerseligsten Jungfrau Maria
Fest der Reinigung ↗ Marienfeste, ↗ Darstellung des Herrn
Fest der Sieben Schmerzen Mariens ↗ Marienfeste, ↗ Gedächtnis der Schmerzen Mariens
Fest des kostbarsten Blutes unseres Herrn Jesus Christus ↗ Blutes unseres Herrn Jesus Christus, Fest des kostbarsten
Fest des Unbefleckten Herzens der allerseligsten Jungfrau Maria ↗ Marienfeste, ↗ Unbeflecktes Herz Mariä

Festgebäck

Das Backen z. B. in den Festzeiten von Advent und Weihnachten lässt sich kaum zusammenfassend darstellen, derart unterschiedliche Gebäcke und Anlässe dazu gibt es. Bei aller christlicher Symbolik scheinen jedoch bis heute immer wieder auch vorchristliche Elemente auf, die die alte Funktion des Gebäcks als Opfergabe, z. B. in den ↗ **Rauhnächten** und die notwendige Fülle – 103 Brote waren als Opferbrote in den Rauhnächten nötig – belegen. In Zeiten industriell gefertigten Weihnachtsfestgebäcks, das spätestens ab Oktober in den Supermarktregalen lockt, wenn es nicht schon ganzjährig angeboten wird, könnte der alte Sinn des Festgebäcks, der ja nicht in der zusätzlichen Arbeit, sondern in der sinnvollen und sinnlichen Ausgestaltung des Festes lag, wieder neu lebendig werden. Die Omnipräsenz des massenhaften Angebots könnte die Erkenntnis initiieren, dass weniger mehr sein kann und dass Selbstgebackenes authentischer ist als Gekauftes.

Fest Mariä Geburt ↗ Marienfest: Mariä Geburt, Mariä Namen
Fest Mariä Heimsuchung ↗ Marienfeste: Mariä Heimsuchung
Fest Mariä Himmelfahrt ↗ Marienfeste: Mariä Himmelfahrt
Fest Maria Königin ↗ Marienfeste: Maria Königin

Fest Mariä Namen ↗ Marienfeste: Mariä Namen

Fest Mariä Opferung ↗ Marienfeste: Unsere liebe Frau von Jerusalem

Fest Mariä Verkündigung ↗ Marienfeste: Verkündigung des Herrn

Verkündigung an Maria. Aus einem in Nordengland, wohl in York um 1170 entstandenen Psalter; hier fol. 8r. Kongelige Bibliothek, Kopenhagen, Ms. Thott 143, 2° – Vorlage: Archiv Herder

Fest Maria von der Erlösung der Gefangenen ↗ Marienfeste: Maria von der Erlösung der Gefangenen

Fest Unserer Lieben Frau auf dem Berge Karmel ↗ Marienfeste: Unsere Liebe Frau auf dem Berge Karmel

Fest Verkündigung des Herrn ↗ Marienfeste: Verkündigung des Herrn

Fetter Dienstag ↗ Fastnachtszeit, ↗ Karneval international, ↗ Veilchendienstag

Fetter Donnerstag ↗ Donnerstag, ↗ Fastnachtszeit, ↗ Weiberfastnacht

Fetter Sonntag ↗ Sonntag

Feuer

Das Feuer leuchtet, wärmt, verbrennt und reinigt. Obwohl der Mensch als einziges Wesen »Gewalt« über das Feuer besitzt, war es ihm jahrtausendelang heilig, wurde bewacht und gehütet. Feuer symbolisierte die Sonne, die selbst als Gottheit galt und später durch andere Gottheiten abgelöst wurde. So bezogen die römischen Kaiser die aufgehende Sonne auf sich (»sol invictus«). Die Christen übernahmen das Bild für Christus, die im Osten aufgehende Sonne – »ex oriente lux«. Im Liturgischen spielt das Feuer eine besondere Rolle: bei der Altarweihe, beim Verbrennen von ↗ **Weihrauch** und beim Abbrennen von ↗ **Kerzen**, in der ↗ **Osternacht** beim ↗ **Osterfeuer**. Im Brauchtum, speziell dem Feuerbrauchtum, vernichtet das Feuer den Winter, die in Puppen symbolisierten Ereignisse wie Winter-, Fastnachts-, Kirmesende, vgl. z. B. ↗ **Frühlingsbräuche**; Feuer bedeutet aber auch Segen bei ↗ **Feuersprung**: ↗ **Johannis-** und ↗ **Martinsfeuer**, ↗ **Funkensonntag**, ↗ **Scheibenschlagen**, ↗ **Funkenschlagen** usw. Das gleiche Feuer vertreibt die Dämonen und bösen Geister (↗ **Rauhnächte**) und erleuchtet die Nacht.

Feuerheilige ↗ Feuersprung, ↗ Florian, ↗ Johannes, ↗ Martin

Feuerjucken ↗ Feuersprung, ↗ Frühlingsbräuche

Feuerräderrollen ↗ Scheibenschlagen

Feuersegnung

Auch das neue Benediktionale, das die liturgischen Texte für Segenshandlungen der katholischen Kirche enthält, kennt eine Feuersegnung, die das ↗ **Feuer** als ein Bild für Christus versteht.

Feuersprung

Ein Feuersprung meint den Sprung von Menschen über ein Feuer (vgl. die heute noch bekannten »Feuersprünge« über das ↗ **Johannisfeuer** oder ↗ **Martinsfeuer**). So sollte die Kraft des Lichtes gestärkt werden, dem Springer sollte der Sprung Glück bringen und die Felder am Segen teilhaben lassen. Der Feuersprung, so meinte man, überwindet Unheil, reinigt von Krankheit, wirkt aber noch besser, wenn alle um das Feuer tanzen. Die Erinnerung an den Feuersprung in verkleinerter Form hält das Martinslied »Lasst uns froh und munter sein« fest: »Springen wollen wir kreuz und quer übers liebe Kerzchen her.« Der Sprung über die Kerze hat vor allem in den Städten, wo die Martinsfeuer wegen der großen Feuergefahr verboten wurden (Münster 1705), den Sprung über ein großes Martinsfeuer abgelöst. Wahrscheinlich hat der ↗ **Königssprung** niederländischer Kinder den gleichen Hintergrund.

Feuersprung beim Johannisfeuer. Münchener Liedertafel, aus: Otto Frhr. von Reinsberg-Düringsfeld, Das festliche Jahr, Leipzig 1898

Feuerwerk ↗ Lärmbrauchtum

Fingergebärde ↗ Bewegungs- und Spottgebärde, ↗ Narren stechen, ↗ Rübenschaben, ↗ Schabab

Finstermette ↗ Mette, Trauermette

Firlefanz

Die Zeit für »Firlefanz« ist die Zeit der Narren; bekanntlich gibt es andere Narretei auch ganzjährig. »Mach' nicht so 'nen Firlefanz«, hören Kinder von den Erwachsenen während des ganzen Jahres. Die Bedeutung des Wortes deckt den Bereich von Eselei, Dummheit, Nichtigkeit bis »närrisch sein« ab. Das umgangs-

sprachlich verbreitete Wort geht auf das frz. »virelai« = Ringellied zurück, das – in Verbindung mit »Tanz« – zum mhd. »virlefanz« zusammengefasst wurde. Firlefanz ist von firlefenzen abgeleitet.

Fisch

Reale Fische als Nahrung und symbolische Fische in Form von Kuchen oder Gebäck sind – nicht nur zur Weihnachtszeit – häufig anzutreffen. Da in der Antike das Meer als Teil der Unterwelt galt, waren Fische entsprechend unterirdische Wesen, die Unterweltgöttern und Toten als Opfer dargebracht wurden. Einige Fischarten wurden zu Göttersymbolen. Bei den meisten Völkern versinnbildlichte der Fisch Lebensfülle und Lebensmitteilung. Als Fisch geformte Speisen oder originäre Fischgerichte sind – gewollt oder auch nicht – mit dieser uralten Symbolik verknüpft. Im Christentum bekommen die Fische eine neue Bedeutung. Jesus beruft als erste Jünger Fischer, die er zu »Menschenfischern« machen will (vgl. Matthäus 4,19; Markus 1,17; Lukas 5,10). Fünftausend Menschen speist er mit fünf Broten und zwei Fischen (vgl. Matthäus 15,32–39; Markus 6,30–44; Lukas 9,10–17). Nach seiner Auferstehung bereitet Jesus sieben Jüngern einen gerösteten Fisch zu (vgl. Johannes 21,9).

Für die verfolgten Christen wurde der Fisch zum Erkennungszeichen: Er stand für die Taufe, bei der der Täufling – wie ein Fisch – unter die Wasseroberfläche tauchte; der Fischer war der Taufende. Der Fisch symbolisierte aber auch Christus, und zwar aus zwei Gründen: zum einen, weil er »im Abgrund der Sterblichkeit« (also als Mensch) aus der Tiefe Gottes gehoben war, um den Menschen die Erlösung zu bringen, zum anderen, weil die Buchstaben des griech. Wortes »Fisch« = ICHTHYS die Anfangsbuchstaben für Jesus - Christus - Gottessohn - Erlöser bedeuten. Aus eben dieser Perspektive ist es verständlich, wenn Christen davon sprachen, dem »Fisch der Toten« (Fische als Opfergaben für Tote und Unterweltgötter) den »Fisch des Lebendigen«, eben Christus, entgegenzusetzen.

Der reale Fisch wurde zur Festtagsspeise, er »bringt Christus auf den Tisch«, zugleich aber auch zur ↗ **Fastenspeise**, wobei natürlich auch – im Normalfall – die Fischsorte wechselte! Der ↗ **Fischrogen** (vgl. ↗ **Weihnachtskarpfen**) stand symbolisch für Fruchtbarkeit und Reichtum. ↗ **Festgebäck** in Form eines Fischs war üblich. Aber auch ausgesprochen merkwürdige Sitten verbanden sich mit dem Fisch: Zum »richtigen« Verspeisen des Fischs gehört es, so wird berichtet, ihn vom Schwanz zum Kopf hin zu verspeisen. Ob der Fisch im Fall der Zuwiderhandlung »nach unten zieht«, ist nicht überliefert. – Einen tiefen Einblick in die hygienischen Verhältnisse und die Tischsitten unserer Vorväter liefert der so genannte ↗ **Weihnachtsfisch**: In einigen Gegenden der Alpen hat man die »**Fischseele**«, das unbeschädigte Fischskelett aus Gräten, als Orakel benutzt. Warf man es an die Holzdecke und blieb es kleben, so kam der »Weihnachtsfisch« in hundert Jahren als ↗ **Goldenes Rössel** wieder!

Fischerkönig ↗ Bartholomäus

Fischessen

Mit einem Fischessen beenden die erschöpften Karnevalisten gewöhnlich die Fastnacht. Was einst jedoch als symbolischer Fastenbeginn begriffen wurde, wo der Fisch das Fleisch ersetzt, wird heute an ↗ **Aschermittwoch** oder auch noch später oft zu einem feucht-fröhlichen Gelage – und geht damit am eigentlichen Sinn vorbei. Im Badischen gab es früher zum gleichen Zweck auch **Frosch-** oder **Schneckenmahlzeiten.** Natürlich aß man Fisch – vor allem Karpfen – auch als Festspeise, z. B. an Weihnachten. Symbolischen Charakter hatte das Fischessen aber zu Neujahr: Der **Neujahrsfisch** wurde als Symbol für Fruchtbarkeit, Fülle und Vermehrung gegessen, weil man glaubte, dass alles, was am Neujahrstag geschah, den Rest des Jahres bestimmte. Hier drückt das Fischessen Hoffnung auf Erfolg und Gewinn aus.

Fischrogen ↗ **Weihnachtskarpfen**

Fischschuppe

Die Fischschuppe wird als ↗ **Gücksbringer** genutzt. Die eine Schuppe zeugt von der Vielfalt der Schuppen und soll die anderen anlocken (pars-pro-toto-Funktion). Wo die eine Schuppe schon ist, werden auch die anderen noch hinfinden. Die Fischschuppe ist heute meist abgelöst durch den ↗ **Glückspfennig**, in gleicher Funktion.

Fischseele ↗ **Fisch**
Fischstechen ↗ **Peter und Paul, Apostel**
Fitzeln ↗ **Frisch und gesund schlagen**
Fleckenkostüm ↗ **Mi-parti**
Flecklesnarr ↗ **Mi-parti**
Fleischhauer ↗ **Metzger**
Fleischtage ↗ **Dienstag**, ↗ **Donnerstag**, ↗ **Woche**
Fliegendes Fleisch ↗ **Christi Himmelfahrt**

Florian

Am 4. Mai wird des hl. Florian und der Märtyrer von Lorch gedacht, deren Verehrung vor allem im Alpenländlichen zu Hause ist. Unter Kaiser Diokletian (284–305) soll der Offizier und Christ Florianus versucht haben, im heutigen Lorch eingekerkerte Christen zu befreien. Dabei ertappt, gab er sich als Christ zu erkennen, wurde gefoltert und zum Schluss mit einem Mühlstein um den Hals in die Enns gestürzt. Das ist der Grund dafür, warum er ikonographisch mit einem Eimer dargestellt wird. Weil dieser Eimer später aber als Löscheimer gedeutet wurde, kam Florian zu seinem Ruhm als ↗ **Feuerheiliger** und **Brandlöscher**. Im Gegenzug wurden die Feuerwehrleute zu **Floriansjüngern**. Ein diesen Heiligen betreffender Spruch lautet: »Heiliger Sankt Florian, schütz unser Haus, zünd andere an.« Er ist auch als – scherzhaft gemeinte(!) – Inschrift an Floriansfiguren zu finden, z. B. in der alten Form: »Heiliger Florian, beschütz dies Haus, czynd andere an!« Ist es die Popularität des Florian oder die seines zweifelhaften Anrufs: Das »zünd andere an« bildete in jüngerer Zeit neue Redensarten: »Nach dem **Sankt-Floriansprinzip** handeln« meint, Schaden von sich auf andere lenken wollen, z. B. die Notwendigkeit einer Sache nach außen voll bejahen, aber in Wirklichkeit tausend Gründe dafür finden, sie nicht in Angriff zu nehmen. **Sankt-Florianspolitik** betreibt, wer einen Missstand auf andere lenkt.

Michael Sintzel, Der heilige Florian, aus: Das große Festtagsbuch. Feiern, Tanzen und Singen. Hrsg. v. Walter Hansen. Freiburg i.Br. 1984. – Vorlage: Archiv Herder

Floriansjünger ↗ Florian
Floriansprinzip ↗ Florian

Flucht nach Ägypten

Matthäus 2,13–23 berichtet kurz von der Flucht der ↗ **Heiligen Familie** aus Betlehem nach Ägypten. Auf Weisung eines Engels fliehen Maria, das Jesuskind und Joseph. Sie kehren auf eine weitere Weisung des Engels im Frühjahr des Jahres 4 v. Chr. zurück, allerdings aus Furcht vor Archelaos (4 v. Chr. – 6 n. Chr.), dem Nachfolger des Herodes, nicht nach Betlehem, sondern nach ↗ **Nazaret** in Galiläa, das im Einflussgebiet des Herodes Antipas (4 v. Chr. – 39 n. Chr.) lag (vgl. Matthäus 2,19–23). Lukas 2,39 enthält einen kurzen Hinweis auf die Rückkehr. Eine genauere Beschreibung der näheren Umstände der Flucht liefern die neutestamentlichen Apokryphen (z. B. das Pseudo-Matthäus-Evangelium). Ausgelöst wird die Flucht durch den drohenden ↗ **Betlehemitischen Kindermord** (vgl. Matthäus 2,16–18) durch König Herodes (37–4 v. Chr.), dessen die Kirche am Fest der ↗ **Unschuldigen Kinder** gedenkt.

Flucht nach Ägypten, aus: Die Grandes Heures der Anna von der Bretagne, Königin von Frankreich, fol. 76v. Frankreich, Tours oder Paris (um 1500–1508). Bibliothèque Nationale, Paris (ms. lat. 9474)

In der Forschung sind sowohl der Betlehemitische Kindermord als auch die Flucht nach Ägypten umstritten: Den einen gilt sie als Legende, weil es keine historischen Belege gibt; andere gestehen der Erzählung Symbolwert zu, weil sie im Hinweis von Matthäus 2,15 auf Hosea 11,1 einen vom Evangelisten gewollten Vergleich zwischen dem Aufenthalt des israelischen Volkes in Ägypten und Jesu Aufenthalt sehen. Demgegenüber verweisen andere Forscher darauf, dass die Erzählung von der Flucht nach Ägypten keine legendarischen Züge aufweist und durchaus in die seinerzeitige politische Lage passt. Die Flucht nach Ägypten scheint wohl auch den zeitgenössischen jüdischen Rabbinen bekannt gewesen zu sein, wie Quellen vermuten lassen. Die Flucht selbst, aber auch die einzelnen Episoden, haben literarische und künstlerische Phantasien geweckt: Ab dem 5./6. Jh. bis zum 19. Jh. sind sie Gegenstand zahlreicher Gemälde. In mittelalterlicher Zeit galt der 14. Januar als Gedenktag der Flucht der heiligen Familie nach Ägypten.

Flurprozession ↗ Bitttage, ↗ Christi Himmelfahrt
Flurumgang ↗ Bitttage, ↗ Christi Himmelfahrt, ↗ Fronleichnam, ↗ Hagelprozession, ↗ Schauerfeier
Flurumritt ↗ Bitttage, ↗ Christi Himmelfahrt, ↗ Osterritt, ↗ Pferdeheilige, ↗ Pfingsten

Flüssiges Fleisch ↗ Fastnachtshühner

Folklore

Religiöses Brauchtum und Folklore gehen nicht immer Hand in Hand. Die Heiligenverehrung außerhalb der kirchlichen Liturgie, z. B. ein Martinsumzug, muss nicht primär religiöse Gründe haben. Folklore, Heimatverbundenheit und Aktionismus können traditionelle Frömmigkeitsformen leicht in die Pflicht nehmen und letztendlich »pervertieren«: Statt gelebter Religiosität speisen sich derartige Veranstaltungen aus der Geschäftemacherei. Das religiöse Fest wird letztlich nur noch zu einem »Heidenspaß«.

Formgebäck ↗ Spekulatius

Frassgerdag ↗ Fastnachtszeit, ↗ Veilchendienstag

Frassmaendag ↗ Fastnachtszeit, ↗ Rosenmontag

Frauendreißiger, Frauendreißigster

Die Zeit zwischen dem 13. bzw. 15. August und dem 13. bzw. 15. September, etwa dreißg Tage, galt als eine besinnliche Zeit, die besonders dem Mariengebet geweiht war. Zwischen dem ↗ **(Großen) Frauentag** (15. August: ↗ **Mariä Himmelfahrt**) und dem ↗ **(Kleinen) Frauentag** (8. September: ↗ **Mariä Geburt**) bot es sich förmlich an, »unsere liebe Frau«, wie Maria über Jahrhunderte heißt, in den Mittelpunkt der Betrachtung zu stellen. Es war die Zeit der Marienwallfahrten (vgl. auch ↗ **Dreißiger**).

Frauenmontag

Am Montag nach dem ersten Epiphania-Sonntag spielten in Nordbrabant die Frauen die Hauptrolle, erteilten Befehle, wurden bedient, beschenkt und von den Ehemännern verwöhnt. Der Tag gilt als Belohnung der Frauen für die viele Arbeit zu Weihnachten (vgl. auch ↗ **Pflugmontag**, ↗ **Verlorener Montag**).

Frauensitzungen ↗ Weiberrecht

Frauentag

Das Mittelalter bezog sich mit der Bezeichnung Frauentag nicht auf die Frauen als solche, sondern auf nur eine Frau, die als »unsere liebe Frau« galt: Maria, die Gottesmutter. Unterschieden wurde zwischen dem **Großen Frauentag** (15. August: ↗ **Mariä Himmelfahrt**, vgl. ↗ **Marienfeste**) und dem **Kleinen Frauentag** (8. September: ↗ **Mariä Geburt**).

Frauentag als sie verbodescheftet wart ↗ Marienfeste: Verkündigung des Herrn

Frauentag der Verkündigung ↗ Marienfeste: Verkündigung des Herrn

Frauentag in der Fasten ↗ Marienfeste: Verkündigung des Herrn

Frau Gode ↗ Perchta, rauhe

Frau Harke ↗ Perchta, rauhe

Frau Holle ↗ Perchta, rauhe

Frautafel ↗ Frautragen

Frautragen

In der Adventzeit wird eine Marienplastik oder ein Marienbild (↗ **Mariä Heimsuchung**, Maria gravida, ↗ **Herbergssuche**), die **Frautafel**, an den neun letzten Abenden vor der Christnacht in einigen Gemeinden von einem Haus in das andere getragen und auf einem Hausaltar zur Andacht für die Familie und die Nachbarschaft aufgestellt. In der Christnacht gelangt die Frautafel schließlich in die Kirche, um nach dem Gottesdienst an ihren ursprünglichen Ausgangsort zurückzukehren. Den Brauch des Frautragens – unpräzise meist als »Frauentragen« (der Plural von »Frau« ist unzutreffend) bezeichnet –, als **wandernde Muttergottesandacht** auch im Badischen bekannt, ansonsten auch »Madonna itinerante« genannt, hat es im deutschsprachigen Raum gegeben; er besteht in Tirol und der Steiermark trotz verschiedentlicher Verbote bis heute fort. In der Obersteiermark gibt es parallel das ↗ **Josefitragen**. Das Frau- und das Josefitragen sind spezielle Formen der ↗ **Herbergssuche**, die als Form gegenreformatorisch-barocker Frömmigkeit von den Jesuiten und Franziskanern gefördert wurden. Eine moderne Variante hat Frankreich im Jahr 1944 begründet: Vier Kopien des Gnadenbildes von Boulogne wurden auf der »Grand Tour de Notre Dame de Boulogne« durch Frankreich geführt. Dies wiederum war Vorbild für die Kapuziner in Locarno, Schweiz. Sie sandten am 3. März 1949 ihre Madonna del Sasso auf eine viermonatige Pilgerreise durch das ganze Tessin, um in der in Sünde verharrenden Welt ein Zeichen zu setzen.

Freigebigkeit zu Neujahr ↗ Neujahr

Freitag

Der »dies Veneris«, Tag der Venus, der Römer hat bei den romanischen Sprachen seinen Bezug erhalten: frz. »vendredi«; ital.: »venerdi«; span.: »viérnes«. Die germanischen Völker ersetzten die römische Venus durch ihre weibliche Hauptgöttin Freya (Frija, nord.: Frigg). Aus ahd.: »frîatag«, mhd.: »frîtag« entstand Freitag. Dieser deutsche Begriff drang über Niederdeutschland nach Skandinavien, wo im Altnordischen »frijadagr« neben dem älteren »friggjardagr« bestand. In Westfalen begegnet man auch **Wredach** für Freitag. »Feria sexta« nennt die Liturgie diesen Tag.

Von allen Freitagen des Jahres hat der ↗ **Karfreitag** die größte Bedeutung; als Todestag Christi gedenkt er des Leidens und Todes des Gottessohnes und Erlösers, wobei sich mit dem Todesgedächtnis das Wissen um den Beginn der Erlösung verbindet. Der Karfreitag heißt auch ↗ **stiller Freitag**, weil an ihm Lustbarkeiten und Feiern verboten waren, ↗ **weißer Freitag** wohl deshalb, weil bei den im Mittelalter üblichen Bußprozessionen die öffentlichen Büßer in weißen oder weißgrauen Bußgewändern mitgingen. Die Bezeichnung ↗ **langer Freitag** nimmt Bezug auf das mit dem 4. Jh. an Karfreitag übliche strenge Fasten, das diesen Tag länger erscheinen ließ als die übrigen Freitage.

Der Freitag nach Aschermittwoch nimmt im schwäbisch-alemannischen Einflussgebiet eine besondere Rolle ein. Er heißt dort **bromiger** oder **pfraumiger Freitag**. An diesem Tag suchten – vor allem – die Dienstboten einander die Gesichter »bramig« (= rußig) zu machen, wohl in Nachahmung des »Einäscherns« zu Aschermittwoch.

↗ **Weißer Freitag** heißt in der Steiermark der erste Freitag nach Ostern, wohl abgeleitet vom nachfolgenden ↗ **Weißen Sonntag**. – **Schauerfreitag** nennt man in der Landshuter Gegend den Freitag nach Christi Himmelfahrt, an dem Feldumgänge stattfanden. In Baden wurde der gleiche Tag **Hageltag** genannt. – **Blutfreitag** heißt der auf Christi Himmelfahrt folgende Freitag in der Weingartener Gegend. An diesem Tag findet dort der **Blutritt** statt, ein Flurumritt, der möglicherweise auf vorchristlichem Brautum fußt.

Als Familienname ist »Freitag« – übrigens auch in der Form ↗ **Charfreitag** – so häufig wie »Sonntag«. Bekanntester »Freitag« ist jener in dem Roman »Robinson Crusoe« von Daniel Defoe (1661–1731). Meist nur literarisch Interessierte dagegen kennen noch den Literaten Gustav Freytag (1816–1895), der als Schlesier im 19. Jh. u.a. durch sein erfolgreiches, 1855 erschienenes Buch »Soll und Haben« den Realismus geprägt hat. – Der fünfte Wochentag (russ. »pjat« = fünf, darum »pjatnica«) hat in der russischen Orthodoxie eine Personifikation zu der hl. Pjatnica erfahren. Verehrt wird am Freitag aber auch eine hl. ↗ **Praßkowja** (griech.: »paraskeue«, d. i. der Rüsttag vor dem Sabbatt). Ähnlich den Göttinnen Venus und Freya gilt Praßkowja als Schutzheilige der Frauen. Eine **heilige Mutter Freitag** (**swinta maica Vinire**) oder **Paraskeve** verehren auch die Rumänen, Südslawen die hl. **Petkovica**

Wöchentliche Freitagsprozession als Palmprozession in Jerusalem. – Foto: Wolfgang Müller, Oberried

oder **Petka.** – Während in römischer und germanischer Zeit der Freitag als fröhlicher und glücklicher Tag galt – Venus und Freya waren Liebesgöttinnen und Freya galt zusätzlich als Wettergöttin, was dem Freitag eine besondere Wetterbedeutung verlieh – erhielt er in christlicher Zeit einen anderen Akzent. Auch in christlicher Zeit haben sich die jungfräulichen und mütterlichen Bezüge der heidnischen Göttinnen in der Jungfrau und Gottesmutter Maria erhalten, was sich insbesondere beim ↗ **Freitagsgebet** zeigt. Maßgeblich für die Bewertung des Freitags wurde die Projektion des Jahres auf die Woche. Diese Übertragung machte den Freitag zu einem eher unseligen Tage, was sich auch aus der Tageszählung ergab: Als fünfter und ungerader Tag galt der Freitag als ↗ **Unglückstag.**

Als ↗ **Freitagsläuten** wird der Brauch bezeichnet, freitags zur neunten Stunde (15 Uhr) zu läuten. Erinnert wurde dabei an das »Freitagsgebet«. Der Freitag wurde so quasi zum zweiten Feiertag der Woche: Das wöchentliche Auferstehungsfest stand dem wöchentlichen Karfreitag gegenüber. – Das Mittelalter betonte die Bedeutung des Freitags dadurch, dass nicht nur das Jüngste Gericht an einem Freitag stattfinden sollte, sondern sich auch zahlreiche biblisch belegte Ereignisse der Heilsgeschichte an einem Freitag ereignet haben sollen. Die **Zwölf goldenen Freitage**, die im »Freitagsgebet« memoriert werden, benennen ebendies, eine seit dem 14. Jh. nachweisliche Tradition in Italien, Deutschland, Frankreich und Irland. Von all diesen besonderen Freitagen hat sich im Volksbewusstsein nur die Erinnerung daran erhalten, dass sich Judas an einem Freitag (in der Nacht nach dem Gründonnerstag) erhängt haben soll.

In Zeiten, in denen Essig nicht im Supermarkt gekauft werden konnte, sondern selbst gemacht wurde, setzte man den Essig freitags an, wohl in Erinnerung an den in Essig getauchten Schwamm während der Kreuzigung Jesu. Das am Karfreitag durch Jesus vergossene Blut hat wohl auch den Brauch begründet, am Freitag **Blutküchlein** zu backen, ein Brauch, der kirchlicherseits zu Beginn des 17. Jh., z. B. in Tirol, bekämpft wurde. Der **Gut-Freitags-Kuchen** (Cornwall) oder **Gutfreitagslaib** in der Volksmedizin sind vielleicht letzte Reminiszensen daran. Wie der Freitagstod Jesu diesen Tag dem Unglück zuordnet, ist Freitag durch die dem Tod Jesu folgende Erlösung auch zugleich ↗ **Glückstag.** Wer wie Christus freitags stirbt und keine nennenswerte Schuld auf sich geladen hat, dem bleibt – wie Jesus – nach des Volkes Meinung das Fegefeuer erspart. Er kommt auf dem direkten Weg in den Himmel. Der Tag, der durch den Tod des Erlösers die Erlösung gebracht hat, muss nach dem Volksglauben auch noch heute günstig für die Erlösung armer Seelen sein. Besondere Gebete sind deshalb vielfach mit diesem Tag verknüpft.

In den Zeiten, in denen die Silbe »Frei-« nicht mehr auf Freija bezogen wurde, weil die Erinnerung abgerissen war, hat man eine andere Ableitung gesucht. Bertold von Regensburg (1210–1272) schreibt: »Vritach, omnium libertatum, quas Deus dedit beatis.« Diese vermeintlich freimachende Wirkung der Freitags wurde ebenso auf das ↗ **Wetter** bezogen, das als »frei«

und damit keiner Regel unterworfen galt, wie in der Volksmedizin der Freitag von Krankheiten be-»frei«-te.

Wo der Freitag stärker in Beziehung zum Leiden und Tod Jesu stand, ging er eher eine Verbindung mit Unglücksvorstellungen ein: Der Freitag war ein ↗ **Unglückstag** und – in üblicher Verallgemeinerung – galt ein **Freitagsjahr** (d.h. ein mit einem Freitag beginnendes Jahr) ebenso als unglücklich wie ein **Freitagsmonat** (also ein mit einem Freitag beginnender Monat). Doppeltes Unglück erwartete man von einem Freitag, der auf einen dreizehnten Monatstag fiel: **Freitag, der Dreizehnte**. Der zum Ausdruck kommende Gedanke, Neues freitags nicht zu beginnen, schlug sich sprichwörtlich nieder: »Was Freitags wird begonnen, hat nie ein gut' End' genommen.« »Verbotene« (= sündhafte) Arbeit am Freitag hatte nach dem Tod zur Folge, dass man sie zur Strafe bis zur Erlösung verrichten musste. – Wer das Gebot der Freitagfastens missachtete, musste mit strenger Strafe rechnen. Nach zeitgenössischer Auffassung war das **Freitagsfasten** auch von der vernunftlosen Natur übernommen: Freitags fütterten angeblich die Vögel ihre Jungen nicht, und auch das Wild zeigte sich nicht. Der Freitag hieß deshalb bei den Jägern auch **Jägersabbat** oder ↗ **Jägersonntag**. Wo aber der vorchristliche Glaube noch lebendig ist, hat der Freitag auch noch die Funktion des Glückstages. Auch im sonstigen Leben hatte der Freitag seine Bedeutung, wurde und wird er ambivalent verstanden. Am Freitag geborene Kinder galten nicht selten als Unglückskinder. Allerdings wurden freitags geborene Kinder, die zwei Freitage ungetauft blieben, für geistesgesichtig gehalten. Der Freitag als Glücks- oder als Unglückstag zeigt sich auch in Verbindung mit Liebe und Hochzeit. »Freitagsfeier, die hol' der Geier!« hieß es im Erzgebirge, wo selbst das Freien freitags unerwünscht war. So viele Gegenden es gab, an denen freitags nicht geheiratet werden durfte, so viele Gegenden gab es, wo ein solches Verbot nicht bestand. Wo freitags geheiratet wurde, mag der Umstand, dass drei Tage zum Feiern zur Verfügung standen, eine Rolle gespielt haben. Wo das freitägliche Hochzeitsverbot eine Rolle spielte, sollte dieser Tag kein Glück bringen, die Ehe kinderlos bleiben. Ebendort aber galt der Freitag als ↗ **Hochzeitstag der gefallenen Mädchen**. Vielleicht erschien der Freitag als Hochzeitstag auch deshalb als »unglücklich«, weil der Freitag Fasttag war. – Natürlich steht auch der Tod in abergläubischer Verbindung mit dem Freitag. Eine **Freitagsleiche** zieht eine neue Leiche nach. Stirbt jemand freitags und wird sonntags beerdigt, folgt innerhalb einer Woche ein weiterer Toter. Ein über Freitag offenes Grab fordert bald einen weiteren Toten oder drei Freitagsleichen. Freitags sollte kein Toter beerdigt werden.

Freitag, bromiger ↗ Freitag
Freitag, der Dreizehnte ↗ Freitag
Freitag, grüner ↗ Karfreitag, ↗ Karwoche
Freitag, heiliger ↗ Karfreitag, ↗ Karwoche
Freitag, langer ↗ Freitag, ↗ Karfreitag, ↗ Karwoche
Freitag, pfraumiger ↗ Freitag
Freitag, stiller ↗ Freitag, ↗ Karfreitag, ↗ Karwoche
Freitag, weißer ↗ Freitag
Freitage, zwölf goldene ↗ Freitag, ↗ Freitagsgebet
Freitagsfasten ↗ Freitag

Freitagsgebet

Nach dem Volksglauben hatten Gebete am Freitag, dem Tag des Leidens und Sterbens Jesu, ganz besondere Kraft (vgl. ↗ **Donnerstagsgebete**). In dem seit dem 16. Jh. bekannten Lied »Als Jesus in den Garten ging« wird bemerkt, dass derjenige, der dieses Gebet jeden ↗ **Freitag** spricht, von Jesus nicht verlassen wird. Es heißt dort sogar ausdrücklich:

»Wer dieses Lied alle Freitag singt,
Dem verzeiht Gott alle seine Sünd.«

Daneben gab es besondere Freitagsgebete. In einem solchen, das freitags um 15 Uhr beim ↗ **Freitagsläuten** gebetet wurde, erläutert die Gottesmutter ihrem gekreuzigten Sohn, dass sie allen Menschen, die dieses Gebet freitags dreimal sprechen, mit der himmlischen Krone belohnen und ihm drei Seelen zum Erlösen geben werde, die Seele von Vater, Mutter und seine eigene. Gebete dieser Art standen in der Tradition des Betbrauchs der ↗ **Zwölf goldenen Freitage.** Diesen Brauch soll Jesus selbst eingesetzt und seine Jünger aufgefordert haben, sie durch Fasten bei Wasser und Brot zu feiern. Wer dieser Aufforderung Jesu folgt, erhält sieben Gaben: Er stirbt nicht ohne Sakramentenempfang, stirbt keinen bösen Tod, gerät nicht in Armut usw. Wer dazu noch eine Anzahl von bestimmten Gebeten verrichtet, bekehrt 25 verstockte Sünder oder erlöst 25 arme Seelen aus dem Fegefeuer und wird selbst in den Himmel eingehen. Die zwölf goldenen Freitage wurden auf einen Papst Clemens zurückgeführt, lassen sich aber schon Anfang des 14. Jh. belegen. Ein nicht näher datiertes Flugblatt verbreitete das Freitagsgebet unter dem prosaischen Titel: »Geistliches Gnadenbrünnlein mit zwölf Röhren, das ist eine kurze Form und Weise, die allerseligste Mutter Gottes Maria an zwölf heiligen Freytagen zu verehren, und jede Woche doch wenigstens einmal um ein seliges Ende anzurufen.«

Freitagsjahr ↗ Freitag
Freitagsläuten ↗ Freitag, ↗ Freitagsgebet
Freitagsleiche ↗ Freitag
Freitagsmonat ↗ Freitag
Fremdensonntag ↗ Sonntag
Fressmontag ↗ Montag

Freuden Mariens

Im Mittelalter taucht der Gedanke von den »Freuden Mariens« in den Hymnen auf; ein Beleg findet sich auch bei Caesarius von Heisterbach (um 1180–1240). Nach anfänglichen Variationen bildeten sich – parallel zu den ↗ **Sieben Schmerzen Mariens** – ↗ **Sieben Freuden Mariens** aus: 1. Verkündigung, 2. Heimsuchung, 3. Geburt Christi, 4. Anbetung der Könige, 5. Begegnung mit Simeon, 6. Wiederfinden Jesu im Tempel, 7. Krönung Mariens. Bildliche Darstellungen beschränken sich auf das 15. und 16. Jh. (vgl. ↗ **Marienfeste**, ↗ **Gedächtnis der Schmerzen Mariens**).

Freudenkönig ↗ Bohnenkönig, ↗ Dreikönigsfest
Freudensonntag ↗ Sonntag

Frisch und gesund schlagen

Was in Österreich »frisch und gesund schlagen« bezeichnet, nennt man in Bayern und Franken **pfeffern**, andernorts in Bayern **fitzeln** und – mit fröhlicher Direktheit – in Schwaben **kindeln.** Am Fest der ↗ **Unschuldigen Kinder**, dem 28. Dezember, dem ↗ **Pfefferlestag**, »schlugen« sich die Menschen gegenseitig mit ↗ **Ruten**, Peitschen oder Zweigen (↗ **Pfefferlesrute**, ↗ Pritsche, in Schwaben ↗ **Klöpflesscheit**) und wünschten sich Glück und Segen (= Fruchtbarkeit). Eheleute pfefferten einander, Eltern die Kinder, Mädchen die Jungen, vor allem aber die jungen Burschen die Mädchen. Der Fruchtbarkeitssegen, der mit dieser symbolischen Geste mitgeteilt wurde, verschwand allmählich aus dem Bewusstsein. Das Pfeffern am 28. Dezember wurde zu einem von Kindern betriebenen ↗ **Heischebrauch.** Die Klöckler, die in den ↗ **Klöpflesnächten** (vgl. ↗ **Klöpfeln**) Geschenke erhalten haben, revanchieren sich an diesem Tag mit einer Gegengabe, die sie in das jeweilige Haus »pfeffern«, um unerkannt zu verschwinden. Früher zogen auch zu Ostern die Hirten durch die Gemeinde und pfefferten mit grünen Zweigen. Sie erhielten als Heischelohn ↗ **Ostereier.**

Fritschi ↗ Karneval international
Fröhlicher Sonntag ↗ Sonntag

Fromme Tücher

Neben den Paramenten, den Textilien für liturgische Handlungen (Gewänder, Decken, Tücher etc.), hat es immer auch **religiöse Schmucktücher** gegeben, die in katholischen Familien als Zierdeckchen für **Haus-** und **Maialtäre**, den ↗ **Herrgottswinkel**, zum Schmuck der kleinen ↗ **Straßenaltäre** entlang des Weges der Prozession zu ↗ **Fronleichnam** dienten (**Fronleichnamstücher**) oder als Tischunterlage für die ↗ **Versehgeräte** genutzt wurden (↗ **Versehtuch**). Diese »frommen Tücher« sind meist an der verarbeiteten Symbolik leicht zu erkennen. In einigen Familien werden diese Textilien über Generationen aufbewahrt. Die wenigsten sind von kommerziellen Herstellern bezogen worden. Man kaufte sie in (Frauen-)Klöstern, die durch Paramentenstickerei ihren Lebensunterhalt verdienten, oder stellte sie selber her, oft in pfarrlich organisierten Paramentenvereinen, wo nach Vorlagen gearbeitet wurde. Bei den frommen Tüchern wurde meist auch das ↗ **Taufkleid** der Familie aufbewahrt, also jenes weiße Kleidchen, das bei einer Taufe dem Täufling symbolisch aufgelegt wird.

Fronfasten ↗ Quatember

Fronleichnam

Das Fronleichnamfest am Donnerstag nach dem ↗ **Dreifaltigkeitsfest**, auch »Hochfest des Leibes und Blutes Christi« genannt, feiert die Eucharistie als Opfer, Kommunion (Opferspeise) und – wegen der Realpräsenz Christi im Tabernakel – als Motiv der Anbetung. Es ist ein Erinnerungsfest an die Einsetzung des Altarsakramentes, das eigentlich an ↗ **Gründonnerstag** gefeiert werden müsste, aber der Passionswoche wegen zu diesem Termin als unangebracht empfunden wurde. Es wurde deshalb – in einer Zeit, als der Osterfestkreis mit Pfingsten fünfzig Tage nach Ostern schloss – an das Ende der österlichen Zeit gelegt. Abhängig von den ↗ **Ostergrenzen** kann der Festtag frühestens auf den 21. Mai und spätestens auf den 24. Juni fallen. Die Anregung zu diesem Fest entstammt einer Vision der Augustinernonne Juliana von Lüttich (5.4.1258) und wurde im Bistum Lüttich 1246 eingeführt. Am 11. August 1264 erhob Papst Urban IV. (1261–1264), zuvor Erzdiakon in Lüttich, Fronleichnam als »Fest des Leibes Christi« (lat.: »festum corporis Christi«, »- corpus domini«) – im Deutschen mit dem Wort »vronlichnam« = Herrenleib wiedergegeben – mit der Enzyklika »Transiturus de hoc mundo« zum allgemeinen kirchlichen Fest. Thomas von Aquin (um 1225–1274) war an dieser Enzyklika wesentlich beteiligt und hat die Texte für das Offizium und die Messe zusammengestellt. Von ihm stammt auch die berühmte Sequenz »Lauda, Sion, Salvatorem«, die im Fronleichnamsgottesdienst früher niemals fehlte. Die Dominikaner haben die Ausbreitung dieses Festes stark gefördert. Es wurde 1311 unter Papst Clemens V. (1305–1314) auf dem Konzil von Vienne bestätigt und 1317 unter Papst Johannes XXII. (1316–1334) endgültig weltweit angeordnet. 1264 fanden in Rom, Münster und Orvieto die ersten Fronleichnamsfeiern statt, 1273 in Benediktbeuern, 1274 in Köln, 1276 in Osnabrück. Seinen besonderen Charakter erhielt Fronleichnam durch die Prozession, die schon 1279 durch Köln zog. Gerade die **Fronleichnamsprozession** versinnbildlicht gelebtes Christentum: Zum Ende des Osterfestkreises symbolisiert sie den christlichen Lebensvollzug, das gläubige »Wallen«, das Ziehen durch die Zeit, dem ewigen Vater entgegen. Es ist die Heimkehr der Kinder Gottes in das himmlische ↗ **Jerusalem**. Diesen Gedanken nimmt der Introitus des 2. Sonntags nach Ostern ebenso auf (»Der Herr ward mein Beschützer; er führte mich hinaus in die Weite«) wie das Tagesevangelium, in dem es heißt: »Es begleitete ihn auf dem Weg das Volk in großen Scharen« (Lukas 14,25ff). In Gestalt der geweihten Hostie wird Christus selbst durch Stadt, Flur und Wald geführt. Der realpräsente Gott wird sichtbar, er verlässt das »fanum« (lat.: Tempel, Allerheiligste) und durchzieht das »profanum« (das dem Allerheiligsten Vorgelagerte). Zu diesem Zweck entstand nicht nur die ↗ **Monstranz**, ein ↗ **Ostensorium** (Schaugefäß) mit ↗ **Lunula** – einem halbmondförmigen Schiffchen, in das die Hostie eingesteckt wird –, sondern auch der ↗ **Baldachin**, der ↗ **Tragehimmel**, ursprünglich ein Herrschaftszeichen der Monarchen, nun für kultische Zwecke übernommen. Wie zu Weihnachten, der Passion und Ostern entstanden zudem **Fronleichnamsspiele**. Weil aber auf keine spezifische Tradition zurückgegriffen werden konnte, entwickelten sich überall divergierende Spiele entweder nach biblischen Stoffen oder nach Sagen und Legenden usw. In Düsseldorf gingen die Spiele im 19. Jh. in ein weltliches Künstlerfest über.

In der Reformation wurde Fronleichnam zu einem konfessionsscheidenden Merkmal. Luther bezeichnete Fronleichnam 1527 als »allerschädlichstes Jahresfest«. Er vermisste die biblische Grundlegung, Prozessionen galten ihm als Gotteslästerung. Das Konzil von Trient (1545–1563) bestätigte das Fronleichnamsfest, das nun einen demonstrativen Akzent bekam: Mit großem Aufgebot und Aufwand zeigten die Katholiken ihren Glauben. Subdiakone, Diakone, Priester, Nonnen, Mönche und Messdiener zogen mit Fahnen, Schellen und ↗ **Weihrauch**, begleitet von den Honoratioren und Erstkommunikanten, Gruppen von Frauen und Männern, geordnet nach Ständen, Verbänden, ↗ **Bruderschaften** und Vereinen durch Stadt und Flur. Betend und singend begleiteten sie durch festlich geschmückte Straßen das Allerheiligste. Untergegangen sind die ↗ **Lebenden Bilder**, die Teil der Fronleichnamsprozessionen waren:

Fronleichnamsprozession auf dem Staffelsee bei Murnau. Foto: Erika Groth-Schmachtenberger. Aus: Feste und Bräuche durch das Jahr. © Urania Verlag, Berlin

Kain und Abel, der Durchzug durch das Rote Meer, Szenenbilder aus dem Alten und Neuen Testament gingen mit in der Prozession. Der **Drachenstich** in Furth im Wald gibt heute noch einen Eindruck damaliger Formenvielfalt. Die Straßenränder waren durch ↗ **Maien** geschmückt, in den Eingängen und Fenstern der Häuser hingen Fahnen und Teppiche. Heiligenfiguren und Kreuze waren durch Blumen Mittelpunkte des häuslichen Schmuckes. Einige Orte legten ↗ **Blumenteppiche**, über die das Allerheiligste geführt wurde. Einzelne Orte sind berühmt für ihre Kunstfertigkeit, mit der sie Blumenbilder herstellen: in Deutschland Hüfingen auf der Baar, in Italien Genzano di Roma und Bolsena, auf Teneriffa La Orotava. Diesen Brauch scheinen die Franziskaner besonders gefördert zu haben. Von ihnen stammt der Gedanke: Die Armen, die Gott liebt, streuen Blumen, über die Gott wie über einen Teppich schreitet (↗ **Blumenstreubrauch**). Besonders prächtig geschmückt waren auch die vier Stationsaltäre, an denen die Prozession anhielt – mobile Altaraufbauten oder Kapellen oder Wegkreuze. ↗ **Triumphbögen** scheinen inzwischen – bis in Mardorf in Hessen – aus der Mode gekommen zu sein. Die Prozession endet mit einem feierlichen Gottesdienst, an dem alle teilnehmen. Übrigens gibt es die Fronleichnamsprozession nicht nur für Fußgänger. Nicht nur am Chiemsee und auf dem Staffelsee bei Murnau und in Köln (**Mülheimer Gottestracht**) gibt es an Fronleichnam ↗ **Schiffsprozessionen** (vgl. ↗ **Schiffsallegorese**). Außer Fronleichnam heißt dieser Tag auch: **Blutstag** (**Plutstag**), »corpus Christi (- domini, - vivificum)«, »dies corporis et sanguinis (- domini, - sacramenti, - sanguinis domini, - venerationis corporis)«, »Eucharistia«, »Festum corporis Christi (- dei, - sanguinis domini)«, »fête dieu« (Frkr.), **Gotstag**, **Gotsleichnamtag**, **Herrgottstag**, **Herrenleichnamstag**, »Immolabit edum«, **Lichamestag**, »Sacramentum«, **Sakramentstag**, »Sanguinis Christi«, »Triumphus corporis Christi«, **Varleichnam**. Der Sonntag nach Fronleichnam heißt »Dominica corporis Christi«.

In Bayern nannte man Fronleichnam auch ein wenig spitz **Hoffarts-** oder **Prangertag**. Die Mädchen bekamen neue weiße Kleider zum »Prangen« bei der Prozession. Sie schmückten sich mit Kränzen aus segensbringenden Kräutern. War die Prozession beendet, wurden Jungfernnudeln und Jungfernschmarrn (↗ **Schmalzgebackenes**) serviert, ein Essen, zu dem sich die männliche Jugend, wie die Motten beim Licht, ersehnterweise schnell einfand. **Prangerstauden** hießen die Sträuße aus Blumen, Blättern und Zweigen an den vier Stationsaltären. Sie kamen nach der Prozession zum Palmbusch in den Herrgottwinkel, oder man flocht sie in einen **Pranger-** oder **Antlasskranz**, der den Kindern vor einem Altar aufgesetzt wurde. Der Kranz sollte Segen und Gesundheit bewirken.

Eucharistische Frömmigkeit, die Anbetung Gottes in Gestalt der konsekrierten Hostie, geschieht aber auch in Wallfahrtsform jenseits des Fronleichnamsfestes. Der älteste bayerische **Hostienwallfahrtsort**, Sankt Salvator in Bettbrunn (Gemeinde Kösching im Landkreis Eichstätt), entstand 1125 nach einem **Hostienfrevel**, wie die zugehörige Legende berichtet. Ein Hirte hatte in diesem Jahr die ↗ **Osterkommunion** nicht beim Empfang konsumiert, sondern mit nach Hause genommen. Aus einem Kuhkolben schnitzte er sich einen Stab, in dem er in einer Aushöhlung die Hostie einfügte. Bei einem Gewitter warf er mit diesem Stab nach dem Vieh. Dabei fiel die Hostie aus dem Stab und wurde auf einen Fels geweht, über dem heute der Gnadenaltar steht. Weder der Hirte selbst, noch der herbeigerufene Pfarrer konnten die Hostie vom Felsen ablösen. Dies gelang erst dem hinzugezogenen Bischof, als dieser gelobte hatte, zur Sühne eine Kapelle am Ort des Frevels zu errichten (vgl. auch ↗ **Blutes unseres Herrn Jesus Christus, Fest des kostbarsten**).

Fronleichnamsprozession ↗ Fronleichnam
Fronleichnamsspiele ↗ Fronleichnam
Fronleichnamstücher ↗ Fromme Tücher
Frontag ↗ Sonntag
Froschmahlzeiten ↗ Fischessen
Früchtebrot ↗ Thomas
Fruchtleuchten ↗ Martinslampen
Frühkirmes ↗ Kirmes

Frühlingsanfang

Der kalendarische Frühling beginnt mit der ↗ **Tag- und Nachtgleiche** am 20. und 21. März. Weil man in Vorzeiten diesen Tag der **Frühlingsgleiche** für den Tag der **Welterschaffung** hielt, begann das Jahr mit diesem Monat (Altrömischer Kalender). An diesem Tag treten – meist erneut –

↗ **Frühlingsbräuche** auf. Der personifizierte Sommer zog mit einem geschmückten Baum durch das Dorf, der Winter, kenntlich an Stroh und Dreschflegel, gleichfalls. Mit Gebäck und Eiern wurde der eine begrüßt, der andere verabschiedet. Die Kinder des Dorfes machten einen Umzug. Sie trugen lange Stangen oder Zepter, geschmückt mit Papierblumen, Weidenkätzchen, bunten Bändern, roten Äpfeln und rotgefärbten Eiern. **Frühlingsbegrüßen** nannte man das. Das für den Tag typische Gebäck waren **Sonnenräder**, die in jedweder Form hergestellt wurden. Erste ↗ **Umritte** fanden statt: ↗ **Gregoriritt**, ↗ **Osterritt**. Noch einmal gab es ↗ **Frühlingsspiele**: Der Kampf von Winter und Sommer wird in dem Spiel ↗ **Alte Wetterhex** dargestellt: Die ausgelöste Wetterhexe wird durch Stroh, das man um ihren Oberkörper flicht oder ihr als Kranz auf den Kopf setzt, kenntlich gemacht. Alle übrigen Mitspieler haben an ihrem linken Oberarm ein Strohbündel angebracht. Sie, die »Katzen«, umstellen die Wetterhexe und necken sie. Die auf einem Besen reitende Wetterhexe muss die »Katzen« fangen, was als gelungen gilt, wenn sie das Strohbüschel von einem Arm abreißen kann. Sind alle Katzen gefangen, bilden diese zwei sich gegenüberstehende Reihen, fassen sich an den Händen, legen die Wetterhexe darauf und werfen sie dreimal in die Luft, das heißt: die Wetterhexe verbrennen (vgl. ↗ **prellen**).

Frühlingsbegrüßen ↗ Frühlingsanfang

Frühlingsbräuche

Für moderne Menschen ist kaum vorstellbar, was »Winter« für unsere Vorfahren bis in die vorindustrielle Gesellschaft bedeutete und warum das Winterende sehnsüchtig erwartet wurde. Dunkelheit, Kälte, Nahrungsarmut und noch geringere Mobilität als sonst ließen den Winter zum »bösen Mann« und »Tod« werden, den man mit Freuden vertrieb. Am ersten Fastensonntag ↗ **Invocabit** und an ↗ **Laetare** gab und gibt es Frühlingsbräuche, in denen vorchristliche und christliche Naturvorstellungen lebendig waren und sind. Das Feuer, Symbol der Sonne und des kommenden Sommers, soll die Natur wecken, Fruchtbarkeit bewirken. Offene Feuer und Fackeln haben Invocabit auch den Namen ↗ **Funkensonntag** eingebracht. – Die Frühlingsbräuche sind im wesentlichen **Frühlingsspiele**. Das ↗ **Scheibenschlagen** ist heute noch üblich: Glühende Holzscheiben oder brennende Karrenräder wurden von einem Hügel oder Berg ins Tal geschlagen bzw. laufen gelassen. ↗ **Funkenschlagen**, das Schwenken einer mit Stroh umwickelten brennenden Stange, hatte den gleichen Sinn. Beim **Saatgang** zog man mit brennenden Fackeln durch die Felder. **Fackelschwingen** oder **Fackelwettrennen** waren gleichfalls üblich. **Saatwecken** war auch ein Oberbegriff für ↗ **Scheibenschlagen**, Fackelschwingen etc. – Ein anderes Frühlingssymbol ist in verschiedenen Kulturen das Ei: Aus vermeintlich Totem entsteht das Leben – wie aus dem Winter das Frühjahr (vgl. ↗ **Osterei**). – Die symbolische Verabschiedung des Winters gehörte mit zu den Frühlingsbräuchen. In Form einer Holz- oder ↗ **Strohpuppe** wurde der Winter in Schlesien vor das Dorf getragen und ertränkt oder verbrannt. In einigen Gegenden Deutschlands schloss sich an das ↗ **Winterverbrennen** oder das **Totenfangen**, ein Fangspiel der Jugendlichen, an. Als ob der Tod sie selbst verfolgte, stoben die Kinder davon. Mancherorts trieb sie ein Jugendlicher in der Rolle des **Schwarzen Mannes**. Ähnlich lief das ↗ **Winteraustreiben** ab: Ein durch Los als »Winter« bestimmtes Kind wurde von allen anderen aus dem Dorf gejagt. Die Winteraustreiber teilten dabei Schläge mit grünen Zweigen aus, der segenspendenden ↗ **Lebensrute**. In Schlesien wurde der »Tod« ertränkt, gehüllt in ein weißes Leichenkleid. Die heimkehrenden

Sechseläuten in Zürich, aus: Otto Frhr. von Reinsberg-Düringsfeld, Das festliche Jahr, Leipzig 1898

Mädchen brachten einen geschmückten Tannenzweig als **Sommerdocke** (= Sommerpuppe) mit. – Die wärmere Jahreszeit begrüßten die Kinder einiger Gebiete mit dem **Stab-Aus-Fest**: Mit weiß geschälten Holzstangen ausgerüstet, teilten sich die Kinder in zwei Gruppen. Die eine wurde vom »Winter« angeführt, einem mit Stroh verkleideten Jungen, die andere vom »Sommer«, einem mit Efeu drapierten Jungen. Beim folgenden Scheingefecht hatte natürlich immer der »Winter« das Nachsehen. Im Schwarzwald wurde ein **Winterbär** ertränkt. In Thüringen holte man den ↗ **Wilden Mann** oder auch den **Laubmann** aus dem Wald hervor, ein in Zweige und Grün gewickelter junger Mann, der als Frühlingssymbol durch das Dorf geführt wurde. Der **Riesen-** oder **Schwert(er)tanz** kam in einigen Dörfern zur Aufführung: Beim Reigentanz trat Wotan als Riesengestalt mit Frigga, seiner Frau, in den Kreis. Spielerisch wurde die Befreiung der Erde (= Frigga) dargestellt. Bevor sich der Tanz bloß auf gesellschaftliches Amusement reduzierte, hatte Tanzen Segenswirkung.

Im Rahmen der Frühlingsbräuche deuteten die Hochsprünge der Tänzer die Höhe des Korns im Sommer an. – Den Kampf zwischen Sommer und Winter thematisierten österreichische Kinder in Form einer Gerichtsverhandlung. In passender Verkleidung klagten Sommer und Winter vor Gericht mit Vorsitzendem, Schöffen, Ankläger und Verteidiger und Publikum. Trotz einschlägig bekannter Siegesnotwendigkeit des Sommers bot die Partei des Winters alle Kraft auf, um es dem Sommer nicht zu leicht zu machen – ein Ereignis, an dem das ganze Dorf teilhatte und das in einer Siegesfeier mündete. – In der Alpengegend wurde auf Gemeindekosten ein besonderes Gebäck hergestellt, **gebackene**

Dreizacke, ein Gebäck in Kleeblattform, das nach dem ↗ **Winteraustreiben** an die Kinder verteilt wurde. In dieses Brauchtum zur Wende von der Winter- zur Sommerzeit war natürlich auch die Liebe eingeflochten. Um ↗ **Laetare** suchten sich in der Ulmer Gegend die jungen Ledigen ein Mädchen zum ↗ **Feuerjucken** (= ↗ **Feuerspringen**) aus. Auf diese Weise wurden Partnerschaften für das Jahr gebildet. Die jungen Leute besuchten Feste und Feiern gemeinsam. Der Brauch hieß **Sommerheirat**, die Mädchen waren die **Sommerbräute**. Wer aber schon gebunden war, ließ sich als Bestätigung des Fortbestandes der Bindung einen ↗ **Funkenring**, ein Schmalzgebäck, überreichen. Den ↗ **Ring holen** nannte man dies. – In Belgien bricht zu ↗ **Halbfasten**, wie ↗ **Laetare** dort heißt, noch einmal die Fastnacht aus: vormittags Maskenumzüge, abends Maskenbälle. Dabei trat der **Graf von Halbfasten**, manchmal begleitet von der **Gräfin von Halbfasten**, auf, der die Kinder beschenkte. – Den Wendecharakter des Tages dokumentiert auch das ↗ **Sechseläuten in Zürich**: Zu Laetare läutet zum ersten Mal die Abendglocke um 18 Uhr. Der Brauch erinnert an die Vorzeit, in der die Zeit anders als heute gemessen wurde. Ab Laetare sind die kurzen Tagesstunden und die langen Nachtstunden vorbei. – Als Sommerverkünder wurde früher die erste ↗ **Schwalbe** (»Eine Schwalbe macht noch keinen Sommer«), der erste Storch oder der erste Maikäfer begrüßt. Wer als erster ihre Ankunft meldete, durfte eine Dankesgabe erwarten. Die feierliche Begrüßung geschah durch das **Anblasen** vom Kirchturm durch den Türmer. ↗ **Frühlingsherold** hieß in den Städten der, der das erste Veilchen entdeckte. Türmer und Frühlingsherold erhielten einen Ehrentrunk. Im gleichen Sinn wurde das erste ↗ **Veilchen** begrüßt. Es durfte im Mittelalter nur von einem ausgesuchten Mädchen gepflückt werden. Im 12. Jh. zog in Wien der Herzog mit seinem gesamten Gefolge in die Donauauen, wenn das erste Veilchen entdeckt worden war. Das erste Veilchen war in Dörfern vielfach ein Festanlass für ein Frühlings- oder Sommerfest: das ↗ **Veilchenfest**. Zum Tag Laetare und zu den Frühlingsbräuchen, die den Sommer begrüßen, gehört das alte ↗ **Sommerlied**, überliefert in »Des Knaben Wunderhorn« (S. 813f):

Tra, ri, ro,
Der Sommer, der ist do!
Wir wollen naus in['] Garten
Und wollen des Sommers warten,
Jo, jo, jo,
Der Sommer, der ist do.

Tra, ri, ro,
Der Sommer, der ist do!
Wir wollen hinter die Hecken
Und wollen den Sommer wecken,
Jo, jo, jo,
Der Sommer, der ist do.

Tra, ri, ro,
Der Sommer, der ist do!
Der Sommer, der Sommer!
Der Winter hat's verloren,
Jo, jo, jo,
Der Sommer, der ist do.

Tra, ri, ro,
Zum Biere, zum Biere,
Der Winter liegt gefangen,
Den schlagen wir mit Stangen,
Jo, jo, jo,
Der Sommer, der ist do.

Tra, ri, ro,
Zum Weine, zum Weine,
In meiner Mutter Keller,
Liegt guter Muskateller,
Jo, jo, jo,
Der Sommer, der ist do.

Tra, ri, ro,
Wir wünschen dem Herrn
Einen goldenen Tisch,
Auf jeder Eck ein'n gebacknen Fisch,
Und mitten hinein
Drei Kannen voll Wein,
Dass er dabei kann fröhlich sein.
Jo, jo, jo,
Der Sommer, der ist do.

Frühlingsessen ↗ Gertrud
Frühlingsgleiche ↗ Frühlingsanfang
Frühlingsherold ↗ Frühlingsbräuche, ↗ Veilchen
Frühlingsspiele ↗ Frühlingsbräuche
Fuen ↗ Aschermittwoch
Funkenfeuer ↗ Scheibenschlagen
Funkenkranz ↗ Laetare
Funkenring ↗ Frühlingsbräuche
Funkenschlagen ↗ Invocabit, ↗ Laetare, ↗ Scheibenschlagen
Funkensonntag ↗ Invocabit, ↗ Laetare, ↗ Scheibenschlagen, ↗ Sonntag

Funkentag
Wegen der ↗ **Martinsfeuer** Bezeichnung für den 10.11. (15. Jh., Moers).

Fußwaschung
Markantes Ereignis des nachmittäglichen Gottesdienstes am ↗ **Gründonnerstag** ist die Fußwaschung. Der – in der Regel ranghöchste – Priester der Kirche vollzieht an zwölf Männern – z. B. Mitgliedern des Pfarrgemeinderates, des Kirchenvorstandes ... – die Fußwaschung nach, die Christus selber am Abendmahlstag vorgenommen hat (vgl. Johannes 13,1–5). Die beeindruckende Symbolhandlung hat zwar kein Brauchtum ausgebildet. Sprichwörtlich wurde aber »einem anderen die Füße waschen/küssen« zum Bild tiefster Erniedrigung. Die Fußwaschung begegnet in der Westkirche außerhalb Roms schon im 4. Jh. im Rahmen der Taufhand-

Jesus wäscht Petrus die Füße. Kupferstich von Carl Ludwig Schuler (1785–1852), Nr. 54 der Kupferstiche zum Neuen Testament, Freiburg i.Br. 1810/14. Vorlage: Archiv Herder

lung. Das 17. Provinzialkonzil von Toledo fordert 694 die Fußwaschung innerhalb der Gründonnerstagsliturgie. Das nachtridentinische Römische Messbuch (1570) ordnet die Fußwaschung am Ende der Messfeier an; die Neuordnung der Karwochenliturgie (1955) fügte sie hinter Evangelium und Predigt. Verbindlich vorgeschrieben ist sie aber nur für Bischofs- und Abteikirchen. Im Mittelalter haben die regierenden Fürsten zunächst in eigener Person die Fußwaschung innerhalb der Liturgie übernommen. Im frühen 13. Jh. ist dies für England belegt. Die Fußwaschung war verbunden mit einer Gabe von Speise und Kleidern. Waren es, der biblischen Vorlage entsprechend, erst zwölf Männer, deren Füße gewaschen wurden, erhöhte sich die Zahl der Männer im 14. Jh. auf die Anzahl zurückgelegter Lebensjahre des Monarchen. Dann kamen noch gleich viele Frauen hinzu. Jakob II. (1685–1688) war der letzte König, der in eigener Person die Fußwaschung vornahm. Man ersetzte nun die Geschenke durch Almosen und ließ die Zeremonie durch den Lord Almosenverweser vornehmen. Aber Georg V. (1910–1936) nahm 1932 den Brauch wieder auf. Seitdem teilt wieder der König bzw. die Königin in eigener Person Almosen aus. Die Anzahl der Almosenempfänger entspricht nun den vollendeten Jahrzehnten des Monarchen. 70 Frauen und 70 Männern hat Königin Elisabeth II. (*1926) entsprechend ihrer 70 Lebensjahre am Gründonnerstag 1996 das Almosen überreicht. Unter anderem empfangen die Beschenkten das so genannten »Maundy-Money«, Silbermünzen von Ein-, Zwei-, Drei- und Vier-Penny-Münzen. Jede der 140 Personen erhält pro Jahrzehnt der bisherigen Amtszeit der Königin eine Serie davon. Die Bezeichnung des Tages als »Royal Maundy« scheint vom lateinischen »Mandatum novum« zu kommen, Anfangsworte des lateinischen Bibeltextes, wonach Jesus die Jünger nach der Fußwaschung auf das »neue Gebot« hinwies (vgl. Johannes 13,34).

Futtpott ↗ Rummelpott

G

Gabelimachen ↗ **Rübenschaben**, ↗ **Schabab**

Gabenbaum

Als der ↗ **Paradiesbaum** aus der Kirche heraus in den privaten Bereich Einzug erhielt, hatte er seinen Ruf, »paradiesisch« zu sein, nicht nur seines ehemaligen Zwecks wegen: »paradiesisch« zu sein, bewies er nun durch die an ihm hängenden Gaben, die ihn so zum Gabenbaum machen. Er wurde in den Zünften für die Kinder der Zunftgenossen, auf den Gutshöfen für das Gesinde und die Armen geschmückt. Ein unbekannter Meister aus Franken hat im Jahr 1601 einen solchen Gabenbaum – wohl maßlos übertrieben – bildlich verewigt, den die Genannten nach der Feier ↗ **abblümeln** durften: Der riesige, kahle Laubbaum ist über und über – in einer Form, wie er in Wirklichkeit nie tragen könnte – mit Brot, Gänsen, Würsten, ganzen Körben voller Lebensmittel und natürlich auch mit einem Krug geschmückt. Der Gabenbaum hatte aber noch nicht die Funktion des ↗ **Christbaumes**. Er war Gemeingut für Gemeinschaften, nicht aber weihnachtliche Zierde eines Wohnzimmers.

Gabenbringer

Nachdem der ↗ **Kinderbeschenktag** vom Fest der ↗ **Unschuldigen Kinder** (28. Dezember) im Rahmen der wachsenden Popularität des hl. ↗ **Nikolaus** auf seinen Festtag (6. Dezember) verlegt worden war, wurde Nikolaus – zunächst anonym, später persönlich – zum Gabenbringer. Die Aufgabe von Nikolaus als Gabenbringer oder **Kinderbeschenker** leitet sich doppelt ab: Nach der Jungfrauenlegende hilft der Heilige, noch ehe er Priester und Bischof wurde, drei Schwestern, ehrenhaft zu leben, indem er sie beschenkt. Das Schenkmotiv taucht ein zweites Mal in der Schülerlegende auf: Hier schenkt er den Jungen das Leben wieder. Symbolhaft lassen die Gaben des Nikolaus die Beschenkten an seinem heiligen Leben teilhaben: Das Gold befreit von einem armseligen Leben, die Erweckung der eingepökelten Jungen befreit vom Tod zum Leben. Wenn also Nikolaus Gaben bringt, bringt er – zumindest allegorisch – das ewige Leben. »Heilung« bedeutet immer auch Heil. Nikolaus scheint, seit er mit der Schülerlegende in Verbindung gebracht wurde, in Deutschland als Gabenbringer tätig zu werden. Die Kaufherren in Neuss am Rhein, durch einen Hafen mit der Binnen- und Seeschiffahrt verbunden, gründeten eine Gilde unter dem Patronat des hl. Nikolaus, ↗ **Nikolaus-Bruderschaft** genannt. Am Nikolaustag feierte man ein Fest, bei dem es üblich war, die Mitglieder der Familie und die Diener des Geschäftes zu beschenken. Nicht erst heute sind die Kinder so pfiffig, Gaben des Nikolaus nicht nur zu Hause zu erwarten. Schon vorher wurden Gabenteller auch bei den Paten aufgestellt, wie der Ratsherr Weinsberg aus Köln für 1594 berichtet. Kuchen, Zucker, Äpfel, Geld und »gobelger« (= wahrscheinlich »Göbbelchen«, Gebäck in Vogelform; vgl. ↗ **Christi Himmelfahrt**) fanden die Kinder am Nikolausmorgen vor. Das Schenken zu Nikolaus vermochte auch die religionsfeindliche Französische Revolution nicht zu unterbinden, nicht einmal im offiziellen Bereich. Die Magistrats-Deputierten in Köln beschlossen deshalb am 15. Dezember 1797, ihre Präsenzgelder in

Karl Voss, Weihnachtsmann.
Vorlage: Georg Westermann Verlag, Werkarchiv

Höhe von 30 Reichstalern als Nikolausgeschenk an das Waisenhaus zu geben (vgl. auch ↗ **Beschenken**, ↗ **Geschenk**, ↗ **Schenken**, ↗ **Schenktermine**). Martin Luther, der seine Kinder selbst noch zu Nikolaus beschenkte, änderte in der protestantischen Kirche diesen Brauch: Da Heilige als Fürbitter keine Rolle mehr in der reformierten Theologie spielten, sollte ihr Gedächtnistag entfallen und die mit diesem Tag verbundenen Bräuche. Der Beschenktag wurde auf Weihnachten verlegt, der Gabenbringer wurde das ↗ **Christkind**, eine nie näher definierte Erscheinung eines leuchtenden, manchmal geflügelten Kindes. Nicht überall konnte die Reformation diese Idee durchsetzen. In den Niederlanden blieben sowohl der Beschenktag als auch der Gabenbringer bis heute in alter Form erhalten. Von hier aus gelangte der Brauch nach Amerika, vermischte sich mit anderen Vorstellungen und brachte den ↗ **Weihnachtsmann** hervor. Andere Gabenbringer oder ↗ **Geschenkfiguren** sind neben dem ↗ **Nikolaus** die hl. ↗ **Lucia**, der ↗ **Osterhase**.

Gabenteller

Die vor allen Dingen im angelsächsischen Lebensraum verbreitete und in andere Bereiche importierte Sitte, wonach der ungesehene nächtliche Besucher ↗ **Nikolaus** (und später die personifizierte Metamorphose ↗ **Weihnachtsmann**) seine Geschenke und Naschereien in Schuhe und Strümpfe steckte, empfinden manche als schlicht eklig; nicht zuerst hygienische Gesichtspunkte mögen hier primär mitspielen. Unreflektiert kann auch die empörte Grundannahme gelten, dass »größere Geschenke« in so kleinen Behältnissen doch keinen Platz finden! Der Brauch, die Gaben in ein eigenes Gefäß oder Behältnis zu legen (der Gabenteller hat in mehrfacher Hinsicht seine Nähe zu einer »Opferschale«), ist so jung wie der Besitz solcher Gerätschaften in bürgerlichen Haushalten. Der mittelalterliche Mensch besaß kaum Schüsseln, keine individuellen Essteller. Man aß gemeinsam »aus einer Schüssel«, verfügte vielleicht über eine Aushöhlung im Holztisch. Sollten aber nächtlich Gaben durch einen unsichtbaren Nikolaus individuell zugeteilt werden, was lag da näher, als persönliche Kleidungsstücke zu benutzen, die zum Trocknen aufgehängt oder aufgestellt waren: Strümpfe und Schuhe. Hinsichtlich eines eventuellen Naserümpfens wegen jener neuzeitlichen »Erfindung« namens Hygiene konterte man nicht anders, als wie man es heute noch im Rheinland hören kann: »Nu sit doch nit esu!« – was sich mit »Stell' Dich nicht so an« nur unvollkommen übersetzen lässt. Individuelle Behältnisse für Nikolausgeschenke, ob Strümpfe, Schuhe, ↗ **Nikolaus-Schiff** oder Gabenteller, kennzeichnen die Nikolausbrauchtumsphase nach den ↗ **Wurf- und Streuabenden**, also die Zeit des ↗ **Einlege-** und des ↗ **Einkehrbrauches.**

Gabentisch ↗ Schenken

Gabriel

Hebr. »Starker Gott«, »Kraft Gottes«, so lautet der Name des Engels, der Maria in ↗ **Nazaret** Schwangerschaft und Jungfrauengeburt ankündigt. Gabriel ist einer der drei der Bibel namentlich bekannten ↗ **Engel**, eine furchtgebietende Lichtgestalt, Botengänger Gottes, der Verkündigungsengel (vgl. ↗ **Erzengel**). Auf ihn geht der ↗ «**Englische Gruß**«, das ↗ **Ave Maria** zurück.

Erzengel Gabriel. Reproduktion des Kölner Dombildes. Lithografie auf fünf Blatt, Köln (vor 1825). Rheinisches Bildarchiv Köln

Das Mariengebet »Der ↗ **Engel des Herrn**« (vgl. ↗ **Angelus**) ist auf Gabriel bezogen. Sein Festtag war vor der Liturgiereform der 24. März, sinnigerweise ein Tag vor ↗ **Maria Verkündigung**. Heute wird Gabriel am 29. September gefeiert. – Der 24. März spielte im allgemeinen Brauchtum eine Rolle: Um Gabriel wurde früher die erste Ackerfurche gepflügt und Korn gesät. Im Norden Deutschlands hörte die ↗ **Arbeit bei Kunstlicht** auf, die erst wieder mit Michaelis (29. September) begann.

Gähnmaul

Bezeichnung für eine – auch im ↗ **Karneval** benutzte – Gebärde, die Hohn und Spott ausdrücken will. Außerhalb des Karnevals ist sie heute nur noch bei Kindern üblich. Mit dem Daumen oder zwei Fingern wird der Mund nach beiden Seiten auseinandergezogen und die Zunge herausgestreckt. Vergrößerter Mund, ausgestreckte Zunge und das hinzugehörende höhnische Geschrei bedeuten für das Objekt der Mundgebärde Schimpf und Schande. Das Gähnmaul ist seit dem 15. Jh. bekannt. Es findet sich auch auf Chorgestühlen.

Gangerln ↗ Nikolaus-Begleiter
Gans ↗ Martinsgans, ↗ Weihnachtsgans

Gansabhauet

In Sursee (Schweiz) findet am Martinstag ein Volksfest mit verschiedenen Wettbewerben (Sackhüpfen, Seilziehen, Wettklettern an einer Stange mit Würsten und Schokolade) statt. Gipfel der Lustbarkeiten ist aber der Gans-Abhauet, ein Brauch, der auch in Schwaben und Tirol nachgewiesen ist. Wie andernorts (im Schützenbrauchtum) der Hahn werden Gänse geköpft, gerissen, geschlagen und geschossen (**Gansreißen, Gansschlagen, Ganswürgen**). In Sursee wird auf dem Rathausplatz ein Draht gespannt, an dem eine fette (heutzutage tote!) Gans am

Halse hängt – so hoch, dass sie ein Mann mit dem Säbel soeben noch erreicht. Die Bewerber stellen sich in Reih und Glied auf. Wer beim Ganslauf an der Reihe ist, wird mit einem roten Mantel bekleidet, erhält die Augen verbunden und eine pausbäckige Sonnenmaske umgehängt. Mit einem Krummsäbel in der Hand wird er dreimal um die eigene Achse gedreht und darf – während eines Trommelwirbels – dorthin gehen und schlagen, wo er die Gans vermutet. Mit nur einem Hieb darf er sein Glück versuchen. Wer die Gans so trifft, dass sie vom Draht fällt, darf sie behalten. – Die Bekleidung der »Gansläufer« deutet darauf hin, dass sich hier Martini- und Erntedankbrauchtum mit Bräuchen zum Abschluss des bäuerlichen Wirtschaftsjahres mischen. – Das Gans-Abhaut hat eine Parallele im ↗ **Hahneköppen**, einem Schützenbrauch zur Ermittlung des Schützenkönigs, der noch im Bereich vom Süden der Städte Düsseldorf und Neuss bis zur Eifel hin gepflegt wird.

Gans(e)lsonntag

Bezeichnung für den ↗ **Martinstag**, wenn er auf einen Sonntag fällt, oder für den Sonntag nach dem Martinstag. Mancherorts mussten die jungen Burschen an diesem Tag ihre Mädchen zum Tanz führen und mit Gänsebraten bewirten. Wer sich drückte, hatte mit Folgen zu rechnen.

Gänsemagenorakel ↗ Weihnachtsgans, ↗ Orakelbräuche
Gänseorakel ↗ Martinsgans

Gänsmartin

Im Eichsfeld unterschied man drei bekannte Heiligen- und Schmaustage: ↗ **Hasenbartl**, Gänsmartin und ↗ **Schweinethomas** (vgl. ↗ **Martini**).

Gansreißen ↗ Gansabhauet
Gansschlagen ↗ Gansabhauet
Ganswürgen ↗ Gansabhauet

Ganzjahres-Weihnachtsläden ↗ Kommerzialisierung von Weihnachten

Gartenzwerg

Der verzwergte und vervielfältigte ↗ **Weihnachtsmann** aus Steingut ist eine Erfindung von Philipp Griebel aus dem thüringischen Gräfenrode, der im September 1883 den ersten Gartenzwerg aus Terrakotta formte und damit eine ganze Industrie zum Leben erweckte. Als »little helpers« des amerikanischen »Father Christmas« tauchten die bebärteten Miniatur-Klons schon in amerikanischen Weihnachtsmann-Zeichnungen auf. Nach dem Zweiten Weltkrieg wanderte ein Teil der Terrakotta-Zwergenproduktion von Ost nach West, denn unter Walter

Gartenzwerg mit typisch phrygischer Mütze. Foto: Manfred Becker-Huberti

Ulbricht war von 1948 bis 1952 die Zwergenherstellung in der DDR völlig verboten. Der »deutsche Gartenzwerg« (ironisch-lateinisch: »nanus hortorum vulgaris«) hat inzwischen die Welt erobert: In Deutschland haben rund 18 Millionen Gartenzwerge auf Rasen Platz genommen. Mehr als tausend Unternehmen werben seit 1900 mit Gartenzwergen; zusammen mit Schneewittchen ist der Gartenzwerg ins Disneyland eingedrungen, als »Schlumpf« wird er in Schlagern besungen, ist Thema von Comics, wird als Puppe gehandelt. Der Erfolg der Zwerge ist so groß, dass sich die deutsche Gartenzwergindustrie nur noch mühsam gegen ausländischer Plagiate – zum Teil in Kunststoff – wehren kann. Die Ableitung des Gartenzwerges vom hl. ↗ **Nikolaus** ist noch an zwei Elementen zu erkennen: dem Bart und vor allem an der spitzen und natürlich (bischofs-)roten »Zipfelmütze«, die beim klassischen Gartenzwerg nach vorn geneigt ist und so exakt die ↗ **phrygische Mütze** wiedergibt. – Der Vollständigkeit halber sei darauf verwiesen, dass es auch »Nanologen« gibt, die die Abstammung des Gartenzwergs von Nikolaus bestreiten. Nach ihrer Annahme stammen die Vorfahren der Gartenzwerge aus Kreta. In altgriechischer Zeit seien dort tiefe Schächte in die Erde getrieben worden, um Silbererz abzubauen. Dafür seien besonders kleinwüchsige Männer eingesetzt worden, die sich, jeweils zu siebt in einer Schicht, mit roten Zipfelmützen ausgerüstet hätten. Später seien sie auch bei den alten Römern im gleichen Aufzug als Feldhüter tätig gewesen. Wieso aber die Gartenzwerge des 19. Jh. ausgerechnet an dieser Tradition anknüpfen sollen, bleibt bei dieser Behauptung ungeklärt.

Gastlichkeit

Das Prinzip des offenen Hauses, eine besondere Form der Gastlichkeit, leitet sich von ↗ **Julfrieden** oder ↗ **Weihnachtfrieden** ab (vgl. ↗ **Silvester**).

Gaststättennamen

Noch heute gibt es eine ganze Reihe von Gaststätten, die ihren Namen von den heiligen ↗ **Dreikönigen** herleiten, meist weil sie für die Pilger, die nach Köln zogen, am Wege lagen oder als Pilgerherbergen dienten. Namen, die darauf verweisen sind: Zur Krone, Zu den heiligen Dreikönigen, Zum Mohr, Zum Goldenen Stern usw.

»Krone«. Hotel und Spezialitäten-Restaurant »Krone«, Emmendingen-Maleck. (s. die Krone am rechten Hauseck) Foto: Dorothea und Heinrich Will

Gaunstag ↗ **Mittwoch**, ↗ **Wotan**
Gebackene Dreizacke ↗ **Frühlingsbräuche**
Gebäck in Vogelform ↗ **Christi Himmelfahrt**
Gebet, Ewiges ↗ **Ewiges Gebet**
Gebetsschnüre ↗ **Rosenkranz**

Gebildebrot

Bezeichnung für Gebäcke zu bestimmtem (religiösen und festlichen) Anlässen in bestimmten Formen. Die aus Teig geformten Backwaren formen Gestalten von Menschen, Heiligen, Phantasiegestalten, Tieren, Symbolen und Ornamenten. Die »Brote« werden zu Tagen geschenkt und gegessen, die zu dem Versinnbildlichten in Beziehung stehen. Gebildebrote/Gebildegebäcke symbolisieren Wünsche, das Fest, Gelübde, Opfer oder Beschwörungen (vgl. ↗ **Göbbelchen**, ↗ **Klausenmann**, ↗ **Lutherbrötchen**, ↗ **Martinsbrezel**, ↗ **Martinshörnchen**, ↗ **Weckmann**.

Gebundene Zeit ↗ Fastenzeit, österliche

Geburt Christi ↗ Christi Geburt, ↗ Weihnachten

Geburtshöhle ↗ Höhle, ↗ Passionsfrömmigkeit

Geck

Das Wort »Geck« ist seit der 1. Hälfte des 14. Jh. mit der Bedeutung ↗ **Narr** bezeugt. Ende des 14. Jh. war »Geck« die »Berufsbezeichnung« der ↗ **Hofnarren** der Fürsten. Es wird vermutet, dass »Geck« eine lautnachahmende Bezeichnung ist, also Lachen als »gackern, geckern, gickern« verstanden wurde. Im 16. Jh. war der Geck sprichwörtlich: Im Ndl. entsteht »den geck scheren« und »met iemand geck scheren« (vgl. ↗ **scheren**). Den Geck scheren meint, jemanden zum Narren machen. Dargestellt ist das Sprichwort in Pieter Brueghels d. Ä. Bild »Die Sprichwörter« von 1559. Im rheinischen ↗ **Karneval** sind aus den »Gecken« die mundartlichen »Jecken« geworden. Ein **Jeck** ist närrisch oder einfach »jeck«. So heißt es z. B.: »Jede Jeck is' anders« oder; »Sei doch nit esu jeck!« In der Moderne hat »Geck« noch die Bedeutung von Modenarr, Snob, Stutzer, eitler Mensch.

Gedächtnis der Schmerzen Mariens ↗ Marienfeste, ↗ Gedächtnis der Schmerzen Mariens

Gedächtnis des Herrenmahles ↗ Gründonnerstag, ↗ Karwoche

Gedenktag Unserer Lieben Frau auf dem Berge Karmel ↗ Marienfeste, ↗ Unsere liebe Frau auf dem Berge Karmel

Gedenktag Unserer Lieben Frau in Jerusalem ↗ Marienfeste, ↗ Unsere liebe Frau in Jerusalem

»gefallenen Mädchen«, Hochzeitstag der ↗ Freitag

Gegrüßet seist du, Maria ↗ Ave, Maria

Geiler Montag ↗ Fastnachtszeit, ↗ Rosenmontag

Geiler Zinstag ↗ Pfingstdienstag

Geißel ↗ Arma Christi, ↗ Leidenswerkzeuge, ↗ Passionsfrömmigkeit

Geißelchlöpfer ↗ siehe Nikolaus-Begleiter

Geißelsäule ↗ Arma Christi, ↗ Leidenswerkzeuge, ↗ Passionsfrömmigkeit

Geißelung Christi. Kupferstich. Aus: Das Leben Christi in 27 Bildern, Kölnisch, 1680/90. Rheinisches Bildarchiv Köln

Geißelung Christi ↗ Passionsfrömmigkeit

Geistag ↗ Pfingsten

Geisterspeise ↗ Donnerstag

Gekrönter Freitag ↗ Weißer Sonntag

Geldbeutel waschen ↗ Fastnachtsschlussbräuche

Gemeine Fastnacht ↗ Fastnachtszeit, ↗ Veilchendienstag

Generalkommunion ↗ Osterkommunion
Georg ↗ Vierzehnheilige, ↗ Vierzehn Nothelfer
Georgiritt ↗ Umritte
Gerader Tag ↗ Dienstag
Gerichtstag ↗ Dienstag

Germanische Kontinuitätsprämisse
Die – meist unbelegte – Annahme, bestimmte und noch aktuelle Brauchformen hätten sich ungebrochen aus den Tagen der Germanen bis heute erhalten, wird von der kritischen Forschung als **germanische Kontinuitätsprämisse** bezeichnet. Die unbewiesene Annahme einer starren Kontinuität des Mythisch-Numinosen durch die Jahrhunderte ist eine unkritische und überholte Argumentationsstruktur (vgl. auch ↗ **Hypothesen zum Weihnachtstermin**).

Gerstmaend ↗ Monate: September
Gertraud ↗ Gertrud

Gertrud
Die 626 geborene Gertrud (Gertraud, Gerda, Gerta, Trude, Traud(t)chen) war eine Tochter Pippins d. Ä.. Sie trat in das von ihrer Mutter gegründte Kloster Nivelles (Brabant) ein und wurde nach dem Tod der Mutter erste Äbtissin. Schriftkenntnis, Nächstenliebe und Tugendeifer werden ihr nachgesagt. Sie starb am 17. März 653 oder 659, der als ihr Gedenktag gilt. Als Schutzpatronin der Spinnerinnen verehrt, veranstalteten diese früher einen Festumzug und ein ↗ **Frühlingsessen**.

Geschenk
Eine Zeit, die standardisierte Geschenke nach medial übermittelter Aufforderung kauft, um sie nach dem über TV gelernten Ritual, das zugleich animiert und bestätigt, zu verschenken, belegt damit augenfällig, dass sie die Seile zum alten Sinn des Schenkens gekappt hat. Wer sich noch an eine Oma oder Uroma erinnern kann, die tatsächlich noch einen ganz besonderen Kuchen höchstselbst backen konnte – also nicht jenen der Marke »wie« selbstgebacken als Backmischung kauft! –, weiß zu berichten, dass dieser Kuchen eben für diese Oma »stand«. Der Kuchen war zwar nicht die Oma, aber der Kuchen war, »als wär's ein Stück von ihr«. Unsere versachlichte Zeit hat das Gefühl dafür, dass Personen und Sachen eine Einheit bilden können, scheinbar fast verloren. Ein Indianer, der eine Feder aus seinem Schmuck verliert, ging sie suchen. Für ihn war die Feder nicht ein abbuchbarer Verlust, sondern ein Stück von ihm selbst. Fiel dieses Teil in die falschen Hände, konnte ein anderer über ihn Macht gewinnen. Geschenke sind deshalb nach alter Auffassung »Selbstmitteilung«, ein Stück von mir, mit dem ich mich dem anderen verfügbar mache und mit ihnen eins werde (vgl. hierzu auch die Lehre von der Eucharistie in der katholischen Kirche).
Geschenke, die der hl. Nikolaus brachte, waren ursprünglich nicht einfach nur Abwicklung von zuvor abgeliefertem Listen des Geschenkebedarfs (↗ **Wunschzettel**), sondern Zeichen der Realpräsenz Gottes und der Teilnahme der Empfänger an ihr. Mit allen Sinnen, mit Augen, Mund und Ohren, sollte der Beschenkte erfahren und erleben, dass für die, die sich Gottes Plan unterwarfen, schon auf Erden der Himmel begann. Ja, man konnte anhand des süßen Gebäcks Gott und seinen Himmel bereits »schmecken«. Je mehr der Sinngehalt des Festes verlorenging, die Brauchform aber noch erhalten blieb, spiegelte sich das Unverständnis auch in den Geschenken wider. 1816 heißt es in einem »andächtigen Gebetlein zum hl. Nikolaus« von Math. Jos. De Noël:

»Sankt Niklas, der du uns als Knaben
In deiner guten Laune oft bedacht
Und dann, die liebste uns von allen Gaben,
Recht stattliche Soldaten mitgebracht.«

Das Geschenk pervertiert den Geschenkanlass. Die Kunst des Schenkens (vgl. ↗ **Schenken**) lässt sich nicht durch Menge, Kostenhöhe und Zeitangepasstheit bevormunden. Geschenke sind insofern sinnlich, als sie individuell sind und in einer Zweierbeziehung widerspiegeln, wie sehr der andere sich in sein Gegenüber einfühlen kann.

Geschenkfiguren ↗ **Gabenbringer**
Geschenktage ↗ **Schenktermine**

Geschlossene Zeit

Damit bestimmte liturgische Zeiten durch weltliche Festlichkeiten in ihrem Bußcharakter keine Störung erfuhren, hob das Konzil von Trient (1545–1563) »geschlossene Zeiten« besonders hervor. Das spätere Kirchenrecht von 1917 verbot feierliche Trauungen (Brautmesse mit Brautsegen) in der ↗ **Adventzeit** einschließlich des 1. Weihnachtsfeiertages und in der österlichen ↗ **Fastenzeit.** »Aus gerechtem Grund« konnte jedoch der Ortsbischof dispensieren. Das neue Kirchenrecht von 1983 kennt diese Einschränkungen nicht mehr.

Gewichte für die Wasserwaage ↗ **Narrenaufträge**
Gezackte Weihnachtskrippen ↗ **Weihnachtsbriefmarken**
Gieskerec ↗ **Monate: Juni**
Gilhart ↗ **Monate: Oktober**
Gilles ↗ **Karneval intenational**
Gillismaent ↗ **Monate: September**
Gipsei ↗ **Eierspiele,** ↗ **Osterspiele**
Girike ↗ **Narrenaufträge**

Giritzenmoos

Die Ansicht, dass Frauen nur als Ehefrauen und Mütter oder aber als Nonnen ein sinnerfülltes Leben führen können, führte im Mittelalter zur negativen Bewertung und Verspottung unverheiratet gebliebener »alter Jungfern«. Vor allem im Karneval waren sie Zielscheibe des Spotts (vgl. ↗ **Pflug ziehen**). Die damals üblichen derben Spottsprüche hatten ihre Quelle in dem früheren Brauch eines oberdeutschen ↗ **Rügegerichts**, bei dem es üblich war, die »alten Jungfrauen« »aufs Giritzenmoos« zu fahren. Nach allgemein verbreiteter Ansicht mussten unverheiratet verstorbene Frauen nach ihrem Tod in einem Sumpf sinnlose Arbeit zur Strafe für ein unnützes Leben tun. »Sie kommt auf das Giritzenmoos (Giritzenried)« beschreibt eben dies.

Glärestag

Am 13. Januar feiert die Kirche den Gedächtnistag des hl. Hilarius von Aquitanien (um 350 Bischof von Poitiers, † 367), der in der Auseinandersetzung mit dem ↗ **Arianismus** stand und als Lehrer des hl. Martin von Tours noch heute bekannt ist. Der Name des Heiligen wurde umgangssprachlich zu Gläres oder **Kläres** umgeformt. Am Glärestag gab es Festessen bestimmter Gruppen (z. B. der Frauen der Spinnstube, einzelner Männergruppen des Dorfes etc.). Die Feste hatten den Charakter des Kennenlernens, der Gruppenfestigung, der Muße und der Belohnung.

Glaskugeln, bunte ↗ **Passionsfrömmigkeit**

Glocken

Fast ein halbes Jahrtausend spielen Glocken in der Kirche des Westens keine Rolle. Die Tradition verbindet ihre Einführung mit drei Personen: den beiden Bischöfen Severus von Neapel (363–409 Bischof) und Paulinus von Nola (um 355–431), sowie dem Kirchenlehrer Hieronymus (um 347–419/20). Paulinus wurde sogar zum Patron der Glöckner – angesichts der immer flächendeckenderen Verbreitung automatischer, elektrisch betriebener Geläute ein aussterbender Stand. Bedeutung erlangten die

Glockenstuhl im Freiburger Münster mit der »Hosanna« (1258). Foto: Archiv Herder

»sacri bronzi« allerdings erst unter den Päpsten Gregor I. d. Gr. (590–604) und Stephan IV. (III.) 768–72). Um 1000 begann man auch in profanen Bereichen Glocken einzusetzen.

Im Lateinischen hat die Turmglocke den Namen »signum« = Zeichen; Glockenläuten heißt deshalb »signum dare« = Zeichen geben. Seltener bedeutet im Lateinischen die Glocke »campana«, wovon aber der bekannte italienische Begriff für Glockenturm, »campanile«, abgeleitet ist. Unser deutsches Wort »Glocke« kommt von dem lateinischen »clocca«, das auch den freistehenden Rundtürmen irischer Klöster den Namen gegeben hat: »cloictech«, Glockenturm. Glocken im liturgischen Dienst gelten als Musikinstrumente. Daneben werden Glocken auch als Zeitgeber in Verbindung mit Uhren oder für Glockenspiele eingesetzt. Die Glocken im liturgischen Dienst haben oft Namen, die sich von ihrer Funktion herleiten: **Betglocke** für diejenige, die zum Morgen- und Abendgebet bzw. zum ↗ **Angelus** einlädt. Die **Wandelglocke** wird – meist dreimal – bei der Wandlung während des Gottesdienstes angeschlagen. Die **Totenglocke** läutet nach dem Sterben, vor dem Totengottesdienst und bei der Beisetzung. Die **Sturmglocke** warnte vor Gewitter, bei Unglück oder heranziehenden feindlichen Soldaten. Die **Schandglocke** (**Armsünderglocke**) begleitete die Missetäter zur Hinrichtung. Mehrere Glocken zusammen bilden ein Geläut, das – je nach der Zahl der beteiligten und vorhandenen Glocken – auch ein besonders feierliches sein kann. In einzelnen Gegenden gab und gibt es feste Läuteordnungen, in den festgeschrieben ist, wie und wann und wie lange die Glocken zu einer bestimmten Gelegenheit läuten dürfen. Glocken für den liturgischen Dienst werden geweiht und viermal mit heiligen Ölen bezeichnet, weil sie in die vier Himmelsrichtungen rufen sollen. Die feierliche Glockenweihe oder Glockentaufe geht dem Glockenaufziehen voran, bei dem die Glocken in den Turm oder Glockenstuhl hinaufgezogen werden. Neben ihren Funktionsnamen haben die Glocken meist noch den Namen eines oder mehrerer Heiliger, denen sie geweiht sind. Ihr Name, ihr Stifter, das Entstehungsdatum und der Glockengießer sind vielfach auf der Glocke selber reliefartig eingegossen.

Glockenbeiern

Das »Glockenbeiern« war im Mittelalter weit verbreitet und drohte nach dem Zweiten Weltkrieg – zumindest in Deutschland – völlig aus der Übung zu kommen. Jahrelang konnte man das Beiern nur noch in der italienischen Schweiz und in Norditalien hören. Im 16. Jh. ist das Wort »beieren« im Rheinland üblich; es entspricht dem altniederländischen Begriff »beiaerden«. Das Beiern benutzt die Glocken als Instrumente, verwendet sie allerdings nicht in herkömmlich schwingender Weise. Beim Beiern bleiben die Glocken hängen, nur die Klöppel werden gegen die Glocke geschlagen. Zu diesem Zweck sind die Glockenklöppel durch ein Seil befestigt. Alle Seile laufen entweder an einem Ort oder Spieltisch zusammen oder werden geschossweise gebündelt. Naturgemäß ist das Beiern eher eine Betätigung für körperlich zugfeste Männer, die auch einigermaßen wetterfest, musikalisch und teamfähig sein müssen. Zwar findet das Beiern in der eher wärmeren Jahreszeit (Ostern, Erstkommunion, Pfingsten, Fronleichnam, Kirchweih ...) statt, doch die Witterungsverhältnisse auf einem offenen Glockenstuhl des Kirchturms sind nicht zu unterschätzen. Das Team unter der Leitung eines Beiermeisters muss gut aufeinander eingespielt sein, um nach einem fehlerhaften Einsatz am Vorabend des Festes und nach den Festmessen bzw. am Nachmittag nicht den Spott einer Gemeinde zu ertragen. Diese Arbeit ist nicht nur körperlich eine Leistung, sondern bedarf wirklicher Geschicklichkeit, um die Zuglänge und -wirkung der einzelnen Seile in verschiedenen Händen sekundengenau einzuschätzen. Anhand der Töne, die die einzelnen Glocken eines Geläutes hergeben, können die Männer eine Melodie spielen, die vielfach wiederholt wird. Hierher stammt das umgangssprachlich verwendete Wort »beiern«, das langweiliges, monotones Wiederholen bezeichnet. Die gespielten Melodien sind oft nicht schriftlich festgehalten, sondern werden in Merksprüchen bewahrt. In Neuss am Rhein heißt ein solcher zum Beispiel:

Dinge, dinge, dong, dong – Stadtpatron
Sankt Quirinus steht om Toom (= Turm).
Ich bin Frau und du bes Mann,
soll's ding beste Butz (= Hose) nit han.

Glockenturm ↗ **Kirchturm**

Gloria

»Ehre sei Gott in der Höhe« (lat.: »Gloria in excelsis Deo«) singt der Chor der Engel nach Lukas 2,14. Aus diesem Text hat die Kirche schon sehr früh ein Loblied gebildet, das zum festen Bestandteil der Eucharistiefeier wurde.

Glück

Was Glück ist, lässt sich bekanntlich nicht eindeutig und für immer definieren. Was als Glück empfunden wird, ist abhängig vom Empfänger und seinen Lebensbedingungen. Wann was wem wie lange als Glück erscheint, lässt sich somit trefflich diskutieren. Einigkeit lässt sich nur darin erzielen, dass Glück kein Dauergast ist; wäre das Glück für jemanden auf Dauer sein Gast, wäre es nicht nur unmenschlich, sondern würde als Normalzustand und damit nicht mehr als Glück empfunden. Glück ist säkularisierte Gnade, ein ungeschuldeter und ersehnter Zustand, der mir mehr bringt, als ich eigentlich verdient habe. Es ist nur natürlich, dass sich die Menschen immer nach diesem Übernatürlichen sehnen. ↗ **Glücksbringer** sollen dem ersehnten Glück nachhelfen.

Glücksbringer

Glück wird abergläubisch beschworen durch symbolische Gaben, durch das Verschenken von Glücksbringern oder Glückssymbolen, die das Geld anlocken sollen wie z. B. Fischschuppen oder ↗ **Glückspfennige** im Portemonnaie. So wie die eine ↗ **Fischschuppe** für viele andere steht, soll der Wunsch nach Geld erfüllt werden: Es gilt das alte Prinzip des »pars pro toto«, ein Teil steht symbolhaft für das Ganze. Der **Glückspfennig** statt der Fischschuppe ist somit nur eine direktere Aussage. In Verbindung mit Neujahr gibt es zahlreiche Glücksymbole: ↗ **Glücksklee**, ↗ **Glücksschwein**, ↗ **Hufeisen**, ↗ **Schornsteinfeger**.

Glücksgebäck ↗ **Neujahrsgebäck**

Glücksklee

Als **Glücksklee** gilt das vierblättrige Kleeblatt. Da nach einem Sprichwort der »Deuvel« bekanntlich »nitt op die kleenen Hauffen schitt«, besteht die durch das Glücksklee ausgedrückte Hoffnung darin, dass Seltenes nicht alleine bleibt, sondern andere Seltenheiten anzieht (vgl. ↗ **Glücksbringer**.

Glückspfennig

Wie die eine ↗ **Fischschuppe** (als Symbol für Geld) im Portemonnaie den »pars pro toto«-Wunsch ausdrückt, nämlich von dem einen Beispiel möglichst viel zu erhalten, versteht sich der **Glückspfennig**: Er soll möglichst viele seiner »Artgenossen« anlocken (vgl. ↗ **Glücksbringer**).

Glücksschwein

Das Glücksschwein wird oft auf den wilden Eber, das den Germanen heilige Opfertier, bezogen. Aber auch hier scheint die ↗ **germanische Kontinuitätsprämisse** nicht zu gelten. Das unverdiente Glück, das durch das Glücksschwein – wie bei fast allen mit »Glücks-« kombinierten Worten, z. B. Glückstreffer, Glückssträhne – ausgedrückt wird, stammt möglicherweise von einem alten Kartenspiel her: Hier wurde das As »Sau« genannt, und diese war auch auf der Karte abgebildet. Eine andere, ebenfalls nicht unwahrscheinliche Deutung bezieht sich auf den alten Brauch, bei Wettspielen und Schützenfesten neben der Auszeichnung der Besten auch dem Letzten und Schlechtesten einen ironisch verstandenen Trostpreis zukommen zu lassen: In der Regel war das ein junges Schwein, das er unter dem Hohn und Spott seiner lieben Mitmenschen durch das Dorf nach Hause treiben musste. Dieser Vorgang dürfte im übrigen die Vorlage für den heute nur im übertragenen Sinn verstandenen Spruch hergeben, wonach jemand die Sau durch das Dorf getrieben habe. Das »Glücksschwein« leitete sich demnach von einem ironischen Trostpreis ab. Im Zusammenhang mit Neujahr findet sich das Glücksschwein heute meist auf Abbildungen, in vielen Fällen wird es auch symbolisch als ↗ **Marzipanschweinchen** verschenkt (vgl. ↗ **Glücksbringer**).

Glückstag ↗ **Donnerstag**, ↗ **Freitag**
Glücksymbole ↗ **Glücksbringer**
Glückszahl ↗ **Dreizehn**

Glückwünsche

Wünsche von Glück und Gutem, Glückwünsche eben, kann man vielfältig ausdrücken, mündlich, schriftlich, symbolisch. Gutes und gutes Glück – Glück bezeichnet ursprünglich nur »Schicksal«, »Geschick«, und deshalb musste man zwischen gutem oder bösem Glück unterschieden – konnte man hintragen und aussprechen oder in schriftlicher Form hintragen lassen (vgl. ↗ **Neujahrswünsche**, ↗ **Weihnachtspost**.

Glückwunschkarte ↗ **Glückwünsche**, ↗ **Ostergrüße**, ↗ **Postkarte**, ↗ **Weihnachtsgrüße**
Gnadenjahr ↗ **Heiliges Jahr**
Gnadenstuhl ↗ **Dreifaltigkeit**
Göbbelchen ↗ **Christi Himmelfahrt**
Gode, Frau ↗ **Perchta, rauhe**
Godenstag ↗ **Mittwoch**, ↗ **Wotan**
Godeshilligendach ↗ **Allerheiligen**

Gold, Weihrauch und Myrrhe

Die Christus huldigenden Magier sind ikonographisch typisiert durch das aus der Antike bekannte Zeremoniell des »aurum coronarium« (Goldkranzspende). Dabei überreicht – in der Regel ein Barbar – dem Triumphator einen goldenen Siegeskranz, Gaben und/oder Geld als Geschenk zu deren Anfertigung. Die Gabe von Gold ist eine symbolische Handlung: Gottes Sohn wird durch das Kostbarste geehrt, was die

Die Weisen bringen Gold, Weihrauch und Myrrhe. Aus einem in Nordengland, wohl in York um 1170 entstandenen Psalter; hier fol. 11r. Kongelige Bibliothek, Kopenhagen, Ms. Thott 143, 2°. – Vorlage: Archiv Herder

Erde bietet. Die Propheten – so interpretieren die Christen – beschreiben schon vorausschauend die messianische Endzeit, indem sie die Heiden mit Gaben und Schätzen in das Reich Gottes ziehen sehen (vgl. Jesaja 60,3 und Psalm 72,10). Die Kirchenväter sehen die erste, symbolische Erfüllung dieser Weissagung in den Gaben der Magier an den neugeborenen Messiaskönig: »Die Weisen bringen Gold, Weihrauch und Myrrhe dar. Gold gebührt dem König ... Die Weisen verkünden also den, den sie anbeten, auch mit geheimnisvollen Geschenken: durch das Gold den König. Auch wir opfern dem neugeborenen Herrn Gold, indem wir ihn als den König des Weltalls anerkennen« (Gregor d. Gr., Hom. 10 in Ev.). Die erste Goldgabe der Magier korrespondiert mit dem siegreichen Messias der Apokalypse: Sein Haupt ziert eine goldene Krone (vgl. Offenbarung 14,14); 24 Älteste beten ihn an und legen ihre Kronen vor den Thron und dem Lamm nieder und opfern Räucherwerk in goldenen Schalen (ebd. 4,10; 5,8).

Myrrhe ist ein bitter schmeckender, wohlriechender Saft, der aus der Rinde einer Art des Balsambaumes sickert. Beim Trocknen kristallisiert er in Form durchsichtiger Körner von weißlicher bis roter Farbe, die beim Verbrennen Duft erzeugen und als Räucherwerk dienen. In der Antike war Myrrhe als kosmetisches Mittel sehr beliebt, aber auch als medizinisches Mittel. Der Jesus vor seiner Kreuzigung angebotene Myrrhe-Wein (vgl. Markus 15,23) galt als Betäubungsmittel. Myrrhe diente zugleich als ein für die Einbalsamierung notwendiges Mittel. Nach mosaischem Gesetz war die Myrrhe auch Hauptbestandteil eines heiligen Salböls (vgl. Exodus 30,22–33). In der Bibel wird die Myrrhe mehrfach erwähnt, im Hohenlied allein siebenmal (vgl. 1,12; 3,6; 4,6.14; 5,1.5.13), oft in Verbindung mit anderen Wohlgerüchen (vgl. Sirach 24,20). Unabhängig von der Bedeutung der Myrrhe verweist sie in ihrer Zeichenhaftigkeit – durch ihre Bitterkeit und ihre heilende Wirkung bei körperlichen Leiden und ihre Wirkung bei der Leichenkonservierung – auf Leiden und Tod, aber auch auf das nachfolgende Leben. In der Hl. Schrift steht Myrrhe in Verbindung mit der menschlichen Natur und dem Tod Christi, angedeutet durch die Myrrhe der Magier (vgl. Matthäus 2,11), durch den Myrrhenberg (gedeutet als Golgota) des Hohenliedes (Hld 4,6) und durch das Myrrhenbüschlein am Busen der Braut (Hld 1,12), das ihr Gedächtnis an Christi Leiden symbolisiert. Das Gedenken des Leidens Christi gibt Kraft zur Entsagung und Askese. Abtötung bewahrt vor der Fäulnis des Lasters, wie Myrrhe den Leichnam vor Verwesung schützt. Gregor von Nyssa (um 338/39 – nach 394) erläutert diese Symbolik anhand eines Verses aus dem

Hohenlied (3,6): »Wer ist sie, die da aus der Steppe heraufsteigt in Säulen von Rauch, umwölkt von Myrrhe und Weihrauch, von allen Wohlgerüchen der Händler? ... Myrrhe ist erforderlich zur Einbalsamierung von Leichen. Weihrauch aber ist in gewissem Sinn der Ehre Gottes geweiht. Wer sich also in dem göttlichen Dienst hingeben will, wird nicht anders ein gottgeopferter Weihrauch sein, als wenn er zuerst Myrrhe wird, das heißt, seine Glieder hier auf Erden abtötet, mitbegraben mit dem, der für uns den Tod erduldet, und jene Myrrhe, die bei der Bestattung des Herrn gebraucht wurde, an seinem eigenen Fleisch zur Tötung der Begierden anwendet« (in: Cant. Hom. VI; PG 44, 897).
Weihrauch besteht aus dem Harz zweier Arten des Boswelliabaumes, das – kristallisiert – als gelblich, schwach durchsichtige Körner verbrannt wird. Weihrauch als Geschenk der Magier verweist auf die Göttlichkeit des Beschenkten. Weihrauch gilt als Gottesduft, ihm schrieb man geheime Kraft, Unheil abwehrende Wirkung zu, und die Fähigkeit, Verbindung mit göttlichen Menschen herzustellen. Das Aufsteigen und die Ausbreitung des Weihrauchs symbolisiert die Entfaltung der Gottheit; der Duft war der Gottheit wesensgemäß, die dem Menschen sinnlich erfahrbar wird. Weihrauch war aber nicht nur Opfergabe, sondern ließ den Menschen der göttlichen Kraft teilhaftig werden. Im Judentum und Christentum behielt der Weihrauch seine Symbolik: Vergeistigung, Emporstreben, Opfer, Gebet. Weihrauch wurde zum sakralen Symbol Gottes. Im Christentum wird der Weihrauch zum Symbol für Christus. Christus selbst ist das Weihrauchgefäß, das »allen überweltlichen und alles Kreatürliche übertreffenden Duft in sich trägt und mit ihm das All erfüllt« (Cyrill von Alexandrien: De adoratione, lb. X). Im Christentum findet der Weihrauch ab dem 4. Jh., nach der Überwindung des Heidentums, Eingang. Im Gottesdienst, bei der Altarweihe, in der Totenliturgie u. a. wird Weihrauch eingesetzt. Die Gaben der drei Magier werden am Vorabend ihres Festes in der Kirche gesegnet. Im Volksglauben wird der Weihrauch seiner Unheil abwehrenden Wirkung wegen genutzt (vgl. ↗ **Rauhnächte**). Das »Räuchern« von Haus und Hof beruht auf dem alten Volksglauben, der in den zwölf ↗ **Rauhnächten** zwischen Weihnachten und Epiphanie das Wirken dämonischer Mächte fürchtet.

Goldene Messe ↗ **Goldene Samstage**, ↗ **Rorate-Messen**

Goldene None ↗ **Christi Himmelfahrt**

Goldene Rose ↗ **Laetare**, ↗ **Rose**

Goldene Samstage

Die drei goldenen Samstage haben ihre Namen von den ↗ **goldenen Messen** erhalten, die ab dem 14. Jh. an Samstagen, besonders nach Michaeli (wegen Erntedankfeiern zu diesem Termin) oder auch nach Ostern, zu Ehren Marias als Sühne für die Vergehen während des Jahres, gefeiert wurden. »Golden« hießen die Gottesdienste und Tage wegen der vorzüglichen Wirkung, die ihnen zugeschrieben wurde. In den vergangenen Jahrzehnten wurden die drei Goldenen Samstage noch gelegentlich im Alpenländischen gefeiert. Einer – allerdings späteren – Legende nach, soll Ferdinand III. (1636–1657) die Feiern eingeführt haben (vgl. ↗ **Samstag**).

Goldene Sonntage

Goldene Sonntage oder Goldsonntage hießen im Volksmund die auf die Quatember folgenden Sonntage, besonders der ↗ **Dreifaltigkeits-** und erste ↗ **Adventssonntag** (vgl. ↗ **Advent**). Als magische Tage wurden sie im Volksglauben betrachtet: Die an diesen Tagen gesammelten Kräuter waren angeblich heilkräftig und die an diesem Tag geborenen Kinder, **Goldsonntagskinder**, vermeintlich hellsichtig, zugleich aber auch kurzlebig.

Goldene Stunde ↗ Kirchweihfest
Goldene Wunderblume ↗ Dreifaltigkeitssonntag
Goldener Adventssonntag ↗ Adventssonntage
Goldener Mittwoch ↗ Quatember
Goldener Sonntag ↗ Dreifaltigkeitssonntag, ↗ Sonntag ↗ Thomas
Goldenes Jahr ↗ Heiliges Jahr
Goldenes Rössel ↗ Fisch
Goldfasten ↗ Quatember

Goldkugeln, Drei

Ikonographische Attribute des hl. Nikolaus – in der Dreigestalt verbinden sich drei verschiedene Symbole zu einem neuen Symbol: die Zahl 3, die Form der Kugel und das kostbarste Metall, Gold. Die Zahl 3 gilt in der Symbolik aller Völker als heilig. Der dreimal heilige Gott der Juden (Jesaja 6,3) wird durch sie ebenso vergegenwärtigt wie die Dreifaltigkeit im Christentum. Auch die Auferstehung fand am dritten Tag statt. – Die Kugel, Urform aller Körper, ist Symbol der absoluten Allgegenwart und Allwirksamkeit Gottes (vgl. ↗ **Reichsapfel**). – Das Gold ist nicht nur Symbol aufgrund seiner Kostbarkeit und seiner Unvergleichlichkeit: Dem Gold können weder Feuer, Rost noch Säure etwas anhaben. Die drei Goldkugeln des hl. Nikolaus sind komprimierte Symbole, die die unvergleichliche Wirksamkeit Gottes aufzeigen, die das Geschenk nicht nur als Heilung, sondern zugleich als Heil deuten.

Goldsonntagskinder ↗ Goldene Sonntage
Goldwoche ↗ Quatember
Golgota ↗ Heiliges Grab, ↗ Passionsfrömmigkeit
Gots auffartstag ↗ Christi Himmelfahrt
Gots offertag ↗ Christi Himmelfahrt
Gotstag ↗ Fronleichnam

Gottestracht

Alte Bezeichnung für Prozession, Schiffswallfahrt (↗ **Mülheimer Gottestracht**, dazu vgl. ↗ **Fronleichnam**), Reiterprozession.

Grab, Heiliges

Die Reise nach ↗ **Jerusalem**, bis heute von Kindern in einer Spielhandlung nachgespielt, war eine Wallfahrt, die sich als Nachfolge Christi im ursprünglichen Sinne verstand. Wer sich auf die Spuren Jesu begab, tat nicht nur ein gutes Werk und folgte Christus nach: Er verinnerlichte seinen Glauben, indem er es Christus nachtat. Jerusalem war das vorrangigste Pilgerziel; Rom, Santiago de Compostela, die Heiligen Dreikönige in Köln waren nachgeordnet. Aber – aus verschiedensten Gründen – konnte nicht jeder eine solche langwierige und oft auch lebensgefährliche Wallfahrt antreten. Jerusalem war schließlich für Christen sogar fast unerreichbar. Die Menschen begannen deshalb Jerusalem zu Hause nachzubauen: **Kalvarienberge** wurden gebaut: ein bergiger, steiler Weg, oft mit Bildstöcken, der auf den Gipfel eines Berges führte, auf dem die Hinrichtungsstätte des Berges Golgota nachgebaut wurde (vgl. ↗ **Passionsfrömmigkeit**). Später brachte man diese Kreuzwege sprichwörtlich in die Kirche ein: Als Bilder wurden die einzelnen Stationen des Kreuzweges in

Eingang zum Hl. Grab in der Engelskapelle der Grabeskirche von Jerusalem. – Foto: Wolfgang Müller, Oberried

der Kirche aufgehängt, so dass man so den ↗ **Kreuzweg** »nachgehen« konnte.

Auch das Grab Jesu in Jerusalem wurde in Europa nachgebaut: Das **heilige Grab** ist nicht nur auf Zeit Bestandteil des Karfreitagrituals bis zur Osternacht; in Kirchen und Kapellen, manchmal ↗ **Klein-Jerusalem** genannt, wird das Grab Jesu oft maßstabsgerecht nachgebaut. Wieviele dieser Stätten, in denen vielfach auch die Geburtsszene und andere Ereignisse und Örtlichkeiten aus dem Leben Jesu nachgestellt sind, es in Deutschland gibt, ist unbekannt. Bekannt sind: Klein-**Jerusalem** in Willich-Neersen (zwischen Neuss, Mönchengladbach und Krefeld), ab 1654 gebaut; Erlöserkapelle in Wiesbaum-Mirbach bei Stadtkyll in der Eifel; Heiliges Grab in Denkendorf bei Esslingen; das Görlitzer Heilige Grab wurde 1489 fertiggestellt; als »schlesisches Jerusalem« gilt Albendorf in der Grafschaft Glatz, die heute zu Polen gehört; seit fast 900 Jahren pilgern Christen zur Kreuzkapelle an den Externsteinen im Lipper Land. Auch in der Bonn-Poppelsdorfer Kreuzbergkapelle befindet sich ein Heiliges Grab; hier gab es früher auch noch eine ↗ **Geburtshöhle** und das so genannte ↗ **Haus Nazaret**. Bedeutender aber ist die ↗ **Heilige Stiege**, die seit dem Spätmittelalter als Treppe des Pilatuspalastes in ↗ **Jerusalem**, Rom, hier und andernorts verehrt wird.

Mit dem Heiligen Grab entwickelte sich der Brauch des ↗ **vierzigstündiges Gebetes** (vgl. ↗ **Ewiges Gebet**). Der Symbolhaftigkeit der Zahl 40 entsprach die Berechnung der Stunden, die Jesus im Grab zugebracht haben soll. Wenn Jesus an einem Freitag um 15 Uhr verstorben ist und sein Leichnam anschließend beigesetzt wurde, wäre er am Freitag 9 Stunden im Grab gelegen, am Samstag 24 Stunden (addiert: 33 Stunden). Wäre das Grab am Sonntagmorgen um 7 Uhr leer aufgefunden worden, wovon die Evangelien berichten, ergäbe sich die Stundezahl 40. Die 40 Stunden im Grab entsprechen übrigens dem vierzigtägigen Fasten.

Grablegung Jesu ↗ **Heiliges Grab**, ↗ **Passionsfrömmigkeit**

Graf von Halbfasten ↗ **Frühlingsbräuche**

Gräfin von Halbfasten ↗ **Frühlingsbräuche**

Grausige Lucia ↗ **Lucia**

Gregor von Tours

Am 30. November 538 wurde Georgius Florentinus Gregorius in Clermont-Ferrand als Sohn eines auvergnatischen Senatorensprösslings und der Enkelin eines Bischofs aus »prima et magna generatio« geboren. Obwohl zur Fortsetzung des gallorömischen Geschlechts vorgesehen, entschloss sich Gregor zum Priestertum. 563 wird Gregor Diakon, als er möglicherweise noch auf seinen Gütern lebt. Für 565/567 lässt sich ein erstes Zusammentreffen mit seinem späteren Freund ↗ **Venantius Fortunatus** belegen. Neunzehnter Bischof von Tours wurde Gregor 573, offensichtlich durch Vertrautheit mit dem herrschenden Geschlecht der Merowinger. Er starb am 17.11.594.

Als Schriftsteller hat Gregor sprachgeschichtlich bedeutsame Werke geschrieben, die einzigartig die politischen und religiösen Verhältnisse des 6. Jh. darlegen. Seine zehnbändige Geschichte, 591 vollendet, wurde bislang oft als »Frankengeschichte« mit einer treuherzig-naiv-frommen Sammlung von Geschichten und Legenden zur Merowingischer Zeit verstanden. Neue Forschungen (Martin Heinzelmann, Rudolf Buchner) zeigen ein anderes Bild: In zehn Büchern – mit einer abgeschlossenen Thematik je Buch – entwickelt Gregor auf dem Hintergrund eines universellen christologischen Geschichtsverständnis ein politisch-soziales Gesellschaftskonzept: Die Leitung des christlichen Staates wird dabei gemeinsam den Bischöfen und einem christlichen Fürsten anvertraut. Im Rahmen dieser Zielsetzung Gregors wird der hl. ↗ **Martin von Tours** zur charismatischen, apostelgleichen Leitfigur. Als Archetypus der perfekten Nachfolge Christi, als Begründer »moderner« Heiligkeit – als »Bekenner« nach der Phase der Blutzeugen, ja, als die tragende Säule der auf Christus begründeten Kirche – erscheint Martin als charismatischer Führer einer neuen christlichen Gesellschaft: Martin wird »der« gallische Apostel und Hauptheilige des merowingischen Königtums. Martin wirkte eben nicht nur während seines Lebens, sondern wegen seines heiligen Lebens ist er auch noch nach seinem Tod als heiliger Fürsprecher wirksam; die zahlreichen Martin von Gregor zugeschriebenen Wunder sollen dies beweisen. Auf diese Weise erhält das merowingische System sozusagen eine fortdauernde »transzendentale Bestätigung«.

Gregor I. d. Gr., Papst
Der Gedenktag des Papstes und Kirchenvaters Gregor I. d. Gr. fand früher am 12. März statt (heute am 3. September). Gregor, um 540 in einer hochadeligen senatorischen Familie geboren, wurde 590 Papst und starb 604. Sein Gedenktag war früher einmal der letzte Schultag im Winterhalbjahr; deshalb wurde er als Patron der Schulen und der Schüler verehrt. In vorchristlicher Zeit galt der 12. März als Tag der Knaben- und Jugendweihe. Der letzte Schultag wurde überall festlich begangen: Schülerspiele, Umzüge in Kostümen und Wettsingen fanden statt. Die Umzüge endeten meist auf einem Festplatz, wo Spiel und Speise garantiert waren. Teilweise war dieser Tag mit Symbolhandlungen verknüpft. In St. Gallen verteilten die Lehrer im Namen des Bischofs zweierlei Nahrungsmittel: trocken-nahrhaftes Schulbrot und süße **Gregori-Zucker**, Zeichen für den trockenen Ernst und die süßen Erkenntnisse des Schülerdaseins. In Prag wurden die Studenten vom Rektor zum Essen geladen, der sie – mit Augenzwinkern – mahnte, einen besseren Lebenswandel zu führen.

Giotto, Hl. Gregor (1290/95). Assisi, San Francesco, Langhaus. Florenz, Kunsthistorisches Institut. Vorlage: Archiv Herder

Gregoriritt
Am 12. März oder dem benachbarten Sonntag fanden zu Ehren des hl. ↗ **Gregor d. Gr.** ↗ **Umritte** statt. Er gilt als ↗ **Pferdeheiliger.**

Gregorisingen
Am Tag Papst ↗ **Gregors I. d. Gr.**, früher der 12. März, zogen viele Lehrer, die »ludimagistri«, mit ihren Schülern durch die Gemeinde von Haus zu Haus und sangen. Durch das Gregorisingen, ein Bettelsingen, sammelten sie Lebensmittel, die für ein Festmahl von Schülern und Lehrern reichten. An einigen Orten war das Gregorisingen ein Wettsingen, bei dem Brot, Brezeln und Eier verschenkt wurden.

Gregori-Zucker ↗ **Gregor I. d. Gr., Papst**
Greins-Krankheit ↗ **Quirinus**
Greiß ↗ **Narrenaufträge**

gripschen

Gripschen (von nd. »griepen« = greifen, erhaschen), ↗ **heischen** (vgl. ↗ **Heischebrauch, -gang**), im Bonner Raum auch ↗ **schnörzen**, bezeichnet das Tun der Kinder beim Heischegang u. a. zu Martini. Der 11.11. war als Erntefesttag von jeher ein Tag, an dem Geschenke ausgeteilt wurden. Was lag näher als die Übernahme dieses Brauchs, zumal der Tagesheilige das Symbol christlicher Wohltätigkeit schlechthin war! Ein Beleg für die alte Tradition der Geschenke an Sankt Martin sind die »Martinspennige«, die bis 1246 in Mönchengladbach an das Kölner Stift St. Gereon, später an den Pfarrer, gezahlt wurden. Noch 1633 ist in Mönchengladbach Martini als Geschenktag lebendig: Die Soldaten auf dem Liedberg (Burg im Kreis Neuss-Grevenbroich) erhielten an Martini 6 Taler und 12 Albi, um den Tag würdig zu feiern. – Ein alter Beleg für das Gripschen der Kinder findet sich um 1525 in Köln: Hier zogen die Kinder am Vorabend von Martini singend von Tür zu Tür und erhielten, was vom Essen übriggeblieben war. Auch in Düsseldorf war das Gripschen bei den Schülern beliebt. Es erhielt sich bis in die Zeit der organisierten Martinsumzüge. Was es im Rheinland gab, war aber auch andernorts nicht unüblich: 1567 verbot ein Edikt der fürstlichen Regierung zu Celle das Rufen, Singen, Schreien und Betteln der Kinder zu Martini; ausgenommen waren nur Lieder, die mehrstimmig gesungen wurden. Das Heischen zu Martini hat sich vom Rheinland bis zu den Niederlanden und bis zur Elbe ausgebreitet. – Der Heischegang hatte offensichtlich einen doppelten Zweck: einerseits das Einsammeln von Brennmaterialien für das ↗ **Martinsfeuer**, andererseits – und quasi als Belohnung – die (natürlich erwartete!) Annahme von Obst, Gebäck und Süßigkeiten.

Das Einsammeln der mildtätigen Gaben zu Sankt Martin erforderte ein eigenes Liedgut. Die eigentlichen ↗ **Martinslieder** sind dabei wohl die jüngste Schicht, die ↗ **Heischelieder** selbst sind viel älter, sicher auch die – naturgemäß – groben ↗ **Rügelieder**, die auf jene gemünzt waren, die den Kindern nichts gaben. Seit den fünfziger Jahren hat der Gedanke immer mehr Anhänger gefunden, dass die heischenden Kinder nicht nur an sich denken sollten. Gerade an Martini, im Gedenken an die Mantelteilung, sollten die Kinder Gaben für andere Kinder sammeln, die ihrer Hilfe bedürfen. Vielerorts sammeln daher die Kinder (vgl. ↗ **Sternsinger**) für andere Kinder.

Große Fastnacht ↗ Invocabit, ↗ Sonntag
Große Woche ↗ Karwoche
Großer Donnerstag ↗ Gründonnerstag, ↗ Karwoche
Großer Fastabend ↗ Fastabend
Grosser fastelavend ↗ Estomihi, ↗ Fastnachtszeit, ↗ Quinquagesima
Großer Frauentag ↗ Frauentag
Großer Jakob ↗ Jakobus der Ältere
Großer Mittwoch ↗ Karmittwoch, ↗ Karwoche
Großer Sonnabend ↗ Karsamstag, ↗ Karwoche
Großer Sonntag ↗ Inovocabit, Sonntag
Großfastabend ↗ Estomihi, ↗ Fastnachtszeit, ↗ Quinquagesima
Großes Fasten ↗ Fastezeit, österliche
Groß-Neujahr ↗ Dreikönige
Gross vastavend ↗ Estomihi, ↗ Fastnachtszeit, ↗ Quinquagesima
Grote vastingesdach ↗ Estomihi, ↗ Fastnachtszeit, ↗ Quinquagesima
Groten fastelavendsavend ↗ Fastnachtszeit

Grün

Im ursprünglichen Sinn bezeichnet »grün« das natürlich Frische, Wachsende. So erklärt sich auch die Redensart, nach der »ein Ding zu grün angefasst« werden kann, also noch unreif ist. Unerfahrenheit (z. B. »grüner Junge«, »grünes Gemüse«) geht seit dem 17. Jh. auf diese Wertung zurück. Grün wird aber auch in unbedingt positiver Weise verwendet, z. B. in der Redensart von der »grünen Seite« (»auf der grünen Seite sitzen«). Ursprünglich ist wohl damit allein die Herzseite, also das links von jemandem Sitzen, gemeint, später aber auch die »angenehme, liebenswürdige Seite« eines Menschen. Populär geworden ist die Redensart durch das schwäbisches Volkslied »Mädle ruck, ruck, ruck an meine grüne Seite«. Der älteste Beleg dafür stammt von Manuel Weinspiel, 1548: »mins Cordelin, sitz an die grüene siten min«. – Jemandem »grün sein«, ihm wohl gesonnen oder gewogen sein, steht im gleichen Deutungsfeld, obwohl der Begriff meist in negativer Form vorkommt: jemandem nicht grün sein (ndl.: »niet groen zijn op iets«). Der älteste Beleg für den Gebrauch des Wortes in diesem Sinne stammt aus einem Passional von 675, wo es von der hl. ↗ **Katharina** heißt: »da die samenunge was gegen ir vil ungrune«. – Wie jemand auf »(k)einen grünen Zweig« kommt, lässt sich unter Hinweis auf das ↗ **Kranzsingen** erklären. Möglicherweise geht dieses Bild zurück bis auf Ijob, wo es heißt (15,32): »Bevor sein Tag kommt, welkt er hin, und sein Palmzweig grünt nicht mehr« (früher wurde z. T. übersetzt: »und sein Zweig wird nicht mehr grünen«). – Grün in der Form winterlichen ↗ **Immergrüns** wird im Mittelalter zum Kennzeichen wiedererwachenden Lebens, zum Garant der Wiederkehr des Lichtes. Das Immergrün symbolisiert zudem den noch nicht als Erlöser erkannten Neugeborenen, in dem die Heilszusage Gottes personifiziert ist. So wie im immergrünen Baum auch im Winter das Leben präsent ist, ist Gott noch unerkannt in seinem neugeborenen Sohn in dieser Welt schon wirksam. – Das Rot in Verbindung mit dem weihnachtlichen Grün (vgl. ↗ **Grün und Rot**) deutet auf den Opfertod Christi hin, der die Menschen wieder mit Gott versöhnt.

Grün und Rot
Die christlichen Symbolfarben von ↗ **Advent** und ↗ **Weihnachten** sind Grün und Rot. Grün symbolisiert nicht nur die Hoffnung auf Lebenserhalt im dunklen Winter, sondern damit auch die Treue. Deshalb werden ↗ **immergrüne** Gewächse verwendet: Fichte, Tanne, Kiefer, Eibe, ↗ **Buchsbaum**, ↗ **Ilex** (= Stechpalme), ↗ **Mistel**, Stechginster, Wacholder, Efeu, Kronsbeere, ↗ **Rosmarin**. Rot erinnert an das Blut Christi, das er vergossen hat »für die vielen«. Die Farbkombination von Grün und Rot versinnbildlicht Christen die übernatürliche Lebenshoffnung. Die Farben prägen auch ↗ **Christbaum**, Tischdekoration (vgl ↗ **Weihnachtsstern**), ↗ **Weihnachtspost** und Verpackungsmaterial der Geschenke.

Gründonnerstag
Bezeichnung für den ↗ **Donnerstag** der ↗ **Karwoche**, auch Kardonnerstag. »Grün« ist hier nicht von der Farbe »grün« (vgl. ↗ **Grün und Rot**) abgeleitetet, sondern von »greinen« – weinen, trauern.

Gründonnerstagsprozession ↗ **Passionsprozession**

Grüne Fassnacht ↗ **Fastnachtszeit**, ↗ **Veilchendienstag**

Grüne Jagd ↗ **Weihnachtsjagd**

Grüne Käuter
Am ↗ **Gründonnerstag** war es überall üblich, Grünes zu essen. Grünkohl, Brunnenkresse oder Scharbockskraut kamen auf den Tisch. Es gab **Siebenkräutersuppen**, bestehend z. B. aus Lauch, ↗ **Löwenzahn**, Petersilie, Salat, Sauerampfer, Schnittlauch und Spinat. Anderswo gab es **Neunkräutersuppen**, wo die grünen Suppeneinlagen ergänzt wurden etwa durch Sauerklee, Schlüsselblumen oder Brennesseln. Grünes konnte man aber auch anders genießen. In

Schwaben erinnerten die **Maultaschen**, mit grünem Gemüse gefüllte Nudeln, an die Ohrfeigen, die Jesus vom Hohenpriester erhalten hat. In anderen Teilen Deutschlands gab es an diesem Tag Spinatkrapfen, Kräutersuppen, Krautkuchen oder grüne ↗ **Pfannkuchen.**

Grüne Streiche ↗ Martinigerte
Grüne Woche ↗ Karwoche
Grünender Stab ↗ Christophorus
Grüner Donnerstag ↗ Gründonnerstag, ↗ Karwoche
Grüner Freitag ↗ Karfreitag, ↗ Karwoche
Güdelmontag ↗ Rosenmontag, ↗ Karneval international
Gugel ↗ Narrenkappe, ↗ Schalknarr

Narr mit Gugel vor Kaiser und Papst. Holzschnitt, aus: Sebastian Brant, Das Narrenschiff, Basel 1494. Vorlage: Archiv Manfred Becker-Huberti

Guggenmusik ↗ Karneval international
Güldensonntag ↗ Dreifaltigkeitssonntag
Guler stechen, den ↗ Rübenschaben
Gumpiger Donnerstag ↗ Donnerstag, ↗ Weiberfastnacht
Gumpiger donstag ↗ Fastnachtszeit
Gunck ↗ Monate, ↗ Juni
Gunstag ↗ Mittwoch, ↗ Wotan

Gute Werke
Nach katholischer Tradition sind »gute Werke« heilsnotwendig, weil eben nicht allein der Glaube (»sola fide« bei Martin Luther) den Menschen vor Gott rechtfertigt. Die »guten Werke« finden sich in der Mantelteilung des ↗ **Martin** von Tours geradezu fokussiert.

Gutentag ↗ Mittwoch, ↗ Montag, ↗ Wotan
Guter Mendeltag ↗ Gründonnerstag, ↗ Karwoche
Guter Mittwoch ↗ Karwoche

Guter Montag
In Westfalen Bezeichnung für den Montag nach ↗ **Trinitatis** (vgl. ↗ **Dreifaltigkeitssonntag**).

Guter Tag ↗ Montag
Gut-Freitags-Kuchen ↗ Freitag
Gutfreitagslaib ↗ Freitag
Gutjahrsessen ↗ Silvester
Gutjahrsring ↗ Silvester
Gut-Tod-Bruderschaften ↗ Bruderschaften

H

Haberougst ↗ **Monate: September**
Haferweihe ↗ **Stephanus**
Hagelfeiertage ↗ **Hilfen gegen Unwetter**
Hagelkreuz ↗ **Hagelprozession,** ↗ **Hilfen gegen Unwetter**

Hagelprozession
Der Gedenktag der beiden Märtyrerbrüder Johannes und Paulus (6. Jh.) am 26. Juni galt als Tag der ↗ **Wetterherren.** Maßgeblich dafür waren nicht die beiden 362 in Rom unter Kaiser Julian Apostata hingerichteten Märtyrer, sondern der Umstand, dass an ihrem Festtag die **Hagelprozessionen** und **Schauerfeiern** stattfanden, ↗ **Flurumgänge**, die die Kirche im Laufe der Zeit mit ↗ **Fronleichnam** verbunden hat, weil sie – oft sogar unter Ausschluss des Pfarrers – zu wilden Aktionen mit reichlich Alkoholzufuhr verkamen, was dem eigentlichen Anlass Hohn sprach. In Verbindung mit diesen Umgängen stehen die **Hagelkreuze**, die es in vielen Gegenden noch gibt (vgl. ↗ **Hilfen gegen Unwetter**).

Hageltag ↗ **Freitag**
Haggada ↗ **Ostern**
Haggeri ↗ **Klöpfeln**

Hagiographie
Bezeichnung für die Beschreibung von Heiligenleben, Legenden und Viten und die diesbezügliche Wissenschaft (vgl. griech.: ↗ **hagios** = heilig).

hagios
Griech. Wort für »heilig«, entsprechend dem lat. »sanctus«. Zum Beispiel »Hagios Nikolaos« (hl. Nikolaus) oder »Hagia Sophia« (hl. Sophia). Davon abgeleitet ist ↗ **Hagiographie.**

Hahneköppen
Das Köpfen von Hähnen ist ein alter ↗ **Kirmesbrauch** zur Ermittlung des Schützenkönigs. Ein (heute bereits toter) Hahn wird so in einen Korb gelegt, dass sein Kopf unten heraushängt. Wer mit verbundenen Augen dem Hahn den Kopf abschlägt, hat gesiegt. In Deutschland ist dieser Brauch vom Süden Düsseldorfs und der Stadt Neuss bis in die Eifel hinein noch verbreitet. Wenn er auch eine Zeitlang so verstanden wurde, als sei er ein Protest gegen die französische Besatzung und den gallischen Hahn, so ist der Brauch doch erheblich älter. Er stammt wohl aus Zeiten, als Gewehr und Armbrust noch keine Rolle spielten. Wieweit ↗ **Gansabhauet** und Hahneköppen mit einem jüdischen Brauch verwandt sind oder überhaupt verglichen werden können, ist noch offen. Das **Kapporesschlagen** einen Tag vor dem jüdischen Versöhnungstag (Jom Kipur) hat zum Hintergrund, dass sich der Glaube entwickelt hatte, dass man Krankheiten, Schmerzen, Ärger oder Seuchen auf ein totes oder lebendes Objekt übertragen könne (vgl. den ↗ **Sündenbock**; Levitikus 16,21ff). Ein Huhn oder Hahn wird dreimal über den Kopf geschwungen; dabei wird gesprochen: »Dies ist mein Ersatz, dies ist meine Auslösung, dies ist meine Buße. Dieses Huhn/dieser Hahn wird sterben, und ich werde mich eines guten und langen und friedlichen Lebens erfreuen.« Nach einem Gebet wird das Tier rituell geschlachtet und – von Besitzer oder Armen – verspeist. Die

Hühner scheinen deshalb ausgewählt worden zu sein, weil nach der Zerstörung des Tempels in ↗ **Jerusalem** kein Tier von der Art, wie sie im Tempel geopfert worden waren, von Juden für einen ähnlichen Zweck verwendet werden durfte. Entstanden ist dieser Brauch wahrscheinlich in Babylonien und schriftlich belegt im 9. Jh..

Hahnenschlagen ↗ **Hahnenköppen**

Halbfasten

In Belgien umgangssprachlich die Bezeichnung für ↗ **Laetare**. Der Tag im Rahmen der ↗ **Frühlingsbräuche** wird als »Bergfest« gefeiert. In der Mitte der ↗ **Fastenzeit** bricht noch einmal ↗ Karneval aus. Graf und Gräfin von Halbfasten personifizieren diesen Tag.

Halbmastbeflaggung ↗ **Fahne**

Hallerthomas ↗ **Thomas**

Halloween

Ein Fest der Kelten zum Jahresabschluss am 31. Oktober soll die Grundlage von Halloween (hallows = Heilige) sein, einem von Großbritannien in die USA exportiertem Fest des ↗ **Totengedenkens**, in dessen Mittelpunkt ein ausgehöhlter und erleuchteter Kürbis steht sowie das Auftreten stummer Verkleideter, die als Geister heischend von Haus zu Haus ziehen. In der zweiten Hälfte der 90er Jahre hat Halloween als eine Mischung von Karneval, Walpurgisnacht und Silvester in Verbindung mit ausgehöhlten Kürbissen einen Siegeszug angetreten. Auch in Deutschland hat – zwar nicht der Festinhalt, aber – die äußere Form dieses Festes Freunde gefunden. Es ist ein Party-Gag, eine Art Winterkarneval, der mit deutschem, tradiertem Brauchtum nichts zu tun hat.

Hammer ↗ **Arma Christi**, ↗ **Leidenswerkzeuge**, ↗ **Passionsfrömmigkeit**

Halloween-Kürbisse. – Foto aus: Weihnachtsbackbuch, hrsg. v. BAUR Versand. © Münchner Bücherhaus GmbH, München 1999 (Bild: Carina/v. Salomon)

Hänneschen-Theater

↗ **Weihnachtskrippe** und ↗ **Krippenspiel** stehen in direkter Beziehung zum Hänneschen-Theater. Das Krippenspiel, aus den mittelalterlichen Mysterienspielen entstanden, war nach der Reformation zwar durch die Katholische Reform neu belebt worden, verlagerte sich aber zunehmend aus dem Raum der Kirche hinaus. Im 18. Jh. übernahm das Marionettentheater (↗ **Krippchen**) das Krippenspiel, das somit der Phantasie und dem szenarischen Ideenreichtum derer ausgeliefert war, die natürlich das spielten, was ihnen den meisten Erfolg brachte. ↗ **Caspar**, einer der ↗ **Heiligen Dreikönige**, geriet dadurch zum ↗ **Kasper(le)** und Possenreißer; der kleine Johannes, das Hänneschen, das als lustige Figur in keinem Puppenspiel fehlen durfte, wurde geradezu zum ↗ **Kreppen-Hännesje**; die Krippe, auf »Kölsch« eben »Kreppche«, wurde ganz allgemein zur Bezeichnung für das Puppentheater. Zumindest in Köln ist die Erinnerung an diese Zusammenhänge noch wach. In wenigstens einer Kirche, St. Aegidius in Köln-Wahn, stehen Hänneschen und Bärbelchen, die beiden Traditionsfiguren des Puppenspiels neben zwei für Köln typischen Figuren an der Krippe: Tünnes, ein notorischer Säufer, und Schäl, ein zwielichtiger Charakter.

Hans

Der in Deutschland weit verbreitete Vorname »Hans« wurde oft zur Bezeichnung fiktiver Personen eingesetzt (vgl. z.B. ↗ **Hanswurst**, ↗ **Schmalhans**).

Hans Muff ↗ **Nikolaus-Begleiter**

Hans Trapp ↗ **Nikolaus-Begleiter**

Hanselmann ↗ **Weckmann**

Hänseln ↗ **Hanswurst**, ↗ **Prellen**

Hanswurst

Hans (von Johannes; auch Ha[e]nnes, Hä[e]nnes, Hä[e]nnesken, -chen) war vom 14. bis 17. Jh. der verbreitetste männliche deutsche Vorname. Deshalb taucht dieser Name, vergleichbar ähnlichen Wortverbindungen wie Dreckbarthel, dumme Liese etc. besonders häufig in diesen Verbindungen auf: Faselhannes, Plapperhannes, Prahlhans, ↗ **Schmalhans** usw.. Der bekannteste Ausdruck ist wahrscheinlich der »Hanswurst«, 1519 als Scheltwort für einen unbeholfenen Dicken im Niederdeutschen kreiert. Parallel gab es in Frankreich **Jean Potage** und gibt es noch den ↗ **Maccaroni** in Italien, den **Jack Pudding** in England und den **Pickelhering** in Holland. – Martin Luther greift den Begriff »Hanswurst« in seiner Schrift »Widder Hanswurst« auf, die sich gegen den Herzog von Braunschweig-Wolfenbüttel richtet. Hier wird die Bedeutung des Begriffs zum Tölpel hin erweitert. In der zweiten Hälfte des 16. Jh. wird der Hanswurst zur Figur des Narren in Lustspielen und zur Bezeichnung für alberne, närrische Menschen. Von hier deutet sich die Redensart: »für jemanden den Hanswurst machen«, d. h. sich wie der Hanswurst aufführen und andere zum Lachen reizen, oder: »Ich bin doch nicht dein Hanswurst«, d. h.: »Ich lasse mich nicht zum Narren machen.« Im letzteren Sinn auch: »Ich lasse mit mir nicht das Hänneschen machen« = ich lasse mich nicht veralbern. – In der alemannischen Fastnacht spielen Hansele-Figuren noch heute eine große Rolle. Das Hänschen oder Hänneschen ist auch der Namensgeber des ↗ **Hänneschen-Theaters**. Der »Hansguckindieluft« aus dem »Struwwelpeter«, der ständig in die Luft stiert und deshalb dauernd stolpert, ist gleichfalls eine beliebte Hansfigur. Das Verb ↗ **hänseln** hat auch beim Hänschen seinen Ursprung.

Hans Wurst, aus: K. F. Flögel, Geschichte des Grotesk-Komischen. Bd. I u. II, München 1914.
Vorlage: Archiv Manfred Becker-Huberti

Harke, Frau ↗ **Perchta, rauhe**

Harlekin ↗ **Mi-Parti**

Hartmonat ↗ **Monate: Januar, Dezember**

Hartung ↗ **Monate: Januar**

Hasenbartl ↗ Bartholomäus (vgl. ↗ Gänsmartin, ↗ Schweinethomas)
Haseneier ↗ Osterhase
Hasenmaen ↗ Monate: Dezember
Hatscha ↗ Nikolaos, ↗ Nikolaus-Name
Hau ↗ Monate: Juli
Haumichblau ↗ Narrenaufträge
Häupterbrett ↗ Dreikönige

Hauptschlenggeltag
An ↗ **Martini** trägt der Knecht der befreundeten Magd zum Dienstwechsel den »Schlenggelpack«; denn Martini ist Hauptschlenggeltag. Der Schlenggeltag ist der Tag, an dem Mägde und Knechte den Dienstherrn wechselten; vorzüglich war Martini der bedeutendste Schlenggeltag, der deshalb auch Hauptschlenggeltag (Etschtal) genannt wurde. Der persönliche Besitz der Dienstboten wurde als »Schlenggelpack« bezeichnet.

Hausaltar ↗ Fromme Tücher
Haus Mariens ↗ Loreto
Haus Nazaret ↗ Loreto, ↗ Passionsfrömmigkeit
Hauwemant ↗ Monate: Juli
Havermaent ↗ Monate: September
Heerschau ↗ Pfingsten
Hefekerl ↗ Eiermann, ↗ Ostergebäck, ↗ Weckmann
Heilagmanoth ↗ Monate: Dezember

Heilig
Das deutsche Wort »heilig« (vgl. engl.: holy; altnord.: haligar; got.: hailags; griech.: ↗ **hagios**) hat die Grundbedeutung »eigen« und bezeichnet, was der Gottheit eignet. »Heilig« entspricht weitgehend dem lat. »sacer«, das alles umfasst, was einem »numen«, d.h. der unverfügbaren göttlichen Macht, zukommt. Das germanische Wort »wih« dagegen hat die Grundbedeutung »Heiligtum« und steht etymologisch mit dem lat. »victima« in Verbindung und entspricht so dem, was aus sich heraus heilig ist. Beide Worte, »heilig« und »wih«, sind in die deutsche Sprache eingegangen, jedoch wurde »heilig« dominant (vgl. ↗ **Weihnacht**).

Heiligabend ↗ Heiliger Abend, ↗ Weihnachtsabend

Heilige Familie
Gemeint sind Josef, Maria und das Jesuskind. Angaben hierzu enthält das Neue Testament nur wenige: Matthäus 2,13–23 und Lukas 2,41–52. Umso ausgiebiger speist sich dieses Motiv der Literatur und Kunst aus den apokryphen Texten (vgl. ↗ **Flucht nach Ägypten**).

Heilige Mutter Freitag ↗ Freitag
Heilige Nacht ↗ Heiliger Abend
Heilige Stiege ↗ Stiege, Heilige

Heiliger Abend
Von den Juden haben die Christen die Sichtweise übernommen, dass ein Tag (liturgisch) mit dem Sonnenuntergang des Vortages beginnt. Wie Juden den Sabbat mit einem Gottesdienst am Freitagabend begrüßen, feiern Christen den Sonntag bereits mit einer samstäglichen »Vorabendmesse«. Dieser seit dem Zweiten Vatikanischen Konzil (1962–65) geübte Brauch war jahrhundertelang nur durch die liturgischen Feiern in der Nacht zu einem Festtag lebendig: durch ↗ **Oster-** und **Christmette**. Am Abend zuvor (der Christnacht, Heiliger Abend, Heilige Nacht) begann die Festvorbereitung. Die Einbeziehung des Vorabends in das Fest galt nicht nur für religiöse Feste (vgl. Martins-, Nikolaus-, Heiliger Abend), sondern auch für nichtkirchliche Ereignisse wie den Neujahrstag, den 1. Januar: Der 31. Dezember galt – übrigens auch dort, wo zu einem anderen Termin das Neujahrsfest begangen wurde – als Neujahrsabend. Der Begriff »Heiliger Abend«, wahrscheinlich eine Eindeutschung der in der Liturgie so genannten »nox sacratissi-

Des Engels Verkündigung an die Hirten, aus: Die Grandes Heures der Anna von der Bretagne, Königin von Frankreich. Liturgie von Rom. Frankreich, Tours oder Paris (um 1500/08). Bibliothèque Nationale, Paris

ma«, hat sich nur für den 24. Dezember eingebürgert. Gelegentlich hieß der Heilige Abend auch »profesto domini«.

Heiliger Mann ↗ Nikolaus-Begleiter
Heiliger Freitag ↗ Karfreitag, ↗ Karwoche
Heiliges Grab ↗ Grab, Heiliges

Heiliges Jahr
Das in Israel begangene ↗ **Jobeljahr** erscheint im Christentum in gewandelter Form: Es dient der Heiligung der Gläubigen durch die Pilgerschaft zu den römischen Hauptkirchen und der damit verbundenen Absicht zur Umkehr, vollzogen durch Buße und Eucharistiefeier. Als sich um die Jahrhundertwende 1300 zahllose Pilgerscharen in Rom einfanden, gewährte Papst Bonifatius VIII. (1294–1303) einen speziellen vollkommenen Ablass, der sich nach 100 Jahren, seit Clemens VI. (1342–1352) 1343 alle 50 Jahre (↗ **Jubeljahr**, lat.: »annus jubilei [- jubilationis, - gracie])«, **Goldenes Jahr**, **Gnadenjahr**), seit Urban VI. (1378–1389) 1389 alle 33 Jahre und Paul II. (1464–1471) 1470 alle 25 Jahre wiederholen sollte. D.h., trotz des ursprünglich 1300 angekündigten 100jährigen Abstands wurde das Heilige Jahr bereits 1350 wiederholt und 1390 sogar nachträglich (für 1383) gefeiert, ehe es 1400 und 1450 wieder stattfand und danach im Abstand von 25 Jahren gefeiert wurde. – Das Heilige Jahr eröffnet der Papst traditionell durch das Öffnen der »porta aurea« (der Goldenen Pforte) von Sankt Peter; gleichzeitig vollziehen dies Kardinal-Legaten parallel im Lateran, in S. Maria Maggiore und Sankt Paul vor den Mauern in Rom. Am Ende des Jubeljahres wird die Pforte bis zum nächsten Jubeljahr wieder zugemauert.

Heiliger Rock ↗ Rock, Heiliger
Heilig-Geist-Krapfen ↗ Pfingsten
Heilig-Geist-Schwingen ↗ Pfingsten
Heilig Kreuz-Bruderschaft ↗ Bruderschaft
Heiligmonat ↗ Monate: Dezember
Heilmond ↗ Monate: Dezember
Heilswecken ↗ Neujahrsgebäck
Heimsuchung Mariens ↗ Marienfeste: Mariä Heimsuchung

»Heiratsvermittler« Nikolaus
Heilige als Heiratsvermittler scheinen uns heute eher fragwürdig. Das Mittelalter sah das anders. Der hl. ↗ **Andreas** war unter den Heiligen der erste »Heiratsvermittler«, freilich neben der Got-

tesmutter, zu der die Französinnen beteten: »Saint Marie, faites, que je me marie« (Heilige Maria, mache, dass ich heirate). Für »Spezialwünsche« gab es »zuständige Einzelheilige«: »Saint Aubin ... un medicin«, »Saint Macaire ... un notaire«, und auch der hl. ↗ **Nikolaus** fehlte nicht: »Saint Nicolas ... un avocat.«

Heischebrauch

Heischeumzug mit dem Neujahrsschimmel und dem Klapperbock (1898), aus: Otto Frhr. von Reinsberg-Düringsfeld, Das festliche Jahr, Leipzig 1898

Heischebräuche sind auf der ganzen Welt verbreitet. Zu bestimmten Terminen, den **Heischetagen**, dürfen Kinder und Arme in einem meist standardisierten Ritual, oft verbunden mit Liedern, Spielen, ↗ **Lärmbrauchtum**, um Gaben bitten = ↗ **heischen**, ↗ **gripschen**, ↗ **schnörzen**. Die Gaben sind Brote (vgl. ↗ **Gebildebrote**), Obst, Nüsse, Süßigkeiten oder Geld.

Heischegang

Bitten oder betteln hieß früher ↗ **heischen** und war für Kinder und Arme an bestimmten Festtagen im ↗ **Kirchenjahr** üblich. Das organisierte **Heischen** mehrerer wird als Heischegang bezeichnet (vgl. ↗ **gripschen**, ↗ **schnörzen**).

Heischelieder

Zum Ritual des ↗ **Heischegangs** zu Sankt Martin und anderen Gelegenheiten gehören Lieder, mit denen die Heischenden ihre Gaben erbitten. Zwei Beispiele aus »Des Knaben Wunderhorn« (S. 800f) – in Holstein zogen die Kinder zur Sommerverkündung mit einem toten Fuchs im Korb von Haus zu Haus und sangen:

Hanns Voß heißt er,
Schelmstück weiß er,
Die er nicht weiß, die will er lehren,
Haus und Hof will er verzehren;
Brot auf die Trage,
Speck auf den Wagen,
Eier ins Nest,
Wer mir was gibt, der ist der Best!

Als ich hier vor diesem war,
War hier nichts als Laub und Gras,
Da war auch hier kein reicher Mann,
Der uns den Beutel füllen kann
Mit einem Schilling, drei, vier oder mehr,
Wenn's auch ein halber Taler wär.

Droben in der Hausfirst
Hängen die langen Mettwürst,
Gebt uns von den langen,
Lasst die kurzen hangen,
Sind sie etwas kleine,
Gebt uns zwei für eine,
Sind sie ein wenig zerbrochen,
So sind sie leichter [zu] kochen,
Sind sie etwas fett,
Ja besser es uns schmeckt.

Im Rheinland gingen Kinder zur Fastnacht mit einem gebundenen Hahn, den sie in einem Korb schaukelten, zum Heischen und sangen:

Havele, havele, Hahne,
Fastnacht geht ane,
Droben in dem Hinkelhaus
Hängt ein Korb mit Eier raus,
Droben in der Firste
Hängen die Bratwürste,
Gebt uns die langen,
Lasst die kurzen hangen,
Ri ra rum,
Der Winter muss herum;
Was wollt ihr uns denn geben,
Ein glückselig Leben,
Glück schlag ins Haus,
Komm nimmermehr heraus.

Heischen ↗ **Heischebrauch**
Heischetage ↗ **Heischebrauch**

Helau
Hochruf (vgl. ↗ **Alaaf**) in der Karnevalszeit (vgl. ↗ **Fastnacht**).

Helgethorsdag ↗ **Christi Himmelfahrt**
Helije Mann ↗ **Nikolaos**, ↗ **Nikolaus-Name**
Hellig thorsdag (skand.) ↗ **Christi Himmelfahrt**
Hel-Niklos ↗ **Nikolaos**, ↗ **Nikolaus-Name**
Hemelvart ↗ **Christi Himmelfahrt**

Herbergssuche
Als ein Teil des Weihnachtsspiels hat sich die Herbergssuche als Adventsbrauch im Spätmittelalter verselbständigt; im 16. Jh. wurde sie neu geformt und entfaltet. Jugendliche ziehen von Haus zu Haus und singen mit verteilten Rollen ein Herbergs(sch)lied. Das ↗ **Frautragen** ist eine besondere Form der Herbergssuche.

Jean Massys d.J., L'hospitalité refusée à la Sainte-Vierge et à Saint-Joseph (1558). Antwerpen, Museum der Schönen Künste. – Foto: Dietz-Rüdiger Moser

Herbistmanoth ↗ **Monate: November**
Herbst, ander ↗ **Monate: Oktober**
Herbst, dritter ↗ **Monate: November**
Herbst, erster ↗ **Monate: September**
Herbst, vierter ↗ **Monate: Dezember**
Herbst, zweiter ↗ **Monate: Oktober**

Herbsteinschnalzen ↗ Martini

Herbstmonat ↗ September; ↗ Monate: Oktober, November, Dezember

Herbstmond ↗ September, ↗ Monate

Herbstmond, letzter ↗ Monate: Dezember

Herbstquatember ↗ Quatember

Herbstsaat ↗ Monate, ↗ September

Hergottstag ↗ Fronleichnam

Heringstag ↗ Aschermittwoch

Herodes

Der in der Bibel genannte Herodes (vgl. Matthäus 2,1) hat von 37 bis 4 vor Christus gelebt. Er war »Vasallenkönig«, d.h. ein König »von Roms Gnaden«, der über ein abhängiges und besetztes jüdisches Reich herrschte. Mit ihm steht der in der Bibel berichtete ↗ **Betlehemitische Kindermord** in Zusammenhang, der das Fest ↗ **Unschuldige Kinder** begründete.

Herr Tod ↗ Tod, ↗ Winteraustreiben

Herr Winter ↗ Väterchen Frost, ↗ Winteraustreiben, ↗ Tod

Herrenfastnacht ↗ Estomihi, ↗ Fastnacht, ↗ Fastnacht, Alte, ↗ Fastnachtszeit, ↗ Quinquagesima

Herrenleichnamstag ↗ Fornleichnam

Herrensonntag ↗ Sonntag

Herrgottswinkel

In einer Ecke des meistgenutzten Wohnraumes, meist die Küche, war der Platz für das Kreuz, das in der Regel geschmückt war mit einem geweihten Palmstrauß oder geweihten Kräutern. Oft gehörte eine Kerze dazu (vgl. ↗ **Marienfeste: Mariä Himmelfahrt**).

Herrscheklaus ↗ Nikolaos, ↗ Nikolaus-Name

Herz Jesu

In der Sprache der Bibel ist das »Herz« nicht irgendein Organ, sondern ein Symbolbild für das menschliche Wesen, für die personale Mitte eines Menschen (vgl. z. B. Johannes 14,1; 16,22). Die mitttelalterliche Christusmystik, die den Christus der Passion in ihr Zentrum gestellt hatte, nahm das von der ↗ **Lanze** des römischen Soldaten durchbohrte Herz Jesu (vgl. Johannes 19,34) als Synonym für das erlösende Leiden des Gottessohnes, seine sich verschwendende Liebe. Integriert in diese mystische Verehrung war der Gedanken der Sühne: stellvertretendes Beten für die Unwürdigen, Gottesleugner und Gottesfeinde. Die Anfänge der Verehrung des heiligsten

Herz-Jesu. Zeichnung: F. Molitor; Stecher: F. Seifert. Privatbesitz, Nr. 165, 1863(?)

Herzens Jesu finden sich im 13. und 14. Jh.. 1672 erlaubte der Bischof von Rennes den Oratorianern, in ihrer Gemeinschaft liturgisch ein Herz-Jesu-Fest zu feiern. Die im 16./17. Jh. vor allem von den Jesuiten und Oratorianern geförderte Herz-Jesu-Verehrung nahm durch die Visionen der Margaretha Maria Alacoque († 1690) neuen Auftrieb: Ihr war Christus erschienen, auf sein Herz deutend, was als sein Verlangen nach der Einführung eines diesbezüglichen Festes verstanden wurde. Gefeiert wurde es am Freitag nach der Fronleichnamsoktav, am dritten Freitag nach Pfingsten. – Das im 18. Jh. in Frankreich, Deutschland und Italien verbreitete Fest wurde 1765 durch Papst Clemens XIII. (1758–1769) anerkannt und 1856 unter Pius IX. (1846–1878) für die Kirche vorgeschrieben. Leo XIII. (1878–1903) erhöhte 1899 den Rang des Festes und weihte zur Jahrhundertwende die Welt dem Herzen Jesu. Heute ist es ein Hochfest unter dem Namen »Heiligstes Herz Jesu«. Gefeiert wird es am Freitag der dritten Woche nach Pfingsten. Aber auch jeder erste Freitag eines Monats wird als Herz-Jesu-Tag begangen: In einem – meist abendlichen – Gottesdienst beten die Versammelten um Priester- und Ordensnachwuchs. – Heute ist das Herz-Jesu-Fest wenig populär. Das dem Fest zugrunde liegende mystische Bild des durchbohrten Herzens Jesu stößt auf geringe Akzeptanz. Das Symbol »Herz« steht heute eher für Liebelei oder das reale Herz als Organ ist Thema bei Herzrhythmusstörungen, Herzinfarkt und Herztransplantation. Die Entmythologisierung des Herzens hat die Vermittlung des religiösen Festinhaltes schwer gemacht. Nicht ohne negative Wirkung geblieben sind zahlreiche Herz-Jesu-Darstellungen der Vergangenheit: Süßlich vorwurfsvoll blickende Christusfiguren, die in ihrer aufgerissenen Brust auf ein – manchmal sogar elektrisch-betriebenes, flackernd – brennendes Herz verwiesen. Die Symbolik des Christusherzens begegnet in zeitgenössischen Darstellungen so gut wie nicht mehr. – Brauchtum hat die Herz-Jesu-Verehrung nicht ausgebildet. Ein Herz aus Wachs, Zinn oder Silber dienste früher als ↗ **Votivgabe.** In enger Verbindung zur Herz-Jesu-Verehrung steht die Verehrung des Herzens der Gottesmutter Maria (vgl. ↗ **Herz Mariä**).

Herz Mariä ↗ **Marienfeste: Unbeflecktes Herz Mariä**

Heschiche Mittwoch ↗ Aschermittwoch

Heuet ↗ Monate: Juli

Heumonat ↗ Monate: Juni, Juli

Heumond ↗ Monate: Juli

Heuwet ↗ Monate: Juli

Hewlmanoth ↗ Monate: Juli

Hexe

Ausritt der Hexen. Holzschnitt (16. Jh.). Quelle unbekannt

Die Hexe ist eine alte Gestalt des ↗ **Karnevals.** Sie gilt als Buhlin des ↗ **Teufels**; diese nur noch in alten Sagen enthaltene Beziehung findet sich in Redewendungen wie: »Was sich hext, deiwelt sich« oder: »Verklage die Hexe beim Teufel«, d.h. dein Recht wirst du nicht bekommen. Nicht nur die Hexen stehen untrennbar mit dem Teufel in

Verbindung, gleiches gilt auch für Katzen. Nach der Hexensage wird eine zwanzigjährige **Katze** zur Hexe und eine hundertjährige Hexe wieder zur Katze. Hexendarstellungen beziehen deshalb gerne eine Katze ein. Als ↗ **Fachtnachtsfigur** verkörpert die Hexe jene Menschen, die sich närrischerweise mit dem Teufel, dem Feind Gottes und des Guten, eingelassen haben.

Hexentag ↗ **Dienstag**
Himmelfahrt Christi ↗ **Christi Himmelfahrt**
Himmelfahrt Mariens ↗ **Marienfeste: Mariä Himmelfahrt**, ↗ **Hochfest der Gottesmutter Maria**
Himmelsbrot ↗ **Christi Himmelfahrt**
Himmelssturz ↗ **Christi Himmelfahrt**
Himmlischer Bräutigam ↗ **Fatschenkinder**
Himmlisches Jerusalem ↗ **Jerusalem**
Hinterklaus ↗ **Nikolaus-Begleiter**
Hirscha ↗ **Nikolaos**, ↗ **Nikolaus-Name**
Hirsmontag ↗ **Montag**

Hirten

Die in der Bibel erwähnten Hirten gehörten damals dem niedrigsten Stand an; ihre Arbeit wurde als minderwertig angesehen, sie galten als unehrlich, weil niemand kontrollieren konnte, ob sie nicht Lämmer zurückhielten und eigene Geschäfte betrieben. Wenn ausgerechnet ihnen der Engel die Geburt des Messias verkündete, hatte dies gleichsam programmatische Bedeutung: Zu eben diese Menschen, die von allen anderen verachtet wurden, ist der Messias gekommen. Sie gehen voll Vertrauen auf den Messias zu. Auch noch auf einer zweiten Bedeutungsebene ergibt sich: So wie diese Hirten ihre Schafe betreuen und hüten, wird der Messias der Hirt seiner (menschlichen) Schafe sein (vgl. ↗ **Agnes**). Wenn die Geburt Jesu in Betlehem geschehen ist, wogegen es bislang keine eindeutigen Belege gibt, dann hat sie sicher nicht im Dezember stattgefunden. Denn Ende Dezember übernachten keine Hirten mit ihrer Herde im Freien.

Hirten auf dem Feld. Holzschnitt (15. Jh.). Vorlage: Archiv Herder

Hirtensprüche

Die Hirten galten seither als mit der Natur verbunden und als Kenner der Naturgeheimnisse. An ↗ **Martini** überreichten sie dem Bauern die ↗ **Martinsgerte** (oder ↗ **Martinigerte**) mit einem besonderen Spruch, dem Hirtenspruch, der Heil und Segen verhieß, wenn sich der Bauer an bestimmte Regeln hielt. Natürlich erwartete der Hirt als Belohnung auch festliche Speise und köstlichen Trank. Nach Friedrich Panzer (1855) sprach der Rinderhirt in der Gegend von Landau: »Im Namen Godes trid i herein, im Namen Godes trid i wida hinaus; God behiate eur Haus, eur Haus und eurn Hof, eure Schwein! Alles soll gesegnt sei, mit kiarniga Tropfen Wei, mit halinga Himelsbroud, das is der zwelf Junger ihre Gob. Der kleine Mo wurd früa aufsta, wurd traibm sei Vichlein auf de Waad, auf de Waad und auf de Wis, auf ainen greana Bam. Da kam der hali Petrus mit 'm Himelschlüssel und spiat den Wuidbern seinen Riassel, und seinen Zorn, dass er eam ko kaa Häuti net zraissn, kaa Blüatl net lassn. Darum bitn mier ze dem halign Mo,

der auf 'm halign Kreuz gstanden is, hilf uns God Vater, God Su, God halige Geist!«
In Etzendorf erscheint der hl. ↗ **Martin** anstelle des hl. ↗ **Petrus**: »Kimt der hali sanct Mirta, mit seiner Girta! So vil Kranawittbir, so vil Ochsn und Stir! So vil zwai, so vil Fuada Hai! Steckt ses hintar 'n Küabarn, nach werd af 's Jar kaa Kua velarn; und steckt ses hinte de Stalltür, treibts af 's Jahr mit Fraidn herfür,«
In Haader sprach die »Hüatkasperin«, also die Frau des Dorfhirten Kaspar Hirsch: »Es kommt da Hirt mit seiner Girt. Für dieses Jahr ist ausgehüat. Ham g'hüat unta Dist'ln und Dorn. Da hat d' Hüaterin ihr rotseides Tüachl verlorn. Nehmts dö Gart und steckts ös hinta d' Tür. Und bringts ös aufs Jahr mit Freuden wieda hervür.«
In Inkofen sprach die »Hüatnanni«: »Schickt enk da heilö Martinö an Gart hinta d`Tüar, ziagts ös aufs Jahr na wieda hervür.«

Hochfest der Gottesmutter Maria ↗ Marienfeste: Mutterschaft Mariens
Hochfest des Leibes und Blutes Christi ↗ Fronleichnam
Hochfest Erscheinung des Herrn ↗ Dreikönigsfest
Hochfest Mariä Aufnahme in den Himmel ↗ Marienfeste: Mariä Himmelfahrt
Hochmittwoch ↗ Pfingstmittwoch
Hochzeitsorakel ↗ Orakelbräuche, ↗ Silvester, ↗ Thomas
Hochzeitstag ↗ Dienstag, ↗ Freitag
Hochzeitstag der »gefallenen Mädchen« ↗ Freitag
Hochzeitsverbot ↗ Freitag
Hoffartstag ↗ Fronleichnam
Hofnarr ↗ Narr
Hoheitszeichen Christi ↗ Arma Christi, ↗ Leidenswerkzeuge, ↗ Passionsfrömmigkeit
Hoher Donnerstag ↗ Gründonnerstag, ↗ Karwoche
Hoher Mittwoch ↗ Pfingstmittwoch

Höhle

Nach Betlehemitischer Lokaltradition und griechisch-orthodoxer Auffassung ist Jesus in einer Höhle (= ↗ **Geburtshöhle**) geboren worden, während die abendländische Vorstellung eher einen Stall erkennen ließ. Dies muss aber kein Widerspruch sein; denn die Höhlen, in denen Schafe und anderes Vieh bei Unwettern Zuflucht fanden, verfügten oft über einen hausartigen Vorbau ohne Wände. Die Bibel beschreibt den Ort nicht (vgl. ↗ **Passionsfrömmigkeit**).

Hoimanot ↗ Monate: Juli
Holda, Frau ↗ Frau Holle
Holepfannensonntag ↗ Sonntag

Hölle

Herrschaftsbereich des Bösen, vgl. ↗ **Teufel**; Ziel aller, die bei Gottes Gericht verworfen werden

Pierrefrancesco Orsini: Höllen-Tor in Bomarzo (Mitte 16. Jh.). – Vorlage: Archiv Herder

und unter ewiger Gottesferne vegitieren müssen. Die Bibel verortet zeitgemäß die Hölle als Raum unterhalb der Erdkruste, in der ständige Feuerqualen zu erleiden sind. Die moderne Theologie versteht die Hölle als den Zustand der Gottesferne, die der Mensch sich durch die grundsätzliche Leugnung Gottes selbst »erwirbt«. Das Höllenfeuer wird symbolisch gedeutet. Der Zustand des ewigen Gottesferne nach dem Tod ist eine Folge der menschlichen Freiheit, sich auch gegen Gott entscheiden zu können.

Holle, Frau
Zum Abschluss der ↗ **Rauhnächte** wurde früher in Eisfeld im ehemaligen Herzogtum Meiningen am Dreikönigstag Frau Holle verbrannt. Sie ist eine Ausgestaltung der ↗ **Perchta**.

Höllenlärm ↗ Lärmbrauchtum
Höllenschlund ↗ Kinderfresser
Höllenspektakel ↗ Lärmbrauchtum
Höllensturz ↗ Christi Himmelfahrt, ↗ Teufel
Hollethomas ↗ Thomas
Holzfartdache ↗ Pfingstdonnerstag
Holzfehrdach ↗ Pfingstdonnerstag
Hölzle ↗ Kerbholz
Holzmonat ↗ Monate: September

Honigkuchen
Fast 4000 Jahre alte Funde aus Pharaonengräbern belegen: Schon den alten Ägyptern schmeckte der süße Honigkuchen. Der Honig galt der Menschheit stets als Gabe der Götter. Ihm und allen mit Honig zubereiteten Speisen wurde dämonenvertreibende, heilende und lebensspendende Kraft zugesprochen. Als Jenseitsspeise wurde Honigkuchen zur Grabbeigabe in Ägypten und zur Opfergabe auf den Altären der Griechen und Römer. Der Honigkuchen der Antike wandelte sich zum »Lebekuoche« (vgl. ↗ **Lebkuchen**) des Mittelalters.

Hoppeditz
In Düsseldorf Name des personifizierten Karnevals, der am 11.11. um 11.11 Uhr (in der Person eines Darstellers) zum Leben erwacht und Fastnachtsdienstag um 24 Uhr (in Form einer Puppe) unter Heulen, Zähren und Zähneknirschen einer närrischen Trauergemeinde beerdigt (verbrannt, ersäuft, vergraben ...) wird. In Köln wird der Karneval in der Person (↗ **Strohpuppe = Strohmann**) des ↗ **Nubbel** beerdigt. Andere Namen an anderen Orten für die gleiche Figur sind ↗ **Lazarus Strohmannus**, ↗ **Jokili**, ↗ **Geck** .... Nach einer Chronik aus der zweiten Hälfte des 16. Jh. hieß die entsprechende Puppe in Münster damals ↗ **Doktor**. Das Wort »Ditz, Ditzke« ist in Düsseldorf die Bezeichnung für ein kleines Kind. Es könnte vom gleichbedeutenden russischen »ditja« abgeleitet sein und wäre damit ein Relikt der Anwesenheit der Russen in Düsseldorf in napoleonischer Zeit (vgl. ↗ **Fastnachtsanfang**, ↗ **Fastnachtsschlussbräuche**, ↗ **Narrenzeit**).

Horniskrug ↗ Martini
Hornung ↗ Monate: Januar, Februar, Oktober

Hortus conclusus
In spätantiken und frühmittelalterlichen Darstellungen findet sich ↗ **Maria** gelegentlich in einem umzäunten Bereich wiedergegeben: Ein geflochtener Zaun umschließt die Darstellung der Geburtsszene; seltener wird der Zaun durch Stadtmauern mit Türmen und Toren ersetzt (= himmlisches ↗ **Jerusalem**, neues Paradies). Maria im »hortus conclusus« (= umzäunter Garten) versteht sich als Allegorie der unverletzten Jungfräulichkeit Mariens (= conceptio immaculata): Maria wird als die neue Eva (vgl. ↗ **Adam und Eva**) im neuen, wiedergewonnenen Paradies gezeigt. Der Zaun kennzeichnet Maria als »virgo intacta« (= unversehrte Jungfrau), also als die durch die Propheten angekündigte jungfräuli-

Geburt Christi und Verkündigung an die Hirten. Relief, Walrosszahn (ca. 1150–1170). Köln, Schnütgen-Museum, Inv.-Nr. B 104a. Vorlage: Rheinisches Bildarchiv Köln

che Mutter Jesu (= »semper immaculata virgine dei genitrice«). Nach literarischen Vorgaben, insbesondere der Auslegungen des Hohenliedes (»Ein verschlossener Garten ist meine Schwester Braut, ein verschlossener Garten, ein versiegelter Quell«, »Hortus conclusus soror mea sponsa, hortus conclusus, fons signatus«, vgl. Hld 3,12 [nach der Vulgata]) und der seit Anfang des 13. Jh. üblichen Gleichsetzung Mariens mit dem Paradies, beginnt ab 1400 die Darstellung Mariens im Paradiesgarten, die im Laufe der Zeit immer detailreicher ausgestaltet wird.

Hospital ↗ Spital
Hospiz ↗ Spital
Hostie ↗ Ostern
Hostienfrevel ↗ Fronleichnam
Hostienwallfahrtsorte ↗ Fronleichnam

Bei der Hubertusjagd, aus: Das große Festtagsbuch. Feiern, Tanzen und Singen. Hrsg. v. Walter Hansen. Freiburg i.Br. 1984. – Vorlage: Archiv Herder

Hotsleichnamtag ↗ Fronleichnam
Houmaen ↗ Monate: Juli
Houw ↗ Monate: Juli
Houwet ↗ Monate: Juli
Hoymaent ↗ Monate: Juli

Hubertus

Der Hubertustag, der 3. November, ist vielen Menschen als Tag der **Hubertusmesse** bekannt. Am Tag selber oder in seinem Umfeld findet ein feierlicher Gottesdienst der Jäger statt, oft wird auf Parforce-Hörnern eine der französischen oder deutschen Hubertusmessen geblasen; beim Gottesdienst, in einer Kirche oder im Freien, sind Jagdhunde, abgerichtete Greifvögel, manchmal auch erlegtes Wild, anwesend. In dieser Zeit gibt es Parforce-, Treib- oder Hetzjagden. Der hl. Hubertus (ca. 655–727) war Bischof von Tongern-Maastricht und wirkte als Missionar in Südbrabant. Er verlegte den Bischofssitz nach Lüttich, wohin er auch die Reliquien des hl. ↗ **Lambert(us)** mitnahm. Im 11. Jh. übertrug sich die ursprünglich mit dem hl. Eu-

stachius (um 117 [?]) – vor der Kalenderreform war der 20. September sein Gedenktag – verbundene Legende von seiner Bekehrung durch die Begegnung mit einem Hirschen, der ihm während einer Jagd mit einem Kreuz im Geweih begegnete, auf Hubertus. Im 14. Jh. war diese **Hubertuslegende** in Belgien, Frankreich und Deutschland verbreitet. Hubertus wurde Patron der Stadt Lüttich, Patron der Jäger, Forstleute und Schützengilden. Er galt auch als Patron gegen die Hundetollwut. Dargestellt wird er als Jäger oder Bischof, mit Hirsch oder Hund, Stola oder Schlüssel. In früheren Jahrhunderten trug man **Hubertus-Riemchen** im Knopfloch, um sich gegen wütende Hunde zu schützen, **Hubertus-Schlüssel** bei Krämpfen, Mondsucht, Viehkrankheiten. Gegen Fieber benutzte man **Hubertus-Hörnchen** (frz.: Cornet de St.-Hubert), gegen Kopfschmerzen trug man den **Hubertus-Ring** oder drückte ihn gegen die Stirn. Fähnchen, Medaillen und Ringe waren Wallfahrtsandenken. Sie wurden auch am Kopf der Pferde angebracht. Mit **Hubertus-Brot** und **Hubertus-Wasser** suchte man sich gegen Ratten zu helfen. In Buizingen, Belgien, brannte man die Hunde mit **Hubertus-Schlüsseln** und gab ihnen **Hubertus-Brot**. In den Metzgereien (Namur) hing das **Hubertus-Fähnchen**, klebte man sein Bild auf die Türen. Hubertus wurde zu den ↗ **Vier Marschällen Gottes** gerechnet.

Hubertus-Brot ↗ **Hubertus**
Hubertus-Fähnchen ↗ **Hubertus**
Hubertus-Hörnchen ↗ **Hubertus**
Hubertuslegende ↗ **Hubertus**
Hubertusmesse ↗ **Hubertus**
Hubertus-Riemchen ↗ **Hubertus**
Hubertus-Ring ↗ **Hubertus**
Hubertus-Schlüssel ↗ **Hubertus**
Hubertus-Wasser ↗ **Hubertus**
Hübscher Montag ↗ **Pfingstmontag**

Hufeisen

Es ist umstritten, ob das Hufeisen auf Wotans Wilde Jagd zurückgeführt werden muss und sein Verzehr damit Anteil am Göttlichen gibt, ob es auf die alte Verehrung des Eisens zurückgeht, oder ob es als Beweis für die Erfüllung des Wunsches gilt: Schließlich muss man ein Hufeisen erst einmal gefunden haben, will man das ↗ **Glück** noch erreichen. Wie das Hufeisen angebracht werden muss, soll es Glück bringen, wird verschieden verstanden: Die einen bringen es mit der Öffnung nach oben an, damit es – quasi wie eine Antenne – das Glück mit offenen Armen empfängt; andere montieren es genau umgekehrt, damit das Glück auf Haus und Hof geleitet wird. Auch Aberglauben lässt verschiedenste Methoden zu (vgl. ↗ **Leonhardiritt**).

Hülpe ↗ **Kümmernis**
Humand ↗ **Monate: Juli**

Humor

Die Vorstellung, dass man das Gedächtnis des Todes und der Auferstehung Christi im Gottesdienst mit Humor verbinden kann, ist vielen Menschen heutzutage eher fremd. Wenn zu Karneval Kinder kostümiert dem Gottesdienst beiwohnen oder die Mitglieder eines Karnevalsvereins in ihren bunten Uniformen mit ihrer Vereinsstandarte geschlossen anwesend sind und dann auch noch ein Pfarrer – falls er es wirklich kann – auf Platt bzw. im Dialekt predigt, dann mokieren sich sicher einige über diese »verkehrte Welt«. Und diese Feststellung der verkehrten Welt ist gar nicht falsch: Vor der Fastenzeit, in der man sich auf das Kommen des Reiches Gottes vorbereitet, soll es durchaus eine Zeit geben, in der die »verkehrte Welt«, das Reich der Narren, selbst erlebt wird. Die Umkehrung der Werte, Fest und Feier statt Arbeit, die auf den Kopf gestellte Gesellschaftsordnung, in der der Narr das Sagen und das Recht auf seine Wahrheit hat, die Verkleidung, die einen in neue Rollen schlüpfen lässt, das alles und noch mehr ist zwar nicht planmäßig oder gar als Liturgie von der Kirche eingeführt worden. Aber es ist in das ↗ **Kirchenjahr** eingebaut worden. Die verkehrte Welt, gekennzeichnet durch die Zahl ↗ **Elf**, die das Überschreiten der Zehn Gebote anzeigt, wird durchgespielt, um am ↗ **Aschermittwoch** die Grundforderung Jesu nach »Umkehr« aufgrund eigener Ansicht vollziehen zu können: Am Aschermittwoch ist alles vorbei, und alles wird wieder normal. Als weiser ↗ **Narr** feiert man den Karneval bewusst als verkehrte Welt, in der man sich aber nicht verliert. Der Sinn des karnevalesken Unsinns der ↗ **Fastnacht** ergibt sich allein durch die ↗ **Fastenzeit**. Und deshalb darf auch der richtig ↗ **Karneval** feiern, der anschließend auch richtig fastet.

Unsere Vorfahren wenigstens leisteten sich aber noch viel mehr Humor in der Kirche. Davon zeugen nicht nur viele alte Chorgestühle mit den geschnitzten Fratzen, Schelmen und Narren. – Dass die Kleinen groß sein dürfen, feierten die Kinder im Mittelalter einmal im Jahr im ↗ **Knabenbischofsspiel**, wenn sie verkleidet in die Rolle der Großen schlüpften und die Großen klein sein ließen. – Die Vorstellung, dass nur der wirklich die Auferstehung feiern kann, der sich so freut, dass er lacht, führte zum Brauch des ↗ **Ostergelächters**: In der Osterpredigt musste der Pfarrer wenigstens einen Witz so einbauen, dass die Gemeinde schallend lachen konnte. Vielleicht trainieren die Pfarrer heute noch und trauen sich nur nicht mehr die Witze von der Kanzel zu erzählen, denn die meisten Pfarrer wissen heute noch die besten und neusten Witze.– Ob man die Taube, die im Mittelalter leibhaftig in der Kirche zu ↗ **Pfingsten** fliegen durfte, eher unter Humor oder unter Anschauungsunterricht verbuchen soll, diskutieren noch die Gelehrten. Den im Mittelalter belegten Brauch, dass sich die Gemeinde am Karnevalssonntag in der Messe als Ansammlung von Eseln begriff und deshalb jede von der Liturgie vorgesehene Antwort mit einem kräftigen »I-ah« abschloss (vgl. ↗ **Eselsfest**), sehen viele heute gerne abgeschafft. Wer möchte sich schon als ↗ **Esel** dar-

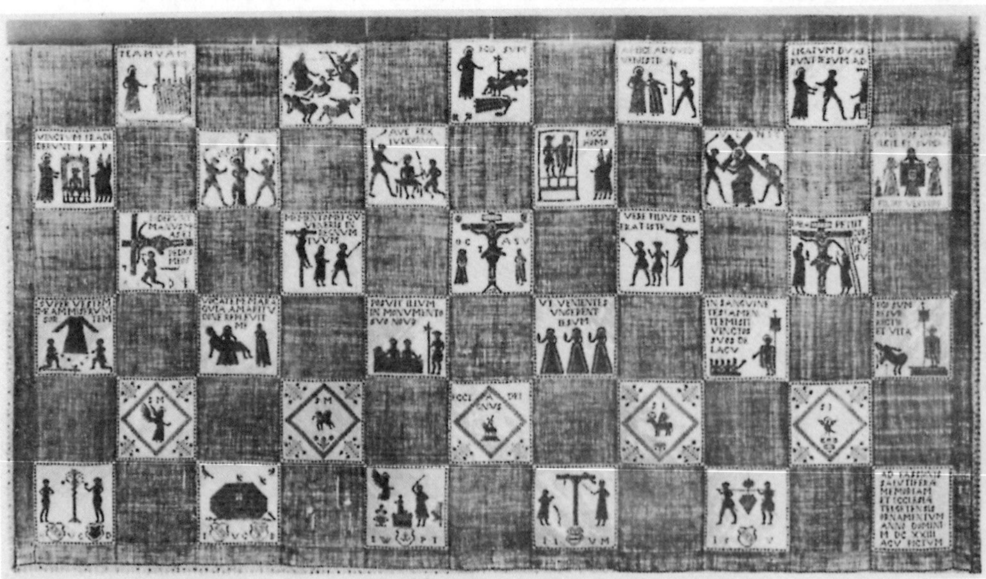

Hungertuch aus Telgte (1623). Heimathaus Münsterland. Vorlage: Archiv Herder

stellen! – Ob unsere Vorfahren mehr oder nur anderen Humor besaßen – wer will das entscheiden?

Hundstage
Die Hundstage dauern vom 23. Juli bis zum 23. August. Sie sind benannt nach dem **Sirius**, dem »Hundsstern«, der an diesen Tagen zusammen mit der Sonne aufgeht. In der Antike glaubten die Menschen, der Hundsstern bringe noch zusätzliche Hitze, denn im Mittelmeerraum sind die »Hundstage« die heißesten Tage des Jahres.

Hungertuch
Bezeichnung für das Tuch, das während der ↗ **Fastenzeit** in der Kirche aufgehängt wurde und mancherorts heute wieder wird. Andere Bezeichnungen: ↗ **Fastenvelum**, ↗ **Schmachtlappen**; vgl. ↗ **Fastentuch.**

Hutkönig ↗ **Huttanz**
Hutscheklas ↗ **Nikolaos**, ↗ **Nikolaus-Name**

Huttanz
Örtlicher Brauch junger Leute zum ↗ **Erntefest** und/oder ↗ **Martini.** Es werden Tanzpaare gebildet. Ein Tänzer erhält einen Hut (Strohhut, Zylinder ...) aufgesetzt, den er während des Tanzens einem anderen Tänzer aufsetzten muss. Wenn die Musik ihr Spiel unterbricht, muss das Tanzpaar ausscheiden, dessen Tänzer den Hut gerade trägt. Sieger und **Hutkönig** ist das Paar, das zum Schluss übrigbleibt. (Eine kindliche Variante dieses Spiels ist die »Fahrt nach ↗ **Jerusalem**«, bei der die einzelnen Kinder beim Musikstop einen Stuhl besetzen müssen, von denen es allerdings immer einen weniger als mitspielende Kinder gibt). Eine weitere Variante des gleichen Spielgedankens für alle Altersgruppen ergibt sich, wenn in einen Kuchen eine einzelne Bohne (Kirschkern, Geldstück ...) eingebacken wird. Schneidet man nun der Kuchen auf, so wird derjenige ↗ **Bohnenkönig**, in dessen Kuchenstück die Bohne auftaucht. Der oder die Sieger erhalten ein kleines Geschenk.

Hüttensonntag ↗ **Invocabit**
Hützelbrot ↗ **Stollen**
Hutzelbrot ↗ **Stollen**, ↗ **Thomas**

Hutzeln
Als Hutzeln bezeichnete man getrocknete Birnen, die – auf diese Weise haltbar gemacht – wichtige Vitamin C-Spender im Winter waren.

Hutzelsonntag ↗ **Inovocabit**, ↗ **Laetare**, ↗ **Sonntag**
Huwemaint ↗ **Monate: Juli**

Hyperhagios
Griech. »Überheiliger«: ein Heiliger, der über anderen Heiligen steht. In der griechisch-orthodoxen Kirche Ehrentitel für ↗ **Nikolaus.**

Hypothesen zum Weihnachtstermin
Da es keine allgemein anerkannte Begründung oder einen allseits akzeptierten Beweis für die historische Terminierung des Weihnachtsfestes gibt, haben sich verschiedene Theorien ausgebildet. Sie lassen sich in fünf Hypothesen zusammenfassen:
(1) **Religionsgeschichtliche Hypothese**
Sie geht von der Annahme aus, dass die verschiedenen Termine des Geburtsfestes Jesu mit Festen anderer Religionen zusammenhängen. Entweder sollten heidnische Feste und Vorstellungen von den frühen Christen übernommen werden, oder die Christen hatten ihre Feste aus apologetisch-missionarischer Absicht auf heidnische Termine festgesetzt, um deren Feste und Termine zu verdrängen, zu überdecken und zu adaptieren. Vertreter dieser Denkrichtung sind Albert Schweitzer und Oscar Cullmann.

(2) **Apologetische Hypothese**

Nach dieser Annahme reagierten die Christen mit der Festsetzung der Geburt Jesu auf den 25. Dezember auf das 274 durch Kaiser Aurelian (250–275) neu eingeführte Geburtsfest des Sonnenkönigs (»Natalis Solis Invicti«). Diese Hypothese variiert die religionsgeschichtliche Hypothese. Einige Wissenschaftler zweifeln, ob es diesen römischen Festtag überhaupt gegeben hat. Nur ein mehrdeutiger Hinweis in einem Kalender, der auch bloß als Geburtstagsangabe, nicht aber als Festtag verstanden werden kann, ist ihnen zu wenig. Vertreter der Hypothese ist Hieronymus Frank.

(3) **Germanische Kontinuitätsprämisse**

Seit dem 19. Jh., gespeist zunächst aus Nationalbewusstsein, dann aus nationalsozialistischer Ideologie, wurden Feste und Brauchtum als christlich übertünchte germanische Brauchformen erklärt. Das Weihnachtsfest sei deshalb auf den 25. Dezember gelegt worden, um das germanische ↗ **Julfest** (↗ **Mittwinter**) zu verdrängen. In den meisten christlichen Festen habe sich das germanische Brauchtum erhalten.

(4) **Berechnungshypothese**

Innerkirchliche Gründe – ausgehend von dem berechneten Todes- und Auferstehungstag Jesu und glaubensimmanenten Vorstellungen – nehmen diese Hypothese als Voraussetzung für die Bildungen der Festtermine an, die die Gegenwart mit der Vergangenheit und der Zukunft verbinden sollen. Vertreter sind August Ströbel, Wilhelm Hartke und Thomas Gandow.

(5) **Alttestamentlich-prophetische Hypothese**

Diese Hypothese erklärt die Entstehung des Weihnachtsfestes aus dem alttestamentlich-jüdischen Bezugsrahmen: Jesus, der sich selbst als Tempel und Eckstein verstand (vgl. Matthäus 21,42; Markus 12,10f; Lukas 20,17; Apostelgeschichte 4,11; 1 Petrus 2), wird als »Tempel des Herrn« angesehen, zu dem (nach Haggai 2,18) am 24. Tag des neunten Monats der Grundstein gelegt wurde. Aus dem ↗ **Jom Chanukka** wurde so das Geburtsfest Christi, das auch Brauchelemente dieses jüdischen Tempelweihefestes übernommen hat. Vertreter dieser Theorie ist Paulus Cassel.

I

Iden

Im römischen Kalender bezeichneten die Iden die Monatsmitte: den 15. Tag im März, Mai, Juli und Oktober und den 13. Tag in den übrigen Monaten des Jahres. Schwellentage und Wechsel bedeuteten – nicht nur für unsere Vorfahren – Gefahr. Die Iden galten als Tage des Unheils, insbesondere die Iden des März, die im alten römischen Kalender einmal die ersten Iden im Jahreslauf waren und an denen der Reformer dieses Kalenders, Julius Cäsar, ermordet wurde. Nach altem Aberglauben drohte an den Iden Gefahren von Hexen, Dämonen und Vampiren, wogegen eine Knoblauchzehe an einem Halsband sichere Hilfe versprach. Wir (vermeintlich) Aufgeklärten wissen indessen, dass Knoblauch nicht so sehr äußerlich, sondern vor allem innerlich angewendet hilft: als Beigabe zu vielen Speisen, vor allem aber als Teil eines vitaminreichen Frühlingssalates – und natürlich auch als Mittel der Abschreckung gegen alle Zwei- und Mehrbeiner, denen er einfach nur stinkt.

Iffeleträger ↗ **Lichterkläuse**

Ikone

Bildliche Darstellung von Heiligen und göttlichen Gestalten für kultische Zwecke. Nach östlichem Denken stellt die Ikone nicht nur etwas dar; ihr wohnt die Kraft des Dargestellten inne. Deshalb gilt die Ikone als heilig (vgl. ↗ **Bilderstreit**).

Andreas Ritzos, Madonna der Passion. Tempera auf Holz (2. Hälfte 15 Jh.). Ston, Pelje?ac, Kirche des hl. Biago. Vorlage: Archiv Herder

Ikonographie

Die Ikonographie systematisiert die Darstellungsformen und die Attribute der Heiligen in Malerei und Plastik. Sie befasst sich mit den – oft widersprüchlichen – Verwendungen von Allegorien, Symbolen und Zeichen. Am Beispiel des hl. ↗ **Martin**: Seine Darstellung erfolgt meist als soldatischer Reiter, der – auf seinem weißen Pferd sitzend – seinen Mantel teilt. Vor dem Pferd kniet oder steht ein wenig bekleideter, »frierender Bettler«. In dieser Darstellungsform findet sich sowohl die ältere elegante römische Stereotype des alles beherrschenden Reiters wieder wie das mittelalterliche Ideal des Ritters, der sein ständisches Selbstverständnis mit der ritterlichen Devise des »Ich dien'» verband. Seltener wird Martin als Bischof dargestellt, dem als Attribut eine Gans (↗ **Martinsgans**) beigestellt wird; eine solche hatte ihn angeblich verraten, als er sich in einem Gänsestall versteckte, um seiner Wahl zum Bischof zu entgehen.

Ikonoklasmus ↗ **Bilderstreit**

Ilex

Mit ihren stachligen Blättern symbolisiert der Ilex (= **Stechpalme**) Jesu Dornenkrone und seine roten Beeren die Blutstropfen. Die Verwendung des Ilex in Advents- und Weihnachtsgebinden binden das Kreuz Christi, sein Leiden und seinen Tod, in die Freude der Geburt ein (vgl. ↗ **Grün und Rot**).

Immanuel ↗ **Emmanuel**

Immergrün

Immergrüne Pflanzen, also solche, die auch im Winter ↗ **grün** bleiben, wurden und werden als Garanten des Lebens in einer toten Zeit gedeutet, Belege für das Wiederkehren von Sonne und Licht (vgl. ↗ **Mistel**, ↗ **Christbaum**, ↗ **Rosmarin**).

Imperiale Ostereier ↗ **Ostereier**

In den Ostern ↗ **Ostern**

In den paschen ↗ **Ostern**

Inkarnation

Der lat. Begriff »incarnatus« (vgl. inkarniert; wörtlich: Einfleischung, Fleischwerdung) bezeichnet die ↗ **Menschwerdung** Gottes gemäß Johannes 1,14: »Und das Wort ist Fleisch geworden.« Das lateinische Wort wurde eingedeutscht zu: mhd. »ingevleischt«, hd. »eingefleischt«. Gemeint ist, dass Gott in Gestalt eines Menschen nicht nur auftritt, Menschsein »spielt«, sondern ganz Mensch ist und so teilhat an menschlicher Empfindung (vgl. ↗ **Epiphanie**). Der alte Wortsinn ist inzwischen auch ins Säkulare ausgeweitet: Ein »eingefleischter« Junggeselle ist ein überzeugter, unumkehrbarer, typischer Eheloser.

Inkarnationsstil ↗ **Jahresende**

INRI ↗ **Kreuzinschrift**

Introitus

Eingangsgebet der heiligen Messe. Nach dem ersten Wort des Introitus sind viele Sonntage im liturgischen Jahreskreis benannt; vgl. z.B. ↗ **Invocabit.**

Invocabit

Erstes Wort des ↗ **Introitus** (Eingangsgebet) der Messe (»Invocabit me« = Er ruft mich an) des Sonntags Invocabit (auch: **Invocavit**), des 1. Fastensonntags und des 6. Sonntags vor Ostern (vgl. ↗ **Fastensonntage**). Der Tag wurde auch ↗ **Weißer Sonntag** genannt, denn in Rom zogen die österlichen Täuflinge an diesem Tag erstmals in weißen Taufkleidern in die Kirche. Umgangssprachlich hieß der Tag ↗ **Funkensonntag** (in Aachen **Fackelsonntag**), weil Feuer angezündet und brennende Fackeln über die Felder getragen wurden als Fruchtbarkeitswecker. ↗ **Frühlingsbräuche** waren für diesen Tag typisch. Abends wurde auf einem Hügel Feuer angezündet und glühende Holzscheiben ins Tal gerollt oder geworfen (Scheibenschlagen). Eine ähnliche Funktion hatte das ↗ **Funkenschlagen.** Eine mit Stroh oder anderen brennbaren Materialien umbundene Stange wurde angezündet und als riesige Fackel bis zum Erlöschen geschwenkt (auch ↗ **Fasnachtsfeuer**, **Fasnetfunken**). In der Eifel hieß der Tag **Hüttensonntag.** Tags zuvor sammelten Jugendliche Stroh und Reisig, woraus sie auf einem Hügel eine Hütte bauten, die am Sonntag mit einem ↗ **Strohmann**, dem ↗ **Winter** gekrönt wurde. Abends wurden Hütte und Strohmann abgefackelt. Das Feuerbrauchtum war mancherorts mit einem ↗ **Saatgang** verbunden, einem Fackelgang durch die Felder zum ↗ **Saatwecken**, was mit ↗ **Fackelschwingen** und ↗ **Fackelwettrennen** endete (vgl. ↗ **Feuer**). Vor der Synode von Benevent (1091) endete die ↗ **Fastnacht** mit dem Dienstag nach dem 6. Sonntag vor Ostern (Invocabit).

Die Erinnerung daran, dass Invocabit einst der ↗ **Fastnachtssonntag** war, hat sich in vielen alten Namen erhalten: **Alte Fasnacht**, **Mannfassnacht**, »manne«, »carnisprivium magnum«, »- vetus«, **aller manne Faschangtag**, **Fastelabend**, **Molken Vastelabend**, **Fastnacht**, **Vasting**, **Große Fastnacht**, **Mannfasten**, **Scheffastnaicht**, **Scheuffefastnacht**. Andere Bezeichnungen für Invocabit sind: »dominica in capite jejunii«, »dominca bordarum«, »dimanche behourdi (brandonnes, de bures)«, **Erbessonntag**, **Erster Sonntag in der Fasten**, **Hutzelsonntag**, **Kässonntag**, **Schoofsonntag**, **Scheibensonntag**, **Quadragesima**, **Großer Sonntag** (vgl. ↗ **Sonntag**).

Invocavit ↗ Invocabit

Irchtag ↗ Dienstag

Irrsinniger Donnerstag ↗ Donnerstag, ↗ Weiberfastnacht

Irrsinniger Pfinstag ↗ Donnerstag, ↗ Weiberfastnacht

Irrtag ↗ Dienstag

Irtag ↗ Dienstag, ↗ Donnerstag

Isai ↗ David

Iulius ↗ Monate: Juli

Iunius ↗ Monate: Juni

J

Jack Pudding ↗ Hanswurst
Jacobus major ↗ Jakobus der Ältere
Jagd, grüne ↗ Weihnachtsjagd
Jägersabbat ↗ Freitag
Jägersonntag ↗ Freitag, ↗ Sonntag

Jahr abgewinnen, Jemandem das neue
Diese im 19. Jh. aufkommende Redensart gründet in dem Volksglauben, man müsse am 1. Januar möglichen Unglückswünschen zuvorkommen, um im kommenden Jahr auch tatsächlich Glück zu haben. Dieser Grundgedanke wird heute überlagert und nahezu unkenntlich durch die Sitte, am Neujahrstag Glückwünsche ganz schnell anzubringen, weil der schnellste und erste Glückwünscher ein ihm dann zustehendes kleines Präsent erhält.

Jahr, goldenes ↗ Heiliges Jahr
Jahresanfang, -beginn ↗ Jahresende

Jahresbezeichnung
In vorchristlicher Zeit gab es verschiedene Methoden, ein Jahr unmissverständlich zu bezeichnen: Die jüdische Welt hatte sich einen absoluten Bezugspunkt dadurch geschaffen, dass sie einen genauen Zeitpunkt der Schöpfung annahm und ihn mit 3760 Jahren vor Christi Geburt festsetzte. Die Römer dagegen verfügten nicht über einen absoluten Fixpunkt wie z. B. den Weltbeginn. Sie bezeichneten nach Steuerjahren, der legendären Gründung Roms (lat.: »anni ab urbe condita«), Konsulatsjahren und/oder Regierungs- oder Lebensjahren der Kaiser. Oft wurden sogar der Unverwechselbarkeit wegen mehrere

Astronomische Uhr von Johann von Aachen, Dietrich Tzwyvel und Nikolaus Windemaker; Prospekt von Ludger tom Ring d. Ä. (1542). Dom zu Münster. Foto: Rudolf Wakonigg

Angaben gleichzeitig gemacht. Einen bekannten Beleg für diese Methode enthält auch die Bibel: »In jenen Tagen erließ Kaiser Augustus den Befehl, alle Bewohner des Reiches in Steuerlisten einzutragen. Dies geschah zum erstenmal; damals war Quirinius Statthalter von Syrien« (Lukas 2,1). Zur ältesten Bezeichnung einer länge-

ren Jahresreihe mit laufenden Zahlen wurde die Diokletianische Ära (284–305, lat.: »anni Diocletiani«), die aus einsichtigen Gründen nach der Konstantinischen Wende 313 auch »aera martyrum« genannt wurde.
Die Christen übernahmen zunächst das vorfindliche System der Jahresbezeichnung, kennzeichneten aber die völlig neue Ära durch das Hinzufügen von »unter der Herrschaft Christi« (Märtyrerakten des 2. Jh.). Das gestiegene Selbstbewusstsein der Christen ließ es nach einer gewissen Zeit nicht mehr zu, die Zeit nach einem kaiserlichen Christenverfolger zu benennen. Der in Rom lebende skythische Mönch Dionysius Exiguus, mit der Berechnung der Ostertermine beauftragt, errechnet im 6. Jh. Auferstehung und Geburt Jesu. Er setzt das 247. Jahr Diokletians mit dem 531. Jahr nach Christi Geburt gleich. War für den Alten Bund die Schöpfung der Welt der Ausgangspunkt zur Zeitberechnung, stellen die Christen nun das Erscheinen des Messias dagegen. Die ↗ **Inkarnation** Jesu wurde zum zeitübergreifenden Bezugspunkt bei der Jahresbenennung. Die Weltgeschichte ließ sich nun klar in eine Zeit »vor« und eine Zeit »nach« Christus einteilen. Von Christus aus und vor allem durch Christus – so das Denken – berechnet sich die Zeit neu. Er ist der in allen Zeiten geltende Bezugspunkt des ewigen Gottes. Theologisch bemerkenswert an diesem Vorgang ist, dass die Christen, die erfolgreich begonnen hatten, sich »in der Welt« einzurichten, nicht mehr den Tod und die Auferstehung Christi, sondern seine ↗ **Menschwerdung** zum Bezugspunkt machten. Zur Benennung dieses Zeitpunktes gab es viele Namen: »anni ab incarnatione«, »- a nativitate domini«, »- Christi gratie«, »- gratie«, »- salutis«, »- verbi incarnati«, »- orbis redempti«, »- reparate salutis«, »- nostre reparationis«, »- trabeationis«, »- partus domini«, »- post partum virginis«. Alle revolutionären politischen Systeme – Franzosen, Sowjets, italienische Faschisten und deutsche Nationalsozialisten –, die eine neue Jahresbezeichnung einführen wollten, sind gescheitert. Die Geburt Christi als Zeitenwende wird auch von Nichtchristen angewandt, wenn sie »vor Christi Geburt« mit »vor der Zeitenwende« ersetzen. Dionysius Exiguus ging davon aus, die Geburt Jesu habe am 25. Dezember des Jahres, das dem Jahr 1 unserer Zeitrechnung vorausgehet, stattgefunden. Da er sich aber, wie inzwischen allgemein anerkannt wird, verrechnet hat, muss die Geburt Christi – hält man sie nicht einfach für eine fiktive theologisch begründete Festsetzung – auf den 25. Dezember des Jahres 7 vor (!) Christus angesetzt werden (vgl. ↗ **Stern von Betlehem**).

Jahresende

Der 31. Dezember als Jahresende und der 1. Januar als **Jahresanfang** sind willkürliche Setzungen, »Buchhaltertermine« ohne kulturelle oder religiöse Verwurzelungen. Diesen Termin gibt es aber schon seit mehr als 2000 Jahren: 46 v. Chr. hat ihn Julius Caesar bei seiner – später so genannten – Julianischen Kalenderreform eingeführt. Caesar löste mit dieser Setzung offiziell den 1. März als Jahresbeginn ab, der bei der Revision des römischen Kalenders 153 v. Chr. festgelegt worden war. Der 1. März wurde aber auch nach der Julianischen Kalenderreform von vielen Menschen beibehalten. Bis in unsere Tage lässt sich dies noch an unseren Monatsnamen ablesen: Der September (lat.: »septem« = sieben) und der Dezember (lat.: »decem« = zehn) geben noch die alten Monatsfolgen an, wenn vom März an als erstem Monat gezählt wird (vgl. ↗ **Monate**). Die Erinnerung an den 1. März als Jahresbeginn sind mit den ↗ **Orakelbräuchen** an diesem Tag (Orakeltag) und seiner Eignung als **Verlobungstag** verbunden. Wer um Mitternacht dreimal sein Bett umrundete, sollte seinen künftigen Ehepartner sehen.

Jakobs Traum von der Himmelsleiter. Fragment eines Psalteriums flämischer Schule (Mitte 12. Jh.). Berlin, Staatliche Museen Preußischer Kulturbesitz, Kupferstichkabinett

In christlicher Zeit ergaben sich neue Jahresanfangstermine, obgleich als offizielle Termine immer der 31. Dezember bzw. der 1. Januar gegolten haben. Im christlichen Abendland kannte man verschiedene Jahresanfänge nebeneinander und – zum Teil – auch wechselnde Termine in Kanzleien und Regionen: Der 25. März (↗ **Annuntiationsstil** ↗ **Marienjahr**) setzte den Neubeginn mit der Zeugung Jesu gleich; der österliche Jahresbeginn (= ↗ **Osterjahr**) setzte die Auferstehung Jesu an den Anfang – das Jahr begann in der Osternacht mit der Weihe der ↗ **Osterkerze**, in die bis heute die neue Jahreszahl eingefügt wird; die Byzantiner dagegen begannen das Jahr am 1. September; weite Teile der Christenheit wählten den 25. Dezember, die ↗ **Menschwerdung** Christi, zum Jahresbeginn (= ↗ **Inkarnationsstil**). Der Jahresbeginn mit der Geburt Christi war insofern konsequent, weil diese Geburt als Zeitenwende und auch die Jahre »a nativitate domini« (und das Jahr damit als »anno domini«) gezählt wurden.

Nach der Gregorianischen Kalenderreform 1582, als der offizielle Kalender wieder dem tropischen Jahr angepasst wurde, setzte sich ganz allmählich der 31. Dezember als Jahresende und der 1. Januar als Jahresbeginn durch. 1691 hat Papst Innocenz XII. (1691–1700) diesen Jahresbeginn offiziell anerkannt. Jenseits des bürgerlichen Jahres verläuft das ↗ **Kirchenjahr**, das im jährlichen Kreislauf der Natur die Erinnerung an die christlichen Heilsereignisse doppelt wachhält: durch die wöchentliche Feier der Auferstehung im Rahmen der vom Judentum her beibehaltenen Siebentagewoche und durch die Einbeziehung der Heilsereignisse in den Jahreslauf. Bis ins 9. Jh. endete das Kirchenjahr mit dem Ablauf des Novembers und begann mit dem 1. Dezember; erst dann wurde das Kirchenjahr mit dem beweglichen 1. Advent begonnen. Das ältere Ende des Kirchenjahres im November ist der Grund für den Erhalt des Orakelbrauchtums (vgl. ↗ **Orakelbräuche**) am letzten Novembertag, dem Fest des hl. ↗ **Andreas**. Nicht nur die zeitliche Nähe vom 25. Dezember zum 1. Januar oder gar Sparsamkeit haben dazu geführt, dass wir unsere ↗ **Weihnachtsgrüße** nach wie vor mit ↗ **Neujahrswünschen** verbinden. Das Wissen darum, dass Weihnachten und ↗ **Neujahr** eigentlich ein Termin sind, scheint »unterbewusst« noch vorhanden zu sein. Die fehlende tiefe Verwurzelung des 31. Dezember und des 1. Januar zeigt sich im Brauchtum: ↗ **Glücksymbole**, ↗ **Orakelbräuche**, ↗ **Lärmbrauchtum** und – jenseits des eigentlichen Brauchtums – Alkohol kennzeichnen ein Fest, bei dem viele Menschen verdrängen, was es symbolisiert: Auch meine Zeit hat ein Ende, hinter dem etwas Neues und Unbekanntes beginnt.

Jahresfeuer
Bezeichnung für die Feuer zu ↗ **Neujahr**, ↗ **Ostern**, ↗ **Johannes** und ↗ **Martini**. In einzelnen Landschaften gibt es weitere Feuer wie z. B. zu ↗ **Invocabit** bzw. **Funkensonntag**.

Jahresmann ↗ Lebkuchenmann
Jahresschlussgottesdienst ↗ Silvesterpredigt
Jahrestag der Kirchweihe ↗ Kirchweih(fest), ↗ Zachäus
Jahrmonat ↗ Januar, ↗ Monate: Januar
Jakobikirmes ↗ Jakobus der Ältere
Jakobiner ↗ Jakobus der Ältere
Jakobinermütze ↗ Narrenkappe, ↗ Phrygische Mütze
Jakobsbruderschaft ↗ Jakobus der Ältere
Jakobsfeier ↗ Jakobus der Ältere
Jakobskartoffeln ↗ Jakobus der Ältere
Jakobskrumbiere ↗ Jakobus der Ältere
Jakobsmuscheln ↗ Jakobus der Ältere
Jakobsstärke ↗ Jakobus der Ältere
Jakobsstern ↗ Stern von Betlehem
Jakobstag
Gedenktag von ↗ **Jakobus dem Älteren**, 25. Juli.
Jakobswirt ↗ Jakobus der Ältere

Jakobus der Ältere
Nach seinem Märtyrertod in ↗ **Jerusalem** kamen im Frühmittelalter die Gebeine des hl. Jakobus (des Älteren), der mit seinem Bruder, dem Evangelisten Johannes, und mit Petrus zu den erstberufenen Aposteln gehörte, nach Spanien, erzählt die Legende. Sein Grab in ↗ **Santiago de Compostela** wurde seit dem 10. Jh. zu einer Wallfahrtsstätte, zu der aus allen Teilen Europas Wallfahrtsstraßen führten, die zum Teil heute noch daran zu erkennen sind, dass die Kirchen am Weg das Jakobspatrozinium führen. Die Menschen, die aus Frömmigkeit, Abenteuerlust oder als Strafe für ein Vergehen diese Wallfahrt auf sich nahmen, begaben sich auf einen mühsamen, gefährlichen und monate- oder sogar jahrelangen Weg. Das Erkennungszeichen der erfolgreichen Jakobspilger, also derer, die nach allen geltenden Regeln ihre Wallfahrt in Santiago de Compostela (»Sanct Jacobus in campo stellae« = Heiliger Jakob im Sternenfeld, d. i. die Flurbezeichnung, wo die Reliquien aufgefunden wurden) beendeten, war die **Jakobsmuschel** (lat.: »Pecten maximus L.«) oder **Pilgermuschel**. Die nur bei Santiago zu findende Muschel wurde an den Pilgerhut oder -mantel geheftet und als Trinkgeschirr benutzt. – Die Wallfahrt ging in der zweiten Hälfte des 16. Jh. zurück, beginnt sich aber seit einigen Jahren wieder zu beleben.
Wenn ein **Jakobstag** (25. Juli) auf einen Sonntag fällt, wird in Santiago ein ↗ **Heiliges Jahr** gefeiert; zuletzt war dies 1999 der Fall. Der Kult des Apostels Jakobus des Älteren, des **großen Jakob** oder »Jacobus major«, dessen der Kalender am 25. Juli gedenkt, verbreitete sich durch sein Patronat über Kirchen, Klöster – die **Jakobiner** der Französischen Revolution haben ihren Namen durch ihren Tagungsort, das aufgelöste Jakobskloster der Dominikaner in Paris – und Kapellen. Als Fürbitter der christlichen Spanier, die die »Mauren« (so nannten die Spanier die Muslime in ihrem Land) erfolgreich bekämpften, erhielt Jakobus den Ehrentiel »**Maurentöter**«. – Orden nahmen seinen Namen an. **Jakobsbruderschaften** bildeten sich, und nach ihrem Untergang gab es wieder Neugründungen. – Das vergleichsweise häufige Vorkommen von Jakobskirchen brachte auch die entsprechende Zahl von Kirchweihfesten mit sich, so dass die **Jakobikirmes** zum bekannten Termin im Jahresablauf wurde. – Der Gedenktag des hl. Jakob war Erntebeginn. Die ersten Kartoffeln hießen darum **Jakobskartoffeln** oder **Jakobskrumbiere** (von Erdkrume, also »Jakobserdäpfel«; Ädäppel heißt die Kartoffel auch

Rangeln um Meisterehren – ein Jakobibrauch,
aus: Das große Festtagsbuch. Feiern, Tanzen und Singen. Hrsg. v. Walter Hansen. Freiburg i.Br. 1984.
Vorlage: Archiv Herder

im Niederdeutschen). In der Schweiz begann die Ernte mit der **Jakobsfeier**, bei sich die Mägde und Knechte erst einmal die **Jakobsstärke** antranken, damit sie beim Mähen nicht »in den Halmen steckenblieben«. Im Rheinland, besonders in Düsseldorf, wird der Kellner in den Bierschwemmen nach wie vor **Köbes** gerufen. So wie die Wirte der Hospitäler am Pilgerweg nach Santiago **Jakobswirte** waren, hat sich wahrscheinlich der Name Jakob als Bezeichnung für Bedienstete gebildet wie im Engl. der Einheitsname »James« für einen Butler. Mit großer Wahrscheinlichkeit hat auch die Redewendung vom **wahren Jakob** im Sinne von: Das ist der richtige Mann, der einzig Richtige, Gesuchte, das rechte Mittel, einen Bezug zum Apostel Jakobus. Diese Aussage verwies auf das Grab des hl. Jakob in Santiago de Compostela, das gegen andere Grabstätten gleichnamiger Heiliger verteidigt wurde, zu denen »Jakobs«pilger zogen, denen der Weg nach Spanien zu beschwerlich war. So behauptete 1395 die Kirche in Monte Grigiano in Italien, im Besitz der Jakobs-Reliquien zu sein. Eher unwahrscheinlich ist der Bezug zu jenem Jakob, der sich von seinem Bruder Esau für ein Linsengericht das Erstgeburtsrecht (vgl. Genesis 25,27–34) und von seinem blinden Vater Isaak den Segen erschlichen hat (vgl. Genesis 27,1–40). Die ironische Umkehrung: »Du bist mir der wahre Jakob!« ist erst seit dem 18. Jh. belegt. Die ironische Bezeichnung eines Jahrmarktschreiers als »**wahrer** (oder **billiger**) **Jakob**« hat damit zu tun, dass Jahrmarktverkäufer ihre Ware als einzig und unvergleichlich in Qualität und Preis darzustellen wissen. Somit meint auch die Redewendung, »den billigen Jakob abgeben«, etwas nach den Methoden des Jahrmarktschreiers anbieten. Ironisch-satirisch waren Titelwahl und Inhalt von »Wahrer Jakob«, eines der wenigen systemkritischen Satire-Blätter des 19. Jh., zu verstehen. Das Heft erschien – oft polizeilich beschlagnahmt – von 1879 bis 1933 in Stuttgart und wurde 1933 verboten.

Jakobus-der-Ältere-Bruderschaft ↗ **Bruderschaft**, ↗ **Jakobus der Ältere**
Jänner ↗ **Januar**, ↗ **Monate**

Januar
Erster ↗ **Monat** des Kalenderjahres, benannt nach Janus, dem doppelgesichtigen römischen Gott des Ein- und Ausganges. Andere Namen: **Eis-, Schnee-, Wintermonat, Eismond, Hartung** (wegen der harten Kälte), ↗ **Januarius** und ↗ **Jänner** oder ↗ **Jenner** (vgl. ↗ **Monate**).

Januarius ↗ **Januar**, ↗ **Monate: Januar**
Jean Potage ↗ **Hanswurst**
Jeck ↗ **Geck**
Jenner ↗ **Januar**, ↗ **Monate: Januar**

Jerusalem
Die jüdische Hauptstadt mit ihrem Tempel war als Ort der Hinrichtung und Auferstehung Jesu erstes Pilgerziel der Christen, ein Ort, den man vor der muslimischen Fremdherrschaft – letztlich vergeblich – zu schützen suchte. Jerusalem verstand man aber auch als Allegorie für das ↗ **himmlische Jerusalem**, die Herrschaft Gottes in Glanz und Ewigkeit. Jede Kirche sollte ein Abbild dieses himmlischen Jerusalems sein (vgl. auch ↗ **Klein-Jerusalem**).

Tränenkapelle »Dominus flevit« am Ölberg, Jerusalem. Foto: Wolfgang Müller, Oberried

Jesse ↗ **David**

Jobeljahr
Das hebräische Wort »yobel« ist der Ursprung des Begiffs **Jubiläum**. Yobel bedeutete ursprünglich Widder oder Ziegenbock, dann das Horn des Ziegenbocks und schließlich das daraus gefertigte Blashorn. Alle großen Ereignisse wurden in Israel mit Hornstößen angekündigt, und so kam es, dass im Alten Testament das alle 50 Jahre begangene Festjahr, das ↗ **Heilige Jahr**, als yobel bezeichnet wurde. Das Jubiläumsjahr war mit bemerkenswerten Vorgängen verbunden. In diesem Jahr wurde nicht geerntet, dafür die Vorräte des Vorjahres verbraucht. Sämtlicher Grundbesitz und alle Immobilien, die seit dem letzten Jobeljahr erworben worden waren, mussten dem Alt-Eigentümer zurückgegeben werden. Israelitische Sklaven konnten ihre Freiheit zurückerwerben (vgl. Levitikus 15,8–55; 27,16–25). Nach der Eroberung von Kanaan scheint jedoch die Land- und Hausrückerstattung nicht mehr stattgefunden zu haben. – Das ↗ **Jubeljahr** verstand sich – wie das Heilige Jahr heute – als Zeit der Sühne (vgl. Levitikus 25,9; Jesaja 61,1f). Jesus betonte dies, wenn er (vgl. Lukas 4,18) das Prophetenwort (vgl. Jesaja 61,1f,) auf sich selbst anwendete: Dieses ewige Jahr, das der Welt angekündigt wurde, sei jetzt Jahr der Erlösung, Befreiung und Vergebung, das er verkünde.

Johannes, Apostel
Der Gedenktag des Apostels Johannes ist der 27. Dezember. Johannes, der Lieblingsjünger Jesu, dem Jesus sterbend seine Mutter anvertraute, wird in der Kunst meist als sensibel zurückhal-

Die Apostel Paulus, Johannes, Jakobus d.Ä., Jakobus Minor und Bartholomäus. Rechtes Gewände des Südportals der Kathedrale von Chartres (1210/15). Vorlage: Archiv Herder

tender Jüngling gezeigt. Dies scheint er aber kaum gewesen zu sein, da Jesus ihn und seinen Bruder, ↗ **Jakobus den Älteren**, als »Donnersöhne« bezeichnet (vgl. Markus 3,17). Johannes stammte aus Betsaida, wo sein Vater Zebedäus als Fischer arbeitete. Da die Legende von Johannes berichtet, er habe folgenlos einen Giftkelch geleert, weiht man an seinem Gedächtnistag Wein in der Kirche, bringt ihn nach Hause und bewahrt ihn auf. Der ↗ **Johannesminne** oder **Johannisminne** oder dem **Johannissegen** wurde ganz besondere Wirkung zugesprochen. Im Winzerort Rhöndorf/Rhld. wird am Sonntag nach Weihnachten nach alter Tradition der Johanneswein gesegnet. Mancherorts wechselten an diesem Tag auch Mägde und Knechte ihre Stellung. Sie verabschiedeten sich bei einem Tanzabend. Am Johannistag »dingt« der Mann seine Frau für das kommende Jahr an, d.h. er führte sie in das Gasthaus und lud sie dort zum Essen ein. Bei diesem Brauch, **Weiberdingete** genannt, zahlte die Frau den Wein, womit sie zustimmte und sich für das nächste Jahr verpflichtete.

Johannes Baptist ↗ Johannes der Täufer

Johannes der Täufer

Neben Jesus und Maria gibt es nur einen Heiligen, dessen Geburtstag im Jahresfestkreis gefeiert wird (sonst nur der Todestag). Eben dieser, Johannes der Täufer oder **Johannes Baptist**, bildet in der Westkirche eine weitere Ausnahme: Ein Gedächtnistag wird für Johannes nicht nur einmal im Jahr gefeiert, sondern zweimal: Auch seines gewaltsamen Todes wird gedacht, in der Ostkirche sogar noch seine Zeugung. Die Geburt des Johannes wird seinem Vater Zacharias im Tempel von einem Engel angekündigt (vgl. Lukas 1,5–23). Auch der Name des Kindes, Johannes, ist – wie bei Jesus – vorgegeben. Nach Lukas 1,36a ist Elisabeth, Mutter des Johannes und Base der Gottesmutter Maria, im sechsten Monat schwanger, als Maria sie nach der Empfängnis Jesu (↗ **Mariä Verkündigung**) besucht (↗ **Mariä Heimsuchung**). Als man die Feier der Geburt Jesu auf den 25. Dezember legte, berücksichtige man dieses Faktum und wählte den 24. Juni als Gedenktag der Geburt Johannes des Täufers. Statt des 25. Juni in Parallele zum 25. Dezember der 24. Juni scheint die unterschiedlichen Längen der Monate Juni und Dezember zu berücksichtigen. Bezogen auf den Festtermin der Geburt des Täufers, feiert man in der Orthodoxie neun Monate zuvor, am 23. September, ein Fest der Empfängnis **Johannes des Vorläufers**. Es scheint, dass dieses Fest mit der Weihe der Johanneskirche in Sebaste in Samaria zusammenhängt, in der Johannes der Tradition nach bestattet wurde. Sein Grab soll unter Kaiser Julian Apostata (361–363) zerstört worden sein. – Johannes tritt um 27/28 nach Christi Geburt in der Jordansteppe als Bußprediger auf, sammelt Jünger um sich, von denen später einige den Weg zu Jesus finden, besticht durch seine asketische Ausrichtung und fällt auf durch seine Wassertaufe im Jordan. Da Johannes den Lebenswandel des Herodes Antipas kritisiert, wird er in dessen Auftrag – etwas später, während der Wirkungszeit Jesu – durch Enthauptung getötet.

Die Popularität des Heiligen hängt sicher mit seinem Gedenktag zusammen: Der 24. Juni ist ↗ **Sommersonnwende** (in Entsprechung zum 25. Dezember, der ↗ **Wintersonnwende**); die Sonne hat ihren höchsten Stand. Von nun an werden die Tage kürzer. Die Christen haben diese Naturphänomen auf die Selbstaussage des Johannes bezogen: »Er [= Jesus Christus] muss wachsen, ich aber muss abnehmen« (Johannes 3,30). Die Natur selbst liefert so ein Gleichnis für das Verhältnis von Johannes zu Christus: Der Vorläufer verweist auf den Messias, in seiner Blüte weiß Johannes um sein Ende, der Tod wird im Leben sichtbar, aber auch das Heil leuchtet auf. Sechs Monate vor der Geburt des Messias kündigt dieser sich durch die Geburt seines Vorläufers an, beim Besuchs Marias bei Elisabeth. Natürlich lädt ein solcher Tag, der Höhepunkt des Sonnen- und Naturjahres, zum Feiern ein und selbstverständlich ist das Feuer, das **Johannis-** oder ↗ **Sonnwendfeuer**, in der Steiermark auch ↗ **Sunnawenhansl-Frohfeuer**, ein gebräuchliches Symbol für die Sonne und Christus. Es ist Mittelpunkt der Festivitäten, leuchtet nachts von den Bergen. Über dieses Feuer springt man, um sich Segen zu erwerben. Vom ↗ **Feuersprung** hieß es: Er überwindet Unheil, reinigt von Krankheit und wirkt noch besser, wenn alle zusammen um das Feuer tanzen. Vielfach ist auch noch das ↗ **Scheibenschlagen** an

Enthauptung Johannes' des Täufers. Vinnenberger Altar (Ausschnitt; 1510/20). Foto: Rudolf Wakonigg

diesem Tag üblich. Das neue Benediktionale, das die liturgischen Texte für Segenshandlungen der katholischen Kirche enthält, kennt eine ↗ **Feuersegnung**, die das Feuer als Bild für Christus heiligt.

Johannes der Täufer hat auch etlichen Dingen seinen Namen verliehen: **Johannisbeere**, **Johanniswürmchen**, **Johannisbrot**, **Johanniskraut** (lat.: »hypericum perforatum«) zum Beispiel. An seinem Festtag werden **Johanniskränze** aus siebenerlei oder neunerlei Kräutern und Pflanzen gewunden, z. B. Bärlapp, Beifuß, Eichenlaub, Farnkraut, Johanniskraut, Klatschmohn, Kornblumen, Lilien, Rittersporn und Rosen, um dann über Tür und Fenster gehängt zu werden. Sie sollten Haus und Hof vor Geistern und Dämonen schützen, die in der **Johannisnacht** losgelassen werden. Gekreuzte Besen vor den Türen halten die Dämonen ebenfalls ab, glaubte man. In Mitteldeutschland warf man den Kranz über das Haus, um es vor ↗ **Unwetter** zu bewahren. Am sichersten vor den Geistern glaubte man auf einem Kreuzweg zu sein, wo sie machtlos waren. Unter dem Kopfkissen brachte ein Johanniskranz Glück in der Liebe, ebenso ein ↗ **Blüten-**

teppich unter dem Esstisch, das so genannte **Johannisstreu.**

Das Gedenkfest der **Enthauptung Johannes des Täufers** am 29. August hat sich, vom Osten kommend, auch im Westen durchgesetzt. Es feiert das Sterben und den Tod des Täufers als Märtyrer.

Johannes der Vorläufer ↗ **Johannes der Täufer**

Johannesminne ↗ **Johannes, Apostel**

Johannes Nepomuk

Der bekannteste ↗ **Brückenpatron** hieß eigentlich **Johannes Welflin von Pomuk** und wurde um 1345 in Nepomuk (Südwestböhmen) geboren. Er war Priester, Dr. iur. can. und schließlich 1389 Generalvikar des Erzbischofs von Prag. In einem Konflikt zwischen dem Erzbischof und König Wenzel trat Johannes Nepomuk für die Rechte der Kirche ein, wurde vom König gefangengenommen, verhört, gefoltert und danach halbtot von der Karlsbrücke in Prag in die Moldau geworfen († 20.3.1393). Um 1400 im Veitsdom beigesetzt, begann sogleich die Verehrung des Gegenspielers des tyrannischen Königs Wenzel. Die Legenden erzählen, Johannes Nepomuk sei von König Wenzel getötet worden, weil er sich geweigert habe, das Beichtgeheimnis preiszugeben: Er habe dem König nichts aus der Beichte der Königin erzählen wollen. 1721 selig- und 1729 heiliggesprochen, wurde er Patron der Brücken und des Beichtgeheimnisses. Vor dem hl. Johannes Nepomuk war der hl. ↗ **Nikolaus** in der Rolle des Brückenheiligen. Gedenktag des hl. Nepomuk ist der 16. Mai. Auf zahlreichen Brücken ist der Heilige dargestellt: ein asketischer Mann in Talar, Rochett und mit Birett. Auf dem linken Arm trägt er ein Kreuz, den Zeigefinger der rechten Hand hat er zum Zeichen des Schweigens auf den Mund gelegt. In einer Legende des Jesuiten Aloys Boleslas Albin wurde berichtet, nachdem man Johannes Nepomuk in die Moldau geworfen habe, sei »alsbald ein wunderbarer Lichterglanz auf der Flut« zu sehen gewesen. Dies war der Anlass dafür, dass am Vorabend des Gedächtnistages des Heiligen in Prag und anderswo kleine, mit brennenden Kerzen besetzte Brettchen auf das Wasser gesetzt wurden, um zum Gedächtnis des Johannes Nepomuk den Lichterglanz nachzuahmen. Das ↗ **Lichterschwemmen**, das auch am Luciatag (13. Dezember) und anderen Tagen des ↗ **Advents** üblich ist, hat Johann Wolfgang von Goethe 1820 in Karlsbad erlebt. Über diesen Brauch hat er ein kleines, dreistrophiges Gedicht unter dem Titel »St. Nepomuks Vorabend« verfasst:

»Lichter schwimmen auf dem Strome,
Kinder singen auf den Brücken,
Glocke, Glöckchen fügt vom Dome
Sich der Andacht, dem Entzücken.

Lichtlein schwimmen, Sterne schwinden,
Also löste sich die Seele
Unsres Heil'gen: nicht verkünden
Durft' er anvertraute Fehle.

Lichtlein, schwimmet! Spielt, ihr Kinder!
Kinderchor, o singe, singe!
Und verkündiget nicht minder,
Was den Stern zu Sternen bringe.«

Johannes Welflin von Pomuk ↗ **Johannes Nepomuk**

Johannisbeere ↗ **Johannes der Täufer**

Johannisbrot ↗ **Johannes der Täufer**

Johannisfeuer ↗ **Johannes der Täufer**

Johanniskranz ↗ **Johannes der Täufer**

Johanniskraut ↗ **Johannes der Täufer**

Johannisminne ↗ **Johannes, Apostel**

Johannisnacht ↗ **Johannes der Täufer**

Johannissegen ↗ **Johannes, Apostel**

Joseph Watter, Johannisfeuer, aus: Das große Festtagsbuch. Feiern, Tanzen und Singen. Hrsg. v. Walter Hansen. Freiburg i.Br. 1984. Vorlage: Archiv Herder

Johannisstreu ↗ **Blütenteppich,** ↗ **Johannes der Täufer**
Johanniswürmchen ↗ **Johannes der Täufer**
Jokili ↗ **Fastnachtsanfang, -beginn,** ↗ **Narrenzeit,** ↗ **Strohmann**
Jom Chanukka ↗ **Chanukka**
Jongleur ↗ **Jux**
Jonne ↗ **Monate: Juni**
Josefi-Kücherl ↗ **Joseph**
Josefitag ↗ **Joseph**
Josefitragen ↗ **Frautragen**

Josef(ph)

Treffend hat ein Autor kürzlich sein Buch über Joseph mit dem Titel: »Der Mann am Rande« überschrieben. Joseph, der Nährvater Jesu, war derart weit am Rande, dass er auf frühen Darstellungen der Geburt sogar über den Rand gefallen scheint: Er fehlte bei diesen Geburtsdarstellungen völlig. Dann erst wird er Teil der Geburtsszene, allerdings heißt dieser Darstellungstyp **Josephszweifel**: Joseph wird – fast schlafend – niedergedrückt, sinnend gezeigt. Erst sehr viel später übernimmt er in den künstlerischen Darstellungen kleinere Aufgaben: Er bereitet das Bad Jesu vor, kocht ein Süppchen, gibt seine Hosen für das Jesuskind her (**Josephshosen**). Der Mann am Rande steht aber im Zentrum, wenn es den biblischen Autoren um den Nachweis geht, dass Jesus aus dem Geschlecht Davids stammt. Als solcher wird Joseph eingeführt, der aber als **Nährvater Jesu**, Gedenktag ist der 19. März, nicht als der genetische Vater Jesu gilt. – Joseph hat Zweifel gehabt. Viermal erscheint ihm ein Engel im Traum (vgl. Matthäus 1,20; 2,13.19.22): Joseph lässt sich einfordern und in die Pflicht nehmen.

Die sprichwörtliche Randfigur ist Joseph – zumindest in Kunst und Literatur – bis in das 19. Jh. geblieben, bis die Entdeckung der Kindheit der Kinder die Rolle der Erzieher in den Vordergrund stellte und – aus biblischem Blickwinkel – die Kinderstube Jesu in ↗ **Nazaret** als beispielhaft dargestellt wurde. Die zum Teil noch zeitgenössische Zeigefingerpädagogik hat es oft penetrant verstanden, unter Hinweis auf den natürlich stets liebenswerten Jesusknaben entsprechende Forderungen an die eigenen Kinder abzuleiten. Eine Gegenbewegung gegen den bedeutungslosen »Mann am Rande« gibt es anfänglich seit dem 14. Jh., als Bernardin von Siena, Bernhard von Clairvaux, Ignatius von Loyola, Teresa von Ávila und Franz von Sales den hl. Josef neu zu sehen begannen. Auch in der Gegenwart gibt es eine neue Entwicklung: Jüngere Autoren suchen wieder einen neuen Zugang zu diesem Menschen.

Der 19. März wird seit dem 10. Jahrhundert als Gedenktag gefeiert, vielleicht mit der Absicht, das Fest der Minerva, der Göttin der Handwerker, zu überdecken oder zu ersetzen. Der Franziskanerpapst Sixtus IV. (1471–1484) bestätigte offiziell diesen Festtag. Das Konzil von Trient

(16. Jh.) schloss sich dem an. Die Habsburger erkoren den hl. Josef zu ihrem Hausheiligen. Nachdem Kaiser Ferdinand II. (1619–1637) 1620 mit einem Bild des Heiligen in die Schlacht gegen die pfälzisch-böhmische Armee am Weißen Berg gezogen war und den Sieg errang, wurde der Josefstag zum Feiertag. Seit 1621 fand sich der Josefstag als Feiertag im römischen Kalender, im Mai 1676 wurde Josef zum Hauptpatron des römischen Reiches, 1870 Schutzheiliger der ganzen Kirche. – Das Fest »Heiliger Josef, der Arbeiter«, hat Pius XII. 1955 eingeführt, ein Gedenktag, der den Nährvater Jesu mit dem Tag der Arbeit am 1. Mai, der schon vorher im außerkirchlichen Raum begangen wurde, in Verbindung bringen soll. – Der 19. März gilt als **Josefitag.** Josef ist der Schutzpatron der Arbeiter und besonders der Zimmerleute. Kärnten, Steiermark und Tirol haben ihn zum Patron gewählt. Die Berchtesgadener Zimmerleute ließen bei ihrem Festgottesdienst ein ↗ **Baumwollbrot** weihen, ein Hefeteigbrot mit Rosinen aus vier aneinandergebackenen Teilen. In Italien und einigen Alpenländern erinnern die **Josefi-Kücherl**, ein Schmalzgebäck, an den Schattenheiligen, dessen Gedenktag früher in Bayern ein allgemeiner Feiertag war. In den Alpenländern »bestellten« sich die jungen Burschen an diesem Tag ihr Ostergeschenk, das sie am Ostermontag bei ihren Mädchen abholten. Das Ostergeschenk bestätigte das Liebesverhältnis. Es bestand aus drei rotgefärbten Eiern, die mit Liebesversen beschrieben waren. – Ein einzigartiger Josefsbrauch hat sich in San Marino in Pensilis/Campobasso, Region Molise, erhalten. Schon wochenlang vor dem Gedenktag des Schutzpatrons San Giuseppe bereiten die Frauen ein Fest vor, für das sie riesige Platten und Schüsseln mit Essen herrichten: Bohnen, ↗ **Erbsen**, Makkaroni, Reis, Stockfisch, marinierte Schnecken, Käse und Früchte. Hier ist es Tradition, am Josefstag und während der Fastentage bis zum Osterfest die Ärmsten der Armen in dieser ärmlichen Gegend zu beköstigen. Die Speisen sind unter einem Josefsaltar angerichtet. Während alle den Rosenkranz beten, wartet man auf Mitternacht. Mit dem Glockenschlag um Mitternacht ruft die Dame des Hauses aus: »San Giuseppe noi siamo pronti« – Heiliger Josef, wir sind bereit –, und die Szene wandelt sich in ein Freudenfest mit Musik und Tanz. Am Josefstag selber, einem Feiertag in dieser Region, sind in allen Gemeindesälen Tafeln aufgebaut, an denen aber jeweils nur dreizehn Personen sitzen: Am Kopfende Josef, eine der Tradition nach verheiratete Frau als barfüßige Maria, und das »Jesuskind« und weitere zehn Personen, die Engel darstellen. Dies sind Arme, Behinderte oder Kinder aus ärmlichen Verhältnissen. Aufgetragen werden dreizehn verschiedene Speisen – und dies täglich bis Ostern. – Der Gedenktag des hl. Josef ist auch der Anknüpfungspunkt der **Fallas** in Valencia, Spanien, die in jedem Jahr vom 12. bis 19.

Der sorgende Josef. Detail aus: Geburt Christi. Altargemälde des Zirkelbruderaltars (1403/30). Lübeck, Museum für Kunst und Kulturgeschichte der Hansestadt Lübeck

März gefeiert werden. Das Festival der Flammen ist heute primär ein touristisches Ziel. Das mozarabische Wort **Falla** leitet sich vom lat. »facula« = Fackel ab. – Wenn vor den Zeiten des elektrischen und gasbetriebenen Lichtes die Handwerker am Fest des hl. Josefs die ↗ **Arbeit bei Kunstlicht** aufgaben, wurden die Holzleuchter und alles übrige überflüssige Holz verbrannt (vgl. ↗ **Lichtblaumontag**, ↗ **Lichtmess**).

Josephshose ↗ **Joseph**, ↗ **Windeln des Jesuskindes**
Josephszweifel ↗ **Joseph**
Jovis ↗ **Donnerstag**
Jubeljahr ↗ **Heiliges Jahr**, ↗ **Jobeljahr**

Jubilate

»Jubilate Deo, omnis terra« begann der ↗ **Introitus** (das Eingangsgebet) des 3. Sonntags nach Ostern: »Jubelt Gott, ihr Lande all.« Das erste Wort des Introitus ist Synonym für diesen Tag. Der ↗ **Mittwoch nach Jubilate** wird gelegentlich »Pentecoste media« genannt.

Jubiläum ↗ **Jobeljahr**

Judas

Der biblische Verräter Jesu, der Apostel Judas Iskarioth (vgl. Matthäus 26,25.48f), ist in die Umgangssprache und in das Brauchtum eingegangen. Der ↗ **Judaskuss**, der ↗ **Judaslohn** sind ebenso bekannt wie die Bezeichnung eines verräterischen Menschen als »Judas«. Ihre Verachtung gegen Judas drückten Christen in den ↗ **Rumpel- und Pumpermetten** aus, aber auch im ↗ **Judas jagen** (vgl. Hamas beim ↗ **Purim**). Der ↗ **Karsamstag** wurde auch ↗ **Judassamstag** genannt.

Judas ausfegen, jagen, singen

Die geräuschvolle Jagd der Kinder in der Osternacht, eigentlich ein dem Judas Hinterherjagen des Passionsspiels, nannte man im Mittelalter **Judas jagen**. »Judas wird verbrannt« bezeichnet im Elsass das Verbrennen alter Messgewänder und liturgischer Paramente (vgl. aber auch ↗ **Judas verbrennen**). Spöttelnd heißt es im Rheinland von den Menschen in der Fastenzeit, es müsse bei ihnen »der **Judas ausgefegt**« werden. Den armen **Judas singen** (auch: einem den Judas singen) meint spotten, schelten, in Not und Armut geraten, Klagelieder singen. Die Redewendung entstammt einem früher üblichen Lied: »O, du armer Judas, was hast du getan, dass du deinen Herren also verraten hast? Darumb su mustu leiden hellische pein, Lucifers geselle mustu ewig sein. Kyrie eleison.« Dieser deutsche Text ist die Übersetzung der letzten Strophe eines lateinischen Osterhymnus: »O tu miser Juda, quid fecisti, quod tu nostram dominum tradidisti? Ideo in inferno cruciaberis, Lucifero cum socius sociaberis.« Die satirisch-parodistische Verwendung dieses Liedes, seit Ende des 15. Jh. sehr beliebt, lässt sich erstmals für den 26. Mai 1490 belegen: Als Kaiser Maximilian I. (1459–1519) per Schiff auf der Donau die Stadt Regensburg passierte, die sich ihm widerspenstig zeigte, verhöhnte er die Regensburger, die dicht an dicht am Ufer standen, durch das Abspielen des Liedes: »O du armer Judas, was hast du getan.«

Judas verbrennen

Der Kölner Chronist Ernst Weyden (1805–1869) berichtet aus seiner Jugend: »Uns Kindern in der Dompfarre war das Verbrennen des Judas am ↗ **Gründonnerstage** im Domchor ein großartiger Schauspiel. Von der Decke hing ein Bündel Werg, in welchem einige Schwärmer (= Knallkörper) verborgen, und dies wurde mit der ↗ **Osterkerze** angezündet.« Das Judasverbrennen sollte die Nichtswürdigkeit und Vernichtung des Verräters bildhaft vorführen.

Judaskuss

Der Kuss eines Verräters und jede Handlung einer solchen Person werden als Judaskuss bezeichnet. Der Begriff bezieht sich auf den Kuss, den ↗ **Judas** Jesus gab, um ihn im Garten Getsemani den Schergen der Hohenpriester kenntlich zu machen, damit diese ihn verhaften konnten (vgl. Lukas 22,48). Der Judaskuss ist ein Synonym für heuchlerischen Verrat.

Judaslohn

Begriff zur Bezeichnung des Verräterlohns, der Unglück bringt. ↗ **Judas** erhielt für seinen Jesus-Verrat 30 Silberstücke (vgl. Matthäus 26,15; 27,3.9), die er den Hohenpriestern zurückbrachte, als er begriff, was er getan hatte. Er konnte aber seine Tat dadurch nicht rückgängig machen, und aus Verzweiflung erhängte er sich (Matthäus 27,5).

Judas erhängt sich. Relief in der Kathedrale Saint Lazare, Autun (12. Jh.). – Vorlage: Archiv Herder

Judassamstag ↗ **Karsamstag**, ↗ **Karwoche**, ↗ **Samstag**

Judica

Erstes Wort des ↗ **Introitus** (Eingangsgebet der Messe) »Judica me, Deus = Schaff' Recht mir, Gott« am 5. Fastensonntag, dem Ersten Passionssonntag (vgl. ↗ **Fastensonntage**). In Großbritannien steht der Tag in Verbindung mit Speiseopfern für die Vegetationsgottheiten. In Yorkshire wurde eine Grütze aus Birnen und ↗ **Erbsen** zubereitet, »Carlings groats«, die dem Tag den Namen **Carlings-Sonntag** oder **Erbsen-Sonntag** gaben; ähnlich auf den kleinen westlichen Inseln. Hier opferte man den Windgeistern: »Whirling cakes« (engl.), **Wirbelkuchen**, kleine **Windbeutel**. Der Tag hieß hier »Whirling-Sunday«. Die Erbsen als Symbol für erhoffte Vielfalt und Reichtum spielten in Wales eine besondere Rolle. Man aß sie mit dem Wasser einer Bergquelle oder bereitete aus ihnen – vorher eingeweicht in Apfelwein, Wein oder Wasser – eine Suppe. In Nordostengland briet man Erbsen und Bohnen in Butter und würzte mit Essig und Pfeffer. Von da hat der Tag auch den Namen **Erbsensonntag**. – Andere Namen für Judica sind: »Dominica de passione«, »- in passione«, »- passionis (domine)«, »- prima passionis«, »- magna«, »- repositionis« (Frkr), **Namenloser Sonntag**, **Passionstag**, **Roter Sonntag**, **Schwarzer Sonntag**, **Swarzer suntag**. – Die Woche nach Judica wird bezeichnet als »hebdomada passionis«, »- de passione«, **Woche vor Palmsonntag**.

Jugendliche und Weihnachten

Bei Deutschlands Jugendlichen scheint Weihnachten hoch im Kurs zu stehen. Nach einer im Dezember 1995 veröffentlichten Umfrage des Kölner Instituts für Empirische Psychologie im Auftrag der Wirtschaftszeitung »Aktiv« des Instituts der Deutschen Wirtschaft feiern 90% der Jugendlichen das Weihnachtsfest zu Hause im Kreis der Familie. 51% freuen sich am meisten auf die Geschenke, 42% auf die Fest-Stimmung und 26% darauf, auch andere zu beschenken.

36% äußern sich kritisch zum »Konsumzwang«, für 37% »artet Weihnachten in Hektik und Stress aus«, 24% beklagen »Heuchelei«. 43% erklärten, sie könnten sich Weihnachten nicht als ein Fest ohne Geschenke vorstellen, 39% waren anderer Meinung. 64% bevorzugen Sachgeschenke, 35% Geldgeschenke.

Jugin ↗ **Monate: Juni**
Jugnet ↗ **Monate: Juli**
Juing ↗ **Monate: Juni**
Juiognet ↗ **Monate: Juli**

Jul
Die Silbe »Jul«, »Yul« oder »Haul« (got.: »giuo«) bezeichnet das Rad und ist eine Metapher für die Sonne (vgl. ↗ **Julfest**).

Julbock ↗ **Julfest**, ↗ **Klapperbock**
Julet ↗ **Monate: Juli**

Julfest
Das vorchristliche(?) Julfest zu **Mittwinter** (vgl. ↗ **Wintersonnwende**), zur Januarmitte gefeiert, wurde 940 aus unbekannten Gründen von Hakon dem Guten auf den 25. Dezember vorverlegt. Weil diese Verlegung lange nach Einführung des Weihnachtsfestes erfolgte, kann nicht mit der ↗ **religionsgeschichtlichen Hypothese** argumentiert werden, das christliche Weihnachtsfest sei auf das Julfest gelegt worden, um das Julfest zu überdecken und zu verdrängen. – Mit der längsten Nacht des Jahres, der Nacht vom 24. auf den 25. Dezember, wenn die Sonne die kürzeste Zeit am Himmel steht, beginnt die Wende von der Dunkelheit zum Licht: Die Tage werden wieder länger, die Nächte dafür kürzer. Angezeigt wird dies durch die ↗ **Lichtsymbolik**, das Anzünden von Feuern in der Dunkelheit, und die Baumsymbolik, das Aufstellen von ↗ **immergrünen** Bäumen und das Schmücken des Hauses mit immergrünen Zweigen. Im Zusammenhang mit dem Julfest, der germanischen ↗ **Wintersonnenwende**, steht der strohgefertigte ↗ **Julbock**, der sich in Skandinavien noch heute auf den Weihnachtstischen findet. Er erinnert an die Opfertiere, die zu Ehren ↗ **Wotans** oder Thors geschlachtet wurden. Auch der **Julklotz** (vgl. ↗ **Christklotz**) hat hier seinen Ort. In den Alpenländern hat der Julbock im ↗ **Klapperbock** eine Entsprechung.

Julfest. Einblattdruck (18. Jh.). Quelle unbekannt

Julfriede
Während der ↗ **Julzeit** oder der ↗ **Rauhnächte** war Friedenszeit (vgl. ↗ **Christklotz** und ↗ **Christbaum**), übrigens ein bis in unsere Zeit geübter Brauch, der allgemein als ↗ **Weihnachtsfrieden** oder speziell im ↗ **Waffenstillstand** zu Weihnachten seinen Ausdruck findet. Wobei der Waffenstillstand zu Weihnachten die Widersinnigkeit gewalttätiger Auseinandersetzungen brutal verdeutlicht. In dieser Zeit durfte nicht gearbeitet werden; erlaubt waren nur die notwendigsten Verrichtungen wie etwa Viehfütterung. Das ↗ **Arbeitsverbot** galt auch für die Frauen. Das ist der Grund, warum so viel Gebäck und Brote vor Weihnachten für die weihnachtliche Zeit hergestellt werden mussten. Der aus vorchristlicher Zeit stammenden Friedensgedanke entsprach die ↗ **Gastlichkeit** in diesen Tagen. Zwischen ↗ **Weihnachten** und ↗ **Dreikönige**

galt das Prinzip des offenen Hauses, der Bewirtung aller Gäste. Singen, Musizieren und Spielen ergänzten Essen und Trinken. Die familienorientierte und familienzentrierte Weihnacht unserer Zeit hat diese Tradition zum Teil aufgenommen. Nicht ohne Grund wird heute der 1. Januar als Weltfriedenstag begangen.

Juli ↗ Monate: Juli

Julklapp
Eine skandinavische, mecklenburgische und vorpommerische Sitte des Geschenkeverteilens war der Julklapp. Ein lustig und mehrfach verpacktes ↗ **Weihnachtsgeschenk** eines unbekannten Schenkers stellte durch einen beiligenden Brief den Bezug zum Empfänger her: einen Boxhandschuh für den Streitsüchtigen, ein Spiegel für die Eitle, ein Geschirrtuch für den Pascha, eine Theaterkarte für einen Nesthocker ...

Julklotz ↗ Christklotz, ↗ Julfest
Julle ↗ Monate: Juli
Jullet ↗ Monate: Juli
Julmond ↗ Monate: Dezember

Jul-Nisse
Ein skandinavischer Weihnachtskobold mit rotem Kittel und roter Zipfelmütze; ein gutmütiger Hausgeist, der im Stall lebt und gelegentlich ↗ **Schabernack** treibt (vgl. ↗ **Gartenzwerg**).

Julstroh ↗ Mettenstroh

Julzeit
Die Zeit der ↗ **Rauhnächte**, ↗ **Julfest**, in denen der ↗ **Julfriede** galt.

Junet ↗ Monate: Juni
Junge Fassnacht ↗ Fastnachtszeit, ↗ Veilchendienstag
Jungfrauenlegende ↗ Nikolauslegenden

Jung ↗ Monate: Juni

Jungbrunnen
Die Vorstellung von einem einem Bad, das ewige Jugend verleiht, eben einem Jungbrunnen, gehört in die Welt des Narrentums. Der Jungbrunnen wird durch die ↗ **Weibermühle** abgelöst, ist als Idee aber noch in der Gegenwart lebendig.

Jungbrunnen. Holzschnitt von Erhard Schön, 1520, aus: Anna Rapp, Der Jungbrunnen in Literatur und bildender Kunst des Mittelalters, Zürich 1976, 151 (Kat. 19, Abb. 13). Vorlage: Archiv Manfred Becker-Huberti

Jungfernfastnacht ↗ Laetare, ↗ Weiberfastnacht
Jungfernnudeln ↗ Fronleichnam, ↗ Martinsschlachten, ↗ Schmalzgebackenes
Jungfernschmarrn ↗ Fronleichnam, ↗ Martinsschlachten, ↗ Schmalzgebackenes

Jungfrauengeburt

Die Geburt eines Kindes durch eine Jungfrau, die auch nach der Geburt im Stand der Jungfräulichkeit bleibt, stellte für die Antike ein geringeres Problem dar als für uns moderne Menschen. Jungfrauengeburten wurden auch an anderen Stellen berichtet (Buddha, Augustus, Sargon). Die Bibel selbst, vor allem aber die Apokryphen, kennen diese Art der Jungfräulichkeit. Die Vorstellung, dass ein Kind geboren wird, das keinen leiblichen Vater hat und nicht auf natürlichem Wege gezeugt ist, verweist ins Übernatürliche. Der Ursprung des Kindes kann nur bei Gott liegen, dem nichts unmöglich ist. Wie könnte auch der Sohn Gottes von einem Menschen gezeugt worden sein? Unsere Zeit hat versucht, diese Glaubenslehre zu entmythologisieren, die Jungfrauengeburt als Mythos zu beschreiben. Zumindest für katholische und orthodoxe Christen ist dies keine Lösung. Dass die Jungfrauengeburt aber schon in den ersten christlichen Jahrhunderten ein Ärgernis darstellte, beweist die im Proto-Evangelium des Jakobus (Kap. 19f) berichtete Episode der ↗ **Salome**, die nach der Geburt Jesu die Jungfernschaft Mariens bezweifelt, untersucht und durch das Verdorren ihrer Hand bestraft wird. Auf ihr Gebet hin erhält sie Vergebung.

Jungo ↗ **Monate: Juni**

Juni ↗ **Brachet**, ↗ **Brachmanoth**, ↗ **Monate: Juni**

Junker Martin ↗ **Martini**

Jupiter ↗ **Stern von Betlehem**

Jusserèche ↗ **Monate: Juni**

Jux

Vom lat. »iocus« ist das deutsche Wort »Jux« abgeleitet, das oft in der verstärkenden Zwillingsformulierung »aus Jux und Dollerei« (= aus Scherz, Übermut und Spaß am Unsinn) auftritt. »Sich einen Jux machen« meint, aus Spaß an der Freud' jemanden nasführen. Das seit dem 18. Jh. bezeugte Wort stammt aus der Studentensprache. Das von »iocus« abgeleitete Verb »juxen« meint scherzen, Spaß machen, Kurzweil treiben und närrisch sein. Das lat. »iocus« war auch Vorbild für das frz. »jeu« = Spiel, Spaß. Das engl. »joke« (vgl. »Joker«) bildete sich aus dem lat. »ioculator« = Spaßmacher. Das lat. »ioculus« = Späßchen wurde Vorlage für ↗ **Jongleur**, jonglieren, das lat. »iocalis« = spaßig, kurzweilig für **Juwel, Juwelier** (Vorform: Jubelier). Das Verb **verjuxen** dagegen wird synonym zu »verschwenden« gebraucht.

Juwel, **Juwelier** ↗ **Jux**

K

Kaiserkirmes ↗ Kirmes, ↗ Martinikirchweih

Kalender

Kalender zum neuen Jahr zu schenken ist heute weit verbreitet. Seit dem 16. Jh. hat sich der Kalender (lat.: »calendae«, der erste Tag eines Monats) als Jahrestafel – zunächst nur der Gebildeten – selbstständig gemacht. Schon im 17. Jh. treten Kalender repräsentativ auf, wenn sich die Domkapitel einer Bischofskirche mit den Wappen der Domkapitulare darstellen und nicht nur die Jahrestage und liturgische Angaben auflisten. D.h., Domkapitel gaben eigene Kalender heraus, mit den Wappen der Kapitulare geschmückt. Diese Kalender dienten der Repräsentation und der Information. Solche Kalender waren keine immerwährenden Kalender mehr, sondern wurden für konkrete Jahre gedruckt. Bis zur Aufklärung entwickelte sich der Kalender zu einem oft künstlerisch gestalteten Sammelwerk, das Wetterregeln, Heiligen- und Kalendergeschichten, die sprichwörtlichen Kalendersprüche, Ratschläge für Garten und Lebensführung sowie liturgische Hinweise beinhalteten. In wirtschaftlich dominierten Zeiten, die die Einhaltung zeitlicher Vorgaben verlangte, setzten sich Kalender als unentbehrliche Hilfsmittel durch. Heute gibt es Kalender als elektronische Kalender in Kleinstcomputern, als Software auf dem Rechner oder als Abreiß-, Block- und Kunstkalendern aller Stilrichtungen (vgl. ↗ **Monate**).

Kalender der Völker

Kalender der alten Ägypter

Sonnenjahr mit 12 Monaten zu je 30 Tagen und 5 Zusatztagen (seit 238 v. Chr. Schalttag in jedem 4. Jahr).

Kalender der Chinesen und Japaner

Lunisolarjahr, 60tägiger Tageszyklus, parallel dazu ein 28tägiger; variable Schaltmonate; 60jährige Periode seit 2697 v. Chr.

Kalender der Juden

Lunisolarjahr zu 12 Monaten mit abwechselnd 29 und 30 Tagen, 7 Schaltmonate in 19 Jahren

Kalender der alten Griechen

Urspr. reiner Mondkalender mit verschiedenen (willkürlichen) Schaltregeln in den verschiedenen Staaten und Städten; Lunisolarjahr; Jahresanfang zwischen Ende Juni und Ende Juli

Kalender der alten Römer

(vor der Reform durch Julius Caesar): Mondjahr zu 365 Tagen mit ursprg. 10, dann 12 Mondmonaten

Kalender der Maya

Sonnenjahr zu 360 Tagen in 18 Monaten zu 20 Tagen + 5 Schalttagen, in Verbindung mit 260-Tage-Zyklus (rituelle Funktion); als höhere Einheit ein Zeitraum von 52 Jahren (= 18 980 Tagen)

Muslimischer Kalender

Mondjahr zu 354 Tagen (12 Monate zu 29 und 30 Tagen, in 30 Jahren 11 Schaltjahre zu 365 Tagen)

Französischer Revolutionskalender (1793–1806)

Sonnenjahr mit 12 Monaten zu 30 Tagen (dazu 5 Ergänzungstage), alle 4 Jahre ein Schaltjahr mit 6 Ergänzungstagen, Jahresbeginn 22. September

Aus: Herders Neues Volkslexikon. Freiburg/Basel/Wien 1987

Entwicklung bis zum Gregorianischen Kalender

Altrömischer Kalender	Numa Pompilius (um 700 v. Chr.)	Julius Caesar (46 v. Chr.)	Kaiser Augustus 8 v. Chr.)	Papst Gregor XIII. (1582)
Martius	Januarius	Januarius	Januarius	Januar
Aprilis	Martius	Februarius	Februarius	Februar
Maius	Aprilis	Martius	Martius	März
Junius	Maius	Aprilis	Aprilis	April
Quintilis	Junius	Maius	Maius	Mai
Sextilis	Quintilis	Junius	Junius	Juni
Septembris	Sextilis	Julius	Julius	Juli
Octobris	Septembris	Sextilis	Augustus	August
Novembris	Octobris	Septembris	Septembris	September
Decembris	Novembris	Octobris	Octobris	Oktober
	Decembris	Novembris	Novembris	November
	Februarius	Decembris	Decembris	Dezember

Der französische Revolutionskalender

Tagesgliederung

Der Tag wurde von Mitternacht zu Mitternacht in zehn Teile oder Stunden eingeteilt, jeder Teil in zehn weitere und so fort bis zur kleinsten messbaren Zeitdauer. Der hundertste Teil der Stunde hieß Dezimalminute, der hundertste Teil der Minute hieß Dezimalsekunde.

Bezeichnung der zehn Wochentage	
Primedi	Eintag
Duodi	Zweitag
Tridi	Dreitag
Quartidi	Viertag
Quintidi	Fünftag
Sextidi	Sechstag
Septidi	Siebentag
Octidi	Achttag
Nonidi	Neuntag
Décadi	Zehntag

Bezeichnung der Monate			
Pour le printemps	Germinal	Frühling:	Saatmonat
	Floréal		Blütenmonat
	Prairial		Wiesenmonat
Pour l'été	Messidor	Sommer:	Erntemonat
	Thermidor		Hitzemonat
	Fructidor		Früchtemonat
Pour l'automne	Vendémiaire	Herbst:	Weinlesemonat
	Brumaire		Nebelmonat
	Frimaire		Frostmonat
Pour l'hiver	Nivôse	Winter:	Schneemonat
	Pluviôse		Regenmonat
	Ventôse		Windmonat

Der jüdische Kalender

Monat	fällt in den	Anzahl der Tage
Tischri	September/Oktober	30
Chevan	Oktober/November	29 oder 30
Kislew	November/Dezember	29 oder 30
Tewet	Dezember/Januar	29
Schewat	Januar/Februar	30
Adar	Februar/März	29
Nisan	März/April	30
Ijar	April/Mai	29
Siwan	Mai/Juni	30
Tamus	Juni/Juli	29
Aw	Juli/August	30
Elul	August/September	29

Kalte Sophie ↗ **Eisheilige**
Kalvarienberg ↗ **Passionsfrömmigkeit**
Kantate ↗ **Cantate**

Kapelle

Für den Mantel des hl. Martin, den dieser als römischer Offizier trug, hatte sich die Bezeichnung ↗ **cappa** (vgl. auch »cappa magna« für den früher vier Meter langen Mantel der Kardinäle) oder »cap(p)ella« (= Verkleinerungsform) eingebürgert (im Mittel-Lateinischen bedeutet das Verb »cappare«: zum Mantel machen, mit einem Mantel versehen; »Cappula« kann das »Mäntelchen«, aber auch das »Käppchen« = die Kappe bedeuten. In der Vita des Sulpicius Severus (um 363 – um 420) heißt der Mantel Martins dagegen ↗ **chlamys** und bezeichnete einen Umhang, der über der rechten Schulter mit einer Spange befestigt war. 382 wird den Senatoren in Rom das Tragen der »chlamys« mit der Begründung verboten, sie sei ein den Soldatenstand kennzeichnender Uniformteil). Der Ort, wo die cappa des hl. Martin aufbewahrt wurde, die Palastkapelle in Paris, erhielt ihren Namen nach eben dieser cappa und wurde zur cap(p)ella (= Kapelle). Vgl. auch ↗ **Kaplan**. Heute meint Kapelle eine kleinere Kirche ohne Pfarrrechte und ohne Pfarrer; aber auch die Musiker der Kirche (heute auch andere!) heißen so. Die Gesamtheit der liturgischen Ornate (Messgewänder) für ein Hochamt nennt man ebenso Kapelle.

Christus erscheint Martin im Traum mit einem Mantelteil. Detail eines Glasfensters (2. Hälfte 13. Jh.), im Chor der Kathedrale von Tours. – Vorlage: Archiv Herder

Kaplan
Ursprünglich Bezeichnung eines Geistlichen, der für die ↗ **Cappa** des hl. Martin zuständig war und sie bei Prozessionen trug (lat.: »cap(p)ellanus«); später auch jene Geistlichen, die für eine kirchliche ↗ **Kapelle** zuständig waren. Seit dem Konzil von Trient (1545–1565) aber die Bezeichnung für einen Geistlichen, zu dessen Lebensunterhalt sich der zuständige Bischof verpflichtet hatte (geweiht »auf den Tisch des Bischofs«), der ihn deshalb auch als Seelsorgepriester an einen Einsatzort seiner Wahl senden konnte. Die Kapläne lösten letztendlich die Vikare ab, die – nach altem Benefizialrecht – aus dem Erlös eines Vermögens für eine ganz bestimmte ortsfeste Aufgabe besoldet wurden. – Benefizialrecht oder -system bezeichnet die Modalitäten, unter denen Stiftungen, Anstellungen etc. nur möglich waren. Heutzutage reicht eine – in der Regel – monatliche Zahlung. Zu jener Zeit, also vor der Säkularisation, musste ein entsprechendes Vermögen bereitgestellt werden, dessen Zinsertrag – und es durfte nicht mehr als 5% Zins genommen werden! – zur Bestreitung einer Aufgabe nötig war. Sollte also ein sonntäglicher Gottesdienst gestiftet werden, bedurfte es eines Vermögens, aus dem einmalig die Errichtung eines Altars und regelmäßig die Kosten für das Gehalt eines Geistlichen und die Verbrauchsmaterialen (Wäsche und Neuanschaffung von Altartüchern, Hostien usw.) bezahlt werden konnten.

Kapporesschlagen ↗ **Hahneköppen**
Kardienstag ↗ **Karwoche**
Kardonnerstag ↗ **Gründonnerstag**, ↗ **Karwoche**

Karfreitag
Der Freitag der ↗ **Karwoche**: An ihm wird des Todes Christi gedacht. Evangelischen Christen gilt dieser Tag als besonderer Festtag, weil nach reformatorischer Lehre der Tod Jesu eigentliche Voraussetzung der Erlösung ist. In allen christlichen Kirchen finden besondere Gottesdienste statt. In evangelischen Familien war es vielfach üblich, dass wenigstens ein Familienmitglied den Gottesdienst besuchte. In katholischen Kreisen ist der Gottesdienstbesuch am Karfreitag keine Pflicht. In Zeiten, in denen Katholiken und Protestanten kein gutes Verhältnis pflegten, demonstrierten Katholiken mancherorts, dass für sie der Karfreitag nicht die gleiche Bedeutung wie für evangelische Christen hatte: Sie strichen ihre Häuser an, hielten öffentlich sichtbar Frühjahrshausputz oder düngten die Felder. Immer aber war der Karfreitag ein ↗ **stiller Feiertag**, an dem laute, öffentliche Lustbarkeiten verboten waren.

Karfreitagseier
Eier spielen auch am Karfreitag eine Rolle. Die Karfreitagseier, d.h. die an diesem Tag gelegten Eier, wurden früher in einem dunklen Gefäß aufbewahrt. Sie sollten zwar austrocknen können, aber nicht stinken, und seien – so wurde behauptet – über ein Jahr haltbar. Ähnlich wie Teile des ↗ **Buchsbaumes**, der Asche des ↗ **Osterfeuers** oder des ↗ **Christklotzes** sollten diese Eier oder Teile von ihnen Schutz- und Heilfunktion haben, glaubte und glaubt man in einigen alpenländlichen Gegenden noch heute. Gegen Gewitter und Feuer liegen sie auf dem Buffet in der guten Stube. Früher wurden Karfreitagseier, die nie »gschtinket« werden, im Dachgebälk aufbewahrt oder an den vier Ecken der Scheune vergraben. Kranken Tieren wurden sie ins Futter gemischt, Kühe bekamen sie vor dem Kalben. Auch beim Menschen sollen die Karfreitagseier wirken – allerdings nur in frischem Zustand: Ein rohes Karfreitagsei bewahrt angeblich ein ganzes Jahr vor Bruchleiden. Wenn die Anwendung der Karfreitagseier auch kaum mehr stattfindet, werden die Eier in Teilen der Schweiz noch immer aufgehoben. Das **Karfreitagsgras**

dagegen spielt nach wie vor eine Rolle in der volksmedizinischen Praxis. Getrocknet wird es krankem Vieh als Heilmittel ins Futter gegeben.

Karfreitagsgras ↗ **Karfreitagseier**
Karfreitagsprozession ↗ **Passionsprozession**

Karfreitagsratschen und -klappern, -rasseln

Ein hölzernes Gerät, an dem z. B. ein Stiel mit Stiften abstehende Holzleisten in Schwingung versetzt und so ein starkes Geräusch hervorbringt. Eingesetzt werden die Geräte, um ab dem »Gloria« der Messe am ↗ **Gründonnerstag** und Karfreitag die Schellen der Messdiener und außerhalb des Gottesdienstes die Glocken der Kirche zu ersetzen. Die Messdiener, **Klapperbuben**, ziehen »ratschend« durch die Gemeinde und machen so auf den Gottesdienstbeginn aufmerksam, weshalb ihnen am Karsamsstag **Klappereier** zustanden, die sie erheischten. Anderswo gehen die Ministranten an ↗ **Ostern** durch die Gemeinde, um zum Dank einen Heischelohn in Form von ↗ **Ostereiern** oder ↗ **Ostergebäck** einzusammeln. – Ursprünglich sind die Ratschen wohl reine Lärminstrumente, mit denen z. B. die Vögel in Weinbergen verjagt wurden. Das Verb **ratschen** ist zu einem Bildwort für schwätzen und tratschen geworden; die derart tätige Person wird ↗ **Ratsche** genannt. Die Rasseln, die beim jüdischen ↗ **Purim** im Moment der Erwähnung des Namens Haman genutzt werden, um durch Rasseln den Namen symbolisch auszulöschen, heißen hebr. lautmalerisch »raaschanim«.

Karwochenratschen in Ebnet bei Freiburg i.Br.
Foto: Dietz-Rüdiger Moser

Karmittwoch ↗ **Karwoche**
Karmontag ↗ **Karwoche**

Karneval

Das seit dem 17. Jh. bezeugte Wort wird synonym für ↗ **Fastnacht**, ↗ **Fasching** und Fastnachtstreiben gebraucht; es stammt ebenso wie das frz. »carnaval« vom ital. »carnevale«. Dessen genaue Herkunft ist letztlich unklar. Vermutet wird die Ableitung vom mlat. »carnelevale« = Fleischwegnahme (in der Fastenzeit). oder vom lat. ↗ **carrus navalis**, dem Schiffskarren, der bei feierlichen Umzügen zu Frühlingsbeginn mitgeführt wurde. Die Herleitung von einem vermeintlich lat. Ausruf » carne vale« = »Fleisch, lebe wohl« ist zwar populär, grammatikalisch unkorrekt und völlig unbewiesen. Sowohl ↗ **Karnevalist** = aktiver Teilnehmer am Karneval (Mitglied eines Karnevalsvereins, Büttenredner ...) als auch »karnevalistisch« = närrisch, zum Karneval gehörend, sind nlat. Bildungen.

Karneval international

Eine nicht wegzudiskutierende Stärke der These, dass der Karneval eine katholische Erscheinung auf dem Hintergrund der augustinischen Zwei-Reiche-Lehre ist, besteht darin, dass sich der Karneval sowohl in allen katholischen Ländern findet, als auch in den durch Kolonialisierungen dazugekommenen.
Weltweiten Ruf genießt der Karneval in Venedig, ein permanentes Posieren der Masken und Figuren aus der »Commedia dell'arte«, einem aristokratisch angehauchten Kostümfest mitten auf

der Straße, beginnend am »Giovedi grasso« (ital.), dem Donnerstag vor dem Fastnachtssonntag. Pulcinella und Pantalone Arlecchino, der ↗ **Harlekin**, durch seine schwarze Gesichtsmaske als teuflisch gekennzeichnet, treten neben der Colombina und dem Pierrot auf, dazu Rokoko- und Renaissance-Masken neben Engeln, Casanovas, Rosaura, Sonne, Mond, Sternen und dem ↗ **Narr**. Stilvoll posieren einzelne Figuren, seltener eine Gruppe. Hinter der starren Maske bleibt der Maskenträger unentdeckt. Angesichts der mit ihren Kameras geschäftig hantierenden Touristen fällt es nicht schwer zu glauben, dass diese arrangierte Zurschaustellung wabernde Schauer erregenden Flairs von melancholisch-morbider Mystik aus ökonomischem Interesse zustandegekommen ist. 1979 erst wurde der Karneval in Vendig auf Initiative einiger Künstler »reanimiert«, nachdem er nahezu 200 Jahre nicht mehr stattgefunden hatte. Napoleon hatte ihm 1797 eine Ende gesetzt.

Der römische Karneval ist heute nur noch ein Schatten von dem, wie er im 16. bis zum 18. Jh. gefeiert wurde. An den »giorni grassi« (ital.: »fetten Tagen«) sind die Kinder verkleidet als Maus oder Elefant, ↗ **Teufel** oder Kardinal. »Sehen und gesehen werden« lautet das Motto des Spaziergangs, zu dem auch das Umland in Rom einfällt. Der römische Karneval ist heute weitgehend eine »Kinderbelustigung«, er hat nichts mehr von der lüsternen Wildheit voriger Jahrhunderte.

Berühmt ist der Karneval auf Teneriffa, das europäische Pendant zum Karneval in Rio de Janeiro und anderswo auf den Kanaren, gekennzeichnet durch orgiastische Kostüme aus Satin, Seide, Tüll mit wippenden Federn, Pailletten und Perlen und viel nackter Haut. Im Januar beginnen die ersten Fiestas, in deren Rahmen eine Karnevalskönigin gewählt wird. Tanz und Karnevalsumzüge fehlen ebensowenig wie ein fastnachtliches Schlussritual: An ↗ **Aschermittwoch** erfolgt die »Beerdigung der ↗ **Sardine** auf der Plaza de España, das Verbrennen eines Fischs aus Pappmasché, eine Variante zum deutschen ↗ **Hoppeditz** oder ↗ **Nubbel**, in Erinnerung an den Beginn der Fastenzeit, in der man früher Sardinen aß. In Teneriffa und auf den Kanaren, wo der Karneval ähnlich gefeiert wird, ist er weitgehend Folklore geworden, ein Ereignis zur Fremdenwerbung. Deshalb haben sich die karnevalistischen Feiern bis zur Karwoche ausgebreitet. Nacktheit und aufreizendes Zurschaustellen, das ursprünglich einmal Sündenverfallenheit und Zugehörigkeit zur ↗ **civitas diaboli** kennzeichnete, sind zum Selbstzweck geworden, einem Festival des Fleisches, was sich in gesteigerter Form in Südamerika, hier besonders in Rio de Janeiro, findet.

In Nizza zieht seit über 100 Jahren ein farbenprächtiger und duftender Korso über die Promenade des Anglais, ein mobiles Meer von Astern, Chrysanthemen, Gerbera, Gladiolen, Lilien, Mimosen, Nelken und Rosen. Außerdem gibt es daneben noch einen Karnevalsumzug mit geschmückten Wagen und Musikgruppen. Der Korso ist ein folkloristisches Ereignis, das viele Touristen anzieht.

In Belgien sind Aalst und Oostende die flandrischen Karnevalshochburgen, das wallonische Zentrum ist Binche. In Oostende bildet der »Bal du rat mort« (Ball der toten Ratte) im Kasino, der »größte ↗ **Maskenball** Europas« mit etwa 4000 Besuchern, den karnevalistischen Höhepunkt. Warum die Oostender »Ratten« genannt werden, ist unbekannt. In Binche tanzen am ↗ **Fastnachtssonntag** (»Dimanche Gras«) als Frauen verkleidete Männer (»Mam'zèles«) und als Männer verkleidete Frauen (»Binchous«) im Rhythmus von Trommeln und Violen durch die Stadt. Der ↗ **Fette Dienstag** (»Mardi Gras«) ist der Tag der **Gilles**, die Fruchtbarkeit und Erneuerung des Lebens symbolisieren sollen und ab 7 Uhr morgens die Stadt füllen. Nur Männer dürfen diese Maske tragen: Der Kopf des Gille ist wie eine Mumie mit weißer Bandage umwickelt, um den Hals trägt er eine plissierte Krause, um die Taille einen schweren Schellengürtel. Die Kostüme bestehen aus grobem Leinen, geschmückt mit Wappenlöwen und den belgischen Landesfarben. Mit Strohbüscheln ausgestopft, gleichen die Gilles von vorn einem bekannten Reifenmarkenmännchen und von hinten dem buckligen Glöckner von Notre-Dame. Das Gesicht wird durch ein Wachsmaske mit Backen- und Kinnbart und grüner Brille verborgen. Erst vor dem Rathaus fallen mittags die Masken. Nachmittags zieht ein weiterer Zug durch die Stadt. Die »Gilles« tragen nun keine Masken mehr, dafür aber Straußenfederhüte und Schellengürtel (vgl. ↗ **Schelle**) um die Taille. Nicht ohne Grund haben die Einwohner seit Tagen ihre Fenster und Fassaden durch Maschendraht gesichert, denn die Gilles werfen nun Apfelsinen unter das kreischende Volk. Zurückwerfen ist verpönt, das Obst gilt als Geschenk. Die Apfelsinenwürfe sollen ihre Begründung in alten Fruchtbarkeitsritualen haben. Auf dem Grand-Place endet das Spektakel mit Tanz und ↗ **Feuerwerk**.

In der Schweiz zelebriert das reformierte Basel nach wie vor seit dem 16. Jh. die ↗ **Alte Fastnacht** am Montag nach ↗ **Aschermittwoch**; auch hier sind dies die »drey scheenschste Dääg« im Jahr, wenn man Karneval feiert, wenn für andere längst die Fastenzeit begonnen hat. Dieser Karneval ist diszipliniert und ernst, hat nichts von der übersprudelnden Anarchie rheinischer Lustigkeit. Morgens um 4 Uhr, die Stadt ist stockdunkel, setzt sich ein Zug in Bewegung: Angeführt von Trommlern (»Drummler«) und Piccoloflöten (»Pfyffer«) marschieren im **Morgenstreich** die »Aagfressene«, die »Alti Dante«, der »Bajass«, die »Dummpeter«, die »Muggedätscher«, die »Ueli«, die »versoffene Deecht« und die »Waggis« zur archaisch klingenden Melodie

Basler Morgenstreich, aus: Otto Frhr. von Reinsberg-Düringsfeld, Das festliche Jahr, Leipzig 1898

des Morgenstreich-Marsches, der nur zu diesem Anlass gespielt wird. Der getragene, schwere Rhythmus der Trommeln und die einprägsamen Melodien ursprünglich französischer und englischer Piccolomärsche haben ihren eigenen Reiz. Vom Marschschritt heißt es, dass nur Basler den eigentümlich wiegenden, zur Musik passenden Gang beherrschen. Bunte Laternen bis vier Meter Höhe werden enthüllt, die jeweils einem Thema gewidmet sind und mit Politik und Politiker »abrechnen«, welche präsentiert werden als »Dummbeeter«, »Irrlaifer« und »Optimischte«. Man ist gerne unter sich und spricht »Baslerdytsch«. Verpönt sind Fotoblitz, Pappnasen und Clownsgesichter. Anfassen der Masken wird nicht erlaubt. Sobald der Morgen hereinbricht, löst sich der ganze Spuk auf. Durch die Straßen zieht der Duft von traditioneller Mehlsuppe, heißer »Zwiebelwähe«, dem Zwiebelkuchen oder auch Käsekuchen. Einige Basler gehen dann zur Arbeit – für einen echten Rheinländer ein schier unglaublicher Vorgang! Am Nachmittag führt ein Umzug, Cortège genannt, mehr als Hunderttausende Schaulustiger in die Stadt. Der

Abend gehört dann den »Schnitzelbänkern«, die in den Basler Kneipen Spottverse auf Berühmte und solche, die es gerne wären, zum besten geben. Der Dienstag wird von den Monsterkonzerten der **Guggenmusik** geprägt: verkleideten Gruppen, die mit Bässen, Klarinetten und Pauken ohrenquälende Katzenmusik produzieren, eine wahrhaft fastnachtliche Kakophonie. Am Mittwoch wird der Cortège wiederholt und noch einmal die Schnitzelbänke gelesen oder gesungen. – Für Zürich wird eine eigenständige Fastnacht oft bestritten, aber auch hier gibt es Umzüge, »Guggenmusiken«, »Bööggen« und Narren. Außer den Guggenmitgliedern selbst sind fast nur die Kinder beim offiziellen »Kinderfastnachtsplausch« verkleidet. Ein anderes Bild bietet die nächtliche Straßen- und »Beizenfasnacht« in der Innenstadt, bei der nur Einheimische maskiert erscheinen. Die Parodie kommt hier poetisch daher: etwa wenn ein kleines Persönchen mit einer Laterne in der einen und einem losem baumelnden Lampion-Mond in der anderen Hand fragenden Blicks durch die Straßen streift. Von ähnlich fastnachtlicher Mystik ist der Reisende, der mit einem Koffer auftaucht, sich unschlüssig umschaut und wieder verschwindet. Es ist ein Humor mit Poesie, der sich offenbar selbst genügt, denn – außer bei einem großen Umzug, bei dem die Zuschauer nur langsam »in Fahrt« kommen – »gfasnächteln« die Züricher (»Zürcherinnen und Zürcher«) am liebsten unter sich. Das ↗ **Sechseläuten** mit dem »Sechseläuteumzug« in Zürich wird gern als »ein Stück protestantischen Karnevals« bezeichnet; es ist aber ein ↗ **Winteraustreiben** und Frühlingsfest. Der »Böögg« wird verbrannt. Seit 1894 feiert man dieses Fest am 9. April. – In der »katholischen« Schweiz haben sich ursprüngliche Karnevalsbräuche, Maskerade und Kostümierung erhalten. Der **Sühudi-Umzug** in Einsiedeln wird zurecht von einem lokalen Volkskundler als »bodenerdenlustige Dorffastnacht« bezeichnet. Am ↗ **Güdelmontag** läuten die Fastnächtler in aller Frühe den Tag mit ↗ **Schellen** und Tricheln ein und kündigen so die zwei wildesten und verrücktesten Tage im Jahreslauf des schweizerischen Marien-Wallfahrtsorts an. Gegen 9 Uhr zieht ein wild lärmende Schar Vermummter durch das Klosterdorf zur Kirche. So gut wie keiner der Kirchgänger hat aber wohlweislich die Ankunft dieser wilden Gesellen abgewartet. Ursprünglich soll einmal der von Fuhrmann und ↗ **Teufel** angeführte **Sühudi-Umzug** nach der »Sühne-Messe« um 10 Uhr die Gläubigen abgeholt haben. Viele Einheimische und einige Touristen erwarten die wilde Schar am Dorfplatz. Die rund siebzig kettenschleppenden, mistgabelbewaffneten und furchtauslösenden Teufelsgestalten, »grüüsige« Masken mit bunten, garstigen und übertriebenen Kleidern, ziehen hinter Schellenschwingern an der Spitze durch das Dorf: Eine Maske erkärt einer älteren Dame anhand einer Präservativpackung die Liebe, ein als Marktfrau verkleideter Mann passt jungen hübschen Frauen unter dem Gejohle der Umstehenden altmodische Unterhosen an. Andere Masken schenken Kaffee aus, den sie gerne durch einen ausgiebigen Guss Schnaps »verdünnen«. Wieder andere werfen Schokolade unter das Volk. Auch derbe Späße sind üblich, wenn etwa »Atomkraftgegner« einen jungen Mann mit gelbem Pulver »dekontaminieren«. Auch Sägemehl und Federn aus dem Hühnerstall halten gelegentlich schon einmal als Wurfmaterial her. Von solchen Umtrieben erholen sich die »Sühudi« in einem der Gasthöfe und stärken sich für die nächsten Tage mit »Hafächabis« und »Ofeturli«, »Guuggerkafi«, »Tschungel-Brunz« (= Bananenlikör mit Schweppes) und »Jägertee«. – In Luzern zerreißt am Schmutzigen Donnerstag morgens um 5 Uhr ein Knall die Stille, ein ↗ **Feuerwerk** blitzt auf: Bruder **Fritschi** hat pünktlich an Luzerns Gestaden festgemacht. Der älteste Luzerner Fastnächtler ist aus den Nebeln aufgetaucht und führt an diesem Tag die Fritschi-Tagwache an: einen morgendlichen Umzug, dem am Nachmittag der größte Schweizerische Festumzug folgt. Legendarisch wird erzählt, Fritschi sei ein um 1480 verstorbener Bauer und Lebenskünstler gewesen, der am Fastnachtstag jeden Jahres in der Gaststätte »Safranstube« aufgetaucht sei, um dort zünftig sein Geld zu »verschlyssen«. Er habe durch Spenden sichergestellt, dass jeder Bürger – ob arm oder reich – an diesem Tag ein Glas Wein gereicht werden konnte. Selbstverständlich hält diese Legende historischen Nachfragen nicht stand und scheint der »Fritschi« eine weitere Inkarnation einer ↗ **Fastnachtsfigur** zu sein. Guggenmusik, Masken, Fell, Hörner, Glitzerstoffe und Sackleinen prägen auch hier Verkleidung und Umzüge.

In Österreich fällt auf, dass es einen Karneval rheinischer Prägung überhaupt nicht, alemannische Karnevalstraditionen an einigen Stellen, wohl aber einen Karneval gibt, der dem alpenländlichen Fasching nah verwandt ist. In Wien selbst, wo bis ins 18. Jh. fröhlich Karneval gefeiert wurde, sind heutzutage keine Jecken zu sehen, gibt es keinen Karnevalsumzug, geht man nicht verkleidet auf die Straßen. Das verwundert in der ehemaligen Residenz der allerkatholischsten Majestäten. Kaiserin Maria Theresia (1717–1780) ist es gewesen, die – mit dem Sicherheitsbedenken für die Bürger argumentierend, wohl aber selbst Attentate fürchtend – »allen Ständen, auch dem Adel« unter Androhung der strengsten Strafen das Tragen der ↗ **Larve** vor dem Gesicht auf der Straße untersagte. Jeglicher Konspiration sollte so begegnet werden. »Ersatz« schuf die Kaiserin durch einen Ball für den Adel in den Redoutensälen der Hofburg. Ihr aufgeklärten Sohn Joseph II. ließ dann auch die nichtadligen Bürger feiern, nahm aber ausdrücklich »Bediente in Livree und Dienstmädchen in der Schlepphaube« aus. Nur auf den Bällen in den Redoutensälen durfte man sich maskieren. Auf dem Hin- und auf dem Rückweg war dies ebenso streng verboten wie nicht »ehrbare« Kostüme: Verkleidungen als Zuckerhut, Fledermaus oder Priester. In diesen Verboten artikulierte sich die Angst der Behörden, die Wiener würden die Verkleidung wie die Engländer benutzen, wo man »oft auch durch sehr treffende nachgeahmte Caricaturen in Masken und Kleidung allgemein bekannte Parthey-Oberhäupter öffentlich zur Schau stellte«. Der Tanz und in diesem Zusammenhang dann auch der Walzer wurden in Wien zum Ersatz für karnevalistische Umtriebe. Seit der Biedermeierzeit kamen zu den Redoutenbällen die Hausbälle hinzu. Wenn ganze Berufsgruppen miteinander feierten, wich man in Gaststätten aus, wo dann Kaffeesieder-, Rauchfangkehrer- oder Wäschermädelbälle in geschlossener Gesellschaft gefeiert wurden. Heutzutage registriert die Wiener Faschingssaison noch rund 350 solcher Bälle.

Es gibt keine umfassende Darstellung des Karnevals auf dieser Welt; er ist zu unterschiedlich; trotz gemeinsamer Elemente hat es jeweils lokale Prägungen gegeben, die ihn unverwechselbar gemacht und wandelbar erhalten haben. Dies gilt auch für den Karneval in Übersee wie den Carneval do Brasil, den Karneval am Mardi Gras in New Orleans oder den Karneval in Quebec in Kanada, bei dem der ↗ **Bonhomme Carnaval** die Symbolfigur darstellt und die teuflische Kälte in der Jahreszeit nur durch ein noch teuflischeres Gesöff, den »Caribou«, eine hochprozentige Mischung aus Rotwein und Rum, erträglich wird. – »Jede Jeck is' anders«, heißt ein gängiges Wort am Rhein.

Karnevalist ↗ Karneval

Karnevalsbrauchtum, winterliches ↗ Advent

Karnevalsdienstag ↗ Fastnachtszeit, ↗ Veilchendienstag

Karnevalskönig ↗ Fastnachtsfiguren, -verkleidung

Karnevalslieder

Das Lied hat im Karneval mehrere Funktionen: Es vereinigt die Teilnehmer einer Veranstaltung zu gemeinsamem rhythmischem Tun, formuliert mit (Wort-)Witz komische Situationen und reicht dabei bis an das Unaussprechliche, spricht es aber meist nicht aus, sondern nur an. Es kann ausgesprochen senitmental sein, vor allem wenn es die Vergänglichkeit der Karnevalszeit und die Schönheit vergangener Zeit beschwört. In regelrechten Hitparaden werden jedes Jahr neue Karnevalslieder klassifiziert, d.h. hinsichtlich ihrer breiten Akzeptanz und ihres wirtschaftlichen Erfolges getestet. Inzwischen hat sich ein regelrechter Markt für Karnevalslieder etabliert, gegen die das »selbstgemachte Karnevalslied« von früher keine Chance mehr hat. Es gibt aber auch Evergreens; stellvertretend für andere seien die Lieder Ostermanns genannt, die so treffend und zeitlos anrührend sind, dass sie immer wieder gesungen werden.

Karnevalsmontag ↗ Fastnachtszeit
Karnevalssession ↗ Fastnachtszeit

Karnevalssitzungen

Als Karnevalssitzungen wurden nach der Karnevalsreform am Anfang des 19. Jh. Versammlungen der in einem Karnevalsverein zusammengeschlossenen Männer verstanden. Bei dieser Gelegenheit wurden – natürlich bei Bier, Wein und Schmausen – lustige Vorträge gehalten und sentimental-freche Lieder und ↗ **Karnevalslieder**, die neu entstanden, gesungen. Die Vortragenden übernahmen mit der Zeit auch in ihrer äußeren Erscheinung die Rolle, die sie vortrugen. Die ↗ **Bütt** wurde zum Vortragsort der ↗ **Büttenrede** durch ↗ **Büttenredner**, die Sitzung geriet unter die Leitung eines ↗ **Elferrates**; später wurden auch Frauen zugelassen, ja, es entstanden auch reine ↗ **Frauensitzungen**. Die durch den Elferrat mit ↗ **Narrenkappe** geleitete Karnevalssitzung galt als spöttische Parodie auf die Jakobiner während der Französischen Revolution.

Karnevalssonntag ↗ Fastnachtszeit
Karnevalsumzug ↗ Rosenmontag
Karnevalszeit ↗ Fastnachtszeit
Karpfen ↗ Weihnachtskarpfen

Karsamstag

Der einzige Tag im gesamten ↗ **Kirchenjahr** der Katholiken ohne Eucharistiefeier ist der Karsamstag (vgl. ↗ Karwoche). Die Stille in der Kirche ist geradezu sprichwörtlich; denn wenn es heißt, es sei »still wie in der Kirche«, wird manchmal ergänzt: »still wie am Karsamstag«. Liturgisch gilt der Karsamstag als Gedächtnistag der Grabesruhe Christi. Zwischen der Feier des Todes Jesu am ↗ **Karfreitag** und der Feier seiner Auferstehung in der Osternacht bei der ↗ **Ostermette** deutet dieser Tag das »hinabgestiegen in das Reich des Todes«, wie es im Apostolischen Glaubensbekenntnis heißt. In den Kirchen sind die Altäre abgeräumt: Blumen, Kerzen, Altartücher fehlen. Neben der ↗ **Osterbeichte**, die traditionell vor allem am Karsamstag abgelegt wird, kennt dieser Tag lediglich die Verehrung des ↗ **Heiligen Grabes**, die dazu anregt, über den Sinn des Leidens und Sterbens nachzudenken. Früher trennte Karsamstag zwei Tage voneinander, die von den Konfessionen unterschiedlich gedeutet wurden: Evangelischen Christen galt der Karfreitag als »höchster Feiertag« des Kirchenjahres, weil die Reformatoren besonders im Tod Jesu die Erlösung aus Sünde und Schuld gesehen haben; die orthodoxe und die katholische Kirche dagegen sahen in der österlichen Auferstehung Jesu Sieg über Sünde und Tod; deshalb wurde Ostern von letzteren liturgisch besonders betont und durch feierliche Gottesdienste hervorgehoben. Heute trennt der Karsamstag nicht mehr zwei unvereinbare christliche Deutungen: Überwiegend sind sich alle Christen darin einig, dass Tod und Auferstehung Jesu eine untrennbare Einheit bilden, die – jeweils für sich genommen – unvollkommen wären. Die Grabesruhe, derer am Karsamstag gedacht wird, ist heute erfreulicherweise nicht mehr bestimmend für die Ökumene (vgl. ↗ **Samstag**).

Kartenlegen ↗ **Losbrauchtum**, ↗ **Orakelbrauchtum**

Kartoffel ↗ **Düppekuchen**

Karwoche

Mhd. »kar«, ahd. »chara« = Wehklage, Trauer (vgl. got.: »kara« = Sorge; engl.: »care« = Kummer, Sorge) ist als eigenständiges Wort in spätmittelalterlicher Zeit untergegangen. Das Adjektiv »karg« ist von dem Substantiv »kar« abgeleitet. Die Bezeichnung der Leidenswoche Christi, der Woche schlechthin, zwischen ↗ **Palmsonntag** und ↗ **Ostern**, dem Tag der Auferstehung, und die Bennenung der einzelnen Tage der Karwoche – seltener **Karmontag, Kardienstag, Karmittwoch**; aber immer: ↗ **Gründonnerstag** (»feria quinta in Cena Domini«, ↗ **Gedächtnis des Herrenmahles, Kardonnerstag**), ↗ **Karfreitag** (»feria sexta«) und ↗ **Karsamstag** (»feria sabbathi«) – sind mittelalterliche Begriffsbildungen. Für die Karwoche gab es zahlreiche Synomyme: »Asymen«, »dies penitentiales (- sanctus, - sacratissimus)«, **Dymmelweka** (Skand.), »festum asymorum« (auch für Gründonnerstag), »feria bona (- magna sancta, - quarta, - quinta, - sexta, - tertia)«, **Große Woche, Grüne Woche**, »hebdomada (ebdomada) absolutionis (h. autentica, - indulgentie, - luctuosa, - major, - muta, - nigra, - penitentialis, - penitentie, - penalis, - penosa, - sacra, - salutis, - sancta, - sancte pasche)«, »holy week« (Engl.), **Ledelweke** (Westfl.), **Letzte Fastenwoche, Masterwoche, Mertelweke, Pineweke** (Ndl.), **Stille Woche, Taube Woche**, »Semana sancta« in Spanien.

Auch die einzelnen Tage der Karwoche haben zahlreiche Bezeichnungsvarianten. Der Montag der Karwoche heißt selten ↗ **Karmontag**, manchmal aber ↗ **Blauer Montag**; der Dienstag der Karwoche heißt selten ↗ **Kardienstag**, wohl aber **Blauer Dienstag, Letzter Dienstag in der Fasten, Schiefer Dienstag.** Auch die Bezeichnung **Karmittwoch** ist selten, üblicher sind »feria quarta«, **Guter (großer, krummer, schiefer) Mittwoch, Klockonsdag, Klockirothensdag** (Skand.), **Mendelavent, Middeweken do de fasten den rugge untwey vel, Platzmittwoch.** Die drei Tage vor Ostern – Gründonnerstag, Karfreitag und Karsamstag – nannte man auch »dies lamentationum«, »dies muti«, »triduum passionis«, »triduum sacrum«. Karfreitag und Karsamstag zusammen werden »Biduana« genannt.

Synonyme für ↗ **Gründonnerstag** sind **Antlass (tag) (in der vasten)**, »cena domini (- dominica, -heroica, -sacratissima)«, »consecratio crismatis«, »dies absolutionis (- absolutus, - azymorum, - cene dominice, - indulgentie, - Jovis, - Jovis absolutus, - Jovis bonus, - Jovis magnus, - Jovis sanctus, - Jovis a mandato, - magne festivitatis, - mandati, - mysteriorum, viridium)«, »feria quinta (- bona, - magne, - sancta, - viridium)«, »festum calicis«, **Großer (hoher, grüner, weißer) Donnerstag**, »Jeudi absolu (- blanc, - grand)«, **(Guter) Mendeltag, Mendeldonnerstag, Mengeldach, Michel pfinztag, Ostertag des peichttages, Speisfinztag, Wittedormsdach, Witteldach.**

Der ↗ **Karfreitag:** »feria sexta (- bona, - magna sancta)« heißt auch **Charfreitag, Chorfreitag**, »Crucifixio domini«, »dies adoratus (- parasceves pesche, - passionis lugubris et dolorosus, - passionis dominice, - sanctus, - soterie, - veneris benedictus, - veneris bonus, - veneris magnus)«, »Good friday« (Engl.), **Grüner (heiliger, langer, stiller) Freitag**, »passio dominica«, **Rusttag, Weißfreitag, Wisfritag, Witfritag.**

Der ↗ **Karsamstag** hat auch die Bezeichnungen »Accensio cerei paschalis«, »dies paschalis sabbati«, »dies sepulture domini«, »feria sabbathi«, **Großer Sonnabend**, »Grand samedy«, »Incensio cerei paschalis«, **Judassamstag**, »Sabbatum magnum (- pasche, - sanctum, - sacrum)«, **Stiller Zaterdag**. Nach Sonnenuntergang, bezogen auf die anbrechende Osternacht, heißt der Tag dann ↗ **Kreuzaufnehmen**, ↗ **Kreuzerheben**, **Ostersonnabend**, ↗ **Osternacht**, **Paschavend**, »pascha novum«, »pâques neves«.

Käsesonntag ↗ Laetare, ↗ Sonntag
Kasmanndlfahrn, Kasmanndln ↗ Martini
Kaspar ↗ Dreikönige, ↗ Dreikönigsspiele
Käsperchen, schwarz ↗ Nikolaus-Begleiter
Kasper(le) ↗ Dreikönigsspiel, ↗ Hänneschentheater, ↗ Kaspar, ↗ Krippenspiel
Kässonntag ↗ Invocabit
Katertemper ↗ Quatember

Katharina

Der Gedächtnistag der hl. Katharina von Alexandria wird am 25. November gefeiert. Die Heilige mit dem zerbrochenen Rad als ikonographisches Element gehört zu den ↗ **Drei heiligen Madl** oder ↗ **Drei heiligen Jungfrauen** (= mit Margareta und ↗ **Barbara**) und zu den ↗ **Vierzehn Nothelfern**. Über ihr Leben ist fast nur Legendarisches bekannt. Sie soll zu Beginn des 4. Jh. den Märtyrertod gestorben sein, weil sie nicht bereit war, dem Christentum abzuschwören. Die Katharinenverehrung hat besonders bei den Bauern Resonanz gefunden. Am 25. November endete die Weidezeit und die Schafschur begann. An **Kathrein** erhielten Mägde und Knechte Lohn und konnten ihre Stelle wechseln. Am Abend des Tages fand der **Kathreinstanz** statt, einer der Höhepunkte des Jahres.

Kathrein ↗ Katharina
Kathreinstanz ↗ Katharina
Kattemer ↗ Quatember
Katze ↗ Hexe

Hl. Katharina. Zeichnung: R. Ittenbach; Stecher: W. Forberg. – Privatbesitz, Nr. 252/1867

Katzenbrot

Früchtebrot in Bayern am Nikolaustag.

Kaukenbacksonnabend ↗ Ostergebäck
Kehraus ↗ Nikolaus-Begleiter
Kelb ↗ Kirmes

Kerbholz

Das Kerbholz ist uns heute fast nur noch durch die mit drohendem Unterton wiedergegebene Bemerkung bekannt, irgendwer habe irgend etwas auf dem Kerbholz. Dieses Kerbholz ist ein »Datenspeicher« der alten vorelektronischen Art, unverschlüsselt, aber nur schwer manipulierbar. Ihr Ort war die Kneipe, ihre Funktion: das Wissen um die unbezahlte Zeche zu speichern. Diese wurde auf zwei langen Holzstäben, eben den Kerbhölzern, durch Einkerbungen so festgehalten, dass beide Hölzer identische Einkerbungen aufwiesen. Der Wirt konnte so sein Exemplar nicht zu Ungunsten des Zechers manipulieren. Diese Kerbhölzer waren die Vorbilder für das **Betholz** (s. ↗ **Klausenholz**) oder **Vater-unser-Hölzle** (s. ↗ Klausenholz) des ↗ **Einkehrbrauchs** am Gedenktag des hl. ↗ **Nikolaus**.

Kerze

Das ↗ **Licht** hat in einer Zeit, als die Kerze der normale Lichtspender war, nicht nur die vordergründige Bedeutung von Helligkeit, sondern symbolisch auch von Reinheit. Nach jüdischer Tradition steht das Kerzenlicht für Körper und Seele. Die Flamme deutet auf die Seele, weil sie immer nach oben strebt. Kerze und Flamme zusammen versinnbildlichen den Menschen. Die

Kerzenopfer. – Foto: Bavaria Bildagentur, Gauting; Manfred Below

Begründung sehen Juden in Sprüche 20,27: Die Seele des Menschen (hebr.: »neschama«, auch: Geist, Atem) sei als Licht des Herrn (hebr.: »ner«, Lampe, Leuchte) zu sehen. Von hier versteht sich auch das christliche ↗ **Kerzenopfer**, das Aufstellen einer Kerze zur Verehrung Gottes oder eines Heiligen: Die Kerze symbolisiert den Beter. Ihre Farbe kann auf den Spender oder auf den Zweck verweisen: Weiße Kerzen stehen für Männer, rote für Frauen, schwarze Kerzen galten als ↗ **Wetterkerzen**; geweihte Kerzen, die bei Gewitter angezündet wurden. Der Brauch, in einem Trauerhaus sieben Tage lang ein Licht brennen zu lassen, wird erstmals in der jüdischen Literatur des 13. Jh. erwähnt. Ob hier ein Zusammenhang mit dem sog. ↗ **ewigen Licht** auf christlichen Gräbern besteht, ist nicht geklärt (vgl. auch ↗ **Christbaumkerzen**, ↗ **Kerzenweihe**, ↗ **Lichtmess**, ↗ **Lichtsymbolik**).

Kerzenopfer ↗ **Lichtsymbolik**
Kerzenwachs ↗ **Weihnachtsorakel**
Kerzenweihe ↗ **Lichtmess**, ↗ **Ostern**

Ketten, Kettenrasseln

Zum Verängstigungsritual des ↗ **Einkehrbrauchs** am Tag des hl. ↗ **Nikolaus** gehörte noch in der Zeit nach dem Zweiten Weltkrieg ein immer gleicher Brauch: Der Besuch der mächtigen und mächtig gefürchteten Gäste kündigte sich durch durchdringendes Poltern, dumpfes Stampfen und ein unheimliches Kettenrasseln an, eine Geräuschmischung, die selbst abgehärtete und vermeintlich lebenserfahrene Kinder leichenblass, zittern und schlottern machen konnte. Falls die Kette selbst dann während des Auftritts des Heiligen sichtbar wurde, dann als Kette, mit der der schwarze Begleiter (↗ **Nikolaus-Begleiter**) umgürtet und von Nikolaus gehalten wurde. Hier symbolisierte die Kette den, der an ihr lag, und den, der an ihr zog. Allegorisch wurde deutlich, dass Gott und die Seinen das Böse fest im

Griff halten und es der Macht des Guten dienstbar ist, wenn der Gute das so will. (Auf einer intellektuell höheren Ebene wird das gleiche Thema z. B. in Goethes »Faust« abgehandelt). Der ↗ **Teufel** oder sein Spießgeselle in Ketten verdeutlicht aber auch, was die Untat, die Sünde mit dem Menschen selber macht: Sie legt ihn in Ketten. Aus dieser Versklavung und aus diesen Ketten kann man sich nur durch gute Werke und Gottes Gnade befreien (lassen). Weil Martin Luther später die »guten Werke« weniger einsichtig als die Gnade allein waren, fielen die guten Werke und mit ihnen dann auch die Heiligen seiner Reform zum Opfer. Der mittelalterliche Mensch dachte bei der Betrachtung der Ketten an die »kettenlösende« Macht des Heiligen, die in seinem lothringischen Wallfahrtsort Saint-Nicolas-du-Port so eindrucksvoll bewiesen wurde. Ob es darum ging, aus äußerer Gefangenschaft frei zu kommen oder sich aus dem Gefangensein in sich selbst zu befreien, war dabei zu unterscheiden nicht wichtig (vgl. ↗ **Nikolauslegenden**).

Kettenthomas ↗ **Thomas**
Kilbe ↗ **Kirmes**
Kindeln ↗ **Frisch und gesund schlagen**

Kindelwiegen (Kindleinwiegen)

Im Mittelalter gehörte dieser Brauch zur festen Einrichtung der Weihnachtszeit. Ungeklärt ist, ob er von den Frauenklöstern ausgegangen ist. In der Kirche war eine ↗ **Krippe** aufgestellt, in der eine Christkindfigur lag (vgl. ↗ **Fatschenkinder**). Das »liturgische Szenario« beschreibt der Straubinger Humanist Thomas Kirchmayr in der Mitte des 16. Jh.. Er erzählt von Mädchen und Jungen, die vor einem auf den Altar gelegten hölzernen Christkind tanzten und »zierlich« herumsprangen. Die Erwachsenen begleiteten die von den Kindern gesungenen ↗ **Weihnachtslieder** mit Händeklatschen. Zu entsprechenden

Christkindwiege, Köln (um 1340–50).
Foto: Rheinisches Bildarchiv, Köln (RBA 98 458)

Weihnachtsliedern, die in Melodie, Rhythmus und Wort dazu passten, wurde das Jesuskind gewiegt, d.h. die an einem Ständer aufgehängte Krippe bewegt. Es war z. T. auch üblich, das Christkind in der Kirche durch alle Reihen wandern zu lassen. Zum Ausdruck kam dabei, was das »Kaschubische Weihnachtslied von Werner Bergengruen (1892–1964) so formuliert: »Wärst du, Kindchen, im Kaschubenlande, wärst du, Kindchen, doch bei uns geboren! Sieh, du hättest nicht auf Heu gelegen, wärst auf Daunen weich bettet worden.« Die Gemeinde demonstrierte anschaulich: Wir feiern zwar jetzt die Geburt Jesu, der unter die Seinen kam, die ihn – im Gegensatz zu uns heute – aber nicht aufnahmen. Der Kölner Ratsherr Weinsberg berichtet in seinen Aufzeichnungen für 1560, er habe »das Kindlein zierlich an den heiligen Tagen gewiegt, denn wir sind alle Abend beeinander gewesen, bald hier, bald da und haben gesungen«.

Kinderabtspiel ↗ Ludus episcopi puerorum
Kinderbaum ↗ Christbaum
Kinderbeschenker ↗ Gabenbringer

Kinderbeschenktage

Bis ins 13. Jh. war das Fest der ↗ **Unschuldigen Kinder** (28. Dezember) traditionell der Termin des Kinderbeschenktages (↗ **Schenktermin**). Durch die aufkommende Nikolausverehrung und das Schülerpatronat des hl. ↗ **Nikolaus** verlagerte sich der Kinderbeschenktag auf den 5./6. Dezember. Mancherorts war der Nikolaustag den Jungen vorbehalten, während die Mädchen am Tag der hl. ↗ **Lucia** (13. Dezember) beschert wurden. In katholisch dominierten Regionen hat sich der Brauch bis ins ausgehende 19. Jh. erhalten, während in evangelischen Gebieten der Kinderbeschenktag seit der Reformation auf den 24./25. Dezember verlegt wurde, um die unerwünschte Heiligenverehrung zu eliminieren. Im 20. Jh. hat sich in Deutschland das Weihnachtsschenken konfessionsübergreifend durchgesetzt. In den Niederlanden ist der alte Nikolaustermin erhalten geblieben. In den angelsächsischen Ländern gilt ebenfalls ↗ **Weihnachten** als Beschenktag, in Frankreich aber ↗ **Neujahr**, in Italien und Spanien ↗ **Dreikönige** (vgl. ↗ **Gabenbringer**).

Kinderbescherung ↗ Gabenbringer, ↗ Kinderbeschenktage
Kinderbischof ↗ Ludus episcopi puerorum
Kinderbischofsspiel ↗ Ludus episcopi puerorum

Kinderfresser

↗ **Knecht Ruprecht** alias ↗ **Hans Muff** alias ... (vgl. ↗ **Nikolaus-Begleiter**) zeichnet sich nicht nur durch seine Bösartigkeit, Schwärze und – missverstandene – ↗ **Rute** als ↗ **Teufel** aus. Die Kinder fürchten sich noch viel mehr vor dem ↗ **Sack**, der, je nach Landschaft, auch eine Kiepe sein kann. In diesem Sack schleppt der Schwarze

Der Kinderfresser. Holzschnitt aus der Offizin Albrecht Schmid, Augsburg (nach 1750). Nürnberg, Germanisches Nationalmuseum, Kupferstichkabinett

nicht nur murrend die Geschenke des Heiligen heran. Sprichwörtlich darf er auch die »**in den Sack stecken**«, die nach Auffassung des hl. Nikolaus ihre religiösen und häuslichen Pflichten nicht erfüllt haben. Sack oder Kiepe werden hier zum ↗ **Höllenschlund**, in den nach mittelalterlicher Auffassung fiel, wer vor Gottes Gericht keine Gnade fand. Wer beim Nikolaus-Besuch durchfiel, einem »Weltgericht im Kleinen für Kleine«, der landete eben symbolisch im Sack. Diese brachial-pädagogische Methode von zweifelhafter, dafür aber derb-deutlicher »Güte« hat ein Vorbild im mittelalterlichen **Seelenfresser**, der die dem ↗ **Satan** verfallenen Seelen fraß; ein anderes Vorbild ist eine Form des Ringkampfes, bei dem der Gegner in den Sack gesteckt werden musste. Die Kinderfresser des Nikolaus-Brauchtums im süddeutschen Raum, wo der Bezug zum

Heiligen selbst und seiner Legende immer undeutlicher geworden ist, üben ihre Faszination durch Bedrohung, Abtransport des Angegriffenen und Loskaufriten aus. Für unbetroffene Betrachter ist das ganze ein voyeristisches Schauspiel. Die **Kindlifresser**, Kinderfresser, heute im Südlicheren ein folkloristisches Phänomen, haben es im 16. Jh. bereits zu Denkmalehren gebracht, z. B. am Berner Kindlifresser-Brunnen (1544). 1663 definiert sich ein Kinderfresser: »Ich bin der alte böse Mann, der alle Kinder fressen kann.«

Kindermette ↗ Krippenspiel

Kindermord, betlehemitischer
Ausgelöst durch den drohenden Betlehemitischen Kindermord (vgl. Matthäus 2,16– 18) durch den König ↗ **Herodes** (37–4 v. Chr.) flieht die ↗ **Heilige Familie** nach Ägypten (vgl. Matthäus 2,8–18). In der Forschung ist der Betlehemitische Kindermord umstritten: Bislang gibt es dafür keine historischen Belege. Dennoch passt das Geschilderte durchaus in die seinerzeitige politische Lage. Die Ausrottung der gesamten männlichen Nachkommenschaft des Hasmonäerhauses durch **Herodes**, der um seinen Thron fürchtete, ist ebenso stimmig wie die sich daraus ergebende Konsequenz, dass nämlich Jesus als einziges Kind vor Ort entkommen konnte (vgl. ↗ **Unschuldige Kinder**). Seit 500 in Karthago und seit Anfang des 7. Jh. in ↗ **Jerusalem** wird der getöteten Betlehemitischen Kinder gedacht.

Kindleinwiegen ↗ Kindelwiegen
Kindlifresser ↗ Kinderfresser
Kirbe ↗ Kirmes

Kirchengebote
Als so genannte Kirchengebote (neben den biblischen ↗ **Zehn Geboten**) sind fünf Verpflichtungen formuliert, in denen ethische Minimalforderungen an einen Katholiken beschrieben sind. Die Kirchengebote suchen Liturgie und Ethik miteinander zu verknüpfen. Sie lauten: 1. Du sollst an Sonn- und Feiertagen der heiligen Messe andächtig beiwohnen. 2. Du sollst deine Sünden jährlich wenigstens einmal beichten. 3. Du sollst wenigstens zur österlichen Zeit sowie in Todesgefahr die heilige Kommunion empfangen (vgl. ↗ **Osterkommunion**, ↗ **Osterpflicht**). 4. Du sollst die gebotenen Feiertage halten. 5. Du sollst die gebotenen Fasttage halten. – Nicht als eigenes Kirchengebot, sondern als Rechtgrundsatz formuliert ist die Verpflichtung (CIC, can. 222), den eigenen Möglichkeiten entsprechend, zu den materiellen Bedürfnissen der Kirche beizutragen.

Kirchenjahr
Das christliche Festjahr beginnt mit dem Ersten ↗ **Advent**. Für den christlichen Festkreis hat sich der ursprünglich in evangelischen Kreisen gebildete Begriff »Kirchenjahr« als Synonym eingebürgert (vgl. ↗ **Jahresende**).

Kirchturm
Die liturgischen Zeiten, in den Klöstern auch das Stundengebet, werden durch das Zeichen der ↗ **Glocken** in Glockentürmen angezeigt. Glocken- und Kirchtürme – von uns nicht ohne Grund synonym gebrauchte Begriffe – sind so selbstverständlich, dass eigentlich nur ihr vereinzeltes Fehlen auffällt. Ein Kirchturm ist ein aufragendes, schlankes, zumeist quadratisch oder rund fundiertes Bauwerk. Im frühen Mittelalter bildet sich ein Grundtyp aus: unten geschlossen, nach oben hin sich zu den höheren Geschossen immer reicher öffnend, gekrönt durch ein Zelt- oder Satteldach bzw. Kegeldach bei Rundtürmen. Zum Ende des Mittelalters nehmen die Kirchtürme außer den Signal gebenden und Zeiten anzeigenden Glocken als

Abteikirche von Murbach/Elsass (um 1130).
Foto: Wolfgang Müller, Oberried

zweites Zeitmesssystem die Turmuhren auf. Die Gotik bringt die Verjüngung der einzelnen Stockwerke, gibt dem Turm eine spitze Form (gern »Finger Gottes« genannt), spart zusätzlich große und hohe Fenster aus, verwischt dadurch die Stockwerkgliederung. Während der römische Barock meist auf Türme verzichtet, lässt dies der Barock nördlich der Alpen nicht zu. Die Türme werden jetzt durch eine Kuppel oder »Zwiebel« bekrönt. – Der zeitgenössische Kirchturm bevorzugt wieder ungegliedert schlanke, nichtverjüngende Formen.

In vorchristlichen Zeiten kannten Tempelanlagen keine Glockentürme. Auch die frühchristlichen Basiliken sind turmlos; gegebenenfalls wurden sie später durch Türme ergänzt. Der christliche Turmbau hat seine Anfänge im fränkisch-karolingischen Reich und in Irland: In Klöstern stehen die ersten Türme, die eine mehrfache Funktion hatten. Als wehrhafte Türme waren sie ein sicherer Ort für das Archiv und Rückzugsort der Verteidigung. Der Turm ist die Grundform des wehrhaften Hauses, Urform der Burg und Vorbild klassischer Adelstürme. Die Klostertürme boten zudem im obersten, mit Fenstern versehenen Geschoss nicht nur die Möglichkeit der Beobachtung der Umgebung: Von hier aus konnte man zunächst mit Handglocken, später mit fest installierten Glocken, die liturgischen Tageszeiten ankündigen oder auch andere Signale aussenden. In späteren Jahrhunderten, als die Architektur der Klosteranlagen nicht mehr bloß pragmatischen Gesichtspunkten folgte, sondern »Gottesburgen« in dieser Welt baute, wurden die Türme Teil des Westwerks der Klosterkirchen: Bollwerk gegen das Dunkel der Welt, symbolisiert durch den Westen, in dem die Sonne untergeht. Im Osten dagegen gab es den Chorraum der Kirche, von dem aus der Priester sein Gesicht gegen den Osten wandte, wo die Sonne aufgeht (lat.: »ex oriente lux« = Licht [= Christus] kommt aus dem Osten = Orient, wovon unser Wort »Orientierung« abgeleitet ist). Vorbild für die christlichen Glockentürme sind aber nicht nur die wehrhaften Türme der Franken und Iren allein. Auch die Turmhaube mit Glocke, mit der schon auf römischen Gutshöfen Signale gegeben wurden und die heute noch auf alten Gehöften in Deutschland zu sehen sind, scheint Vorbild für den Kirchturm zu sein. Im 5./6. Jh. von Frankreich und Irland ausgehend, verbreiten sich die Kirchtürme zunächst zu den Klöstern und Stiftskirchen und dann auch über die Kathedral- und Pfarrkirchen in alle Welt. Die Verbindung, die die bäuerliche Turmhaube und der wehrhafte Turm bei der Ausbildung des Kirchturms eingegangen sind, werden erst in unseren Tagen problematisch: Kirchtürme in Hochhaussiedlungen und Glockengeläut, das nur noch als Ruhestörung begriffen wird, stellen eine uralte Tradition in Frage.

Kirchweih(fest)

Das Kirchweihfest begeht jede katholische Gemeinde mindestens sechsmal im Jahr. Neben dem Gedächtnis der Kirchweihe der eigenen Kirche enthält der Festkalender vier weltkirchliche und ein diözesanes Kirchweihfest. Vier römische Kirchweihfeste notiert der Generalkalender: Am 5. August wird das Kirchweihfest der Basilika Santa Maria Maggiore gefeiert. Die im 4. Jh. gebaute Kirche wurde nach dem Konzil von Ephesus 431 von Papst Sixtus III. (432–440) der Gottesmutter geweiht. Weil nach einer Legende Schneefall im Sommer den Ort des Kirchbaus angegeben hatte, hieß der Weihetag von Santa Maria Maggiore, der 5. August, der seit 1568 im kirchlichen Kalender geführt wird, auch ↗ **Maria Schnee.** – Am 9. November wird das Kirchweihfest der Lateranbasilika gefeiert, »Mutter und Haupt aller Kirchen der Hauptstadt und des Erdkreises«, so Papst Clemens XII. (1730–1740). – Das dritte und vierte weltweit gefeierte Kirchweihfest ist ein Doppelfest: das der Basilika Peter und Paul, der Peterskirche, und der Basilika Sankt Paul vor den Mauern. – Diözesanweit wird als fünftes Kirchweihfest der Jahrestag der Weihe der Bischofskirche, Dom oder Kathedrale genannt, begangen.

Ludwig Richter, Erntetanz beim Kirchweihfest, aus: Das große Festtagsbuch. Feiern, Tanzen und Singen. Hrsg. v. Walter Hansen. Freiburg i.Br. 1984. Vorlage: Archiv Herder

Wo der Weihetag der eigenen (Pfarr-)Kirche bekannt ist, feiert man an diesem Tag das Kirchweihfest als Hochfest. Wo der Tag der Weihe nicht bekannt ist, hat der Bischof einen Termin festgesetzt. Mit der lokalen Kirchweihfeier verbunden war – vor allem in der Zeit zwischen Pfingsten und Martini – eine weltliche Feier und oft auch ein Markt (vgl. ↗ **Kirmes**). Fester Bestandteil jeder Kirchweih und Kirmes ist das Totengedächtnis, das Lebende und Tote miteinander verbindet. Oft wurde am Kirchweih- bzw. Kirmesmontag ein eigener Gottesdienst für die Toten gefeiert, dem sich ein Friedhofsgang bzw. der Marsch zu einer Gedächtnisstätte anschloss, wo ein Kranz niedergelegt wurde. Vor allem in Böhmen kannte man die ↗ **Goldene Stunde:** Am Kirchweihmontag tanzten die jungen Leute vormittags oder kurz nach dem Mittagessen. Dann wurde der Tanzsaal den Verstorbenen überlassen, für die man eine Kerze entzündete. Solange die Kerze brannte, dauerte die »Goldene Stunde«, zu der man die Toten anwesend glaubte, um an der Kirmesfreude der Lebenden teilzunehmen.

Kirimati ↗ **Weihnachtsinsel**

Kirmes

Das Wort »Kirmes« geht auf das mhd. »kirmesse« zurück, das aus »kirchmesse« entstanden ist. Dieses Wort bezeichnete zunächst die Messe zur Einweihung einer Kirche, die ein Gebäude zu einem heiligen Ort macht, sodann das jährliche Erinnerungsfest daran und schließlich – unter Bezug auf die damit verbundenen weltlichen Feiern – den Jahrmarkt und das Volksfest. Neben dem Tag der Kirchweihe bot auch der Gedenktag des Kirchenpatrons Gelegenheit zu Fest und Feier. In der Folge entstanden so mehrere Kirmesfeiern im Jahr, die im Laufe der Jahrhunderte entweder zu einer mit dem Erntefest in Verbindung stehenden **Spätkirmes** verschmolzen oder aber sich als **Früh-** oder **Vorkirmes** neben der

Kirmes in Franken, aus: Otto Frhr. von Reinsberg-Düringsfeld, Das festliche Jahr, Leipzig 1898

eigentlichen Kirmes erhielten. Die Aufklärung suchte alle Kirmestermine auf einen zu verschmelzen, das dritte Oktoberwochenende, das im Volk dadurch die wenig freundlich gemeinte Bezeichnung ↗ **Allerweltskirmes** oder ↗ **Kaiserkirmes** bekam.
Personifiziert war und ist die Kirmes in der Gestalt des ↗ **Zachäus.** Seit dem Mittelalter lockerte sich die Verbindung zwischen der kirchlichen Feier und dem weltlichen Fest immer mehr. Heute ist die Kirmes (fränkisch-alemannisch und schwäbisch **Kilbe**, **Kelb** oder **Kirbe**, bayerisch **Kirta**, aber auch **Kirwa**) das bekannteste und verbreitetste Volksfest: ein Jahrmarkt mit Verkaufs- und Vergnügungsangeboten, Ess- und Trinkgelegenheiten. Wurde früher oft eine ganze Woche lang Kirmes gefeiert, beschränkt sich der Termin heute meist auf ein verlängertes Wochenende. Es ist vor allem in den Dörfern einer der Termine im Jahr, an dem die ganze Familie, nicht nur die nähere, sondern auch die weitere Verwandtschaft zusammentrifft. Fast untrennbar verwoben mit der Kirmes ist in weiten Teilen des deutschsprachigen Raumes das ↗ **Schützenwesen.** Aber neben den Schützen übernehmen auch andere lokale Gemeinschaftsorganisationen (Burschen- und Mädchenschaften, Gesangs- und Brauchtumsverein) die Ausrichtung der Kirmes. Die Gestaltung der Festtage weist eine unüberschaubare Fülle an landschaftlich gebundenen Einzelbräuchen aus vorchristlicher und christlicher Zeit auf. Gottesdienst und ↗ **Totengedenken**, Essen und Trinken, Musik und Tanz, Theater und Komödie, festliche Kleidung und Umzüge durch die Gemeinde sind allgemein verbreitet. Brauchspiele (↗ **Hahnenschlagen**, Maskenumzüge) und Wettkämpfe (Fahnenreiten, ↗ **Ringstechen**, ↗ **Vogelschießen**, Tauziehen, Sackhüpfen) gehören ebenso zum Kernbestand wie der **Kirmesbaum** und gemeinsame Veranstaltungen in einem Festzelt oder -saal.
Nicht ohne Grund waren die Kirmestage auch dafür berüchtigt, dass an ihnen die Rivalitäten benachbarter Dörfer ausgetragen wurden und deshalb Raufereien und Schlägereien an der Tagesordnung waren. Für die Kleinen boten (und bieten!) die Kirmestage willkommene Abwechslung im täglichen Einerlei; der hoffnungsvollen Jugend ergab sich die Möglichkeit des Kennenlernens und Anbandelns mit den begehrenswerten Vertretern des anderen Geschlechts; die Erwachsenen verschafften sich Ruhe und Genuss, Geschäftsverbindungen und Begegnungen und erhielten Gelegenheit zu repräsentieren. Aus dem **Kirmesgeld**, das dem Gesinde an den Kirmestagen ausgezahlt wurde, entwickelte sich das Kirmesgeld, das später die Kinder erhielten, um Karussell und Süßigkeiten, Go-Kart und Lose bezahlen zu können. Das Brauchtum zur Kirmes ist ein Beleg dafür, dass auch in modernen Zeiten alte Bräuche – in einer sich ständig wandelnden Art – fortleben können.

Kirmes begraben ↗ Zachäus
Kirmesbaum ↗ Kirmes
Kirmesbrezel ↗ Brezel
Kirmesgeld ↗ Kirmes
Kirta ↗ Kirmes
Kirwa ↗ Kirmes
Klaas ↗ Nikolaos, ↗ Nikolaus-Name
Klabauf ↗ Nikolaus-Begleiter
Klagelieder des Jeremias ↗ Trauermette
Klagesdach ↗ Nikolaus-Fest

Klapperbock
In den Alpenländern wird der Klapperbock (vgl. ↗ **Julbock**) als Schreckgespenst durch einen verkleideten jungen Burschen dargestellt. In einem lederbezogenen Gestell mit Bockskopf, verziert mit Widderhörnern, kann er mit einem Hebel das Bocksmaul klappern lassen.

Klapperbuben ↗ Karfreitagsratschen, -klappern, -rasseln

Klappereier ↗ Karfreitagsratschen, -klappern, -rasseln
Kläres ↗ Glärestag
Klas ↗ Nikolaos, ↗ Nikolaus-Name
Klasbur ↗ Nikolaos, ↗ Nikolaus-Name
Klas Bur ↗ Nikolaus-Begleiter
Klasen ↗ Nikolaos, ↗ Nikolaus-Name
Klasenmann ↗ Weckmann
Klasenring ↗ Nikolaus-Gebäck
Klasenvogel ↗ Nikolaus-Gebäck
Klaubauf ↗ Nikolaus-Begleiter
Klaus ↗ Nikolaos, ↗ Nikolaus-Name
Klaus, böser ↗ Nikolaus-Begleiter
Kläuse ↗ Nikolaus-Begleiter
Klausen ↗ Martini
Klausenbaum ↗ Christbaum

Klausenholz
Als **Betholz, Vater-unser-Holz, Vater-unser-Hölzle** oder Klausenholz werden ↗ **Kerbhölzer** bezeichnet, in die die Anzahl der geleisteten Gebete eingekerbt waren. Sie wurden beim Besuch des hl. Nikolaus vorgewiesen, sind also mit dem ↗ **Einkehrbrauch** entstanden. Das mit dem Kerbholz verbundene Verfahren der »objektiven« Quantitätsmessung hatte sich vorher schon lange zum Beispiel in den Wirtshäusern bewährt.

Klausenmann ↗ Gebildbrote, ↗ Weckmann
Klausenpicker ↗ Nikolaus-Begleiter

Klausentreiben, Klausenumzug
Umzüge im weiteren und näheren Zusammenhang mit ↗ **Nikolaus**gedenken im alemannischen Einflussbereich.

Klausi ↗ Nikolaos, ↗ Nikolaus-Name

Klausklöpfen
In der Schweiz bestiegen die jungen Burschen am ↗ **Nikolaus**vorabend die nächstgelegenen Hügel und Berge und knallten mit den Peitschen.

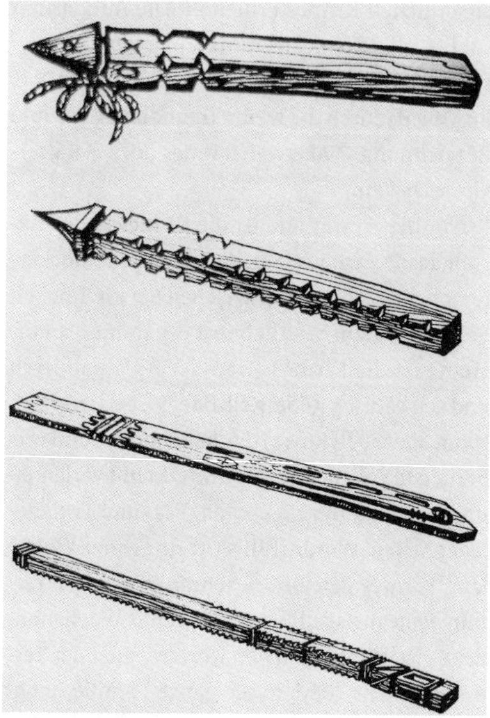

Klausen-/Kerbhölzer. Zeichnungen: Dr. Klaus Beitl, aus: Klaus Beitl, Das Klausenholz, aaO. (s. Literaturverzeichnis), Abb. 6–9.

Mit dem Lärm sollten die Dämonen, Hexen und bösen (Winter-)Geister vertrieben werden.

Klausmänneken ↗ Nikolaus-Begleiter
Klawes ↗ Nikolaos, ↗ Nikolaus-Name

Kleine Weihnacht
Bezeichnung für das Epiphaniefest am 6. Januar, an dem u.a. durch die Feier der Taufe Jesu der Messias sein »Amt« angetreten, sein öffentliches Wirken begonnen hat (vgl. ↗ **Epiphanie**).

Kleiner Fastabend ↗ Fastnachtszeit, ↗ Rosenmontag
Kleiner Fastelavent ↗ Fastnachtszeit, ↗ Rosenmontag, ↗ Veilchendienstag

Kleiner Frauentag ↗ Frauentag
Klein-Jerusalem ↗ Grab, Heiliges, ↗ Passionsfrömmigkeit
Kletzenbrot ↗ Stephanus, ↗ Stollen, ↗ Thomas
Klöckeln ↗ Klöpfeln
Klockirothensdag ↗ Karwoche
Klöckler ↗ Klöpfeln
Klockonsdag ↗ Karwoche
Klombsack ↗ Nikolaus-Begleiter
Klöpfelgeher ↗ Klöpfeln

Klöpfeln

In den Nächten der drei Donnerstage vor Weihnachten (**Klöpflitage**) ist das ↗ **Anklöpfeln** ein alter Brauch. In den **Klöpflesnächten** zogen vermummte Gestalten von Haus zu Haus und schlugen gegen die Fenster. Dieser Brauch steht in der Tradition der Zukunftsbeschwörung: Glückwunschsprüche, Lärm zur Vertreibung böser Geister, Vermummung, um den Geistern unkenntlich zu sein, verweisen ebenso darauf wie manche Namen. Mancherorts gab es ↗ **Perchtenläufe**, um die Dämonen von den Feldern zu vertreiben, z.T. durch ↗ **Krampuslaufen** in Teufelsmasken mit Hörnern und ↗ **Schellen** am 5. Dezember ersetzt. Die Anklopfer (= **Klöckler**) heißen in Kärnten ↗ **Lisner**, d.h. Lauscher (= Zukunftslauscher). Am ↗ **Pfefferlestag** revanchierten sich die Klöckler oder **Klöpfelgeher**, indem sie ein Gegengeschenk in das Haus »pfefferten« (vgl. ↗ **Frisch und gesund schlagen**). Im 16. Jh. wandelte sich das Klöpfeln oder **Klöckeln** zu einem ↗ **Heischebrauch**. Wurde zunächst noch um Gaben gebettelt, verlangte man sie später fast schon unter Druck, was dazu führte, dass der Brauch von protestantischen Kreisen bekämpft und von katholischen reformiert wurde. Die Kinder übernahmen ab jetzt zunehmend das **Klöpfelrecht** von den Erwachsenen.

Anton Bischof, Anklopfen der Kinder am Klopferstag« (1920). Anton H. Konrad Verlag, Weißenborn 1927

Erhalten hat sich der Brauch in Österreich und in einigen Gemeinden Bayerns und Frankens. Im Schweizer Kanton Thurgau besteht statt des Klöpfelns der Brauch des **Bochselns**. Angeblich stammt das Bochseln aus der Pestzeit des 17. Jh., wo man von außen mit kleinen Steinen gegen die Fenster der Häuser warf, um ohne Ansteckungsgefahr festzustellen, ob im Haus Menschen überlebt hatten. Durch die Straßen zieht ein Zug, wobei die Teilnehmer auf Stöcken **Bochseltiere** tragen: von innen erleuchtete Rüben, die als Tierfratzen gestaltet sind. Die Teilnehmer lärmen, »klöpfeln« mit Kieselsteinen an die Fenster und erhalten Gebäck, Äpfel, Nüsse, Wurst und Zwiebelbrot zum Geschenk. Im Kanton Zürich heißt der Brauch **Haggeri**: Ein Haggeri, ein an einer langen Stange gehaltener, von innen erleuchteter hölzerner Pferdekopf mit klapperndem Kiefer, wird von einer Gruppe mit Schellen und Peitschen in ihrer Mitte geführt. Von den Fenstern im ersten Stock der Häuser werden Geldstücke in eine Öffnung des Kopfes gelegt.

Klöpfelrecht ↗ Klöpfeln
Klöpflesnächte ↗ Klöpfeln
Klöpflesscheit ↗ Frisch und gesund schlagen

Klöpflischeit
An einem der ↗ **Klöpflitage** überreichte der junge Mann in Südtirol dem Mädchen seines Herzens das Klöpflischeit, ein aus dünnen Stäben gebasteltes käfigähnliches Häuschen. Nahm das Mädchen die Werbung an, hing es das Klöpflischeit in seinem Zimmer sichtbar auf.

Klöpflitage ↗ Klöpfeln
Klos ↗ Nikolaos, ↗ Nikolaus-Name
Klosen ↗ Nikolaus-Begleiter

Kloskählsche
Neusser Begriff für einen ↗ **Weckmann**; hdt.: Klauskerlchen.

Knäbelessonntag ↗ Laetare
Knabenbischof ↗ Ludus episcopi puerorum
Knabenbischofsspiel ↗ Ludus episcopi puerorum
Knecht Ruprecht ↗ Kinderfresser, ↗ Nikolaus-Begleiter
Knoblauchmittwoch ↗ Pfingstmittwoch
Köbes ↗ Jakobus der Ältere

Kommerzialisierung von Weihnachten
Weihnachten ist, man mag das bedauern oder nicht, zu einem geschäftlichen Ereignis geworden. Wertneutral spricht man vom **Weihnachtsgeschäft**, um festzeitlich bedingte Umsätze zu kategorisieren, oder man spricht von der Kommerzialisierung von Weihnachten, um dieses Faktum negativ zu bewerten. Laut »FOCUS« Nr. 52/1995 hat der deutsche Einzelhandel zu Weihnachten 1995 29 Milliarden DM umgesetzt, 200 Millionen mehr als 1994 und 600 Millionen mehr als 1993.
Einzelne Branchen boomen geradezu in der Weihnachtszeit: Der Spielwarenhandel weist 1994 ein Umsatzplus (Umsätze im November/Dezember), das über dem Durchschnitt der Monate Januar bis Oktober liegen) von 22,5% auf, Kunstgewerbe 20,5%, Uhren- und Schmuckhandel 19,4%, Süßwarenhandel 16,5%. Für den gesamten Einzelhandel hat das Weihnachtsgeschäft einen Umsatzanteil von etwa 5%. – Befragt, was sie zu Weihnachten verschenken, antworten die Deutschen: Kleidung 53%, Süßigkeiten 52%, Kosmetikartikel 48%, CDs, Kassetten, Videos 41%, Bücher 40%. – Für die Weihnachtsgeschenke geben die Deutschen im Durchschnitt 606 DM aus: bis 100 DM 4%, 100–300 DM 22%, 300–500 DM 20%, 500–700 DM 21%, 700–900 DM 7%, 900–1500 DM 12%, 1500–2000 DM 3%, über 2000 DM 5%, keine Angaben 6%. – Gefragt haben die Journalisten auch danach, wo die Kassen klingeln. Der zusätzliche Umsatz in Prozent des Jahresumsatzes im November/Dezember (1993) betrug bei den Warenhäusern 9,0%, speziellen Fachmärkten 7,9%, im Versandhandel 4,1%, in Fachgeschäften 3,9%, SB-Warenhäusern 3,6%, Verbrauchermärkten 1,8%, im ambulanten Handel 1,4%.
Weit vor dem Weihnachtsfest werden bereits die ↗ Schokoladen-**Osterhasen** produziert; die ↗ **Weihnachtsmänner** stehen ab Ende September in den Kaufhausregalen Spalier. Inzwischen gibt es bereits ↗ **Ganzjahres-Weihnachten** in Läden, die auf Weihnachtsartikel spezialisiert sind, immerhin 70 000 sollen es sein. – Gegen die Kommerzialisierung von Weihnachten haben 1995 fünf evangelische Pastoren auf dem Wochenmarkt im schleswig-holsteinischen Meldorf protestiert. Sie überreichten den Kunden auf dem weihnachtlich geschmückten Markt Ostereier aus Schokolade. Auf einem Flugblatt hieß es: »Zimtsterne gibt's schon im September, Weihnachtsbeleuchtung lange vorm Advent. Das muss nicht sein, wenn sich alle einig sind.« Daran scheint es aber zu hapern: Zwar haben einige längst beim weihnachtlichen Konsum freiwillig

zurückgeschraubt. Statistisch schlägt dies aber kaum zu Buche. Andere dagegen steigen ganz aus und zelebrieren ↗ **alternative Weihnacht**.

Kompilation
Das nahtlose Ineinanderaufgehen von zwei Personen in einer (↗ **Nikolaus**).

König, schwarzer ↗ Schwarzer König
Königin Markfett ↗ Dreikönigsfest
Königsbriefe ↗ Dreikönigsfest
Königskuchen ↗ Basilius, ↗ Bohnenkönig, ↗ Dreikönigsfest
Königsspiel ↗ Bohnenkönig, ↗ Dreikönigsfest, ↗ Dreikönigsspiel

Königssprung
In den Niederlanden zündete man an ↗ **Dreikönige** tagsüber Lichter an, die man nachts brennen ließ. Den dreimaligen Sprung der Kinder über die Kerzen nennt man den Königssprung, der wie auch jeder andere ↗ **Feuersprung** das Licht stärken und Segen bringen sollte.

Korbschüttetag
In Holland stellten die Kinder die gesammelten Äpfel, Nüsse und das Gebäck in Körben dicht neben das ↗ **Martinsfeuer**. Sobald die Körbe Feuer zu fangen drohten, wurden die Körbe ausgeschüttet, und alle Kinder stürzten sich auf die Gaben. Die brennenden Körbe symbolisieren dabei den vergangenen Sommer, der nun unwiderbringlich »verbrannt« ist, aber zuvor seine Früchte ausgeschüttet hat.

Kosmas und Damian
Vor der Kalenderreform am 27. September und seit ihr am 26. begeht die Kirche den Gedenktag der östlichen Märtyrer Kosmas und Damian aus Syrien, über die keine sicheren Nachrichten vorliegen. Ihr Gedenktag hat sich wahrscheinlich aus dem Weihefest der Kirche entwickelt, die

Hl. Kosmas und Damian. Gemälde von Heinrich Lauenstein; Stecher: Friedrich August Ludy. Privatbesitz, Nr. 340/1871

Papst Felix IV. (525–530) zu ihren Ehren am Forum in Rom geweiht hat. Sie sollen Zwillinge und Ärzte gewesen und unter Kaiser Diokletian (284–ca. 313) enthauptet worden sein. Kosmas und Damian sind die Patrone der Ärzte und Apotheker. In Kirchen und vor allem in Arztpraxen und Apotheken findet man die Zwillinge dargestellt mit medizinischem Gerät, Salbenspatel, Instrumenten, Gläsern, Stößel und Mörser. Ihr Gedenktag kann Anlass sein, über das Verhältnis von Heil und Heilung, Leib und Seele nachzudenken.

Köttsöndag ↗ Estomihi, ↗ Fastnachtszeit, ↗ Quinquagesima
Kotzmorgen ↗ Licht- und Spinnstubenzeit
Krampus ↗ Nikolaus-Begleiter
Krampuslaufen ↗ Klöpfeln

Kranzsingen
Ab dem 14. Jh. bürgerte es sich ein, dass die jungen Burschen in der Weihnachtszeit von Haus zu Haus zogen, Lieder sangen und Verse vortrugen. Sie erhielten bei ihrem ↗ **Heischegang** sicher die üblichen Gaben; nur wenn sie zum Hofe ihrer Liebsten kamen, durften sie auf ein symbolisches Geschenk hoffen: einen Kranz aus Tannenzweigen, der nach außen den Fortbestand der Beziehung dokumentierte. So erklären sich auch die Redensarten »jemandem ↗ **grün** sein«, »auf keinen ↗ **grünen** Zweig kommen«, »Auf der ↗ **grünen** Seite sitzen« (vgl. auch ↗ **Adventskranz**).

Krapfen ↗ Schmalzgebackenes
Krast ↗ Nikolaos, ↗ Nikolaus-Name
Kräutermesse ↗ Marienfeste: Mariä Himmelfahrt
Kräuterweihe ↗ Marienfeste: Mariä Himmelfahrt
Krawatte ↗ Weiberfastnacht
Kreißen ↗ Narrenaufträge

Kreppchen
Rheinländische Bezeichnung für ↗ **Pfannkuchen**, die besonders zu ↗ **Lichtmess** als ↗ **Lichtmesscrêpes** hergestellt wurden (vgl. ↗ **Crêpes**).

Kreppen(-Hännesje)
In Kölner Dialekt auch ↗ **Kreppche**: Sammelbezeichnung für Puppen-Theater (vgl. ↗ **Hänneschen-Theater**).

Krestavendblok ↗ Christklotz

Kreuz
Das Kreuz Jesu wird dem ↗ **Paradiesbaum** (↗ **Lebensbaum**, ↗ **Sündenfallbaum**) und – seltener – der ↗ **Krippe** gegenübergestellt. Es wird als Lebensbaum gedeutet, weil sich durch den Tod Jesu am Kreuz das Tor des ewigen Leben erschloss. Beginnend im Mittelalter, taucht das Kreuz dreidimensional auf: z. B. als Wandkreuz (vgl. ↗ **Arma Christi**, ↗ **Leidenswerkzeuge**, ↗ **Passionsfrömmigkeit**).

Kreuzauffindung
Im 5. Jh. zeigte man in ↗ **Jerusalem** am Tag nach dem Weihefest der Auferstehungskirche (13. September 335) das ↗ **Kreuz** Jesu zur Verehrung (= »exaltatio crucis«) am Weihetag der Kreuzeskirche. Daraus entstand das Fest ↗ **Kreuzerhöhung** (früher: »In Exaltatione S. Crucis«, Fest Kreuzerhöhung) am 14. September, das in allen orthodoxen Kirchen und seit dem 7. Jh. auch im Westen begangen wurde. Bis zur Streichung aus dem Festkalender durch Papst Johannes XXIII. (1958–1963) im Jahr 1960 konkurrierte der 14. September mit dem 3. Mai, an dem das Fest der Auffindung des heiligen Kreuzes gefeiert wurde. Welches der beiden Feste sich auf die Auffindung des Kreuzes durch Kaiserin Helena († 330), eine eventuell vorherige Auffindung bereits unter Papst Eusebius (um 309) und auf die Rückführung des von den Persern entführten Kreuzes durch Kaiser Heraklius I. (610–641) im Jahr 628 bezieht, ist strittig. Am 3. Mai beging man in Süddeutschland und Österreich den Tag in Form eines Umzuges, besuchte und schmückte die ↗ **Feldkreuze**. Es war üblich, neun Kreuze zu besuchen, an denen je ein ↗ **Ave-Maria** und drei Vater-unser gebetet wurden. Mancherorts stellte man an diesem Tag das Hauskreuz feierlich zwischen Blumen vor die Tür.

Kreuzaufnehmen ↗ Osterabend, ↗ Karwoche
Kreuzbrot ↗ Mandeltag, guter
Kreuzerheben ↗ Osterabend, ↗ Karwoche
Kreuzerhöhung ↗ Kreuzauffindung

Kreuzinschrift
Der Tradition nach war am Kreuz Jesu ein Schild mit dem Schriftzug **INRI** (aus dem Lateinischen:

Die Jesus-Tafel in S. Croce di Gerusalemme, Rom.
Foto: Ferdinando Paladini; Archiv Herder

Jesus von Nazaret, König der Juden) angebracht, das Auskunft über den Hinrichtungsgrund gab und bitterer Spott zugleich war (vgl. auch ↗ **Arma Christi**, ↗ **Leidenswerkzeuge**, ↗ **Passionsfrömmigkeit**).

Kreuztracht ↗ Passionsfrömmigkeit
Kreuzverehrung ↗ Passionsfrömmigkeit
Kreuzweg ↗ Passionsfrömmigkeit

Kreuzwegandacht, geistige
Neben dem äußeren Nachvollzug des Kreuzwegs Jesu in Jerusalem oder an anderer Stelle, wo der ↗ **Kreuzweg** nachgestaltet worden war, bildeten sich im späteren Mittelalter auch Kreuzwege – erst außerhalb und dann innerhalb der Kirchen –, die in Form von Reliefs oder Bildern die einzelnen Kreuzwegereignisse darstellten. In Form meditativer Andachten vollzogen die Gläubigen das Leiden Jesu nach (vgl. ↗ **Passionsfrömmigkeit**).

Kreuzwoche
So wird die Woche nach dem ↗ **Weißen Sonntag** genannt. Der Freitag dieser Woche trug früher den Namen ↗ **Dreinägeltag**.

Krippchen ↗ Krippe

Krippe
Die westgermanische Wortbildung »Krippe« hat die Bedeutung von »Flechtwerk«, »Geflochtenes«; sie gehört zu einer indogermanischen Wortwurzel, die »drehen, wenden, flechten« bedeutet. Dieser alte Wortsinn ist noch in dem Substantiv »Krippe« und dem Verb »krippen« enthalten, wenn »Krippe« ein ↗ **Weiden**geflecht zum Schutz von Deich- und Uferstellen und »krippen« das Schützen mit diesem Material ausdrückt. »Krippe« wurde auch auf geflochtene Futtertröge angewendet, wie sie vornehmlich in frühen Darstellungen der Krippenszene erscheinen. Später bezeichnete »Krippe« auch hölzerne und steinerne Futtertröge. In diesem Zusammenhang bedeutet Krippe heute meist ↗ **Weihnachtskrippe**, durch die mit Figuren die Geburtsszene inszeniert wird. – Im süddeutschen und alpenländlichen Bereich benennt »Krippe« auch jene Darstellungen dieser Art, die sich nicht auf die Geburt Jesu beziehen, z. B. Leiden und Tod Jesu (Fasten- und ↗ **Passionskrippe**). – Als Kinderkrippe, die inhaltlich wiederum von der Weihnachtskrippe als Aufenthaltsort für das Jesuskind abgeleitet ist, wird heute eine Kindertagesstätte für Kleinkinder benannt. – In der Verniedlichungsform **Krippchen** bezeichnet das Wort – vornehmlich im Rheinland – als Sammelbegriff die Puppenbühnen, die das ↗ **Krippenspiel** u.ä. übernommen hatten (vgl. ↗ **Hänneschen-Theater**).

Krippe füllen ↗ Strohhalmlegen

Krippenausstellungen
Hervorragende Krippenausstellungen gibt es u.a. beispielsweise alljährlich in München und Salzburg. Ganzjährige Krippenausstellungen finden sich im Krippenmuseum Telgte bei Münster/Westf. und als Krippana in 53940 Losheim/Eifel, Prümer Straße 54.

Krippenspiel

Am 24. Dezember gedachte die Kirche des ersten fiktiven Menschenpaares, ↗ **Adam und Eva**, durch die nach alttestamentlicher Glaubenssicht Sünde und Tod in die Welt gekommen sind. Er-

Szene aus dem Oberuferer Weihnachtsspiel (19. Jh.), aus: Otto Frhr. von Reinsberg-Düringsfeld, Das festliche Jahr, Leipzig 1898

lösung von Sünde und Tod beginnt nach christlicher Glaubensüberzeugung in der ↗ **Menschwerdung** Jesu, deren die Christenheit am 25. Dezember gedenkt. Eben diese Spannung zwischen Adam und Christus, Tod und Leben, Sündenverfallenheit und Erlösung inszeniert das kirchliche Krippenspiel, **Christgeburtspiel**. Das eigentliche Krippenspiel begann mit dem **Paradiesspiel**, welches die Begründung für die Erlösungsbedürftigkeit der Menschen vorführte: Der Schöpfung der Welt und des Menschen folgten der Sündenfall und die Vertreibung aus dem Paradies. »Erkennungszeichen« des Paradiesspiels war der ↗ **Paradiesbaum**, der nach dem Paradiesspiel auch während des eigentlichen Krippenspiels stehenblieb und so zu einer Vorform des ↗ **Christbaums** wurde. – Das Krippenspiel als katholisches Mysterienspiel wurde durch das protestantische Besucherspiel faktisch (vgl. ↗ **Christkind**) abgelöst. In den spätnachmittäglichen ↗ **Kindermetten** werden heute wieder moderne Krippenspiele aufgeführt (vgl. ↗ **Hänneschen-Theater**). Als nach der Reformation und spätestens in der Aufklärung das Krippenspiel den Kirchenraum verließ und sich eigene, säkulare Theaterformen (Stockpuppen-, Marionettentheater) entwickelten, nahm es auch tradierte Figuren mit. Aus dem ↗ **Caspar/Kaspar** der ↗ **Dreikönige** wurde der ↗ **Kasper** oder das ↗ **Kasperle**.

Krippenvereine

In vielen Städten Deutschlands haben sich Krippenvereine gebildet, die das Wissen um die Krippen lebendig halten, Ausstellungen veranstalten, gemeinsam Krippenfahrten und Kongresse organisieren und Ausstellungen besuchen. Die entsprechenden Adressen sind selten in Telefonbüchern zu finden. Wenn Namen und Anschriften nicht bekannt sind, hilft meist eine Anfrage bei dem (kath.) Stadt- oder Kreisdechanten bzw. (ev.) Stadtsuperintendenten oder dem (kath.) Generalvikariat der Diözese oder der (ev.) Landeskirche.

Kris Kringle ↗ **Nikolaos**, ↗ **Nikolaus-Name**
Kristman ↗ **Nikolaos**, ↗ **Nikolaus-Name**

Krokus

In einer Schilderung der »Himmelswiese«, Gottes Garten, in dem die Patriarchen, Propheten, Evangelisten, Märtyrer usw. die Blumen darstellen, heißt es Anfang des 12. Jh. bei Honorius von Autun u.a.: »... die Bekenner glänzten in ihrer

Weisheit wie der Krokus« ... Gemeint ist hier der »crocus sativus« oder ↗ **Safran**, eine der etwa 50 Krokusarten, die – aus dem Orient kommend – sich in Europa verbreitet haben. Der Safran blüht im Herbst. Sein langer, orangegelber, dreigeteilter Stempel diente sowohl zur Bereitung eines gelben Färbemittels als auch duftender Pulver und Essenzen. In der Antike und im Mittelalter waren beide Erzeugnisse außerordentlich beliebt. Der Safran wurde wie die Rose geschätzt und übertraf diese wegen seiner Weiterverwendbarkeit. Safrangelbe Gewänder und Verzierungen symbolisierten das Licht und die Majestät, dem Purpur der Götter und Könige vergleichbar. Auch wenn der Safran in der Bibel nur einmal genannt ist (vgl. Hoheslied 4,14), wird er im Christentum zu einem Symbol der Liebe. Cassiodor (ca. 485–ca. 580) schreibt: »Der Krokus hat einen goldfarbenen Blütenstempel. Daher versinnbildlicht er die Liebe. Wie nämlich Gold das kostbarste aller Metalle ist, so nimmt die Liebe unter allen Tugenden die erste Stelle ein, nach den Worten des Apostels: ›Für jetzt bleiben Glaube, Hoffnung, Liebe, diese drei; doch am größten unter ihnen ist die Liebe‹ (1 Korinther 13,13).«

Krudemisse ↗ **Marienfeste: Mariä Himmelfahrt**
Krumbiere ↗ **Düppekuchen**
Krummer Mittwoch ↗ **Karmittwoch**, ↗ **Karwoche**

Kümmernis

Von einer hl. »Kümmernis« als seliger Jungfrau wird seit dem 15. Jh. in einer Legende berichtet, die aus den Niederlanden stammt. Dort erzählte man aus Steenbergen von Wundern bei Krankheit und Tod. Der Name der nicht kanonisierten Volksheiligen (auch **Caritas, Eutropia, Hülpe, Liberata, Liberatrix, Ontcomera, Ontkommer, St. Gwer, Wilgefortis** u.w.) scheint in wortspielerischer Form auf ihre besondere Hilfe bei Kummer und Not hinzuweisen. Redensartlich werden entsprechende Vergleiche gezogen: »Aussehen wie die hl. Kümmernis« oder »sein wie die hl. Kümmernis«: d.h. sich um alles kümmern, überall zugreifen, sich fremde Sorgen zu den eigen machen. – Die hl. Kümmernis gilt als portugiesische Königstochter, die einen Heidenkönig heiraten sollte. Da sie ihrem christlichen Glauben treu bleiben wollte, bat sie Christus um einen Bart, der sie völlig entstellen sollte. Die Legendenvarianten berichten unterschiedlich: Entweder wurde sie vom Vater verstoßen, und/oder sie wurde auf Veranlassung ihres wütenden Vaters an ein Kreuz gebunden. – Mit der Legende von der hl. Kümmernis verbunden ist die Sage vom armen Spielmann, dem sie ihren goldenen Schuh zuwarf, als er vor ihrem Bild spielte. Der Ursprung der Legende scheint ein missverstandenes, bekleidetes Kruzifix, der »Volto Santo«, im Dom zu Lucca zu sein. Hier wird Jesus noch

Die hl. Kümmernis. Holzschnitt des H. Springinklee, Nürnberg (1513)

nicht als der Leidende, sondern als der Triumphierende am Kreuz dargestellt, mit Krone und einem Faltengewand. Dieses damals nördlich der Alpen ungewöhnliche Kruzifix hat offensichtlich die Phantasie seiner Betrachter angeregt und führte zur Erzählung von der gekreuzigten Jungfrau. – Die kultische Verehrung der hl. Kümmernis (als hl. Wilgefortis mit Fest am 20. Juli in den liturgischen Kalender aufgenommen) verbreitete sich im Barock, wurde im 18. Jh. eingeschränkt und erlosch faktisch im 20. Jh.. Die Legende von der hl. Kümmernis ist heute noch in Schlesien, Bayern und Österreich bekannt.

Kummertuch ↗ **Fastentuch**

Kunigunde

»Kunigund' macht warm von unt'« lautet ein bäuerlicher Wetterspruch zum 3. März, dem alten Gedenktag der hl. Kunigunde (jetzt: 13. Juli). Der Hinweis auf das Nachlassen von Bodenfrösten zu diesem Termin ist mit dem Wissen um die hl. Kunigunde (1033) verbunden. Sie war die Gemahlin Kaiser Heinrichs II. (1002 deutscher König, 1014–1024 Kaiser). Kunigunde musste in einem Gottesurteil über glühende Pflugschare gehen, um die Reinheit ihres Herzens zu beweisen.

Kunkelstube ↗ **Licht- und Spinnstubenzeit**
Kunstlicht ↗ **Arbeit bei Kunstlicht**
Kunstlichtzeit ↗ **Licht- und Spinnstubenzeit**
Kupfermontag ↗ **Montag**
Kupferner Adventsonntag ↗ **Adventsonntage**

Kurrendesänger

Im Mittelalter und darüberhinaus nannte man die am Heiligabend umherziehenden Kindergruppen, die Lieder vortrugen, Kurrendesänger (lat.: »currere« = laufen, umherlaufen). Meist angeführt von ihrem Schulmeister, sammelten die Jugendlichen, die lateinische und deutsche Weihnachtslieder sangen, in großen Körben Gaben, die den ärmeren Kindern eine freudige Teilnahme am Weihnachtsfest ermöglichten (vgl. ↗ **Heischebrauch**).

L

Labyrinth

Ein bestimmtes Ziel ist von einem bestimmten Ausgangspunkt aus auf verschlungenem, aber vorgegebenem Weg zu erreichen. Zielgerichtetheit unterscheidet ein Labyrinth von allen anderen Bandornamenten und Linien, so beispielsweise von der Spirale durch wiederholte Richtungsänderung. Vor dem 16. Jh. fehlen bei fast allen Labyrinthen Kreuzungen und Verzweigungen, so dass keine Verirrungsmöglichkeit gegeben war. Diesen Darstellungstyp gibt es in zwei Varianten: (1) in Nieren- und Rechteckform mit exzentralem Kreuz und (2) in Kreis- oder Quadratform mit zentralem Kreuz. – Labyrinthe finden sich meist auf dem Boden, selten an einer Wand oder einer Säule. Ihre Ausmaße schwanken zwischen Fliesengröße und 14 m Durchmesser. Ursprünglich waren Labyrinthe ein Todessymbol, weshalb auf ihnen bei Leichenspielen getanzt wurde; dies hat sich aus der Theseus-Tradition entwickelt.

Man unterscheidet bei den Labyrinthen verschiedene Typen: 1. in bonam partem: Christus (= Theseus) tötet den ↗ **Teufel** (= Minotaurus). 2. Christi Auferstehung: In französischen Kathedralen (hier besonders Auxerre) wurde am Ostersonntag von Klerikern das Labyrinth singend und Ball spielend durchtanzt (vgl. ↗ **Auferstehung**, ↗ **Osterfreude**). 3. Passio Christi: Das Labyrinth wird als Leidens- und Heilsweg zugleich gedeutet. 4. Mittelpunktsymbolik: Zentrum des Labyrinths ist ein Altar, Grundriss nach der Grabeskirche in ↗ **Jerusalem**; das Labyrinth ist die Ecclesia (= kirchliche Gemeinschaft) auf dem gefahrvollen Weg zum Himmel; diese Mittelpunktsymbolik ist stark mit der Todessymbolik verwandt. 5. Weg nach Jerusalem: Das Begehen des Labyrinths war Teil der Bußpraxis. 6. Haus des Dadalus: Das Labyrinth als »maisón dédalus« ist Archetyp kunstvollen Bauens; in Amiens und Reims haben sich die Baumeister in den Labyrinthen – als je neuer Dädalus – abbilden lassen. 7. Zeichen des Geheimnisses: Vor dem 9. Jh. tauchte das Labyrinth beim byzantinischen kaiserlichen Ornat auf.

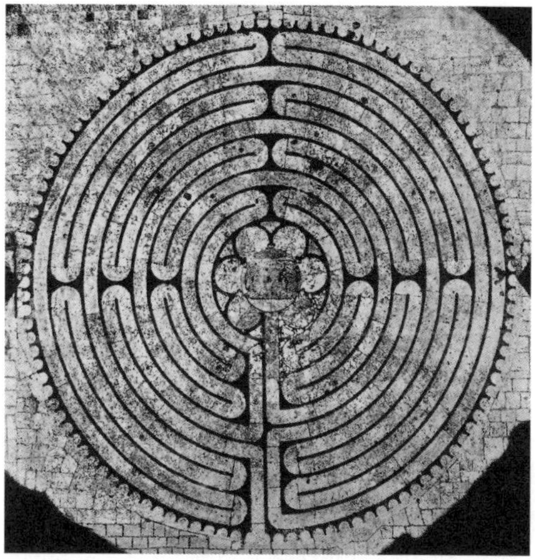

Labyrinth am Fußboden der Kathedrale von Chartres. Foto: Archiv Herder

Laetare

Erstes Wort des ↗ **Introitus** (= Eingangsgebet der Messe: »Laetare, Jerusalem« = Freu' dich, Stadt ↗ **Jerusalem**) am ↗ **Vierten Fastensonntag**, auch ↗ **Mittfasten** genannt (vgl. ↗ **Fastensonn-**

tage). Weil dieser Sonntag mitten in der Fastenzeit lag, also die Mitte dieser Zeitstrecke anzeigte, war er vom Fasten ausgenommen, als auch die Sonntage noch zur vorösterliche ↗ **Fastenzeit** gehörten. Das priesterliche Messgewand zeigte an diesem Tag ausnahmsweise die liturgische Farbe »rosa«. Im Mittelalter überreichte der Papst an diesem Tag die ↗ **Goldene Rose**, weshalb der Tag auch ↗ **Rosensonntag** oder ↗ **Rosentag** hieß (vgl. ↗ **Rosenmontag**). In England hieß der Tag **Mothering Sunday** (vgl. ↗ **Muttertag**). – Der Kampf zwischen Sommer und Winter zu Laetare hat im Brauchtum liturgische Wurzeln: Introitus und Lesung des Tages thematisierten den Gegensatz von Trauer und Freude. Wo Frühlingsbräuche noch an diesem Tage üblich waren (↗ **Saatwecken**, Todaustreiben, ↗ **Winteraustreiben**, ↗ **Winterverbrennen**, ↗ **Schwarzer Mann**) hieß dieser Tag auch ↗ **Schwarzer Sonntag**. – Mit Laetare verknüpft ist das Lied »Trariro, der Sommer der ist do«. Bis ins 14. Jh. zurück lässt sich der Kampf von Winter und Sommer an diesem Tag zurückverfolgen. Das hierzu gesungene Lied ist das erste Kinderlied, das direkt aus Kindermund aufgezeichnet wurde. In seinem »Beitrag zu den Volksliedern aus der Pfalz« hat es der schwäbische Gymnasiallehrer David Christoph Seybold 1778 veröffentlicht. ↗ **Sommer (sonn)tag** ist ein weiterer Name, weil – im Rahmen der Frühlingsbräuche – der Sommer angesungen wurde. ↗ **Halbfasten** oder ↗ **Mittfasten** bezeichnet die Stellung des Tages im Zeitraum der ↗ **Quadragesima**. – Das Frühlingsfeuer im Schwarzwald wurde am **Fackeltag** abgebrannt, manchmal erst nach Rückkehr von Kuckuck, Nachtigall und ↗ **Schwalbe**, weshalb das Feuer auch Kuckucksfeuer hieß. Wahrscheinlich wegen des Eifers beim Brauchtum des Tages nannte man den Tag auch **Knäbelessonntag**. Die Tagesbezeichnung ↗ **Jungfernfastnacht** kennzeichnet die Sitte, Mädchen und Mägde an diesem Tag zu beschenken. ↗ **Hutzelsonntag** nimmt Bezug auf den Brauch, an diesem Sonntag ein Gericht aus getrockneten Birnen (= ↗ **Hutzeln**) zu kochen. – Der Name ↗ **Brot- und Käsesonntag** war in den Niederlanden üblich. Dort besuchte man an diesem Tag Freunde und Nachbarn und ließ sich mit Brot und Käse bewirten, weil man glaubte, an diesem Tag ↗ **siebenerlei Brot** essen zu müssen. – In Westfalen brachten die Mädchen den Nachbarn den Frühling. Sie flochten aus Efeu einen ↗ **Funkenkranz**, der über der Herdstelle aufgehängt wurde. Die Beschenkten mussten die Mädchen mit Wasser bespritzen: möglicherweise ein alter Fruchtbarkeitszauber. – In der Schweiz stellten Verliebte und Jungverheiratete ↗ **Lichter ins Fenster**. Bunt Verkleidete brachten ihnen ein Ständchen und wurden durch einen Imbiss belohnt. – In Belgien bricht zu Halbfasten, wie Laetare dort heißt, noch einmal die Fastnacht aus (vgl. ↗ **Frühlingsbräuche**).

Noch andere Namen für Laetare sind: »Medium quadragesime«, »mi carême«, »mi gramme«, »mey quaireme«, »mediana (dominica)«, »dominica Hierusalem«, **Sonntag Jerusalem**, **Todsonntag** (Schlesien), »jejunium medium«, »dominica rose (rosata)«, »dominica de fontanis«, »dominica mediana« (vgl. ↗ **Sonntag**).

Lahmer Sonntag ↗ Sonntag

Laktizinien

Aus Milch hergestellte Lebensmittel (Milch, Butter, Käse) werden so bezeichnet (von lat. »lac« = Milch). Im Mittelalter waren Laktizinien ebenso wie Fleisch und Eier, die als »flüssiges Fleisch« galten, in der ↗ **Fastenzeit** verboten. 1491 wurden die Fastengesetze erstmals etwas gelockert, und Papst Julius III. (1550–1555) erteilte allen Christen Dispens für Butter bzw. Öl und Eier, Käse und Milch.

Lambertus
Seit der Kalenderreform gibt es mit dem 18. September wieder einen Gedenktag für den hl. Lambert(us), der seit etwa 675 Bischof von Maastricht war und am 17. September 705/706 den

Ludwig Richter, Der Bauer schickt den Jockel aus (= bekanntestes Lambertuslied), aus: Das große Festtagsbuch. Feiern, Tanzen und Singen. Hrsg. v. Walter Hansen. Freiburg i.Br. 1984. – Vorlage: Archiv Herder

Märtyrertod starb. Sein Grab findet sich heute infolge der Übertragung des Bischofssitzes in Lüttich. Seine Kopfreliquie wird im Münster zu Freiburg/Breisgau aufbewahrt. In einigen Teilen Deutschlands finden am Lambertiabend ↗ **Lichterumzüge** statt, wie andernorts zu Martini. Der Lambertustag gilt ebenso wie der Martins- und der Lucientag als ↗ **Lichtertag.**

Lametta ↗ **Christbaumschmuck**
Lamm Gottes ↗ **Osterlamm**
Lämmes ↗ **Narrenaufträge**
Lange Fasten ↗ **Fastenzeit, österliche**
Länge Mariä ↗ **Maria**
Langer Freitag ↗ **Freitag,** ↗ **Karfreitag,** ↗ **Karwoche**

Lanze ↗ **Arma Christi,** ↗ **Leidenswerkzeuge,** ↗ **Passionsfrömmigkeit**

Lärmbrauchtum
Begriffe wie **Höllenspektakel** oder **Höllenlärm** verweisen auf den Deutungszusammenhang, in den das Christentum den Lärm einordnete. In vorchristlicher Zeit sollte Lärm die Zauberkraft der Dämonen brechen. Dieser Aberglaube hat sich lange auch in christlicher Zeit erhalten. Erst später sind die inhaltlichen Ausdeutungen christlich interpretiert, die Formen aber beibehalten worden. Gepaart mit der Abwehr böser Geister tritt die Lust an gemeinschaftlich erzeugtem Lärm auf, der vielfach in strenger rhythmischer Ordnung erfolgt (z.B. bei **Lärmumzügen**), aber auch seine Freude am chaotischen Durcheinander haben kann. Klopfen und ↗ **Klöpfeln**, Trommeln und Rummeln (vgl. ↗ **Rummeltopf**), Peitschenknallen (↗ **Aperschnalzen**) und Schießen, ↗ **Feuerwerk** und Musizieren, Singen und Glockenschellen (↗ **Schellenrühren**) treten in diesem Zusammenhang auf. Die ↗ **Rauhnächte** bilden jahreszeitlich schwerpunktmäßig einen Hauptbereich des Lärmbrauchtums, vor allem zu ↗ **Silvester**, das heute durch Feuerwerke eine Ergänzung gefunden hat. Lärminstrumente (↗ **Karfreitagsratschen**) ersetzen an den Kartagen auch die ↗ **Glocken.**

Lärmumzüge ↗ **Lärmbrauchtum**

Larve
Das Substantiv mit der Bedeutung von Gespenst, ↗ **Maske**, Gesichtsmaske, ist seit dem 14. Jh. bezeugt (und wird erst am Ende des 18. Jh. zu einem biologischen Begriff). Es ist entlehnt aus lat. »larva« = böser Geist, Gespenst, Maske. Aussagesinn ist das Verhüllen des Eigentlichen. Abgeleitet davon: »entlarven«, d.h. die Maske, Larve abnehmen, Aussehen, Wesen, Absichten enthüllen.

Lasmant ↗ Januar, ↗ Monate

Lasterallegorese

Als Narrheit begriff die ↗ **Fastnacht**, den natürlichen Trieben ungehemmt nachzugeben. Laster wurden den Narren zugerechnet und im Mittelalter durch die Lasterallegorese dargestellt, die die niederen Triebe des Menschen mit Tieren gleichsetzte: Hoffart (lat.: »superbia«) = Pfau und Pferd; Neid (lat.: »invidia«) = Drache; Zorn (lat.: »ira«) = Löwe; Geiz (lat.: »avaritia«) = Fuchs; Unkeuschheit (lat.: »luxuria«) = Hahn, Bock; Unmäßigkeit (lat.: »gula«) = Bär, Schwein; Trägheit (lat.: »acedia«) = ↗ **Esel**. Vor allem in der alemannischen Fastnacht tauchen diese Tiere immer wieder als Attribute, Kopfmasken, Kostüme, Requisiten und Motive auf (vgl. ↗ **Mi-Parti**).

Laterne- oder Lichter ausblasen ↗ Löwenzahn
Laubmann ↗ Frühlingsbräuche
Laubreise ↗ Monate: November
Laubrost ↗ Monate: November
Laumant ↗ Januar, ↗ Monate: Januar
Launing ↗ Monate: April
Lauretanische Litanei ↗ Loreto
Lauwe ↗ Januar, ↗ Monate: Januar
Lazarus Strohmannus ↗ Fastnachtsanfang, -beginn, ↗ Strohmann
Lazarus von Bethanien ↗ Christkindl einläuten

Lebende Bilder

Bezeichnung für gestellte (z. B. biblische) Szenen (wie etwa den Sündenfall) in Prozessionen. Früher Teil vieler Prozessionen zu ↗ **Fronleichnam**, findet man diesen Brauch heute fast nur noch in Verbindung mit Prozessionen in der ↗ **Passionswoche**.

Lebensbaum ↗ Paradiesbaum, ↗ Kreuz

Lebensrute

Das Berühren (kindeln, pfeffern, pfitzeln, schlagen ...) mit einer grünen Gerte (↗ **Martinigerte**), ↗ **Rute**, ↗ (Narren-)**Pritsche**, ↗ **Pfefferlesrute** ... ist eine alte Fruchtbarkeits- und Segensgeste. Übertragen wird die frische Kraft der Natur, bei der Fruchtbarkeit Segen bedeutet.

Lebkuchen

Der ↗ **Honigkuchen** der Antike wandelte sich zum »Lebekuoche« des Mittelalters. Er wurde im Mittelalter von einer eigenen Zunft, den Lebküchnern oder Lebzeltern (erste Erwähnung 1293 im schlesischen Schweidnitz), hergestellt. Honig ersetzte in dieser Zeit den Zucker – raffinierten Zucker gibt es erst seit dem 19. Jh.! Die Klöster wurden Zentren der Lebkuchenbäckerei, weil das Gebäck als gesund, heilend, verdauungsfördernd und appetitanregend galt und in der Fastenzeit genossen werden durfte. Verfeinert mit Nüssen, Mandeln oder Gewürzen oder versehen mit Heilkräutern – unter »Pfeffer« zusammenfasst waren Anis, Ingwer, Kardamon, Koriander, Muskat, »Nägelein« (= Nelken), schwarzer Pfeffer, Zimt – wurde es zu Lebkuchen, ↗ **Pfefferkuchen**. In den Klosterküchen, die immer auch als Hostienbäckereien arbeiteten, entstand auch die Idee, Lebkuchenteig auf Oblaten zu backen, was dem Teig Halt und Schutz vor dem Austrocknen gab. Deutsche »Lebkuchen-Zentren« waren Aachen, Braunschweig, Pulsnitz/Oberlausitz und Nürnberg, das auch heute noch als »Lebkuchen-Metropole« gilt. Vor dem 16. Jh. wurde Lebkuchen vor dem Backen in Tonformen, später in Holz- oder Steinmodeln geformt. Solche Backformen gab es bereits in der Antike: Die ältesten bekannten stammen aus der Zeit um 2000 v. Chr. und wurden im Königspalast von Mari in Mesopotamien gefunden. – Die Bezeichnung »Lebkuchen« verleitet zu der Annahme, der »Lebens- oder Labekuchen« habe seinen Namen von »Leben« oder

»Laben«. Wahrscheinlicher ist jedoch, dass der Lebkuchen seinen Namen vom lateinischen »libum« (= Fladen, Flachkuchen, Opferkuchen) ableitet. – So wie beim ↗ **Ludus episcopi puerorum** ein Rollentausch zwischen Schülern und Hierarchen vorgenommen wurde, gab es in der mittelalterlichen ↗ **Adventzeit** den Brauch, auch auf dem Bauernhof die Rollen zu tauschen: Aus den Mägden und Knechten wurden Herrschaften, und umgekehrt bediente die Herrschaft. Zu diesem Zweck wurde ein würziger Fladenkuchen, der Lebkuchen, gebacken, der an alle Hausbewohner, an Gäste und Arme verteilt wurde.

Lebkuchenfrau ↗ Lebkuchen, ↗ Lebkuchenmann, ↗ Patenbrot, ↗ Unschuldige Kinder

Lebkuchenmann
Der weihnachtliche Lebkuchenmann stellt heutzutage meist den hl. Nikolaus, eine Phantasiefigur oder – als Patengeschenk – einen Lebkuchenreiter bzw. eine Lebkuchenfrau (vgl. ↗ **Unschuldige Kinder**) dar. Hinweise auf ein älteres Motiv, den ↗ **Jahresmann**, ergibt sich aus einem Gestaltungselement: Durch einen mittig von der Figur getragenen Tannenbaum o.ä. wird durch die Figur die Zweiteilung des Jahres verdeutlicht. Der Lebkuchenmann, früher wohl eine Opferspeise, sollte die Sonne dazu gewinnen, das nächste Jahr fruchtbar werden zu lassen. Zum Teil lassen sich Reminiszenzen des Jahresmannes heute noch bei anderen Figuren nachweisen: Der Schweizer ↗ **Hefekerl** (vgl. ↗ **Weckmann**) trägt einen Teigzopf längs auf dem Bauch.

Ledelweke ↗ Karwoche
Leichentuch ↗ Arma Christi, ↗ Leidenswerkzeuge, ↗ Passionsfrömmigkeit
Leidenswerkzeuge Christi ↗ Arma Christi, ↗ Passionsfrömmigkeit
Lemkes ↗ Narrenaufträge

Lenz
In der Gegenwartssprache bezeichnet nur noch die Poesie den Frühling mit dem Begriff »Lenz«. In früheren Jahrhunderten stand er dagegen für den Monat ↗ **März** (vgl. ↗ **Monate**). »Lenz« leitet sich von einem indogermanischen Wort her, das »lang« bedeutet und sich auf die länger werdenden Tage bezieht. Das ahd. »lenzin« für Frühling beinhaltet das germ. »tina« für »Tag«. Dagegen mit Lenz nicht verwandt ist das »lenzen« für »leerpumpen« aus der Seemannssprache, das vom niederländischen »lens« für »leer« stammt.

Lenzinmanoth ↗ Lenz, ↗ Monate: März
Lenzmond ↗ Lenz, ↗ Monate: März
Leonhardifahrt ↗ Leonhardiritt
Leonhardifest ↗ Leonhardiritt
Leonhardigabe ↗ Leonhardiritt

Leonhardiritt
Am 6. November gedenkt der liturgische Kalender des hl. Leonhard, der als Befreier der Gefangenen und Viehpatron gilt, weshalb er – vor allem in Süddeutschland und in den Alpenländern – besonders verehrt wird. Leonhardiritte (vgl. ↗ **Umritte**) sind ein beliebter Brauch. In Bad Tölz gibt es seit alters die **Leonhardifahrt**, bei der der Pfarrer die Pferde segnet (vgl. ↗ **Pferdesegnung**). Als **Leonhardigabe** werden ↗ **Hufeisen** und geschmiedete Tierbilder bezeichnet, die der Dorfschmied herstellte und die dem Heiligen geweiht wurden. In Sachsen feierten die Kinder das **Leonhardifest**, an dem sie – solange sie bei ihren Eltern lebten – die Herren im Haus waren.

Lestemant ↗ Monate: Dezember
Letzte Fassnacht ↗ Fastnachtszeit, ↗ Sonntag, ↗ Veilchendienstag
Letzte Fastenwoche ↗ Karwoche
Letzter Dienstag in der Fasten ↗ Karwoche
Letzter Fastelavand ↗ Fastnachtszeit, ↗ Veilchendienstag

Wilhelm von Dietz, Zur Leonhardifahrt, aus: Das große Festtagsbuch. Feiern, Tanzen und Singen. Hrsg. v. Walter Hansen. Freiburg i.Br. 1984. – Vorlage: Archiv Herder

Letzter Herbstmond ↗ **Monate: Dezember**
Letztfastabend ↗ **Fastnachtszeit,** ↗ **Veilchendienstag**
Leuge ↗ **Monate: Juli**
Leutfresser ↗ **Nikolaus-Begleiter**
Liberata ↗ **Kümmernis**
Liberatrix ↗ **Kümmernis**
Lichamestag ↗ **Fronleichnam**

Licht- und Spinnstubenzeit

Die Eröffnung der Licht- und Spinnstubenzeit am Martinstag gründete nicht nur in den langen Abenden der dunklen Jahreszeit, die – weil sie keine Feldarbeit mehr zuließen – in anderer Form wirtschaftlich genutzt wurden. Man ging zwar »z' Licht«, um nur eine Licht- und Wärmequelle für viele zu nutzen, aber wohl auch, weil die Spinnstube – **Lichtstube, Kunkelstube, Lichtkarz, Nachtkarz** – zugleich ein Ort war, wo sich beim lockeren Miteinander trotz sozialer Kontrolle diskret Partnerschaften anbahnen, eben kunkeln, ließen. Nach der Arbeit boten Spiel, Gesang und Tanz genügend Anlässe zum Kennenlernen, das sich durch ein Heimgeleit im Dunkeln vertiefen ließ. Der Volksmund formulierte nicht ohne Grund: »Im Dunkeln ist gut munkeln.« In Schwaben wusste man: »Weit heim – lang schee!« Traditionstermine, an denen in der Spinnstube gefeiert wurde, waren die ↗ **Andreasnacht** am 30. November, früher der Übergang zum neuen ↗ **Kirchenjahr**, weshalb Orakelbräuche üblich waren, und die ↗ **Thomasnacht** am 21. Dezember, die als längste

Nacht des Jahres gleichfalls Wendecharakter hatte. Der leicht zu erahnende Inhalt der Nächte ergibt sich auch durch ihre Bezeichnung als **Durchsitz-** oder **Durchspinn-Nacht**, der Getränkekonsum durch die im Schwarzwald verbreitete Bezeichnung des Morgens danach: **Kotzmorgen!** Martini als Beginn der **Spinnstubenzeit** korrespondiert mit ↗ **Lichtmess.** Redewendungen lauten entsprechend: »Sankt Martin macht Feuer ins Kamin; dann, o Mädel, greif zum Rädl« oder: »Lichtmess, 's Spinne' vergess«. Etwas deftiger formulierte man am Niederrhein: »Um Martin schlachtet der Bauer sein Schwein, das muss bis zu Lichtmess gefressen sein.« Lichtmess beendete nicht nur die zu ↗ **Michaeli** begonnene **Kunstlichtzeit**, die Zeit, in der man bei Kunstlicht arbeitete, auch die Spinnstubenzeit war zu Ende.

Lichtblaumontag
Erster Montag nach ↗ **Lichtmess.** Ab diesem Tag wurde die ↗ **Arbeit bei Kunstlicht** eingestellt, die mit dem Gedenktag des hl. Erzengels ↗ **Michael**, Michaelis (29.9.), begonnen hatte.

Lichtblume ↗ **Löwenzahn**
Lichtbratlmontag ↗ **Montag**

Lichter im Fenster
Der zu ↗ **Laetare** in der Schweiz früher für Verliebte und Frischverheiratete übliche Brauch, Lichter ins Fenster zu stellen, ist in den letzten Jahren als Zeichen der Betroffenheit übernommen worden. Ob im geteilten Deutschland am »Tag der Deutschen Einheit« oder beim Golfkrieg – die Kerzen im Fenster signalisierten: Das lässt mich nicht kalt. Regelmäßig im ↗ **Advent** und zu ↗ **Weihnachten** tauchen (elektrische) Kerzen in den Fenstern auf, meist in Form von Lichterbänken, die die alte ↗ **Lichtsymbolik** von Weihnachten aufnehmen.

Lichter- oder Laterne ausblasen ↗ **Löwenzahn**

Lichterkläuse
Beim Nikolausbrauchtum in Küßnacht am Rigi/Innerschweiz treten so genannte **Iffeleträger** auf, die in einem Umzug überdimensional große Fackeln in Form einer Mitra über ihren Köpfen durch die Straßen tragen. Sie werden auch Lichterkläuse genannt.

Lichterkronen ↗ **Christbaum**
Lichterprozession ↗ **Advent**, ↗ **Civitas dei**, ↗ **Lichtmess**, ↗ **Maria**, ↗ **Martinslampe**, ↗ **Martinsumzug**

Lichterschwemmen
Das Aussetzen kleiner Holzbrettchen mit brennenden Kerzen auf Flüssen, z. B. am Vorabend der Gedenktage der hl. ↗ **Lucia** oder des ↗ **Johannes Nepomuk**, versinnbildlicht das »Licht in der Finsternis« (vgl. Johannes 1,5); denn von eben diesem Licht heißt es: »... und die Finsternis hat es nicht erfasst.« Jesus Christus ist dieses Licht, das aufgegangen ist. Die Märtyrer, die ihm nachgefolgt sind, haben seinen Weg beschritten: Auch sie waren Licht in der Finsternis, das nicht angenommen wurde. Der Brauch nimmt das Bildhafte des Vergleichs auf und konkretisiert es in einer Symbolhandlung.

Lichtertag
Als Lichtertage gelten ↗ **Lamberti**, ↗ **Martini** und ↗ **Lucia.**

Lichterumzug
Lichterumzüge der Kinder z. B. zu ↗ **Lichtmess**, ↗ **Martini**, ↗ **Lamberti** oder ↗ **Lucia** oder Feuer wie z. B. ↗ **Martinsfeuer**, ↗ **Johannisfeuer**, ↗ **Königsfeuer** haben ihren Ursprung meist in liturgischen Lichterprozessionen.

Lichtkarz ↗ **Licht- und Spinnstubenzeit**

Lichtmess

Das mosaische Gesetz schrieb vor, ein neugeborenes Kind innerhalb einer bestimmten Frist in den Tempel zu bringen (vgl. Exodus 13,11–16; Levitikus 12,1–8; Jesaja 8,14–15; 42,6). Jesus kommt nicht nur dieser Vorschrift nach, wenn er in den Tempel gebracht wird, sondern er ist auch der Herr des Tempels (vgl. Maleachi 3), der in sein Eigentum kommt. Als solcher wird er vom greisen Simeon und der Prophetin Hanna erkannt und bezeichnet (vgl. Lukas 2,22–40). In der Ostkirche verstand man den Festanlass als »Fest der Begegnung des Herrn«: Der Messias kommt in seinen Tempel und begegnet symbolisch dem Gottesvolk des Alten Bundes. Im Westen wurde es mehr ein Fest Mariens: »Reinigung Marias« nach den mosaischen Vorschriften. – Seit Anfang des 5. Jh. wurde in ↗ **Jerusalem** dieses Fest am 40. Tag nach der Geburt Jesu gefeiert. In Rom führte man dieses Fest um 650 ein. ↗ **Kerzenweihe** und ↗ **Lichterprozession** kamen erst später hinzu, wodurch sich dann der Name ↗ **Mariä Lichtmess** einbürgerte. Das hatte seinen Grund darin, dass an diesem Tag die für das nächste Jahr benötigten Kerzen der Kirchen und der Familien geweiht wurden; deshalb veranstaltete man Wachsmärkte, eben Licht(er)messen. Seit der Liturgiereform wird dieser Tag wieder als Herrenfest gefeiert und führt den Namen ↗ **Darstellung des Herrn** (vgl. ↗ **Marienfeste**).

Bei der Berechnung des Tages nahm man im Mittelalter unterschiedliche Ausgangspunkte: Wo Weihnachten am 25. Dezember gefeiert wurde, ergaben die 40 Tage, nach denen Jesus im Tempel dargestellt worden sein soll, den 2. Februar; war aber der 6. Januar Ausgangspunkt, kam man auf den 14. Februar. Letzteres war in Gallien der Fall. Es wird vermutet, dass nach der Verlegung des Weihnachtsfestes auf den 25. Dezember und der Abwanderung von Lichtmess auf den 2. Februar der alte Festtermin, der 14. Februar, neu gefüllt wurde und so der ↗ **Valentinstag** oder

Maria Lichtmess, nach einem Holzschnitt (15. Jh.). Vorlage: Archiv Marianne Mehling

↗ **Vielliebchentag** entstand. Noch einmal kam an diesem Festtag die weihnachtliche ↗ **Lichtsymbolik** zur Geltung: In der Kirche fand eine Lichterprozession statt und eine Kerzenweihe. Mancherorts unterschied man bei den Kerzen: weiße ↗ **Kerzen** für Männer, rote für Frauen. Andernorts wurden besonders lange Kerzenstöcke in die Kirche getragen und geweiht, die dann zu Hause zerschnitten und den einzelnen Hausgenossen zugewiesen wurden. Das Licht, Christus, holte man so ins Haus und hatte ihn beim gemeinsamen Gebet, bei dem die Kerzen brannten, unter sich. Das galt besonders für das häusliche Rosenkranzgebet, bei ↗ **Unwettern**, bei schwerer Krankheit, Sterben und Tod. An diesem Tag fanden früher auch ↗ **Lichterumzüge** der Kinder statt. Festgebäck waren die ↗ **Crêpes**, ↗ **Pfannkuchen**, die im Rheinland lautmalerisch an die französische Vokabel erinnern: ↗ **Kreppchen** hießen sie hier. Der Hausfrau, die beim Pfannkuchenbacken den ersten Pfannkuchen – natürlich ohne Zuhilfenahme anderer Mittel – so wendete, dass diese ↗ **Lichtmesscrêpe** wieder in der Pfannenmitte landete, ging das ganze Jahr über das Geld nicht aus. – An diesem Tag wurden die Dienstleute entlohnt und hatten einige Tage arbeitsfrei, was man in Süddeutschland **Schlenkeltage** nannte. Die Knechte und Mägde besuchten ihre Angehörigen und feierten das Wiedersehen mit Umzügen und Festessen. Für die Bauern begann nun die Feldarbeit, die Weihnachtszeit war offiziell zu Ende. Für die Handwerker hörte mit Lichtmess die ↗ **Arbeit bei Kunstlicht** auf, die Montag nach dem Gedenktag des Erzengels ↗ **Michael** (29. September) begonnen hatte. Zur Feier des Tages gaben die Meister den Gesellen und Lehrlingen oft den Nachmittag frei, der so die Bezeichnung ↗ **Lichtblaumontag** erhielt und damit, wie einige Experten meinen, die sprachliche Vorlage für den berühmt-berüchtigten ↗ **Blauen Montag** geboten hat.

Lichtmesscrêpes ↗ Crêpes, ↗ Kreppchen
Lichtopfer ↗ Lucia
Lichtstube ↗ Licht- und Spinnstubenzeit

Lichtsymbolik

Christus selbst hat sich »Licht der Welt« genannt (vgl. Johannes 8,12). Das Johannes-Evangelium ist ganz wesentlich durch diese Lichtsymbolik geprägt. Das Bild von Christus als aufgehende Sonne, als derjenige, der Licht ins Dunkel bringt, nimmt uralte Metaphern auf, die schon für Jahwe gegolten haben: Als Feuersäule beschützt Gott die Israeliten beim Auszug aus Ägypten, im brennenden Dornbusch begegnet Gott dem Mose. Die Verklärten strahlen laut Bibel ein überirdisch helles Licht aus. Das Licht ist erstens eine Metapher der Nächstenliebe und zweitens der Vorsicht und Erwartung: Vor allem ↗ **Kerzen** symbolisieren die Nächstenliebe, weil sie Licht und Wärme spenden und sich selbst dabei für andere verbrauchen. Im Gleichnis von den klugen Jungfrauen (Matthäus 25,1–13) versinnbildlicht die brennende Laterne die ständige Bereitschaft, die permanente Erwartung des Herrn (**Kerzenopfer**). Neben der weihnachtlichen Baumsymbolik (vgl. ↗ **Christbaum**), ist die Lichtsymbolik das überzeugendste Bild für das Mitzuteilende.

Carl Rickelt, Weihnachten auf dem Südlichen Friedhof in München (1887; Ausschnitt). Im Besitz des Münchener Stadtmuseums

Liebbestättsonntag ↗ Sonntag
Liebesmahlbrötchen ↗ Mandeltag, guter
Liebesmaien ↗ Pfingsten
Liebesorakel ↗ Orakelbräuche
Lismant ↗ Januar, ↗ Monate
Lisner ↗ Klöpfeln

Liturgische Termini

In das religiöse Brauchtum und in die Umgangssprache einer Zeit, die der lateinischen Liturgie stärker verbunden war als die gegenwärtige, fanden liturgische Termini Eingang und wurden nicht spezifisch, sondern in neu definierter, meist spöttischer Weise eingesetzt. Beispiele: »Wiltu hier zu Hoffe sein, / So mustu auch thun den willen mein / Und mir jetzt das Placebo singen.« Oder: »Sing hin der Narren Gaudeamus, / So sing ich der Thoren Benedicimus.«

Liudger

Missionar Frieslands und Westfalens, Gründerbischof und erster Bischof des Bistums Münster/Westf., geboren um 742 in Friesland, gestorben 26. März 809 in Billerbeck, begraben in Essen-Werden. Liudger (Ludger) war – rund 200 Jahre vor Kaiserin ↗ **Theophanu** – der erste Förderer des ↗ **Nikolaus**-Kultes nördlich der Alpen. Kennengelernt hat Liudger den Heiligen in Italien bei den Benediktinern auf Montecassino, wo er sich von etwa 784 bis 792 aufgehalten hat.

Hl. Ludgerus. Gemälde von W. Sohn; Stecher: Fritz Dinger. Privatbesitz, Nr. 87/1852

Lobrise ↗ **Monate: November**
Loemant ↗ **Januar**, ↗ **Monate: Januar**
Lofrote ↗ **Monate: November**
Loimaent ↗ **Januar**, ↗ **Monate: Januar**
Lord of Misrule ↗ **Dreikönigsfest**

Loreto

Das Marienheiligtum »in fundo Laureti« in Mittelitalien bei Recanati, entstanden 1194, enthielt eine Madonna mit Jesuskind, zu der seit dem 14. Jh. Wallfahrten führten. Ab der zweiten Hälfte des 15. Jh. wurde hier eine große Basilika errichtet. Durch Pietro Tolomei aus Teramo († 1473) verbreitete sich in dieser Zeit eine Legende, die einen wunderbaren Ursprung dieser Kirche behauptete: Sie sei das **Haus Mariens** (»casa sancta«, »domus lauretana«, ↗ **Haus Nazaret**) aus ↗ **Nazaret**, das ein Engel erst an die illyrische Küste und dann am 10.12.1294 auf den Hügel von Loreto getragen habe. Historischer Hintergrund der Legende ist der Umstand, dass 1263 das Heilige Land endgültig an den Islam gefallen und die Kirche in Nazaret zerstört worden war. 1586 wurde Loreto durch Papst Sixtus V. (1512–1590) zum Bischofssitz erhoben. Loreto, zunächst einem Kardinal-Protektor, wurde 1698 einer römischen Kongregation, der »Congregatio Lauretana« mit Sitz in Rom, unterstellt. Seit Mitte des 16. Jh. betreuten die Jesuiten Loreto und verbreiteten die Loreto-Verehrung und die – schon lange zuvor bekannte – **Lauretanische Litanei**. Es entstanden an vielen Stellen Nachbauten der »casa sancta«, so z. B. in Prag »Maria Loreto«, in der Wallfahrtskirche Bonn-Kreuzberg oder in Walsingham/England.

Losbrauchtum

Das Los zu werfen (vgl. die Jona-Erzählung im Alten Testament) war nach antiken Vorstellungen keineswegs ehrenrührig, sofern es um die Erkundung des göttlichen Willens ging. Im Mittelalter hatte das Losbrauchtum einen anderen Akzent. Es ging um Zukunftsschau, um das Orakeln. Karten, Bohnen, Losbriefe und vieles mehr benutzte man dabei. In unüberschaubar vielen einzelnen Brauchtümern und zu kaum übersehbaren Anlässen wurde gelost (vgl. ↗ **Bohnenkönig**, ↗ **Orakelbräuche**, ↗ **Bleigießen**, ↗ **Schuhewerfen**, ↗ **Apfelschalen werfen**, ↗ **Kartenlegen**, ↗ **Zwölf Zwiebelschalen**. Losbräuche, vor allem solche, die über das kommende ↗ **Wetter**, ↗ **Glück** oder den künftigen Hochzeitstermin und Ehemann Auskunft geben, kannten im Mittelalter viele Festtage. Besonders sind sie mit den Tagen verbunden, die einmal ↗ **Jahresende** oder -beginn waren. Deshalb galten als **Losnächte** bzw. **Lostage** insbesondere der Andreastag (vgl. ↗ **Andreas**) und ↗ **Silvester**. Verständlich ist, dass unter allen Orakeln gerade das ↗ **Liebesorakel** eine besondere Rolle spielt (vgl. ↗ **Orakelbräuche**).

Loser Sonntag ↗ Sonntag
Losmant ↗ Januar, ↗ Monate: Januar
Losnacht ↗ Losbrauchtum
Lostag ↗ Losbrauchtum
Lotzel fassnacht ↗ Fastnachtszeit
Lotzgin fastnacht ↗ Fastnachtszeit
Loufrise ↗ Monate: November

Löwenzahn

Den Ägyptern war der Scarabäus heilig – bei uns ist er zum »Pillendreher« und »Mistkäfer« verkommen. Ähnlich ist es dem Löwenzahn ergangen: Als wichtiger Symbolträger, von Theologen und Künstlern geadelt, gilt er heute meist nur als Unkraut. Im Mittelalter dagegen war der Löwenzahn die **Lichtblume**, symbolisierte die Auferstehung Jesu und verhieß den Menschen ewiges Leben. Der Löwenzahn (lat.: »taraxum officinale«) ist die Pflanze mit den meisten Volksnamen. Während der heutige Name von den gezackten Blättern abgeleitet ist, die den Zähnen des Löwen zu gleichen scheinen, verbanden ihn ältere Kulturkreise mit der Sonne. **Sonnenwirbel** oder **Sonnenbraut** hieß er im Mittelalter. Der Widerschein der Sonne im Löwenzahn und die Christussymbolik des »sol invictus«, der aufgehenden Sonne, die als Gott verstanden und später auf die römischen Kaiser übertragen wurde, machten den Löwenzahn zu einer bedeutenden Pflanze. Die christliche Symbolik entfaltet der Löwenzahn darüber hinaus sowohl in seinem biologischen Wachstumsverlauf als auch in seinen einzelnen Bestandteilen: Die Metamorpho-

Federkugeln des Löwenzahn.
Foto Ernst Kirschner; © J. F. Steinkopf Verlag, Stuttgart

se des Löwenzahns von den gelben Blütenblättern zur Federkugel (= **Pusteblume**) hat ihn zum Symbol für Licht und Leben und damit für Gott gemacht. Zugleich gilt er als Symbol für den auferstanden Christus: Die Umwandlung der abgestorbenen Blüte in die weiße, strahlende Federkugel erscheint als sichtbare Parallele zu Tod und Auferstehung Jesu. Der Auferstandene wird in den Hymnen und Osterspielen auch als »leo fortis«, als starker Löwe beschrieben. Als **Osterpflanze** gilt der Löwenzahn, weil er vorwiegend im April und Mai blüht. Bildhaft ist auch das Verhalten der Blüte, die sich immer der Sonne zuwendet und zum Sonnenlicht hin öffnet. Die Federkugel der Pusteblume wird auch **Lichtlein** genannt. Kinder bliesen als Orakel (vgl. ↗ **Orakelbräuche**) die Samen fort, um festzustellen, wieviele Jahre sie lebten. **Lichter- oder Laterne ausblasen** nennt man dies, was im Griechischen lautmalerisch »apopappousthai« heißt. Der Fruchtstand oder Samenträger des Löwenzahns wird mit dem geschorenen Mönchskopf gleichgesetzt. »Caput monachi«, **Pfaffenblatt**, **Papenplatt** oder **Pfaffenrohr** wurde dieses Teil darum genannt. Die Löwenzahnmilch verdeutlichte das Blut Christi, das dieser beim Leiden und Sterben vergossen hat. Der Löwenzahn wurde vielfach als »flos campi«, als Blume des Feldes, nach der Textestelle im Hohenlied 2,1 verstanden, ein Begriff, den die mittelalterliche Theologie dann auf Christus bezogen hat. Die mittelalterliche Tafelmalerei zeigt den Löwenzahn vornehmlich bei Geburts- und Auferstehungsszenen. Die »Lichtblume« symbolisiert also Christus und die Auferstehung, weil der Löwenzahn stirbt, um wiedergeboren zu werden (vgl. ↗ **Auferstehungspflanze**). Der Löwenzahn war die dem Betrachter in seiner Welt sicht- und greifbare Hoffnung auf die eigene Auferstehung.

Lowerdag ↗ Samstag

Lucia

Die hl. Lucia (die Lichtvolle, von lat. »lux« = Licht) ist historisch belegt. Etwa 286 in Syrakus auf Sizilien geboren, starb sie etwa 304 als Märtyrerin unter Kaiser Diokletian, weil sie keusch leben wollte und deshalb als Christin denunziert wurde. Bestattet wurde sie in einer frühchristlichen Katakombe, über die sich seit byzantinischer Zeit eine Kirche, S. Lucia, heute in der Neustadt von Syrakus gelegen, erhebt. Wo ihre Gebeine heute ruhen, ist umstritten, vor allem zwischen S. Geremia e Lucia in Venedig und dem Vinzenzkloster zu Metz in Frankreich. In Italien ist Lucia eine populäre Volksheilige, deren Lied »Santa Lucia« weit über Italien hinaus bekannt ist. Bis zur Gregorianischen Kalenderreform 1582 fiel der Festtag der hl. Lucia, der 13. Dezember, auf die ↗ **Wintersonnenwende**, ein ↗ **Lichtertag**, da durch die ungenaue Jahresberechnungsmethode »der Kalender nachging«, d.h. am 13. Dezember war nach dem Sonnenjahr bereits der 25. Dezember. Bekanntlich kurierte Papst Gregor XIII. den Fehler dadurch, dass er 1582 einige Tage ausfallen ließ: Auf Donnerstag, den 4. Oktober folgte unmittelbar Freitag, der 15. Oktober. Nicht überall folgte man der »papistischen« Kalenderreform, so dass in protestantischen und orthodoxen Ländern die alten Zuordnungen zum Teil noch bis ins 20. Jh. erhalten blieben.

Weil der **Lucientag** somit – zumindest über Jahrhunderte – in der dunkelsten Nacht begangen wurde, verband sich die Heiligengestalt – vor allem in den Alpenländern – mit vorchristlichen Dämonengestalten. Die **grausige Lucia** trat in verschiedenen Gestalten auf: als **Lutzelfrau**, **Lussibrud**, **Lucienbraut**, **Pudelmutter**, **Butzenlutz**, **Lucka** oder Lucia. Als hässliche Gestalt furchteinflößend, bedrohte sie schlampige Mägde und ungezogene Kinder. Wer nach dem abendlichen ↗ **Angelus** noch aus dem Haus ging, konnte ihr Opfer werden. Lügnern schnitt sie die Zun-

Hl. Lucia. Einblattdruck. Palermo, Museo Pitré

ge ab. In der Luciennacht war es streng verboten, Brot zu backen, zu spinnen oder zu nähen. Wer es trotzdem tat, musste mit der Rache der grausamen Lucia rechnen. – In Österreich trat Lucia in Begleitung des ↗ **Nikolaus** als ↗ **Budelfrau** oder an ihrem Festtag als weißgekleidete **Lutscherl** auf, in anderen Gegenden auch als ↗ **Schnabelpercht.** Mancherorts bestraft Lucia nicht nur, sondern belohnt geordnete Verhältnisse mit kleinen Gaben. – In Schweden wird die Luciennacht als ↗ **Mittwinter**nacht gefeiert. Dort ist Lucia zur lichtertragenden Gabenbringerin geworden. Das älteste Mädchen einer Familie tritt am Morgen des 13., dem **Lucienmorgen**, in einem langen weißen Kleid auf, den Kopf mit einem Kranz aus Preißelbeeren geschmückt, in den brennende Kerzen gesteckt sind. Diese Lucia weckt alle Familienmitglieder und serviert ihnen das Frühstück ans Bett. In den Dörfern und Stadtteilen wird am Vorabend eine **Lucienbraut** gewählt. – Während fast alle Anklänge an die grausige Lucia inzwischen untergegangen sind, hat sich aus dem alten Brauchtum das ↗ **Lichtopfer** erhalten, ursprünglich wohl eine Art Beschwörungsopfer. Nach einem Gottesdienst setzen Kinder in Fürstenfeldbruck/b. München selbstgebastelte Papierhäuschen, die von innen durch eine Kerze erleuchtet sind, auf einem Brettchen auf dem Fluss Amper aus. Der wohl erst seit dem 18. Jh. bestehende Brauch (↗ **Lichterschwemmen**) wurde ursprünglich von Erwachsenen ausgeübt. Ähnliche Bräuche gab es im 17. Jh. in Regensburg und in Wasserburg am Inn. In Franken gibt es seit jüngerer Zeit, d.h. seit dem 20. Jh., ↗ **Lichterumzüge** am Tag der hl. Lucia. – Der Lucientag war früher mit Losbrauchtum und ↗ **Wetterorakeln** verbunden. Z. B. trennten Mädchen am Gedenktag ein Stück Rinde einer ↗ **Weide** ab, ritzten ein Kreuzzeichen in den Stamm und banden die Rinde wieder fest. Wenn sie am 1. Januar die Stelle wieder enthüllten, suchten sie aus den veränderten Zeichen die Zukunft zu deuten. – Vor allem im Burgenland säte man am 13. Dezember Weizen in einen mit Erde gefüllten Teller (↗ **Tellersaat, Luciaweizen, Lucienweizen**). Wenn die Saat bis zum Heiligabend aufging, kündigte dies ein gutes Erntejahr an. Besonders Mutige wagten sich in der Luciennacht nach draußen, um den **Lucienschein** zu sehen, der die Zukunft deuten sollte. Wie ↗ **Barbarazweige** schneidet man am 13. Dezember Kirschzweige als **Lucienzweige.** Der Festtag der Lucia war im Mittelalter zeitweise und in verschiedenen Gebieten ↗ **Kinderbeschenktag** für Mädchen.

Lucia, grausige ↗ **Lucia**
Luciaweizen ↗ **Lucia**
Lucienbraut ↗ **Lucia**
Lucienmorgen ↗ **Lucia**
Lucienschein ↗ **Lucia**

Lucientag ↗ Lucia
Lucienweizen ↗ Lucia
Lucienzweige ↗ Lucia
Lucifer ↗ Teufel

Ludus episcopi puerorum

Das **Kinderbischofspiel, Knabenbischofsspiel,** ↗ **Schülerbischofsspiel** oder – in Klöstern – **Kinderabtspiel** scheint ein uralter Brauch zu sein. Bereits 867/870, auf dem Konzil von Konstantinopel, wird das »festum puerorum«, »festum stultorum« oder »fêtes des fous« (fzr.) verboten. Ursprünglich wurde dieses Spiel am Tag der ↗ **Unschuldigen Kinder** (28. Dezember) als ein Narrenfest gefeiert, das möglicherweise in der Tradition orientalischer Narrenkönige, römischer Saturnalien und eventuell auch keltischer Tiervermummung stand. Weder das Verbot des Konzils von Konstantinopel, noch die Verbote der Konzilien von Basel (1431–37/49) oder Trient (1545–52) haben das »Spiel der umgekehrten Ordnung« abgeschafft. – Im 11. Jh. lässt sich das »festum puerorum« im Abendland, in Rouen, erstmals nachweisen und hält sich dort bis in das 18. Jh.. Seit dem 13. Jh., mit der Popularität des hl. ↗ **Nikolaus** als Schülerpatron, bürgert sich der 6. Dezember als Festauftakt ein, wobei die gesamte Feier entweder bis zum 28. Dezember dauert oder aber am 28. Dezember abschließende Feierlichkeiten stattfinden. – Das eigentliche Spiel besteht darin, dass die Schüler an Kloster-, Stift- und Domschulen, mancherorts sogar die Kleriker selbst, einen »Abt« oder »Bischof« wählten, der ein pompöses Fest und pomphafte Umzüge durchführte. Mancherorts wurde bei diesen Feiern die Liturgie nicht ausgespart: In den Kirchen fanden Feiern unter Leitung des Kinderbischofs statt. Ausgestattet war der Knabenbischof wie ein Bischof: mit Chorkleidung, Mitra und Stab. Zum Teil oder aber für eine bestimmte Zeit galt auch die Regel, dass die eigentlichen Bischöfe den Anordnungen der Knabenbischöfe zu folgen hatten. – Einige Volkskundler nehmen als Auslöser von Brauchtumsformen liturgische Festtagstexte an. Unter Hinweis auf das »Magnifikat«, in dem es heißt: »...er stürzt die Mächtigen vom Thron und erhöht die Niedrigen« (vgl. Lukas 1,52; Ezechiel 21,31; Psalm 147,6; Ijob 5,11; 12,19), wird ein Bezug zwischen dem Knabenbischofsspiel und dem Magnifikat hergestellt. Das Magnifikat ist jedoch kein typisches Gebet für das Fest der Unschuldigen Kinder. Mit der gleichen Berechtigung ließe sich verweisen auf Matthäus 23, 2: »Wer sich selbst erhöht, wird erniedrigt, und wer sich selbst erniedrigt, wird erhöht werden« (vgl. auch Lukas 14,11; 18,14). Es ist wahrscheinlicher, dass eines der Tagesgebete aus der Liturgie, die nur am Fest der Unschuldigen Kinder gebetet wurden, Auslöser war. Vor der jüngsten Liturgiereform hieß es zum Beispiel im ↗ **Introitus:** »Aus dem Mund von Kin-

Schülerbischofsspiel im Kollegiatsstift St. Stephan, Bamberg (um 1581–83). Aus: Index omnium festorum et sanctorum secundum ordinem Stephaniae ecclesiae Bamberge. Staatsbibliothek Bamberg

dern und Säuglingen, o Gott, verschaffst du dir Lob Deinen Feinden zum Trotz« (Psalm 8,2). Oder im Tagesgebet: »Gott, am heutigen Tage haben die Unschuldigen Kinder Dein Lob verkündet ...« – Im ↗ **Advent** gab es im Mittelalter einen dem Knabenbischofsspiel vergleichbaren Brauch, dass an bestimmten Tagen die Knechte und Mägde das »Sagen« hatten und die Rolle der Herrschaft spielten, während diese die Rolle der Mägde und Knechte übernahm. Bei dieser Gelegenheit wurde ein würziger Fladenkuchen, der ↗ **Lebkuchen**, gebacken und verteilt. Auch Arme erhielten ihn als Geschenk.

Lucka ↗ **Lucia**
Lugius ↗ **Monate: Juli**
Luio ↗ **Monate: Juli**
Lumpiger Donnerstag ↗ **Donnerstag**, ↗ **Weiberfastnacht**

Lunula
Kleiner halbmondförmiger (lat.: »luna« = Mond; lat.: »lunula« = kleiner Mond) Ständer für die Hostie, die auf diese Weise in die Monstranz eingesetzt wird (vgl. ↗ **Monstranz**).

Lussibrud ↗ **Lucia**

Luther, Martin
Der am 10.11.1483 als Sohn eines Bergmanns in Eisleben geborene Luther studierte zunächst Jura, um dann mit 22 Jahren Augustinermönch in Erfurt zu werden. Von 1508 bis zu seinem Tod war Luther Theologieprofessor an der Universität Wittenberg. Seine Studien zu der Frage, wie es dem Menschen gelingen könne, vor Gott gerecht zu werden, führten ihn zu dem Ergebnis: allein durch den Glauben (»sola fide«) – ohne menschliche Werke. Sein Protest gegen den Ablasshandel, der mit der Veröffentlichung von Thesen am 31.10.1517 terminiert ist, wurde zum Wendepunkt: Aus dem Versuch einer Reform der Kirche wurde die Reformation und eine Kirchenspaltung.
Der Reformator hat die Heiligenverehrung abgelehnt; im Bereich der protestantischen Kirchen findet sie daher praktisch nicht statt. Insofern hat das relativ häufige Auftreten des Vornamens Martin in protestantischen Familien keinen direkten Bezug zu Sankt Martin, wohl aber zu Martin Luther. Für ihn selbst, der, am 10.11.1483 geboren und am 11.11.1483 getauft, seinen Namen vom Tagesheiligen bekam, kann Sankt Martin aber nicht nur ein beliebiger Heiliger gewesen sein. Durch seine Zeit als Kurrendeschüler war Martin Luther mit den Martinsbräuchen seiner Zeit vertraut. Das Martinsbrauchtum hat sich – vor allem im Bereich der lutherischen Kirche – erhalten; gerichtet ist es aber nicht mehr auf Sankt Martin, sondern auf Martin Luther. Die teilweise Übernahme von Martinsbräuchen in einigen evangelischen Gegenden am Vorabend des Martinstages verstehen sich als Gedenkfeiern zum Tag der Geburt Martin Luthers (vgl. ↗ **Lutherbrötchen**). In weiten Teilen des Rheinlandes, im Sauerland und in Westfalen gibt es am Martinstag heutzutage zwischen katholischen und evangelischen – oft auch muslimischen – Kindern keine Verhaltensunterschiede (vgl. auch ↗ **Lutherbrötchen**). – Luther starb am 18.2.1546 in Eisleben.

Lutherbrötchen
Bezeichnung für die ↗ **Martinshörnchen** in manchen evangelischen Gegenden. Durch die Umbenennung wird verdeutlicht, dass das ↗ **Festgebäck** nicht auf den hl. Martin, sondern auf den nach dem hl. Martin benannten ↗ **Luther, Martin** deutet.

Lutke paschedach ↗ **Palmsonntag**
Lutker fastelavend ↗ **Fastnachtszeit**
Lutscherl ↗ **Lucia**

Lüttenweihnacht

Nach altem Aberglauben können die Tiere in der Heiligen Nacht nicht nur sprechen, sie verdienen auch als Teil der erlösten Natur besondere Zuwendung, denn sie haben in der Gestalt von ↗ **Ochs und Esel** Anteil an der Geburt Jesu gehabt. Im Mittelalter legte man in der Weihnachtsnacht Hafer aufs Dach und gab ihn am Weihnachtstag den Tieren zu fressen. Noch heute werden die Haustiere zu Weihnachten besonders gut verpflegt. Bauern in Bayern legen vor dem Gang zur Mette ein Bündel Heu ins Freie, das so genannte **Mettenheu**, das sie nach der Mette den Tieren geben. Nach abergläubischer Sicht soll dieses Futter vor Hexen und Seuchen bewahren. Auch die Pflanzenwelt wird nicht vergessen: Bäume werden geschlagen, beklopft, mit Stroh umwickelt, begossen, damit sie wachsen und fruchtbar sind (vgl. ↗ **Baum wecken**). Der Begriff Lüttenweihnacht (auch **Tierweihnacht**) verwendet den alten Begriff für »klein« (vgl. Lützel, z. B. Koblenz-Lützel, oder das engl. »little«) und verweist damit auf die unter dem Menschen stehende belebte Natur.

Lutzelfrau ↗ **Lucia**

Lutzel fassnacht ↗ **Fastnachtszeit**

Lutzenfastenabend ↗ **Donnerstag**, ↗ **Weiberfastnacht**

Luzifer ↗ **Teufel**

Lykien

Lykien, Lycien, Lyzien: alte Bezeichnung für die kleinasiatische Küste, heute »türkische Riviera« genannt.

M

Maccaroni ↗ Hanswurst
Macherdag (in der vasten) ↗ Aschermittwoch
Mai ↗ Monate: Mai
Maialtar ↗ Maiandacht

Maiandacht

Andachten zu Ehren der hl. Gottesmutter ↗ **Maria** an jedem Tag des Maria geweihten Monats Mai – nicht zu verwechseln mit den ↗ **Rosenkranzandachten** im Monat Oktober –, entstanden als barocke Frömmigkeitsform. Die erste von den Kamillianern durchgeführte Maiandacht fand 1784 in Ferrara statt. Im 19. Jh. verbreitete sich diese Andachtsform von Italien aus und setzte sich weltweit in der katholischen Kirche durch. In Deutschland gab es die erste Maiandacht 1841 im Kloster der Guten Hirtinnen in München-Haidhausen. Die deutschen Diözesen folgten innerhalb weniger Jahre: 1842 Aachen, 1844 Regensburg, 1847 Breslau und Rottenburg, 1850 Köln und Münster/Westf., 1851 Mainz,

Maitag in England, aus: Otto Frhr. von Reinsberg-Düringsfeld, Das festliche Jahr, Leipzig 1898

1852 Paderborn, Osnabrück und Speyer, vor 1855 Trier, 1855 Eichstätt und Passau, 1858 Augsburg, Freiburg und Würzburg. Bis in die Zeit nach dem Zweiten Weltkrieg war es in Deutschland üblich, dass auch jede Familie im Monat Mai zu Hause einen **Maialtar** (Maialtärchen) aufbaute: Eine blumengeschmückte Marienstatue (u. a. mit Maiglöckchen) z. B. im ↗ **Herrgottswinkel**, ein zusätzliches ↗ **Ave-Maria** zum Morgen-, Tisch- oder Abendgebet und der ↗ **Engel-des-Herrn** um 12 Uhr galten als üblich.

Mai(an)singen
Heischebrauch in Süddeutschland

Maibaum ↗ Pfingsten
Maibaumklau ↗ Pfingsten
Maibrunnenfest ↗ Brunnenfeste, -taufe, -weihe
Maica Vinire, swinta ↗ Freitag

Maien
Frische Maien sind vorwiegend Birkenbäumchen und Birkenzweige, die man zu ↗ **Fronleichnam** entlang des Prozessionsweges als Schmuck aufstellt, die aber auch als ↗ **Liebes-** und ↗ **Pfingstmaien** (↗ **Pfingsten**) eigene Funktionen haben.

Mai(en)sonntag ↗ Sonntag
Maifeld ↗ Pfingsten
Maigraf ↗ Pfingsten
Mailehen ↗ Pfingsten
Maindach ↗ Montag
Mairitt ↗ Pfingsten
Majestätssymbole Christi ↗ Arma Christi, ↗ Leidenswerkzeuge, ↗ Passionsfrömmigkeit

Mal de Saint Martin (fr.)
Bezeichnung für Kopfschmerzen und Magenbeschwerden infolge von übermäßigem Essen und Trinken.

Mand na de arne ↗ Monate: September
Mandag ↗ Montag
Mandelbrot, -brötchen ↗ Mandeltag, guter
Mandelstollen ↗ Stollen

Mandeltag, guter
Die Bezeichnung »guter Mandeltag« oder **Mangeltag** für ↗ **Gründonnerstag** kommt daher, dass an diesem Tag **Mandelbrot** ausgegeben wurde. Es hat seinen Namen vom lat. »mandatum (novum)«, von dem das Johannesevangelium (13,34) spricht und Bezug zum Tag hat (s.o.). Aus – dem unverstandenen – »mandatum« wurde Mandel bzw. Mangel und dann **Mandelbrot** oder **-brötchen**, aber auch **Liebesmahlbrötchen**, **Trauergebäck**, **Marterbrot**, **Kreuzbrot** und **Mutschellen**.

Manendach ↗ Montag
Mangelbrötchen ↗ Mandeltag, guter
Mangeltag ↗ Mandeltag, guter
Manna ↗ Christi Himmelfahrt
Mannfassnacht ↗ Invocabit
Mannfasten ↗ Invocabit

Mantelteilung
Die Teilung des Soldatenmantels mit dem Bettler und ihre – im Traum des hl. Martin erfolgte – durch Christus selbst vollzogene Anerkennung als religiöse Liebestat wird als »Szene der Wohltätigkeit« bezeichnet. Der noch nicht Getaufte handelt konsequent nach Christi Auslegung des Liebesgebotes: »Du sollst deinen Nächsten lieben wie dich selbst« (Markus 12,31; Matthäus 22,39) und erfährt im Traum die Bestätigung von Christus: »Was du dem geringsten meiner Brüder tust, das hast du mir getan« (Matthäus 25,40). In Martins Tun leuchtet die Konsequenz christlichen Lebens auf. In der ältesten Lebensbeschreibung Martins durch Sulpicius Severus (um 363 – um 420) heißt der Soldatenmantel richtig ↗ **chlamys**; während heute Sankt Martin

Martins Mantelteilung. Oberschwäbischer Meister (um 1440). Diözesanmuseum Rottenburg. Foto: Beuroner Kunstverlag Nr. 5894

fast immer als Offizier mit einem roten Mantel dargestellt wird, war die Chlamys der kaiserlichen Garde, zu der Martin gehörte, stets weiß. Erst später wurde der allgemeinere, umgangssprachliche Begriff ↗ **Cappa** statt »chlamys« verwendet. – Die Mantelteilung Martins hat als symbolisches Tun drei verschiedene Bedeutungsebenen: Auf der ersten, der profanen Ebene ist die Teilung ohne Sinn, bloß Verlust. Wer teilt, bringt sich um die Hälfte seines Besitzes. Auf der zweiten, der sozialen Ebene wird aus dem Verlust ein Gewinn, denn Teilen macht Freude, weil überwundener Egoismus und Individualismus Gemeinschaft ermöglichen. Auf der dritten, der christlichen Bedeutungsebene geschieht das Teilen nicht nur aus humanistischen Gründen, sondern die humanen Folgen ergeben sich aus dem Beispiel Christi. Teilen heißt: wie Christus handeln. Bleibt die zweite Bedeutungsebene beim humanen Aspekt stehen: »Ich gebe, damit auch du mir gibst« (dieses Prinzip spiegelt sich wider in der römischen Gott-Mensch-Beziehung des »do ut des«: Ich gebe, damit auch du gibst!), überhöht diese die dritte, christliche Ebene: »Ich gebe, weil auch Gott mir gegeben hat.« Zu der rein horizontalen Beziehung kommt eine vertikale hinzu, welche die horizontale nun prägt. Die Mantelteilung ist außerdem pars pro toto (d.h. ein Teil, der auf das Ganze verweist): So wie sich in der Tat die Essenz christlicher Glaubens- und Lebenshaltung zeigt, so zeigt die Tat selbst die christliche Grundhaltung: dem Nächsten beistehen, als sei er Christus selbst. – Die Mantelteilung Martins ist für Hagiographie und Ikonographie stets die Schlüsselszene gewesen. Bis zum 19. Jh. war sie jedoch ohne wesentliche Brauchbedeutung. Erst durch die katechetische und hagiographische Ausrichtung des jüngeren Martinsbrauchtums gerät sie ins Zentrum.

Margaret(h)a

Der Festtag der Heiligen kannte einen derben Düsseldorfer Wetterspruch: »Margriet, pess en de Nöss.« Wenn es am 20. Juli regnete, sollte die Nussernte verregnen. Margaretha wird den ↗ **drei heiligen Madln** zugerechnet.

Maria

Die Geburt Marias (Fest Mariä Geburt am 8. September), Tochter der hochbetagten Anna und Joachims, die kinderlos geblieben waren, wird durch einen Engel angekündigt. Sehr jung, wohl im Alter von 16/17 Jahren, wird sie mit ↗ **Joseph**, einem Witwer, verlobt. Noch vor der Hochzeit wird Maria (Marjam, Mirjam; aus dem ägypt. »myr« [= Geliebte] und dem hebr. »jam« [= Abkürzung für Jahwe], so dass sich »Geliebte Gottes« oder »Vielgeliebte Gottes« ergibt) schwanger. Joseph, der sich unauffällig von ihr trennen will, wird durch eine Engelserscheinung im Traum eines anderen belehrt. – Auf dem Weg zur Volkszählung in Betlehem gebiert Maria Jesus. Die ↗ **heilige Familie** flüchtet dann auf Weisung des Engels nach Ägypten, von wo sie nach ↗ **Nazaret** in die Heimat zurückkehrt. – Mit Joseph taucht Maria noch einmal auf, als sie den zwölfjährigen Jesus im Tempel zu ↗ **Jerusalem** suchen. Für 18 weitere Jahren schweigen die biblischen Quellen. Während des öffentlichen Wirkens Jesu bleibt Maria bis auf wenige Ausnahmen im Hintergrund. Tod und Beisetzung Jesu erlebt sie jedoch unmittelbar mit, ebenso das Pfingstereignis. Von Maria sagt die katholische Kirche (Dogma Papst Pius' XII. von 1950), sie sei nach ihrem Tod leiblich in den Himmel aufgenommen worden (Mariä Himmelfahrt). – In der Marienfrömmigkeit spiegelt sich der Glaube und die Glaubenslehre mit ihren Krisen über Jahrhunderte wider. Gegen gnostische Gottesvorstellungen wird im 3. Jh. die Mutterschaft Marias betont; seit der Mitte des 2. Jh. gilt Maria als die »neue Eva« (vgl. ↗ **Adam und Eva**). Seit dem frühen 5. Jh. gibt es Gebete und Hymnen, die sich an Maria wenden. 431 benennt das Konzil von Ephesus Maria als »Gottesmutter«. Maria gilt als Urbild des Glaubens, Vorbild der Jungfräulichkeit. S. Maria Maggiore in Rom macht im 5. Jh. die Entwicklung deutlich: Statt der alleinigen Christusdarstellung thront Christus auf dem Schoß Marias. Ab dem 5./6. Jh. beginnen sich einzelne ↗ **Marienfeste** auszufalten. Maria wird Fürsprecherin der Christen, gilt als die Christus Nächststehende. Vier Aussagen prägen das Bild Mariens: Sie hat Jesus Christus als Jungfrau empfangen und geboren, sie ist die Mutter Gottes, sie selbst ist ohne Erbsünde empfangen, sie ist mit Leib und Seele in den Himmel aufgenommen. Gibt es bereits zwischen Katholiken divergierende Ansichten über Maria und die Intensität und Formen ihrer Verehrung, so trennt die Marienverehrung vor allem Katholiken und Protestanten: Da ↗ **Luther** lehrte, jeder Christ sei gerecht und sündig (»simul iustus et peccator«) zugleich, galt dies nach seinem Verständnis auch für Maria, die wie alle Menschen sündig und nicht von der Erbsünde befreit war. Die Gültigkeit und das Ausmaß dieser lutherischen Sicht wird in der Kirche der Reformation allerdings unterschiedlich gewichtet. Wie auch immer Maria theologisch akzentuiert wird: Sie ist eine der bemerkenswertesten Gestalten der Bibel, die durch ihren tiefen Glauben und ihr unbedingtes Ja zu Gottes Ratschluss fasziniert.

Es gibt zahllose, verschiedenartigste Mariendarstellungen in der Westkirche und bemerkenswert divergierende in der Ostkirche. Relativ häufig wird Maria als **schwarze Madonna** oder **schwarze Muttergottes** dargestellt, was nicht auf Alterspatina oder Folge von Ruß und Rauch verweist. Hier drückt sich wohl eine Gleichsetzung der schwarzen (= sonnengebräunten) Braut aus dem alttestamentlichen Hohenlied mit der Maria aus (vgl. etwa Hld 1,5). Die starke und gefühlsmäßige Verbindung zwischen Maria und den Menschen ist tief in das religiöse Leben und den profanen Alltag eingedrungen. Maria ist die Schutzpatronin vieler Nationen und Länder (z. B. Polens, Ungarns, Bayerns – »Patrona Bavariae«), Städten, Kirchen, Altären, oder auch der Seefahrer (»stella maris« = Meerstern) und Patronin von Hospitälern, Heimen, Schulen und auch von Quellen, Brunnen, Straßen und Plätzen. Mariensäulen gibt es in nahezu jeder katholischen Stadt. – Durch das Skapulier, das Nonnen und Mönche, aber auch Mitglieder der Dritten Orden tragen, haben sich diese Menschen mit ihrem ganzen Leben Maria geweiht. Diese ↗ **Marienweihe** hat zudem Papst Pius XII. (1939–1958) für die ganze Kirche vorgenommen; einzelne Bistümer wie z. B. das Erzbistum Köln haben sie eigens nachvollzogen. – Der Name Maria gehörte auch noch in den neunzi-

»La Vièrge Noir« – Die Schwarze Madonna von Le Puy. Nationalgalerie (Narodni Galerie), Prag. Foto: Archiv Herder

ger Jahren des 20. Jh. zu den beliebtesten Mädchennamen und wurde auch Jungen als zweiter Beiname gegeben (vgl. Klemens Maria Hofbauer). Abwandlungen des Namens Maria sind: Marie, Mary, Mareike, Mariel, Marietta, Marika, Marilyn, Marile, Marisa, Marita, Marion, Marja, Mirjam, Marijam. – Ohne zu übertreiben, kann man sagen: Maria ist in der katholischen Kirche Mittelpunkt der Volksfrömmigkeit. Neben dem Kranz der Marienfeste, dem ↗ **Marienjahr**, steht sie im Zentrum spezieller Andachtsformen: ↗ **Marien-**, **Rosenkranz-** und Volks**andachten** wie der Salveandacht oder dem ↗ **Frauendreißiger.** Dreißigtägige Gebetsübungen waren die Mai- und die Rosenkranzandachten, aber auch der ↗ **Dreißiger** oder Frauendreißiger zwischen dem 13. bzw. 15. August und dem 13. bzw. 15. September. Hier sprach man besondere Gebete zu Ehren der Himmelskönigin. Diese »kirchliche Erntedankzeit« beinhaltete auch das Sammeln von Blumen, Früchten und Kräutern, die in der Kirche geweiht wurden und gegen Krankheiten und böse Geister helfen sollten. – Der ↗ **Samstag** als der Maria besonders geweihte Tag hatte und hat immer noch ein eigenes Messformular. Nach altem Volksglauben kommt an jedem Samstag die Sonne wenigstens einmal hinter den Wolken hervor: Maria zuliebe. Die drei ↗ **goldenen Samstage** boten Marienmessen, denen eine besondere Wirksamkeit zugeschrieben wurde. Diese Tage haben ihren Namen von den ↗ **goldenen Messen**, die seit dem 14. Jh. an Samstagen, besonders nach Michaeli (wegen Erntedank und Neujahr) oder auch nach Ostern, zu Ehren Marias als Sühne für die Vergehen des Jahres gefeiert wurden. »Golden« hießen die Gottesdienste und Tage wegen der Wirkung, die ihnen zugeschrieben wurde. Noch immer ist der ↗ **Rosenkranz** bei Katholiken das häufigste Requisit, das einem Verstorbenen mit ins Grab gegeben wird. Früher galt an den Marientagen ein Arbeitsverbot für die Frauen.

Maria ist auch Patronin zahlreicher ↗ **Bruderschaften** und Ziel vieler Wallfahrten an unterschiedlichsten Orten (Altötting, Fatima, Kevelaer, Lourdes, Telgte, Neviges, Tschenstochau ...). Um Wallfahrten herum gruppiert sich eine spezifische Andachtsliteratur, unterschiedlichste Kopien von Andachtsbildern und -plastiken. Mit den Wallfahrtsorten verknüpft sind zahllose Marienlegenden, die meist den Ursprung der jeweiligen Wallfahrt zu erklären versuchen; die Einzelheiten des »Maria hat geholfen«, so auf ↗ **Votivtafeln** zu lesen oder symbolisch in ↗ **Votivgaben** zu sehen, ist in ↗ **Mirakelbüchern** enthalten. – Marienerscheinungen, welche die Kirche genau prüft, ehe sie diese anerkennt, gibt es bis in die Gegenwart. Von privaten Offenbarungen, weinenden, blutenden, schwitzenden, sich bewegenden Madonnen ist jedes Jahr vielfach auf allen Kontinenten die Rede. Es scheint diese Ereignisse überall zu geben: im Licht der Sonne, auf Verkehrsschildern, in Wasserpfützen. – Wie das Kreuz trugen und tragen die Menschen Medaillons (»wundertätige Medaillen«) mit Abbildungen der Gottesmutter. Spezifische Gebetszettel (**Länge Mariä, Mariä Traum**) gab es ebenso wie gesegnete **Marienbildchen**, die bei Krankheit geschluckt wurden (**Esszettel**), wie kleine Madonnen aus Teig, gekaut, geformt und gesegnet durch Klosterleute. Diese sog. **Reibmadonnen** zerrieb man bei Krankheit und mischte sie Tier und Mensch unter das Essen oder Futter. – ↗ **Lichterprozessionen** werden zu Ehren Marias veranstaltet. Durch das Umhertragen einer Marienfigur, eines Marienbildes (↗ **Frautragen**) soll der Segen der Gottesmutter ausgebreitet werden. – Nicht nur wundersüchtige, auch reliquienversessene Zeiten haben die erstaunlichsten Reliquien Marias hervorgebracht: Gewänder, Schleier, Gürtel – ein Gürtel Marias in der Schwangerschaft könnte mehrere hochschwangere Großtiere gleichzeitig umschlingen –, Schuhe, Haare und sogar den Verlobungsring. – Maria hatte im Volksglauben auch Auswirkungen auch auf Fauna und Flora. Pflanzen haben von Maria ihren Namen: **Marienblümchen, Mariendistel, Mariä Bettstroh** ..., Tiere ebenso: **Marienkäfer**, die ↗ **Schwalbe** gilt als ↗ **Marien-** oder ↗ **Muttergottesvogel** ..., und Naturerscheinungen: die **Marienfädchen** im Altweibersommer, der ↗ **Regenbogen**, als Marias Gewandsaum gedeutet. – Bis zum heutigen Tag spielt eine Kirche im Zusammenhang mit Maria eine singuläre Rolle: ↗ **Santa Maria Maggiore** auf dem Esquilinhügel in Rom. Die Kirche wurde im 4. Jh. erbaut und nach dem Konzil von Ephesus 431 von Papst Sixtus III. (432–440) Maria geweiht. Weil nach einer Legende Schneefall im Sommer den Ort des Kirchbaus angegeben hatte, hieß der Weihetag von Santa Maria Maggiore, der 5. August, der seit 1568 im kirchlichen Kalender noch immer seinen Platz hat, auch ↗ **Maria Schnee**. – Maria war oder ist in ihrer Schlichtheit und Mütterlichkeit vielen Menschen näher als der unbegreifliche und allmächtige Gott.

Mariä Bettstroh ↗ Maria

Maria Endtorp ↗ Marienfeste: Mariä Heimsuchung

Mariä Geburt ↗ Marienfeste

Domenico Ghirlandaio (1449–1494), Die Geburt Mariä. Fresko der Kirche Santa Maria Novella, Florenz. Vorlage: Archiv Herder

Mariä Himmelfahrt ↗ Marienfeste

Maria im Ährenkleid ↗ Marienfeste: Mariä Himmelfahrt

Maria Königin ↗ Marienfeste

Mariä Lichtmess ↗ Lichtmess, ↗ Marienfeste: Darstellung des Herrn

Maria Maggiore, Santa ↗ Maria

Mariä Namen ↗ Marienfeste

Mariä Opferung ↗ Marienfeste: Unsere liebe Frau in Jerusalem

Maria Schnee ↗ Kirchweihfest, ↗ Maria

Mariä Traum ↗ Maria

Mariä Verkündigung ↗ Marienfeste: Verkündigung des Herrn

Maria von der Erlösung der Gefangenen ↗ Marienfeste

Maria Würzweih ↗ Marienfeste:Mariä Himmelfahrt

Marianische Bruderschaften ↗ Bruderschaft

Mariasiep ↗ Marienfeste:Mariä Heimsuchung

Marien empfanginge in der vasten ↗ Marienfeste: Verkündigung des Herrn

Marien engelgruss ↗ Marienfeste: Verkündigung des Herrn

Marienbildchen ↗ Maria

Marienblümchen ↗ Maria

Marienblume ↗ Veilchen

Mariendistel ↗ Maria

Marienfädchen ↗ Maria

Marienfeste

Mutterschaft Mariens, 1. Januar

Das Konzil von Ephesus definierte 431 gegen Nestorius Maria als »Gottesgebärerin« (↗ **Theotokos**). Nestorius, der Jesus als bloßen Menschen sah, in dem Gott »wie in einem Tempel wohnte«, hatte nur dem Begriff »Christusgebärerin« (↗ **Christotokos**) zustimmen wollen. Die Mutterwürde Marias wurde im Jahr 1931, als man den 1500. Jahrestag des Konzils feierte, durch Papst Pius XI. (1922–1939) zum Fest der Mutterschaft der allerseligsten Jungfrau Maria (»Maternitas B.M.V.«) erklärt. Durch die jüngste Kalenderreform ging dieses Fest im ↗ **Hochfest der Gottesmutter Maria** auf, das am 1. Januar gefeiert wird.

Hochfest der Gottesmutter Maria, 1. Januar

Noch vor dem 7. Jh. war es in Rom üblich, am 1. Januar ein Fest »Natale sanctae Mariae« zu feiern, ein allgemeiner Gedenktag der Gottesmutter, kein Fest der Geburt. Die Übernahme der byzantinischen Marienfeste am 25. März (↗ **Verkündigung Mariens**) und 15. August (↗ **Himmelfahrt Mariens**) nahmen diesem Fest aber die Bedeutung. Das in Spanien und Gallien am 1. Januar übliche ↗ **Fest der Beschneidung des Herrn** wurde im 13./14. Jh. von Rom übernommen und blieb bis zur Kalenderreform nach dem Zweiten Vatikanischen Konzil (1962–1965) erhalten. An diesem Tag gedachte man der Beschneidung Jesu acht Tage nach der Geburt, wie in Lukas 2,21 berichtet. 1969 wurde der Festtag wieder zu einem Marienfest umgewandelt: ↗ **Hochfest der Gottesmutter Maria**. An diesem Tag soll auch der ↗ **Namensgebung des Herrn** gedacht werden, für die es ein eigenes Fest nicht mehr gibt.

Darstellung des Herrn, 2. Februar (14. Februar)

Der vierzigste Tag nach der Geburt eines Jungen war nach alttestamentlicher Vorschrift der Tag, an dem die Mutter dem Priester im Tempel ein Reinigungsopfer übergeben musste (vgl. Exodus 13,2; 13,12; Numeri 18,16). Auch Maria und Joseph haben sich an diese Regel gehalten (vgl. Lukas 2,22–39). Da Jesu Geburt in den ersten Jahrhunderten am 6. Januar gefeiert wurde, ergab sich als Gedächtnistermin der 14. Februar. Anfangs hieß dieser Tag nur ↗ **Vierzigster Tag der Geburt unseres Herrn Jesus Christus**, später ↗ **Fest der Begegnung** oder ↗ **Fest der Reinigung, Reinigung Mariens**, »In Purificatione B.M.V.«. Als im Westen das Fest der ↗ **Geburt Christi** auf den 25. Dezember vorrückte, folgte dieser Festtermin nach und damit auf den 2. Februar. Der ↗ **Lichterprozessionen** und der dazugehörigen ↗ **Kerzenweihe** wegen kam der Name ↗ **Mariä Lichtmess** (engl.: ↗ **Candlemas**; franz.: ↗ **Chandeleur**), auf. Das 542 durch Kaiser Justinian I. (527–565) für Byzanz angeordnete Fest wurde von Rom schnell übernommen. Die römische Kalenderreform hat das Wesen dieses Festes als Herrenfest hervorgehoben und es darum »Darstellung des Herrn« genannt.

Unsere Liebe Frau in Lourdes, 11. Februar

Am 13. November 1907 schrieb Papst Pius X. (1903–1914) ein Fest zur Erinnerung an die erste Erscheinung der Gottesmutter Maria in Lourdes am 11. Februar 1858 vor. Das ↗ **Fest der Erscheinung der unbefleckten Jungfrau** oder der Tag »Unsere liebe Frau in Lourdes« wurde am Jahrestag, dem 11. Februar, eingerichtet. Der neue Kalender führt noch am gleichen Termin den (nichtgebotenen) Gedenktag »Unsere Liebe Frau in Lourdes«.

Verkündigung des Herrn, 25. März

Das heutige ↗ **Fest Verkündigung des Herrn** – früher ↗ **Verkündigung der Gottesmutter**, ↗ **Fest Mariä Verkündigung**, »In Annuntiatione B.M.V.« – am 25. März ist ausgelöst vom Fest der ↗ **Geburt Christi** am 25. Dezember. Genau neun Monate zuvor memoriert die Kirche die Verkündigung des Engels an Maria und ihre Antwort: »Ich bin die Magd des Herrn; mir geschehe, wie du es gesagt hast.« Im 6. Jh. in der Ostkirche gefeiert, wird das Fest im 7. Jh. von der Westkirche übernommen. Heute wird auch dieses Fest nicht mehr als Marien-, sondern als Herrenfest gesehen. Der Charakter des Tages als Christusfest hält auch die evangelische Bezeichnung ↗ **Tag der Ankündigung der Geburt des Herrn** fest. Andere Bezeichnungen für diesen Tag: ↗ **Frauentag als sie verbodescheftet wart**, ↗ **Frauentag der Verkündigung**, ↗ **Frauentag in der Fasten**, ↗ **Ma-**

Fra Angelico, Die Verkündigung (um 1430). Cortona, Museo del Gesú. – Vorlage: Archiv Herder

rien empfanginge in der vasten, ↗ **Marien engelgruss**, ↗ **Merzmesse**, ↗ **Plogmariendach**. Passend zum Festtag wurde früher am Vortag, dem 24. März, des Verkünders und Engels ↗ **Gabriel** gedacht (jetzt verlegt auf den 29. September). Da Christus als Sonne und aufgehendes Licht gedeutet wurde, galt Maria Verkündigung, wenn die Geburt Christi verheißen wird, als Tag der Wiedergeburt des Lichtes, was die Natur in ihrem Jahreslauf eindrucksvoll bestätigte. Noch einmal werden ↗ **Frühlingsbräuche** ausgeübt. Zeitweise und in bestimmten Gegenden galt der Tag als eigentlicher ↗ **Frühlingsanfang**. Die zum Frühjahr aus dem Süden heimkehrende ↗ **Schwalbe** gilt als das Maria gewidmete Tier. Die Schwalbe galt schon als ↗ **Symboltier** der Iduna, der nordischen Göttin der Unfehlbarkeit. Der Winterriese hatte sie durch den Verrat Lokis gefangen. Zu jedem Frühlingsbeginn durfte sie aber in Schwalbengestalt nach Walhall zurückfliegen. An ↗ **Mariä Verkündigung** (25. März) kommen und an ↗ **Mariä Geburt** (8. September) fliegen die Schwalben wieder nach Afrika: »Mariä Geburt fliegen die Schwalben furt.«

Der Besuch Marias bei Elisabeth. Aus einem in Nordengland, wohl in York um 1170 entstandenen Psalter; hier fol. 8v. Kongelige Bibliothek, Kopenhagen, Ms. Thott 143, 2°. – Vorlage: Archiv Herder

Mariä Heimsuchung, 2. Juli (31. Mai)

Das Fest Mariä Heimsuchung oder »In Visitatione B.M.V.« wurde 1263 vom Ordensgeneral Bonaventura für die Franziskaner eingeführt. Es wird zur Oktav des Geburtsfestes Johannes des Täufers (2.7.) gefeiert und gedenkt des Besuchs Marias bei ihrer Base Elisabeth, die schwanger war mit Johannes, dem Wegbereiter Jesu (vgl. Lukas 1,39–45). Das Basler Konzil schrieb 1441 dieses Fest für den 2. Juli vor. Unter Papst Pius V. (1566–1572) fand dieser Tag Aufnahme in den allgemeinen Festkalender. Der aktuelle römische Festkalender hat das Fest auf den 31. Mai verlegt, um einen sinnvollen Festablauf – 25. März: Verkündigung, 24. Juni: Geburt Johannes des Täufers – zu geben. Der deutsche Regionalkalender hat am alten Termin, dem 2. Juli, festgehalten, wie übrigens die evangelische Ordnung auch. Als regionale Eigenfeier trägt es den Namen »Mariä Heimsuchung«. In Deutschland nannte man den Tag früher auch ↗ **Maria Endrop**, ↗ **Mariasiep**. Dieser Tag galt als Wetterwende und war mit der Wetterregel verbunden: Fällt an Mariä Heimsuchung Regen, regnet es vierzig Tage lang. Die niederdeutsche Wortbildung basiert auf: »siepe« = triefen, »droppe« = tropfen. Der Beginn der Erdbeerernte zu Mariä Heimsuchung ist mit einer liebenswerten Legende verknüpft: Danach wurde Maria auf dem Weg zu ihrer Base durstig und pflückte eine Erdbeere am Waldesrand. Seit ihrem Tod und ihrer Himmelfahrt geht sie nun jedes Jahr für die früh verstorbenen Kinder, die im Himmel unter ihrer persönlichen Obhut stehen, Erdbeeren pflücken. In Schwaben wurde bis zu diesem Tag allabendlich das ↗ **Johannisfeuer** wieder angezündet. Als ↗ **Marienfeuer** brannte es an diesem Tag letztmalig.

Unsere Liebe Frau auf dem Berge Karmel, 16. Juli

Seit Ende des 14. Jh. feierten die Karmeliten ein ↗ **Fest Unserer Lieben Frau auf dem Berge Karmel**, das sie zugleich als ↗ **Skapulierfest** begingen. »Skapulier« (lat.: Schulterkleid) ist ein körperbreiter Tuchstreifen, der nach vorn und hinten abfallend über der mönchischen Kutte als Zeichen der besonderen ↗ **Marienverbundenheit** getragen wird. Papst Benedikt XIII. (1724–1730) dehnte das Fest 1726 auf die ganze Kirche aus. Heute wird es im Kalender als nichtgebotener ↗ **Gedenktag Unserer Lieben Frau auf dem Berge Karmel** geführt und am 16. Juli gefeiert.

Mariä Himmelfahrt, 15. August

Schon vor dem Konzil von Chalcedon im Jahr 451 feierte man in der Ostkirche die leibliche Aufnahme Marias in den Himmel, das ↗ **Fest Mariä Himmelfahrt** bzw. »In Assumptione B.M.V.«. Spätestens seit dem 7. Jh. hat die Westkirche dieses Fest am 15. August übernommen. Es wird heute als ↗ **Hochfest Mariä Aufnahme in den Himmel** gefeiert und hat durch die am 1. November 1950 durch Papst Pius XII. (1939–1958) erfolgte Dogmatisierung der Aufnahme Marias mit Leib und Seele in den Himmel einen starken Akzent erhalten. Von allen Marienfesten steht vor allem ein Fest in Verbindung mit dem Brauchtum: Mariä Himmelfahrt, auch ↗ **Großer Frauentag, Maria Würzweih, Büschelfrauentag** genannt. Obwohl es auch früher andere Feste gegeben hat, die mit einer ↗ **Kräuterweihe** verbunden waren, ist es heute fast überall nur noch das Fest der Aufnahme Marias in den Himmel. Warum gerade dieses Fest mit Kräutern in Verbindung steht, lässt sich nur spekulativ beantworten. Wohl kaum dürften die Marienlegenden ursächlich sein: Nach der »Legenda aurea« – eine um 1252/60 veranstaltete, in ihrem Aufbau dem Kirchenjahr folgende Sammlung von ursprünglich 182 Traktaten zu Kirchenfesten und Heiligenlegenden – wurde auf Weisung eines Engels dem Leichnam Marias eine Palme vorausgetragen; als Christus selbst drei Tage nach dem Tod seiner Mutter auf Erden erschien, um sie auf ihrem Weg in den Himmel zu begleiten, berichtet dieselbe Legende, habe sich ein unaussprechlicher Duft verbreitet. Eine jüngere Legende erzählt: Als man das Grab Marias später geöffnet habe, seien nur Rosen vorgefunden worden. Eher ist wahrscheinlich, dass die jahreszeitlich bedingte Getreidereife und Hochblüte der Natur in Erinnerung brachten, dass Maria traditionell als »Blume des Feldes und Lilie in den Tälern« (Hoheslied 2,1) verehrt und seit dem 5. Jh. als »guter und heiliger Acker« benannt wurde, der eine göttliche Ernte brachte, woraus sich die Darstellung ↗ **Maria im Ährenkleid** entwickelte. Der Sachsenspiegel des 13. Jh. belegt den Brauch der Kräuterweihe: »... dat is zu ↗ **Krudemisse** [= ↗ **Kräutermesse**, -weihe] unser liben Frawn, als sei to himel voer« und das Weltbuch des Sebastian Franck von 1534 den damit in Verbindung stehenden Aberglauben: »an unser frawen himmelfart da tregt alle welt obs / büschel allerley kreuter / in die kirchen zu weihen / für alle sucht und plag uberlegt / bewert. Mit disen kreutern geschicht seer vil zauberey.« Um sicher zu gehen, dass die Kräuter auch möglichst viel Segen »mitbekamen«, wurden sie vor der Kräutermesse teils unter das Altartuch gelegt, bis dies verboten wurde und Kräuter nur noch neben dem Altar postiert werden durften. Die Symbolhandlung – mit Gottes Hilfe die Kräfte der Natur zugunsten von Mensch und Tier einzusetzen –, bezog auch die Anzahl und die Auswahl der Kräuter ein. Ihre Zahl war nicht gleichgültig, sondern betrug – landschaftlich und zeitlich unterschiedlich – zwischen 7 oder 99 Kräutern: 7 (als die alte heilige Zahl) oder 9 (also drei mal drei!) waren normal, aber auch 12 oder 24, 72 oder gar 99 sind bekannt. Kräuter, die dabei Verwendung fanden, waren oder sind: Johanniskraut, Wermut, Beifuß, Rainfarn, Schafgarbe, Königskerze, Tausendgüldenkraut, Eisenkraut, und gelegentlich Wiesenknopf, Kamille, Thymian, Baldrian, Odermennig, Alant, Klee und die verschiedenen Getreidearten. Die geweihten Kräuter wurden in Haus und Stall meist an der Wand (↗ **Herrgottswinkel**) angebracht. Man benutzte sie aber auch, um aus ihnen einen Tee zuzubereiten, der gegen verschiedene Krankheiten helfen sollte. Krankem Vieh wurden geweihte Kräuter ins Futter gemengt, geweihtes Getreide dem neuen Saatgut beigemischt. Bei Gewitter warf man die Kräuter ins offene Feuer, um Schutz gegen Blitz und Seuchen zu erlangen. Den Toten legte man in den Sarg ein Kreuz aus geweihten Kräutern. Der in der Gegenwart fast nur noch in ländlichen Gebieten verbreitete Brauch der Kräuterweihe lohnte sich zu überdenken, z. B. um die Zusammenhänge zwischen Heil und Heilung neu zu vermitteln. Wenn die ersten Baum- oder Strauchnüsse (Wal- und Haselnüsse) reif waren, schenkte man sie den Kindern am 15. August als ↗ **Mariennüsse**.

Maria Königin, 22. August

Durch Papst Pius XII. wurde 1954 zum Abschluss des Marianischen Jahres am 31. Mai ein ↗ **Fest Maria Königin** am 31. Mai eingeführt. Der neue Generalkalender verlegte den heutigen gebotenen Gedenktag auf den ehemaligen Oktavtag von Mariä Himmelfahrt, den 22. August.

Unbeflecktes Herz Mariä, Samstag nach dem Herz-Jesu-Fest (22. August)

Schon in der Urkirche war die Verehrung des ↗ **Herzens Mariä** üblich, die sich parallel zur ↗ **Herz-Jesu**-Verehrung entwickelt hat. Im 17./18. Jh. lebte diese Betrachtungsform auf. Das ↗ **Fest des Unbefleckten Herzens der allerseligsten Jungfrau Maria** bzw. »Festum Immaculati Cordis B.M.V.« wurde zu Anfang des 19. Jh. durch Pius VII. (1800–1823) bestätigt und erhielt 1855 durch Pius IX. (1846–1878) ein eigenes Offizium. Gefeiert wurde es am 22. August, dem Oktavtag von Mariä Himmelfahrt. Pius XII. (1939–1958) hat im Zweiten Weltkrieg an diesem Festtag die Kirche und die Menschheit dem Unbefleckten Herzen Mariens geweiht (↗ **Marienweihe**). Um dieses Fest lebendig zu halten, schrieb es Pius XII. 1944 für die gesamte Kirche vor. Der neue Kalender hat den 22. August bereits belegt durch das ↗ **Fest Maria Königin** und ordnete darum den Gedenktag ↗ **Unbeflecktes Herz Mariä** am Samstag nach dem ↗ **Herz-Jesu-Fest**, dem Samstag nach dem 2. Sonntag nach Pfingsten, an.

Mutterschaft der allerseligsten Jungfrau Maria, (22. August)

Das ↗ **Fest der Mutterschaft der allerseligsten Jungfrau Maria** bzw. »Maternitas B.M.V.« (11. Oktober) war 1931 von Papst Pius XI. zum Tag des 1500-jährigen Jubiläums des Konzils von Ephesus 431 eingerichtet worden.

Mariä Geburt, 8. September

Ende des 5. Jh. entwickelte sich, aus dem Weihefest der Kirche der Gottesmutter, »wo sie geboren ist«, entstanden, das Fest Mariä Geburt, »In Nativitate B.M.V.«, am 8. September. Im 7. Jh. war dieses Fest, auch ↗ **Kleiner Frauentag** genannt, in der Ost- und Westkirche bekannt. Dieses Fest der Geburt Marias, heute ↗ **Fest Mariä Geburt**, bestimmte auch den Termin des jüngeren Festes der Empfängnis Marias neun Monate zuvor: am 8. Dezember.

Mariä Namen (12. September)

Als Dankfest für die Befreiung Wiens richtete Papst Innocenz XI. (1676–1689) 1683 das im 16.

Jh. in Spanien entstandene ↗ **Fest Mariä Namen** am 12. September für die Weltkirche ein. Der neue Generalkalender hat das Fest gestrichen, weil sein Inhalt bereits im ↗ **Fest Mariä Geburt** enthalten ist. »Wegen des historischen Bezuges zum Sprachgebiet und der Verwurzelung im Volk« (so der Text im Messbuch) blieb es aber im deutschen Regionalkalender erhalten.

Gedächtnis der Schmerzen Mariens, 15. September (Freitag nach dem 1. Passionssonntag)

1423, auf einer Kölner Synode, wird ein ↗ **Fest der Sieben Schmerzen Mariens** bzw. »Septem Dolorum B.M.V.« empfohlen, das 1667 zu feiern dem Orden der Serviten erlaubt wurde und 1688 von Papst Innocenz XI. (1676–1689) eingeführt und 1727 durch Papst Benedikt XIII. (1724–1730) für die ganze Kirche vorgeschrieben wurde. Vor allem als Bittfest für den von Napoleon 1809 gefangengenommenen Papst Pius VII. fand dieses Fest Verbreitung. Gefeiert wurde dieses Fest am Freitag nach dem ersten Passionssonntag. Parallel hatte sich am 15. September ein ↗ **Fest der Sieben Schmerzen der allerseligsten Jungfrau Maria** entwickelt, das 1814 von Papst Pius VII. (1800–1823) als Dankesfest für die Rückkehr aus der napoleonischen Gefangenschaft eingeführt wurde, das allmählich das Fest am Freitag nach dem Passionssonntag ersetzte. Der neue Kalender kennt nur noch den Termin 15. September, der als gebotener Gedenktag unter dem Titel »Gedächtnis der Schmerzen Mariens« geführt wird. Im Mittelalter tauchte der Gedanke von den »Freuden Mariens« in den Hymnen auf; ein Beleg findet sich auch bei Caesarius von Heisterbach (um 1180–1240). Nach anfänglichen Variationen bildeten sich – parallel zu den sieben Schmerzen Marias – ↗ **sieben Freuden** aus: 1. Verkündigung, 2. Heimsuchung, 3. Geburt Christi, 4. Anbetung der Könige, 5. Begegnung mit Simeon, 6. Wiederfinden Jesu im Tempel, 7. Krönung Marias. – Bildliche Darstellungen beschränken sich auf das 15. und 16. Jh.. Ein eigenes Fest haben sie nicht bewirkt.

Maria von der Erlösung der Gefangenen, (24. September)

Das ↗ *Fest Maria von der Erlösung der Gefangenen* bzw. »Festum B.M.V. de Mercede« war zur Erinnerung an die Gründung des Ordens der Mercedarier zum Loskauf der christlichen Gefangenen aus der Gewalt der Muslime (»Sarazenen«!) durch die hl. Petrus Nolaskus und Raymund von Peñaforte eingerichtet worden und wurde durch Papst Innocenz XII. (1691–1700) 1696 auf die ganze Kirche ausgedehnt.
Zwei Marienfeste des alten Festkalenders sind weder im neuen römischen Generalkalender noch im deutschen Regionalkalender erhalten geblieben: das ↗ **Fest der allerseligsten Jungfrau Maria von der Erlösung der Gefangenen** (24. September) und das ↗ **Fest der Mutterschaft der allerseligsten Jungfrau Maria** (11. Oktober).

Unsere liebe Frau vom Rosenkranz, 7. Oktober (1. Sonntag im Oktober)

Zum Dank für den Sieg über die Türken bei Lepanto am 7. Oktober 1571, der dem Rosenkranzgebet zugeschrieben wurde, weil zum Zeitpunkt der Schlacht in Rom die Rosenkranzbruderschaften um den Sieg beteten, ordnete Papst Pius V. (1566–1572) für den ersten Jahrestag des Sieges ein Marienfest an. Gregor XIII. (1572–1585) hat 1573 allen Kirchen, die über einen ↗ **Rosenkranzaltar** verfügten, die Einrichtung eines ↗ **Rosenkranzfestes** am 1. Sonntag im Oktober gestattet. Das Fest wurde auf die ganze Kirche ausgedehnt, nachdem 1716 ein Sieg über die Türken in Peterwardein errungen worden war. 1913 legte Pius X. (1903–1914) den Festtermin zurück auf den 7. Oktober. Im neuen Festkalender erscheint der Termin als Gedenktag: »Unsere liebe Frau vom Rosenkranz«.

Unsere liebe Frau in Jerusalem, 21. November

Um 500 erfolgte die Weihe der Kirche »Maria Nova« in der Nähe des Tempels zu ↗ **Jerusalem.** Obwohl die Kirche seit Jahrhunderten zerstört ist, feierte man in der Ostkirche die ↗ **Darstellung Marias im Tempel**, wovon das apokryphe Protoevangelium des Jakobus berichtet: Anna und Joachim hätten demnach Maria im Alter von drei Jahren als Tempeljungfrau in den Tempel nach Jerusalem gebracht. In der Westkirche ist das Fest seit dem 11. Jh. eingebürgert, 1371 wurde es in Avignon von Papst Gregor XI. (1370–1378) eingesetzt. Das ↗ **Fest Mariä Opferung** oder »In Praesentatione B.M.V.« heißt heute: ↗ **Gedenktag Unserer Lieben Frau in Jerusalem** und wird noch immer am 21. November gefeiert.

Hochfest der ohne Erbsünde empfangenen Jungfrau und Gottesmutter Maria, 8. Dezember

Ein »Fest der Unbefleckten Empfängnis der allerseligsten Jungfrau Maria« bzw. »In Conceptione Immaculata B.M.V. (in adventu)« ist in der Ostkirche am 8. Dezember seit dem 10. Jh. nachweisbar. Die Zeugung Mariens wird im heutigen Kalender als »Hochfest der ohne Erbsünde empfangenen Jungfrau und Gottesmutter Maria« bezeichnet. Durch die Dogmatisierung ihrer »Unbefleckten Empfängnis« 1854 durch Papst Pius IX. (1846–1878) hat dieses Fest ein neues Gewicht bekommen. Dieses Marienfest fällt in den Advent – nicht zu verwechseln ist dieser Tag mit ↗ **Mariä Verkündigung** bzw. »conceptio Mariae in der vasten«, heute: ↗ **Verkündigung des Herrn**). Die Aussage: »Maria ist unbefleckt empfangen« steht im Zusammenhang der von Augustinus (354–430) ausgearbeiteten Erbsündelehre. ↗ **Erbsünde** wird als ein Schuldzusammenhang gesehen, in den alle Menschen hineingeboren werden. Heute wird dies gesellschaftlich interpretiert: Dem Hass, der Lüge und dem Egoismus in dieser Welt kann sich niemand entziehen. Der Mensch wird von innen her von der

Maria mit Symbolen der Unbefleckten Empfängnis. Rosarium. Flämisch (1. Hälfte 16. Jh.). Dublin, Chester Beatty Library, Codex Ms. Western 99, fol. 12v. Vorlage: Archiv Herder

Sünde befreit. Von der Verstrickung in die Erbsünde hat Christus die Menschen erlöst. In Maria ist der neue Typ von Mensch von Anfang an Wirklichkeit. Von den Theologen ist Marias Befreiung von der Erbsünde nie bestritten worden. Umstritten war jedoch, wann dies geschehen sein soll. Da Maria selbst nicht jungfräulich geboren war, musste sie zu irgendeinem Zeitpunkt – und das Mittelalter ging z.T. davon aus, dies sei erst durch die Verkündigung des Engels geschehen – von der Erbsünde befreit worden sein. Seit dem Mittelalter setzte sich die Meinung durch, die Befreiung Marias von der Erbsünde sei im Augenblick ihrer Empfängnis erfolgt. Erst 1854 wurde durch Papst Pius IX. diese Erkenntnis dogmatisiert. In der lateinischen Kirche ist dieses Marienfest das bedeutendste, beinhaltet es doch die Besonderheit Marias, die über sie hinaus und auf Christus verweist. – Dieses Marienfest ist nicht mit eigenem Brauchtum verbunden. Vielerorts war und ist der Festtermin aber Auftakt der Weihnachtsbäckerei. Ab dem heutigen Tag werden Stollen und Plätzchen gebacken.

Marienfeuer ↗ **Mariä Heimsuchung**
Marienjahr ↗ **Jahresende**, ↗ **Maria**, ↗ **Marienfeste**
Marienkäfer ↗ **Maria**
Marienklage ↗ **Passionsfrömmigkeit**
Marienmonat ↗ **Mai**, ↗ **Rosenkranz**
Mariennüsse ↗ **Mariä Himmelfahrt**
Marientag ↗ **Samstag**
Marienverbundenheit ↗ **Marienfeste: Unsere Liebe Frau auf dem Berge Karmel**
Marienvogel ↗ **Schwalbe**
Marienweihe ↗ **Maria**, ↗ **Marienfeste: Unbeflecktes Herz Mariä**

Marotte
Heute hat umgangssprachlich der eine Marotte, der eine merkwürdige, schrullige Eigenschaft oder Wesensart hat. Ursprünglich bezeichnet das frz. »marotte« eine kleine Heiligenfigur, Marienfigur und/oder Puppe; »marotte« ist die Verkleinerungsform von »Maria«, also Klein-Maria oder Mariechen. Der Begriff wurde später auf das ↗ **Narrenszepter** übertragen, einen ↗ **Narrenkolben** mit einem Puppenkopf, der den Narren selber widerspiegelt und so ein Abbild der Eitelkeit und Selbstverliebtheit darstellt. »Marotte« in der heutigen Bedeutung wurde im 18. Jh. ins Deutsche übernommen. Die Marotte wurde auch personifiziert: »Clement Marott« heißt die handelnde Figur in einem Schwankbuch aus dem Französischen, das über die Niederlande nach Deutschland kam (vgl. ↗ **Narrenspiegel**).

Marschälle Gottes, vier ↗ **Vier Marschälle Gottes**
Marsfeld ↗ **Pfingsten**

Schalksnarr mit Marotte. Detail aus einem kolorierten Holzschnitt von Heinrich Vogtherr d.J. (um 1540). Schlossmuseum Gotha

Märtensgerte ↗ **Martinigerte**
Martensmännchen ↗ **Martinsmännchen**
Marterbrot ↗ **Mandeltag, guter**

Marterl
Das Sinnbild des Martyrium Jesu, das Kreuz, wird im Alpenländischen umgangssprachlich gern Marterl genannt. Die Kreuze im Freien zeigen vielfach auch die ↗ **Leidenswerkzeuge Christi** (vgl. ↗ **Arma Christi**, ↗ **Kreuz**, ↗ **Passionsfrömmigkeit**).

Märtesmahl ↗ **Martinsmahl**
Märtesschifflich ↗ **Martinsschlachten**
Märteswein ↗ **Martiniwein**

Marterl im Ährenfeld.
Foto: J. Wöhrle, Gutach; Archiv Herder

Martin von Tours
Geboren um 316/317 als Sohn eines römischen Offiziers. Pflichtgemäß selbst Offizier geworden, tritt Martin zum Christentum über und aus der Armee aus. Er lebt als Einsiedler, Mönch und Klostergründer, bis er zum Bischof von Tours berufen wird. Martin erlangt Berühmtheit als Heidenmissionar und Wundertäter. Gestorben am 8. November 397, wird seiner an seinem Beerdigungstag, dem 11. November, gedacht. Der römische Vorname ↗ **Martinus**, nimmt Bezug auf den Kriegsgott Mars. Man könnte den Namen übersetzen als »zum (Kriegsgott) Mars gehörend« oder »Kämpfer, Kriegerischer«. Seit dem Tod Martins von Tours ist »Martin« ein christlicher Vorname. Im Dialekt wird aus Martin auch Mätes (Vorname) oder Martini, Merten, Mertens (Familienname).

Nach Gregor von Tours, neunzehnter Bischof von Tours (573–594), hatte schon ↗ **Perpetuus**, der sechste Bischof von Tours (ca. 461–491), der anstelle des Oratoriums über dem Grab des Martin eine Basilika errichtete, die liturgische Verehrung von Sankt Martin angeordnet. Auch außerhalb des Frankenreiches verbreitete sich die Martinsverehrung schnell. Der älteste römische Ort seiner kultischen Verehrung ist die Kirche San Martino al Monti auf dem Colle Oppio, einer kleinen Erhebung des Esquilin-Hügels, eine Martinskirche, deren Anfänge in das 5. Jh. zurückreichen. Nachweislich wurde der im Volksglauben »apostelgleiche« Sankt Martin im 5. Jh. bereits als Heiliger angerufen; Martin war in der Westkirche der erste heilige Nichtmärtyrer, der sein Glaubenszeugnis durch sein bekennendes Leben (lat.: »confessor«) abgelegt hat; er wurde Patron des christianisierten Frankenreichs. Sein Kult verbreitete sich im Reich der Franken und vor allem nach Nordwestdeutschland, wo ihm erste Kirchen geweiht wurden (z. B. Nottuln unter Karl dem Großen). Gerade in der Karolingerzeit wurden dem Heiligen zahlreiche Kirchen geweiht, vielfach frühmittelalterliche Königsgüter. Besonders häufig ist Sankt Martin im Trierer und Kölner Raum als Kirchenpatron und Volksheiliger anzutreffen, wo er auch im Volksbrauchtum lebendig blieb. In der Stadt Köln war Martinus sogar Patron von zwei Kirchen: Groß-Sankt Martin, ehemals auf einer Rheininsel gelegen, war ein vorkarolingisches Schottenkloster; Klein-Sankt Martin wurde eine der fünf Altstadtkirchen genannt. – In der darstellenden Kunst wird Martin vor allem als Ritter (= Reiter) auf weißem (!) Pferd (vgl. ↗ **Schimmel**) abgebildet und steht damit neben den beiden anderen Rittgergestalten ↗ **Michael** und ↗ **Georg**. Seltener wird Martin als Bischof mit einer strahlenden Hostie über dem Haupt oder als Bischof mit einer Gans dargestellt. – Fünf Päpste haben den Namen des Heiligen zu dem ihren ge-

Bassenheimer Reiter (um 1240). Hochrelief in der Kirche von Bassenheim (Krs. Koblenz), ein Hauptwerk des Meisters von Naumburg. – Foto: Manfred Becker-Huberti

macht: Martin I. (649–653), Martin II. (882–884), Martin III. (942–946), Martin IV. (1281–1285) und Martin V. (1417–1431). Der letztgenannte Papst war an einem 11. November gewählt worden.

In Deutschland erwählten die Bistümer Mainz und Rottenburg-Stuttgart den hl. Martin zu ihrem Patron, in Österreich das Bistum Eisenstadt. Im Mainzer Stadtsiegel thront der hl. Martin inmitten eines romanischen Gebäudes. Das Patrozinium des Heiligen haben auch das Burgenland und der Schweizer Kanton Schwyz gewählt. Als Schutzpatron tritt Sankt Martin bei Ländern und Armeen, Rittern, Soldaten, Reisenden, Flüchtlingen, Huf- und Waffenschmieden, Alpenhirten, Bettlern, Tuch-, Kappen- und Handschuhmachern, Webern, Gerbern, Schneidern, Bauern, Hirten, Winzer, Gastwirten, Hoteliers, Müllern sowie Zechern (!) und Tieren (Pferde, Hunde, Vögel) auf. Als Namensgeber benennt er die Insel Martinique, eine tropische Vulkaninsel der Kleinen Antillen, sowie Quellen und zahlreiche Ortschaften. Auch der deutsche Re-

formator ↗ **Martin Luther** hat seinen Vornamen nach Sankt Martin erhalten.
In Österreich gibt es mehrere Orte, die sich nach dem hl. Martin nennen: Sankt Martin am Grimming, Sankt Martin bei Bad Hochmoos, Sankt Martin bei Ried und Sankt Martin im Pongau. – In Deutschland gibt es zwar nur ein Sankt Martin in der Pfalz (PLZ 67487), aber über 30 Orte bzw. Ortsteile, die nach dem hl. Martin genannt sind: 37308 Martinfeld, Martinhagen (= 34270 Schauenburg-M.), Martinlamitz (= 95126 Schwarzenbach-M. an der Saale), 98693 Martinroda bei Ilmenau, 36404 Martinroda bei Vacha, Martinsbauer (= 88410 Bad Wurzach, Kreis Biberach an der Riß), Martinsberg (= 84149 Velden-M.), Martinsberg (= 78564 Reichenbach-M.), Martinsbuch (= 84152 Mengkofen-M.), Martinsbüttel (= 38527 Meine-M.), Martinsgrub (= 94505 Bernried-M.), 18551 Martinshafen, Martinshaun (= 84061 Ergoldsbach - Post Ergoldsbach), 97340 Martinsheim, 66894 Martinshöhe/Pfalz, Martinshof (= 72355 Schömberg-M. bei Balingen), Martinshof (= 89428 Syrgenstein-M., Schwab), Martinshof (= 88410 Bad Wurzach-M., Kreis Biberach an der Riß), Martinsholzen (= 82335 Berg-M., Kreis Starnberg), 04895 Martinskirchen (Elbe), Martinskirchen (= 84329 Wurmannsquick - Post Rogglfing), Martinsmoos (= 75387 Neubulach-M.), Martinsmühle (= 55469 Mutterschied-M.), Martinsneukirchen (= 93199 Zell-M., Oberpfalz), Martinsreuth (= 95176 Konradreuth-M.), Martinsreuth (= 95500 Heinersreuth-M., Kreis Bayreuth), Martinsried (= 82152 Planegg-M.), 06528 Martinsrieth, 55627 Martinstein, Martinstetten (= 94571 Schaufling-M. bei Deggenau), Martinsthal (= 65344 Eltville-M.), Martinstödling (= 84385 Egglham-M.), Martinszell (= 84101 Obersüßbach - M.), Martinszell (= 87448 Waltenhofen-M. im Allgäu). Manchmal ist die Herkunft eines Ortsnamens vom hl. Martin kaum mehr zu erkennen. Ein Beispiel bietet Merten im Rhein-Sieg-Kreis. Der im Mittelalter als Sanct Martinus bezeichnete Ort wird im 18. Jh. zu »Sent Merten«, der dann in der Folgezeit sein »heiliges Attribut« verlor – wahrscheinlich weil zuvor das Wissen um den Namenssinn verloren gegangen war (vgl. ↗ **Pferdeheilige**).

Martin ↗ **Martin von Tours**

Martina
Märtyrin der christlichen Frühzeit, die in Rom seit dem 7. Jh. verehrt wird, also keine Namensableitung von Martin von Tours.

martiner (frz.)
oder **faire la Saint Martin** heißt in Frankreich: »gut essen und trinken« (vgl. ↗ **Martinsminne**).

Martini
Aus dem Lateinischen (»dies Sancti Martini« = Tag des hl. Martin) abgeleitete Bezeichnung für den Festtag (»Bauernfesttag«) des hl. Martin von Tours (11. November) im liturgischen Kalender. In der gallikanischen Liturgie war Martini der letzte Festtag vor der sechswöchigen (!) Advents- und Fastenzeit (= Epiphaniasfastenzeit, Epiphaniasquadragesima, Quadragesima Martini, ↗ **Weihnachtsfasten**, ↗ **Adventsfastnacht**), der – wie alle hohen Feiertage – mit der ersten Vesper am Vorabend, dem Lucernarium (d.h. Zeit des Lampenanzündens), begann. Der Martinstag hatte in der frühen Kirche einen Schwellenfest-Charakter wie Aschermittwoch. Der Tag war in vorchristlicher Zeit Winteranfang, Rechts- und Zinstermin und Beginn des neuen Wirtschaftsjahres (Gesindewechsel, Markttag, Almabtrieb). Nach Ernteabschluss waren nun der Zehnte und der Pachtzins fällig. Von ihm hieß es daher redensartlich: »Auf Martini ist Zinszeit.« Zugleich sagte man aber auch: »Sankt Martin ist ein harter Mann, für den, der nicht bezahlen kann.« Man feierte die glückliche Ernte und ließ sich

Der hl. Martin, nach einem Holzschnitt von Albrecht Dürer (1518). Vorlage: Archiv Manfred Becker-Huberti

von den Kindern der Nachbarschaft und den Armen – mehr oder minder – gerne an den wohltätigen Tagesheiligen Sankt Martin erinnern. Martini war (neben Ostern, Maitag, Michaelis) Tag des Arbeitsantritts bzw. Arbeitsendes für das bäuerliche Gesinde, die Knechte und Mägde. Die Löhnung bestand früher mehr in Kleidungsstücken, Naturalabgaben, freiem Land als in Geld. Vielfach brachten die Dienstboten ein Stück Brot von zu Hause mit, öfter wurden die begleitenden Mütter von der Herrschaft mit Brot und Stuten beschenkt. Martini war also bei den Bauern ein Festtag, der sich durch besonderes Essen und Trinken von der Alltäglichkeit abhob. ↗ **Gänsmartin** wurde er auch genannt und war damit, neben dem ↗ **Hasenbartl** und dem ↗ **Schweinethomas**, einer der drei heiligen Schmaustage. Martini war als Zahl-, Zins- und Pachttag auch Tag der Ablieferung von Naturalien. Dem Pfarrer und/oder dem Lehrer wurde eine ↗ **Martinsgans** verehrt. Der Tag des hl. Martin galt verschiedenenorts auch als Steuertag, so dass Martin zum ↗ **Steuerheiligen** wurde.

Sankt Martin sieht man heute als (gabenbringender) Bischof (im Rheinland auch als Soldat). Teilweise vermischt sich das Martins- mit dem Nikolausbrauchtum. In Niederbayern (↗ **Pelzmärte**) und in den Alpenländern treten vermummte Gestalten auf (↗ **Buttnmandel**, ↗ **Butzemärtel**, ↗ **Junker Martin**, ↗ **Klausen**, ↗ **Strohschab**, ↗ **Schellenmärte**, ↗ **Nussmärte**, ↗ **Knecht Ruprecht** [auch in nördlichen Regionen]), die Lärm erzeugen, – Hinweis auf die Vermischung des Martinsbrauchtums mit germanischem Brauchtum zur ↗ **Wintersonnwende** und ↗ **Jahreswende**. Im unteren Böhmerwald gehen die Burschen mit Peitschen und Kuhglocken vor das Dorf den ↗ **Wolf austreiben**. In Altbayern heißt der Brauch ↗ **Umschnalzen**, in der Steiermark ↗ **Herbsteinschnalzen**. In Wörgl (Unterinntal) zogen am Martinstag gehörnte Masken umher. In Tiroler Orten wird vom ↗ **Martinsgestampfe** erzählt, einem Umzug, mit dem man einen wilden Riesen, den »wilden Ochsner« und »Alberer«, vertrieb oder aber den ↗ **Martinsvogel**, ein »fuiriger höllischer« Drache, der Schrecken verbreitet. Der Abwehr der zwergähnlichen ↗ **Kasmanndln** galt das ↗ **Kasmanndlfahrn** oder ↗ **Alpererfahrn** (Kitzbühl). In Salzburg zogen Burschen mit Peitschen, Schellen und Büllhäfen (= ↗ **Rummelpott**, ↗ **Horniskrug**) zum Wettrangeln. Im Bayerischen Wald kennt man das ähnliche ↗ **Wolfablassen**. In protestantischen Gegenden, in denen Martini auch gefeiert wird, bezieht sich die Feier auf ↗ **Martin Luther**, dessen Geburtstag am 10. November auf den Tag fällt, an dem die Kinder des hl. Bischofs Martin gedenken, auf dessen Namen Martin Luther getauft wurde. Die Umdeutung des Brauchs hat seine Formen dort nicht geändert, wo er fortlebte. Der unter Protestanten gebräuchliche Vorname Martin ist eine Reverenz an Martin Luther, nur indirekt eine Erinnerung an Sankt Martin. Die Namensbildung Martin Luther King belegt diese Tradition (↗ **Lutherbrötchen**). Ein ganz besonderes Martini wurde 1810 begangen: Durch Edikt vom 9. Oktober 1807 wurde mit Martini 1810 die Leibeigenschaft aufgehoben (vgl. ↗ **Martinstag 1810**).

Martinifasten ↗ Martinsfasten

Martinigerte, Martinsgerte, Märtensgerte

An ↗ **Martini** überreichte der Viehhirte seinem Dienstherrn einen Birkenzweig, an dessen Spitze man einige Blätter ließ, ergänzt durch Zweige (»Zwei«) von Eiche und Wacholder (»Kranewitt«), der dann im Frühjahr zum Viehtrieb verwendet wurde (vgl. ↗ **Martinisegen**). Die Martinigerte wurde am Tag der Epiphanie (6. Januar) gesegnet und sollte beim Viehauftrieb den Tieren Schutz gewähren. In Bayern sagte der Hirt bei der Gertenübergabe an Martini: »Kimmt der hali sanct Mirte mit seiner girte, so vil kranewittbir, so vil ochsn und stir, so vil zwei, so vil fuder hai« (Kommt der hl. Sankt Martin mit seiner Gerte, so viele Wacholderbeeren, so viele Ochsen und Stiere, so viele Zweige, so viele Fuder Heu). – Unverkennbar verbirgt sich hinter diesem jetzt christlichen Brauch ein alter Fruchtbarkeitszauber. In vorchristlichen Zeiten wurde die Gerte mit ↗ **Immergrün** oder Eichenlaub, Wacholder oder reifen Beeren geschmückt und an der Stalltür oder im Stall angebracht. Der Fruchtbarkeitszauber ist auch noch in dem mancherorts üblichen Brauch zu erkennen, wo Frauen und Mädchen mit der ↗ **Martinigerte** berührt (»geschlagen«) wurden: Die ↗ **grünen Streiche** sollten auch auf sie Fruchtbarkeit und Segen übertragen. Es wird auch eine ↗ **Rute** am Vorabend von Martini geschnitten, am Tag der Epiphanie (6. Januar) gesegnet und am 1. Mai vom Hirten übergeben (↗ **Lebensrute**).

Martinikirchweih

Der zahlreichen Kirchen wegen, die den hl. ↗ **Martin** zum Patron hatten, gab es gegen Ende des bäuerlichen Jahres neben den allerorts üblichen Martinifeiern zahlreiche Martinikirchweihen, meist verbunden mit einem ↗ **Martini** (jahr)**markt** (↗ **Martinschilbi** in der Schweiz). Die Aufklärung, der der »ganzjährige Kirchweihtourismus« ein Dorn im Auge war, legte unter Joseph II. (1741–1790) alle Kirmestermine auf das dritte Oktoberwochenende zusammen. Der Volksmund würdigte diese Anordnung entsprechend mit der Bezeichnung ↗ **Kaiser-** bzw. ↗ **Allerweltskirmes** (vgl. ↗ **Kirmes**).

Martiniloben ↗ Martinswein

Martinimarkt

Martinimärkte gab es nicht nur bei der Kirchweih an Martini, ↗ **Martinikirchweih**, wenn das Patrozinium einer Kirche gefeiert wurde. Martinimärkte fanden auf dem Land auch statt, um Waren für Haus und Hof für die beginnende Winterzeit zu kaufen. Das landwirtschaftliche Gesinde bot seine Arbeitskraft bei dieser Gelegenheit neuen potentiellen Arbeitgebern an. Die Mobilität der ländlichen Bevölkerung hat inzwischen die meisten Martinimärkte verschwinden lassen.

Martinioktav

Als Martinioktav wird die Woche nach Martini bezeichnet. Das war die Zeit des Jahresausklangs, in der auf dem Feld und im Stall nur das Nötigste getan wurde, das Personal ausspannte oder wechselte (vgl. ↗ **Schlamperwoche**, ↗ **Schlumwoche**).

Martinischlachten ↗ Schlachtfest

Martinisegen

Der österreichische Martinisegen ist ein Spruchgut der Hirten, das bei Winterbeginn beim Heimtreiben der Tiere gesprochen wurde. Der heimkehrende Hirte überreichte seinem Herrn dabei die ↗ **Martinigerte**, ein Zweig der Birke, der Eiche, des Wacholders oder der Weide. Dieser Zweig wurde über den Winter aufbewahrt und im Frühjahr beim Viehaustrieb auf die Weide als ↗ **Rute** verwendet.

Martinsabend

Nach Sonnenuntergang wird am 10. November der Martinsabend begangen. Liturgisch gesehen, beginnt ein Festtag mit dem Sonnenuntergang des Vortages (vgl. Sonntagvorabendmesse und die entsprechende jüdische Vorstellung, den Sabbat-Gottesdienst am Freitagabend). Ein feierlicher ↗ **Martinsumzug**, bei dem Sankt Martin als Bischof oder Soldat zu Pferd mitzieht, oft auch ein Bettler, gehören dazu sowie die ↗ **Mantelteilung** und ↗ **Martinslieder**. Die Kinder tragen ihre ↗ **Martinslampen**. Nach Abschluss des Martinsumzugs ist in vielen Gegenden Deutschlands ↗ **Gripschen** angesagt. Der äußere Anlass des Martinsabends ist das Gedenken an den hl. Martin und seine symbolische Mantelteilung. Das aktuelle Martinsbrauchtum wurde um die Jahrhundertwende vom 19. zum 20. Jh. aus unterschiedlichen noch vorhandenen Bräuchen »komponiert«. Heutige Bestandteile sind: 1. Beschaffung der Finanzen für einen Martinsumzug (Musikkapelle, Pferd, Sankt Martin, Martinstüten) durch Sammeln seitens Schule, Heimat-, Schützen-, Karnevalsverein oder Kirchengemeinde; 2. Durchführung des Martinszuges (mit Mantelteilung); 3. Singen von Martinsliedern (und kurze Ansprache durch einen Geistlichen,

Das Martinsfest in Düsseldorf, aus: Das große Festtagsbuch. Feiern, Tanzen und Singen. Hrsg. v. Walter Hansen. Freiburg i.Br. 1984. – Vorlage: Archiv Herder

Lehrer ...); 4. ↗ **Martinsfeuer**; 5. Austeilen der Martinstüten und/oder Heischegang. 6. Zu Hause oder in einer Gaststätte kann sich noch das ↗ **Martinsmahl** anschließen.

Martinsbackwaren

Neben ↗ **Gebildebroten** und ↗ **Formgebäck** gibt es ein breites Spektrum an Festgebäck: Brezeln, Lebkuchen, Pfefferkuchen usw. Seit vielen Jahren findet sich der ↗ **Weckmann**, ursprünglich an ↗ **Nikolaus** gebunden, auch zu Martin ein.

Martinsbrauchtum

In einem zeitgleichen Gegenwartsschnitt treten ganz verschiedene Schichten des Martinsbrauchtums, das jetzt fast das gesamte, ehemals fränkische Europa abdeckt, zu Tage: Im Rheinland hat sich das Martinsbrauchtum zunehmend vereinheitlicht und verkirchlicht, während sich in Nordwestdeutschland noch Reste von Maskenbräuchen, in Mitteldeutschland Umzüge und in Schlesien die Martinsgebäcke erhalten haben. In protestantischen Gebieten bezieht sich das Brauchtum auf ↗ **Martin Luther** (Erfurt: Zug der »Martinslichter«). In anderen Landschaften (Alpen, Württemberg) ist der Bezug zum Heiligenfest kaum zu erkennen. In einigen Landschaften verband sich der Martinsbrauch mit dem Erntefest (Havelland, Alpen, z.T. Rheinland). Es gab spielerische Wettkämpfe um die ↗ **Martinsgans**: Wie der Hahn wurden Gänse gerissen, geköpft, geschlagen und geschossen (Tirol, Schwaben; ↗ **Gans-Abhauet**, ↗ **Hahneköppen**) oder ↗ **Martinsschweine** zum Kampf aufeinandergehetzt (Würzburg). – Die ältere Schicht der Martinsbräuche sind ökonomisch bedingt: Der 11. November bildete eine Zäsur im bäuerlichen Arbeitsjahr und war Vorabend der adventlichen Fastenzeit. Das zeremonielle Kosten des neuen Weins (↗ **Martinsminne**) scheint bis ins 6. Jh. zurückzureichen. Die Synode von Auxerre (585) verbot bereits die – ausschweifenden und orgiastischen – Ess- und Trinkgelage in der Nacht zu Ehren des hl. Martin. Seit dem Hochmittelalter ist der Martinstag dieser Form flächendeckend in Zentraleuropa Auftakt der neuen Weinsession. Der ↗ **Märteswein** (mit dem »Primeur« haben die Franzosen diese Marktlücke neu besetzt) war bis in die jüngere Gegenwart aktuell und sicherlich die Begründung dafür, dass Martin als – nachsichtiger – Weinpatron galt. Die jüngere Schicht der Martinsbräuche ist katechetisch und/oder hagiographisch motiviert und abgeleitet von der Schriftlesung der Tagesliturgie bzw. den Lebensbeschreibungen Martins. Diese jüngere Schicht reicht mit einzelnen Elementen zwar in die ältere Schicht zurück, prägt aber erst insgesamt seit der Wiederbelebung des Martinsbrauchtums im 19. Jh..

Martinsbrezel ↗ Brezel

Martinsbruderschaft

Unter den zahlreichen Bruderschaften des Mittelalters gab es auch Martins- oder Martinibruderschaften, die sich dem Andenken des hl. Martin widmeten. Aus Martinsbuch ist ein Bruderschaftsbuch von 1791 erhalten (vgl. ↗ **Bruderschaft**).

Martinschilbi ↗ Martinikirchweih

Martinsfackeln ↗ Martinslampen

Martinsfasten

Das 40-tägige **Martinifasten** bzw. die »Quadragesima Sancti Martini«, das ↗ **Epihanias-Fasten** oder die ↗ **Martinsquadragese**, das die gallikanische Liturgie kannte, begann am 11. November und endete am 6. Januar. Durch die Verlegung des Weihnachtsfestes auf den 25. Dezember geriet das ↗ **Adventsfasten**, die ↗ **Adventquadragese**, in Schwierigkeiten. Die Synode von Mâcon schließlich übernahm von der alten Adventsquadragese die Regelung des Fastens für die Tage Montag, Mittwoch und Freitag im neuen ↗ **Advent** bis zum 25. Dezember.

Martinsfeuer

Die ↗ **Lichterumzüge** mit ↗ **Martinslampen** haben größtenteils die Martinsfeuer abgelöst. Wo man die Martinsfeuer noch abbrennt, wird das Feuer als Symbol verstanden: Es bringt Licht in das Dunkle, wie die gute Tat Martins das Erbarmen Gottes in die Dunkelheit menschlicher Not brachte. Der Ursprung des Martinsfeuers wird in den Riten der germanischen Wintersonnwendfeier und des germanischen Erntedankfestes vermutet: ein Freudenfeuer, wie es auch zu anderen Anlässen angezündet wurde, zugleich aber auch ein reinigendes Feuer, in dem das vergangene Jahr verbrannt wurde. Und: Der Sommer wurde verbrannt! Das ↗ **Sommerverbrennen** sollte daran erinnern, dass ein Zeitabschnitt unwiederbringlich vergangen war. Vielleicht sind auch noch ältere Vorstellungen lebendig: Der Vegetationsgeist, die göttliche Kraft, die Pflanzen und Tiere hatte gedeihen lassen, so glaubte man, musste im Herbst durch Feuer getötet werden, damit sie im dunklen Winter Kraft für ein Wiedererwachen zu neuer Stärke im Frühjahr gewinnen konnte (vgl. die Rede vom Weizenkorn, das sterben muss, um neues Leben zu schenken, bei Johannes 12,24).

Zum Ritus dieser Feuer gehörte der ↗ **Feuersprung**, d.h. der Sprung der Teilnehmer über das Feuer (vgl. den Feuersprung über das ↗ **Johannisfeuer**). Die Kraft des Lichtes sollte so gestärkt werden, dem Springer der Sprung Glück bringen. Das Martinsfeuer sollte den Feldern Segen bringen. Das Verbrennen der Körbe auf dem Kirchenpflaster an Martini hieß in Mersch (Jülich) den ↗ **Sommer verbrennen** (↗ **Korbschüttetag**). Die Erinnerung an den Feuersprung in verkleinerter Form hält das Martinslied »Lasst uns froh und munter sein« fest: »Springen wollen wir kreuz und quer übers liebe Kerzchen her.« Der ↗ **Sprung über die Kerze** hat vor allem in den Städten, wo die Martinsfeuer wegen der großen Feuergefahr verboten wurden (Münster 1705), den Sprung über ein großes Martinsfeuer abgelöst. Das Martinsfeuer findet sich heute im Rhein- und Siegerland, Südwestfalen und den Niederlanden. Im Gegensatz zu den anderen ↗ **Jahresfeuern** (Ostern, Johannes, Neujahr) ist das rheinische Martinsfeuer zu einer Angelegenheit der Kinder geworden. In der alten Form des Martinsfeuers waren vier Teile zu erkennen: 1. das Einsammeln der Brennstoffe für das Feuer vor dem Fest, 2. der Martinsumzug, 3. das Abbrennen des Martinsfeuers, 4. das Heischen von Früchten und Gebäcken am Martinsabend. Als Brennmaterial werden Holz, Reisig, Stroh, Sträucher und vor allem Körbe zusammengetragen.

Martinsfischer

Einer Legende nach hat St. Martin einen hässlichen schmutzig-schwarzen Vogel in einen der am schönsten gefiederten Vögel verwandelt. Der **Eisvogel** kam so zu dem Namen Martinsfischer.

Martinsgans

Heute verbinden die meisten Menschen die Gänse mit der Rede von den »dummen Gänsen«, – eine irrige Feststellung, die an der Wirklichkeit völlig vorbeigeht. Weder sind die Gänse »dumm«, noch haben sie in der geschichtlichen Tradition eine untergeordnete Rolle gespielt. In römischen Zeiten war sie das Begleittier des Kriegsgottes Mars. Gänse sollen die Stadt Rom durch ihre Aufmerksamkeit und ihr warnendes Geschrei vor einem feindlichen Überfall bewahrt haben. Im germanischen Denken war die Gans ↗ **Symboltier** Wotans, Opfertier und Verkörperung des Vegetationsgeistes. Wer rituell eine Gans verspeiste, hatte Anteil an der Kraft des Vegetationsgeistes. – Für Köln wird aus dem Mittelalter berichtet: »Der Martinsabend war von jeher zu einem Festschmaus bestimmt [vgl. auch ↗ **Martinswein**]. Das war auch seit alters in Köln so. Die Tafel schmückte als Hauptgericht die Martinsgans, knusprig gebraten und mit Äpfeln, Rosinen und Kastanien gefüllt.« Was den Kölnern recht war, war während der Zeit des Dreißigjährigen Krieges (1618–48) Simplicius Simplicissimus billig. Mit Befriedigung erinnert er daran, wie er in Soest sowohl bei Offizieren als auch bei Bürgern eingeladen worden war, die Martinsgans verzehren zu helfen. – Die Überlieferung, dass 1171 Ulrich von Schwalenberg der Abtei Corvey zum Martinsfest eine Gans aus Silber gestiftet habe, erwies sich als eine Fälschung des 17. Jh. Insofern kann die Behauptung, der bislang älteste Beleg für eine Martinsgans stamme von 1171 aus Korvey, nicht aufrechterhalten werden. – Tiroler Bauernkalender kennzeichneten den Martinstag noch im 19. Jh. mit einer gemalten Gans. In norwegischen Runenkalendern wurde der Tag stets mit der Gans bezeichnet. So wie das ↗ **Martinshörnchen** die Konfessionsgrenzen als ↗ **Lutherbrötchen** überschreiten durfte und man die Martinsumzüge in protestantischen Gegenden statt auf Sankt Martin auf Martin Luther deutete, wurde auch die Martinsgans nicht zum Kriterium der Konfessionsunterscheidung: In protestantischen Gegenden verspeist man sie halt zu Ehren Martin Luthers; den Gänsen wird es gleichgültig sein. Die Martinsgans erklärt sich nicht aus der Lebensgeschichte des hl. Martin, auch wenn sie in den sekundären Legenden und in der Volksfabel so vorkommt: Gänse, in deren Stall sich Martin verkrochen hatte, um seiner Wahl zum Bischof zu entgehen, verrieten ihn durch ihr lautes Geschnatter, berichtet eine Legende. Eine andere Legende behauptet, Gänse hätten den hl. Bischof beim Predigen gestört. Zur Strafe seien sie nun die Krönung der Festtafel am Martinstag. In einer Fabel preist die Gans, die dem Wolf entkommt, Sankt Martin als Retter. Wie dem auch immer sei, diese ↗ **Martinslegenden** erklären nur im Nachhinein den Gänsebraten zu St. Martin. Sie sind erklärende Sekundärlegenden, erst seit dem 16. Jh. bekannt. Gegenüber anderen Legenden sind sie ein Sonderfall, da hier nicht eine schon lange vorhandene Legende brauchbildend wirkt (vgl. die Parallele zur Pökelfasslegende des hl. ↗ **Nikolaus**). Der Bezug der Gänse zu diesem Termin ist älter. Das germanische Erntedankfest, das abgelaufene Pachtjahr (wobei die Gans ein Zahlmittel, die »Währung«, war), die letzten Tage vor der (gallikanischen) Fastenzeit, boten genügend Anlässe zu einem Festtagsschmaus. Ob die Gans als Opfertier Wotans galt und deshalb gebraten auf den Tisch kam oder ob sie angerichtet wurde, weil sie eben zu diesem Zeitpunkt besonders fett und damit wohlfeil war, lässt sich kaum mehr entscheiden. Die ↗ **Fastnachtshühner** dagegen wurden gegessen, um die Eierzahl in der Fastenzeit zu dezimieren. Die fröhlichen Esser wussten, dass der Gänsebraten der letzte Genuss vor der langen ↗ **Adventsfastenzeit** war.

Man darf die Bedeutung der Gans als Währung der »kleinen Leute« gegenüber dem Adel und der Geistlichkeit nicht unterschätzen: Nur die Oberschicht konnte lesen und schreiben und benötigte für Letzteres Federkiele, den die Gänse lieferten. Nur der Adel nutzte Flaum und Daunen für seine Federbetten, während das Volk auf Strohlagern nächtigte. Im übrigen garantierten die lebendig abgelieferten Martinsgänse auch einen oder mehrere Braten jenseits des aktuellen Festtages. – Wer sich keine Martinsgans leisten konnte, der wich im Rheinland auf ↗ **Düppekuchen** aus. Die ↗ **Martinskost** bestand aus frischer Wurst mit Reisbrei (Niederrhein), kalter Milch- und Wecksupp (Aar), Eierkuchen, Waffeln oder einem Spanferkel.

Die Martinsgans ist mit abergläubischen Vorstellungen verbunden. Um den »Glücksknochen« oder die Heilkraft des Gänsefetts rankt sich die besondere Vorstellungen, die als ↗ **Gänseorakel** galten: Wenn zwei versuchen, den V-förmigen Brustknochen der Gans zu zerbrechen, so geht der geheime Wunsch dessen in Erfüllung, der das größere Stück in Händen zurückbehält. Auch die Knochenfarbe hat (angeblich) eine Bedeutung. Sie gilt als zukunftsweisend: Ist der Knochen weißlich, so gibt es einen harten Winter, hat er aber eine schöne rote Farbe, so gehen im Winter die Vorräte nicht aus. Andernorts galt: War das Brustbein rötlich, stand ein strenger Winter bevor, war es weiß, durfte man auf einen milden Winter hoffen. In Ungarn galten Fett und Blut als wirksames Mittel gegen die Gicht. Wer eine Feder ihres linken Flügels zu Pulver verbrannte und dieses dem Wein beimengte, hatte eine Medizin gegen Epilepsie. Der linke Fuß, ans Haus genagelt, sicherte dieses gegen Feuer. – Nicht nur die Schweine, auch die Gänse waren um den Martinstag wohlgenährt und standen im besten Fleisch und Fett. Auch als Naturalienleistungen längst durch Geldzahlungen abgelöst waren, hielt sich der Begriff »Martinsgans« für die zu Sankt Martin fällige Geldzahlung. Mit Werner Mezger kann man durchaus den Spannungsbogen der Martinsgans »vom Wirtschaftsgut zum Heiligenattribut« ziehen. – Natürlich bot der Bezug des Gänseessens zur Martinslegende über Jahrhunderte eine seriöse Hintergrundfolie. »Eine Einladung zur Martinsgans«, ursprünglich gedruckt in »Simon Dachs Zeitvertreiber« (1700), bietet »Des Knaben Wunderhorn« (S. 608):

Wenn der heilge Sankt Martin
Will der Bischofsehr entfliehn,
Sitzt er in dem Gänsestall,
Niemand findt ihn überall,
Bis der Gänse groß Geschrei
Seine Sucher ruft herbei.

Nun dieweil das Gickgackslied
Diesen heilgen Mann verriet,
Dafür tut am Martinstag
Man den Gänsen diese Plag,
Dass ein strenges Todesrecht
Gehen muss über ihr Geschlecht.

Drum wir billig halten auch
Diesen alten Martinsbrauch,
Laden fein zu diesem Fest
Unsre allerliebsten Gäst
Auf die Martinsgänslein ein
Bei Musik und kühlem Wein.

Martinsgebäck ↗ **Martinsbrezeln**

Martinsgeigen

So nannte man in Süddeutschland große Weißbrote, die am Martinstag in der Kirche geweiht und dann den Armen geschenkt wurden. Siehe auch das zum ↗ **Weckmann** über die Agapefeier Mitgeteilte.

Martinsgerte ↗ **Martinigerte**
Martinsgestampfe ↗ **Martini**

Martinshorn

Martinshorn nennt man die auf- und abheulende Fanfare bei Polizei-, Feuerwehr- und Rettungsfahrzeugen. Trotz des Namens hat sie aber nichts mit dem hl. Martin zu tun. Benannt ist sie nach dem Familiennamen des Herstellers.

Martinshörnchen

Die ältere Brauchtumsforschung argumentiert: Von Martin werde erzählt, er habe als Soldat ↗ **Wotans** Mantel getragen. Deshalb verspeise man zu Ehren des Heiligen auch Martinshörnchen aus Hefeteig oder Mürbeteig, deren Hufeisenform an Wotans Ross erinnern solle. Ob sichelförmiges Gebäck tatsächlich als rituelles Opfergebäck auf Wotan zurückzuführen ist oder ob diese Gebäckform im Altertum aus dem Orient über Vorderasien, Ägypten oder Griechenland in den Okzident gelangte, scheint fraglich. Croissants sind nach einer – natürlich unbewiesenen – Legende erstmals zur Zeit der türkischen Belagerung in Wien gebacken worden und mit der Habsburger Prinzessin Marie Antoinette (1755–1793), die den späteren französischen König Ludwig XVI. (1754–93) heiratete, nach Frankreich gekommen. Der Segen dieses Gebäcks entfaltet sich natürlich erst richtig, wenn es Freunden und Bekannten geschenkt wird. In manchen evangelischen Gegenden erhalten die Kinder das ↗ **Martinshörnchen** unter der Bezeichnung ↗ **Lutherbrötchen**.

Martinskost ↗ Martinsgans
Martinskranz ↗ Martinsweck

Martinsküchlein

Ein Schmalzgebäck, das ebenso wie das ↗ **Martinslaible**, ein Hefezopf, vom Grundherrn dem Gesinde oder von Erwachsenen den Kindern geschenkt wurde.

Martinslaible ↗ Martinsküchlein

Martinslampen

(↗ **Mätesköppe**, ↗ **Meetesköppe**, ↗ **Martinsfackeln**, ↗ **Martinslampions**) Die ↗ **Lichterumzüge** symbolisieren das ↗ **Martinsfeuer**, das sie vielerorts ablösen: Sie bringen Licht ins Dunkel. In ländlichen Gebieten wurden früher und werden heute noch Martinslampen aus Kürbissen und Runkelrüben (↗ **Fruchtleuchten**) hergestellt. Es wird ein Deckel abgeschnitten, die Frucht ausgehöhlt, ein Gesicht in die Außenhaut geritzt, eine Kerze eingesetzt und der Deckel wieder aufgesetzt. Die auf einen Stock gespickte oder an einen Stock gehängte Laterne lässt sich einfach herstellen und – bei Bedarf – leicht erneuern. – Die Lichterumzüge haben ihr Vorbild in der liturgischen ↗ **Lichterprozession** (»Lucernarium«, d.h. Zeit des Lampenanzündens) während der ersten Vesper am Vorabend eines hohen Feiertages. Die jüngere Forschung macht auf den Zusammenhang zwischen den Tageslesungen aus der Bibel und dem Volksbrauchtum aufmerksam. Das Tagesevangelium am Festtag des hl. Martin passte seit dem 13. Jh. bis zur jüngsten Liturgiereform (1969) zum Tag und zur Lichterprozession: Die »Lucerna-Perikope« (Lukas 11,33ff, vgl. Matthäus 5,15ff; 6,22f; Markus 4,21; Lukas 8,16) fordert dazu auf, das Licht vor den Menschen leuchten zu lassen, damit sie die guten Werke sehen und Gott preisen. – Das Lichttragen findet sich aber noch viel früher. In einem Perikopenbuch des 10./11. Jh. aus dem berühmten Benediktinerkloster Monte Cassino war die Lesung des Gleichnisses vom treuen und vom

Martinsabend am Quiriniusmünster in Neuss. Ölgemälde von H. Ritzenhofen. Privatbesitz. – Vorlage aus: Carl Vossen, Sankt Martin. Sein Leben und Fortwirken in Gesinnung, Brauchtum und Kunst. © Stern-Verlag Janssen & Co., Düsseldorf 1986

schlechten Knecht (Lukas 12,35ff) vorgeschrieben. Dort heißt es: »Legt eure Gürtel nicht ab, und lasst eure Lampen brennen!« Die »lucernae ardentes in manibus vestris« wurden den Gläubigen immer wieder in Predigten vorgestellt, wie überlieferte Predigten belegen. Die allegorische Bedeutung des Lichtes verweist auf die gute Absicht: die Christusnachfolge. Es sind »Werke des Lichts«, die durch die brennenden Lichter verdeutlicht werden. Da Luther die Perikopenordnung der katholischen Kirche beibehielt, begünstigte dies auch im Protestantismus den Fortbestand des Martinsbrauchtums und der Lichterumzüge. Die geordneten Martinsumzüge (↗ **Martinsumzug**) mit St. Martin zu Pferd als Soldat und/oder Bischof und Martinslampen tragenden Kindern bürgerten sich vor der Jahrhundertwende vom 19. zum 20. Jh. in Düsseldorf und anderen Städten ein. Bereits um 1930 ist er fast im gesamten Rheinland nördlich der Mosel anzutreffen.

Martinslampions ↗ Martinslampen
Martinslaterne ↗ Martinslampen

Martinslieder
In Martinsliedern wird das Andenken des Heiligen – mindestens seit dem 14. Jh. – gepflegt. Es sind zahlreiche Martinslieder erhalten, die Leben und Wirken des Heiligen zum Thema haben. Die meisten dieser Lieder sind um die Jahrhundertwende vom 19. zum 20. Jh. bei der Wiederbelebung der Martinsfeiern entstanden. Einige dieser Lieder greifen altbekannte Melodien auf. Die alten Martinslieder stammen aus der Vagantenpoesie des Mittelalters. Sie sind »Stimmungslieder«, wie wir heute sagen würden: Lobgesänge auf Essen und Trinken im allgemeinen und auf die ↗ **Martinsgänse** und die ↗ **Martinsminne** im besonderen. Das Beispiel aus dem ausgehenden 16. Jh. bietet einen Beleg für die Vagantenlyrik, die Formeln des Kirchenlateins in einer Art verwenden, die durchaus als frivol empfunden wurde: »Den besten Vogel, den ich waiß, / Dz ist ein gans, / Sie hat zween preyte füß / dar zu ein lange halß, / Ir füß sein gel, / Ir stimm is hell, / Sie ist nit schnell, / das best gesang, / das sie kann: da, da, da, da / Dz ist gick gack, gick gack, gick gack, / Da, da, da da, / Das ist gick gack, gick gack, gick gack. / Singen wir zu sant Mertens tag. / Ein gans, ein gans gesotten, gebraten / Bey dem feuer ist, / Ein guten wein, dar zu / Ein guten frölichen mut; / den selbigen vogel sollen wir loben, / Der do schnattert vnd dattert / Im haberstro. / So singen wir: Benedicamus Domino, / So singen wir: Benedicamus Domino.« – Lieder, die bis vor kurzem noch in der Altmark (Teil der brandenburg. Kurmark, westl. der Elbe, Hauptort Stendal) gesungen wurden, werden auf ein Alter von 750 Jahren geschätzt. Die Lieder jüngeren Typs aus dem 19. und 20. Jh. stehen unter hagiographischem oder katechetischem Auftrag; sie memorieren die Legende. Ein Beispiel:

1. Sankt Martin ritt durch Schnee und Wind,
Sein Ross, das trug ihn fort geschwind,
Sankt Martin ritt mit leichtem Mut,
Sein Mantel deckt ihn warm und gut.
2. Im Schnee, da saß ein armer Mann,
Hat Kleider nicht, hat Lumpen an;
O helft mir doch in meiner Not.
Sonst ist der bittre Frost mein Tod.
3. Sankt Martin zieht die Zügel an,
Das Ross steht still beim armen Mann,
Sankt Martin mit dem Schwerte teilt
Den warmen Mantel unverteilt.
4. Sankt Martin gibt den halben still,
Der Bettler rasch ihm danken will,
Sankt Martin aber ritt in Eil
Hinweg mit seinem Mantelteil.
5. Sankt Martin legt sich müd' zur Ruh,
Da tritt im Traum der Herr dazu.
Er trägt des Mantels Stück als Kleid,
Sein Antlitz strahlet Lieblichkeit.

6. Sankt Martin sieht ihn staunend an,
Der Herr zeigt ihm die Wege an.
Er führt in seine Kirch' ihn ein
Und Martin will sein Jünger sein.
7. Sankt Martin wurde Priester gar
Und dient fromm an dem Altar,
Das ziert ihn wohl bis an das Grab,
Zuletzt trug er den Bischofsstab.
8. Sankt Martin macht ein Feuer groß
Aus schlechter Bücher hohem Stoß
Und hütet treu die Herde sein,
Das lohnt der Herr mit Heil'genschein.
9. Sankt Martin, o du Gottesmann,
Nun höre unser Flehen an,
O bitt für uns in dieser Zeit
Und führe uns zur Seligkeit.

Jüngste Lieder zu Martin, konzipiert für Kindergarten- und Grundschulkinder (»Laterne, Laterne, Sonne Mond und Sterne ...«) sind keine eigentlichen Martinslieder mehr, sondern beschreiben nur noch das Licht in der Dunkelheit, ohne eine bildhafte Deutung. Die meisten Martinslieder kommen im Rheinland und am Niederrhein, in den Niederlanden und Flandern vor.

Martinsmahl
Bezeichnung für ein feierliches Zusammentreffen und eine feierliche Mahlzeit der Gemeindeältesten, der Familie oder der Hausgenossen (Harz). Z. B. berichtet der Kölner Ratsherr Hermann von Weinsberg für den 10. November 1571: »... auf St.-Martins-Abend, hatten wir unsere Kinder bei uns zu Gast und sind fröhlich gewesen und haben gesungen die halbe Nacht durch.« Das Martinsmahl oder ↗ **Märtesmahl** fiel unterschiedlich aus, wenn das Fest auf einen der beiden Abstinenztage der Woche traf: Mittwoch oder Freitag. Für diese Fälle war genau geregelt, was noch erlaubt oder schon verboten war.

Martinsmann
Umgangssprachlich für die als Sankt Martin verkleidete Person; zugleich aber auch spöttisch für denjenigen, der sein Hab und Gut verprasst hat.

Martinsmännchen
Statt Sankt Martin zu Pferd erscheint mancherorts im Sauerland auch das Martinsmännchen (↗ **Martensmännchen**): ein verkleideter Junge oder ein verkleidetes Mädchen, das den Kindern, die richtig beten können, Nüsse und Äpfel zuwirft. Bei diesem Brauch zu ↗ **Martini** hat ein älterer Vorläufer des ↗ **Martinsumzuges** Pate gestanden. Noch um 1800 zogen in Köln und Düsseldorf »Martinsmännchen«, auf den Schultern eines Jungen sitzend, geführt von zwei weiteren Jungen mit Rübenfackeln, mit der Jugend der Nachbarschaft oder der gesamten Pfarrjugend heischend von Haus zu Haus.

Martinsminne
»Martinsminne trinken« bezeichnete am Martinsabend in Köln das Trinken von neuem Wein des Jahres zum Gedenken an den hl. Martin. Der Brauch knüpft an eine Legende an: Martin soll dem schwedischen König Olaf Tryggwason im Traum erschienen sein und von ihm gefordert haben, er solle nicht mehr die Götter Thor, ↗ **Wotan**, Odin und andere Asen durch Trankopfer ehren, sondern die Martinsminne statt der ↗ **Odinsminne** einführen (vgl. ↗ **Martinswein**). In Deutschland verwischt die Nähe von Martini und Erntebrauchtum die eindeutige Herkunft dieses Brauchs.

Martinsquadragese ↗ Martinsfasten, ↗ Elfter im Elften (11.11.)
Martinsring ↗ Martinsweck

Martinsschiffchen
Aus Mürbeteig wurde in Schiffchenform ein – oft mit Rosinen gefülltes – Gebäck hergestellt, das

die Schulkinder zu Sankt Martin dem Lehrer übergaben. Zu Zeiten, in denen Schulgeld in Naturalien ausgezahlt wurde, sollte diese Gabe die Anerkennung und Honorierung der Lehrtätigkeit bedeuten (vgl. die andere Funktion des ↗ **Nikolaus-Schiffchen**).

Martinsschlachten

Das Schlachten am Vorabend zu Martini hatte mehre Gründe: (1) Das Martinsfest war ein »Schwellentag« vor der Fastenzeit, (2) die anbrechende Fastenzeit begründete die Notwendigkeit der Reduktion des Tierbestandes, der nicht insgesamt durch den Winter gefüttert werden konnte, (3) die vorhandenen Lebensmittel, die nicht »fastenzeittauglich« waren, mussten verbraucht werden, wollte man sie – was in diesen Zeiten völlig undenkbar war – nicht wegwerfen. Fleisch, Fett, Schmalz, Eier, ↗ **Laktizinien** (Milch, Butter, Käse) mussten aufgebraucht werden. Dies ließ sich am leichtesten und am vergnüglichsten durch Fest und Feier mit entsprechenden Ess- und Trinksitten und den dazu gehörigen Speisen erreichen. Die tagestypischen Speisen erhalten reichlich das, was in der kommenden Fastenzeit verboten war. ↗ **Schmalzgebackenes** und ↗ **Pfannkuchen** – landschaftlich mit unterschiedlichen Namen versehen – standen (wie zur Fastnacht!) im Mittelpunkt: ↗ **Krapfen**, ↗ **Martinshörnchen**, ↗ **Martinsschiffchen** (im Hohenlohischen **Märtesschifflich**).

Martinsschweine

Im Würzburgischen wurden zu ↗ **Martini** Martinsschweine zum Kampf gehetzt. Andernorts waren (Martins-)Gänse im Mittelpunkt der ↗ **Martinsspiele** (↗ **Gansabhauet**).

Martinssingen

Gabenheischender Ansingebrauch (↗ **Heischelieder**, ↗ **Gripschen**) zu Sankt Martin. Die ↗ **Heischegänge** und Heischelieder haben auf dem Land ihren Ursprung bei den ↗ **Hirtensprüchen** und der Überreichung der ↗ **Martinigerte** am ↗ **Martinsabend**. In den Städten sammelten die Kinder dagegen Brennmaterialien für das ↗ **Martinsfeuer** und freuten sich über die zusätzlich überreichten Schleckereien. Das Martinssingen gehört neben ↗ **Heischebrauchtum**, Martinsfeuer, ↗ **Lichterumzügen** zum Grundbestand des Martinsfestes. Die alten Heischelieder stehen in der Tradition der Scholaren und wechseln gerne deutsche und lateinische Zeilen: »Pontificis eximii, / In sant Mertens ere / Patronique largissimi, / Den schol wir loben sere. / In cujus festo prospere / Zu weine werdent moste, / Et qui hoc nollet credere, / Der laß die wursen chosten. / Martinus Christi famulus / Was gar ein milder herre, / Ditari qui vult sedule, / Der volg nach seiner lere. / Et transmittant hic stantibus / Die pfennig aus der taschen, / Et donet sicientibus / Den wein in großen flaschen. / Detque esurientibus / Die gueten feisten braten, / Gallinas cum cauponibus / Wir nemens ungesoten. / Vel pro honore dirigat / Die gens und auch die anten, / Et qui non bene biberit, / Der sei in dem banne.«

Martinssommer ↗ St. Martin's summer

Martinsspiel

Seit dem 19. Jh. ist das Martinsfest vielfach zu einem katechetisch genutzten Kinderfest geworden. In vielfältigen Formen wird der Inhalt des Festes szenisch dargestellt. Wichtig ist dabei, den Kindern nicht nur das historische Geschehen vorzuführen, sondern es auch zu aktualisieren, d. h. es in die Gegenwart zu übersetzen und Beispiele vorzustellen, was z. B. ↗ **Mantelteilung** heute heißt und wie auch heute ein Kind wie Martin »den Mantel teilen« kann.

Martinstag ↗ Martini

Martinstag 1810

Der Martinstag im Jahr 1810 war ein ganz besonderer Tag. Auf ihn fiel das Ende der Leibeigenschaft, ein Ergebnis der Reform des Freiherrn von Stein. Menschen, die bisher abhängig waren von einem Grundherrn, gebunden an dessen Land, ohne dessen Erlaubnis sie nicht heiraten durften, durch Zinsen, Verpflichtungen zu Hand- und Spanndiensten belastet, galten ab jetzt als frei und ungebunden. Nicht von allen Leibeigenen wurde die neue Freiheit begrüßt; die ehemaligen Herren waren nun im Gegenzug frei von den Versorgungsansprüchen der ehemaligen Leibeigenen.

Martinstaler

Bezeichnung für das Handgeld, mit dessen Annahme sich eine Magd oder ein Knecht zu Martini in den Dienst eines neuen Herrn begaben.

Martinsumzug

Der Martinsumzug am Martinsabend kennt eine verkleidete Person, die den hl. Martin auf einem Schimmel (!) darstellt; oft gehört auch ein »Bettler« dazu, immer aber eine große Kinderschar (und ihre Eltern), die singend durch die Stadt/Gemeinde ziehen. Um den rechten Takt zu finden, wird der Gesang oft von einer Blaskapelle unterstützt. Die Kinder tragen beim Umzug ihre – meist selbstgebastelten – ↗ **Martinslampen** und Martinsfackeln. Der Martinsumzug findet seinen Abschluss vielfach im Spiel der ↗ **Mantelteilung** und/oder durch ein ↗ **Martinsfeuer**. Der ↗ **Lichterumzug** hat ein liturgisches Vorbild: das Lucernarium, die ↗ **Lichterprozession** zur ersten Vesper, wie sie am Vorabend hoher Festtagen üblich war. – Das Anzünden der Feuer in der Nacht hatte in vorchristlicher Zeit den Sinn, das Licht und die Kraft der Sonne zu verstärken (Wintersonnwendfeier). Fackeln, zu Gesichtern geformte ausgehöhlte Kürbisse und Runkelrüben, sowie aus Pappe und Papier gebastelte Laternen sollten Fruchtbarkeit verbreiten und böse Einflüsse vertreiben. Ihr Ort war vor allem das zu Ehren ↗ **Wotans** gefeierte Erntedankfest. Für Neuss am Rhein ist z. B. bekannt, dass dort im 16. Jh. Schüler in festlichem Zug mit Lichtern durch die Stadt zogen und sich zum Abschluss vor dem Rathaus versammelten und gemeinsam Martinslieder sangen. – Martinsumzüge in heutiger Form, von Erwachsenen geleitet, mit einem als »Sankt Martin« verkleideten Erwachsenen, ↗ **Mantelteilung**, Musikkapelle und Gesang sind erst gut 100 Jahre alt. In Viersen und Dülken treffen wir 1867 auf den ersten dieser »modernen« Martinsumzüge, jedoch noch ohne eine als St. Martin verkleidete Figur. 1886 tritt in Düsseldorf erstmals ein reitender St. Martin auf: ein Junge. Vielleicht ist dieses Phänomen noch ein Relikt, das auf das ↗ **Martinsmännchen** verweist. Seit 1905 trat im Düsseldorfer Martinsumzug der erwachsene Bischof St. Martin in den Vordergrund. In Köln gibt es 1925 im Stadtteil Humboldt den ersten Martinsumzug. 1930 hat sich der Martinsumzug im nördlich der Mosel gelegenen Rheinland fast flächendeckend durchgesetzt. In Westfalen fand der erste Martinsumzug 1910 in Bocholt statt. Nach dem Zweiten Weltkrieg haben immer mehr Gemeinden den Martinsumzug übernommen. Die Veranstaltung erhielt didaktische Züge: Der Bischof zu Pferd – oft noch ergänzt durch einen als römischen Offizier reitenden Sankt Martin, dem ein Bettler folgte – demonstrierte öffentlich die enge Verbindung von Glaube und Leben. Dementsprechend war der Akt der Mantelteilung krönender Abschluss. Der Martinsumzug ist somit eine selbstinszenierte »biblia pauperum« (»Armenbibel« nennt man die »erzählenden« Glasfenster, Fresken und Bilder in mittelalterlichen Kirchen) geworden. Wie sehr dieses Brauchtum die Menschen geprägt haben muss, kann man ermessen, wenn man bedenkt, dass Düsseldorfer Soldaten 1914 im Feld (!) einen Martinsumzug veranstaltet haben.

Martinsvogel
In Kindersprüchen, die das Garbenopfer auf dem Feld begleiten, werden Martinsvögel genannt. Das Motiv des Martinsvogels lässt sich erstmals im 12. Jh. in einem Brief des französischen Theologen Petrus von Blois (= Petrus Blesenius) finden. In Deutschland taucht »sant Martis vogel« erstmals 1411 auf. Nach Meinung einiger bezeichnet der Begriff zunächst im 14. Jh. einen Ritterbund. Andere deuten den Begriff als Bildwort für den Marienkäfer, die Gans oder den Schwarz- und Buntspecht. Es könnte aber auch auf den ↗ **Eisvogel** beziehen (vgl. ↗ **Martinsfischer**), der in Verbindung steht mit dem Heiligen. Die ↗ **Martinsgans** als Martinsvogel zu bezeichnen dürfte eher scherzhaft gemeint sein. Die Kinder formulieren: »Sünner Märtens Vögelken heff so'n rot Kögelken, heff so rot Röcksken an« oder, in einem um 1870 in Lüneburg aufgezeichneten Lied:
»Mart'n, Mart'n Vaegelken / Mit din vergüldten Snaewelken, / Fleg so hoch bet aewer' Wim, / Morg'n is dat Martin. / Martin is 'n gouden Mann, / De'n dat Geld vergünnen kann. / De Appel un de Bern, / De mag ick goar to gern, / Naet smeckt ok all goud, / Smit se in den Filshout. / Mari, Mari, maok up de Dör, / Dao sünd'n poar arme Kinner vör. / Giff jüm wat un laot jüm gaon, / Dat se ok noch wider kaomt / Bet vör Naowers Dör / Naowers Dör is ok nich wit, / Appel und Bern sünd ok all riep.«
In anderem Zusammenhang weist »Martinsvogel« auf einen feurigen Drachen, den es zu bekämpfen gilt (vgl. ↗ **Martini**).

Martinsweck(en)
Dieses Gebäck (auch: ↗ **Martinsring**, ↗ **Martinskranz**) besteht aus Hefeteig und »dingt das Neujahr an«: Das Gebäck wurde von einem jungen Mann zu Martini »seinem Mädchen« geschenkt und forderte diese damit auf, ihm am Neujahrstag ein (Gegen-)Geschenk zu übergeben. An der Art des Geschenks konnte er erkennen, ob und wie seine Gefühle erwidert wurden – eine spielerische Form, sich ohne tiefgreifende Verpflichtung nahe oder näher zu kommen. Die Symbolik nutzte natürlich auch die Quantität: je größer der Weck, desto größer auch die Liebe!

Martinswein
↗ **Märteswein**, Martinswein trinken die Winzer, oft in Form eines festlichen Banketts, um für das nächste Jahr um eine gute Ernte zu bitten. Da der Most in dieser Zeit ausgereift war, wurde zu Martini der neue Wein »getauft«, d.h. man kostete den Heurigen (Weinprobe), siehe auch ↗ **Martinsminne** und ↗ **Martinsgans**. Es galt der Spruch: »Heb an Martini, trink Wein per circulum anni.« Martinswein und Gänsebraten werden schon früh gemeinsam genannt. Oswald von Wolkenstein: »Trink Martein wein und gens iss.« Sebastian Franck im Weltbuch von den Franken: »Erstlich loben sy Sanct Martin mitt guotem wein, genßen bis sy voll werden. Unselig ist das hauß, das nit auff deß nacht ein gans zuo eßen hat, da zepffen sy yre neüwen wein an, die sy bißher behalten haben.« Im Böhmerwald gingen die Burschen und Mädchen ins Wirtshaus, um mit dem Martinswein die Schönheit und Stärke zu trinken. Jüngere Trinkgründe sind Lob und Ehre des Heiligen (↗ **Martiniloben** in der Steiermark). In Hauerz (Schwaben) holt man bei der ↗ **Martinikirchweih** die Statue des Heiligen aus der Kirche, damit er am Mahle teilnehme. – Martinswein bekamen auch die Knechte und Mägde zum Abschied mit auf den Weg.

Martinus ↗ **Martin von Tours**

Martinus aestivus
Teilweise wurde der hl. Martin im Mittelalter derart verehrt, dass den Menschen nur ein einziges Fest des hl. Martin nicht reichte. Neben dem

↗ **Winter-Martini** oder ↗ **Winterfest** am 11. November (= ↗ **Martinus hiemalis**) feierte man noch am 4. Juli den Tag der Bischofsweihe des hl. Martin (= Martinus aestivus).

Martinus hiemalis ↗ Winterfest (10./11. November)

Martius ↗ März, ↗ Monate

März

1. März ↗ **Jahresbeginn**, 3. März ↗ **Kunigunde**, 10. März ↗ **Fastengebäck**, ↗ **Vierzig-Ritter-Tag** (vgl. ↗ **Monate**).

Märzbrot der Römer ↗ Ostergebäck

Märzfeld ↗ Pfingsten

Marzipan

Weil Marzipan – aus Mandeln, Rosenwasser und Zucker bestehend – angeblich aus Venedig, der Republik des hl. Markus kam, soll der Name Marzipan von »marci panis«, Brot des Markus, abgeleitet worden sein. Sprachforscher leiten das Wort dagegen von der byzantinischen Münze »Mauthaban« oder dem arabischen »mautaban« ab. Das Wort sei später zum italienischen »marzapane« abgewandelt worden und habe im Mittelmeerraum die Bedeutung »Spanschachtel« gehabt. Der Name für die Verpackung sei auf den Inhalt übergegangen. Marzipan, das aus dem Vorderen Orient stammt und als »Haremskonfekt« galt, wird seit 1407 auch in Lübeck hergestellt. Heimisch wurde die Köstlichkeit vor allem in den Hafenstädten Lübeck (»Lübecker Marzipan«) und Königsberg. Während »Lübecker Marzipan« noch in Lübeck hergestellt wird, kommt »Königsberger Marzipan« seit der Zeit nach dem Zweiten Weltkrieg auch aus Bad Wörishofen in Bayern. Für unsere Vorfahren war Marzipan nicht nur eine teure Köstlichkeit, die man sich vielleicht einmal zu Weihnachten leisten konnte: Weil es sozusagen eine himmlische Köstlichkeit war, verwies sie auf den Himmel und das Paradies. Der Genuss sollte den Genießenden daran erinnern, was ihn nach dem »Jammertal Erde« im Himmel erwartete, damit er um dieses Zieles willen, die Übel der Zeitlichkeit besser überwand.

Marzipanschweinchen ↗ Glücksschwein

Maske

Der Begriff für Gesichtslarve, Verkleidung, kostümierte Person entstand im 16./17. Jh. von frz. »masque«, das wie das span. »máscara« und das ital. »maschera« bedeutungsgleich ist. Quelle ist das arab. »mashara« = Verspottung, Scherz, Pos-

Narr und Narrenmutter aus Stuttgart. Foto: Rupert Leser, Bad Waldsee

senreißer, Possenreißerei. Im 16. Jh. wird das span. »mascarada« zu Maskerade entlehnt. Um 1700 entstehen »maskieren« und »demaskieren«. Im Alpenländischen bezeichnet »Maske« die maskierte Person, die Gesichtsmaske dagegen wird ↗ **Larve** genannt. Beim ↗ **Maskenball**, einem Tanzvergnügen mit maskierten Personen, gehörte es zum Ritual, dass um Mitternacht die Masken fielen. Dies ist auch Thema in Opern und Operetten (z.B. »Don Giovanni« oder »Die Fledermaus«).

Maskenball ↗ Maske

Maskenlaufen

Bezeichnung für Umzüge unter Verwendung von ↗ **Masken.** »Laufen« wird hierbei nicht im Sinne von »rennen« verstanden, sondern wie es in dem Wort »umherlaufen« gemeint ist.

Masterwoche ↗ Karwoche
Mater dolorosa ↗ Passionsfrömmigkeit, ↗ Pietà
Mätesköppe ↗ Martinslampen

Matthäus, Apostel und Evangelist

Der Apostel Matthäus hieß ursprünglich Levi und gehörte dem bei den Juden verhassten Stand der Zolleinnehmer an, als er zum Apostel berufen wurde. Der Tradition gilt er als Verfasser des nach ihm benannten Evangeliums. Er soll in Palästina, Parthien, Persien und Äthiopien missioniert haben und dort auch den Märtyrertod gestorben sein. An seinem Gedenktag, dem 21. September, ist die ↗ **Tag- und Nachtgleiche** – die dunkle Jahreszeit beginnt. In Flandern heißt dieser Tag deshalb ↗ **Wintertag.** Leicht verwechselt wird Matthäus mit ↗ **Matthias.**

Matthias

Anstelle des Verräters ↗ **Judas Iskariot** wurde Matthias durch Los zum »dreizehnten Apostel« bestimmt. Der Überlieferung nach missionierte er in Judäa und in Äthiopien. Genaueres ist nicht überliefert. Aus Veranlassung der Kaiserin Helena (um 257 – um 336) wurden seine Reliquien nach Trier gebracht. Sie befinden sich in der Eucharius-Basilika, die seit 1127 nach Matthias benannt wird. Die Matthias-Reliquien sind Ziel einer heute noch weit verbreiteten Wallfahrt von ↗ **Matthias-Bruderschaften** nach Trier. Über Jahrhunderte wurde der Gedenktag des Heiligen am 24. Februar gefeiert; der neue römische Kalender hat das Fest auf den 14. Mai verlegt. Der Regionalkalender für den deutschsprachigen Raum hat am alten Festtermin festgehalten. Matthias ist Patron des Bistums Trier, der Bauhandwerker, Zimmerleute, Schreiner, Schmiede, Metzger, Zuckerbäcker.

Matthias-Bruderschaften ↗ Bruderschaft, ↗ Matthias
Maultasche ↗ Grüne Kräuter
Maurentöter ↗ Jakobus der Ältere

Mauritius

Am 22. September gedenkt die Kirche des hl. Mauritius und seiner Gefährten. Der Afrikaner Mauritius war der Primicerius, der Anführer, der ↗ **Thebäischen Legion.** Nach einem Bericht des 5. Jh. wurde er mit seinen Gefährten im heutigen St. Moritz bzw. St.-Maurice (Wallis/Schweiz) unter Kaiser Maximianus Herculius (286–305) seines Glaubens wegen niedergemetzelt. Um 380 erbaute Bischof Theodor von Octodurum die erste Basilika zu Ehren der Märtyrer. Weil auch rheinische Märtyrer mit der Legion in Verbindung gebracht wurden, machten die Ottonen und Salier Mauritius zum Reichsheiligen. Der 22. September galt über Jahrhunderte als ↗ **schwarzer Mohr.** Der Heilige und sein Gedenktag waren Sinnbild für die mit der ↗ **Tag- und Nachtgleiche** des Vortages begonnene dunklere Jahreszeit.

Mazza ↗ Ostern
Meeteskōppe ↗ Martinslampen
Meindentag ↗ Samstag
Meintag ↗ Montag
Melchior ↗ Dreikönige

Memento mori
Das »Gedächtnis des Todes«, das Wissen um die Sterblichkeit und die damit verbundene Angst um das Seelenheil, waren dem Menschen des Mittelalters allgegenwärtig. In Verbindung mit dem Tod, aber auch in Fest und Feier (z. B. ↗ **Aschermittwoch**), ja selbst beim Anblick von Uhren, die vielfach auf die ablaufende Zeit verwiesen (lat.: »tempus fugit« – Die Zeit flieht dahin), wurden die Menschen mit dem unabweislichen Ende konfrontiert. Ziel dieses permanenten Mementos war weniger das Erzeugen einer durchgehenden Angst als Lebensgrundhaltung als die Sorge um die Rechtfertigung angesichts eines gerechten Gottes. Gegen einen unvorbereiteten Tod, das Sterben ohne vorherigen Sakramentenempfang (vgl. ↗ **Christophorus**), suchten sich die Menschen ebenso zu schützen wie gegen das fehlende Gebet für ihre arme Seele (vgl. ↗ **Seelgerät:** ↗ **Allerseelen**).

Mendelavent ↗ Karwoche
Mendeldonnerstag ↗ Gründonnerstag, ↗ Karwoche
Mendeltag, (guter) ↗ Gründonnerstag, ↗ Karwoche
Mengeldach ↗ Gründonnerstag, ↗ Karwoche
Menschertag ↗ Stephanus
Menschwerdung ↗ Inkarnation
Mentag ↗ Montag
Mentig ↗ Montag
Merte ↗ Monate: März
Mertelweke ↗ Karwoche
Mertemant ↗ Monate: März
Merzmesse ↗ Marienfeste: Verkündigung des Herrn
Messons ↗ Monate: August

Mette
Umgangssprachlich versteht man heute unter »Mette« eine nächtliche, meist mitternächtliche Messe z. B. an Weihnachten (↗ **Christmette**) oder Ostern. Die heutige Bedeutung ist aber eine andere als in früheren Jahrhunderten. Mette leitet sich von dem lat. »matutinus« (dt.: Matutin) ab; das Wort bezeichnete ursprünglich die Morgenhore des Stundengebetes, die heutige »Laudes«. Beide wurden später auf die vorausgehende Nachthore bezogen. Als ↗ **Trauer-**, ↗ **Dunkel-** oder ↗ **Finstermette** (»Matutinum tenebrosum«, »- tenebrarum«) wurden die nachmittags vorher vorausgenommene Matutin und Laudes der drei Kartage vor Ostern genannt, weil sie bei spärlichster Beleuchtung des Chorraumes stattfanden. Der alte Begriff der Mette wurde populär durch die Einführung neuer Andachtsformen für alle Gläubigen. Da diese Gottesdienste zu dunklen Tagesstunden gehalten wurden, fand man den Namen zutreffend. – Andachten der Karwoche waren unter den Namen ↗ **Rumpel- oder Pumpermetten** bekannt. Diese Bezeichnungen entstanden zum einen dadurch, dass – weil ab Gründonnerstag keine ↗ **Glocken** mehr läuten – das Ende der Andacht durch Klappern und ↗ **Ratschen** angezeigt wurde. Zum anderen beteiligte sich in früheren Jahrhunderten die Gemeinde bei dieser Geräuscherzeugung durch Schlagen und Hämmern auf die Kirchenbänke: Der Lärm sollte den Zorn der Christen über den Verräter Judas anzeigen.
»Wohl zu der halben Nacht« sei der Heiland geboren, heißt es in dem bekannten Weihnachtslied »Es ist ein Ros' entsprungen«, und Lukas berichtet von diesem Ereignis »zur Zeit der Nachtwache der Hirten« (2,1–14). Das Wachen in der Nacht ist Kennzeichen der beiden christlichen Hochfeste Weihnachten und Ostern. Diese Nächte werden zur »heiligen Nacht« (lat.: »nox

sacratissima«), wie es in den jeweiligen Orationen (vor der Liturgiereform) hieß. – Die besondere Nachtwache war im Judentum schon vorgebildet, vgl. Weisheit 18,14f: »Als tiefes Schweigen das All umfing und die Nacht bis zur Mitte gelangt war, da sprang dein Wort vom Himmel, vom königlichen Thron herab als harter Krieger mitten in das dem Verderben geweihte Land.« Variiert nimmt Jesus Christus die Nachtsymbolik auf: In seiner Ankündigung, seine Wiederkehr erfolge wie das Erscheinen eines Diebes in der Nacht (vgl. Matthäus 24,43) und in dem Gleichnis von den törichten und den klugen Jungfrauen (vgl. Matthäus. 25,6). Wachsamkeit »mitten in der Nacht«, eine von Christen erwartete Grundhaltung, wird durch das nächtliche Stundengebet und durch die Mette zur liturgischen Form.

Mettenbrocken ↗ **Christklotz**
Mettenheu ↗ **Lüttenweihnacht**
Mettenkerze ↗ **Rauchwecken**

Mettenmahl

Ein Mitglied der Hausgemeinschaft, das aus Alters- oder Krankheitsgründen den oft weiten Weg zur Christmette nicht gehen konnte, bereitete für die Rückkehrer eine Stärkung vor, das Mettenmahl, meist eine Suppe, die **Mettensuppe**, bei der man das Fleisch des zu Weihnachten geschlachteten Schweines, der **Mettensau**, verwendete. Das Ende des Gottesdienstes wurde durch Glockengeläut und Böllerschüsse signalisiert, so dass zu Hause rechtzeitig aufgetischt werden konnte. Außer der Mettensuppe waren Salate, Weihnachtssalate, beliebt. Der Tisch wurde mit der ↗ **Mettenkerze** geschmückt. Beim Mettenmahl gab es keine Gäste, und man selber war nirgendwo zu Gast. Oft stand ein überzähliges Gedeck auf dem Tisch; die einen deuten es als Einladung an das herbergsuchende Christuskind, andere als Gedächtnis für den Letztverstorbenen der Familie; vgl. auch den im Sinn verwandten Brauch, am Heiligabend kleine Christbäume mit brennenden Kerzen auf die Gräber zu stellen (↗ **Christbaum**). Vom Essen wurde vielfach ein Stückchen Brot aufgehoben, um zerrieben im Frühjahr mit der Saat in den Boden zu gelangen. Der letzte Rest der Getränke, Wein, Bier oder Most, wurde an die Bäume und Sträucher gegossen, damit auch diese an der Weihnacht teilhatten (vgl. ↗ **Baum wecken**, ↗ **Lüttenweihnacht**).

Mettensau ↗ **Mettenmahl**
Mettenstock ↗ **Christklotz**

Mettenstroh

Unter dem Tisch, auf dem das ↗ **Mettenmahl** stand, legten die Bauern Stroh, das jenes Stroh symbolisieren sollte, auf dem das Jesuskind gelegen hatte. Aus Bayern und Siebenbürgen ist bekannt, dass sich die Bauern nach dem ↗ **Mettenmahl** auf das Mettenstroh zum Schlafen legten, um es dem Jesuskind gleich zu tun und ihm gleich zu werden. Dieser Brauch scheint vorchristliche Symbolik zu adaptieren. Das ↗ **Julstroh** hatte Segenswirkung, die auch dem Mettenstroh zugesprochen wurde: Pferde und Rinder sollten dadurch vor Krankheit geschützt werden, das Geflügel vor Raubtieren.

Mettensuppe ↗ **Mettenmahl**

Metzger

Weil die Metzger bzw. ↗ **Fleischhauer** im Mittelalter durch die ↗ **Fastenzeit** wirtschaftliche Einbußen hinzunehmen hatten, wurden ihnen zu ↗ **Fastnacht** und ↗ **Martini** besondere Zugeständnisse, z. B. durch besondere Festformen, gemacht.

Michael

Der 29. September ist heute der gemeinsame Gedenktag der ↗ **Erzengel** Michael, ↗ **Gabriel** und ↗ **Rafael**. Michael galt als streitbarer ↗ **Engel**: Er

Michael stürzt Luzifer. Gemälde: D. Mosler; Stecher: W. Overbeck. – Privatbesitz, Nr. 43/1847

soll den gefallenen »Lichtengel« ↗ **Luzifer** niedergekämpft (der ↗ **Engelsturz** geht auf eine Fehlinterpretation von Offenbarung 12,7 zurück, die seit dem 6. Jh. nachweisbar ist) und Adam und Eva aus dem Paradies vertrieben haben; mit seiner Posaune werde er die Toten aus ihren Gräbern aufwecken. Dargestellt wird er darum gerne mit Rüstung, Schwert und Seelenwaage. Auf seinem Schild steht: »Quis ut Deus? - Wer ist wie Gott?« Eben dies ist auch die hebräische Bedeutung seines Namens. Das Alte Testament kennt Michael als einen der höchsten Engel, den himmlischen Fürsten Israels, der diesem Volk beisteht; das Neue Testament kennt ihn als Erzengel, der gegen den ↗ **Teufel** kämpft (vgl. Judas 9, übernommen aus jüdischer Legende, und Offenbarung 12,7f). Die außerbiblischen Darstellungen haben Michael reich geschmückt: in alttestamentlicher Zeit als einen der sechs oder sieben Engelfürsten, den besonderen Vertrauten Gottes, der die Schlüssel des Himmels verwahrt, Oberfeldherr der Engel; in neutestamentlicher Zeit als göttlichen Beauftragten für Aufgaben, die besonderer Kraft bedürfen, als Fürbitter der Menschen bei Gott, als Engel des christlichen Volkes, als Beistand der Sterbenden, der die Seelen der Verstorbenen in den Himmel geleitet. Mit Letzterem hängt das häufige Michaelspatrozinium von Friedhofskapellen zusammen und seine Darstellung mit einer ↗ **Seelenwaage** seit dem 12. Jh.. Wegen seiner Wehrhaftigkeit wählte man Michael auch gern zum Patron von Burgkapellen. Mancher ↗ **Michaelsberg** hieß früher Wotansberg. – Der Erzengel Michael steht zu den Deutschen in einem ganz besonderen Verhältnis: Ludwig der Fromme (788–840), Sohn Karls des Großen, hat den Gedächtnistag für Michael mit Absicht auf den 29. September gelegt (Mainzer Synode 813), an dem die Germanen ihres Gottes ↗ **Wotan** gedachten. Michael wurde zum vielverehrten Patron der Deutschen – und damit zum Vorbild des ↗ **deutschen Michel**. Durch die französische Revolution (1789–99) wurde der »deutsche Michel« zur Spottgestalt: ein zipfelmütziges Nachtgespenst. – Mit dem Michael-Gedenktag sind Spruchweisheiten verbunden: »Der Michel zündt's Licht an« weist darauf hin, dass ab diesem Tag bei Kunstlicht gearbeitet wurde (vgl. ↗ **Lichtmess**). Die Gärtner pflegten den Merkspruch: »Ein Baum gepflanzt St. Michael, der wächst von Stund' an auf Befehl. Ein Baum, gepflanzt an Lichtmess (= 2. Februar) erst, sieh' zu, wie du den wachsen lehrst.« Eine Wetterregel lautet: »Regnet's sanft am Micheltag, folgt ein milder Winter nach.« Der Tag Michaelis war seit frühen Jahrhunderten Termin-, Los- und Wettertag; an ihn knüpften sich Abgaben, Arbeitsverbote, Erntebräuche, Gesindewechsel, Jahrmärkte, Jugendumzüge, Schulabschluss. Am ↗ **Michaelsabend** zündete man früher ↗ **Michaelsfeuer** an. Sie galten als ein Zeichen dafür, dass ab diesem Tag wieder bei ↗ **Kunstlicht** gearbeitet wurde. Die zugehörige Redensart lautete: ↗ **»Mariä Lichtmess** bläst das Licht aus, Sankt Michael zündet's wieder an.«

Michaeli ↗ Michael

Michaelsabend
Vorabend des Michaelstages, der 28. September (vgl. ↗ Michael).

Michaelsberg ↗ Michael
Michaelsfeuer ↗ Michael
Michel, deutscher ↗ Michael
Michel pfinztag ↗ Gründonnerstag, ↗ Karwoche
Middeweken do de fasten den rugge untwey vel ↗ Karwoche
Midsomermonat ↗ Monate: Juni
Mindeste Kreuzgang ↗ Christi Himmelfahrt

Mi-parti.
Aus: V. Mertens, Mi-parti als Zeichen, Remscheid 1953

Mi-parti
Im »Tristan« des Gottfried von Straßburg (um 1180–um 1215) heißt es: »Er hiez im ein kleit / An der Stete machen / Von wunderlichen sachen: / Einen rok seltsaen getaen, / Und eine gugel daran, / Uz snoe dem tuoche, daz was gra; / Dar uf gesniten hie unt da / Narren bilde uz roter wat, / Daz nie man gesehen hat / So toerich einen rok gestalt.« Beschrieben wird ein Narrenkleid aus grauem Tuch mit Narrenbildern darauf und einer ↗ **Gugel** dazu. Die mittelalterliche Gesellschaft war durch eine strenge Kleiderordnung geprägt. Allerorten regelten sie, wer wie gekleidet sein durfte und musste. Einzig die Fastnacht bot eine Ausnahmesituation. Fürsten konnten sich als Bettler verkleiden, Handwerker als Gelehrte und umgekehrt. Ihre Grenze hatte diese Aufhebung der Kleiderordnung, wenn die kirchliche Obrigkeit die gottgegebene Geschlechterordnung in Frage gestellt sah: Männer in Frauenkleidern, Frauen in Männerkleidern waren undenkbar, was aber dennoch vorkam. Nach Auffassung des Mittelalters ließ sich das Wesen des Menschen an seinem Erscheinungsbild ablesen (vgl.: »Wie du kommst gegangen, so wirst du auch empfangen«). Bestimmten Typen wurden darum bestimmte Attribute zugeordnet (vgl. das Narrenkleid des ↗ **Schalknarren**). Typisch für einen Narren war allein schon die Buntheit der Kleidung. Sie galt als glatter Normenverstoß, lehnten die Synoden doch mehrfarbige Klerikerkleidung ab (z. B. das 5. Laterankonzil 1511–

1517, Kölner Diözesansynode 1321). Buntheit der Kleidung lässt sich verschieden gestalten: durch Teilung der Längsachse entstehen zwei Farbbereiche (= Mi-parti), durch Versetzung entstehen Rautenmuster, mehrfache Teilung führen zu unterschiedlich dicken Streifen, die horizontal oder vertikal ausgerichtet sein können. Buntheit lässt sich auch durch verschiedene aufgenähte Farbstücke erreichen, was die Eigenart des ↗ **Fleckenkostüms** ausmacht. Bemalung mit unterschiedlichsten Motiven (Spiegel, Spielkarten, Pfauenfedern, Würfel, Tiere der ↗ **Lasterallegorese**) schafft gleichfalls Buntheit. Das Fleckenkostüm des ↗ **Flecklesnarr** scheint im Zusammenhang zu stehen mit der Maske der »Arlecchino« der italienischen Commedia del'arte: ein mit bunten Flecken benähter Wams mit schwarzer Halbmaske. Im Französischen wurde aus »Arlecchino« der »arlequin«, ein Begriff, der sich 1642 eingedeutscht fand zu ↗ **Harlekin**. Das französische »habit d'Arlequin« wurde zum bunten Flickwerk, das Adjektiv »arlequiné« zu buntscheckig. Mehrfarbigkeit der Kleidung und Streifenmuster kennzeichneten die outcasts der Gesellschaft, Schinder und Henker, Narren und Gefangenen, Seeleute und Diener.

Mirakelbuch

Zu Gnadenbildern gehören vielfach Verzeichnisse, in denen die Berichte von Gebetserhörungen für die Nachwelt erhalten werden. Sie sammeln die Wunder oder Mirakel, die ansonsten auch durch ↗ **Votivgaben** und ↗ **Votivtafeln** bekannt gemacht werden.

Misericordia domini

Der ↗ **Introitus** des 2. Sonntags nach Ostern beginnt: »Misericordia Domini plena est terra = Voll der Barmherzigkeit des Herrn ist die Erde«. Die ersten beide Worte ergeben die Namensgebung dieses Tages (vgl. ↗ **Sonntag**).

Mistel

Die europäische Mistel (lat.: »viscum album L.«), ein Halbparasit auf Laubbäumen, ist von Südskandinavien bis Nordwestafrika verbreitet. Als Heilpflanze bereits in der Antike bekannt, fehlte sie in keinem Heilkräuterbuch. Die Kelten haben die Misteln hoch verehrt. Misteln waren mysteriös, weil sie nicht in der Erde wurzeln, sondern als ↗ **immergrüne** Pflanzen auf den Bäumen wachsen. Sie wachsen aber sehr langsam: Ein Busch von einem Meter Durchmesser benötigt dazu 70 Jahre! Druiden schnitten im Rahmen der winterlichen Sonnwendfeiern die Pflanzen ab, die später verteilt und in den Häusern aufgehängt wurden (vgl. ↗ **Palm** = Buchsbaum zum Auftakt der Karwoche). Unterrichtet sind wir darüber durch Plinius d. Ä. (23/24–79), der über die keltischen Bräuche im 1. Jh. berichtet. Der Mistel wurden Zauberkräfte zugesprochen: Sie

Kuss unter einem Mistelzweig.
Foto: Hannelore Wernhard, München

sollte Dämonen abwehren und Glück bringen; sie war Friedenssymbol (vgl. ↗ **Jul-** bzw. ↗ **Weihnachtsfriede**). Dass ein Mädchen, das unter einem Mistelzweig stand, geküsst werden darf, ist eine nicht überall verbreitete Sitte. Es scheint einen Zusammenhang mit der Friedensymbolik der Pflanze, ihrer friedensstiftenden Wirkung zu geben: Man brachte die Mistel als Freundschafts- und Friedenssymbol in die Nachbarhäuser. Feinde, die sich unter Misteln trafen, versöhnten sich (vgl. ↗ **Versöhnungstag**). Im keltischen Kernland, der Bretagne, ist die Bedeutung der Mistel in dem Neujahrswunsch »au gui l'an neuf« und dem Mistelzweig über der Tür noch erhalten. Wohl wegen ihres nach wie vor noch im allgemeinen Bewusstsein bekannten heidnischen Zusammenhangs taucht die Mistel in keiner Kirche auf, möglicherweise aus gleichem Grund auch nicht außerhalb der Privathäuser (vgl. ↗ **Christbaum**). Um 1900, als im allgemeinen Volksbewusstsein kultische Bräuche und Kulthandlungen der Vorfahren besondere Bedeutung erlangt hatten, kam die Mistel aber zu neuer Ehre. Das Misteldekor wurde außerordentlich beliebt auf Schmuck, Bestecken, Tischgeräten, Glasfenstern, Vasen, Möbeln und Lampen. Die anthroposophisch orientierte Medizin des 20. Jh. sprach der Mistel Wirkung bei bestimmten Krankheiten zu.

Mittfasten ↗ **Laetare**, ↗ **Sonntag**
Mittwinter ↗ **Julfest**

Mittwoch

In der römischen Woche war Mittwoch der »dies Mercurii« (der Tag Merkurs). Die romanischen Sprachen führen diese Tradition fort – frz.: »mercredi«; ital.: »mercoledì«; span.: »miércoles«. Im Deutschen trat ↗ **Wotan** für Merkur ein – ahd.: »Wuotanestac«; altnord.: »Odinsdagr«; engl.: »Wednesday«, niederd.: ↗ **Wodenestag**, ↗ **Godenstag**, ↗ **Gutentag**, ↗ **Gaunstag**, ↗ **Gunstag**. Bereits vor dem 10. Jh. aber entsteht unter christlichem Einfluss der »Mittwoch« (ahd.: »mittawecha«; mhd.: »mittewoche«). Als Varianten treten auf: **Gaunsdach** (Westf.), **Godenstag**, **Godesdach**, **Goidesdach**, **Gonsdach**, **Gudestag**, **Gudenstag**, **Gunstesdach**, **Kudenstag**, **Macherdag** (Rheinl.), **Michtes**, **Micken**, **Mickte**, **Midechen**, **Middeweke**, **Mittach**, **Mittichen**, **Mitche**, **Odestag**, **Odenstag**, **Sinsdach**, **Sistag**, **Wonesdach**, **Wunentag**, **Wuonsdach**. Liturgisch heißt der Mittwoch »feria quarta«.

Der Mittwoch ist der Jungfrau Maria gewidmet und – als ungerader und dritter Wochentag – Fasttag. Die Begründung hierfür lieferte die Annahme, Jesus sei an einem Mittwoch gefangengenommen und verurteilt worden. Ein besonderer Mittwoch ist der ↗ **Aschermittwoch**, der bei den Balkanvölkern als »verrückter Mittwoch« galt, weil er zur volkstümlichen Behandlung Geisteskranker diente. – Ein anderer besonderer Mittwoch ist der Mittwoch in der Karwoche, der ↗ **Karmittwoch**. Er heißt auch »krummer« oder »schiefer Mittwoch«, was darauf zurückgeführt wird, dass die Fastenquadragese durch diesen ungeraden, überschüssigen Tag nicht mit 40, sondern mit 41 Tagen abschloss. Für Westfalen ist die Bezeichnung »krummer« oder »schiefer Guetentag« schon 1386 belegt. Der Karmittwoch führte aber auch noch andere Namen: In den Niederlanden hieß er »Skortel-Woensdag« (= Hemdmittwoch) oder »Schorel-Woensdach« (= Reinigungsmittwoch), in Ostfriesland »vit Midweck«, in Süddeutschland »Platzmittwoch«, weil an diesem Tag die Osterlämmer auf dem Marktplatz als potentielle Osterbraten angeboten wurden. In Niederösterreich hieß der Karmittwoch auch »Pumpermittwoch«; diese Bezeichnung verweist auf das besondere Lärmen hin, das in der ↗ **Pumper- oder Rumpelmette** dieses Tages üblich war, mit dem die Gemeinde ihren Unmut über den Verrat Jesu durch Judas kundtat. Er wird aber auch in Beziehung gesetzt zu dem Lärm, den die Knechte machten, als sie Jesus im Garten Getsemani aufgriffen, oder der als Hinweis auf die andersartigen Geräusche vor und während der Messe gelten, die ab Donnerstag zu hören waren, wenn nach dem Gloria der Messe »die ↗ **Glocken** nach Rom flogen«. Diese Deutung hat eine Beziehung zu »krummer« oder »schiefer Mittwoch«, also zu einem Tag, der aus der normalen Ordnung herausfällt. – In Syrien dagegen heißt der Karmittwoch »Mittwoch des Propheten Ijob«; Christen, Juden und Muslime begeben sich an diesem Tag vor Sonnenaufgang an das Meeresufer und waschen sich Gesicht, Hände und Füße. Diese Waschung soll vor Krankheiten schützen und sogar Erbkrankheiten heilen. Sie geschieht in Erinnerung daran, dass ein Engel die Wunden des Ijob mit Meerwasser gewaschen und geheilt hat. – Als ↗ **Wotans** Tag war der Mittwoch ein heiliger Tag, an dem die Arbeit ruhte. Es wird angenommen, dass sich durch die Christen, um die Erinnerung an Wotan zu verdrängen, der Charakter des Mittwochs als ↗ **Unglückstag** geprägt hat. Anlass dazu war wiederum der Verrat des Judas, dessen am Karmittwoch gedacht wurde. Deshalb galt der Mittwoch auch als ↗ **Teufelstag**, an dem die Hexen besondere Macht besaßen. Diese abergläubische Annahme fand überall da besondere Unterstützung, wo man den Begriff Mittwoch übernommen hatte. Die Bezeichnung »Mittwoch«, das Fehlen des Wortes »Tag« im Namen, förderte die Annahme, dies sei kein vollwertiger Tag, nichts Halbes und nichts Ganzes, lediglich die Wochenmitte. Die Folge dieses Aberglaubens war, dass man am Mittwoch nichts anfangen sollte, was Bestand haben musste, weder in der Landwirtschaft noch anderswo. ↗ **Mittwochshochzeiten**, so meinte man, führten ins Unglück. Die Ehe scheitert, oder die Eheleute bringen es zu nichts. Zeitweise galt der Mittwoch auch als Hochzeitstag der »gefallenen Mädchen«, der Witwen und der Witwer.

Mittwoch do man in die vasten geht ↗ Aschermittwoch

Mittwoch, goldener ↗ Quatember

Mittwoch, großer ↗ Karmittwoch, ↗ Karwoche

Mittwoch, guter ↗ Karmittwoch, ↗ Karwoche

Mittwoch, krummer ↗ Karmittwoch, ↗ Karwoche

Mittwoch nach Jubilate ↗ Jubilate

Mittwoch, schiefer ↗ Karmittwoch, ↗ Karwoche

Mittwochshochzeiten ↗ Mittwoch

Mittwoch, verrückter ↗ Aschermittwoch, ↗ Mittwoch

Möhne ↗ Muhme, ↗ Weiberfastnacht

Mohnstollen ↗ Stollen

Mohr, schwarzer ↗ Mauritius

Molken vastelabend ↗ Invocabit

Monate

Das Wort Monat (vgl. mhd.: »monot«, »manot«; ahd.: »manod«; got.: »menops«; engl.: »month«; schwed.: »månad«) wurzelt in dem Namen Mond. Während Monat in den älteren Sprachfassungen auch Mond bedeutete, konnte in den letzten Jahrhunderten »Mond« auch »Monat« ersetzen. In germanischer Zeit war der Monat die durch den Gestaltwandel des Mondes bestimmte Zeit: Ein Monat dauerte von Vollmond zu Vollmond. Durch Monate orientierte man sich zeitlich; zur Jahresteilung dienten die Monate jedoch nicht. Die Gliederung des Jahres in Monate übernahmen die Germanen erst von den Römern.

Nach den Römern unternahm Karl der Große (742–814) erstmals den Versuch, neue, deutsche Namen für die Monate einzuführen. Beginnend mit Januar führte er ein: ↗ **Wintarmanoth**, ↗ **Hornung**, ↗ **Lenzinmanoth**, ↗ **Ostarmanoth**, ↗ **Wunnimanoth**, ↗ **Brachmanoth**, ↗ **Hewimanoth**, ↗ **Aranmanoth**, ↗ **Witumanoth**, ↗ **Windumemanoth**, ↗ **Herbistmanoth**, ↗ **Heilagmanoth**. Eine einheitliche Sprachregelung hat dies eben-

Kalenderblatt Juni »Heuernte auf den Seine-Wiesen von Paris«, aus: Les Très Riches Heures du Duc de Berry (15. Jh.). Sammlung The Cloisters, Metropolitan Museum of Art, New York

so wenig bewirkt wie die von 1927 durch den Deutschen Sprachverein: ↗ **Eismond**, ↗ **Hornung**, ↗ **Lenzmond**, ↗ **Ostermond**, ↗ **Mai**, ↗ **Brachet**, ↗ **Heuet**, ↗ **Erntemond**, ↗ **Herbstmond**, ↗ **Weinmond**, ↗ **Nebelmond**, ↗ **Julmond**.

Januar: Als 46 v. Chr. das römische Jahr nicht mehr von März bis Februar gerechnet wurde, fügte man die Monate Januar und Dezember ein. Der das Jahr nun eröffnende Monat ↗ **Januar** (lat.: »ianuarius«) wurde nach dem altitalischen doppelgesichtigen Gott Ianus benannt (vgl. lat.: »ianus« = Torbogen, Gang, Durchgang), dem Gott der Tore und Türen, der – symbolisch – Ein- und Ausgänge und damit auch des Jahresanfangs. Am Janustag beschlossen die Römer die Saturnalien; man verkleidete sich u. a. mit Hirsch- und Kalbfellen, wogegen Eligius predigte, als dies in Gallien nachgeahmt wurde. An den Januskalenden wurden Geschenke verteilt: Vorläufer unserer Neujährchen. Wie auch in anderen Fällen entlehnte das Mittelalter den lat. Monatsnamen und verformte ihn in seiner vulgärlat. Form »ienuarius« zu Jenner. Das 18. Jh. entwickelte durch Rückbesinnung das Wort Januar; ↗ **Jenner** (↗ **Jänner**) erhielt sich im alpenländischen Raum (vgl. frz.: »Janvier«; engl.: »January«). – Andere alte Bezeichnungen: ↗ **Barmonat** (Schweiz), ↗ **Dickkopp**, ↗ **Dreschmonat**, ↗ **Eismonat**, ↗ **Hartmonat**, ↗ **Hornung**, ↗ **Jahrmonat**, ↗ **Lasmant**, ↗ **Laumant**, ↗ **Lauwe**, ↗ **Lismant**, ↗ **Loemant**, ↗ **Loimaent**, ↗ **Losmant**, ↗ **Senner** (Schwaben), ↗ **Wintarmanoth** (Wintermonat), ↗ **Wolfmonat** (Wölfe haben vom Ende Dezember bis Mitte Februar Ranzzeit). – Der Monat Januar gilt als »Holzbrenner«, d.h. als der kälteste Monat des Jahres. Man glaubte, das Wetter des Januar ließe auf die Fruchtbarkeit des Jahres schließen.

Februar: Bis ins 16. Jh. hieß der zweite Monat des Jahres ↗ **Hornung** oder ↗ **Spörkel**. Hornung (vgl. mhd., ahd.: »hornunc«) bedeutete Bastard, Kebssohn, eigentlich »der aus der Ecke Stammende«, »der im Winkel Gezeugte« und hat die Bedeutung von »der [in der Anzahl der Tage] zu kurz Gekommene«. Im 16. Jh. wird der Name Hornung durch den gelehrten Namen Februar verdrängt (Österr. auch ↗ **Feber**; vgl. ↗ **Jänner**, ↗ **Jenner** zu Januar). Mit »Februar« wird der eingedeutschte altrömische Name für den letzten Monat des Jahres (Beginn: 1. März), lat.: »februarius«, übernommen. Dem lat. »februarius« liegt das Wort »februare« = reinigen zugrunde. In der zweiten Hälfte dieses Reinigungsmonats fanden in Rom Reinigungs- und Sühneopfer für die Lebenden und Verstorbenen statt. – Andere alte Februar-Bezeichnungen: ↗ **Feber**, ↗ **Hornung** (weil sich die Tiere hörnen), »mensis plutonis«, »mensis purgatorius«, ↗ **Narrenmond**, ↗ **Rebmonat**, ↗ **Redmonat**, ↗ **Schmelzmonat**, ↗ **Selle**, ↗ **Sille**, ↗ **Silmaent**, ↗ **Sollman**, ↗ **Spörkel**, ↗ **Sporkel**, ↗ **Spurkel**, ↗ **Sprokille**, ↗ **Sulle**, ↗ **Taumond**, ↗ **Volborn**, ↗ **Vulneborn**, ↗ **Wulneborn**, ↗ **Zelle**, ↗ **Zille**, ↗ **Zulle**. – Dass der Februar als einziger Monat im Normaljahr nur 28 Tage zählt, hat seinen Grund in der Geschichte. Als die Römer zu Ehren des Kaisers Augustus (63 v. Chr. – 14 n. Chr.) den sechsten Monat – das Jahr begann ja mit März – in »August« umbenannten, hatte dieser Monat nur 30 Tage. Um dem Vormonat mit 31 Tagen nicht hinterherzuhinken, wurde der August auf 31 Tage verlängert. Diesen Tag nahm man dem Februar weg; auf diese Weise verkürzte sich der Februar von 29 auf 28 Tage.

März: Der dritte Monat des römischen Kalenders nach der Julianischen Kalenderreform (46 v. Chr.) war dem Kriesgsgott Mars geweiht und hieß lat. ↗ **Martius**. Entlehnt wurde der Name mhd. zu »merz(e)«, ahd. »marceo«, »merzo« und dann zu »März«. – Ältere Namen für den Monat März: ↗ **Lenz**, ↗ **Lenzinmanoth** (Lenzmonat), ↗ **Merte**, ↗ **Mertemant**.

April: Der Monatsname April (vgl. ahd.: »abrello«; mhd.: »aberelle«, »abrille«; ital.: »Aprile«; frz.: »Avril«; engl.: »April«) geht zurück auf die lat. Monatsbezeichnung ↗ **Aprilis**, deren Herkunft allerdings nicht geklärt ist. – Andere alte Namen für diesen Monat sind: ↗ **Eppurele**, ↗ **Epperle**, ↗ **Eppilre**, ↗ **Launing**, ↗ **Ostarmanoth** (Ostermonat), ↗ **Ostermond**, ↗ **Prillemant**, ↗ **Uffelre**, ↗ **Ufrelle**.

Mai: Nach dem lat. ↗ **Maius** wurde im Deutschen der Monatsname Mai gebildet (vgl. mhd.: »meie«; ahd.: »meio«; ital.: »Maggio«; frz.: »Mai«). Als Namensgeber wird ein altitalischer Gott Maius vermutet, der Beschützer des Wachstums gewesen sein soll. – Andere Bezeichungen: ↗ **Mensis Marie** (Italien), ↗ **Winnemonat**, ↗ **Wonnemond**, ↗ **Wunnimanoth**.

Juni: Bis ins 16. Jh. hieß dieser Monat ↗ **Heu-** oder ↗ **Brachmonat**. Dann wurde Juni vom lat. **Iunius** entlehnt, ein Name, der sich durch die Widmung des Monats an die Göttin Juno ergeben hatte (vgl. frz.: »Juin«; engl.: »June«; ital.: »Giugno«). – Andere alte Namen sind: ↗ **Brachmanoth**, ↗ **Brachmond**, ↗ **Brachet**, ↗ **Braemaent**, ↗ **Braimaint**, ↗ **Brauchmonat**, ↗ **Broimaent**, ↗ **Broumaent**, ↗ **Gieskerec**, »Gisserèche«, ↗ **Gunck** (Lothringen), ↗ **Jonne**, ↗ **Jugin**, ↗ **Juing**, ↗ **Junet**, ↗ **Jung**, ↗ **Jungo**, ↗ **Jusserèche**, ↗ **Midsomermonat**, ↗ **Prachmanet**, ↗ **Somertras**, ↗ **Somertraz** (Frkr.), ↗ **Wedemaent**, ↗ **Weidemaent**.

Juli: Der 153 v. Chr. gebildete altrömische Kalender (Beginn des Jahres: 1. März) hatte den fünften Monat schlicht ↗ **quintilius** (lat.: der Fünfte, der fünfte Monat) genannt. Zu Ehren von Gaius Julius Caesar (100–40 v. Chr., röm. Staatsmann und Feldherr), der diesen altrömischen Kalender (Beginn des Jahres: 1. Januar) 46 v. Chr. reformierte (= Julianische Kalenderreform), wurde der nun siebte Monat ↗ **Iulius** genannt. Im 16. Jh. verdrängte der zu Juli eingedeutschte Iulius den älteren Namen ↗ **Heumonat**. – Alte Juli-Namen sind auch: ↗ **Hau**, ↗ **Hauwemant**, ↗ **Heumond**, ↗ **Heuwet**, ↗ **Hewimanoth**, ↗ **Hoimanot**, ↗ **Houw**, ↗ **Houwet**, ↗ **Houmaen**, ↗ **Hoymaent**, ↗ **Humand**, ↗ **Huwemaint**, ↗ **Juiognet**, ↗ **Jugnet**, ↗ **Julet**, ↗ **Julle**, ↗ **Jullet**, ↗ **Leuge**, ↗ **Lugius**, ↗ **Luio**, »mois fènal« (frz.), ↗ **Quintilis**.

August: Der Monat August hieß in Deutschland bis ins 16. Jh. ↗ **Erntemond**. Durch die Kanzleisprache wurde dann der alte römische Name August eingeführt, der Eindeutschung des lat. ↗ **Augustus**. Dieser Monat war zu Ehren des Kaisers Gaius Octavius/Octavian (63 v. Chr. – 14 n. Chr.) nach dessen Beinamen Augustus (= der Erhabene) benannt worden (vgl. ahd.: »a[u]gusto«; mhd,: »ougest[e]«; frz.: »août«). – Abweichende alte Bezeichnungen sind: »aires« (Frkr.), ↗ **Aranmanoth** (Erntemonat), ↗ **Arnemonat**, ↗ **Auwest**, ↗ **Bisemonet**, ↗ **Erne**, ↗ **Erntemond**,

↗ **Erster Augst,** ↗ **messons** (Frkr.), »mois de l'air« (Frkr.), »mois des messons« (Frkr.), »moissons« (Frkr.), ↗ **Oest,** ↗ **Oechstmoaent,** ↗ **Oigst,** ↗ **Ogst,** ↗ **Oost,** ↗ **Ougestmaent,** ↗ **Ougst,** ↗ **Owest,** ↗ **Owestman,** ↗ **Sextilis.**

September: Der Name des siebten Monats des altrömischen Kalenders (Beginn des Jahres war noch der 1. März) leitet sich – wie die restlichen Monatsnamen – von seiner Reihenfolge ab, in diesem Fall von der Zahl sieben (lat.: »septem«). Wie bei den anderen Monatsnamen, die von Zahlen abgeleitet sind, blieb der Name bei der Julianischen Kalenderreform (Beginn des Jahres dann: 1. Januar) erhalten. Der im Mittelhochdeutschen bereits belegte September verdrängte ältere deutsche Monatsnamen: ↗ **Holzmonat** (ahd.: »witumanot«) und ↗ **Herbstmonat** (ahd.: »herbistmanot«). – Andere alte Monatsnamen: ↗ **Ander augst,** ↗ **Erster Herbst,** ↗ **Evenmant** (Niederrh., Niederl.), ↗ **Gerstmaend** (Niederl.), ↗ **Gillismaent,** ↗ **Haberougst,** ↗ **Havermaent,** ↗ **Herbstsaat,** ↗ **Mand na de arne,** »mensis septimus«, ↗ **Oegstin,** ↗ **Oigstin,** ↗ **Ougstin,** ↗ **Picmaent,** ↗ **Speltmant,** ↗ **Volmant,** ↗ **Vulmant,** ↗ **Witumanoth** (Holzmonat).

Oktober: Der Name des achten Monats des altrömischen Kalender (Beginn des Jahres: 1. März) ist hergeleitet vom lat. »octo« und hieß im Lateinischen ↗ **October.** Bei der Julianischen Kalenderreform 46 v. Chr. (Beginn des Jahres jetzt: 1. Januar) blieb der Name des Monats erhalten, obgleich er nun der zehnte Jahresmonat wurde. Bereits im Mittelhochdeutschen wurde der lat. Monatsname entlehnt. Der Oktober verdrängte den älteren Monatsnamen ↗ **Weinlesemonat** (ahd.: ↗ **Windumemanoth,** vgl. lat.: »vindemia« = Weinlese). – Andere Bezeichnungen sind: ↗ **Ander herbst,** ↗ **Zweiter Herbst,** ↗ **Gilhart,** ↗ **Hornung,** ↗ **Octembre** (Frkr.), ↗ **Remeins maint,** ↗ **Ruselmaent,** ↗ **Weinmond,** ↗ **Wimmant,** ↗ **Wimmet,** ↗ **Windumemanoth** (von lat.: »vindemia« = Weinlese), ↗ **Winmonat,** ↗ **Winmond.**

November: Der Name des neunten Monats des altrömischen Kalenders (Beginn des Jahres: 1. März) ist abgeleitet vom lat. »novem«. Bei der Julianischen Kalenderreform (Beginn des Jahres: 1. Januar) blieb der Monatsname erhalten und wurde bereits im Mittelhochdeutschen entlehnt. Die ältere deutsche Bezeichnung ↗ **Herbstmonat** (ahd.: »herbistmonat«) wurde verdrängt. – Andere Namen lauteten: ↗ **Dritter Herbst,** ↗ **Herbistmanoth** (Herbstmonat), ↗ **Laubreise,** ↗ **Laubrost,** ↗ **Lobrise,** ↗ **Loufrise,** ↗ **Lofrote,** ↗ **Negeder mand.**

Dezember: Der Name des zehnten Monats des altrömischen Kalenders (Beginn des Jahres: 1. März) ist ebenfalls in seiner alten Reihenfolge vom lat. »decem« = zehn, abgeleitet. Auch nach der Julianischen Kalenderreform blieb der Monatsname erhalten. Der Name Dezember verdrängte im 16. Jh. ältere Bezeichnungen wie: ↗ **Christmonat,** ↗ **Heilig-,** ↗ **Hart-,** ↗ **Schlacht-,** ↗ **Winter- oder** ↗ **Wolfmonat.** – Andere Namen waren: ↗ **Adventmonat,** ↗ **Andreas-Monat,** ↗ **Andreismaent,** ↗ **Christmond,** ↗ **Dustermant, Hasenmaen** (holst., 16. Jh.), ↗ **Heilagmanoth,** ↗ **Vierter Herbst,** ↗ **Lestemant,** ↗ **Letzter Herbstmond,** ↗ **Mörsugar** (isländ.: »Mörsugar« = Schmersauger), ↗ **Smeremaent** (Brügge), ↗ **Speckmaen,** ↗ **Vierter Herbstmonat,** ↗ **Volrot,** ↗ **Wendelmaent.** – Mit dem Dezember verknüpfen sich mancherlei abergläubische Vorstellungen: Da Sodom und Gomorra am 1. Dezember zerstört worden sein sollen, gilt dieser Tag als ↗ **Unglückstag.** Wer an diesem Tag geboren ist, bleibt angeblich krüppelhaft, im Elend oder aber stirbt eines schlimmen Todes. Ansonsten gelten alle im Dezember Geborenen als glücklich. Im Dezember geworfene Schweine gedeihen nicht, Kälber sollen nicht im Dezember abgewöhnt werden. Holz darf man im Dezember fällen, aber nicht pflügen. Beschneidet man im Dezember die Zimmerpflanzen, kann man reiche Blütenpracht erwarten. Das Wetter des Dezembers hat Vorbedeutung für das folgende Jahr, besonders für den März. Das Wetter der zwölf Tage von Weihnachten bis ↗ **Dreikönige** (= ↗ **Rauhnächte**) lässt auf das Wetter der zwölf Monate des kommenden Jahres schließen (25.12. = Januar; 26.12. = Februar usw.).

Monathtag ↗ **Montag**
Mondages in den lesten vastelavende ↗ **Fastnachtszeit**, ↗ **Rosenmontag**
Monet ↗ **Montag**

Monstranz

Die Monstranz ist in der katholischen Kirche ein Altargerät der eucharistischen Frömmigkeit. Mit der besonderen Verehrung des Altarsakramentes im Mittelalter, der Eucharistie, und dem damaligen Trend zur Sichtbarmachung der Mysterien entstand die Monstranz, ein ↗ **Ostensorium** (Schaugefäß) für die konsekrierte Hostie. Die Hostie wird, befestigt in der ↗ **Lunula**, in das Zentrum der Monstranz eingestellt. Innerhalb der Kirche spielt die Monstranz eine Rolle beim eucharistischen Segen und dem Ewigen Gebet; außerhalb der Kirche sieht man die Monstranz bei eucharistischen Prozessionen, insbesondere zu ↗ **Fronleichnam**.

»Ecce panis angelorum« – Monstranz mit Osterlamm. Missale Romanum (1892). – Vorlage: Archiv Manfred Becker-Huberti

Montag

Der Montag war bei den Römern dem Mond geweiht: »dies lunae«. In den romanischen Sprachen übernahm man den Begriff – frz.: »lundi«; ital.: »lunedi«; span.: »lunis«. Im deutschsprachigen Bereich wurde dagegen das deutsche Wort »Mond« eingesetzt – ahd.: »manetag«; mhd.: »mantac«, später »montac«. Andere Bezeichnungen: ↗ **Gutentag**, ↗ **Guter Tag** (Schwaben), ↗ **Maindag** (Rheinl.), ↗ **Mandach**, ↗ **Manendach**, ↗ **Meintag**, ↗ **Mentag**, ↗ **Mentig**, ↗ **Monat**, ↗ **Monet**, ↗ **Monathtag** und liturgisch »feria secunda«. Als sich im Mittelalter bei den Handwerkern einbürgerte, den Sonntag bis zum Montag auszudehnen, erhielt dieser den Zusatz »guter« Montag, wofür später »blauer« Montag galt. ↗ **Blauer Montag** war ursprünglich der Name für den ↗ **Fastnachtsmontag**, also den Montag vor Aschermittwoch, abgeleitet von der in dieser Woche in der Liturgie gebräuchlichen Farbe des Messgewandes. Diese Annahme wird gestützt durch andere Verwendungen von »blau«. Wer am Montag »blau machte«, konnte durchaus bei einer Schlägerei gebläut (gebleut) worden sein, »blau gehauen«, oder er war mit einem blauen Auge davongekommen. Gelegentlich log man »das Blaue vom Himmel« oder redete sorglos »ins Blaue«. Dem »blauen Montag« entsprechen der ↗ **freie Montag** in Schweden und Dänemark sowie der ↗ **heilige Montag** (Saint-Monday) in Großbritannien. Immer hat der Begriff zu tun mit »ohne Arbeit müßig gehen«. – Der Montag vor Aschermittwoch (Fastnachtsmontag) hatte unterschiedliche Namen: ↗ **unsinniger Montag** (Österreich), ↗ **damischer Montag** (Steiermark), ↗ **Fressmontag** (Tirol), ↗ **laufiger Montag** (Württemberg), ↗ **feister** oder ↗ **blauer Montag** (Westböhmen), ↗ **Hirsmontag** (Schweiz), an dem die Jungmännergemeinschaften zweier be-

nachbarter Dörfer einen Scheinkampf durchführten, und ↗ **Rosenmontag** (Rheinland). – Ein anderer besonderer Montag ist der erste Montag nach ↗ **Dreikönige**, der ↗ **verlorener Montag** heißt, in den Niederlanden ↗ **verkorener** oder ↗ **verschworener Montag**. In der Gegend von Limburg kennt dieser Tag den Namen ↗ **Kupfermontag** nach den Kupfermünzen, die die Teilnehmer bei den Umzügen erhalten. In Ostflandern wird er ↗ **Narrenmontag** genannt, in Geldern ↗ **Rasmontag** (von: rasen, toben). In England heißt der Tag ↗ **Pflugmontag**, weil an ihm ein Pflug durch den Ort getragen wurde, um den Beginn der Frühjahrsarbeit anzuzeigen.
Weitere besondere Montage sind der Montag nach Pfingsten (auch ↗ **stolzer Montag**), der zweite Montag nach Pfingsten (auch – ↗ **guter Montag**), der Montag nach Jakobi, heute 3. und früher 11. Mai (↗ **grüner Montag**) und der Montag nach Michaelis, früher 29. September und heute 8. Mai, der ↗ **Lichtbratlmontag**: Am Vorabend, dem Sonntag zuvor gab es ein besseres Essen, z. B. einen Truthahn (= Schustervogel), weil – beginnend mit dem Lichtbratlmontag – die Arbeit in der Dunkelheit bei Kunstlicht fortgesetzt wurde. – Der Montag galt an mehreren Tagen zudem als ↗ **Unglückstag**. Er war ein ungerader Tag und fleischlos und hatte als Folgetag eines Festtages Unglücksbedeutung, was schon in vorchristlicher Zeit galt. Man hielt den Montag deshalb für nicht gelungen, weil bei diesem Tag als einzigem in der Schöpfungserzählung der Nachsatz »Und es war gut« fehlt. Für Haus- und Landwirtschaft hatte der Montag daher negative Vorzeichen, auch für persönliche Feste und Feiern. Taufe, Hochzeit, ja selbst das Begräbnis sollten nicht an diesem Tage stattfinden.

Montag, blauer ↗ Montag, ↗ Lichtmess, ↗ Karmontag, ↗ Karwoche
Montag, damischer ↗ Montag
Montag, feister ↗ Montag
Montag, freier ↗ Montag
Montag, grüner ↗ Montag
Montag, guter ↗ Montag
Montag, heiliger ↗ Montag
Montag, hübscher ↗ Pfingstmontag
Montag, laufiger ↗ Montag
Montag, stolzer ↗ Montag, ↗ Pfingstmontag
Montag, unsinniger ↗ Montag
Montag, verkorener ↗ Montag, ↗ Pflugmontag
Montag, verlorener ↗ Montag, ↗ Pflugmontag
Montag, verschworener ↗ Montag, ↗ Pflugmontag
Mörche schabe, e ↗ Rübenschaben, ↗ Schabab
Morgenstreich ↗ Karneval international
Muff, Hans ↗ Nikolaus-Begleiter

Muhme

Veraltete Bezeichnung (mhd.: »muome«; ahd.: »muoma«), ursprünglich für eine Schwester der Mutter, dann für Tanten allgemein bzw. weibliche Verwandte. Gebildet ist das Wort als Lallwort der Kindersprache wie »Mama, Papa«. Heute wird »Muhme« im rheinischen Karneval auf die altertümlich kostümierte Figur alter Frauen (**Möhne**) angewendet, die vor allem an ↗ **Weiberfastnacht** auftreten.

Mülheimer Gottestracht ↗ Fronleichnam

mummen

Veraltetes Wort für: (in eine Maske) einhüllen. Das im 16. Jh. bezeugte Wort wird heute als »einmummen« oder »vermummen« gebraucht. Es ist von dem veralteten Substantiv »Mumme« = Maske, verkleidete Gestalt, abgeleitet, das auch den Begriff ↗ **Mummenschanz** für Narretei mitgebildet hat.

Mummenschanz

Das Wort hat die Bedeutung von: (im ↗ **Karneval**) sich maskieren, verkleidet, vermummt tanzen, Unsinn treiben, Lustbarkeit vermummter

Gestalten. »Mummenschanz« entstand aus dem spätmhd. ↗ **mummen** und »schanz«. Im 14.–16. Jh. war Mummenschanz ein beliebtes Würfelglücksspiel, »die Schanz« war ein Glückswurf (von dem afrz. Wort »cheance« = glücklicher Würfelfall; vgl. frz.: »chance«). An ↗ **Fastnacht** zogen maskierte Gruppen von Haus zu Haus und forderten schweigend zum Mummen (schanz)spiel auf. Das im 18. Jh. veraltete Wort wurde u.a. von Goethe neu belebt: Aus **die** Mummenschanz wurde **der** Mummenschanz; die Beziehung zum Glücksspiel ging unter. Mummenschanz ist seitdem reduziert auf Verkleidung und Unsinn treiben (vgl. ↗ **Maskenball**).

Münchner Christkindlmarkt ↗ **Weihnachtsmarkt**
Mutschellen ↗ **Mandeltag, guter**

Mutscheltag
In Reutlingen und Württemberg heißt so der ↗ **Donnerstag** nach ↗ **Dreikönige**, weil an ihm Mutscheln gebacken und verschenkt werden. Die jungen Männer schenken ihrer Freundin einen verzierten Mutschelstern aus Mürbeteig. Weil um dieses Gebäck auch gewürfelt, d.h. gemutschelt wird, hat es diesen Namen angenommen.

Mutter Freitag ↗ **Freitag**
Muttergottesandacht, wandernde ↗ **Frautragen**
Muttergottesvogel ↗ **Schwalbe**
Mutterschaft der allerseligsten Jungfrau Maria ↗ **Marienfeste**
Mutterschaft Mariens ↗ **Marienfeste**

Muttertag
Der gegenwärtig gefeierte Muttertag ist jung und säkularen Ursprungs. Seine Erfinderin war Miss Anna Jarvis aus Philadelphia, USA, im Jahr 1907. 1908 wurde der Festtag erstmals offiziell in Philadelphia gefeiert, das sich dessen bis heute rühmt. Die Idee traf den Zeitgeschmack. 1912 übernahmen die Methodisten die Idee. Am 9. Mai 1914 verkündete der amerikanische Präsident Harold Wilson den zweiten Sonntag im Mai in den USA künftig »als öffentlichen Ausdruck, die Liebe und die Dankbarkeit zu feiern, die wir den Müttern unseres Landes entgegenbringen«. Der Amerikanische Kongress erklärte den Muttertag zum offiziellen Feiertag. Er fand schnell Aufnahme auch in Europa (1917 über die Heilsarmee in der Schweiz), aber auch in Mexiko, wo er sogar zwei Tage lang gefeiert wird. – In Deutschland seit 1922 sich ausbreitend, hat der Muttertag einen Beigeschmack bekommen, weil ihn die Nationalsozialisten in ihr rassistisches Gedankensystem einbauten. Die kinderreiche Mutter war Garant des Fortbestandes der Rasse, Heldenmutter von dringend benötigten Soldaten, geehrt mit dem »Mutterkreuz«, das im Volksmund sarkastisch »Karnickelkreuz« hieß. –

Der Christkindlmarkt am Hof in Wien. Zeichnung von Emmerich Kirch. – Quelle unbekannt

Während in Amerika die Töchter (!) ihre Mütter in kirchlichen Einrichtungen und anderen Organisationen zu Banketten einladen, wird in Deutschland die Mutter von allen Kindern (oft leider nur an diesem Tag) in den Mittelpunkt gerückt: Frühstück im Bett, Blumen, Konfekt, Gedichte und selbstgemalte Bilder der Kinder, Mittag- und/oder Abendessen in einem Lokal. Blumenhandel, Süßwaren- und Schmuckindustrie haben diesen Tag entdeckt, um immer neue »Muttertagsgeschenke« zu kreieren. Von vielen wird dieser Tag deshalb zwiespältig empfunden. Manche ertragen ihn, weil sie Ausstrahlung auf die restlichen 364 Tage des Jahres hoffen. – Der säkulare Muttertag hat aber auch einen religiösen Vorläufer: Der Sonntag ↗ **Laetare** wurde in England zu Zeiten Heinrichs III. (1216–1239) als »Mothering Sunday« begangen, ein Tag, an dem der »Mutter Kirche« für ihre Mutterschaft gedankt wurde. Zu diesem Feiertag der Kirche gehörte es schon damals, dass der leiblichen Mutter an diesem Tag Dank ausgedrückt wurde. Auch diejenigen Kinder, die ihr Elternhaus bereits verlassen hatten, trafen sich mit der ganzen Familie im Elternhaus. Der Dank der Kinder an die Eltern wurde durch den »simmel cake«, den Semmelbrösel-Kuchen, sichtbar gemacht, dessen reichhaltige Zutaten schon auf Ostern verwiesen. Parallel zur amerikanischen Entwicklung entstand in Großbritannien eine Muttertagsbewegung, die an diese ältere Tradition anknüpfte (vgl. ↗ **Vatertag**).

Mützenbestapelung ↗ **Fastnacht im Kloster**

Myra

Historischer Name der heute türkischen Stadt Demre, an der »türkischen Riviera«, etwa 150 km westlich vom Tourismus-Zentrum Antalya, nicht mehr unmittelbar am Meer, wohl aber noch an der Küstenstraße gelegen. Die alte Basilika in der jetzt islamischen Stadt ist einige Meter unter dem heutigen Niveau ausgegraben. Vor einigen Jahren haben die Stadtoberhäupter dem weltberühmten hl. ↗ **Nikolaus** ein Denkmal gesetzt, das ihn leider im Weihnachtsmann-Outfit der Schokoladenfiguren in den Supermarkt-Regalen zeigt. Im Museum von Demre wird als Reliquie noch eine Rippe und ein Zahn des Heiligen aufbewahrt, die die Grabräuber von Bari übersehen haben sollen. Nicht nur das legendäre Wirken des hl. Nikolaus verknüpft Myra mit dem Christentum. Paulus, der als Gefangener nach Rom gebracht wurde, passierte nachweislich »Myra in Lykien« und stieg dort in ein nach Italien fahrendes Schiff um (vgl. Apostelgeschichte 27,5).

Myron-Wunder ↗ **Oleum Sancti Nicolai**

Myrrhe ↗ **Gold, Weihrauch, Myrrhe**

Myrte

Die ↗ **immergrüne** Pflanze war im antiken Vorderasien ein der Frühlings- und Liebesgöttin Aphrodite heiliger Strauch. Die Myrte wurde als Aphrodisiakum und als ↗ **Brautkraut** verwendet. Eine Tochter Jakob Fuggers (1459–1525) soll 1538 in Augsburg als erste Deutsche bei ihrer Hochzeit einen Myrtenkranz getragen haben. Das Symbol des Myrten-(Jungfern-)Kranzes, der nur der Jungfrau bei der Hochzeit zukommt, ist ein Motiv unzähliger Volkslieder. Geradezu von einer Art »Jungfräulichkeitstest« handelt das noch viel gesungene Volkslied vom Donaustrudel: »Als wir jüngst in Regensburg waren, sind wir über den Strudel gefahren.« Unüberhörbar heißt es im Text: »Wem der Myrtenkranz geblieben, landet froh und sicher drüben; wer ihn hat verloren, ist dem Tod erkoren.« Der folgende Text des Liedes belegt dies an Beispielen. Wer »die Myrte verloren hatte«, hatte die Jungfräulichkeit und damit das Recht verloren, bei der Trauung einen Myrtenkranz zu tragen. Als im Mittelalter die Myrte für den Brautkranz als »heidnisch« untersagt wurde, trat ↗ **Rosmarin** an ihre Stelle.

N

Nachfasching ↗ Sonntag
Nachtkarz ↗ Licht- und Spinnstubenzeit
Nägel ↗ Arma Christi, ↗ Leidenswerkzeuge, ↗ Passionsfrömmigkeit
Nährvater Jesu ↗ Joseph
Namenloser Sonntag ↗ Judica, ↗ Sonntag
Namensgebung des Herrn ↗ Marienfeste, ↗ Hochfest der Gottesmutter Maria

Namenstag

Den Tauf-, Ruf- oder Vornamen wählen Christen nach einem Heiligen, der als Vorbild gilt. Für Mädchen werden weibliche, für Jungen männliche Heilige gewählt; allerdings kann als zweiter Name bei Jungen auch ein weiblicher Name beigefügt werden, wie z. B. bei Klemens Maria Hofbauer. Am Gedenktag des Heiligen feiern katholische Christen Namenstag, gedenken ihres Namenspatrons und lassen sich beschenken. Bis in die fünfziger Jahre des 20. Jh. feierten katholische Christen ausschließlich Namenstag und nur »runde« Geburtstage.

Narr

Die Herkunft des Wortes Narr (mhd.: »narre«; ahd.: »narro«) ist nicht sicher geklärt. Vermutet wird eine Ableitung des ahd. »narro« aus dem spätlat. »nario« = Nasenrümpfer, Spötter. Narretei entsteht Anfang des 17. Jh. aus dem älteren »Narreteidung« = Narrenstreich. Das »-teidung« meint: Verhandlung, Zusammenkunft. Die Historie der Narren beginnt mit der Sitte, sich bei Festen und Gelagen Spaßmacher einzuladen. Eine solcher kommt schon im »Symposion« des griech. Schriftstellers Xenophon (430–354 v. Chr.) vor. Die »scurrae« waren im antiken kaiserlichen Rom bei der Oberschicht üblich. Berufsmäßige Narren = **Hofnarren** kamen in Deutschland während der Kreuzzüge auf (vgl. ↗ **Geck**). Sie hatten bei Hof mit Witz zu agieren, waren selbst aber auch oft Zielscheibe des Spotts und der Narretei. Bekleidet sah man sie mit dem ↗ **Narrenkleid**. Närrisches Tun drückte sich durch bildhaft närrisches Treiben aus, z. B. jemanden am ↗ **Narrenseil führen,**

Der Narr. Holzschnitt (Mitte 16. Jh.) zu dem Fastnachtsspiel »Das Narrenschneiden« von Hans Sachs, aus: Drei Fastnachtsspiele von Hans Sachs, Insel-Bücherei Nr. 46, Leipzig o.J.

↗ **Narren schneiden**, ↗ **Narren säen**, ↗ **Narren stechen**.

Narragonien
Utopischer Zielort des ↗ **Narrenschiffs**, Gegenwelt zum himmlischen Jerusalem (vgl. ↗ **Narrenorte**).

Narren an jemandem gefressen haben, Einen
Aus der Vorstellung, dass ein Narr einen kleinen Narrendämonen leibhaftig verspeist hat, hat sich diese Redensart entwickelt. Sie beschreibt bildhaft den immer wieder zu beobachtenden Sachverhalt, dass jemand aus unerklärlichen, unverständlichen und damit närrischen Gründen in eine Person oder Sache vernarrt ist.

Narren brüten ↗ **Narrenmutter**

Narren gestochen werden, Vom
Von Narrheit angesteckt sein (vgl. den anderen Sinn von den ↗ **Narren stechen**).

Narren säen
Zum Beweis der Narrheit der Narren gehört die (bildliche) Vorstellung vom Narren, der seinen Nachwuchs durch das Aussäen von Narren heranzieht. Parallele Vorstellungen sind das Ausbrüten (vgl. ↗ **Dieldapp**) vor allem durch die ↗ **Narrenmutter**.

Narren säen. Holzschnitt aus Murners »Narrenbeschwörung« (1512). – Vorlage: Archiv Herder

Narren schneiden
Hans Sachs (1494–1576) beschreibt in seinem Fastnachtsspiel »Das Narrenschneiden«, wie ein Arzt einem Kranken die Narren der Hoffart, des Geizes, des Neides, der Unkeuschheit, der Völlerei, des Zorns usw. aus dem Leib herausschneidet. Das gleiche Bild gibt es im Englischen: »He ought to be cut (bored) for the simples« (vgl. ↗ **Narren stechen**, ↗ **Vogel zeigen**).

Narren schneiden. Holzschnitt (Mitte 16. Jh.) zu dem Fastnachtsspiel »Das Narrenschneiden« von Hans Sachs, aus: Drei Fastnachtsspiele von Hans Sachs. Insel-Bücherei Nr. 46, Leipzig o.J.

Narren schwanger sein, Mit einem
Närrisch, verrückt sein.

Narren stechen
Wer »jemandem den Narren sticht (bohrt)«, deutet durch eine Geste an, dass er ihn für närrisch hält. Der Terminus bedeutet, dass man im närrischen Sinn durch eine Kopfoperation eine Geschwulst herausschnitt, die als ursächlich für die

Krankheit namens Narrheit galt. Der Bohrer wird durch durch den Zeigefinger symbolisiert. Der symbolisierte Bohrvorgang wird heute als einen ↗ **Vogel zeigen** gedeutet. Wem dieses Zeichen gemacht wird, mag sich beleidigt fühlen, weil er als närrisch gelten soll (er einen Vogel hat).

Narrenaufträge

In Form von Neckspielen werden – gerne als ↗ **Aprilscherz** am 1. April angewandt – Neulingen, Fremden, Einfältigen und neugierigen Kindern Narrenaufträge erteilt, oft unter Verwendung eines Phantasietiernamens. Das Pelztier oder der Vogel werden als außerordentlich selten oder wertvoll dargestellt und der Betroffene mit »unfehlbaren« Fangmethoden vertraut gemacht, die von ihm geduldigen Einsatz verlangen, den die Auftraggeber unter sich ausgiebig verlachen können, bis der erfolglose Auftragnehmer selbst verlacht werden kann. Derartige Phantasietiere, die es zu fangen gilt, sind: **Bäwer,** ↗ **D(r)lappen,** ↗ **Dieldapp,** ↗ **Dilldappen,** ↗ **Dölpes, Girike, Elbe(n)tritsche, Ellgriesli, Greiß, Kreißen, Lämmes, Lemkes, Rasselbock, Schavakke, Trappen, Wolpertinger.** Diese »Tiernamen« sind vielfach Begriffe, die synonym für »Tölpel« oder »Dummkopf« stehen (können). In Norddeutschland gibt es das **Bunsen** oder **Bucksen jagen.** Die »Buckse« (= Hose) wird vor eine Öffnung gehalten, durch die das wertvolle Tier schlüpfen soll. In Wirklichkeit wird eine Schaufel Mist durch die Öffnung geworfen. In Ostpreußen jagt man den **Rosenbock**; dabei wird dem Halter eines Fangsacks ein Eimer Wasser über den Kopf gegossen. Statt Phantasietiernamen gibt es auch andere Aufträge wie z. B. die Beschaffung von **Haumichblau**, zu dessen »Genuss« nach der Beschaffung der Auftragnehmer eingeladen werden kann. Andere Objekte sind: das **Augenmaß**, die **Dachschere**, ein **Böschungshobel, Gewichte für die Wasserwaage** ...

Narrenbaum

Das Setzen von Bäumen als äußeres Zeichen für Feste (vgl. ↗ **Maibaum**) betrifft, meist begrenzt auf den süddeutschen Raum, die Fastnacht. Einholen und Setzen eines Narrenbaumes sind feste Rituale wie das ↗ **Narrengericht** oder das ↗ **Fastnachtbegraben** in der Nacht auf Aschermittwoch. Gedeutet wird der Narrenbaum als Mastbaum des ↗ **Narrenschiffs**, der »navicula stultorum«. Aufgestellt wird der Narrenbaum meist am Donnerstag vor dem Karnevalssonntag (↗ **schmotziger -,** ↗ **gumpiger Donnerstag**). Die Beseitigung des Narrenbaums gehört wiederum zu den ↗ **Fastnachtschlussbräuchen.** Der Narrenbaum wird gefällt oder versteigert. Nach außen symbolisiert der Narrenbaum die ↗ **Narrenfreiheit** zur Fastnacht.

Narrenbrauchtum und hl. Nikolaus

Mit dem Nikolausbrauchtum ist das Narrenbrauchtum mehrfach verknüpft. Nicht nur das auf den Nikolaustermin gewanderte ↗ **Ludus episcopi puerorum** hat narrenhafte Züge, sondern in den dazu gehörigen Umzügen tauchen seit jeher mit Larven und Masken angetane Kinder als ↗ **Teufel** verkleidet auf. Auch im ↗ **Einkehrbrauch des hl. Nikolaus** mitziehende Teufel und Dämonen und die Teufel in den alpenländischen Nikolausbräuchen mit ihren Masken, Larven, die Lärm erzeugen und tanzen, verweisen auf Narrenbrauchtum. Aber das Narrenbrauchtum hat nicht nur Einzug in das Nikolausbrauchtum gefunden; auch umgekehrt findet sich Nikolausbrauchtum im Karneval. Der Fasenickel ist hier zu nennen (vgl. auch ↗ **Brauchvermischung,** ↗ **Ludus episcopi puerorum,** ↗ **Nikolaos,** ↗ **Nikolaus**).

Narrenfreiheit

Als Narrenfreiheit oder ↗ **Narrenrecht** gilt, wenn der Narr, von allen Zwängen befreit, tun und lassen kann, was ihm beliebt. Insbesondere betrifft dies die Be- oder Verkleidung, das närrische Verhalten allgemein und das närrische Reden in Form von ↗ **Rügegerichten** oder ↗ **Büttenreden.** Äußeres Zeichen der Narrenfreiheit ist der ↗ **Narrenbaum.** Die Narrenfreiheit ist eine Parallelbildung z. B. zur ↗ **Sendfreiheit**, dem besonderen Recht, das während des Sends, d.h. der Diözesansynode, später der Kirmes, zu diesem Anlass galt. Die Sendfreiheit, die Geltung einer verschärften Rechtsordnung, wird z. B. in Münster/Westf. noch heute am Rathaus traditionell durch das Anbringen des ↗ **Sendschwertes** angezeigt.

Narrengericht

Zu den ↗ **Rüge- und Spottbräuchen** der Fastnacht gehören neben Verspottung durch Nachahmung, Beschimpfung usw. auch Narrengerichtsverhandlungen, also Narrengericht oder ↗ **Rügegericht.** Ein »Angeklagter« wird vorgeführt und muss sich verteidigen, Zeugen werden vernommen, und ein Urteil wird gesprochen. Hierhin gehört – zumindest in seinen Anfängen – auch die ↗ **Büttenrede** des ↗ **Sitzungskarnevals.**

Narrenkappe

Die alte Kopfbedeckung der kahlgeschorenen Schalknarren war die Narrenkappe (auch: ↗ **Gugel**, von lat.: »cucullus«), eine runde Mütze mit Eselsohren und Hahnenkamm, der in Form eines gezackten roten Tuchstreifens von der Stirn bis zum Nacken reichte. Diese Narrenkappe war auch Bestandteil der Bekleidung des Till Eulenspiegel. Als nach der Säkularisation der Karneval neu belebt wurde, folgerte das 19. Jh. aus dem alten Sprichwort: »Gleiche Brüder, gleiche Kappen« für die Narrenkappe: »Gleiche Narren, gleiche Kappen« und unifomierte die Narren mit einer Narrenkappe. (»Jedem Narren seine Kappe«, meint dagegen: Jeder so, wie es ihm beliebt!) Die Ehre, die moderne Narrenkappe eingeführt zu haben, besitzt kein Alemanne, Bayer oder gar Rheinländer, sondern – man höre und staune – ein Preuße: Generalmajor Karl Heinrich Maximilian Baron von Czettritz und Neuhaus hat am 14. Januar 1827 die Einführung der Kappen in Köln vorgeschlagen. Diese Kappen haben nicht mehr die Gugel zum Vorbild, sondern die ↗ **Jakobinermütze**, die wiederum die ↗ **phrygische Mütze** imitierte. Markant für die ersten »modernen« Narrenkappen wie für die gegenwärtigen ist die – wenigstens an einer Stelle – nach vorn gebogene Spitze, wie sie eben für die phrygische Mütze typisch ist. Die »Verzierung« mit langen Fasanenschwanzfedern, mit bunten Steinen etc. symbolisiert die lächerliche Eitelkeit des Narren. Man kann sich oft des Eindrucks nicht erwehren, dass einzelne Kappenträger vergessen haben, dass ihre Kopfbedeckung die Eitelkeit belächeln, nicht aber erneut vorführen soll.

Narrenbrunnen in Donaueschingen.
Foto: Manfred Becker-Huberti

Narrenkirchweihtag ↗ **Estomihi**, ↗ **Fastnachtszeit**, ↗ **Quinquagesima**

Narrenkleid

Den geschorenen Kopf des Narren bedeckte eine ↗ **Narrenkappe** (↗ **Gugel**, von lat.: »cucullus«), eine runde Mütze mit Eselsohren und Hahnenkamm, der in Form eines gezackten roten Tuchstreifens von der Stirn bis zum Nacken reichte. Um den Hals trugen Narren einen breiten Kragen. An Kappe, Gürtel, Ärmel, Hose und Schuhen waren ↗ **Schellen** befestigt. In den Händen hielt der Narr ein Szepter, den ↗ **Narrenkolben**, ursprünglich wohl bloß ein Rohrkolben, das ↗ **Narrenszepter**, später ein geschnitzter Narrenkopf, oft mit ausgestreckter Zunge, für den sich der Begriff ↗ **Marotte** einbürgerte.

Narrenkolben ↗ **Marotte**
Narrenmonat ↗ **Februar**, ↗ **Monate: Februar**
Narrenmond ↗ **Februar**, ↗ **Monate: Februar**
Narrenmontag ↗ **Montag**

Narrenmutter

»Narren über Eyer ans brüten setzen« gilt der »Bergpostilla« des Johann Mathesius 1587 als Beweis ihrer Torheit (vgl. ↗ **Narren brüten**).

Narrenorte

Fiktive Narrenorte sind neben ↗ **Trippstrill** auch **Schilda**, **Buxtehude** und ↗ **Narragonien.**

Narrenrecht ↗ **Narrenfreiheit**

Narrenreiche

Nach dem Grundmuster der Fastnacht sind Narrenreiche zu Demonstrationszwecken auf Zeit eingerichtete Gegenreiche zum »Reich Gottes«, dem himmlischen ↗ **Jerusalem**. In und an ihnen soll sich zeigen, dass die ↗ **civitas diaboli**, das Reich des Bösen, instabil, unfriedlich und destruktiv ist. Die mittelalterliche Fastnacht errichtete beim ↗ **Dreikönigsfest** oder ↗ **Bohnenfest** dieses Narrenreich des Bohnenkönigs im privaten Bereich für einen Tag oder einen Festabend. Andernorts wurde der private Bereich schon übersprungen, wurden öffentlich Repräsentanten eines das Private übergreifenden Narrenreichs inthronisiert: Im belgischen Gent trat jährlich ein Nebukadnezar die Herrschaft in einem babylonischen Reich an, in Antwerpen ein Bacchus. Das 19. Jh., das den Karneval in Vereinen organisierte, hat dieses Muster übernommen und den Prinzen Karneval, dem erst später eine Prinzessin beigegeben wurde, etabliert. In Köln und Teilen des kölnischen Umlandes traten drei statt zwei Repräsentanten auf: Neben dem Prinzen Karneval wurden eine »Jungfrau« und ein »Bauer« installiert. Die Jungfrau, bis heute durch einen Mann dargestellt, repräsentiert die – ehemals – reichsfreie, unabhängige, keinem Dritten unterworfene stolze Stadt, der Bauer dagegen den wehrhaften dritten Stand, der – nach außen hin – die Wehrhaftigkeit der Stadt begründete. Die Repräsentanten der Fastnacht stehen über den Vereinen, verdeutlichen ein übergreifendes, allumfassendes Narrenreich. Sie sind Garanten der ↗ **Narrenfreiheit**, des Rechtes der Narren zum Närrischsein.

Narrenschiff

Das Bild von der Kirche als Schiff des Heils (vgl. ↗ **Schiffsallegorese**) ruft geradezu nach einem Gegenmodell in der »verkehrten Welt« der Fastnacht, dem Narrenschiff, dem Schiff des Unheils. Sind die einen »auf dem richtigen Schiff«, sitzen die anderen »im falschen Boot«, indem sie nach ihrem eigenen Willen, aber nicht nach Gottes Willen handeln, sich vergnügen, statt Gott und den Mitmenschen zu dienen. Die Allegorie des Narrenschiffs, die »navicula stultorum«, wurde von den Franziskanern erdacht. Es hat keinen Steuermann, es fehlen Kompass, Mast, Meerstern und Segel. Nur Narren können Passa-

Das Narrenschiff, aus: Sebastian Brant, Das Narrenschiff, Basel 1494

giere werden; niemand sonst kann so dumm sein, sich einer solchen Schicksalsgemeinschaft auszuliefern. Die »navigatio stultorum« führt »versus Narragoniam«; ↗ **Narragonien** ist das Unheil: Schiffsbruch mit unweigerlich tödlichem Ausgang. »Das Narrenschiff«, ein Buch des Sebastian Brant (1457–1521), 1494 in Basel erschienen, steht in dieser franziskanischen Tradition, wenn es in über einhundert Kapiteln die Variationen menschlicher Narretei aufzeichnet. – Der ↗ **Aschermittwoch** bietet sich bei den Schiffsallegorien als Überstieg an: Umkehr von dem dem Untergang geweihten Narrenschiff in das Kirchenschiff. In verschiedenen Bräuchen werden zum Fastnachtsende deshalb auch konsequent die Narrenschiffsnachbildungen – und in deren Tradition die Rosenmontagswagenaufbauten – verbrannt. Das Narrenschiff war Vorlage für den Karnevalswagen, den ↗ **carrus navalis.** Es gibt auch immer wieder einmal die Behauptung, das Narrenschiff spiegele sich in der modernen ↗ **Narrenkappe.**

Narrenseil führen, Jemanden am

In Sebastian Brants ↗ **Narrenschiff** führt Venus einen Gauch, einen Esel, einen Affen und drei Narren an Seilen. Jemand, den man am Narrenseil führt, wird mit leeren Worten hingehalten, man treibt mit ihm Scherz. Ursprünglich werden nur die Narren am Seil geführt; Laster und Torheiten, auch der Teufel ziehen die Narrenwelt am Narrenseil hinter sich her.

Narrenspiegel

Ein Attribut des Narren, das sein Gefangensein in Selbstverliebtheit kennzeichnet, ist der Narrenspiegel: Er sieht nur sich selbst darin (vgl. ↗ **Marotte**). Im übertragenen Sinn wird der »Spiegel« gebraucht, um damit Schriften mit moralischer Weisung zu bezeichnen wie den Fürstenspiegel oder Beichtspiegel; Sachsenspiegel und Schwabenspiegel sind Bücher mit Rechtsvorschriften. Der moralisierend-iuristische Gedanke hat wohl auch Pate gestanden, als ein Hamburger Nachrichtenmagazin den Namen »DER SPIEGEL« als Titel angenommen hat. In dieser Tradition steht auch der »Narrenspiegel«, der den echten und vermeintlichen Narren den Spiegel vorhält. Bekanntestes Werk ist »Das ↗ **Narrenschiff**« von Sebastian Brant (1457–1521).

Narrensprung

Dass die Narren wie die Verrückten springen, scheint eher normal in der verkehrten Welt. Symbolisch wird dies vollzogen beim »Narrensprung«, der im ↗ **Rottweiler Narrensprung** der alemannischen Fastnacht seine bekannteste Ausprägung kennt. Hier springt der Narr tatsächlich mit Hilfe eines längeren Stocks ein

Stück durch die Luft. In Bieber (Rheinland-Pfalz) heißt dies **Schärensprung**. Hier springt aber nicht der einzelne durch die Luft, sondern die Gruppe tanzt in wilden Formen, Hand in Hand und schlangenförmig, durch den Ort. Früher, so heißt es, sei dies tatsächlich »über Tisch und Bänke« gegangen, durch die Haustür ins Wohnzimmer hinein und durch die Küche und den Hinterhof wieder hinaus.

Narrenszepter ↗ **Marotte**

Narrenzahl

Die 11 gilt als Narrenzahl, weil sie die mit den 10 Geboten gottgesetzte Ordnung überschreitet (vgl. ↗ **Elf**).

Narrenzeit

Natürlich ist ein wirklicher Narr immer ein Narr. Aber der Fastnachtsnarr ist ein »Narr auf Zeit«, analog dem christlichen Zeitrahmen der ↗ **Fastnacht**. Zu unterscheiden sind drei sich überlappende Narrenzeiten: Die Kerntage der Fastnacht, die ↗ **tollen Tage**, sind die Tage um den Karnevalsssonntag: In Süddeutschland beginnen sie mit dem ↗ **schmotzigen Donnerstag**, im Rheinland mit ↗ **Weiberfastnacht** am Karnevalsdonnerstag; hier steht der Beginn der »tollen Tage« exakt fest: Um 11.11 Uhr genau beginnen die närrischen Kerntage durch die Übergabe der Stadtschlüssel, dem vielerorts der Sturm des Rathauses durch die Narren oder Närrinnen vorausgeht. Das Ende der Fastnacht tritt nicht nach den kirchlich-liturgischen Regeln mit Sonnenuntergang am Karnevalsdienstag ein, sondern – nach »weltlichen« Regeln – mit 24 Uhr in der Nacht von Karnevalsdienstag auf ↗ **Aschermittwoch**. – An den »tollen Tagen« findet der Straßenkarneval statt, ziehen die Karnevalszüge durch die Straßen. – Die eigentliche Karnevalszeit jedoch beginnt mit dem Dreikönigstag, in Erinnerung an das Dreikönigs- oder Bohnenfest, bei dem ein ↗ **Narrenreich** errichtet wurde. ↗ **Dreikönige** markiert auch den Beginn des Sitzungskarnevals, der fast überall bis zum Karnevalssonntag stattfindet. Die dritte, noch weitere Zeitspanne – allerdings erst seit der Neubelebung der Fastnacht im 19. Jh. eingeführt – beginnt wegen der Symbolik am 11.11. um 11.11 Uhr. Dieser Termin steht für den offiziellen Karnevalsbeginn: Die karnevalistischen Symbolfiguren (↗ **Nubbel**, ↗ **Hoppeditz**, ↗ **Jokili** …) werden zum Leben erweckt, die närrischen Regenten (Prinz Karneval und ggfls. seine Prinzessin, das Dreigestirn …) werden vorgestellt, das Motto der Karnevalssession wird bekanntgegeben usw. – Typisch für die Narrenzeit ist, dass sie aus ihrem inneren Selbstverständnis her festen Regeln unterworfen ist. Deshalb empfinden die meisten Narren es auch als unpassend, wenn – aus welchen Gründen auch immer – der Karneval »verlegt«, z. B. ein Karnevalsumzug im Mai durchgeführt wird.

Nazarenos

Bezeichnung für die Mitglieder spanischer Bruderschaften, die ↗ **Passionsprozessionen** ausrichten und dabei in Kutten und spitzen Kapuzen mitgehen, die denen des Ku-Klux-Klan ähneln. Bis zur Unkenntlichkeit verhüllt sind auch jene Büßer, die – beladen mit schwergewichtigen Kreuzen oder anderem – mitziehen. Während die Passionsprozessionen über Spanien hinaus Verbreitung gefunden haben, hat sich das Erscheinungsbild der Bruderschaftsmitglieder und Büßer in dieser Form wesentlich nur in Spanien erhalten. Es wird vermutet, dass die Namensgebung auf den Nazarener, Jesus von Nazareth, zurückzuführen ist, den die Nazarenos nachahmen.

Nazaret

Nach Angabe der Evangelien wohnten und lebten ↗ **Josef(ph)** und ↗ **Maria** (vgl. Lukas 1,26ff;

Verkündigungsgrotte in der Unterkirche der Verkündigungsbasilika von Nazaret (erbaut 1960/69). Foto: Wolfgang Müller, Oberried

13,54ff) in Nazaret. Hier verbrachte Jesus seine Kindheit und Jugend zwischen der Rückkehr aus Ägypten (vgl. Matthäus 2,19–23) und dem Beginn seines öffentlichen Wirkens (vgl. Matthäus 4,12ff). Von der Forschung angezweifelt wird heute, ob Josef und die hochschwangere Maria von ihrem Wohnort Nazaret aus den rund 180 km langen Weg nach ↗ **Betlehem** zur Volkszählung zu Fuß bewältigen konnten und daher möglicherweise anfänglich gar nicht in Nazaret lebten.

Nazi-Weihnacht

Das Weihnachtsfest war immer und überall von den jeweiligen Zeitumständen geprägt. Ein autoritäres Erziehungsverständnis beispielsweise hat Nikolaus und Weihnachten zum Mittel der Zeigefingerpädagogik benutzt; oder in Zeiten, in denen die Menschen in »Stände« aufgeteilt waren, inszenierte die Oberschicht ihr Weihnachtsfest entsprechend. Noch nie aber hat eine herrschende Ideologie so total versucht, Weihnachten mit ihrem »Sinn« zu füllen, wie die Nationalsozialisten. Bayerns erster NS-Kultusminister Hans Schemm (1891–1935) schwafelte 1933: »Wir feiern das erste wirkliche Deutsche Weihnachten. Das Prinzip der Volkheit schreitet, alles bezwingend, durch das Land unseres herrlichen Grenzgaues. Vor 2000 Jahren flammte um den Erdball die Wärme der Gottesliebe, das Jahr 1933 schenkte unserem Volk die Wärme der Volks- und Vaterlandsliebe.« Die NS-Ideologen unterließen nichts, um eine »deutsche Volksweihnachten« anzurühren. Ihr Rezept bestand aus einschlägigen Zutaten: aus NS-Symbolik, pseudo-religiösem Schwulst mit christlichen Anleihen, völkischem Weihrauch, aus heidnisch-germanisch-mythischen Reminiszensen und einem sich – mit der zunehmenden Verzweiflung – steigernden Führerkult. »Sagt, wer hat denn den Weihnachtsmann und das Christkind ins ganze deutsche Volk geschickt?«, fragte 1937 der Gauleiter der »Bayerischen Ostmark«, Fritz Wächtler, die Schüler. »Unser Führer!« lautete die Antwort, nachzulesen in der NS-Tageszeitung »Bayerische Ostmark«. 1943 wurde das Hakenkreuz offiziell als Christbaumschmuck für zulässig erklärt, so dass formuliert werden konnte: »Heute strahlen Hakenkreuz und Christenkreuz heller denn je.« Aber je länger sich das Hakenkreuz hielt und zunehmend auch die Weihnachtspostkarten eroberte, desto dünner wurde die Erinnerung an das »Christliche« der Weihnacht. Die ↗ **«Wintersonnenwende** – die Weihnacht unserer nordischen Ahnen« trat in den Vordergrund; man zelebrierte das ↗ **Julfest**, zu dem die Braunhemden die »hohe Nacht der klaren Sterne« besangen. Der christliche Sinn war der »Deutschen Weihnacht« schon lange verloren, als Nazi-Funktionäre sülzten: »In den Stunden der Weihnacht, da das Licht der Sonne zu neuer Kraft wiederkehret, da singt und klingt in uns die Stimme des Blutes.« Als dann die dramatische Situation des Kriegsverlaufs auch dem letzten »Volksgenossen« nicht mehr zu verheimlichen war, ließen die Nazis die Maske fallen: »Über dem Begriff Weihnachten steht das Wort Kampf und das Wort Sieg!« hieß nun die Parole. Wieweit die Nazi-Propaganda-Maschinerie das Weihnachtsfest wirklich umfunktionieren konnte, lässt sich heute kaum richtig beurteilen. Dass sich das christliche Weihnachtsfest wieder hat einrichten können, beseitigt nicht die Gefahr, dass es wieder von fremden Interessen in Besitz genommen wird (vgl. auch ↗ **Sozialistische Weihnacht**).

Nebelmond ↗ **Monate: November**

Negeder mand ↗ **Monate: November**

Neujahr

Weil das neue Jahr begrüßt werden musste, entstand eine Vielzahl von Neujahrsbräuchen. Man versammelte sich auf dem Kirchplatz, wo das neue Jahr durch einen Posaunenchor und gemeinsame Lieder empfangen wurde. Glocken, Alarm- und Schiffssirenen, Hupen, Schreien, Böllern waren und sind beliebte Mittel der Begrüßung (vgl. ↗ **Lärmbrauchtum**, ↗ **Silvester**). Andernorts wanderte ab 24 Uhr eine **Pankoke-Kapelle** von Haus zu Haus und erspielte gute Gaben, meist frische ↗ **Pfannkuchen**. Im Schwarzwald zogen die jungen unverheirateten Männer nach dem Verzehr von ↗ **Neujahrsbrezeln** (vgl. ↗ **Neujahrsgebäck**) los, um das **Neujahr anzusingen** und sich dafür zum Essen und Trinken einladen zu lassen. Es gab Orte, wo ein Vorsänger mit einem Chor umherzog, der – nach einem frommen Auftaktlied und guten Neujahrswünschen – die Anwesenden mit gereimten Texten auf die Schüppe nahm, indem er sie kenntnisreich mit Ereignisse des vergangenen Jahres konfrontierte, bei denen sie nicht immer die beste Figur gemacht hatten. In anderen Gegenden war der Neujahrstag ein Heischetag der Kinder, die sich Gaben ersangen. Mitgeführt wurde dabei der ↗ **Rummelpott**. – Neujahr galt auch als ↗ **Orakeltag**, vor allem für ↗ **Hochzeitsorakel** (vgl. ↗ **Orakelbräuche**). Beliebt war der ↗ **Neujahrssprung**: Das neue Jahr wurde um Mitter-

Beginn des Neuen Jahres in Deutschland, aus: Otto Frhr. von Reinsberg-Düringsfeld, Das festliche Jahr, Leipzig 1898

nacht angekündigt. Wer wollte, sprang über hintereinander aufgestellte Schemel oder Stühle ins neue Jahr. Weit verbreitet war eine Variante, nach der alle Anwesenden um genau 24 Uhr von einem Stuhl, auf dem sie jeweils standen, gemeinsam herunter und ins neue Jahr sprangen. Der ausgesprochene Wunsch eines »guten ↗ **Rutsch in das neue Jahr**«, nicht symbolisch vollzogen, wird mit dem Namen des jüdischen Neujahrsfestes in Verbindung gebracht: vgl. ↗ **Rosch Ha-Schana.** In den Niederlanden war zu Neujahr das ↗ **Neujahrsschlittschuhlaufen** üblich. ↗ **Freigebigkeit zu Neujahr** sollte reichen Geldsegen einbringen. Im Norden Deutschlands haben einmal in manchen Orten vor den Häusern Tische gestanden, von denen man sich bedienen konnte, ja musste, wollte man nicht die Schuld am fehlenden Glück der anderen übernehmen. Auf Helgoland hielt der Wirt in der Neujahrsnacht seine Gäste frei. »Aller Anfang geht mit«, sagte der hl. Augustinus. Der Glaube, dass Form und Inhalt eines Neuanfangs die ganze restliche Folge prägen, ist uralt. Nicht nur jüdischer Tradition entspricht es, alte Schulden im alten Jahr zu begleichen. Das neue Jahr hat man frisch gewaschen zu begrüßen; symbolisch wird daher der alte Schmutz abgewaschen. Oft gehörte dazu, dass man sich völlig neu einkleidete. Die Reinigung vom Alten bietet im neuen Jahr Schutz. Was an Neujahr geschah, hatte nach dem Glauben unserer Vorfahren Auswirkungen auf das ganze Jahr. Entsprechend heißt es im Erzgebirge: Wenn man Neujahr etwas falsch macht, geht es das ganze Jahr verkehrt. Streit ist deshalb an Neujahr tabu, Ordnung in allen Bereich oberste Pflicht, ebenso Überfluss bei Essen und Trinken, damit niemand im neuen Jahr hungern muss. In Norddeutschland und Ostpreußen traten zwei junge Burschen als ↗ **Neujahrsschimmel** und ↗ **Neujahrsbock** verkleidet auf. Sie brachten Geschenke und neckten im Schutz ihrer Verkleidung die Mädchen, die sie mit ↗ (Lebens-)**Ruten** strichen. Belege für handschriftliche und dann auch für gedruckte ↗ **Neujahrswünsche**, oft mit ↗ **Neujahrssprüchen** verbunden, gibt es seit dem 15. Jh. Das ↗ **Neujahrgewinnen** stellt eine Sonderform des Überbringens von Neujahrswünschen dar. Die Hoffnung und der Glaube, dass man das Glück herbeizwingen könne, sind uralt. ↗ **Glück** wird beschworen durch symbolische Gaben, durch das Verschenken von ↗ **Glücksymbolen** oder ↗ **Glücksbringern:** ↗ **Glücksschwein,** ↗ **Glückspfennig,** ↗ **Hufeisen,** ↗ **Glücksklee,** ↗ **Schornsteinfeger. Neujahrsbesuche** waren mit dem Überbringen von **Neujahrsgebäck** verbunden. Heute verschenkt man zu Neujahr – oft weit im Voraus und meist mit geschäftlichem Interesse – ↗ **Kalender.**

Neujahr ansingen ↗ Neujahr

Neujahr gewinnen
Bezeichnung für einen Neujahrsbrauch, bei dem versucht wird, einem anderen mit dem Neujahrsglückwunsch zuvorzukommen. Wer es schafft, kann von dem anderen ein Geschenk erwarten. Dieser bis heute geübte Brauch überdeckt den ursprünglichen Sinn, bei dem gute Wünsche = Glückwünsche den eventuellen schlechten Wünschen = Unglücksdrohungen zuvorkommen sollten, um diese zu bannen.

Neujährchen
Ein im Rheinland und in Westfalen übliches ↗ **Neujahrsgebäck**, aber auch Bezeichnung für die Neujahrsgabe an Dienstboten, Briefträger, Müllabfuhr usw...

Neujahrsbesuche ↗ Neujahr
Neujahrsbock ↗ Neujahr
Neujahrsbrezel ↗ Brezel, ↗ Neujahr
Neujahrsbrot ↗ Basilius
Neujahrsfisch ↗ Fisch

Neujahrsgebäck
Neujahrskringel, -kranz, -zopf, -brezel, -striezel oder (im Rheinland) Neujährchen sind **Glücksgebäck.** In der Regel besteht das Hefegebäck aus Weizenmehl; zusätzlich verwendet werden gerne Körner, die Vielfalt und Überfluss verdeutlichen: Mohn und Hirse. Auch Lebkuchengebäck gibt es zum neuen Jahr. Die Form des Gebäcks, z. B. der Kranz, symbolisiert nicht nur den ewigen Kreislauf des Jahres, sondern auch den vor Dämonen schützenden Kreis. Der Zopf stellt eine ähnliche verstandene Metapher dar. In Ostfriesland war der Neujahrskuchen als springendes Pferd geformt, in der Schweiz hieß das entsprechende Gebäck **Heilswecken.** Im Rheinland ist ein ↗ **Neujährchen** meist dem vierblättrigen Kleeblatt nachgebildet oder einfach rund, oft verziert mit Symbolen der Ewigkeit. In Mecklenburg gab es ein Gebäck unter gleichem Namen, aber zu einem anderen Zweck: Es wurde segenbringend den Tieren ins Futter gebrockt. In dem in Griechenland üblichen Neujahrsbrot (vgl. ↗ **Basilius**) wird eine Gold- oder Silbermünze versteckt, die ihrem Finder Glück bringen soll. Möglicherweise ist hier ein Vorbild für den ↗ **Königskuchen** zu finden (vgl. ↗ **Dreikönigsfest**). In der Ukraine wurde das Neujahrsgebäck der Juden, die »challa«, in Vogelform gebacken. Bei Jesaja 31,5 heißt es: »Wie mit ausgebreiteten Flügeln wird der Herr der Heere ↗ **Jerusalem** schützen, es beschirmen und befreien, verschonen und retten.« Neben der Hoffnung auf den Schutz des Herrn, wie er bildhaft bei Jesaja Ausdruck findet, symbolisiert das Neujahrsgebäck in Vogelform auch die Hoffnung, dass die Gebete und Hoffnungen der Menschen zu Gott emporgetragen werden mögen.

Neujahrsglückwunsch ↗ **Glückwünsche,** ↗ **Neujahr**
Neujahrsschimmel ↗ **Neujahr**

Neujahrsschlittschuhlaufen
Früheres Brauchtum in den Niederlanden zu Neujahr, bei dem man sich traf und anschließend in Freundeskreisen miteinander Kakao trank.

Neujahrssprüche
Glück- und Segenswünsche lassen sich durch – oft mehr oder weniger – gelungene Sprüche, gereimte Texte, ausdrücken. Zahllose historische Beispiele ergänzen die in der Gegenwart noch üblichen Sprüche.

Neujahrssprung ↗ **Neujahr,** ↗ **Sprung ins Glück,** ↗ **Rosch Ha-Schana,** ↗ **Rutsch in das Neue Jahr**

Neujahrstanz
Bezeichnung für den ersten Tanz im neuen Jahr als Zeichen der Harmonie und Zuneigung, die im ganzen Jahr erhalten bleiben sollen.

Neujahrswünsche ↗ **Glückwünsche,** ↗ **Jahresende,** ↗ **Neujahr**
Neunkräutersuppe ↗ **Grüne Kräuter**
Neusonntag ↗ **Sonntag**

Nicäa, Konzil von
Vom 20. Mai bis zum 27. Juli 325 tagte in Nicäa das Erste allgemeine ökumenische Konzil: Themen waren u.a. der Termin der Osterfeier; der ↗ **Arianismus**; das »Nicänum«, d.h. das Glaubensbekenntnis von Nicäa (vgl. ↗ **Arianer**).

Nickel ↗ **Nikolaos,** ↗ **Nikolaus-Name**
Nicki ↗ **Nikolaos,** ↗ **Nikolaus-Name**
Niclastag ↗ **Nikolaus-Fest**
Nicolai hiemals ↗ **Nikolaus-Fest**
Nicolas, Saint ↗ **Nikolaos,** ↗ **Nikolaus-Name**
Niels ↗ **Nikolaos,** ↗ **Nikolaus-Name**
Nielsdag ↗ **Nikolaus-Fest**
Nikelos ↗ **Nikolaos,** ↗ **Nikolaus-Name**
Niki ↗ **Nikolaos,** ↗ **Nikolaus-Name**

Niklas ↗ **Nikolaos**, ↗ **Nikolaus-Name**
Niklo ↗ **Nikolaos**, ↗ **Nikolaus-Name**
Nikolai ↗ **Nikolaos**, ↗ **Nikolaus-Name**

Nikolaos, Nikolaus-Name

»Nikos« bedeutet im Griechischen »Sieg«, »Laos« das »Volk«. »Nikolaos« bedeutet somit »Sieger des Volkes«. Wenn Nikolaus eine Ehrenbezeichnung des Heiligen ist, also nicht sein ursprünglicher Eigenname, dann könnte Nikolaus den meinen, der das Böse besiegt und dem Volk gezeigt hat, wie das Gute siegreich bleibt. Der Name Nikolaos kommt in zahlreichen Varianten vor: **Aschenklas** (Westf.), **Busseklas, Boklaus** (Braunschweig), **Fasenickel, Hatscha, Helije Mann** (Kölner Raum), **Hel-Niklos** (Franken), **Herrscheklaus** (Rhön), **Hirscha, Hutscheklas, Klaas, Klas, Klasbur, Klasen, Klaubauf, Klaus, Klausi, Klawes** (Hannover), **Klos** (Schwaben), **Kräst, Krast, Kristman, Nickel, Nicki, Niels, Nikelos, Niki, Niklo, Nikolo** (Bayern, Österr.), **Nikolai, Nikolaos** (Griech.), **Nikolaus, Nikelos** (Mittel- und Oberrhein), **Noel Baba** (Türkei), **Pelznickel** (Bergisches Land, evangel.), **Ruhklas** (Mecklenburg), **Sankt Niklas** (Oberschwaben), **Saint Nicolas** (Frkr.), **Kris Kringle** (Nordamer.), **Class, Sinta Class, Santa Claus** (Nordamer., Engl.), **Santiklaus, Santi Klaus** (Schwaben), **Sin, Sintaklas, Sinte Klaas, Sinterklaas** (Niederl.), **Strohmichel, Sinterklasen** (Ammerland), **Sünnerklas** (Ostfriesland), **Zinterklos** (Nördl. Rheinland), **Pelzmichel, Strohmichel.** – Als weiblicher Name leitet sich im Deutschen Ni[c]kola wahrscheinlich von der frz. Nicole ab.

Berühmte Namensträger sind: **Nikolaus von Flüe** (1417–1487), Familienvater, Mystiker, Heiliger; **Nikolaus von Kues** (1401–1464), Kanonist, Mathematiker, Philosoph, Theologe, Bischof, Kardinal; **Nikolaus I.** (1825–1855), Zar von Russland; **Nikolaus II.** (1868–1918), Zar von Russland, ermordet von den Bolschewiken; **Nikolaos Studites** (793–868), Abt und Heiliger; **Nikolaus von Tolentino** (1245–1305), Asket, Wundertäter, Heiliger. – Fünf Päpste (und ein Gegenpapst) haben den Namen des hl. Nikolaus zu ihrem Regierungsnamen gewählt: **Nikolaus I.** (858–867), **Nikolaus II.** (10581061), **Nikolaus III.** (12771280), **Nikolaus IV.** (1288–1292), **Nikolaus V.** (= Gegenpapst; 1328–1330), **Nikolaus V.** (1447–1455).

Nikoläuse, kleine

So nannte man die jeweils zwei Jungen, die früher als Poltergeister durch die Dörfer in Südwestdeutschland liefen. Gelegentlich wurden sie von Erwachsenen zu »pädagogischen Zwecken« ins Haus gerufen, wussten doch die Altersgenossen eher über die Vergehen ihrer Altersgenossen Bescheid als die Eltern.

Nikolaus-Beförderungsmittel ↗ **Reittiere des heiligen Nikolaus**

Nikolaus-Begleiter

Beim Einkehrbrauch wird der hl. Nikolaus nahezu immer von einer Gestalt begleitet, die als gezähmter ↗ **Teufel** oder »dienstverpflichteter« Höllengeist deutbar ist: oft ein in Ketten gelegter, geschwärzter Poltergeist, zu dessen Ausrüstung meist Rute und Sack oder Kiepe gehören. Bei der Inszenierung übernimmt diese Figur die Präsenz des Bösen, die zwar Böses und Böse bestraft, sich aber fest in der Gewalt des Guten (= hl. Nikolaus) befindet. Die Namen für diese Figur variieren. Relativ verbreitet ist ↗ **Knecht Ruprecht, Rauher Knecht Ruprecht** oder **Rauher Percht.** Letzterer verweist einerseits auf den Teufel und andererseits auf die Entstehung des Namens Ruprecht. Teufliche Begriffe sind auch **Düvel** oder **Bock** oder der biblische Name **Beelzebub.** Begriffe wie z. B. **Böser Klaus** zeigen die Auflösung und kontraproduktive Inszenierung der Heiligenlegende. Andere Figuren sind mittelalterliche Allegorien, die menschliche Laster verkörpern: Bären, ↗ **Esel**, Böcke und die ↗ **Rauhe**

Nikolaus-Begleiter, aus: Georg Buschan, Das deutsche Volk in Sitte und Brauch, Stuttgart 1922

Perchta, die als **domina perchta** Hoffart, Völlerei und Unzucht verkörpern. – Andere Bezeichnungen: **Ascheklas, Bullerklas, Klas Bur** (Westfl., Norddtld.), **Zwarter Piet, Pietermann, Swarte Piet** (Niederl.), **Pulterklas** (Diethmarschen), **Ruklas, Rupsack** (Mecklenburg), **Hans Muff** (= der muffige Hans), **Heiliger Mann, Düvel, Zink Muff, Zink Knatsch** (Niederrhein), **Belzebub, Pelzebock** (Eifel und Mosel), **Pelzebub** (Baden), **Pelznickel** (Pfalz und Saar), **Butz** (Schwaben), **Rumpelklas** (Allgäu), **Schmutzli, Düsseli** (Schweiz), **Semper, Klaubauf** (Bayern), **Krampus** (Österr.), **Schiachtperchten** (Salzb. Land), **Partl, Bartl** (Kärnten, Steiermark), **Leutfresser** (Ostalpen), »Père Fouttard« (Frkr.), **Hans Trapp** (Pfalz), **Biggesel, Böser Klaus, Einspeiber, Gangerln, Kläuse, Klosen, Busebrecht, Buzebercht, Kehraus, Klausmänneken, Klausenpicker, Klombsack, Spitzbartl, Schwarz Käsperchen, Rollebuwe, Battenmänner, Bullkater, Dollochs, Erbsbär.** – Im Gurktal (Österr.) taucht der **Nikolo** mit dem **Spitzbartel** auf, der in schwarzer Maske mit Kuhglocke und einer Bucklkraxn (= Kiepe) erscheint. Die **Buttmandeln, Treichler** und peitschenschwingenden **Geißelchlöpfer** treiben in den Alpen ihre rauhen Späße. Eine andere Interpretation will den hl. Nikolaus in seiner Rolle als Schifferheiligen, als christlichen Poseidon verstehen, d.h. als »Nachfolger« des griechischen Meeresgottes Poseidon (röm.: Neptun). Als »Meeresgott der Christen« habe man Nikolaus einen Begleiter zugestanden, wie ihn Poseidon in seinem als Menschenschreck agierenden Sohn Triton gehabt habe. ↗ **Knecht Ruprecht**, der gezähmte Teufel, stehe in der Tradition des Triton. Eine weitere Auslegung sieht im Einkehrbrauch die christliche Einvernahme eines germanischen Wotankultes (↗ **Wotan**). Die neuere Forschung sieht alle Schreckensgestalten aus dem Reich des Bösen der ↗ **civitas diaboli** entstiegen und erklärt damit ihr Vorhandensein ohne Rückgriffe auf germanisches Brauchtum.

Nikolaus-Bruderschaften

Nikolaus-Bruderschaften entstanden in vielen Städten durch Kaufleute, Schiffer und verschiedene Handwerkerzünfte. Eine der ältesten scheint in Köln an der Nikolauskapelle in Sülz (heute Köln-Sülz) bestanden zu haben, die möglicherweise 1201 gegründet wurde. In der Stadt Köln entstanden später noch drei weitere Nikolaus-Bruderschaften. Am Festtag des Heiligen feierte man ein Fest und beschenkte Kinder und Dienerschaft (vgl. ↗ **Gabenbringer**, ↗ **Bruderschaft**).

Nikolausfalle

Als »Nikolausfalle« wird die fragliche pädagogische Logik des Nikolaus im Struwwelpeter von 1845 des Arztes Heinrich Hoffmann bezeichnet. Dieser Nikolaus droht denen Strafe an, die den unverschuldet »kohlpechrabenschwarzen« Mohren nicht unbehelligt lassen. Die makabre Begründung lautet: »Was kann der Mohr denn dafür, »dass er so weiß nicht ist wie ihr?« Die Strafe für »böse Buben«: Sie werden noch »viel schwärzer« gemacht und teilen darum intensiv und selbstverschuldet das Schicksal des Verspotteten. Und die (klein-)bürgerliche »Moral«: Wer den Mohren verspottet, wird zum »Obermohren«. Der Spott trifft den Spötter umso härter. Das Fatale dieser Argumentation, die als »Nikolausfalle« bezeichnet wird: Das Verbot, Andersartige zu verspotten, wird durch die angedrohte Strafe außer Kraft gesetzt!

Nikolaus-Fest

Seit dem 8./9. Jh. feierte man im Westen das Fest des hl. Nikolaus am 6. Dezember – »Natalis S. Nicolai« (**Nicolai hiemals**, **Niclastag**, **Nielsdag**, niederl.: **Clawsdach**, **Klagesdach**). Nach der Überführung der Gebeine des Heiligen nach ↗ **Bari** wurde zusätzlich der 9. Mai zum Gedächtnistag erklärt – ↗ **Translatio S. Nicolai**. Mit der Reform des kirchlichen Festkalenders 1969 entfiel die weltweite Verpflichtung zur Feier eines Gedächtnistages für den hl. Nikolaus. Dem kultisch-liturgischen Stellenwert des Heiligen, dessen Verehrung vom 12. bis zum 16. Jh. unvergleichlich blühte, entsprechen kaum überschaubare Auswirkungen auf das volksfromme Brauchtum, aber auch Ausformungen von ↗ **Bruderschaften**, Wallfahrten, Reliquienverehrung und eine unschätzbare Anzahl bildlicher und plastischer Darstellungen. – Der hohe liturgische Rang des Nikolaustages hatte zudem profane Auswirkungen: Was innerlich wirksam war, sollte auch äußerlich erlebbar sein. Die Festtagsküche stellte darum durch ihre Produkte sinnlich unter Beweis, welche übersinnlichen Qualitäten der Festtag in sich trug. Produziert wurde für die Familie oder die Klostergemeinschaft, aber auch für das Gesinde, für Verwandte, Besucher, Freunde, Gäste, Bettelnde und Heischende. Das liturgische Fest weitete sich aus zu einem Gesamterlebnis, es wurde ganzheitlich erfahrbar. Alles, was heute in der Advents- und Weihnachtszeit und darüber (erheblich) hinaus an Speisen und Gebäck angeboten wird, hat seinen Ursprung im Weihnachts- und Nikolausfest und kam mehr als in unserer Zeit deshalb nur an diesen Tagen selbst auf den Tisch. In ganz früher Zeit, als die Adventszeit noch als strenge Fastenzeit galt, war der Nikolaustag ein unvergessliches Erlebnis: Traditionell war der Nikolaustag Schlachttag und – wo gehobelt wird, da fallen Späne – bot Wellfleisch und Würste, Suppen und Reste, als sonst nur Brei und Rosenkranz den Tag erhellten. Bekanntlich kam uns die Erfahrung »des Habens, als hätte man nicht« (ein Pauluswort) mit der Erfindung des Tiefkühlens abhanden.

Nikolaus-Gebäck

Als typisches Nikolausgebäck gelten ↗ **Weckmänner** aus Hefe- oder Mürbeteig, **Klasenvogel** und **Klasenring** (= Hefegebäck in Vogel- oder Kringelform) und natürlich das ganze Spektrum des Adventsgebäcks.

Nikolauslaufen

↗ **Heischebrauch** in der Region Bremen: Verkleidete Kinder besuchen die Häuser, singen Adventslieder und tragen ein Weihnachtsgedicht vor. Sie erwarten dafür Äpfel, Kuchen und Süßigkeiten.

Nikolauslegenden

Bemerkenswert und geradezu eine hagiographische Gesetzmäßigkeit ist die Situation, dass – je mehr eine historische Person im Dunkel der Vergangenheit an historischer Präzision verliert – sie ein Profil erst im Legendarischen entfaltet. Der Fortfall konkreter historischer Bezüge scheint geradezu der Nährboden der Legende zu sein. Die verschlungenen Stränge der legendari-

schen Überlieferung des hl. Nikolaus sind so außerordentlich kompliziert miteinander verknüpft, dass sie nur von Experten entwirrt werden können.

Ältester schriftlicher Beleg für die Verehrung des Bischofs von Myra ist die **Stratelatenlegende**, die so genannte **praxis de stratelatis**, die Legende von der wunderbaren Rettung dreier Feldherren vor dem Tode. Diese »Keimzelle der Nikolauslegende« (Werner Mezger), die die Handlung zu Lebzeiten des Heiligen ansetzt, spielt zu Zeiten Kaisers Konstantins (306–337), der mit der »Konstantinischen Wende« die Ära des Christentums im Römischen Reich eröffnete. Die älteste erhaltene Aufzeichnung der Legende wird in die Zeit zwischen 460 und 580 datiert; es ist keineswegs ausgeschlossen, dass noch eine ältere Fassung entdeckt werden könnte. Die Stratelatenlegende, ältester Kern der dann bald weltumspannenden Nikolausverehrung, hatte im Altertum einen solch hohen Stellenwert, dass von ihr noch heute mehr als fünfzig verschiedene Handschriften erhalten sind. Die älteste bekannte Biographie des hl. Nikolaus, die »Vita per Michaelem«, scheint zwischen 750 und 850 in Konstantinopel entstanden zu sein. Sie wurde zur Vorlage für die nur wenig jüngere Biographie des »Methodius ad Theodorum«, die in die erste Hälfte des 9. Jh. datiert wird. – Der hagiographische Befund zum hl. Nikolaus wäre durchschaubar geblieben, hätte es nicht einen zweiten Nikolaos gegeben, den Archimandriten (griech.:

Fra Angelico, Nikolaus, der Getreide ausladen lässt und ein Schiff vor dem Untergang rettet (Detail). Szene der Pedrella des Altars von Perugia/Umbrien (1437). Pinakothek des Vatikan. – Vorlage: Archiv Herder

Abt) des Klosters von Sion und späteren Bischof von Pinora, dessen Vita etwa zur Zeit der Entstehung der Stratelatenlegende entstanden ist. Von ihm wissen wir, dass er mit großer Wahrscheinlichkeit am 10. Dezember 564 in Lykien gestorben ist. Die Namensgleichheit und wohl auch der Tod in einer Landschaft, in der auch der Bischof von Myra gewirkt hat, haben dazu geführt, dass die Lebensbeschreibungen des Abtes Nikolaos und des Bischofs Nikolaos von Myra miteinander verschmolzen: Symeon Metaphrastes, der in der zweiten Hälfte des 10. Jh. wirkte, führte die Stratelatenlegende mit der Vita des Myrensers zusammen, fügte aber – und das war eben sein Irrtum – Begebenheiten aus dem Leben des Archimandriten Nikolaus hinzu. Diese kompilierte Vita war die Vorlage für alle folgenden Lebensbeschreibungen. – Wie im Osten, so scheint auch im Westen die Stratelatenlegende Auslöser und Kern weiterer Nikolauslegenden und der Nikolausverehrung gewesen zu sein. In einem Reichenauer Codex aus der 1. Hälfte des 9. Jh. taucht die »praxis de stratelatis« erstmals auf weströmischem Boden auf. Nur wenig später, zwischen 840 und 854, findet sich die Legende etwas gekürzt im Martyrologium des Fuldaer Benediktinerabtes und nachmaligen Mainzer Erzbischofs Hrabanus Maurus (um 780–856) wieder. Wie im Osten, so folgt im Westen die Nikolaus-Biographie seiner Legendenfassung. Zwei griechische Biographien haben vor allem als Vorlagen gedient: die Vita des Symeon Metaphrastes (byz. Staatsmann, Historiker und Hagiograph, † um 1000) und die Schrift des »Methodius ad Theodorum«. Nachweisbar ist um 880 die in Neapel verfasste »Vita s. Nicolai episcopi« von Johannes Diaconus (825–880/82), die wohl älteste Nikolausbiographie in lateinischer Sprache. Während sich Johannes Diaconus wesentlich auf den Text des Methodius stützt, übernahmen jüngere lateinische Autoren ihren Stoff von Symeon Metaphrastes. Auf diese Weise verschmolzen auch im Westen die historischen Personen des Nikolaus von Myra und des Abtes Nikolaus von Sion zur heute noch bekannten fiktiven Nikolausgestalt.

Im Hochmittelalter entstanden allmählich auch volkstümliche und volkssprachliche Nikolaus-Lebensbeschreibungen. Die älteste bekannte Vita stammt von dem Anglonormannen Robert Wace. Mit seinem Text »St. Nicholas« fußt er auf Johannes Diaconus und somit auf Methodius, aber auch noch auf zusätzlichen, möglicherweise mündlichen Quellen. Diese altfranzösische Vita existiert auch noch in Form einer jüngeren mittelenglischen Variante. – Die erste deutsche Nikolausbiographie kann für das 13. Jh. nachgewiesen werden. Leider ist der Text in Form eines Gedichtes in hoher sprachlicher Qualität nur fragmentarisch erhalten. – Den »Renner« unter den Nikolaus-Viten im lateinischen Abendland schrieb in der zweiten Hälfte des 13. Jh. der Dominikaner Jacobus a Voragine (1228/29–1298), späterer Erzbischof von Genua. Seine berühmte »Legenda Aurea«, zuerst lateinisch abgefasst, ordnet die Heiligen nach dem Kirchenjahr und behandelt den hl. Nikolaus gleich nach dem hl. ↗ **Andreas**. In zahlreichen Handschriften und ab dem Ende des 15. Jh. auch im Buchdruck trat die »Legenda aurea« einen unvergleichlichen Siegeszug an, der bis ins 20. Jh. anhielt. Die Popularität des hl. Nikolaus im Hoch- und Spätmittelalter, aber auch die Nachwirkungen bis in unsere Zeit haben ihre Quelle in diesem sensationell erfolgreichen Buch, dessen Texte sich im Laufe der Jahrhunderte durch Ergänzungen beachtlich ausweitete: Aus den 170 Texten im 13. Jh. waren 1470 bereits 448 Texte geworden. – Auf der Textvorlage des Genueser Erzbischofs wiederum basiert das kurz vor 1300 vollendete so genannte »Passional«, mit etwa 110.000 Versen die bedeutendste Legendensammlung des Mittelalters. Nikolaus ist in dieser Textsammlung im dritten Buch nicht nur an die erste Stelle von 75

behandelten Heiligen der 66.400 Verse umfassenden »Legenda sanctorum« gerückt: Mit etwa 1.780 Versen ist das Kapitel von »Sante Nicolao einem bischove« doppelt so lang, wie es andere Texte im Durchschnitt sind. – Die frühen Buchdrucke, die vor 1500 entstandenen Inkunabeln, sind nicht nur typografisch aufwendig gestaltet, sondern auch reich bebildert. Die populärste Vitensammlung, heute als »Der Heiligen Leben« bezeichnet, erstmals 1471/1472 in Augsburg ediert, enthält für jeden Heiligen einen Holzschnitt. Das 1488 in Nürnberg edierte Buch von Anton Koberger, eine der aufwendigsten Inkunabeln, präsentiert für Nikolaus einen zweiteiligen – meist sogar handkolorierten – Holzschnitt. Dargestellt werden die Ausstattung der drei Jungfrauen mit Gold und die Erwählung von Nikolaus zum Bischof, mit Heiligennimbus, Mitra und Chormantel, bei der Jungfrauenlegende zusätzlich mit Bischofsstab dargestellt. Die ↗ **Jungfrauenlegende** spielt, wenigstens nach der Legende selbst, vor der Bischofswahl; aber der Illustrator kann deswegen nicht gleich als unwissend oder Fälscher bezeichnet werden: Durch seine Tat erweist sich Nikolaus schon vor seiner Bischofswahl als dem Bischofsamte würdig und wird deshalb als Bischof wiedererkennbar selbst in »vorbischöflicher« Zeit gezeigt.
Die wichtigste Innovation des lateinischen Abendlandes hinsichtlich der Weiterentwicklung der Grundlegenden um den hl. Nikolaus ist die Wundererzählung von der Auferweckung der getöteten Schüler. Die älteste Fassung dieser Sekundärlegende liegt im 12. Jh. in dramatisierter Form in der Hildesheimer Handschrift »Liber sancti Godehardi« vor; eine der ältesten epischen Fassungen bietet der schon genannte Robert Wace mit seinem »St. Nicholas«. Weil sich die Schülerlegende schon vor 1200 im nordfranzösischen Raum finden lässt, aber eine Generation später in der südlich der Alpen verfassten »Legenda aurea« und in anderen südeuropäischen Nikolausbiographien nicht vorkommt, vermutet die Forschung die Entstehung dieser Schülerlegende in Nordfrankreich. Die Schülerlegende ergänzt nicht nur die anderen im Mittelmeerraum entstandenen Legenden, sondern prägt den Typ von Nikolaus, der als himmlischer Kinderfreund und ↗ **Gabenbringer** in zahlreichen zeitabhängigen Metamorphosen bis in die Gegenwart fortlebt. Kult, Hagiographie, Ikonographie und Brauchentwicklung erfuhren von hier eine nach wie vor ungebrochene Vitalität, die sich im Gegensatz zur in Frage gestellten kanonischen Unantastbarkeit erhalten hat.

Nikolaus-Manna ↗ **Oleum Sancti Nicolai**

Nikolaus-Märkte
Am Fest des Heiligen wurde mancherorts Markt gehalten, der dann Nikolaus-Markt hieß.

Nikolaus-«Mutationen« ↗ **Weihnachtsmann,** ↗ **Gartenzwerg**

Nikolaus-Patron, Patronate
Der hl. Nikolaus ist Schutzherr von Russland und Lothringen, in der Schweiz Patron der Diözesen Lausanne/Genève/Fribourg, vor allem Schutzherr der Hanse und der Städte Amsterdam, Ancona, Bari, Fribourg, Meran und New York. Der Heilige ist Namensgeber zahlreicher Städte auf allen Kontinenten. Die Zahl der Nikolaus-Patronate über Kirchen und Altäre wird für Deutschland im Mittelalter auf 4000 bis 5000 geschätzt. Heute sind im Erzbistum Köln noch 16 von 811 Pfarrkirchen dem hl. Nikolaus als Hauptpatron geweiht. Zahlreiche Personengruppen haben sich den Heiligen zum Patron erwählt: Kinder und Schüler; junge Frauen, die sich Männer, und Frauen, die sich Kinder wünschen; Gebärende, Seeleute, Schiffer, Flößer, Schiffsbauer und Fährleute, Kaufleute, Müller,

Bäcker, Metzger, Schneider, Weber, Reisende, Gefangene, Advokaten, Notare, Pfandleiher, Küfer, Wein- und Kornhändler, Eigentümer und Bettler. Wahrscheinlich wegen seiner Hilfe für (eigentlich unschuldig!) Gefangene haben wohl auch die Diebe den hl. Nikolaus zu ihrem Patron erkoren. Auf dem Oberarm eines 1933 in Köln Inhaftierten war die Bitte tätowiert: »Heiliger Nikolaus, schütze uns vor Polizei und Arbeitshaus!« Ob dies ein individueller Einfall oder eine gruppenspezifische Anschauung war, blieb bis heute ungeklärt. Die Rettung, die Nikolaus gewährt, scheint mancherorts mit seiner Kirche verbunden zu sein. In Rom ist die älteste Nikolauskirche – San Nicola in Carcere – Gefängniskirche gewesen. Sie besaß das päpstliche Privileg, jedes Jahr zum Nikolausfest einen zum Tode Verurteilten zu begnadigen. Eine Nikolauskirche war auch in Leipzig 1989 Ort für Frieden und Tyranneibeseitigung: die Nikolaikirche – Die ungeheure Popularität des hl. Nikolaus kann man ermessen, wenn man sich die Orte ansieht, die nach ihm benannt worden sind. Zunächst sind es die Orte resp. Ortsteile, deren Namen mit »Klaus...« beginnen, wobei jeweils geklärt werden müsste, ob der Ortsname auf den hl. Nikolaus oder einen Klausner und seine Klause zurückgeht; dann natürlich auch die mit Nikolaus benannten Orte: 88260 Argenbühl-Klaus; 83224 Grassau-Klaus (Chiemgau); 83346 Bergen-Klaus (Chiemgau); 52385 Nideggen-Klaus (Eifel); 83527 Kirchdorf-Klaus, Gemeinde Fürholzen bei der Stadt Dorfen; 84427 St. Wolfgang-Klaus, Gemeinde Jeßling bei der Stadt Dorfen; 04618 Klausa; 91459 Markt Erlbach-Klausaurach; 91282 Betzenstein-Klausberg; 94491 Hengersberg-Klausberg; 67808 Steinbach-Klausberg Waldhaus (am Donnersberg); 23769 Bannesdorf-Klausdorf (auf Fehmarn); 14929 Klausdorf bei Jüterbog; 18445 Klausdorf bei Stralsund; 15838 Klausdorf bei Zossen (bei Berlin); 24147 Klausdorf (Schwentine); 95704 Pullenreuth-Klausenhäusel; 95694 Mehlmeisel-Klausenhäusl; 88524 Uttenweiler-Klausenhof; 88260 Argenbühl-Klausenhof; 87480 Weitnau-Klausenmühle; 87634 Obergünzburg-Klauser (Kreis Markoberdorf); 17268 Klaushagen; 48531 Nordhorn-Klausheide; 33161 Hövelhof-Klausheide: 49406 Eydelstedt-Klausheide (Kreis Grafschaft Diepholz); 90579 Langenzenn-Klaushof; 23730 Altenkrempe-Klaushorst; 49406 Eydelstedt-Klausing; 24217 Höhndorf-Klauskamp (Holstein); 36151 Burghaun-Klausmarbach (Kreis Hünfeld); 86975 Bernbeuren-Klausmen; 95491 Ahorntal-Klausstein; 24797 Breiholz-Klaustal; 23775 Großenbrode-Klaustorf (Holstein). Eindeutiger noch sind die Ortsnamen, die auf den Namen Nikolaus direkt zurückgehen: 88416 Steinhausen-Niklas (an der Rottum); 84189 Wurmsham-Niklashaag; 97956 Werbach-Niklashausen; 83739 Niklasreuth; 84034 Landshut-Nikola; 14129 Berlin-Nikolasee; 37077 Göttingen-Nikolausberg; 49681 Garrel-Nikolausdorf; 67317 Nikolaushof; 67317 Nikolauserhof; 26954 Nordenham-Nikolaushörne; 35325 Mücke-Nikolausmühle.

Nikolaus-Schiff

Schiffchensetzen wurde der mindestens seit dem 15. Jh. bekannte Brauch genannt, aus Papier Nikolaus-Schiffchen oder Nikolaus-Schiffe zu basteln, in die der Heilige seine Gaben legen sollte. Hintergrund für diesen Brauch dürfte das Schifferpatronat des Heiligen sein. Das Nikolaus-Schiffchen wurde später durch den Stiefel, Schuh, Strumpf und dann den adventlichen ↗ **Gabenteller** abgelöst.

Nikolausschlachten

Wegen der Fastenzeit konnte dem an Nikolaus üblichen Schlachten (vgl. ↗ **Martinsschlachten**) der Fleischverzehr nicht folgen. Das Fleisch musste eingepökelt werden. Dieser Vorgang war Anregung der Sekundärlegende von den drei

Hl. Nikolaus. Gemälde von Johann Schraudolph; Stecher: Heinrich Nüsser. Privatbesitz, Nr. 76/1851

getöteten Knaben im Pökelfass, die durch den hl. Nikolaus wieder zum Leben erweckt wurden (vgl. ↗ **Nikolauslegenden**). Nachweisbar existiert diese Legende im nordfranzösischen Raum seit dem 12. Jh. (vgl. ↗ **Schlachtfest**).

Nikolaus-Spiele
Ausgehend von der Dramatisierung der Passions- und Ostererzählung, hat es für viele Ereignisse des Kirchenjahres geistliche Schauspiele gegeben. Inszenierungen aus dem Leben der Heiligen gehörten zur pastoralen Vergegenwärtigung. Für das Nikolaus-Fest sind zahlreiche solcher Schauspiele erhalten. Im 17. und 18. Jh., als Gegenbewegung zur Reformation, wurden die geistlichen Spiele als Mittel der Katechese intensiviert. Geistliche Spiele waren wahrscheinlich Vorlage für das ↗ **Ludus episcopi puerorum**, dieses wiederum Ideengeber für den ↗ **Einkehrbrauch**.

Nikolaus von Myra
Völlig unbewiesen sind legendarische Angaben, wonach der hl. Nikolaus, nachmals Bischof von Myra in Lykien, um 270 in Patras als Kind wohlhabender Eltern geboren worden sein soll. Seine Teilnahme am Konzil von Nicäa (325) ist mehr als zweifelhaft, sein Tod um 342 als Bischof von Myra ohne Beleg. Wissenschaftlich gesichert ist nur, dass es als wahrscheinlich gelten kann, dass es einen Bischof mit Namen Nikolaus in Myra gegeben hat, von dem zunächst in Myra, dann seit dem 4./5. Jh. in der Ostkirche und spätestens seit dem 8./9. Jh. in der Westkirche Wunderberichte umliefen und der kultisch verehrt wurde. Als Gedenktag gilt im Westen seit dem 8. Jh. der 6. Dezember. Seit der Reliquienüberführung von Myra nach Bari wurde der 9. Mai zum zweiten Nikolausgedenktag.

Nikolaus von Pinora/Sion
Er war Abt von Sion, Bischof von Pinora, gestorben am 10. Dezember 564 in Lykien. Seine Lebensgeschichte wurde mit der des Nikolaus von Myra unentwirrbar verwoben.

Nikolo ↗ **Nikolaos**, ↗ **Nikolaus-Name**, ↗ **Nikolaus-Begleiter**

Nisan
Siebter Monat des jüdischen Kalenders, der etwa parallel zu März/April des christlichen Kalenders verläuft. Am 14. Nisan feiern die Juden tra-

ditonell ↗ **Passah**, Hintergrund des ↗ **Osterfeststreits** im Christentum (vgl. ↗ **Ostern**).

Noël Baba ↗ Nikolaos, ↗ Nikolaus-Name
None, goldene ↗ Christi Himmelfahrt
Nontag ↗ Christi Himmelfahrt
Nontag, schöner ↗ Christi Himmelfahrt
Nothelfer ↗ Vierzehnheilige, Vierzehn Nothelfer
November ↗ Monate
Nubbel ↗ Fastnachtsanfang, ↗ Fastnachtsschlussbräuche, ↗ Hoppeditz, ↗ Strohmann
Nürnberger Christkindlemarkt ↗ Weihnachtsmarkt
Nürnberger Schembartlauf ↗ Schwert(er)tanz

Nüsse
Nüsse eignen sich nicht nur als lagerfähiges Nahrungsmittel für die Winterzeit, sie sind – roh oder verbacken – ein nahrhaftes und begehrtes »Schmankerl« oder »Leckerchen«. In der Symbolik gelten sie als Zeichen für Gottes unerforschlichen Ratschluss: Gegenwart und Zukunft geben uns – bildlich gesprochen – manche Nuss zu knacken. Entsprechend formuliert der Volksmund: »Gott gibt die Nüsse, aber er knackt sie nicht auf.« Früher wurden Nüsse auf einen Faden gezogen und in den Weihnachtsbaum gehängt. Besonders **vergoldete Nüsse** zeigen an, dass das Leben zwei Seiten hat: den im Innern verborgenen Kern und das strahlende Äußere. Im Gebäck weisen Nüsse auf den Reichtum göttlicher Gnade. Viele ↗ **Weihnachtsorakel** sind mit Nüssen verbunden: In Schlesien bekam jeder nach dem ↗ **Weihnachtsessen** vier Nüsse überreicht. Jede Nuss symbolisierte eine Jahreszeit. Taube Nüsse kündigten Missgeschick und Unglück an. In Bayern war es ähnlich: Mit zwölf Haselnüssen bezog sich die »Vorhersage« allerdings auf die zwölf Monate des Jahres.

Nussmärte ↗ Martini
Nuntag ↗ Christi Himmelfahrt

O

Oberstnacht ↗ Rauhnächte, ↗ Dreikönige

Ochs und Esel

Diese beiden Tiere gehören zur »Grundausstattung« jeder Krippendarstellung. Sie sind nicht nur deshalb an die Krippe gestellt worden, um den Ort, eine Höhle oder einen Stall, als Unterstand für das Vieh zu kennzeichnen, sondern weil sie darüber hinaus Symbolcharakter haben. Bei Jesaja 1,3 heißt es: »Der Ochse kennt seinen Besitzer und der Esel die Krippe des Herrn; Israel aber hat keine Erkenntnis, mein Volk hat keine Einsicht.« Die Christen haben diese Textstelle des Alten Testamentes auf Jesus bezogen, sie entsprach dem theologischen Denken: »Er kam in sein Eigentum, aber die Seinen nahmen ihn nicht auf« (Johannes 1,11). Der Esel steht für die Juden, der Ochse für die Heiden. Beide haben ihren Ort an der Krippe, beide sind gleichberechtigt berufen, Volk Gottes zu sein. Sie sind Ziel der ↗ **Menschwerdung** Gottes und deshalb von Anfang an symbolisch anwesend. Der Esel als Tier der Demut ist gleichzeitig Metapher für Jesus Christus, der sich als Gott so klein macht, wie der kleinste Mensch. Der Ochse als das alttestamentliche Opfertier verweist zudem auf den Tod Jesu am Kreuz.

Ochs und Esel an der Krippe. Teil der »Hadamarer Krippe« der Pfarrkirche St. Johannes Nepomuk, Hadamar b. Limburg, geschaffen von dem Südtiroler Holzschnitzer Helmut Piccolruaz. – Foto: Wolfgang Müller, Oberried

Octembre ↗ Monate: Oktober
October ↗ Monate: Oktober

Oculi

Erstes Wort des ↗ **Introitus** (Eingangsgebet der Messe): »Oculi mei semper ad Dominum« (= Meine Augen schauen immer auf zum Herrn) am Sonntag »Oculi«, dem dritten Fastensonntag (vgl. ↗ **Fastensonntage**). Dieser Tag wird auch »Sexagesima media«, »medium sexagesime« genannt.

Odinsminne ↗ Martinsminne
Oechstmoaent ↗ Monate: August
Oegstin ↗ Monate: September
Oest ↗ Monate: August
Offartstag ↗ Christi Himmelfahrt
Offertstag ↗ Christi Himmelfahrt
Offerus ↗ Christophorus
Ogst ↗ Monate: August
Oigst ↗ Monate: August
Oigstin ↗ Monate: September
Oistern ↗ Ostern

Oktav

Der Begriff bezeichnet »acht Tage«, die größeren Festen als Festkreis zugeordnet waren oder sind: Fronleichnamsoktav, ↗ **Martinioktav**, Weihnachtsoktav usw. (vgl. auch ↗ **Chanukka**, ↗ **Ostern**).

Oktober ↗ Monate: Oktober

Ölberg

Als Ölbergszene gilt der Gang Jesu zum Ölberg in Jerusalem (vgl. Matthäus 26,30–35), sein Gebet in Todesangst (vgl. 26,36–46) und seine Gefangennahme (vgl. 26,47–56) vor dem Verhör vor dem Hohen Rat. Diese Ereignisse haben die ↗ **Passionsfrömmigkeit** geprägt und die Nachtwache in der Gründonnerstagsnacht zum Anlass. Eigene Andachtsformen (↗ **Ölbergandacht**), spielerischer Nachvollzug (↗ **Ölbergspiel**) und die ↗ **Todesangst-Christi-Bruderschaften** stehen in direkter Beziehung zur Ölbergszene, der Nacht (des Gründonnerstag) im Garten Getsemani vor dem Verrat Jesu durch Judas.

»Nicht mein Wille geschehe«. Kupferstich von Carl Ludwig Schuler (1785–1852), Nr. 56 der Kupferstiche zum Neuen Testament, Freiburg i.Br. 1810/14. Vorlage: Archiv Herder

Ölbergandacht ↗ Passionsfrömmigkeit

Ölbergspiel ↗ Passionsfrömmigkeit

Oleum Sancti Nicolai

Aus dem Sarkophag des hl. Nikolaus wurde und wird – der Tradition nach schon in Myra (deshalb auch ↗ **Myron-Wunder**, wobei der Begriff doppeldeutig ist: einmal bezogen auf Myra, zum anderen kann er auch »Salbe« oder »wohlriechendes Öl« bedeuten) – eine Flüssigkeit in der Menge von 7–8 Litern jährlich aufgefangen, die als »Oleum Sancti Nicolai« oder auch als ↗ **Nikolaus-Manna** oder »Manna di S. Nicolai« bezeichnet wird. Die – erheblich verdünnt vermarktete – Substanz gilt als wunderwirkend.

Omophorion

Ein seit Beginn des 5. Jh. in der Ostkirche den Bischöfen vorbehaltenes Ornatstück, eine formverwandtes Schultertuch, das der Bischof bei der Liturgie als Auszeichnung und zum Unterschied von anderen Geistlichen trug. Das Omophorion symbolisierte das verirrte ↗ **Schaf**, das der Bischof als Nachfolger des guten Hirten aufgesucht hat und auf seiner Schulter zur Herde zurückbringt. Das artverwandte ↗ **Pallium** des Westens dagegen wurde und wird als Abzeichen oberstes Vollmacht getragen.

Ontcomera ↗ Kümmernis

Ontkommer ↗ Kümmernis

Oost ↗ Monate: August

Opferlamm ↗ Osterlamm

Orakelbräuche

Etliche Tage des Jahres galten als Orakeltage, vor allem Jahresendtermine und Jahresanfänge (↗ **Andreastag**, ↗ **Weihnachten**, ↗ **Silvester**, ↗ **Neujahr**, ↗ **Dreikönige**). Der Abhängigkeit agronomischer Gesellschaften wegen bezogen sich viele Orakel auf das Wetter, das sie vorauszusagen suchten. Am Dreikönigstag z. B. schreibt ein **Wetterorakel** vor: Am Vorabend des Dreikönigstages legt man von 12 Weizenkörnern je eines an einen bestimmten Ort vor den Ofen. Jede Stunde galt für einen Monat des Jahres. Am Morgen des Dreikönigstages konnte man ablesen, was die Monate bringen werden. Die am weitesten fortgesprungenen Körner weisen auf Glück, Gesundheit und reiche Ernte hin. Die gleiche »Wettervorhersage« erhoffte man sich vom ↗ **Zwiebelorakel** oder vom ↗ **Vierjahreszeitenorakel** (↗ **Weihnachtsorakel**). Bekannt ist auch die ↗ **Tellersaat** (vgl. ↗ **Barbara**, ↗ **Thomas**). – Besonders beliebt waren **Liebesorakel** oder ↗ **Hochzeitsorakel**. Dazu wurde z. B. das ABC mit Kreide an die Tür geschrieben. Ein junger Mann oder ein Mädchen wiesen mit verbundenen Augen zweimal auf die Buchstabenfolge. Mit dem einen Buchstaben begann der Vorname, mit dem anderen der Nachname der oder des Zukünftigen. Bei einem anderen Orakel band ein Mädchen einen Fingerring an ein langes Haar und ließ den Ring in ein leeres Glas hinein. So oft der Ring gegen das Glas schlug addierten sich die Jahre, die das Mädchen noch auf seine Hochzeit zu warten hatte. Bei einem anderen Orakel musste das Mädchen im Dunkeln hinter das Haus laufen und Holzscheite ins Haus holen. Ergaben die Scheite eine gerade = »paarige« Zahl, durfte das Mädchen auf eine Hochzeit im kommenden Jahr hoffen, sonst musste es sich vertrösten lassen. – Orakel, die sich auf die verbleibende Lebenszeit eines Menschen bezogen, waren gleichfalls in Übung. Heute bekannt sind noch die Anzahl der Rufe eines Kuckucks oder eines Finken. Früher blies man die Samen des Löwenzahns in die Luft und zählte die einzelnen Samen als Lebensjahre. Wer also, der Botanik kundig, einen reifen ↗ **Löwenzahn** wählte, verschaffte sich ein längeres Leben; Wissen bildet also nicht nur, es kann auch »lebenserhaltend« wirken. Siehe auch Orakelbräuche zum ↗ **Jahresende** und ↗ **Weihnachtsorakel**.

Orakelzahl ↗ Dreizehn

Orden vom Goldenen Vlies ↗ Andreas

Öschriger Mittwoch ↗ Aschermittwoch

Ostara ↗ Ostern

Ostarmanoth ↗ Monate: April

Ostensorium ↗ Monstranz

Osterabend

Der Vorabend des Ostersonntages, der ↗ **Karsamstag**, wird – nach Sonnenuntergang – als ↗ **Ostersonnabend**, ↗ **Osternacht** bezeichnet (vgl. ↗ **Karwoche**).

Osterbeichte

Seit alters gilt für Katholiken die sog. ↗ **Osterpflicht**, d.h. wenigstens einmal im Jahr (vor 1983 in der österlichen Zeit) zu beichten und zur Kommunion zu gehen (↗ **Osterkommunion**). Als ↗ **Stolgebühr** standen früher dem Pfarrer ↗ **Beichteier** oder der ↗ **Beichtpfennig** zu.

Osterbildchen ↗ Schedula paschalis

Osterbluemtag ↗ Palmsonntag

Osterbrezel ↗ Brezel, ↗ Ostergebäck

Osterbrief

Im Mittelalter wurden der Ostertermin und die Daten der beweglichen Feste nach dem Evangelium am Dreikönigstag in der Kirche verkündet, es hieß, der so genannte Osterbrief werde verle-

Osterbildchen zur Osterkommunion, Pfarrkirche St. Urbanus, Buer (1953). – Vorlage: Ludger Hohn-Morisch, Emmendingen

sen. Dieser Brauch wurde nach der Einführung der Kalender noch in Köln und in Turin/Italien gepflegt.

Osterbrot ↗ **Ostergebäck**
Osterbutter ↗ **Eierweihe, österliche**

Ostereier

Das Verbot der Kirche im Mittelalter, während der ↗ **Fastenzeit** ↗ **Eier** und Eierspeisen zu sich zu nehmen, weil Eier unter die Fleischspeisen gerechnet wurden, hatte zur Folge, dass sich in den Wochen vor Ostern, die als gute Legezeiten der Hühner gelten, große Mengen von Eiern ansammelten; diese Eier eigneten sich hervorragend, um einerseits zu Ostern fällige Pachten in Form dieser Naturalien zu begleichen, andererseits boten sich diese Eier als symbolhafte Geschenke, als Ostereier (**Pascheier,** »ova paschalia«) an.

Weil neues Leben aus einem wie tot wirkenden Gegenstand geboren wird, spielt das ↗ **Ei** in der Überlieferung der meisten Völker eine wichtige Rolle. Für die Christen wurde das Ei zum Symbol der Auferstehung Christi und der Auferstehungshoffnung der Menschen. Christen memorierten diesen Gedanken in Sprüchen wie zum Beispiel: »Wie der Vogel aus dem Ei gekrochen, hat Jesus Christus das Grab zerbrochen.« – Während **Pachteier** meist eingelegt als **Soleier** oder frischgehalten in Erde unverziert übergeben wurden, kochte man die **Schenkeier**, um sie für einige Tage haltbar zu machen. Diese Eier wurden mit unterschiedlichsten Techniken verziert, wobei sich einzelne Regionen durch spezifische Kunstfertigkeiten auszeichneten. Vielleicht hat sich in dem schlicht roten Osterei, das in der griechisch-orthodoxen Kirche nach dem Ostergottesdienst überreicht wird, eine Urform des österlichen Schenkeis erhalten, das heute nicht mehr wegen seines Symbolgehaltes, sondern nur seiner Form wegen in allen denkbaren Materialien hergestellt und verzehrt wird. Bemalte Eier haben die Chinesen schon vor 5.000 Jahren zum ↗ **Frühlingsanfang** verschenkt. Es war für sie ein Symbol der Fruchtbarkeit, ebenso wie für die Ägypter und die Germanen. – Übersehen wird gerne, dass das Ei auch im Judentum eine symbolische Rolle spielt. Brezel und Eier stehen sinnbildlich für den zyklischen und fortdauernden Charakter des Lebens. Eben deshalb werden sie bei jüdischen Trauermahlzeiten serviert. Zum ↗ **Seder** zu Passah wird ein Teller mit symbolischen Speisen auf den Tisch gestellt: Kräuter, Gemüse, Nüsse, Äpfel, Knochen und ein hartgekochtes Ei mit Schale. Das Ei ist ein Symbol für das vorschriftsmäßige Festopfer jener Zeit, als der in ↗ **Jerusalem** der Tempel stand, und es symbolisiert verhindertes Leben und ist damit Zeichen der Trauer. Zugleich ist es Symbol des Lebens und der Hoffnung, das lehrt, die Hoffnung nicht aufzugeben, selbst wenn die Realität der Hoffnung zu widersprechen scheint. Die runde Form drückt die Hoffnung auf Wiederkehr ins Leben aus, wünscht, dass das neue Jahr »vollständig« sei, nicht von einer Tragödie unterbrochen.

Das Schenken von Eiern zu ↗ **Ostern** bei den Christen lässt sich schon in den ersten christlichen Jahrhunderten in Armenien nachweisen. Hier war das Osterei kein Frühlingsopfer, diente nicht als Grund- und Bodenzins und war auch nicht die Folge eines Eierverbotes in der vorösterlichen Fastenzeit. Die christlichen Ostereier symbolisieren das neue Leben, das die – wie tot aussehende – Eierschale immer wieder durchbricht, wie Jesus Christus Tod und Grab überwand. Die christlichen Ostereier, wie sie dann in der Orthodoxie bis heute übernommen wurden, verweisen durch ihre rote Farbe auf den lebendigen, auferstandenen Christus und das durch ihn vergossene Blut. – In Österreich war das rote Osterei bis zu Beginn des Ersten Weltkrieges die Regel. In der Westkirche begann das Bemalen von Ostereiern im 12./13. Jh.. Neben den roten Eiern traten die Farben grün, blau, gelb, schwarz auf, aber auch silber und gold. Die Eier blieben zudem nicht einfarbig, sondern wurden verziert, besprenkelt, ausgekratzt, beschrieben, beklebt, bemalt, ausgeblasen und gefüllt. Einzelne Landschaften haben unterschiedlichen Ostereierschmuck hervorgebracht. In Russland taucht man gekochte Eier in flüssiges Bienenwachs und legt sie dann in Farbbäder. Andere bemalen die Eier mit flüssigem Wachs und färben sie dann. Mehrere Farbbäder hintereinander bringen Schattierungen und Muster hervor. »Pysanka« – »die Geschriebene« – wird das mit grafischen Mustern in Batiktechnik kunstvoll verzierte Osterei in der Ukraine genannt. Die **Pysanky** werden durch Ornamente und Figuren mit – früher magischer, jetzt christlicher Bedeutung – geschmückt. In Österreich ist es Brauch, gefärbte Eier mit einer in Salzsäure getauchten Stahlfeder zu ätzen. Auf diese Weise lässt sich auf den Eiern zeichnen. – Berühmt sind die sorbischen Ostereier, die durch Kratz- und Ätztechniken oder durch Batik entstehen. In Mittel- und Ostdeutschland werden **Binsenmark-Eier** bevorzugt, indem man fadendickes Mark der Binsen in Kringeln und Spiralen auf ausgeblasene Eier klebt. – In Mähren stellt man **Stroheier** her: Durch Einweichen von Strohhalmen, die man aufschlitzt und zu Bändern bügelt, gewinnt man das Material, mit dem man die Eier beklebt. Ausgeblasene oder gekochte Eier werden mit Rechtecken und anderen Mustern beklebt. – Neue Zeiten bringen nicht nur neue Ideen, etwa die, dass man ausgeblasene Eier auch mit einem elektrischen Zahnbohrer perforieren und anschließend bemalen kann, sondern auch die Erinnerung an die alte Idee, dass man Eier nicht nur mit käuflicher Chemie, sondern mit natürlichen Materialen färben kann. Naturfarben haben aus

Ostereier am Osterbäumchen.
Foto: Hannelore Wernhard, München

ökologischen Gründen wieder Interesse gefunden.

Im 17./18. Jh. kamen **reimgefüllte Eier** in Mode: In ein ausgeblasenes Ei wurde längsachsig ein Holzstäbchen durchgesteckt, um das ein beschriebener Papierstreifen gewickelt war, den man herausziehen konnte. Auf ihm steht ein Osterglückwunsch oder ein Sinnspruch. Am Chiemsee werden solche reimgefüllten Eier noch heute hergestellt. – Hatte man im 18. Jh. noch **Ostereierbildchen** als Freundschaftssymbole untereinander ausgetauscht – kleine Klappbildchen, die, geöffnet, den Auferstandenen oder das Lamm Gottes (vgl. ↗ **Osterlamm**) in einem zerbrochenen Ei zeigten –, entwickelte sich das Osterei in Frankreich auch zur amourösen Kunst: Ludwig XV. (1715–1774) z. B. beglückte seine Mätresse Madame Dubarry mit einem Osterei, das sich öffnen ließ und anzüglich einen Cupido zeigte. Zar Alexander III. (1881–1894) schließlich steigerte eine in adeligen Kreisen Russlands übliche Praxis: Hatte man sich dort untereinander kostbare, aus Edelsteinen und Porzellan hergestellte Eier, die mit Rubinen und Diamanten besetzt waren, geschenkt, engagierte er einen Goldschmied, der variantenreiche, höchst bestaunte Spielereien aus kostbarsten Materialien herstellte. Der zum Hofjuwelier avancierte Carl Fabergé zauberte en miniature den Landsitz der Romanows in ein Ei oder das Reiterstandbild Peters d. Gr. Die **imperialen Ostereier**, wie man die **Fabergé-Eier** bald nannte, wurden so berühmt, dass sie 1900 auf der Weltausstellung in Paris gezeigt wurden. Die Hohenzollern ließen sich durch die Fabergé-Eier zu **Porzellaneiern** anregen, die – versehen mit Porträts Friedrichs II. und des Berliner Schlosses –, gefüllt mit Weihwasser oder Schnaps (!), verschlossen durch ein Krönchen, verschenkt wurden. Der Sinn dieser Geschenke war freilich nicht mehr der österliche Auferstehungsglaube. Pierre de Ronsard (1525–1585) formulierte in einem seiner Sonetten: »Je vous donne, en donnant un oeuf, tout l'univers - Ich gebe Ihnen, indem ich Ihnen ein Ei schenke, das ganze Universum.«

Ostereierbildchen ↗ Ostereier

Ostereier, imperiale ↗ Ostereier

Ostereierspiele ↗ Eierspiele

Ostereiersuche

Das Suchen von Ostereiern, die vermeintlich der Osterhase versteckt hat, ist ein Brauch, der sich in evangelischen Kreisen im 18. Jh. parallel zur katholischen Eierweihe entwickelt hat (vgl. ↗ **Osterhase**).

Ostereierweihe ↗ Speisenweihe

Osterente ↗ Ostergebäck

Osterfahne

Die Fahne hat im Christentum zunächst keine Rolle gespielt, war sogar verpönt (vgl. ↗ **Fahne**). Sie taucht dann als rotes Velum (= Schal) auf, mit dem man das Kreuz zu Ostern schmückte, vergleichbar dem römischen Feldzeichen nach einem Sieg. Christus, der Auferstandene, wurde mit diesem Siegeszeichen in der Hand dargestellt, für das sich die Bezeichnung »Osterfahne« einbürgerte. Die Fahnenstange mit der Querstrebe, an der ein Tuch herabhängt, entwickelte sich neben dem velumumschlungenen Kreuz. Symbolisch findet man das gleiche ausgedrückt, wenn statt Christus ein Lamm, das ↗ **Osterlamm**, wiedergegeben wird; auch das Osterlamm trägt die Osterfahne.

Osterfestberechnung

Eine Formel, mit deren Hilfe sich der Termin des Osterfestes für jedes Jahr berechnen lässt, hat der Mathematiker Carl Friedrich Gauß (1777–1855) erstellt. Man teilt die Jahreszahl (J) durch 19 und bezeichnet den Rest mit a; also J:

19, Rest a. Entsprechend gilt: J: 4, Rest b; J: 7, Rest c. (19a+m): 30, Rest d. (2b+4c+6d+n): 7, Rest e. Ostern fällt nun entweder auf den (22+d+e)ten März oder auf den (d+e-9)ten April. Für die Werte m und n gilt: Für die Jahre 1900 bis 2099 muss für m die 24, für n die 5 eingesetzt werden. Beachtet werden muss, dass für den 26. April immer der 19. April zu setzen ist, für den 25. April der 18. April, wenn d = 28, e = 6 und a größer als 10 ist. – Wer sich mit dieser Berechnung nicht anfreunden kann, hat Grund zur Dankbarkeit für die Verfügbarkeit von Kalendern.

Osterfeststreit

Nach jüdischer Tradition wird am 14. Nisan Passah gefeiert, weshalb für einige Christen (↗ **Quartodezimaner**) im Osten dies der Tag des Osterfestes war, ohne Rücksicht darauf, ob dieser Tag auf einen Sonntag fiel. Im Westen dagegen bildete sich der erste Sonntag nach dem Frühlingsvollmond als Ostertermin heraus, der schließlich durch das Konzil von Nicäa 325 festgeschrieben wurde. Das Osterfest kann demnach auf einen Termin zwischen dem 22. März und 25. April fallen (vgl. ↗ **Osterfestberechnung**, ↗ **Ostergrenze**).

Osterfladen ↗ **Eierweihe, österliche**, ↗ **Ostergebäck**
Osterfreude ↗ **Ostergelächter**
Osterfuchs ↗ **Osterhase**

Ostergebäck

Am Karsamstag, an der norddeutschen Küste auch **Kaukenbacksonnabend** genannt, wurde und wird Ostergebäck hergestellt, meist ↗ **Gebildebrote: Osterzopf, Osterkringel, Osterfladen, Osterlamm** und Gebäck in Tierform. Die kreisförmigen Gebäcke symbolisieren die Sonne und damit Christus als das Licht der Welt, der durch seinen Tod und seine Auferstehung die Menschheit vom Lebensdunkel ins Licht erlöst hat. Der Zopf dagegen verweist auf die Verflochtenheit zwischen Gott und Mensch, dem an diesem Tag durch Jesus Christus wieder der Zugang zum Vater eröffnet wurde. Das ↗ **Festgebäck** wird aus Hefeteig und Weizenmehl hergestellt, das sich – auch das gilt nicht für alle – unsere Vorfahren nur an den höchsten Feiertagen leisten konnten. Gebackene Osterlämmer, die nach dem Bild der Apokalypse (vgl. z. B. Offenbarung 5,6) den Auferstandenen symbolisieren, gibt es seit dem Rokoko. Sie werden in besonderen Formen aus Biskuit- oder Rührteig hergestellt und dann mit Puderzucker bestäubt. Man steckt ihnen die Auferstehungs- oder ↗ **Osterfahne** zwischen die Vorderpfoten: ein kreuzförmiges Gestänge, an dem das rote Kreuz auf einem roten Velum zu sehen ist. – Klosterschüler erhielten früher ein **Osterbrot** aus ↗ **Marzipan**, das so genannte **Märzbrot der Römer**. Natürlich waren Eierkuchen und ↗ **Pfannkuchen** gleichfalls Festgebäck. Das Ostergebäck in Tierform zeigte die Vielfalt der Tiere, die mit Ostern in Verbindung standen: Gebackene ↗ **Osterhasen** erhielten in Tirol die Jungen, Osterhennen die Mädchen. **Osterlebkuchen** in Hahnengestalt (**Osterhahn**), **Osterkuckuck**, **Osterstorch**, **Osterente** oder **Osterwolf** waren üblich. Im Schwarzwald trägt die **Osterhenne** ein Osterei unter ihrem Flügel. Auf Korfu wird ein Pelikan oder eine Taube nachgebildet. Lange Jahre verschollen, inzwischen wieder anzutreffen, ist der **Eiermann**, ein **Hefekerl**, der mit beiden Händen ein buntes Osterei vor seinem Bauch trägt. Die **Osterbrezel** dagegen war die ↗ **Brezel**, die es auch ebenso als ↗ **Neujahrsbrezel** oder ↗ **Kirmesbrezel** gab.

Ostergelächter

Das Mittelalter suchte die Ereignisse des Kirchenjahres symbolhaft zu verdeutlichen und scheute sich nicht, dies auch in Spiel und Vortrag am heiligen Ort zu tun. Zur **Osterfreude**, zum mittelalterlichen Volksostern gehörte ganz selbstverständlich darum das Ostergelächter (lat.: »risus paschalis«): Der Prediger flocht in seine Festansprache Scherze und überraschenden Witz ein, vielfach **Ostermärlein** genannt, um die Gläubigen die österliche Freude nach den trüben Fastentagen leibhaft erleben zu lassen. Es ist z. B. überliefert, dass der Festprediger der Klosterkirche zu Marchtal an der Donau 1506 den Gläubigen zurief, die Männer, die zu Hause das Regiment führten, sollten den Ostergesang »Christ ist erstanden« anstimmen. Als die anwesenden Männer überrascht oder betroffen schwiegen, reagierte der Prediger flink und richtete die gleiche Aufforderung an die Frauen, die alle zugleich das bekannte Osterlied anstimmten. Bei dem nachfolgenden »Ostergelächter« hatten die Frauen sicher etwas mehr zu lachen als ihre Männer. Die Kritik der Reformation an »liturgischen Einlagen« dieser volkhaften Art und an klamaukhaften Auswüchsen haben im 16. und 17. Jh. zum Verbot nicht nur des Ostergelächters geführt. Spätestens im 18. Jh. ist das Ostergelächter untergegangen. Eine ganz andere Art, die Osterfreude auszudrücken, war z. B. in Frankreich bekannt. Am Ostersonntag wurde in französischen Kathedralen (bes. Auxerre) ein ↗ **Labyrinth**, das Symbol des »gefahrvollen Weges«, von Klerikern singend und Ball spielend durchtanzt.

Ostergrenze

Der 22. März ist der früheste und der 25. April der letztmögliche Termin, auf den ↗ **Ostern** fallen kann. Die beiden Termine werden deshalb als Ostergrenzen bezeichnet (vgl. ↗ **Osterfeststreit**). Auf den 22. März fiel Ostern in den Jahren 1761 und 1818; dementsprechend früh lagen die anderen osterabhängigen Festtermine: ↗ **Christi Himmelfahrt** am 30. April, ↗ **Pfingsten** am 10. Mai und ↗ **Fronleichnam** am 21. Mai. Jahre, in denen Ostern auf den spätest möglichen Termin fiel oder fällt, waren bzw. werden sein: 1734, 1886, 1943, 2038, 2190. In diesen Jahren fällt Christi Himmelfahrt auf den 3. Juni, Pfingsten auf den 13. Juni und Fronleichnam auf den 24. Juni (vgl. auch ↗ **Pfingstgrenze**).

Ostergrüße

In der zweiten Hälfte des 19. Jh. begann die ↗ **Postkarte**, ausgehend von Großbritannien, ihren Siegeszug, zunächst als Weihnachtspostkarte (vgl. ↗ **Weihnachtspost**). Schon bald wurden für andere Gelegenheiten wie z. B. auch für Ostern eigene Karten entwickelt. In ihrer Zeitgebundenheit sind diese Postkarten Belege für das Empfinden der jeweiligen Epoche. Die verwendeten Symbole lassen sich entsprechend deuten.

Ostergutentag

Bezeichnung für den Ostermontag (vgl. ↗ **Ostern**).

Osterhahn ↗ **Ostergebäck**, ↗ **Osterhase**

Osterhase

Der »Osterhase« ist heute geradezu ↗ **Symboltier** für Ostern geworden. Über seine Herkunft gibt es zwei Theorien. Die populärere vermutet, der Osterhase sei abgeleitet von einem misslungenen Ostergebildebrot: Ein ↗ **Osterlamm** sei als Osterhase gedeutet worden, weil es sich im Backofen verformt habe. So sei aus einem ↗ **Agnus dei** ein »Lepus paschalis« (lat.: = Osterhase) geworden. Außer dem bloß Spekulativen spricht gegen diese Theorie, dass sie die Rolle des Osterhasen als Eierlieferant und -verstecker nicht erklärt. Viel mehr spricht für die zweite Theorie, die den Osterhasen als eine »evangelische Erfindung« – vergleichbar dem ↗ **Adventskranz** – betrachtet. Während sich unter den Katholiken die Tradition des gefärbten Ostereis und seine liturgische Einbindung, die ↗ **Eierweihe**, über Jahrhunderte erhielt, gerieten diese

Bräuche in die evangelische Kritik: Die Heidelberger Dissertation des Arztes Johannes Richier »De ovis paschalibus / Von Ostereiern« aus dem Jahr 1682 kritisiert die Ostereier (lat.: »ova paschalia«) als Irrtümer aus alter Zeit. Sein Anliegen ist aber primär ein medizinisches. Er äußert sich über die häufigen Erkrankungen nach dem reichlichen Genuss von **Haseneiern** und berichtet von verschiedenen Fällen, in denen der übermäßige Genuss hartgekochter Ostereier bei Jung und Alt schwere Magen- und Darmstörungen hervorrief: Ein Franziskaner büßte auf Ostern an den von ihm gesammelten Ostereiern das Leben ein. Ein anderer hatte »zur österlichen Zeit ein rothes Ey gantz wollen hineinschlucken, es ist aber das Ey zu gross und sein Halß zu klein gewesen, dass er alsobald daran ersticket«. Und in diesem Zusammenhang kommt der Arzt auch auf den Osterhasen zu sprechen. Er schreibt u.a.: »Man macht dabei einfältigen Leuten und kleinen Kindern weis, dass der Osterhase diese Eier ausbrüte und sie im Garten verstecke.« Unterschwellig werden die Ostereier als solche, die im 17. Jh. eine bloß katholische Erscheinung waren, kritisiert. Von katholischer Seite wurden sie als Symbol des auferstandenen Christus verstanden, die – gefärbt und gesegnet – als segenspendend galten; sie waren letztlich auch ein Ergebnis der katholischen Fastenordnung, die den Eiergenuss in der ↗ **Fastenzeit** verbot. Auf evangelischer Seite waren die Ostereier dagegen Ausdruck einer falschen Werkgerechtigkeit. Nach reformatorischer Sicht wurde man vor Gott nicht durch verdienstliche Werke, und sei es auch durch das Fasten, sondern allein wegen seines Glaubens (»sola fide«) gerecht. Populär ließ sich das in die sprachliche Formel gießen: »Eier machen keine Ostern« – als ob dies die andere Seite behauptet hätte. Die evangelische Ablehnung der »katholischen« Ostereier hat die Einführung von – jetzt allerdings säkularen – Ostereiern bei evangelischen Christen nicht verhindern können. Und eben diese säkularen Ostereier brachten die Einführung des Osterhasen mit sich.

Seit ungefähr 1700 lassen sich einerseits vermehrt evangelische Schriften gegen die »Auswüchse des Osterglaubens« belegen, die – moralisierend-belehrend – katholisches Osterbrauchtum zu bekämpfen suchen. Parallel dazu bildete andererseits das städtische evangelische Bürgertum den Nährboden für die sich anbahnende evangelische Ostereierakzeptanz: Das Bürgertum schuf um 1800 nicht nur eine romantisch-rührselige, ghettohafte Familienwelt, sondern in ihr eine eigene – vermeintlich kindgemäße – Kinderwelt, eine Mischung aus Gutwilligkeit und Pathos, Sentimentalität und Naivität. Zu diesem Zeitpunkt waren die Ostereier in städtischen gutbürgerlichen Familien bereits akzeptiert, allerdings nicht als religiöses Symbol oder kultisches Attribut, sondern – als Teil einer familiären und zugleich säkularen österlichen Festinszenierung – als Kindergeschenke. Typisch für diese säkulare Ostereiersuche, eine Scherzfiktion, ein »Brauch ohne Glauben«, war, dass sie – von den Eltern versteckt – von den Kindern gesucht werden mussten. Eine solche ↗ **Ostereiersuche** ist für 1783 (interessanterweise für Gründonnerstag!) im Hause Goethes in Weimar belegt. Nicht ohne Grund, denn die Ostereiersuche und damit dann auch der Osterhase tauchen ausnahmslos in evangelischen Gegenden und bei evangelischen Autoren auf. Gerne wird bei Erklärungsversuchen auf die Fruchtbarkeit der Hasen oder ihr Verhalten während der vorösterlichen Paarungszeit verwiesen: Hasen verharren still auf einer Stelle (die dann Ort der Eiablage sein könnte), um dann plötzlich davonzuhoppeln. Der – meist wohl bloß ironische – Verweis auf den Hasenkot als »Ostereier« hat für sich, dass der Hasenkot tatsächlich eiförmig bis rund und oft beieinander liegend wie in einem Nest zu finden ist. Allerdings hätte man solche Geschichten nie Landkindern erzählen können. Der Osterhase – darin dem »Adebar«, dem Storch, der vermeintlich die Kinder bringt, ähnlich – ist eine städtische Erfindung.

Wenn der Osterhase auch erst um 1800 seinen Siegeszug beginnt, ist er dennoch älter. Die Heidelberger Dissertation Richiers von 1682 berichtet: »In Oberdeutschland, in unserer Pfalzgrafschaft, im Elsass und in benachbarten Gegenden sowie in Westfalen werden die Eier [= Ostereier], **Haseneier** (↗ **Osterhase**) genannt, nach der Fabel, die man den Naiveren und den Kindern einprägt, dass der Osterhase solche Eier lege und in den Gärten im Grase, in den Obststräuchern usw. verstecke, damit sie von den Knaben um so eifriger gesucht würden, zum Lachen und zur Freude der Älteren.« – Eine denkbare Begründung für die Bezeichnung »Haseneier« scheint zumindest in katholischen Gegenden nicht der Osterhase gewesen zu sein, sondern ein bestimmtes Motiv der Bemalung der Ostereier. Für die Zeit um 1760 berichtet der Goethe-Maler Heinrich Wilhelm Tischbein aus dem protestantischen Nordhessen, dass für Ostern die Eier mit Figuren in Gelb, Rot und Blau gezeichnet wurden. »Auf einem standen drei Hasen mit drei Ohren, und jeder Hase hatte doch seine gehörigen zwei Ohren.« Beschrieben wird hier das Motiv des ↗ **Dreihasenbildes** – heute findet sich das bekannteste Beispiel als Glasbild im Kreuzgang des Paderborner Doms. Das Dreihasenbild, das drei Hasen in Kreisform so abbildet, dass ihre beiden Ohren jeweils einem der benachbarten Hasen mit zu gehören scheinen, verdeutlicht die Dreifaltigkeit, die Einheit in der Dreiheit. Wenn solche Hasenbilder zunächst auf katholischen Ostereiern und später auch auf evangelischen Ostereiern auftauchten, nährten sie – beim Schwinden der katholischen Brauchtradition – den naiven Umkehrschluss, dass die abgebildeten Hasen auch die Eier brächten.

Überkonfessionelle Verbreitung fand der Osterhase nicht durch ökumenisches Denken oder Nationalbewusstsein. Drei Phänomene haben die Ausbreitung des Osterhasen beflügelt: Süßwarenindustrie, Kinderbücher und ↗ **Postkarten**. Im 19. Jh., als gerade entdeckt worden war, dass sich aus bestimmten Rüben Zucker gewinnen ließ, bot die Entdeckung des Osterhasen der Süßwarenindustrie eine neue Absatzmöglichkeit. Hasen in jeder Form, immer aber als Süßigkeit, schufen ein jahreszeitlich bedingtes Produkt, das zunächst nur einen neuen ↗ **Kinderbeschenktag** ausstattete, später aber auch die Erwachsenen mit einbezog. In Kinderbüchern begannen »vermenschte« Hasenfamilien literarisch, gezeichnet oder gemalt ein Hasenleben vorzuführen, das ganzjährig von keinem anderen Interesse getrieben schien, als die Produktion von besonders schönen Ostereiern für besonders liebe Kinder. Die Postkarten, die man zu Ostern schrieb, die ↗ **Ostergrüße**, verbreiteten nicht nur den – meist kitschig dargestellten – Osterhasen, sie belegen auch den besonderen Charakter dieses Festes: ein säkulares Fest in bürgerlich-familiärer burgenartiger Abgeschlossenheit, aus dem man Fremde distanziert und kühl schriftlich grüßte. Bemerkenswert ist beim Osterhasen und seinem Ostereierverstecken, dass die ↗ **Geschenkfigur** »Osterhase« genauso auftritt, wie es durch die Nikolauslegende der Geschenkfigur des hl. ↗ **Nikolaus** vorgegeben war und von dort schon auf das ↗ **Christkind** und den säkularen ↗ **Weihnachtsmann** übertragen worden war: heimlich und unerkannt. Auch bei den ↗ **Ostereiern** traf man nie den Osterhasen an; eventuell hatte man gerade noch etwas davonhuschen sehen. – Erhebungen aus der Zeit kurz vor dem Ersten Weltkrieg belegen, dass der Osterhase auf dem Land als noch weitgehend unbekannt galt. 1932 war dies bereit anders. Der Osterhase erschien nun als flächendeckend bekannt und hatte auch die Konfessionsgrenzen überschritten. In manchen traditionsorientierten katholischen Familien wird er aber immer noch als eine Art untergeschobener Kretin betrachtet, den man nicht bestellt hat und mit dem man eigentlich auch nichts anfangen kann. Er ist eher eine unvermeidliche, nicht hinterfragbare Dekoration. In kindgemäßer Holprigkeit belegt ein Spruch zum Osterhasen aus der Moselgegend die Distanz zu der evangelisch-städtisch-bürgerlichen Kunst- und Geschenkfigur: »Die Mutter färbt die Eier, der Vater legt sie ins Gras. Dann meinen die dummen Kinder, das wär der Osterhas.«

Wenn der Osterhase heute in Deutschland allgemein bekannt ist, so ist das nicht immer so gewesen. In Tirol spricht man daneben von der Ostereier legenden ↗ **Osterhenne**. In Oberbayern, Österreich, Thüringen und Schleswig-Holstein war es der ↗ **Osterhahn**, in Hannover der ↗ **Osterfuchs**, an der holländischen Grenze der ↗ **Ostervogel** oder ↗ **Osterkranich**. In Thüringen heißt es, der ↗ **(Oster-)Storch** sei es gewesen. In manchen Gegenden der Schweiz bringt der ↗ **(Oster-)Kuckuck** die Ostereier. In Oberbayern wurde auch vereinzelt das ↗ **Osterlamm** (!) als Eierbringer bezeichnet.

In den Vogesen wie auch in Kärnten sagt man: Wenn die ↗ **Glocken** am Gründonnerstag verstummen, seien sie nach Rom geflogen, um die Ostereier zu holen. Wenn sie am Karsamstag zurückkehren, werfen sie die Eier beim Vorüberfliegen ins Gras, wo die Kinder sie suchen müssen. In Italien dagegen kennt man keinen Osterhasen. – Wo im deutschsprachigen Bereich zu Ostern bestimmte Gebäcke hergestellt werden, ist der Osterhase ungemein beliebt: Es gibt Brote und Kuchen in Gestalt eines Hasen, wobei dem Hasen häufig ein Osterei in das Hinterteil eingebacken wird. Ebenso häufig ist daneben das Osterlamm als geformtes Backwerk. Ein launiges Gedicht von Eduard Mörike beschreibt das Verhältnis von Osterei und Osterhase:

Die Sophisten und die Pfaffen
Stritten sich mit viel Geschrei:
Was hat Gott zuerst erschaffen,
Wohl die Henne? Wohl das Ei?
Wäre das so schwer zu lösen?
Erstlich ward ein Ei erdacht:
Doch weil noch kein Huhn gewesen,
Schatz, so hat's der Has' gebracht.

Osterhenne ↗ **Ostergebäck**, ↗ **Osterhase**

Osterjahr ↗ **Jahresende**

Osterkerze

Nichts symbolisiert die Auferstehung mehr als die Osterkerze. Sie wurde früher entzündet am Feuer, das aus Stein geschlagen wurde. Sie bringt Licht in die Kirche, symbolisiert so Christus, der sich – wie die Kerze – ganz für andere hergibt. Bei der osternächtlichen ↗ **Kerzenweihe** ritzt der Priester ein Kreuz in die Kerze: zuerst den Längsbalken, dann den Querbalken. Über dem Längsbalken ritzt er den griechischen Buchstaben A, darunter den Buchstaben W (= Omega) ein. In die vier Felder zwischen den Kreuzbalken wird die Zahl des laufenden Jahres eingetragen, womit ehemals beim ↗ **Osterjahr** ein neues Jahr begann. Die Osterkerze dient in der Osternacht zur Weihe des Taufwassers und steht ganzjährig in der Kirche als Verheißung der Auferstehung.

Osterkommunion

Die Pflicht, wenigstens einmal im Jahr, und zwar in der österlichen Zeit zu kommunizieren, gibt es für Katholiken seit vielen Jahrhunderten. Sie ist formuliert im dritten ↗ **Kirchengebot**. Die ↗ **Osterpflicht** wurde auch als ↗ **Generalkommunion** bezeichnet. So hieß es zudem, wenn z. B. der Kirchenchor einer Gemeinde bei der jährlichen Cäcilienfeier gemeinsam zum Kommunionsempfang geht.

Osterkranich ↗ Osterhase
Osterkringel ↗ Ostergebäck
Osterkuckuck ↗ Ostergebäck, ↗ Osterhase

Osterlamm

Vor allem das Johannesevangelium liebt es, Christus als Lamm, als ↗ **Opferlamm**, darzustellen. Johannes der Täufer bezeichnet hier Jesus von Nazaret erstmals als **Lamm Gottes** (vgl. Johannes 1,29), lat.: ↗ **agnus dei** (vgl. auch ↗ **Agnes**). Mit dem Begriff Osterlamm wird verdeutlicht, dass Jesus Christus ein Gott geweihtes Opfer ist, makellos, wie es ein Opferlamm der Juden nach dem Gesetz sein musste. Das Osterlamm symbolisiert den Auferstandenen, der das Zeichen seines Sieges, die ↗ **Osterfahne** oder ↗ **Auferstehungsfahne**, mit sich führt. Osterlamm und Opferlamm haben Eingang in Literatur, Kunst und Brauchtum gefunden. Das Osterlamm taucht als ↗ **Festgebäck** zu Ostern oder als Eisdessert am Weißen Sonntag auf (vgl. ↗ **Ostergebäck**).

Johannes der Täufer verweist auf das Lamm, Symbol für Christus. Tafel aus der Decke der St. Martinskirche in Zillis/Graubünden (12. Jh.). – Vorlage: Archiv Herder

Osterlebkuchen ↗ Ostergebäck
Österliche Tage ↗ Ostern
Osterlicht ↗ Osterwasser
Ostermärlein ↗ Ostergelächter
Ostermette ↗ Mette, ↗ Ölberg, ↗ Ostern
Ostermonat ↗ Monate: April
Ostermond ↗ Monate: April
Ostermontag ↗ Ostern

Ostern

Das christliche Osterfest hat seinen Vorläufer im jüdischen **Passah**, **Pascha** oder **Pessach**: An ihm wird der Auszug der Kinder Israels aus dem »ägyptischen Sklavenhaus« gefeiert. In Ägypten sprach der Herr zu Mose und Aaron: »Dieser Monat [= ↗ **Nisan**] soll die Reihe eurer Monate eröffnen, er soll euch als der erste unter den Monden des Jahres gelten. ... Am Zehnten dieses Monats soll jeder ein Lamm für seine Familie holen, ein Lamm für jedes Haus« (Exodus 12,2f). Dieses ↗ Pascha-**Lamm** wurde bis zum 14. des Monats gehütet, dann geopfert, gebraten und von den Familienmitgliedern verzehrt. In dieser Tradition lebte auch Jesus von Nazaret, als er im Rahmen seiner letzten Pessach-Feier (letztes ↗ **Abendmahl**) vor seinem Tod diesen Anlass nahm, um seinen Leib und sein Blut als Zeichen seiner Liebe für die christliche Gedächtnisfeier (Eucharistie) einzusetzen (vgl. 1 Korinther 11,23–25).

Im jüdischen Pascha sind zwei unterschiedliche Feste eins geworden: Das Hirtenfest **Chag Ha-Pessach** (= Feier des Pessach-Lammes) und das Bauernfest **Chag Ha-Mazzot** (= Feier des ungesäuerten Brotes). Das erstgenannte Fest ist das ältere, welches die Juden noch als nomadische Hirten in der Wüste feierten. Sie begingen die Ankunft des Frühlings, indem sie ein Tier opferten. Schon vor dem Auszug aus Ägypten erbat Mose vom Pharao die Erlaubnis für sein Volk, in der Wüste ein Fest zu Ehren Gottes zu feiern (vgl. Exodus 5,1). Das bäuerliche Chag Ha-Mazzot

Die Frauen am Grab. Aus einem in Nordengland, wohl in York um 1170 entstandenen Psalter; hier fol. 15r. Kongelige Bibliothek, Kopenhagen, Ms. Thott 143, 2°. Vorlage: Archiv Herder

war ein Frühlingsfest der Juden in Palästina, mit dem sie den Beginn der Getreideernte feierten. Bevor sie das Korn einbrachten, entfernten sie alle Reste von Sauerteig aus ihren Häusern. – Im Verlauf der jüdischen Geschichte verbanden sich beide Frühlingsfeste mit dem Gedächtnis des Auszugs aus Ägypten (= Exodus): Chag Ha-Pessach (vgl. Exodus 34,25) wurde zum Pessach-Fest mit Pessach-Lamm, weil Gott an den Häusern Israels in Ägypten vorbeiging und ihnen die zehnte Plage ersparte, die die Erstgeborenen ägyptischer Familien traf. Pessach bedeutet »vorübergehen an...«. Chag Ha-Mazzot (vgl. Exodus 23,15), Fest des ungesäuerten Brotes (= Brot ohne Treibmittel), wurde mit dem überstürzten Auszug der Juden aus Ägypten gleichgesetzt, weil diese nur den rohen Teig mitnehmen konnten, »ehe er durchsäuert war« (Exodus 12,34). Die Thora gebot den Juden, Pessach sieben Tage lang zu feiern. Im Exil entwickelte sich der Brauch, acht Tage in der Diaspora zu feiern, um sicher zu gehen, dass alle Juden zur gleichen Zeit feiern. Die christliche Festzeit, die ↗ **Oktav**, also – dem Begriff nach – eine Festzeit von acht Tagen, hat hier ihr Vorbild. Die **Mazza**, das ungesäuerte Brot aus Mehl und Wasser, das für die Pessach-Feier gebacken wurde, war Vorbild der ↗ **Hostie**, des eucharistischen Brotes der Christen. Eine spezielle Pessach-Andacht ist der **Seder**, der in der ersten Pessach-Nacht zu Hause gefeiert wird. Dabei wird die **Haggada** verlesen, die Geschichte des Exodus aus Ägypten – für Christen das Buch Exodus, für Protestanten das 2. Buch Mose des Alten Testaments. Auch dieser verlesene Bericht und seine zeitliche Einordnung vor dem Fest hat seine christliche Entsprechung: im Verlesen der Passion Christi in der Karwoche vor Ostern.

In den Ostern oder **in den paschen** bezeichnet das Osterfest mit vier Feiertagen (**österliche Tage**) und einer Festwoche (= ↗ **Oktave**). – Das Wort Ostern gibt es in verschiedensten Wendungen: **Astern, Austern** (Österr.), **Oistern, Oustern.** Vom Hebräischen abgeleitet sind: **Pascha, Passah, Pessach** (»- bonum, - carnosum, - communicans, - domini, - magnum, - major, - majus«), **Paschen, Paeschen, Paischen, Paschalia, Paschetag**, »Pâques communians (commenians)«, »dies paschalis (- pasche, - paschatis, - paschatos)«, »festum paschale«, »Agnus paschalis«. Es gibt zudem die Bezeichnungen »dominica pasche (- paschalis, - in ressurectione, - resurrectionis domini)« und »dies sanctus (- sacratissimus, - resurrectionis)« sowie »resurrectio domini«.

Der Ostermontag heißt in Schwaben **Ostergutentag**; die Woche nach Ostern **Ausgehende Osterwoche**, »ferie paschales«, »hebdomada resurrectionis (- sancte pasche, - paschalis)«, **Pascheweke.** Vom nachfolgenden ↗ **Weißen Sonntag** her haben sich Namen wie »Albaria«, »Alba paschalis« gebildet.

Bis um die Mitte des 20. Jh. war die Auffassung verbreitet, das Wort »Ostern« leite sich von einer germanischen Frühlingsgöttin **Ostara** ab. Inzwischen ist wissenschaftlich geklärt, dass die Ostara unbewiesen ist; sie ist vielmehr durch Rückschluss entstanden, indem angenommen wurde, Ostern müsse sich auf eine solche Gestalt zurückführen lassen. Der wohl älteste literarische Beleg für das Wort »Ostern« findet sich bei Beda Venerabilis (672/73 – um 735) 738 mit **Eostro.** Dieses Wort bedeutet Morgenröte und ist von dem Wortstamm »ausos« abgeleitet, der im Griechischen zu »eos« (Sonne) und im Lateinischen zu »aurora« (Morgenröte) führte. Im Althochdeutschen bildete sich Eostro zu »ôstarum« und im Altenglischen zu »eastron«. – Der Begriff **Pascha** oder **Passah** wurde christlich seit jeher mit Ostern gleichgesetzt. Warum die Bezeichnung für die Morgenröte zum Synonym für Passah werden konnte, lässt sich an den »Canones Hippolyti« zeigen, wo es heißt: »Nemo igitur illa nocte dormiat usque ad auroram - Niemand soll in dieser Nacht schlafen, sondern wach bleiben bis zur Morgenröte«. – Der nächtliche Ostergottesdienst hat die Bezeichnung ↗ **Mette** erhalten, also ↗ **Ostermette.** Das **Fest der Auferstehung** ist nicht nur das wichtigste und höchste Fest der Christen, es schließt auch das »Triduum sacrum« von ↗ **Karfreitag**, ↗ **Karsamstag** und ↗ **Osternacht**, die Gedächtnistage von Opfertod, Grabesruhe und Auferstehung Christi, mit ein.

Katholisches Festjahr	Früheres katholisches Festjahr	Evangelisches Kirchenjahr
Weihnachtsfestkreis Advent	**Weihnachtsfestkreis Advent**	**Advent**
1. Adventsonntag	1. Adventsonntag	1. Sonntag im Advent
2. Adventsonntag	2. Adventsonntag	2. Sonntag im Advent
3. Adventsonntag	3. Adventsonntag	3. Sonntag im Advent
4. Adventsonntag	4. Adventsonntag	4. Sonntag im Advent
Weihnachtsfestkreis Weihnachten	**Weihnachtsfestkreis Heilige Weihnachtszeit**	**Weihnachten**
	24.12. Vigil von Weihnachten	
25.12. Hochfest der Geburt des Herrn – Weihnachten	25.12. In Nativitate Domini	25.12. Weihnachten
26.12. Zweiter Weihnachtstag	26.12. Zweiter Weihnachtstag	26.12. Zweiter Weihnachtstag
Sonntag in der Weihnachtsoktav: Fest der Heiligen Familie	Sonntag in der Oktav von Weihnachten	1. Sonntag nach dem Christfest
1.1. Hochfest der Gottesmutter Maria	1.1. In Circumcisione Domini Beschneidung des Herrn	1.1. Neujahrstag / Tag der Beschneidung u. Namengebung Jesu
6.1. Erscheinung des Herrn, Hochfest	In Epiphania Domini Erscheinung des Herrn	6.1. Fest der Erscheinung des Herrn – Epiphanias
Sonntage im Jahreskreis		
1. Sonntag im Jahreskreis (Sonntag nach dem 6. Januar:) Taufe des Herrn	1. Sonntag nach Erscheinung Fest der heiligen Familie Jesus, Maria und Joseph	1. Sonntag nach Epiphanias
2. Sonntag im Jahreskreis	2. Sonntag nach Erscheinung	Letzter Sonntag nach Epihanias
	Vorfastenzeit	**Vor der Passionszeit**
3. Sonntag im Jahreskreis	3. Sonntag nach Erscheinung Septuagesima	3. Sonntag vor der Passionszeit, Septuagesimae
4. Sonntag im Jahreskreis	4. Sonntag nach Erscheinung Sexagesima	2. Sonntag vor der Passionszeit, Sexagesimae
5. Sonntag im Jahreskreis	5. Sonntag nach Erscheinung Quinquagesima	Sonntag vor der Passionszeit, Estomihi
(Nach Bedarf: 6. – 8. Sonntag im Jahreskreis)		
Österliche Busszeit	**Die Heilige Fastenzeit**	**Passionszeit**
Aschermittwoch	Aschermittwoch	Aschermittwoch
1. Fastensonntag	1. Fastensonntag Invocabit	1. Sonntag der Passionszeit, Invokavit
2. Fastensonntag	2. Fastensonntag Reminiscere	2. Sonntag der Passionszeit, Reminiszere
3. Fastensonntag	3. Fastensonntag Oculi	3. Sonntag der Passionszeit, Okuli
4. Fastensonntag	4. Fastensonntag Laetare	4. Sonntag der Passionszeit, Lätare
5. Fastensonntag	1. Passionssonntag Judica	5. Sonntag der Passionszeit, Judika
Karwoche		
Palmsonntag	2. Passionssonntag Dominica II. Passionis seu in Palmis, Palmsonntag	6. Sonntag der Passionszeit, Palmsonntag
Gründonnerstag	Gründonnerstag	Gründonnerstag
Karfreitag	Karfreitag	Karfreitag
	Feria Quinta in Cena Domini	
Karsamstag	Karsamstag Feria Sexta in Passione et Morte Domini	Karsamstag / Karsonnabend

Osterfestkreis	Österliche Zeit	Österliche Freudenzeit
Hochfest der Auferstehung des Herrn – Ostern	Dominica Resurrectionis Ostersonntag	Tag der Auferstehung des Herrn – Ostern
Ostermontag	Ostermontag	Ostermontag
Weißer Sonntag, 2. Sonntag nach Ostern	Dominica in Albis Weißer Sonntag	1. Sonntag nach Ostern, Quasimodogeniti
3. Sonntag nach Ostern	2. Sonntag nach Ostern	2. Sonntag nach Ostern Misericordias Domini
4. Sonntag nach Ostern	3. Sonntag nach Ostern	3. Sonntag nach Ostern Jubilate
5. Sonntag nach Ostern	4. Sonntag nach Ostern	4. Sonntag nach Ostern Kantate
6. Sonntag nach Ostern	5. Sonntag nach Ostern	5. Sonntag nach Ostern Rogate
Christi Himmelfahrt	In Ascensione Domini Christi Himmelfahrt	Christi Himmelfahrt
7. Sonntag nach Ostern	Vigil von Pfingsten	6. Sonntag nach Ostern Exaudi
Pfingsten, Hochfest	Dominica Pentecoste Pfingstsonntag	Pfingstsonntag
Pfingstmontag	Pfingstmontag	Pfingstmontag
	Zeit nach Pfingsten	
Sonntag nach Pfingsten: Dreifaltigkeitssonntag	1. Sonntag nach Pfingsten: Fest der allerheiligsten Dreifaltigkeit	Tag der Heiligen Dreifaltigkeit: Trinitatis
Donnerstag der zweiten Woche nach Pfingsten: Fronleichnam	Donnerstag der zweiten Woche nach Pfingsten: Festum Sanctissimi Corporis Christi, Fronleichnamsfest	
Zeit im Jahreskreis		**Nach Trinitatis**
9. Sonntag im Jahreskreis	2. Sonntag nach Pfingsten	1. Sonntag nach Trinitatis
Freitag der dritten Woche nach Pfingsten: Heiligstes Herz Jesu, Hochfest	Freitag nach den 2. Sonntag nach Pfingsten: Fest des allerheiligsten Herzens Jesu	
10. Sonntag im Jahreskreis	3.	2. Sonntag nach Trinitatis
11. Sonntag im Jahreskreis	4.	3. Sonntag nach Trinitatis
12. Sonntag im Jahreskreis	5.	4. Sonntag nach Trinitatis
13. Sonntag im Jahreskreis	6.	5. Sonntag nach Trinitatis
14. Sonntag im Jahreskreis	7.	6. Sonntag nach Trinitatis
15. Sonntag im Jahreskreis	8.	7. Sonntag nach Trinitatis
16. - 31. Sonntag im Jahreskreis	9. Sonntag nach Pfingsten	8 - 21. Sonntag nach Trinitatis
32. Sonntag im Jahreskreis	10. - 23. Sonntag nach Pfingsten	22. Sonntag nach Trinitatis
	3. - 6. (Nachgeholter) Sonntag nach Erscheinung	Drittletzter Sonntag
33. Sonntag im Jahreskreis		23. Sonntag nach Trinitatis Vorletzter Sonntag im Kirchenjahr
		Mittwoch vor dem letzten Sonntag nach Trinitatis: Buß- und Bettag
34. Sonntag im Jahreskreis: Letzter Sonntag im Jahreskreis: Christkönigsonntag	24. (Letzter) Sonntag nach Pfingsten	24. Sonntag nach Trinitatis: Letzter Sonntag im Kirchenjahr: Ewigkeitssonntag

Ostern in Zahlen
Nach einer repräsentativen FOCUS-Umfrage Mitte der 90er Jahre schmücken 79% der Deutschen ihre Wohnung österlich, 65% bemalen Eier, 55% verstecken ↗ **Ostereier**, 42% besuchen die Ostermessen, 19% backen ein ↗ **Osterlamm**, 9% nehmen an der ↗ **Speisenweihe** teil. Am wenigstens praktizieren die Berliner Osterbräuche; in Bayern dagegen nimmt jeder Dritte an der Speisenweihe teil. Für rund 1 Milliarde Mark kaufen die Deutschen für Ostern Geschenke. Vor allem ältere Menschen tun dies: Personen über 50 Jahre legen im Durchschnitt 25 DM dafür an. 18 DM werden durchschnittlich für österliche Präsente ausgegeben. Größter Nutznießer des Geschenkekaufs ist die Süßwarenindustrie, die etwa ein Drittel der Investitionen verbucht. Nur ein Drittel aller ↗ **Ostergeschenke** werden von Männern gekauft. Übrigens halten sich die Italiener für die Erfinder der österlichen Schokoladeneier. Hiervon werden in Deutschland jährlich etwa 10.000 Tonnen abgesetzt. Das sind etwa 1000 Tonnen ↗ **Schokolade** mehr als Schokoladen-Nikoläuse. Die Italiener weisen darauf hin, dass diese Süßigkeit am französischen Königshof »Italienisches Ei« hieß und im 18. Jh. als »typisch italienische Tradition« galt. Italienische Ostereier sind aber anders als andere: Sie enthalten ein Geschenk, weshalb man Ostereier für Kinder, Freundin, Frau oder Freund kauft; darin können Spielzeug, Schmuck oder eine Armbanduhr in den Eiern versteckt sein. Zu Ostern werden in Deutschland rund 40 Millionen ↗ **Glückwunschkarten** verschickt. Religiöse Motive kommen fast nicht mehr vor, sagt die Arbeitsgemeinschaft der Verleger und Hersteller von Glückwunschkarten (AVG). Die Verbraucher kaufen am liebsten reine Frühlingsmotive. ↗ **Ostergrüße** werden seit dem 17. Jh. versandt; populär wurden sie aber erst ab 1870, seitdem die Deutsche Post Ansichtskarten beförderte (vgl. ↗ **Weihnachtspost**).

Weihe des Osterfeuers in der Osternacht. Foto: Fernand Rausser, Bolligen b. Bern. Aus: Feste und Bräuche durch das Jahr. © Urania Verlag, Berlin

Osternacht
Nachtwachen kennzeichnen die beiden christlichen Hochfeste Ostern und Weihnachten. Die jeweilige Nacht heißt »heilige Nacht« (lat.: »nox sacratissima«). Wachsamkeit »mitten in der Nacht« ist sowohl eine von Christen erwartete Grundhaltung als auch eine Erinnerung an die biblische Ölbergszene, als Jesus seine Jünger – vergeblich – um das nächtliche Gebet bat (vgl. Markus 14,32–42). Das nächtliche Stundengebet und die ↗ **Mette**, ↗ **Ostermette**, haben die christliche Wachsamkeit in liturgische Form gegossen (vgl. ↗ **Karsamstag**, ↗ **Karwoche**, ↗ **Osterabend**, ↗ **Ostersonnabend**).

Osterpflanze ↗ **Löwenzahn**
Osterpflicht ↗ **Osterbeichte**, ↗ **Osterkommunion**
Osterreiter ↗ **Osterritt**

Osterritt

↗ **Umritte** finden nicht nur an den Festtagen von ↗ **Pferdeheiligen** statt. Auch zu Ostern ziehen festlich geschmückte Pferde mit den Reitern über Land, um die Botschaft von der Auferstehung Jesu in die Nachbarorte zu tragen. Die bekanntesten Osterritte gibt es in der katholischen sorbischen Oberlausitz, wo es neun österliche ↗ **Flurumritte** gibt, bei denen etwa 1500 Pferde und Reiter mitziehen. Die **Osterreiter** singen Lieder von der Auferstehung, beten außerhalb der Ortschaften den Rosenkranz oder eine Litanei. Sie führen ein Prozessionskreuz, Kirchenfahnen und die Statue des Auferstanden mit. In den Ortschaften umreiten die Osterreiter die Kirche und den Friedhof. Auf diesem verkünden sie die Auferstehung und beten für die Verstorbenen.

Ostersingen

In Teilen Österreichs (z. B. im Bistum Gurk) ist das Ostersingen üblich. Ab Mitternacht von Karsamstag auf Ostern wird durch Sänger z. B. mit dem Lied »Heiland ist erstanden ...« die ↗ **Auferstehung** verkündet. Der Rundgang endet mit einem Schlusslied vor dem Kreuz an der Kirche (Bleiburg).

Ostersonnabend ↗ **Karsamstag**, ↗ **Karwoche**, ↗ **Osterabend**

Osterspaziergang ↗ **Emmausgang**

Parallelen zwischen Weihnachten und Ostern

Weihnachten	Ostern
Oration	**Oration**
»Deus, qui hanc sacratissimam noctem ...«	»Deus, qui hanc sacratissimam noctem ...«
Lieder	**Exsultet der Osternacht**
Heiligste Nacht O selige Nacht	Sacratissima nox O vere beata nox
Lichtsymbolik	**Lichtsymbolik**
Christbaum mit Kerzen	Osterkerze, Osterfeuer
Wirtschaftsbrauchtum	**Wirtschaftsbrauchtum**
Pacht fällt an Gesinde wechselt	ebenso ebenso
Jahresbeginn	**Jahresbeginn**
Zum Teil bis in das 16./17. Jh.: 25. Dezember	In vorkonstantinischer Zeit und z. T. auch später begann mit der Weihe der Osterkerze das neue Jahr
(Noch heute werden Weihnachts- und Neujahrswünsche miteinander verbunden)	(Noch heute wird in der Osternacht die neue Jahreszahl an der Osterkerze angebracht, beginnen manche Rechnungs- und Steuerjahre am 1. April)

Zeitrechnung	**Zeitrechnung**
Seit dem 4. Jh. gilt die Geburt Christi als »Zeitenwende«: Wir bezeichnen die Jahre als »vor« oder »nach Christi Geburt«	Für die verfolgte Kirche, die die Wiederkehr Christi noch in ihren Tagen erwartete, waren Tod und Auferstehung Christi Mittelpunkt der Weltgeschichte. Sie hatten keinen Grund, den bestehenden Kalender zu reformieren. Sie berechneten vom angenommenen Todestag Jesu (25.3. bzw. 7.4.) den Geburtstermin Jesu, den 25.12. bzw. 6.1.
Benennung	**Benennung**
Inkarnationsstil, Weihnachtsstil	Paschastil, Osterstil

Osterspiele

Zum Osterfest gehören die mit den hartgekochten Ostereiern verbundenen Osterspiele. Das Mittelalter spielte aber Ostern die Auferstehung nach der Passion. Jesus von Nazaret erwies sich durch die Auferstehung als Christus, Messias, der mit zahlreichen weiteren Titeln geschmückt wurde wie z. B. »sol invictus« (lat.; = unbesiegte Sonne) oder »leo fortis« (lat.; = tapferer Löwe). Während die biblischen Osterspiele nahezu untergegangen sind, haben die österlichen Eierspiele noch Konjunktur – auf dem Lande mehr als in der Stadt. Am weitesten verbreitet und heute noch üblich ist das **Eierkippen, Eierpecken, Eierschlagen** oder **Eiertitschen.** Zwei Spieler schlagen je ein ↗ **Osterei** mit der stumpfen oder spitzen Seite gegeneinander. Abwechselnd hält der eine fest, und der andere schlägt. Wessen Ei zerbricht, muss es dem Mitspieler geben. Wer mit einem ↗ **Gipsei** mogelt, muss – außer mit Schimpf und Schande – mit Gruppenkeile rechnen.

Das **Eierrollen** oder **Eierwerfen** ist ein weiteres Osterspiel. An einem kleinen Hang lassen die Spieler nach unterschiedlichen Regeln Eier in eine Grube rollen. Gewonnen hat der, dessen Eier am wenigsten eingedötscht sind oder wessen Ostereier am weitesten gekullert oder am meisten andere Eier beschädigt hat. Bei den Sorben hieß dieses Spiel **Waleien**, und man musste mit dem eigenen Osterei das eines anderer Spielers in der Grube treffen. – Auch der **Eierwettlauf** gehört zu den Osterspielen. Mehrere Spieler tragen ein Ei auf einem Suppenlöffel und müssen ein bestimmtes Ziel erreichen und zum Ausgangspunkt zurückkehren. Derjenige, der sein Osterei unversehrt und am schnellsten zurückbringt, hat gewonnen. Dieses Spiel lässt sich leicht durch Einbau von Hindernissen und komplizierteren Eiertragevorrichtungen als Suppenlöffel erschweren.

Eierkullern. – Foto Hannelore Wernhard, München

Eieranwerfen oder **Eierpoizen** heißt ein anderes Osterspiel. Ein Spieler umschließt mit seiner Hand ein Ei, läßt aber zwischen Daumen und Zeigefinger einen Freiraum. Ein Mitspieler muss aus einem bestimmten Abstand eine Münze so werfen, dass er die Münze auf dem Ei plaziert. Trifft er, gehört ihm das Ei. Trifft er nicht, wird der Eierhalter um diese Münze reicher. – Beim **Eierlesen** oder **Eierlaufen** werden zwei Parteien gebildet: die Springer und die Sammler. Die Springer werden in das Nachbardorf geschickt, eine ↗ **Osterbrezel** zu kaufen und herzubringen. Die Sammler schwärmen ins eigene Dorf und sammeln eine bestimmte Anzahl von Eiern. Die Gruppe, die zuerst ihre Aufgabe erledigt hatte, ist Gewinner. Das Gesammelte und Gekaufte wurde zu einer gemeinsamen Mahlzeit verarbeitet und bei Musik und Tanz genossen. Dieses Spiel ist in zahllosen Varianten anzutreffen.

Osterstorch ↗ **Ostergebäck**, ↗ **Osterhase**

Osterstrauß
Zum Osterfest gehören Blumen und blühende Sträucher: Osterglocken, Narzissen, Tulpen, Hyazinthen, Palmkätzchen, Schlüsselblumen, Forsythien, Ginster usw. Der Osterstrauß bzw. ↗ **Eierbaum** übernimmt die gleiche Symbolik wie die ↗ **Barbarazweige**: Einige Tage vor dem Festtag schneidet man Birken- oder Haselnusszweige, stellt sie in eine Vase in einen geheizten Raum und schmückt die Zweige mit bunten Eiern und farbigen Schleifen. Die Zweige werden bald ihr Grün hervortreiben und so die ↗ **Auferstehung** symbolisieren (vgl. auch ↗ **Auferstehungspflanze**).

Ostertag des peichttages ↗ **Gründonnerstag**, ↗ **Karwoche**
Ostertermin ↗ **Osterfestberechnung**
Ostervogel ↗ **Osterhase**

Osterwasser
Nicht nur das **Taufwasser**, das in der Osternacht bereitet wird, spielt zu Ostern eine Rolle. Vielleicht bereits aus vorchristlicher Zeit hat das Wasser auch in der Osternacht eine besondere Rolle bekommen: Es hat angeblich Heil- und Segenskraft, erhält jung und schön. Unverheiratete Frauen haben sich in fließendem Osterwasser gewaschen oder Osterwasser aus einer besonderen Quelle geschöpft und mit nach Hause genommen. Wunderkraft sollte das Osterwasser aber nur haben, wenn es von den Mädchen schweigend eingeholt wurde, was natürlich die jungen Burschen nur zu gerne zu hintertreiben suchten. Sie versteckten sich und überraschten die Mädchen unterwegs und suchten sie zum Lachen und zum Sprechen zu bewe-

Tauf-Jesu-Becken in der ehem. Abteikirche St. Peter/ Hochschwarzwald (1733) von Christian Wenzinger. Foto: Manfred Becker-Huberti

gen. **Plapperwasser** wurde das Osterwasser deshalb auch genannt. Vielerorts war es üblich, sich mit Osterwasser zu bespritzen, um sich Glück und Segen zu wünschen. Außer dem Quellwasser galt auch Wasser als heilbringend, das in der Osternacht vom Himmel fiel, sei es Regen, Schnee oder Tau. Man breitete im Garten Tücher aus, um das Wasser aufzufangen, mit denen man sich später abrieb. Kinder wälzten sich vor Sonnenaufgang auf der Wiese. – Als Osterwasser wird vor allem das in der Kirche gesegnete Wasser, das Taufwasser, bezeichnet, von dem die Gläubigen in besonderen Gefäßen einen Teil mit nach Hause nehmen. Ähnlich nahm man in einer windgeschützten Lampe das ↗ **Osterlicht** mit, um damit zu Hause das Herdfeuer und die Kerze im Herrgottswinkel neu anzuzünden. Das Osterwasser diente dazu, das ganze Jahr über die **Weihwasserbecken** in den einzelnen Räumen zu füllen. Das Sich-Bekreuzigen mit Oster- oder **Weihwasser** ist eine Segens- und Reinigungsgeste. Vor allem im Süddeutschen findet sich ein solches Weihwasserbehältnis auch auf den Gräbern. Besucher segnen mit einem kleinen Palmbusch das Grab.

Osterwolf ↗ **Ostergebäck**
Osterzopf ↗ **Ostergebäck**
Ougestmaent ↗ **Monate: August**
Ougst ↗ **Monate: August**
Ougstin ↗ **Monate: September**
Oustern ↗ **Ostern**
Owest ↗ **Monate: August**
Owestman ↗ **Monate: August**

P

Pachteier ↗ **Ostereier**
Paeschen ↗ **Ostern**
Paischen ↗ **Ostern**
Palbentag ↗ **Palmsonntag**
Palentag ↗ **Palmsonntag**

Pallio cooperire

Das »Unter-dem-Mantel-Bergen« stellt ein Phänomen dar, bei dem eine profane Rechtssymbolik auf ein himmlisches Schutzverhältnis übertragen wird. »Pallio cooperire« (lat.) bedeutet im römischen Recht Schutzgewährung bei Adoption und Legitimation von Kindern und war Symbolik bei der Herrscherinvestitur. »Zeichen des Schutzes ... der Mantel des Himmelsgottes« findet sich im Rom der Kaiser, gleichfalls als Symbol für Zuflucht und Schutz im weltlichen Recht. Der Mantel als Rechtssymbol wird in weltlicher und auch religiöser Deutung benutzt. Der Prophet Ezechiel lässt im Alten Testament einen Adoptionsvorgang symbolisch vollziehen: »Ich breite meinen Mantel über dich« (Ezechiel 16,8), und Ruth bittet Boas, »den Saum deines Gewandes über deine Magd zu breiten« (Ruth 3,9). Im Gerichtstympanon in Autun (Burgund) verbirgt sich eine Seele unter dem Mantel des Erzengels ↗ **Michael**. Die Karolinger begaben sich sprichwörtlich unter den Mantel des hl. Martin und symbolisch auch unter den des Gregor von Tours, der seinerseits den Heiligen bat, er möge ihn beim Gericht nicht nur schützend hinter seinem Rücken bergen, sondern ihn auch mit seinem Mantel bedecken. – Große Bedeutung bekam das »pallio cooperire« im Zusammenhang mit der Gottesmutter Maria, deren Mantel auf der Flucht nach Ägypten Jesus als Schutzmantel diente. Die ↗ **Schutzmantelmadonna** war ein großes Thema der hoch- und spätmittelalterlichen Frömmigkeit, besonders gefördert von den Bettelorden. Noch heute singt man in der katholischen Kirche: »Maria breit den Mantel aus, mach Schutz und Schirm für uns daraus ...« Auch die hl. ↗ **Ursula** bietet denen, die ihren Schutz erflehen, Schutz unter ihrem Mantel.

Pallium

Das Pallium, heute ein Band aus weißer Wolle, das um den Hals getragen wird und von dem auf Brust und Schulter je ein Band herabhängen. Eingestickt sind schwarze Kreuze; schwarz sind ebenfalls die Enden der herabhängenden Bänder. Es wird über dem Messgewand getragen; allein der Papst trägt es weltweit, Erzbischöfe in ihrem Erzbistum. Das Pallium verdeutlicht die besondere Verbundenheit mit dem Papst als obersten Hirten der Kirche. Das Pallium als Sinnbild des bischöflichen Amtes hat zu einer Verbindung des Palliums zum Fest der hl. ↗ **Agnes** (Lamm = lat.: »agnus«) geführt (vgl. ↗ **Omophorion**).

Palmapfel ↗ **Apfel**, ↗ **Palm(en)**
Palmarum ↗ **Palmsonntag**

Palm(en)

In den Evangelien wird berichtet, dass die Menschen Jesus Christus bei seinem Einzug in ↗ **Jerusalem** vor seinem Leiden mit Palmen zujubelten. Am ↗ **Zweiten Passionssonntag** wird die Leidensgeschichte als Evangelium in der Messe gelesen und bildet den Hintergrund für die **Palmweihe** und **Palmprozession**, bei der des jubelnden ↗ **Einzugs Jesu in Jerusalem** (vgl. Matthäus 21) gedacht wird. Dieser Tag heißt darum umgangssprachlich ↗ **Palmsonntag**, manchmal auch schlicht **Palm**. – Echte Palmen sind hierzulande nur schwer oder nur zu hohen Preisen erhältlich. Außer beim Domkapitel in Köln, das zu seiner Palmprozession stets echte Palmen verwendet, ist deshalb meist ↗ **Buchsbaum** (lat.: »buxus sempervirens L.«) als Palmersatz üblich. Buchsbaum gehörte früher in jeden Garten, bildete oft Beeteinfassungen oder eine Hecke. Beim Buchsbaum mischen sich Heidnisches und Christliches: Geweihter Palm wurde in Haus und Hof an jedes Kreuz gesteckt oder hing als Busch an Scheune und Remise. Abergläubisch hielt man dafür, dass Palm vor Blitz- und Hagelschlag, Missernte und Seuchen schützte. Deshalb fütterte man das Vieh mit Palm, mischte Palmblättchen in das Palmsonntagsessen als Schutz vor Krankheiten. **Palmtee** sollte vor Lungenkrankheiten schützen. Landschaftlich verschieden wird der **Palmstrauß** geschmückt. Nach dem Gottesdienst nimmt man ihn mit nach Hause und steckt einzelne Zweige hinter die Kreuze im Haus. Die Bauern steckten früher auch **Palmbuschen** auf die Felder und brachten Palm in den Ställen an. Der Segen des Leidens Christi sollte so überbracht werden. Der Palm, der in der Kirche verblieb, wurde vor dem folgenden ↗ **Aschermittwoch** verbrannt und im Aschermittwochsgottesdienst gesegnet. Aus ihm besteht das ↗ **Aschenkreuz**, das am Aschermittwoch den Menschen auf die Stirne gezeichnet wird. – Am Niederrhein wurden zum Palmsonntag **Palmpööskes** und **Piepvögels** aus Stutenteig und Rosinen gebacken. Wie auch der **Palmapfel** wurden sie auf die **Palmstangen** oder **Palmbüchel** gesteckt, mit den Palmen in der Kirche geweiht und anschließend zu Hause verspeist.

Palmbüchel ↗ Palm(en)
Palmbusch(en) ↗ Palm(en)
Palmensonntag ↗ Palmsonntag

Palmesel

In der Palmsonntagsprozession spielte das Mittelalter den Einzug Jesu in ↗ **Jerusalem**, wie er bei Matthäus 21 geschildert wird, indem man einen ↗ **Esel**, geschmückt mit Grün und den frühen Blumen dieser Jahreszeit, mitführte. Auf dem Palmesel musste dabei ein junger Kleriker oder Seminarist als Darsteller Jesu reiten und »in Jerusalem einziehen«. Schon früh wurde der lebendige Esel durch einen aus Holz geschnitzten ersetzt, wie er noch in verschiedenen Museen zu sehen ist. Palmesel sind schon seit dem 10. Jh.

F. Nork, Palmprozession, aus: F. Nork, Der Festkalender, Stuttgart 1847

bezeugt. Wahrscheinlich wurden zuerst Reliefdarstellungen von Jesus auf dem Esel bei Prozessionen mitgeführt; der Gebrauch von Plastiken wird frühestens um 1200 vermutet. Der dargestellte Christustyp schwankt zwischen herrschaftlicher Königsdarstellung (München) und leidender (Berlin, Zürich). Bei den acht aus dem 14. Jh. erhaltenen Skulpturen herrscht der königliche Typus vor. – Missbräuche mit diesem Brauch führten seit der Reformation und später während der Aufklärung zu scharfer Kritik. Der Schriftsteller Johann Georg Jacobi (1740–1814) beschrieb den Brauch der Ministranten in Baden, an einer bestimmten Stelle der feierlichen Prozession ihre Messgewänder über den Kopf zu ziehen und sie auf den Weg des Palmesels zu legen. Derjenige, der zuletzt damit fertig wurde, wurde ein ganzes Jahr lang Palmesel genannt. An anderer Stelle (Saulbach) wird davon berichtet, dass die Kinder während der ↗ **Palmprozession** ein Stück weit auf dem Palmesel mitreiten konnten. Die Ohren des Palmesels ließen sich bei diesem Exemplar zum Kollektieren abnehmen. Während der Palmprozession öffnete sich der Bauch des Palmesels (**Streubauch**) und zum Gaudi der heranstürmenden Kinder, die auf diesen Moment gewartet hatten, begann eine Schlacht um die aus diesem Hohlraum gefallenen Süßigkeiten. – Heute ist der Palmesel aus dem liturgischen Gebrauch verschwunden. Lediglich in Kößlarn, Bistum Regensburg, wo er schon 1481 erwähnt wurde, wird er noch mitgeführt. Er findet sich sonst in Museen, z. B. Köln, Ulm und Basel. An den alten Sinn erinnern nur noch Redensarten. »Ein rechter Palmesel sein« meint, ein Tölpel sein, der sich wie der hölzerne Palmesel überall herumziehen lässt und nicht registriert, was um ihn herum passiert. Ein Palmesel ist aber auch derjenige, der am ↗ **Palmsonntag** zuletzt aufsteht, zu spät kommt, verschlafen hat oder zuletzt mit seinen Palmen zur Weihe kommt.

Palmostern ↗ Palmsonntag
Palmostertag ↗ Palmsonntag
Palmpaesken ↗ Palmsonntag
Palmpööskes ↗ Palm(en)
Palmprozession ↗ Palm(en)

Palmsonntag

Der Sechste Fastensonntag und zugleich ↗ **Zweite Passionssonntag** mit dem lateinischen Namen »Dominica palmarum« heißt umgangs-

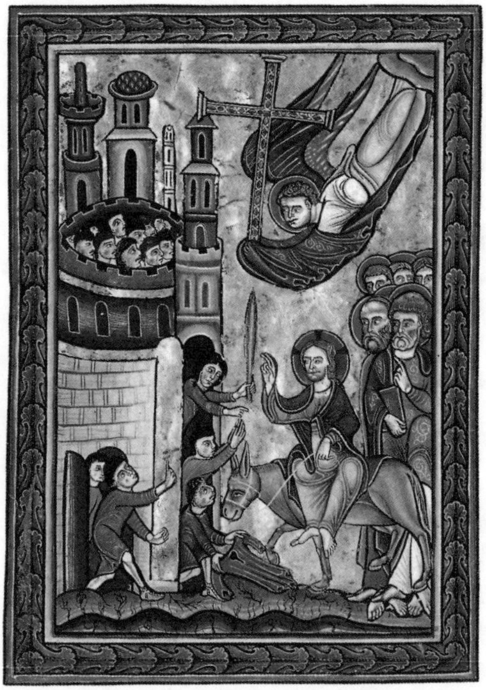

Jesu Einzug in Jerusalem. Aus einem in Nordengland, wohl in York um 1170 entstandenen Psalter; hier fol. 13v. Kongelige Bibliothek, Kopenhagen, Ms. Thott 143, 2°. Vorlage: Archiv Herder

sprachlich Palmsonntag (vgl. ↗ **Fastensonntage**, ↗ **Palm**). An diesem Sonntag wird im Gottesdienst des ↗ **Einzugs Jesu in Jerusalem** gedacht und deshalb Palm geweiht und eine ↗ **Palmprozession** durchgeführt. Das liturgische Geschehen dieses Tages hat zahlreiche Namen für diesen Tag hervorgebracht: **als man die palmen wihet**, »benedictio palmarum«, **Blumostertag, Blumostern**, »Capitilavium«, »dies florum et ramorum«, »- hosanna«, »- olivarum«, »- osanna«, »- palmarum«, »- ramorum«, »- ramis palmorum«, »dimanche avant que dieu fut vendu«, »domine ne longe facias«, »- in der vasten«, »dominica viridis«, »- capitilavii«, »- indulgentie«, »- in palmis«, »- in ramis palmarum«, »festum olivarum«, »- palmarum«, **Lutke paschedach**, »Osanna filio David«, **Osterbluemtag, Palbentag, Palentag, Palmarum, Palme, Palmen, Palmtag (balmtag), Palmensonntag, Palmostern, Palmostertag, Palmpaesken**, »pâques fleuries« (frz.), »pascha competentium«, »- floridum«, »- florum«, »- petitum«, **Pelmetag, Plumostertag, Pluemtag**, »Ramalia«, »rami palmarum«, **Sonntag ramis palmarum, Tauber Sonntag.**

Palmstange
Vorrichtung zum Anbringen des ↗ **Palm** am ↗ **Palmsonntag.**

Palmstrauß ↗ Palm(en)
Palmtag ↗ Palmsonntag
Palmtee ↗ Palm(en)

Palmweihe
Die Weihe von ↗ **Palmen** geschieht am ↗ **Palmsonntag** vor der Messe. Der geweihte Palm wird bei der ↗ **Palmprozession** mitgeführt.

Pankoke-Kapelle ↗ Neujahr
Pankratius, Pankraz ↗ Eisheilige
Pantaleon ↗ Vierzehnheilige, Vierzehn Nothelfer
Papa Noël ↗ Weihnachtsmann
Papenplatt ↗ Löwenzahn
Papenvastelavend (ndl.) ↗ Estomihi, ↗ Fastnachtszeit, ↗ Quinquagesima
Paradeisel ↗ Christbaum
Paradiesbaum ↗ Christbaum

Paradiesgärtlein
Mancherorts wird unter dem ↗ **Christbaum** nicht nur eine ↗ **Weihnachtskrippe** aufgestellt, sondern ein Paradiesgärtlein mit ↗ **Lebensbaum** und Schlange, ↗ **Adam und Eva** und einem Zaun herum. Holzschnitzer und Zinngießer aus dem Erzgebirge und Süddeutschland haben diese Szene häufig dargestellt, die eine Übertragung des kirchlichen Paradiesspiels am Gedächtnistag von Adam und Eva ins Private darstellt.

Paradiesspiele ↗ Krippenspiel
Paraskeve ↗ Freitag
Paretla ↗ Andreas
Parthenogenese ↗ Jungfrauengeburt
Partl ↗ Nikolaus-Begleiter
Pascha ↗ Ostern
Paschalia ↗ Ostern
Paschavend ↗ Karsamstag, ↗ Karwoche, ↗ Osterabend
Pascheier ↗ Ostereier
Paschen ↗ Ostern
Paschetag ↗ Ostern

Pascheweke
Bezeichnung für die Woche nach Ostern (vgl. ↗ **Ostern**).

Passah ↗ Ostern

Passion Christi
Das Leiden Jesu – von der nächtlichen Ölbergszene im Garten Getsemani bis zu seiner Auferstehung – wird als Passion bezeichnet.

Passionsandacht ↗ Passionsfrömmigkeit

Passionsfrömmigkeit
Nachfolge Christi bedeutet für Christen in der Karwoche, Jesus auf seinem Leidensweg nachzufolgen. Schon um 400 war es in ↗ **Jerusalem** üblich, sich zu Gründonnerstag am Ölberg zu

Grablegung und Beweinung Jesu. Fresko in der Unterkirche San Francesco in Assisi. – Vorlage: Archiv Herder

versammeln, um der Todesangst Christi zu gedenken und dann um Mitternacht zu der Stelle zu gehen, wo Jesus gefangengenommen wurde, was man rituell mit lautem Wehklagen beging. Das Mittelalter spielte diese Szene nach: **Ölbergspiel** und **Ölbergandachten** kamen auf. Am Karfreitag begaben sich die Jerusalempilger auf Christi Leidensweg zum Berg ↗ **Golgota.** – Weil aber nur wenige Christen sich in Jerusalem selbst auf die Spuren Jesu begeben konnten, bildete man zu Hause den Leidensweg Jesu nach. In **geistigen Kreuzwegandachten** memorierten Karwochenlieder die einzelnen Stationen des Leidensweges vom Ölberg bis zur Beisetzung Jesu. Nicht der Nachvollzug des historischen Geschehens, sondern seine Ausdeutung, die Beziehung zum Beter standen im Vordergrund.

Die geistige Nachfolge Jesu auf der ↗ **via dolorosa** führte dazu, dass man sich die einzelnen Stationen auch bildlich vorstellen, den Weg Jesu auch zu Hause faktisch nachgehen wollte. Es entstanden die – meist mit zwölf oder vierzehn Stationen versehenen – ↗ **Kreuzwege.** Sie waren oft als Wallfahrtswege mit Bildstöcken gestaltet, die an einer Kapelle oder Kirche endeten. Wo man es konnte, wurde aber auch die Landschaft Jerusalems nachgebaut: Der Wallfahrtsweg endete auch einem Berg »Golgota«, auf dem die Kreuzigungsszene nachgestellt war. Diese Form der Passionsandachten wurden vor allem von den Franziskanern und Kapuzinern gefördert, die diese Frömmigkeitsübungen zusammen mit der von ihnen ins Leben gerufenen ↗ **Todesangst-Christi-Bruderschaften** trugen. Damit ältere Menschen an solchen Andachten teilnehmen konnten und wahrscheinlich auch, weil die Verstädterung das Erreichen der Wallfahrtswege erschwerte, wurden die Kreuzwege näher an die Kirchen gelegt: Sie fanden sich in Kirch- bzw. Friedhöfen und schließlich in den Kirchen selbst wieder. Im Kirchenraum wurden aus den Bildstöcken mit plastischen Figuren Halbreliefs und gemalte Bilder. Der Kreuzweg endet zwar auch hier mit der ↗ **Grablegung** Christi, aber die Geistlichen konnten den Gläubigen leicht den Altar als fünfzehnte Station vorstellen: als Ort der Auferstehung(-sfeier).

Von den mit verteilten Rollen in den Kirchen vorgetragenen ↗ **Passion** über geistige und reale Kreuzwegandachten führte der Weg des Nachvollzugs zu den ↗ **Passions- oder Osterspielen**, bei denen die Gläubigen in dramatisierter Form das Leiden Christi nachspielten. Ursprünglich war das Passionsspiel als **geistliches Schauspiel** ebenso wie das ↗ **Weihnachtsspiel** räumlich und zeitlich in die Kirche eingebunden. Vor dem Gottesdienst wurde in Frage und Antwort die Auferstehungsbotschaft durch den Engel am Grabe Jesu an die Frauen, die seinen Leichnam salben wollten, dargestellt. Am frühen Ostermorgen setzte man das Osterspiel fort. Allmählich lösten sich Passions- und Osterspiel im Laufe der Jahrhunderte aus dem Kirchenraum und der liturgischen Einbindung. In der Aufklärung schließlich gingen dann die meisten Passionsspiele unter, weil man das Nachspielen des Leidensweges, seine Form und seine Texte als unpassend und dem Zeitgeist widersprechend empfand. – Die Anfänge der Passionspiele lassen sich bis ins 10. Jh. zurückverfolgen. Erhalten sind heute noch die bekannten Passionspiele von Oberammergau, Waal (bei Buchloe/Allgäu), Sömmersdorf (zwischen Schweinfurt und Bad Kissingen) sowie in Tirol, Kärnten und der Steiermark.

Mit den Passionsspielen eng verwandt sind die ↗ **Passionsprozessionen** an ↗ **Gründonnerstag**, meist an ↗ **Karfreitag** und ↗ **Karsamstag**. Typisch für sie ist die Visualisierung einzelner Elemente des Leidens Christi: Vorzeigen der ↗ **Leidenswerkzeuge**, der ↗ **Geißelung Christi**, ↗ **Veronika** reicht Jesus ein Schweißtuch ... Einzelne Personen und Gruppen veranschaulichen den Betrachtern die Ereignisse in Jerusalem. Ein

Die Heilige Stiege in der Wallfahrtskirche auf dem Bonner Kreuzberg. – Foto: Manfred Steinhoff / Silvia-Margit Wolf

gemeinsamer Text, Spielszenen oder Spielort fehlen. Ursprünglich haben sich solche Prozessionen in Catamisetta und Trapani auf Sizilien erhalten. Ähnlich sind die ↗ **Kreuztrachten** in einigen bayerischen Orten bzw. den westfälischen Gemeinden Delbrück, Menden und Gehrden. Die »Regularis concordantia« des Bischofs Ethelword aus dem 10. Jh., eine Sammlung der in englischen Benediktinerklöstern üblichen liturgischen Bräuche, nennt vier »liturgische Darstellungen« für das Osterspiel: die »adoratio crucis« (die ↗ **Kreuzverehrung**), die »depositio crucis« (die ↗ **Grablegung** des Kreuzes), die »visitatio crucis« (der Besuch und die Verehrung des Kreuzes) und die »elevatio crucis« (die Erhebung des Kreuzes aus dem Grab). Die Verehrung des Kreuzes (»adoratio crucis«) ist bis heute Bestandteil der Karfreitagsliturgie. Die Grablegung des Kreuzes geschah früher durch ein Kreuz, das man in das ↗ **Heilige Grab** legte. Das Kreuz wurde später durch einen geschnitzten Korpus bzw. die ↗ **Monstranz** ersetzt. Das Heilige Grab wird von den Gläubigen einzeln oder in Form von Gemeinschaftsandachten verehrt (»visitatio crucis«). Am Ostermorgen wird die Grabfigur bzw. das Allerheiligste feierlich erhoben (»elevatio crucis«). – Die Verehrung des Heiligen Grabes hat sich über die Jahrhunderte erhalten. Das Heilige Grab ist nicht nur auf Zeit Bestandteil des Karfreitagrituals bis zur Osternacht. In Kirchen und Kapellen, manchmal ↗ **Klein-Jerusalem** genannt, ist das Grab Jesu oft maßstabsgerecht während des ganzen Jahres nachgebaut. Wieviele dieser Stätten es bei uns gibt, in denen vielfach auch die Geburtsszene und andere Ereignisse und Örtlichkeiten aus dem Leben Jesu nachgestellt sind, ist unbekannt. Bekannt sind: die Kapuzinerkirche in Eichstätt; Klein-Jerusalem in Willich-Neersen (zwischen Neuss, Mönchengladbach und Krefeld), ab 1654 gebaut; die Erlöserkapelle in Wiesbaum-Mirbach bei Stadtkyll in der Eifel; Heiliges Grab in Denkendorf bei Esslingen; das Görlitzer Heilige Grab wurde 1489 fertiggestellt; als »schlesisches Jerusalem« gilt Albendorf in der Grafschaft Glatz, das heute zu Polen gehört; seit fast 900 Jahren pilgern die Christen zur Kreuzkapelle an den Externsteinen im Lipper Land. Auch in der Bonner Kreuzbergkapelle (1746) befindet sich ein Heiliges Grab. Hier sieht man auch noch eine ↗ **Geburtshöhle** und das so genannte ↗ **Haus Nazaret** (vgl. ↗ **Loreto**). Bedeutender noch ist die ↗ **Heilige Stiege**, die seit dem Spätmittelalter als Treppe des Pilatuspalastes in Jerusalem hier und andernorts verehrt wird. – Zum Heiligen Grab gehörten seit dem 12. Jh. **bunte Glaskugeln**, die aufgesteckt wurden. Die aus venezianischen Glashütten stammenden Kugeln galten als Sonnen- und Glücksymbol. Heute findet man die bunten Glaskugeln in Bayern noch in den Gärten. Einige Kirchengemeinden verwenden sie wieder am Heiligen Grab.

Eine besondere Variante der figürlichen Darstellung der Ereignisse der Karwoche sind die **Passionskrippen**, die sich im Süddeutschen mancherorts noch erhalten haben. Wie bei der Weihnachtskrippe wird die gesamte Handlung in eine figurierte Landschaft gestellt. In einigen Kirchen baut man die Passionskrippe nicht nur in der Fastenzeit auf, sondern sie steht ganzjährig verkleinert in einem Kasten, der sich gegen Einwurf einer Münze erleuchten lässt.

Eine besondere Form der Passionsfrömmigkeit, die auch außerhalb der Passionszeit geübt wurde, ist mit der ↗ **heiligen Stiege** verbunden: Kaiserin Helena (330) hatte aus Jerusalem eine Treppe nach Rom gebracht, die als jene galt, über die Jesus in das Haus des Pilatus zu seiner Verurteilung geführt worden war. Diese Treppe mit ihren 28 Stufen, die man nur auf den Knien erklimmen darf, ↗ **Scala Sancta** genannt, wurde gegenüber der damaligen Papstresidenz, dem Lateran, installiert. Die heilige Stiege baute man an verschiedenen Orten der Welt (z. B. 1872 im Anna-Heiligtum in Auray/Belgien und ↗ **Kalvarienberg** bei Bad Tölz) nach, um auch »vor Ort« diese geistliche Übung nachvollziehen zu können. Symbolisch vollzogen und vollziehen die Gläubigen den Weg Jesu.

Ein besonderer Part des Kreuzweges, auch außerhalb von ihm dargestellt, kommt der hl. ↗ **Veronika** zu, Jesus auf dem Kreuzweg ein ↗ **Schweißtuch** reichend, in dem sich das Bild Jesu wiederfindet. Die in der Bibel nicht erwähnte Veronika ist, so nehmen wenigstens heutige Forscher an, eine Personifizierung des Wissens um eine alte Abbildung des Hauptes Jesu. Wie man noch heute am Turiner Grabtuch glaubt nachweisen zu können, war dieses Tuch so gefaltet, dass man nur das abgebildete Haupt erkennen konnte. In einen Rahmen gefügt, war dieses Bild in Konstantinopel ausgestellt und prägte seither die typische künstlerische Jesusdarstellung. Für die Annahme, Veronika sei eine Fiktion, spricht ihr Name, der sich lateinisch als »vera ikona«, »wahres (Ab-)Bild«, deuten lässt. Bildliche Darstellungen der hl. Veronika, Jesus ein Schweißtuch reichend, verweisen aber auch auf ein reales Schweißtuch, das als Reliquie in der römischen Peterskirche aufbewahrt wird. In manchen Kirchen andernorts sieht man es manchmal wenigstens noch in der Karwoche, in den meisten gar nicht mehr; manchmal findet es sich in einem Museum wie der ↗ **Palmesel**: das ↗ **Vesperbild** als figürliche oder bildliche Darstellung Jesu während der Geißelung, nur mit einem Lendentuch bekleidet, mit den Händen oder dem ganzen Körper an eine Säule gefesselt oder bereits zusammengebrochen, blutüberströmt. Dargestellt wird das sprichwörtliche »Leiden Christi«, das er um die Erlösung der Menschheit willen auf sich genommen hat. Seltener sieht man die Verspottung Jesu mit einem roten Mantel und der Dornenkrone dargestellt. Die Betrachter werden an ihre Sünden erinnert, die Jesus Christus auf sich genommen hat. Bewirken soll die Betrachtung die Umkehr, die Neuausrichtung auf Christus und seinen Weg zum Heil. Ein solches Vesperbild war Anlass zum Bau der berümten Wieskirche.

Neben dem Vesperbild Christi an der Martersäule hatte die **Marienklage** oder **Mater dolorosa** bzw. **Pietà** eine große Wirkung. Dargestellt wird die Gottesmutter, die ihren toten Sohn nach der Abnahme vom Kreuz auf dem Schoß hält. Dieser Marientypus findet sich in ungezählten Varianten in allen Kirchen, die berühmteste aber ist die Pietà Michelangelos, die sich in der Peterskirche in Rom findet. Die ↗ **Leidenswerkzeuge**, also jene Marterinstrumente, die Jesus an sich erfahren musste, **Kreuz, Geißel, Nägel, Dornenkrone, Schwamm, Zange, Geißelsäule, Lanze, Kreuzinschrift (↗ INRI), Hammer, Bohrer, drei Würfel, Strick, Brett mit 30 Silberlingen, Leichentuch**, wurden im Mittelalter als ↗ **Hoheitszeichen Christi** und ↗ **Majestätssymbole** verehrt. Sie wurden als ↗ **Arma Christi** und bildlich in Verbindung mit dem ↗ **Schmerzensmann** dargestellt und bei figürlichen Kreuzesdarstellungen als Attribute angebracht. Ihre Darstellung befriedigte nicht ästhetische, sondern religiöse Bedürfnisse. Die Arma Christi waren Gegenstände der Verehrung in der Passion, galten als ↗ **Reliquien Christi** und Waffen im Kampf gegen die Sünde, wurden im späten Mittelalter zu heraldischen Symbolen und degenerierten bis zu Amuletten. Die Arma Christi werden in Rom in der Kirche S. Croce di Gerusalemme verehrt. Papst Innocenz VI. (1352–1362) hatte 1353 für Deutschland und Böhmen sogar ein Fest »De armis Christi« am Freitag nach der Osteroktav eingeführt. 1735 wurde dieses Fest als »festum ss. lanceae et clavorum D.N.I.Chr.« (ex indulto in Germania) approbiert. Die ↗ **Marterl** im Alpenländischen sind plastische Kreuze oder Kapellen im Freien, die vielfach auch die ↗ **Leidenswerkzeuge** zeigen.

Passionskrippe ↗ **Passionsfrömmigkeit**

Passionsprozession

Den ↗ **Passionsspielen** eng verwandt sind die Passionsprozessionen (vgl. ↗ **Passionsfrömmigkeit**). Besonders in Spanien bestehen derartige Prozessionen fort, wobei touristische Attraktivität sicherlich auch ein Argument ist. In der »Semana Santa« (= span.: Heilige Woche) ziehen von ↗ **Palmsonntag** bis Karsamstag Prozessionen, die die Dramatik der ↗ **Passion Christi** in einer Spannung zwischen tiefer Betroffenheit bis monumentalistischer Prachtentfaltung darstellen. Die Veranstaltungen haben vielfach den Charakter von Volksfesten und zeigen eher Siegesfreude als Todestrauer. – Seit dem Mittelalter werden die Prozessionen von den ↗ **Nazarenos**, Mitgliedern einer unter spitzen Kapuzen verborgenen ↗ **Bruderschaft**, als Bußübung organisiert. Die bekanntesten Prozessionen ziehen in Andalusien; in Sevilla gibt es von Palmsonntag bis Karfreitag täglich eine Prozession. – Von Spanien aus hat diese Form der Passionsfrömmigkeit ihren Weg nach Frankreich gefunden. In Perpignan/Südfrankreich setzt sich am Karfreitag um 15 Uhr beim Klang der Totenglocke eine **Bußprozession** in Gang. Männer in schwarzen, roten oder grauen Kapuzen, gegürtet mit einem Strick, tragen blumengeschmückte Darstellungen der Passion durch die Stadt. Organisiert wird die Prozession von der 1416 von spanischen Dominikanern gegründeten »Bruderschaft vom kostbaren Blut unseres Herrn Jesus Christus«. Mittelpunkt ist der »Devot Christ«, ein in Deutschland geschnitzter, gotischer Christus am Kreuz. – In dem ehemals von Spanien beherrschten Belgien haben diese Prozessionen ebenfalls Fuß gefasst. Nach dem Vorbild anderer **Gründonnerstagsprozessionen** formten 1644 die Kapuziner in Veurne eine Prozession, getragen von der »Bruderschaft vom gekreuzigten Seligmacher und seiner betrübten Mutter unter dem Kreuz«. Die vermummten Büßer tragen schwere Holzkreuze. Mitgeführt werden Figuren, die Szenen aus dem Alten und Neuen Testament lebendig werden lassen. Diese Prozession findet aber nicht in der Karwoche, sondern am letzten Sonntag im Juli statt. – Die spanische Passionsfrömmigkeit hat natürlich auch ihren Weg nach Südamerika gefunden. Bußprozessionen Vermummter in der Karwoche gibt es auch hier. In der salvadorianischen Provinzstadt Sonsonate schleppen Hunderte von Männern 24 Stunden lang bei Temperaturen von mehr als 40° im Schatten tonnenschwere Gebilde, die Elemente des Leidensweges Jesu darstellen. – Auch in Italien haben sich Prozessionen dieses Typs erhalten. Am bekanntesten sind die in Catamisetta und Trapani auf Sizilien. Italiener in Deutschland versuchen heutzutage diese Form hier wieder lebendig werden zu lassen. Im südhessischen Bensheim organisiert seit 1983 die italienische Mission eine **Karfreitagsprozession** als »religiöses Straßentheater«. Die Fußgängerzone wird so zum Leidensweg Christi; auf dieser ↗ **via dolorosa** werden alle biblischen Ereignisse vom Garten Getsemani bis zur Kreuzigung dargestellt. Außer den Italienern engagieren sich inzwischen auch Deutsche, Ungarn und Amerikaner, die jedes Jahr ab Aschermittwoch für das nächste Jahr proben. In Saal (Landkreis Kelheim) hat der Passionsspielkreis die Tradition der Karfreitagsprozession mit lebensgroßen Holzfiguren wieder aufgenommen. Ähnlich zeigen sich die **Kreuztrachten** in einigen bayerischen Orten bzw. den westfälischen Gemeinden Delbrück, Menden und Gehrden. – Ein besonders eindruckvoller Karfreitagsbrauch besteht in Romont, zwischen Fribourg und Lausanne in der Schweiz. Am Karfreitag um 15 Uhr, nach der Lesung der Passionsgeschichte in der Kirche, erscheinen unter dem Portal »Les Pleureuses du Vendredi-Saint«, angeführt von einem Jesusdarsteller, der ein schweres Kreuz schleppt. Ihm folgt Maria, dahinter etwa 15 Mädchen, die auf Kissen die ↗ **Leidenswerkzeuge** Christi tragen. Es ertönt kein Laut, die Prozession erfolgt schweigend, die Teilnehmerinnen sind völlig in Schwarz gekleidet, die Köpfe unter einem Tuch mit Augenschlitzen verhüllt. Die Prozession endet, wo sie begonnen hat: in der Kirche.

Passionssonntag ↗ Judica

Passionssonntag, erster ↗ Fastensonntage, ↗ Judica

Passionssonntag, zweiter ↗ Fastensonntage, ↗ Palmsonntag

Passionsspiel ↗ Passionsfrömmigkeit

Passions- und Osterspiele

Von der mit verteilten Rollen in den Kirchen vorgetragenen Passionsgeschichte über geistige

Dreistöckige Bühne mittelalterlicher Passionsspiele. – Quelle unbekannt

und reale ↗ **Kreuzwegandachten** führte der Weg des Nachvollzugs zu den Passions- oder Osterspielen, bei denen die Gläubigen in dramatisierter Form das Leiden Christi nachspielten. Ursprünglich war das Passionsspiel als geistliches Schauspiel ebenso wie das ↗ **Weihnachtsspiel** räumlich und zeitlich in die Kirche eingebunden. Vor dem Gottesdienst wurde in Frage und Antwort die Auferstehungsbotschaft durch den Engel am Grab Jesu an die Frauen, die seinen Leichnam salben wollten, dargestellt. Am frühen Ostermorgen setzte man das Osterspiel fort. Allmählich lösten sich Passions- und Osterspiele im Laufe der Jahrhunderte aus dem Kirchenraum und der liturgischen Einbindung. In der Aufklärung schließlich gingen dann dieser Brauch unter, weil das Nachspielen des Leidensweges, seine Form und seine Texte als unpassend und dem Zeitgeist widersprechend empfunden wurden. Die Anfänge der Passionspiele lassen sich bis in das 10. Jh. zurückverfolgen. Erhalten sind heute noch die bekannten Passionsspiele von Oberammergau (neu inszeniert für 2000), Waal (bei Buchloe, Allgäu), Sömmersdorf (zwischen Schweinfurt und Bad Kissingen) sowie in Tirol, Kärnten und der Steiermark.

Patenbrot

Als Geschenk der Paten an ihre Patenkinder in der Weihnachtszeit war das Patenbrot üblich. Beispielsweise erhielten die Mädchen eine Lebkuchenfrau und die Jungen einen Lebkuchenreiter (vgl. ↗ **Lebkuchen**, ↗ **Unschuldige Kinder**, ↗ **Scherzlschneiden**).

Patengeschenk

Landschaftlich unterschiedlich fielen an verschiedenen Festagen des Jahres Geschenke der Paten an ihre Patenkinder und der Patenkinder an ihre Paten aus. Geschenke zu Weihnachten, Ostern und Nikolaus galten fast allerorten. Neben festtagsgebundenen Geschenken wie z. B. dem ↗ **Weckmann** zu Nikolaus schenkte man vielfach Geld. Dafür wurden zuvor besonders schöne Münzen und möglichst neue Geldscheine gesammelt und aufbewahrt.

Pater-noster-Schnüre ↗ **Rosenkranz**

Patras (Patara)

Der Legende nach Geburtsort des hl. ↗ **Nikolaus** von Myra, in Lykien an der Küste gelegen. Die »Legenda aurea« verwechselt den Ort in Lykien mit Patras in Griechenland.

Pauli Bekehrung

Fest am 25. Januar, das die Bekehrung des Pharisäersohnes und Christenhassers Paulus zum Inhalt hat (vgl. Apostelgeschichte 9,1–22). In einigen Gegenden wurden an diesem Teig aus Hefeteig Vögel – immer paarweise – oder Storchennester geformt und in Fett gebacken. So wurde der Wunsch nach Frühlingsbeginn ausgedrückt (vgl. ↗ **Frühlingsbräuche**, ↗ **Vinzenztag**).

Paulinus von Périgueux (= Petricordia)
Christlicher Dichter, vielleicht Priester, verfasste um 470 ein hexametrisches Epos: »De vita S. Martini episcopi« in sechs Büchern. Grundlage seiner Schrift waren die Martinsschriften des ↗ **Sulpicius Severus** (um 363 – um 420) und eine Zusammenstellung der Martinswunder von Bischof ↗ **Perpetuus von Tours** (um 456–491).

Paulus ↗ **Peter und Paul, Apostel**
Peijass ↗ **Fastnachtanfang, -beginn**, ↗ **Strohmann**
Pelmetag ↗ **Palmsonntag**
Pelzebock ↗ **Nikolaus-Begleiter**
Pelzebub ↗ **Nikolaus-Begleiter**
Pelzmärte, Pelzmerte ↗ **Martini**
Pelzmichel ↗ **Nikolaos**, ↗ **Nikolaus-Name**
Pelznickel ↗ **Nikolaos**, ↗ **Nikolaus-Name**, ↗ **Nikolaus-Begleiter**, ↗ **Weihnachtsmann**
Pentagramm ↗ **Rose**
Pentecosta, Pentecoste(n) ↗ **Pfingsten**
Penxten ↗ **Pfingsten**
Percht ↗ **Nikolaus-Begleiter**

Perchta, rauhe
Naturgöttin der Germanen, ehemals regenspendende Wolke, dann Herrin über Wolken, Wind, Regen und Sonne und damit über Fruchtbarkeit und Dürre. Perchta tritt noch unter verschiedenen anderen Namen auf: **Frau Gode**, **Frau Harke** oder **Frau Holle**. Als »schiache Perchta« oder »rauhe Perchta« spielt Perchta im Brauchtum eine Schreckgestalt, die vor allem Kinder erschreckt und mitzunehmen droht. Als **Perchtel**, **Berta** oder Perchta, mit einer Maske vor dem Gesicht und einem zotteligen Pelz – allein oder mit Begleitung – findet der Perchtenlauf durch den Ort statt, in Oberbayern durch einen jungen Burschen und mancherorts durch drei verkleidete alte Frauen, meist begleitet von Peitschenknallen (vgl. ↗ **Lärmbrauchtum**).

Lucia als raue oder grausame Percht(a), nach einem Holzschnitt (18. Jh.). – Vorlage: Archiv Manfred Becker-Huberti

Perchtel ↗ **Perchta, raue**

Percht(en)
Bezeichnung der ↗ **Teufel** im Süddeutschen (↗ **Nikolaus-Begleiter** und ↗ **Perchta**).

Perchtenlauf ↗ **Klöpfeln**, ↗ **Perchta, rauhe**
Perchtentag ↗ **Dreikönige**

Perchts, Rauhe ↗ Nikolaus-Begleiter

Perpetuus von Tours

Spätestens seit 461 (456/?) war Perpetuus Bischof von Tours, sechster in der von Gregor von Tours aufgestellten Bischofsreihe. Perpetuus stammte aus reicher Familie. Er ersetzte die von Bischof Brictius (vierter Bischof und Nachfolger Martins von Tours; 392/?–439/?) über dem Grab Martins erbaute kleine Kirche durch eine größere, in deren Altarraum er den Leib des Heiligen beisetzte. Perpetuus leitete das Bistum Tours bis zu seinem Tode 491. Er schrieb die – verlorengegangenen – »Miracula S. Martini« und bemühte sich um die Erneuerung des religiösen Lebens durch Einschärfung u. a. des Fastens. Die Adventfastenzeit »Vom Todestag des Martin bis Weihnachten« (= 6. Januar) der gallischen Kirche scheint auf ihn zurückzugehen oder aber wird mindestens nachweislich von ihm vertreten. Auch das ↗ **Sommerfest des hl. Martin** findet sich unter den Anordnungen des Perpetuus.

Pessach ↗ Ostern

Pestpfeile ↗ Sebastian

Peter und Paul, Apostel

Der Gedenktag der Apostel Peter und Paul am 29. Juni wurde schon im Mittelalter gefeiert. Als Patron der Fischer erfuhr **Petrus** vor allem in Städten an Küsten, See- und Flussufern besondere Verehrung. Die Gemeinden zogen zum Wasser, wo der Heilige in Form eines Bildes oder Bildstocks in einem geschmückten Boot auf das Wasser verbracht wurde, um von dort aus Land und Wasser zu segnen. Das Priesterboot wurde von herausgeputzten Fischerbooten begleitet. Am gleichen Tag fand der **Petrizug** oder ein **Fischstechen** statt. Die schönsten Fische dieses Fangs bekam der Pfarrer. Die übrigen Fische zierten bei einem großen Dorffest den Tisch. Anderswo wurde das ↗ **Rosenkranzfest** gefeiert.

»Weide meine Lämmer«. Missale Romanum (1892). Vorlage: Archiv Manfred Becker-Huberti

Als Wiederholung des ↗ **Johannisfeuers** brannte früher am Rhein, vom Bodensee bis zu den Niederlanden, das **Petersfeuer**. Der ↗ **Rhein in Flammen** ist gegenwärtig das verweltliche Nachfolgestück.

Petersfeuer ↗ Peter und Paul, Apostel

Petka ↗ Freitag

Petkovica ↗ Freitag

Petri Dank

Dankformel gegenüber demjenigen, der einem Angler ↗ **Petri Heil** gewünscht hat.

Petri Heil

Mit »Petri Heil« werden Angler gegrüßt, die dann mit ↗ **Petri Dank** antworten. Die Formel geht auf den Apostel ↗ **Petrus**, Patron der Fischer und ursprünglich selbst von Beruf Fischer, zurück. Heil und Segen des hl. Petrus, also einen erfolgreichen Fischzug, wünscht man dem Angler, der sich, Dank des Patrons Petrus, das wünscht, was ihm das Heil des Patrons verheißt: viele Fische.

Petri Kettenfeier

Vor der Kalenderreform (1969) feierte die Kirche am 1. August »Petri Kettenfeier« bzw. das Fest »S. Petri ad Vincula«, das nun ersatzlos gestrichen ist. Ursprünglich war das Fest der Jahrestag der Weihe der im 5. Jh. von der griechischen Prinzessin Eudoxia auf dem Esquilin in Rom erbauten Basilika »Petri zu den Ketten«. Dort werden die Ketten verehrt, die der Apostel ↗ **Petrus** im Kerker trug. Aber nicht der Festinhalt, sondern der Festtermin war bestimmend: – Für Abergläubische galt der 1. August als großer ↗ **Unglückstag**, ähnlich ↗ **Freitag, der Dreizehnte.** Am 1. August soll der ↗ **Teufel** in die Hölle gestürzt worden sein (↗ **Höllensturz**). Und in der Tat war Anfang August oft »der Teufel los«, weil sich der August vielfach mit Gewittern und Unwettern meldet. Abergläubige beginnen am 1. August nichts Neues: keine Heirat, keine Reise, keine neuen Kleider.

Petrizug ↗ **Peter und Paul, Apostel**
Petrus ↗ **Peter und Paul, Apostel**
Pfaffenblatt ↗ **Löwenzahn**
Pfaffenfassnacht ↗ **Estomihi**, ↗ **Fastnachtszeit**, ↗ **Quinquagesima**
Pfaffenfastelabend ↗ **Estomihi**, ↗ **Fastnachtszeit**, ↗ **Quinquagesima**
Pfaffenrohr ↗ **Löwenzahn**
Pfannkuchen ↗ **Crêpes**, ↗ **Fastenspeisen**, ↗ **Grüne Kräuter**, ↗ **Kreppchen**, ↗ **Lichtmess**

Pfeffer

In mittelalterlichen Zeiten, als die von weit hergebrachten Gewürze selten, relativ unbekannt und teuer waren, weshalb wir heute noch von »gepfefferten Preisen« sprechen, war Pfeffer nicht nur Pfeffer, sondern ein Sammelbegriff für exotische Gewürze: Anis, Ingwer, Kardamon, Koriander, Muskat, »Nägelein« (= Nelken), schwarzer Pfeffer, Vanille, Zimt gehörten dazu. Die Gewürzhändler hießen spöttisch **Pfeffersäcke.**

Pfefferkuchen

Dieses Gebäck wird natürlich nicht unter Verwendung von Pfeffer hergestellt, nicht einmal sein Preis ist noch gepfeffert. Aber Pfefferkuchen waren tatsächlich einmal ein mit »Pfeffer« (= Sammelbezeichnung für damals exotische Gewürze) gewürztes Hausgebäck, das aus ↗ **Lebkuchen** entstanden ist, der seinerseits im ↗ **Honigkuchen** einen Vorläufer hat. Unsere Vorfahren kannten offensichtlich schon unser »modernes« Prinzip: »Watt nix kost', dat is nix!« Dieses Prinzip lässt natürlich den Umkehrschluss zu, dass alles, was teuer ist, auch besonders gut sein muss. Das eben galt wohl einmal für Pfeffer. Später blieb der Begriff erhalten, und die Gewürzzugaben wurden menschlicher. Anis, Fenchel, Honig, Kardamon, Koriander, Mandelöl, Mazisblüte, Muskatnuss, Nelken, Zimt und Zitronenschale mischen die Pfefferküchler nach geheimen Rezepten mit Mehl zu einem Teig, der lagern muss. Heute ruhen die Teige von vierzehn Tagen bis einem Jahr. Früher setzte ein Meister einen Teig an, wenn ihm ein Sohn geboren wurde. Verarbeiten durfte er den Teig erst, wenn der Sohn das Geschäft übernahm. – Pfefferkuchen galt als ↗ **Fastenspeise.** Auch als Heilmittel wurde das Gebäck eingesetzt: Wer zwischen Weihnachten und Lichtmess – bekanntlich immerhin 40 Tage – ein Stück Pfefferkuchen in der Tasche trug, sollte vor »Buckelweh« geschützt sein. Fiebernden wurde empfohlen, den Kuchen in dreimal drei Stücke zu schneiden und jedes Mal drei Stücke zu essen. Aber es scheint auch Missgünstige gegeben zu haben, die wohl den Pfefferkuchen lieber für sich alleine behalten wollten. Es galt nämlich in einem alten Liebeszauber aus der Lausitz als ausgemacht, dass, wenn sich das

↗ **Wetter** innerhalb von 24 Stunden nach dem Genuss von Pfefferkuchen ändert, der Pfefferkuchenesser »unfehlbar wahnsinnig« werde. Pfefferkuchen-Zentren sind Pulsnitz in der Lausitz, Aachen und Nürnberg.

Pfefferlesrute ↗ **Frisch und gesund schlagen**
Pfefferlestag ↗ **Klöpfeln**, ↗ **Unschuldige Kinder**
Pfeffern ↗ **Frisch und gesund schlagen**
Pfeffersäcke ↗ **Pfeffer**
Pfeffertag ↗ **Aschermittwoch**

Pferdeheilige
Als Reitersoldat wurde ↗ **Martin** seit alters auch als Pferdeheiliger verehrt. ↗ **Pferdesegnung** und ↗ **Martiniritt** sind Kennzeichen dieses Tages. Als Pferdeheilige galten aber auch Gregor (↗ **Gregoriritt**), Leonhard (↗ **Leonhardiritt**), **Quirinus**, ↗ **Stephanus** (↗ **Stephaniritt**), Ulrich (↗ **Ulrichsritt**) und Wendelin (↗ **Wendelinritt**), die alle mit einem ↗ **Umritt** geehrt werden.

Pferdesegen, Pferdesegnung
↗ **Umritte** zu Ehren von Heiligen oder zu Ostern waren und sind fast immer mit der Segnung der Pferde verbunden.

Pferdetag ↗ **Stephanus**
Pfincztag ↗ **Donnerstag**
Pfingstbaum ↗ **Pfingsten**
Pfingstbier ↗ **Pfingsten**
Pfingstbloch ↗ **Pfingsten**
Pfingstbraut ↗ **Pfingsten**
Pfingstbräutigam ↗ **Pfingsten**
Pfingstbrezel ↗ **Pfingsten**
Pfingst(d)reck ↗ **Pfingsten**
Pfingstel ↗ **Pfingsten**

Pfingsten
↗ **Pessach** oder ↗ **Passah** bezeichnete im Judentum auch den Anfang der Getreideernte (vgl. ↗ **Ostern**). Die erste Ernte (Gerste) wurde eingefahren und ein Teil davon am zweiten Festtag im Tempel geopfert. Die folgenden 49 Tage wurden gezählt, und deshalb erhielt dieser Zeitraum den Namen **Sefira** (= Zählung; vgl. Levitikus 23,15f). Der fünfzigste Tag war **Schawuot**, an dem die nächste Getreideernte (Weizen) stattfand. Nach dem jüdischen Arzt und Philosophen Maimonides (1135–1204) aus dem span. Córdoba lag der Sinn der Tage vom Auszug aus Ägypten bis zur Feier des Empfangs der Gesetze auf dem Berg Sinai darin, den Gläubigen zu zeigen, dass Befreiung aus Knechtschaft allein nicht viel bedeutet und dass Freiheit ohne Gesetz ein zweifelhafter Segen ist.
Das Wort »Pfingsten« entstand aus dem griech. Wort **Pentecosta**, der fünfzigste (Tag); denn das erste Pfingstfest wurde laut Apostelgeschichte am »Fest der (Weizen-)Ernte«, fünfzig Tage nach dem österlichen Paschafest, gefeiert. Durch den variablen Ostertermin variiert auch Pfingsten zwischen dem 10. Mai und 13. Juni (↗ **Pfingstgrenze**). Pfingsten ereignete sich durch die biblisch berichtete Herabkunft des Heiligen Geistes fünfzig Tage nach der Auferstehung Jesu: Mit Feuerzungen kam der Heilige Geist über die Jünger und bewirkte ihr Sprechen in vielen fremden Sprachen. – Auch Pfingsten ist – im übertragenen Sinn – ein Erntefest: Christi Ernte und die Gründung der Kirche. Als die Christen den Zeitpunkt des Osterfest anders als die Juden berechneten (↗ **Osterfeststreit**), hielten sie an dem Fest fünfzig Tage nach Ostern fest, das wahrscheinlich schon in apostolischer Zeit gefeiert wurde.
Das pfingstliche Brauchtum spielt entweder das pfingstliche Geschehen nach oder hat jahreszeitliche Bezüge als ↗ **Frühlingsbräuche**. Das Mittelalter verdeutlichte die Herabkunft des Heiligen Geistes durch brennendes Werg, das aus dem Kirchengewölbe auf die versammelte Gemeinde rieselte. Anderswo wurde eine lebende oder auch eine hölzerne ↗ **Taube** als Symbol des Heiligen Geistes herabgelassen (**Heilig-Geist-**

Pfingsttag im Elsass, aus: Otto Frhr. von Reinsberg-Düringsfeld, Das festliche Jahr, Leipzig 1898

Schwingen). Der ↗ **Heilige Geist** selber wurde im Süddeutschen gerne als Patron und Namensgeber der Spitäler (↗ **Hospital**, ↗ **Hospiz**, ↗ **Spital**) gewählt.

Urprünglich mit Pfingsten verbunden war der Große ↗ **Wettersegen**, ein Gebet, bei dem Priester und die Gemeinde um eine gute Ernte baten. Später konnte der Wettersegen vom Fest der ↗ **Kreuzauffindung** (3. Mai) bis zum Fest der ↗ **Kreuzerhöhung** (14. September) am Schluss der Messe erteilt werden. Die Gebete waren nach Gegenden unterschiedlich.

Liturgienahes religiöses Brauchtum hat sich zu Pfingsten kaum ausgebildet. Die **Pfingstbrezel** zum Beispiel gab es nicht in ganz Deutschland, aber u. a. in Böhmen. Am Pfingst(vor)abend legten die Kinder Huflattichblätter vor die Türe, auf denen sie morgens die Pfingstbrezel fanden. Der Huflattich wurde gepresst und aufbewahrt, weil er gegen verschiedene Schmerzen helfen sollte. Das **Pfingstgebäck** fiel karg aus, weil sich im naturabhängigen Haushalt die Vorräte dem Ende näherten. Entsprechend hieß es: »Weihnachten backt jedermann, Ostern backt der reiche Mann, Pfingsten backt, wer kann.« Oft reichte es nur noch zu **Pfingstwecken** in Laib- oder Brotform, die in der Asche gebacken wurden. Den **Heilig-Geist-Krapfen** gab es in Bayern ebenso wie die **Allgäuer Brotvögel**. Die Krapfen wurden zu Pfingsten als Heilig-Geist-Symbol aus einer Luke in die Kirche geworfen.

Vielfältiger sind die jahreszeitlichen, mit Pfingsten verbundenen Bräuche. Zwar hat es zeitweise **Pfingstspiele** gegeben (Freiberger Pfingstspiele), bei denen man vom Spätmittelalter bis ins 19. Jh. die Heilsereignisse von Pfingsten bis zum Jüngsten Gericht darstellte. Berücksichtigt wurde hier, dass die ↗ **Pfingstoktav**, der ↗ **Dreifal-**

tigkeitssonntag, den Auftakt für die Sonntage bis zum Ende des Kirchenjahres gab, bei denen die »Letzten Dinge« des Menschen (»Quattuor Novissima«) im Mittelpunkt standen. Aber diese Pfingstspiele haben sich nicht erhalten. – ↗ **Schabernack** in der Nacht von Pfingstsonntag auf Pfingstmontag und das Verstellen von Sachen leitet sich von einem alten Abwehrzauber her. Die Häuser wurden geweißelt und **Pfingstmaien** angebracht, frische Birkenäste, geschmückt mit Bändern und Blumen, die verliebte Burschen ihren Mädchen als Symbole der Jugendfrische und Zuneigung (»Ich bin dir grün!«) vor die Tür pflanzten oder an das Haus steckten. Schlimmer als gar keine Maien zu erhalten, war es für ein Mädchen, von einem »verblichenen« Freund eine so genannte **Schandmaien** aufgesteckt zu bekommen: einen dürren Stecken oder das kahle Gerippe eines ehemaligen Christbaumes. Auch Kirschzweige (Symbol für Klatschsucht) oder Weißdorn (Symbol für ein Mädchen, das unbedingt geheiratet werden will) galten als wenig geliebte Gaben. Das Setzen von **Liebesmaien** zu Pfingsten steht in Verbindung mit dem alten Brauch des **Mailehens.** Hierbei erhalten die heiratsfähigen Burschen heiratsfähige Mädchen »zu Lehen«, die sie – in der Regel im laufenden Jahr – zu Tanz und Feier ausführen mussten/durften. Die Paarbildung zum Zwecke des näheren Kennenlernens erfolgte durch Verlosung oder Versteigerung. Die Maien setzten die Burschen »yren metzten zuo eer«, wie Sebastian Franck (1499–1544; Theologe und Schriftsteller) 1534 notiert. – Neben den Liebesmaien gab es immer auch den **Maibaum** (**Pfingstbaum**) des Dorfes oder des Stadtteils, meist eine Fichte oder Tanne, die – bis auf den Wipfel – entastet war. Dieser Maibaum wurde mit einem Kranz, mit Fahnen, Bändern, Zunftzeichen usw. geschmückt und auf dem Dorfplatz aufgestellt. Wichtig war, dass der Baumstamm säuberlich entastet und damit sehr glatt war. Zusätzlich wurde er gerne mit Seife eingerieben, denn er diente für Wettkämpfe als Kletterbaum. Bei diesen Spielen wurde der **Pfingstbräutigam** oder **Pfingstkönig** ermittelt, der sich eine **Pfingstbraut** oder **Pfingstkönigin** erwählen durfte, mit der er die **Pfingsthochzeit** feierte. Bis in unsere Tage ist der **Maibaumklau** im Nachbardorf, der dann nur durch – viel, oft sehr viel – Bier ausgelöst werden kann, ein beliebter »Sport«. – Der bei diesen Pfingstfeiern auftretende »Mohrenkönig« (Wurmlinger Pfingstreiten), der türkische Kaiser, Franziskus oder ein römischer Kaiser (Nusplingen, Württemberg) sind Hinweise auf die mit Pfingsten verbundene **Heerschau.** – Abschluss des weltlichen Pfingstfestes bildete vielfach das Einholen einer **Pfingstgestalt**: z. B. **Pfingst(d)reck**, **Pfingstlümmel**, **Pfingstel** geheißen. Diese Figur war in frisches Grün gekleidet und stellte den Sommerbeginn dar. In dieser Tradition stehen die Gemeinschaftsfeiern von Schützen- oder Kegelvereinen, die sich gerne am Pfingstmontag treffen, um ihren »König« zu ermitteln. Pfingsten ist aber auch ein Hirtenfest, weil man an diesem Tag das Vieh – natürlich festlich geschmückt – erstmals im Jahr auf die Weiden trieb: Die **Pfingstweide** wurde eröffnet. In grünes Laub gekleidete Burschen traten auf, die die neuen Wachstumsgeister verkörperten. Der ↗ **Pfingstochse** wird zumeist auf ein zur Weide getriebenes, geschmücktes Rind zurückgeführt. Eher scheint der Begriff von dem Ochsen abgeleitet zu sein, der an Pfingsten geschlachtet und zuvor geschmückt durchs Dorf geführt wurde. Vielleicht geht der Pfingstochse auch auf eine vorchristliche, jahreszeitliche Opferhandlung zurück. Die – immer negativ gebrauchte – Bezeichnung »Pfingstochse« bezieht sich auf einen, der zwar noch »schön« wirkt, aber nur, weil er noch nicht ahnt, dass er bereits verloren ist. – Pfingstlümmel oder **Pfingstbloch** hieß für ein ganzes Jahr der Hütejunge im Erzgebirge, der als letzter beim Weideauftrieb erschien. Sein Gegenstück war der **Tauschlepper**, weil er als erster den Tau von den Gräsern »abgeschleppt« hatte. – ↗ **Flurumritte**, Grenzabschreitungen und Prozessionen fanden ebenfalls zu Pfingsten statt. Nach altem heidnischen Denken sollten die Umzüge der neuen Saat Heil und Segen bringen. Im luxemburgischen Echternach hat sich eine – der im Mittelalter zahlreichen – **Springprozessionen** zu Ehren des hl. Willibrod († 739) auf Pfingstdienstag erhalten, bei der auf eine eingängige Melodie immer zwei Schritte vor und einer zurückgetanzt werden. Heute bezeichnet man dies als »homöopathische Therapie«: Durch eine dosierte Bekämpfung eines Übels durch das Übel selbst – und natürlich durch göttlicher Gnade – sollten Nervenzucken und Veitstanz therapiert werden. – Der Brauch, zu Pfingsten eine Quelle zu besuchen und das frische Wasser als gesegnetes Wasser das Jahr über zu benutzen, scheint mit dem Neubeginn des Lebens zusammenzuhängen. ↗ **Brunnenfeste** (Maibrunnen, ↗ **Maibrunnenfeste**) stehen in der gleichen Tradition. – Das gehäufte Auftreten von Reitern, Reiterspielen und Gemeinschaftsfeiern an Pfingsten (z. B. Weingartener Blutritt, Kötztinger Pfingstritt) führt die Forschung auf ein uraltes Brauchtum zurück: Der vorjulianische, römische Kalender begann das Jahr mit dem 1. März – und dies nicht ohne Grund; denn in Rom war dies der Beginn der Sommerzeit. Die Benennung des ersten Monats nach dem Kriegsgott Mars scheint auch nicht zufällig zu sein, denn der 1. März war im Römischen Reich Tag der Truppenschau: Die neu einberufenen Rekruten präsentierten sich in Rom auf dem ↗ **Campus Martius**, dem ↗ **Mars**- oder ↗ **Märzfeld**. Nördlich der Alpen konnte man dieses Ereignis nicht am 1. März, wohl aber am 1. Mai begehen. Auf Anordnung Pippins III. des Kurzen (751–768) aus dem Jahr 755 waren die Heerschauen auf den 1. Mai gelegt worden. Sie fanden entsprechend auf den **Maifeldern** statt. Diese Bezeichnung hat sich vielfach in Deutschland erhalten. Das bekannteste Maifeld ist wohl jenes in Berlin, das dann zum »Reichssportfeld« und zum »Olympiastadion« wurde. Die Heerschau erfolgte ursprünglich durch den König selber, der festlich Hof hielt und die Schwertleite, die Erhebung Geeigneter in den Ritterstand, in den Mittelpunkt stellte. Später richteten **Maigrafen** die Heerschau und das Fest aus, das sich dem Mairitt der waffentragenden Männer anschloss. Kirchenvertreter haben diese Festivität ohne kirchliche Bezüge in den religiösen Festkreis einzuordnen gesucht. Das benachbarte Pfingstfest bot sich an; denn in der Apostelgeschichte wird im 2. Kapitel berichtet, dass am Pfingsttag fromme Männer aus jedem Volk unter dem Himmel in Jerusalem versammelt waren. Da man dies auch auf die Heerschau am 1. Mai anwenden konnte, bei dem der Hofstaat des Königs eine große Zahl von Ausländern aufwies, ließ sich das Ereignis zunehmend vom 1. Mai auf Pfingsten (meist Pfingstmontag) verlagern. Die mit der Heerschau verbundenen Turniere mit Ring- und Kranzstechen, Wettreiten, Kämpfen Mann gegen Mann und Mann gegen Holzfiguren, waren der Kirche jedoch ein Dorn im Auge, weil diese Mutproben die Gegner vielfach alles vergessen ließen. Seit dem Zweiten Laterankonzil 1139 warnte die Kirche wiederholt vor der Gefahr dieser Turniere. Papst Clemens V. (1305–1314) verbot 1313 schließlich die Turniere unter Androhung des Verbots der kirchlichen Beisetzung bei Zuwiderhandlung. Dieses Turnierverbot hatte zwei Folgen: Zum einen wichen die, die an diesen Turnieren festhielten, auf die ↗ **Fastnacht** aus, zu der auch die Kirche diese Turniere, die in der Fastnacht als törichtes Tun vorgeführt wurden, nicht verbieten konnte. Zum anderen wandelten sich die Heerschauen in Reiterprozessionen und ↗ **Umritte**, die sich dem religiösen Anlass unterordneten. Wie man sich die fastnachtlichen Turniere vorzustellen hat, beschreibt eine Münsteraner Chronik aus der zweiten Hälfte des 16. Jh.: »Mitten auf dem Markt stand eine hölzerne Figur, Roland genannt, die beide Hände ausgestreckt hatte. Die Figur stand auf einer eisernen Stange, auf der sie sich drehen konnte. In der rechten Hand hatte sie eine runde Scheibe, etwas größer als ein Teller, und in der linken Hand hatte sie einen Geckenkolben hängen. Bereitgestellt waren lange Speere. Damit rammten und stachen sie einer nach dem anderen den Roland in die rechte Hand, in der sich die runde Scheibe befand. Sogleich drehte er sich und schlug mit der linken Hand, in der er den Kolben hatte, umher. Wenn dann derjenige, der zugestochen hatte, nicht schnell genug fort war, kriegte er einen Schlag auf den Rücken oder in den Nacken, so dass jedermann lachte. Sie hatten an diesem Tag ebenso wie am vergangenen Donnerstag, als sie ihn einholten, ein kleines Kränzchen, durch das man ungefähr einen Ball durchstecken konnte. Auch danach rammten sie ihre Speere. Wer im vollen Lauf durchstecken konnte, der gewann den Brüdern etwas zum Besten. Darum hatten sie Tage zuvor gewettet.« Der allmähliche Niedergang der Reiterauftritte zu Pfingsten ist nicht nur eine Folge der Aufklärung, sondern auch der Motorisierung der Landwirtschaft, der Reduzierung der Weidewirtschaft und Weideflächen. – Traditionell hatte Pfingsten auch für die Bauern Auswirkungen: Die an Pfingsten gemolkene Milch gehörte in alten Zeiten den Mägden, die mit der **Pfingstmilch** ihren jungen Burschen ein Fest aus Milchsuppe mit Mandeln und Eiern anrichteten. **Pfingstbier** hieß das Gegenfest der jungen Burschen, das am Pfingstmontag nach der Kirche mancherorts mit Essen, Trinken und Tanz auf dem Dorfplatz gefeiert wurde. – Mit dem offiziellen Sommerauftakt zum 1. Mai bzw. zu Pfingsten war der Winterabschied am 30. April verbunden. Die so genannte **Walpurgisnacht** hat viel vom Jahresabschlussbrauchtum: Lärm, um die ↗ **Hexen** und Dämonen zu vertreiben, Tanz, Essen und Trinken.

Andere Namen für Pfingsten: »Adventus spiritus sancti«, »chinxen« oder »cynxen« (Ndl.), »dies penetecostes (spiritus sancti)«, »dominica pentecostes«, **Faisten** oder **Faistag** (Siebenbürgen), **Geistag**, »Pascha de madio (pentecostes, rosarum)«, **Pentecoste**, **Pentecosten**, **Penxten**, **Pingesten**, **Pinsten**, **Pinxten**. – Der Pfingstmontag hieß **Stolzer** oder **Hübscher Montag**, der Pfingstdienstag **Geiler Zinstag**, **Zinstag**, der Pfingstmittwoch, **Hoher Mittwoch**, **Hochmittwoch**, **Knoblauchmittwoch** (Thür.), der Pfingstdonnerstag hieß in Köln **Holzfartdache**, **Holzfehrdach.**

Mit Pfingsten sind auch Wetterregeln verbunden, z. B.: »Nasse Pfingsten, fette Weihnachten.« »Wenn's zu Pfingsten regnet, ist die Erde wohl gesegnet.« »Regnet's an Pfingstmontag, so regnet's noch sieben Sonntag.«

Pfingstgebäck ↗ **Pfingsten**
Pfingstgestalt ↗ **Pfingsten**

Pfingstgrenze

Durch den variablen Ostertermin (vgl. ↗ **Osterfeststreit**, ↗ **Ostergrenze**) variiert auch Pfingsten zwischen den 10. Mai und 13. Juni.

Pfingsthege ↗ **Pfingstochse**
Pfingstkönig ↗ **Pfingsten**
Pfingstkönigin ↗ **Pfingsten**
Pfingstkuh ↗ **Pfingstochse**
Pfingstlümmel ↗ **Pfingsten**
Pfingstmaien ↗ **Pfingsten**
Pfingstmilch ↗ **Pfingsten**

Pfingstochse

Der Pfingstochse, der sich in der Redensart vom aufgeputzten oder geschmückten (= aufgedonnerten = geschmacklosen) Pfingstochsen erhalten hat, geht auf einen Brauch der Vieh- und Weidewirtschaft zurück. An Pfingsten wurde und wird in vielen Gegenden das Vieh erstmalig auf die Weide getrieben, oder man wiederholt den ersten Austrieb mit festlichem Brauch. Bis Pfingsten lässt man manchmal ein besonderes Wiesenstück unbenutzt (**Pfingsthege**, ↗ **Pfingstweide**). Das Vieh wird unter lautem Jubel, mit Grün bekränzt und geschmückt, auf die Weide getrieben. Dabei heißt das erste (oder letzte) Tier »Pfingstochse« (oder **Pfingstkuh**). Mancherorts, z. B. in Mecklenburg, wird als Pfingstochse auch der zum Pfingstbraten bestimmte fette Ochse bezeichnet, der am Donnerstag oder Freitag vor dem Fest von den Metzgern feierlich, mit einem Blumenkranz auf dem Kopf geschmückt, die Hörner mit Gold oder Silberfiligran belegt und mit einer Zitrone auf den Hornspitzen, den Schwanz mit Blumen und bunten Bändern geschmückt, herumgeführt wird. Nach Meinung einiger Brauchtumsforscher deutet der festliche Schmuck vielleicht darauf hin, dass die Schlachtung ehedem eine Art Opferhandlung war. Weder lässt sich jedoch wirklich belegen noch ausschließen, dass der aus der Weidewirtschaft stammende Brauch diesen zweiten beeinflusst hat (vgl. auch den ↗ **Fastnachtsochsen** oder in Frankreich den ↗ **bœuf gras**). Hier wird ein aufgeputzter Mastochse von Metzgern in den letzten Fastnachtstagen durch die Straßen geführt. In Marseille ging ein Prachtochse, mit Teppichen behangen und mit Blumen bekränzt, sogar an der Spitze der Prozession zu ↗ **Fronleichnam**; in Frankreich heißt die zugehörige Redensart »promener comme le bœuf gras« (stolzieren wie der Fastnachtsochs'). Im Deutschen wird die Redensart vom Pfingstochsen auch auf den Palmesel übertragen: »aufgeputzt wie ein ↗ **Palmesel**«.

Pfingstoktav ↗ **Dreifaltigkeitssonntag**, ↗ **Pfingsten**

Pfingstspiele ↗ **Pfingsten**

Pfingstweck(en) ↗ **Pfingsten**

Pfingstweide ↗ **Pfingsten**

Pfinstag ↗ **Donnerstag**

Pfinstag, feister ↗ **Donnerstag**, ↗ **Weiberfastnacht**

Pfinstag, irrsinniger ↗ **Donnerstag**, ↗ **Weiberfastnacht**

Pfinztag ↗ **Donnerstag**

Pflanzensymbolik

Auf dem Relief eines Grabsteins im Frauenhausmuseum zu Straßburg steht die Inschrift: »O mensch zart, bedenck der blumen art.« Verwiesen wird hier auf die Grundsymbolik aller Pflanzen und Blumen, wie sie in der Bibel mehrfach vorkommt: Die Vergänglichkeit des Schönen und Grazilen, aller Kostbarkeiten, die der Mensch selbst nicht bilden kann. Der Mensch selbst wird mit den Blumen gleichgesetzt, denn ihm geht es wie ihnen: Er welkt dahin, und es wird sein, als habe es ihn nie gegeben. Nach christlicher Tradition ist die Welt von einem Netz von Zeichen und Verweisungen durchwoben, die alle auf ein Zentrum hindeuten, auf Gott selbst. Der verborgene Sinn in allem, der »sensus mysticus«, wird offengelegt im »sensus spiritualis«, d.h., die religiöse Sicht der Welt, ihre Ausdeutung aus dem Wissen um die Erlösung, erschließt die Geheimnisse der Schöpfung, die auf ihren Schöpfer verweist. Das Nicht-Sichtbare wird durch Zeichen symbolisiert, unter anderem durch die Symbolik von Pflanzen und Blumen. Das »Sprechen durch die Blume« meint sprichwörtlich eben dies: Ein »verblümter« Hinweis bedeutet, dass der eigentliche Gedanke unausgesprochen bleibt; auch die Pflanze ist ein Bild für etwas ganz anderes. Aber: Was der Pflanze geschieht, geschieht auch dem Menschen. Wir wissen heute, dass aus ökologischen Gründen ein solcher Satz sogar doppeldeutig ist. Bis ins 13. Jh. hatten Pflanzen in der Kunst allein eine symbolische Bedeutung, erst dann wurden sie um ihrer selbst willen in ihrer natürlichen Gestalt dargestellt. Beide Darstellungsweisen, die symbolische und die natürliche, kommen nebeneinander vor und kreuzen sich. Wir dagegen fordern heute »unverblümtes« Sprechen, weil uns die Symbolik fremd geworden ist. Vgl. z. B. ↗ **Auferstehungspflanze**, ↗ **Christrose**, ↗ **Krokus**, ↗ **Löwenzahn**, ↗ **Veilchen**, ↗ **Blumenstreubrauch**, ↗ **Blumenteppich**, ↗ **Grün**, ↗ **Barbarazweige**, ↗ **Osterstrauß**.

Pflastersteine

Ein Weihnachtsgebäck, das bildhaft die Steine vor Augen führen soll, mit denen der erste Glaubenszeuge ↗ **Stephanus** getötet wurde.

Pflug ziehen

Ledige Frauen mussten in der Fastnachtszeit einen Pflug durch den Ort ziehen und »... darinnen offentlich bueßen, das sie sein kumen zu iren tagen, Fut, ars, tutten vergebens tragen«, wie es derb in einem 1494 verfassten Fastnachtsspiel heißt. Der inzwischen ausgestorbene Brauch der Verspottung »alter Jungfrauen« ist 1460 erstmals für Innsbruck belegt (vgl. ↗ **Rüge- und Spottbrauchtum**).

Pflugmontag

Vor allem in England war es üblich, am Montag nach Epiphanie, dem Montag nach dem 6. Januar (engl.: »Ploughmonday«), einen Pflug durch das Dorf zu tragen. Dadurch wurde der Beginn des Frühjahrs und des damit verbundenen Arbeitens versinnbildlicht: Das bäuerliche Arbeitsgerät musste überprüft und eventuell instandgesetzt werden. Oft wurde dieser Tag mit einem Dorffest beschlossen, bei dem der Bohnenkönig und die Bohnenkönigin (vgl. ↗ **Dreikönigsfest**) Ehrenplätze einnahmen und den Tanz eröffneten. In den Niederlanden hieß der gleiche Tag ↗ **Verlorener Montag** (andernorts: **verkorener**, **verschworener Montag**), in Brabant **Frauenmontag**. Hier hatte der Tag »Aufräumcharakter« (vgl. ↗ **Montag**).

Pfraumiger Freitag ↗ Freitag
Pfünztag ↗ Donnerstag

Phelonion

Liturgisches Obergewand der Orthodoxie ohne Ärmel oder Ärmelschlitze, vergleichbar der westlichen Glockenkasel.

Phinztag ↗ Donnerstag
Phinztag, Feister ↗ Fastnachtszeit

Phrygische Mütze

Während ein Hut seinen Träger überhöht, ihn also sprichwörtlich größer werden lässt, und deshalb als »Ritualhut« ein Kennzeichen der Herren und Herrschenden ist, signalisiert die Mütze den niederen Stand. Ein Mythos benennt die Herkunft und Urbedeutung der phrygischen Mütze, einer spitz zulaufenden, nach vorn geneigten Kopfbedeckung: Der sagenhafte König von Phrygien, Midas I., sei von Apollo mit Eselsohren bestraft worden, weil er dem Gott in einem musischen Wettstreit widersprochen habe. (Seine kleinasiatische Dynastie hielt es zu ihrer Zeit deshalb für hohen Ruhm, von einem Esel abzustammen: Midas wurde als Gott in Tiergestalt angebetet). Damit die angewachsenen

Zug der Magier mit phrygischer Mütze. Ausschnitt aus einem Mosaik (um 560). Ravenna, S. Appolinare Nuovo. Vorlage: Archiv Herder

Eselsohren verborgen bleiben konnten, ließ sich Midas eine besondere Mütze anfertigen, eben die phrygische Mütze. Trotz strengster Strafandrohungen plauderte aber der Friseur des Königs das Geheimnis aus, das sich wie ein Lauffeuer verbreitete. Auf diesem Hintergrund wurde die phrygische Mütze zum Symbol des offenen Widerspruchs gegen Bevormundung »von oben«.

Das aufrührerische, obrigkeitskritische und oft illegale Tun des Mützenträgers wird vielfach dargestellt. Mit der phrygischen Mütze erscheinen die Amazonen, die geborenen Feinde der patriarchalischen Ordnung. Auch Paris, der Prinz von Troja, wird so dargestellt, weil er Helena mit illegalen, magischen Mitteln entführt hat. Die Altarbilder in den römischen Mithräen zeigen den Stiertöter Mithras mit phrygischer Mütze. Zur Zeit der Etrusker gelangte die Symbolmütze als Zeichen freiheitsbewusster Lebenshaltung nach Italien. In der Renaissance weitete sich die symbolische Bedeutung auf zwei weitere Kopfbedeckungen aus: die **Baskenmütze** und das **Barett** (Kopfbedeckung von Richtern, Soldaten usw.). Sie wurden ebenso zum Standeszeichen der von Natur liberalen Künstler. Typisch für alle diese Mützen: Beim Grüßen werden sie nicht – wie ein Hut – gelüftet. Der asymmetrische Sitz von Baskenmütze oder Barett betont den provozierenden Charakter dieser Kopfbedeckung. Sowohl der Hut (vgl. z. B. Thomas Mann als typischen Herrenhutträger) oder die Baskenmütze (vgl. z. B. Heinrich Böll als typischen Träger) verdeutlichen den geistigen Standort ihres Trägers. Im Altertum kennzeichnete die phrygische Mütze mehr die Herkunft des Bemützten aus Kleinasien und/oder seinen Stand: die Zugehörigkeit zur Priesterkaste der Meder.

Im Zusammenhang christlicher Ikonographie taucht die phrygische Mütze zuerst in Verbindung mit den Heiligen ↗ **Dreikönigen** auf. Weil die bei der Geburtserzählung Jesu erwähnten Magier aus dem Osten kamen, erhielten sie – ehe sie in den Legenden zu »Königen« wurden – phrygische Mützen; so zu finden auf Sargreliefs im 3. und 4. Jh. und auf dem berühmten Mosaik in Ravenna aus dem 6. Jh.. Als der hl. Nikolaus zum bösen ↗ **Nikolaus** säkularisiert wurde – erstmals durch Hoffmann im ↗ **Struwwelpeter** – verlor er seinen bischöflichen Ornat, der durch einen roten Mantel und eine rote phrygische Mütze ersetzt wurde. Während alle anderen Kennzeichen des Nikolaus verlorengingen, als er in Amerika zum ↗ **Saint Claus** und dann zum ↗ **Father Christmas** oder ↗ **Weihnachtsmann** mutierte, blieb ihm die phrygische Mütze als Hinweis auf seine kleinasiatische Herkunft erhalten.

Eben dieses Kennzeichen ist auch den »echten« ↗ **Gartenzwergen** eigen, den jüngsten Abarten des Heiligen aus der heutigen Türkei. Die Symbolik der phrygischen Mütze war auch für die Jakobiner im aufrührerischen Frankreich des 18. Jh. noch symbolkräftig. Sie übernahmen die Mützenform für ihre ↗ **Jakobinermütze**, die zur Kopfbedeckung der an der Französischen Revolution Beteiligten wurde. Als man bei der Neubelebung der Fastnacht nach 1827 eine einheitliche Kopfbedeckung für die Narren suchte, war diese Jakobinermütze Vorbild für die moderne ↗ **Narrenkappe**: zunächst ein Papierhütchen in Form der phrygischen Mütze, aus der sich dann die Narrenmütze in Schiffchenform entwickelte, die noch immer eine nach vorn geneigte Spitze aufweist. Die jüngste Gegenwart zeigt die Lebendigkeit der symbolhaften Bedeutung der phrygischen Mütze: Auch der extrem hochgestellte, nach vorn gerichtete und oft rotgefärbte Haarkamm der Punks nimmt die uralte Symbolik auf.

Phylakterium

In der Antike nannte man einen Gegenstand Phylakterium, der z. B. in einer Kapsel am Hals zur Beschirmung und Bewahrung vor Unheil getragen wurde. Der entsprechenden Schutzfunktion wegen übertrug sich der Begriff auf Reliquien und deren Aufbewahrungsbehältnisse. Kapselförmige Reliquien-Behältnisse werden deshalb auch als Phylakterien bezeichnet.

Pickelhering ↗ Hanswurst
Pickwiese ↗ Eierspiele
Picmaent ↗ Monate: September
Piepenkerl ↗ Weckmann
Piepvögels ↗ Palm

Piet, Swarter/Zwarter; Pieterman

↗ **Knecht Ruprecht** heißt in den Niederlanden »Swarter Piet« und begleitet den hl. ↗ **Nikolaus**, der jedes Jahr »aus Spanien« kommt. In den Niederlanden gibt es seit einigen Jahren eine Diskussion um den Swarten Piet, nämlich ob es nicht rassistisch sei, ihn weiter »schwarz« auftreten zu lassen. Man kompromittiere damit die Farbigen, denn schwarz sei Piet erst seit der Entdeckung Amerikas. Dies ist aber ein doppelter Irrtum: Seit der Anwesenheit der Römer am Niederrhein sind Afrikaner bekannt, spätestens mit dem Christentum und der Dreikönigslegende wurden sie auch dargestellt. »Der Schwarze« meint seit jeher aber keine menschliche Rasse, sondern die Personifikation des Bösen, den ↗ **Teufel** selbst – schwarz wegen seiner Gesinnung und des Höllenfeuers. »Der schwarze Peter«, das sprichwörtliche Unglück nicht nur beim Kartenspiel, hat also nichts mit Rassendiskriminierung zu tun (↗ **Nikolaus-Begleiter**).

Pietà ↗ Mater dolorosa, ↗ Passionsfrömmigkeit
Pilgermuschel ↗ Jakobus der Ältere
Pineweke ↗ Karwoche
Pingesten ↗ Pfingsten

Pinora

Stadt in Lykien, in der der Abt Nikolaus von Sion Bischof war. Seine Lebensgeschichte wurde mit der des Bischofs ↗ **Nikolaus** von Myra vermischt.

Pinsten ↗ Pfingsten
Pinxten ↗ Pfingsten
Plapperwasser ↗ Osterwasser
Platzmittwoch ↗ Karwoche
Plogmariendach ↗ Marienfeste: Verkündigung des Herrn
Pluemtag ↗ Palmsonntag
Plumostertag ↗ Palmsonntag

Plumpudding

Wenn die englische Küche, der meist eher der Ruf einer gewissen Sonderbarkeit denn sensibler Sinnlichkeit vorausgeht, im Zeichen des zu-

»Hurrah for the Pudding!«, aus: »Little Folks« (1870). Vorlage: Archiv Manfred Becker-Huberti

sammenwachsenden Europas einen kulinarischen Weihnachtsbeitrag liefert, so ist es das Gericht, das im Mittelalter einmal ein Pflaumenporridge war: der Plumpudding. Im 18. Jh. hat sich die Zusammensetzung dieser Speise zwar geändert, was die traditionsorientierten Engländer offenbahr nicht irritiert hat, den alten Namen dennoch beizubehalten. Dass exotische Speisen nicht aus einer Entfernung von mehreren tausend Kilometern stammen müssen, beweisen einzelne Ingredienzen des Plumpuddings unserer Vettern von der Insel: Rindertalg und Rosinen, Mohrrüben und Orangeat zum Beispiel, die einzeln und für sich genommen vielleicht auch kontinental munden. Wie dem auch sei, möglicherweise eben wegen der für Europäer exotischen Zusammensetzung und trotz einer mindestens vierstündigen Zubereitungszeit hat der Plumpudding auch in Deutschland als Weihnachtsdessert Freunde gewonnen. Er wird, übergossen mit Hochprozentigem, brennend serviert. Nach alter Sitte darf der Plumpudding nur mit einem Holzlöffel gerührt werden, der an das Holz der Krippe erinnern soll. Gerührt werden darf nur von Ost nach West, wie die Magier gezogen sind. Bei der vielen Arbeit der Vorbereitung ist es nur gerecht, wenn die Köchin oder der Koch, die diesen Plumpudding anrühren, sich im Geheimen etwas wünschen dürfen.

Plutstag ↗ Fronleichnam
Porzellaneier ↗ Ostereier

Posse

»Possen reißen, Possen treiben« bedeutet heute (meist in der Fastnachtszeit): einen Streich spielen, närrisch sein, Unsinn treiben. Der **Possenreißer** ist einer, der derbe Späße treibt. Das frühnhd. »bosse, posse« bezeichnet Figur, Zierrat, Beiwerk an Kunstwerken, Scherzfiguren an Brunnen. »Possen reißen« bedeutete ursprünglich das Kreieren solcher Scherzfiguren am Reißbrett.

Possenreißer ↗ Posse
Postkarte ↗ Postkartengrüße, ↗ Weihnachtspost
Postkartengrüße ↗ Ostergrüße, ↗ Weihnachtspost
Prachmanet ↗ Monate: Juni
Prangerkranz ↗ Fronleichnam
Prangerstauden ↗ Fronleichnam
Prangertag ↗ Fronleichnam
Praßkowja ↗ Freitag
Praxis de stratelatis ↗ Nikolauslegenden

Precken

Der Gruß der Karnevalsgesellschaft in Jülich lautet: »Jod Preck!«, d.h. »Gutes Werfen« (des ↗ Lazarus Strohmannus); vgl. ↗ prellen.

Prellen

↗ Hänseln in der Form des Prellens spielt bei Fastnachtsbräuchen eine Rolle, bei denen, stellvertretend für einen Menschen, eine (↗ Stroh-) Puppe (z. B. ↗ Lazarus Strohmannus) verwendet werden kann. Für 1539 heißt es: »Halten auch ir vier ein leylach bei den vier zipfeln und einen ströinen angemachten butzen in hosen und wammes mit einer larven, wie einen toten man, schwingen si ihn mit den vier zipfeln auf in die höhe und entfahen ihn wider in das leylach. Das treiben sie durch die gantze Stadt.« – Die heutige Verwendung des Verbs »prellen« = »jemanden prellen«, meint: jemanden täuschen, übervorteilen, betrügen. »Prellen«, abgeleitet »prallen« leitet sich vom Fuchsprellen her: Lebende, gefangene Füchse ließ man in einen abgesperrten Bezirk laufen, in dem je zwei Personen mit einem Prelltuch (Prellgarn) standen. Sobald ein Fuchs über dieses lief, zogen sie es stramm an, so dass der Fuchs in die Luft geschleudert wurde und auf den Boden aufschlug.

Diese grausame Jagdsitte war auch als Rechtsbrauch üblich: Diebe konnten an Schnell- und Wippgalgen dadurch hingerichtet werden, dass man sie solange abstürzen ließ und wieder hoch zog, bis ihnen alle Knochen gebrochen waren und sie verstarben. Das »Prellen« war schon in der Antike üblich.

Prillemant ↗ **Monate: April**
Printenmann ↗ **Weckmann**

Pritsche
Das mhd. Wort Pritsche geht zurück auf das ahd. »britissa« = Bretterverschlag, das vom ahd. »bret« und »britir« (= Plural) = Brett, Bretter abgeleitet ist. Pritsche nennt man heute eine primitive Liegestatt, aber auch noch einen in dünnen Brettchen geschnitzten Schlagstock, ein ↗ **Schlaggerät** zum »pritschen« (16. Jh.). Die Pritsche wird zwar auch von Narren verwendet, darf aber nicht mit der ↗ **Marotte** verwechselt werden. Pritschen bedeutete nicht prügeln, sondern jemanden anzuschlagen, zu berühren, ursprünglich wohl, um ihn zu segnen (vgl. ↗ **Frisch und gesund schlagen**, ↗ **pfeffern**, ↗ **Martinigerte**).

Pudelmutter ↗ **Lucia**
Pulterklas ↗ **Nikolaus-Begleiter**
Pumpernickel ↗ **Rumpel- oder Pumpermetten**

Purim, der »jüdische Karneval«
Eine ausgesprochen interessante Parallele besteht zwischen dem katholischen Karneval und dem jüdischen Purim. Zum Purim-Fest, auch als »jüdischer Karneval« bezeichnet, finden sich selbst in der Synagoge Luftballons und Luftschlangen; die Gläubigen tragen bunte Kostüme und tanzen. Essen und Trinken – außerhalb der sonst geltenden strengen gesetzlichen Regeln – sind neben Gesang und Spiel Elemente des Purim-Festes, das biblische Wurzeln hat: Im Mittelpunkt des Festes steht die populärste jüdische Frau des Alten Testamentes, Ester. Im sechsten Monat des jüdischen Jahres, der in den Februar/März christlicher Zeitrechnung fällt, werden in der Synagoge Geschichten von Ester vorgetragen (vgl. das Buch »Ester« im Alten Testament). Die Gläubigen sind dabei keineswegs passiv. Immer wenn die Rede auf Haman kommt, den persischen Bösewicht, der die Juden ausrotten wollte, schlagen sie Krach: Die Gläubigen klopfen auf die Bänke oder Fußböden, scharren mit den Füßen, lärmen mit Klappern und ↗ **Ratschen**, die es eigens für diesen Tag gibt (vgl. die Parallelen zu den ↗ **Rumpel- und Pumpermetten** und ↗ **Karfreitagsratschen**). Weil der Jude Mardochai sich geweigert hatte, sich vor dem persischen Großwesir Haman zu verneigen, hatte dieser per Los (hebr. »pur«) den 13. des jüdischen Monats Adar zur Ausrottung aller Juden bestimmt. Ester, die Frau des Perserkönigs Artaxerxes, konnte die Juden retten. Sie entlarvte Haman als Hochverräter, der hingerichtet und durch Mardochai als neuer Großwesir ersetzt wurde. Der heutige Festbrauch, der sich weitgehend vom religiösen Fundament abgelöst hat, erinnert an diese Begebenheit. Zum Schluss des Purim-Festes verbrennen Kinder Haman-Puppen oder hängen sie an den Galgen (vgl. ↗ **Strohmann**). – Mardochai hat allen Juden befohlen, den 14. Adar als Festtag zu begehen, und zwar nicht mit einem Festmahl am Abend, sondern schon am Tag. Der Speiseplan erlaubt die Zubereitung von Speisen auf eine Art, die gesetzestreuen Juden sonst verboten sind. Der Talmud fordert geradezu zum Rausch auf, der die Grenzen zwischen dem Lob auf Mardochai und den Fluch über Haman verwischen soll. Traditionell werden an diesem Tag Süßigkeiten und spezielles Gebäck verspeist: »Hamantaschen«, dreieckige Plätzchen, aus Tradition mit Honig und Mohn gefüllt, und »Haman-Ohren«, eine plastische Erinnerung an die Zeiten, zu denen Schwerverbrechern vorab schon

einmal die Ohren abgeschnitten wurden, ehe der Todeskandidat am Galgen endete. – Wie der Karneval erlaubt Purim den Juden – auf Zeit – einen Rollenwechsel, das Schlüpfen in eine Maske, das spielerische Überschreiten von Tabus. Das Fest hat eine Ventilfunktion wie die ↗ **Fastnacht**, und es gestattet, gleichfalls wie die Fastnacht, politisch-sozialen Frust zu artikulieren. Die mittelalterliche Fastnacht scheint das Purim-Fest geprägt zu haben: Das Gegenstück zum (christlichen) Narrenkönig ist der »Purim-Rabbiner«, ein chaotisch-anarchischer Repräsentant, der den Talmud parodiert (vgl. parallel ↗ **Eselsfest**). Das Buch Ester wurde dramatisiert und als »Purim-spiel« inszeniert. Sogar für die Frauen, die im Judentum religiös nicht gleichberechtigt sind, bietet das Purim-Fest an diesem Tag Gleichberechtigung: Die Frauen dürfen in der Synagoge neben ihren Männern sitzen. Auch in diesem Zusammenhang fällt eine gewisse Parallele zum ↗ **Weiberrecht** und der ↗ **Weiberfastnacht** auf.

Pusteblume ↗ Löwenzahn
Puter ↗ Weihnachtsgans
Pütz ↗ Brunnenfeste
Pysanky ↗ Ostereier

Q

Quadragena ↗ **Fastenzeit, österliche**

Quadragesima
40 Tage und Nächte regnete es während der Sintflut (vgl. Genesis 6,3–9,17). Vierzig Tage zogen die Israeliten durch die Wüste, ehe sie das Gelobte Land betreten durften (vgl. Genesis 15,22ff). Vierzig Tage fasteten Mose, Elias und Jesus. Quadragesima bezeichnet einen Zeitabschnitt von vierzig Tagen, in dem gefastet wird (vgl. ↗ **Fastensonntage**, ↗ **Österliche Fastenzeit**, ↗ **Invocabit**, ↗ **Sonntag**).

Quartale ↗ **Quatember**

Quartodezimaner
Bezeichnung für höchst unterschiedliche Gruppierungen im 2. bis 8. Jh. vor allem im Zusammenhang mit dem ↗ **Osterfeststreit**. Lat. »quarta-« bzw. »quartodecimi« wird auf jene Christen angewandt, die sich streng an den jüdischen Passahtermin hielten und jeweils am 14. Nisan (quartadecima luna) Ostern feierten, also ohne Rücksicht darauf, auf welchen Wochentag der 14. Nisan fiel. Die großen Kirchen in Ost und West dagegen feierten Ostern am ersten Sonntag nach dem 14. Nisan.

Quasimodo ↗ **Sonntag**, ↗ **Weißer Sonntag**
Quasimodogeniti ↗ **Sonntag**, ↗ **Weißer Sonntag**

Quatember
Mittwochs, freitags und samstags in vier Wochen des Jahres, die ungefähr mit dem Beginn der jeweiligen Jahreszeiten zusammenfallen, bezeichnete man in Rom seit dem 8. Jh. als »quattuor tempora« (= vier Jahreszeiten), wovon sich der Name »Quatember« und »Quatembertage« ableitet. Die älteste Nachricht dazu stammt aus dem 4. Jh.. Papst Gregor VII. (1073–1085) hat auf der römischen Synode 1078 die Termine festgeschrieben: Die Quatember fallen demnach in die erste Fastenwoche, die Woche nach ↗ **Pfingsten** und nach ↗ **Kreuzerhöhung** (14. September) und in die Woche nach ↗ **Lucia** (13. Dezember). Inhaltlich geht es um aszetische Bemühungen in Form von Gebet, Fasten und guten Werken zu Beginn der vier Jahreszeiten und um die geistliche Erneuerung der christlichen Gemeinde. Nach dem II. Vatikanischen Konzil (1962–1965) hat die römische Liturgiereform 1969 die Bischöfen unter Berücksichtigung der jeweiligen regionalen Verhältnisse aufgefordert zu regeln, ob die Quatember wie zuvor an mehreren Tagen oder nur an einem Tag zu halten sind. Für die deutschen, österreichischen und luxemburgischen Katholiken gelten seit 1972 folgende Termine: 1. Quatember in der ersten Adventwoche (**Adventquatember**, **Winterquatember**), 2. Quatember in der ersten Woche der österlichen Bußzeit (**Fastenquatember**), 3. Quatember in der letzten Osterwoche und 4. Quatember in der ersten Oktoberwoche (**Herbstquatember**). Abweichend davon werden in der Schweiz die Herbstquatember in der Woche vor dem Eidgenössischen Dank-, Buß- und Bettag begangen, dem dritten Sonntag im September. Innerhalb der Quatemberwoche kann der Termin auf einen Tag konzentriert werden. Während die Quatem-

bertage früher definitiv fleischlos waren und nur **eine** sättigende Mahlzeit boten, darf das Fasten heutzutage auch in Form eines anderen (wirklichen) Verzichts ausgeglichen werden. Die Quatembertage wurden umgangssprachlich gern – ihrer vermuteten Wirksamkeit wegen – mit dem Attribut »golden« verbunden: **Goldfasten, Goldwoche, Goldener Mittwoch** .... Andere Namen sind: **Fronfasten, Wichfasten.** Von Quatember abgeleitet sind: **Katertemper, Kattemer, Tamper, Tampertage.** Vom vierteljährlichen Termin her kommt der Begriff **Quartale.**

Quattuor virigines capitales
Die ↗ **drei heiligen Madeln** ↗ **Barbara,** ↗ **Katharina** und ↗ **Margareta** bilden zusammen mit der hl. Dorothea die Gruppe der »vier großen Jungfrauen« (lat.: ↗ **quattour virgines capitales**).

Quempassingen
Das Singen von Weihnachtsliedern in der Kirche war vor der Reformation in der Kirche beim ↗ **Kindleinwiegen** oder bei den ↗ **Krippenfeiern** üblich. Ein Kennzeichen dieser ↗ **Weihnachtslieder:** der Wechselgesang. Im evangelischen Bereich hat sich davon das Singen der »Quempas« erhalten, wobei sich der Chor in den vier Ecken der Kirche sammelt, um das Lied »Quem pastores laudavere« – »Den die Hirten lobeten sehre« (Text: Nikolaus Hermann, 1560; Matthäus Ludecus, 1589; Musik: Valentin Triller, 1555) zu singen. Dieses Lied und ähnliche Gesänge erfreuen sich in evangelischen Gemeinden großer Beliebtheit, obwohl besonders die Reformation und dann die Aufklärung Lieder mit lateinischen Texten auszumerzen versucht hatte.

Quinquagesima
Liturgische Bezeichnung für den ↗ **Fastnachtssonntag,** auch ↗ **Estomihi** (vgl. ↗ **Fastensonntage**), ↗ **Fastnachtszeit,** ↗ **Sonntag.**

Quintilis ↗ **Monate: Juli**
Quintilius ↗ **Monate: Juli**

Quirinus
Der hl. Quirinus von Neuss wird im Erzbistum Köln am 30 April (= Reliquienüberführung), sonst aber am 30. März (= Passion) gefeiert. Der Heilige wird oft mit drei Namensgleichen verwechselt: dem hl. Quirinus von Siscia, Fest 4. Juni († 308/309 in Westungarn), dem hl. Quirinus vom Tegernsee, Fest 25. März († Ende des 3. Jh.), und dem hl. Quirinus von Malmédy, Fest 1. Oktober (etwa 8. Jh.). – Die Legende erzählt, der Neusser Quirinus sei als römischer Tribun zusammen mit seiner Tochter Balbina von Papst Alexander I. (etwa 107–116) zwischen 105 und 115 getauft worden und habe unter Kaiser Hadrian (um 130?) zusammen mit anderen Martyrium und Tod um des Glaubens willen erlitten. Man habe seinen Leichnam in der Praetextatus-Katakombe beigesetzt. In Neuss wird seit alters überliefert, Papst Leo IX. (1049–1054) habe 1050 der Neusser Benediktinerinnen-Äbtissin Gepa (angeblich Schwester Leos) die Reliquien des Quirinus geschenkt; allerdings ist das Quirinus-Fest am 30. April in Neuss schon vor dem Ende des 10. Jh. belegt. Möglicherweise löst sich der Widerspruch dadurch auf, dass die Reliquienüberführung von Rom nach Neuss schon kurz nach der Klostergründung (evtl. unter einer Äbtissin Gepa) stattgefunden hatte, als um 1000 der erste Kirchbau begann. – Zu Anfang war der Neusser Quirinus-Kult gefärbt durch die Verwechslung mit Quirinus von Siscia; ab der zweiten Hälfte des 11. Jh. hatte sich der Neusser Quirinus aber klar als Soldat und Tribun gegenüber dem Namensvetter profiliert. Seine Verehrung breitete sich – besonders in der alten Kölner Kirchenprovinz – schnell aus. Nachdem Neuss 1475 vergeblich durch Karl den Kühnen (1433–1477) belagert worden war, stieg die Verehrung des hl. Quirinus stark an; denn der Erfolg des Neusser Wi-

derstands, der im ganzen Reich Aufsehen erregt hatte, wurde dem Heiligen zugeschrieben. Seither gehört er einer Heiligengruppe an, die vom 14. bis zum 17. Jh. als besonders einflussreich am Throne Gottes galt: Zu den ↗ **Vier Marschallen Gottes** gehören außer Quirinus noch der Eremit ↗ **Antonius**, Papst Cornelius und Bischof ↗ **Hubert(us)** von Tongern-Maastricht. Ihr Kult war besonders im Rheinland zu Hause, wo ihre Kultstätten nahe beieinander lagen. In Neuss war Quirinus nicht nur Patron der Kirche der Benediktinerinnen, der späteren Stiftskirche, sondern auch Patron der Stadt. Aber auch die Grafschaft Correggio hat ihn zum Patron erkoren. Wallfahrer kamen von weit her nach Neuss, wovon historische Neusser Wallfahrtsabzeichen in manchen Gegenden Zeugnis geben. Er wurde und wird angerufen gegen Bein- und Fußleiden, Gicht, Lähmung, Ausschlag, Pocken, Eitergeschwüre, Pest, Ohrenschmerzen, Kropfleiden, Knochenfraß, Hautausschlag, Augenleiden und ähnlichen **Greins-** (d. h. **Quirinus-**) **Krankheiten**. Quirinus galt als Vieh- und besonders als ↗ **Pferdeheiliger**, worauf im Rheinland spezielle **Quirinus-Brunnen** und die Segnung von speziellem **Quirinus-Wasser** verweisen. In Zülpich hat sich noch einer der früheren **Quirinus-Ritte** erhalten. Dargestellt wird Quirinus als Ritter mit Schild und Lanze bzw. Schwert und Palme, neben sich Hunde und ein Habicht. Die im Schild befindlichen neun Kugeln beziehen sich auf Neuss (lat.: »Novesia«, gedeutet als lat. »novem« = neun).

Quirinus-Brunnen ↗ Quirinus
Quirinus-Krankheit ↗ Quirinus
Quirinus-Ritt ↗ Quirinus
Quirinus-Wasser ↗ Quirinus

R

Raf(ph)ael
Rafael (Raphael) war Begleiter des jungen Tobias auf seiner Reise (vgl. Buch Tobit) und heilte dessen Vater (vgl. Tobias 12,7–15). Er bezeichnet sich als einer der sieben ↗ **Engel**, die vor dem Herrn stehen, und wird deshalb zu den ↗ **Erzengeln** gezählt. Er gilt als der Engel, der die Wasser im Betsaidateich in Wallung bringt, die Heilung bieten (vgl. Johannes 5,1–4).

Erzengel Raphael. Gemälde von M. Petri; Stecher: Karl Friedrich Seifert. – Privatbesitz, Nr. 178/1860

Rasmontag ↗ **Montag**
Rasselbock ↗ **Narrenaufträge**
Rathaussturm ↗ **Fastnachtanfang, -beginn**

Ratsche(n)
Bezeichnung für die ↗ **Karfreitagsratschen, -klappern, -rasseln.** Das Verb »ratschen« ist zu einem Bildwort für Schwätzen und Tratschen geworden; die in diesem Sinne agierende Person wurde zur **Ratsche** (vgl. ↗ **Lärmbrauchtum**).

Rauchwecken
Dieses spezielle Gebäck, ein ↗ **Kletzenbrot** oder Schwarzbrot, ist geformt wie ein ↗ **Fatschenkind**, hat jedoch in der Körpermitte ein Loch zum Einstecken der **Mettenkerze.** Nach dem Aussegnen des Hauses in der ersten der ↗ **Rauhnächte**, dem Heiligabend, wurde dieses ↗ **Gebildebrot** zum Bier verzehrt, ehe man zur ↗ **Christmette** ging.

Rauhe Perchta ↗ **Perchta**, ↗ **Nikolaus-Begleiter**
Rauher Knecht Ruprecht ↗ **Nikolaus-Begleiter**
Rauher Percht ↗ **Nikolaus-Begleiter**

Rauhnächte
Die zwölf Tage zwischen dem 1. und 2. Weihnachtsfest, 25. Dezember bis 6. Januar, zählt der Volksglaube zu den Rau(c)hnächten, also jenen Nächten, in denen – vor allem im alpenländischen Raum – Haus und Hof ausgeräuchert und mit Weihwasser ausgesprengt werden müssen, damit sie nicht von bösen Dämonen eingenommen werden. Diese ziehen nämlich in wilder Jagd durch die Lüfte und suchen den Menschen

Hexensabbath, aus »Guida delle Alpe«

Unheil zuzufügen. Der geweihte ↗ **Weihrauch** war ein Sakramentale, das – wie Weihwasser – exorzistische, apotropäische und lustrative Bedeutung hat: Weihrauch soll dämonische Nachstellungen und sonstige schädliche Einflüsse abwehren. Die Nacht vom 24. auf den 25. Dezember, die Nacht vom 31. Dezember auf den 1. Januar und die letzte der Rauhnächte, die Nacht vom 5. auf den 6. Januar, die ↗ **Oberstnacht** (vgl. ↗ **Dreikönige**), galten als die gefährlichsten Rauhnächte. In den Rauhnächten durften Frauen und Kinder nach Anbruch der Dunkelheit nicht mehr die Straßen betreten, Haus und Hof, Spinnstube, Küche und Werkstatt mussten aufgeräumt sein, Wäsche durfte nicht auf der Leine hängen; denn Unordnung wurde von den Dämonen bestraft. Zum Teil galt auch ein ↗ **Arbeitsverbot**, wenigstens aber ein Backverbot in dieser Zeit, weshalb entsprechend viel Brot und Gebäck zuvor hergestellt werden musste. An den Tagen sollten Linsen, Bohnen und ↗ **Erbsen** gegessen werden, die als keimende Speisen für das nächste Jahr ↗ **Glück** bringen sollten. – Das prickelnd Besondere haftet der Heiligen Nacht schon vor dem Christentum an: Wasser kann sich in dieser Nacht in Wein verwandeln, Tiere können in dieser Nacht sprechen und feiern auf ihre Art Weihnachten (vgl. ↗ **Lüttenweihnacht**), die Natur offenbart ihre Geheimnisse (↗ **Losbrauchtum, Orakelbräuche**); Brot und Tierfutter, die in dieser Nacht draußen liegen, werden zum gesegneten Lebensmittel (vgl. ↗ **Mettenheu**). Eine Parallele bietet das Judentum: Hier gelten die zehn Tage zwischen dem Neujahr (↗ **Rosch Ha-Schana**) und dem Versöhnungstag (Jom Kippur) als besonders wichtig. Nach jüdischer Sicht richtet Gott in dieser Zeit über jeden einzelnen Mensch und hält sich sein letztes Urteil für den Versöhnungstag vor. Diese zehn Tage sind Bußtage, in denen der fromme Jude die letzte Chance nutzt, Gottes Entscheidung zu seinen Gunsten zu beeinflussen.

Rauschgoldengel

Für viele Menschen gehört der Rauschgoldengel zu einer der unerlässlichen Weihnachtsrequisiten. Es gibt sie in beachtlicher kunsthandwerklicher Qualität und als standardisierte Massenware. Einer Legende nach soll der Rauschgoldengel, der eher das ↗ **Christkind** als irgendeinen Engel darstellt, im 17. Jh. in Nürnberg aufgekommen sein. Einem Handwerksmeister war die kleine Tochter gestorben. Dem untröstlichen Mann erschien das Kind im Traum in engelgleicher Gestalt, bekleidet mit einem goldenen Kleid in Altnürnberger Tracht und einer hohen goldenen Gokeleshaube. Anstelle der Arme hatte das Kind zwei große goldene Flügel. Der

Vater schnitzte das Gesicht des Mädchens aus Holz nach, aus feingewalztem Messingblech, Rauschgold genannt, erstellte Kleid und Haube und befestigte goldene Flügel auf dem Rücken der Figur. Freunde überredeten den Handwerker, Duplikate der Figur anzufertigen und auf dem Weihnachtsmarkt zu verkaufen, wo sie reißenden Absatz fanden und ihren Hersteller zu einem reichen Mann werden ließen. Falls die Legende nicht der Wahrheit entspricht, so schafft sie aber doch eine Erklärung, die ein jeder gern anzunehmen bereit ist.

Rebmonat ↗ Februar, ↗ Monate: Februar
Rechte Fassnacht ↗ Fastnachtszeit, ↗ Veilchendienstag
Rechte Seite / rechts ↗ Grün
Redmonat ↗ Februar, Monate: Februar

Reformationstag
Einer widerlegten Legende nach – von Luther selbst ist dies nie behauptet worden, und es gibt keinen historischen Beweis für ein solches Faktum – hat Martin Luther am Vortag des Allerheiligenfestes 1517 seine 95 Diskussionsthesen zu Ablass und Buße am Portal der Schlosskirche zu Wittenberg angeschlagen. Dieser Termin wird meist als Beginn der Reformation gewertet. Schon im 16. Jh. findet an diesem Jahrestag ein Reformationsgedenken statt. Einige Kirchenordnungen wählten den 10. November (Geburtstag Luthers) oder den 18. Februar (Todestag) für den gleichen Zweck. Auch der Tag der Übergabe der Augsburgischen Konfession, der 25. Juni, wurde gewählt. Kurfürst Georg II. von Sachsen (1656–1680) ordnete 1667 den 31. Oktober als Gedenktag an, der sich dann in den meisten Landeskirchen durchsetzte. – Die Ökumene hat in der Neuzeit dazu geführt, in der Reformation nicht nur einen einseitigen Ablösungsprozess zu sehen, sondern das Misslingen eines Kommunikationsprozesses, der in einer Kirche,

Titelseite der Programmschrift Martin Luthers »An den christlichen Adel deutscher Nation: Von des christlichen Standes Besserung« (1520). – Vorlage: Archiv Herder

die sich als »ecclesia semper reformanda« – eine sich ständig erneuernde Kirche – versteht, anders hätte ausgehen müssen. Es ist heute üblich, dass auch Vertreter der katholischen Kirche an den Reformationsfeiern teilnehmen, um damit auch öffentlich den Skandal der Spaltung der Christenheit zu dokumentieren. Nicht die Einebnung aller konfessionellen Unterschiede auf die kleinste gemeinsame Teilmenge, sondern die Suche nach den Gemeinsamkeiten – in gegenseitiger Liebe und Achtung – wird helfen, die schon lange nicht mehr so tiefe Kluft zu überwinden. Am Reformationstag 1999 unterzeichneten der Vatikan und der Lutherische Weltbund in Augsburg die »Gemeinsame Erklärung zur Rechtfertigungslehre« trotz heftigen Widerstands von rund 250 evangelischen Theologen – ein historisches Ereignis.

Regenbogen

In der Gegenwart gilt der Regenbogen als Symbol für Natürlichkeit und Naturverbundenheit, vielleicht auch noch als Zeichen für die Schöpfung und damit als Anerkennung eines Schöpfers. In der Bibel ist der Regenbogen das Zeichen für den Zweiten Bund, den Gott mit Noah nach Ende der Sintflut (vgl. 9,13–17) geschlossen hat (vgl. Genesis 9,11–13). In diesem Zusammenhang verspricht Gott: »Nie wieder soll eine Flut kommen und die Erde verderben« und erklärt den Regenbogen als Bundeszeichen. Im Mittelalter legt man die drei Hauptfarben des Regenbogens als neue Erde (grün), Weltuntergang (rot) und Sintflut (blau) aus oder sieht in den sieben Regenbogenfarben die sieben Sakramente und/oder die sieben Gaben des Heiligen Geistes. Der Regenbogen wurde aber auch Saum des Gewandes der Gottesmutter Maria verstanden (vgl. ↗ **Maria**). Indem er Himmel und Erde gleichzeitig berührt und verbindet, ist er zudem ein Zeichen der Versöhnung Gottes mit den Menschen. Natürlich war der Regenbogen auch mit Aberglauben verbunden. Bis in die Gegenwart hat sich die Meinung erhalten, dass dort, wo der Regenbogen die Erde berühre, ein Schatz zu finden sei.

Reibmadonnen ↗ **Maria**
Reichsapfel ↗ **Apfel**
Reimgefüllte Eier ↗ **Ostereier**
Reinigung Mariens ↗ **Marienfeste: Darstellung des Herrn**

Reittiere des heiligen Nikolaus

Esel, Schimmel, Rentiere, Hirsche ... zur Beförderung des hl. Nikolaus und seiner Geschenke sind in den verschiedenen Jahrhunderten und Landschaften unterschiedliche Tiere üblich; seit der Erfindung des Autos benutzt Sankt Nikolaus natürlich auch – aber nur gelegentlich, wegen der Tradition! – einen modernen, technischen Fuhrpark. – Je weiter die Legende in der Vergangenheit nach Norden drang, desto unwahrscheinlicher war ein – normalerweise im Mittelmeerraum angesiedelter – ↗ **Esel** als Reit- und Transporttier. Nikolaus konnte aber als Heiliger nicht auf irgendeinem Pferd reiten – Heilige reiten nördlich der Alpen stets auf einem ↗ **Schimmel**. Das weiße Tier symbolisiert die Reinheit, Lauterkeit und Heiligkeit des Reiters. Im hohen Norden dagegen war das Pferd nicht mehr glaubwürdig. Ein Rentierschlitten löste das Problem. Das **Rentier** ist freilich kein Reittier des Heiligen, sondern Zugtier für den Schlitten. Dieses Gespann schaffte auch die Weltmeerüberquerung und steht deshalb dem amerikanischen Nikolaus in seiner Santa Claus-Weihnachts-

St. Nikolaus in Ostfriesland, aus: Otto Frhr. von Reinsberg-Düringsfeld, Das festliche Jahr, Leipzig 1898

mann-Ausgabe zur Verfügung. Im 19. Jh. gibt ein Buch einen Rentierschlitten mit nur einem Tier wieder; 1882 schrieb Dr. Clement Clarke Moore für seine Kinder ein Nikolausgedicht, in dem er jedem der acht Rentiere einen Namen gab.

Religiöse Schmucktücher ↗ **Fromme Tücher**
Religionsgeschichtliche Hypothese ↗ **Hypothesen zum Weihnachtstermin**

Reliquien
Die Gebeine der Heiligen – zunächst der Martyrer, dann auch der Bekenner (= Primärreliquien), später auch die Utensilien ihres Lebens (Kleidung, Gebrauchsgegenstände ... = Sekundärreliquien) und noch später alle Gegenstände, die mit den Primär- und den Sekundärreliquien in Berührung gekommen waren (= Tertiär- oder Berührungsreliquien) – galten als beseelt mit der besonderen Kraft der Heiligkeit: der »virtus«. Und da die Heiligkeit den ganzen Menschen, Seele und Leib betraf, galt die Heiligkeit nicht nur für die im Himmel weilende Seele, sondern auch für den Körper auf der Erde. Kapellen und Kirchen baute man zunächst über den Gräbern der Blutzeugen, später wurden ihre Leiber »zur Ehre der Altäre erhoben«, also im Winkel von neunzig Grad zum Altar aufgebahrt (Heiligenschrein). Galt es in den ersten Jahrhunderten als strikt verboten, Reliquien zu teilen (Tabu des Grabes), hielt man sich in späterer Zeit nicht mehr daran. Reliquien wurden geteilt und in die Altäre eingebracht (Reliquiengrab), die auch nicht mehr über Heiligengräbern errichtet wurden. Am Todestag und/oder am Tag der Reliquienüberführung, also dem Tag, an dem die Reliquien am Ort ihrer jeweiligen Verehrung eingetroffen waren, wurden diese besonders verehrt. Wallfahrer kamen von nah und fern, Wunder wurden erfleht. Die Missbräuche bei der Reliquienverehrung, ↗ **Reliquienraub**, dubiose Verehrungsobjekte und -formen, suchten die Konzilien zu beseitigen.

Reliquien des hl. Clemens, einem Katakombenheiligen, auf dem Altar der Rosenkreuz- und Skapulierbruderschaft in der ehem. Abteikirche St. Peter/Schwarzwald. Foto: Manfred Becker-Huberti

Reliquien Christi
Bezeichnung für die ↗ **Arma Christi** (vgl. ↗ **Leidenswerkzeuge**, ↗ **Passionsfrömmigkeit**)

Reliquienraub ↗ **Bari**

Reminiscere
Erstes Wort des ↗ **Introitus** (Eingangsgebet der Messe: »Reminiscere miserationum tuarum = Denk' an Deine Güte«) am Sonntag Reminiscere, dem zweiten Fastensonntag (↗ vgl. **Fastensonntage**).

Rentier ↗ **Reittiere des heiligen Nikolaus**
Reprobus ↗ **Christophorus**
Resurrectio domini ↗ **Ostern**
Rhein in Flammen ↗ **Peter und Paul, Apostel**
Riese ↗ **Fastnachtsfiguren, -verkleidung**
Riesentanz ↗ **Frühlingsbräuche**

Ringfinger
Im Christentum symbolisiert der Ehering, meist ein schlichter Goldreif, den Ehebund von Mann und Frau. Landschaftlich und vielfach auch kon-

fessionell unterschiedlich fällt die Wahl der Hand für den Ring aus. Während es vornehmlich im katholischen Bereich der Ringfinger der rechten Hand ist, ist es im protestantischen Bereich eher umgekehrt. Vor der Ehe wird der Verlobungsring von Katholiken am linken Ringfinger getragen. Im Mittelalter wurde der Ehering nahezu ausschließlich am Ringfinder der linken Hand getragen. Dies war und ist auch im Judentum so: Bei der Hochzeitszeremonie steckte der Bräutigam der Braut zwar den Ehering auf den Zeigefinger der rechten Hand, aber nur, damit die Trauzeugen das Anstecken des Ringes eindeutig erkennen konnten. Der jüdischen Tradition entsprach es, wenn nach der Hochzeitszeremonie der Ring auf den Ringfinger der linken Hand gesteckt wurde, weil von diesem Finger – nach altem Glauben – eine Ader direkt zum Herzen führt. Die Vorrangstellung der rechten Seite und der rechten Hand wurde im Judentum biblisch mit Exodus 15,6 begründet: »Deine Rechte, Herr, ist herrlich an Stärke; deine Rechte, Herr, zerschmettert den Feind.« Entsprechend stellte im Judentum – und in der Folge auch im Christentum – die ↗ **rechte Seite** die glückbringende und gute Seite dar, sie war gerade recht.

Ring holen, Den

Den Ring holen nannte man es, wenn sich junge Männer im Rahmen der ↗ **Frühlingsbräuche** durch die Übergabe des ↗ **Funkenrings**, einem Schmalzgebäck, von ihrer Liebsten die Fortdauer der Partnerschaft bestätigen ließen.

Ringstechen

Das Durchstechen eines Ringes durch einen Reiter mit einer Lanze ist Teil ritterlicher Übungen. Die ritterlichen Turnierspiele wurden nachgeahmt (vgl. ↗ **Fastnachtspiele**, ↗ **Kirmes**, ↗ **Pfingsten**, ↗ **Schützen**.

Ringstechen in Seeland (1898), aus: Otto Frhr. von Reinsberg-Düringsfeld, Das festliche Jahr, Leipzig 1898

Rinnabend, wenige ↗ **Fastnachtszeit**

Rinnensonntag ↗ **Estomihi**, ↗ **Fastnachtszeit**, ↗ **Quinquagesima**

R.I.P.

Das Kürzel liest man auf Grabsteinen, ↗ **Totenbrettern**, Todesanzeigen usw. in dieser Schreibweise oder als R.i.P.. Die Abkürzung steht für »Requiesca(n)t in pace«, zu Deutsch: Er/sie möge(n) in Frieden ruhen. Die Lust an Abkürzungen in der katholischen Kirche hat eine römische und eine jüdische Tradition. Noch heute liest man – nicht nur – auf römischen Kanaldeckeln das Kürzel »S.P.Q.R.« für »Senatus populusque Romanorum« – Regierung und Bevölkerung von Rom. Das R.I.P. hat im Jüdischen Entsprechungen. Hinter dem Namen jüdischer Verstorbener kann man gelegentlich eine von drei Buchstabenkombinationen entdecken: Ain, He = Anfangsbuchstaben der Wort »alaw ha schalom« = Friede über ihn oder »aleja ha schalom« = Friede über ihr; Sain, Lamed: Anfangsbuchstaben der Worte »sichrono li-wracha« = Gesegnet sei die Erinnerung an ihn oder »sichrona li-wracha« = Gesegnet sei die Erinnerung an sie; Sain, Zadi, Lamed: Anfangsbuchstaben der Worte »seches zadik liwracha« = Gesegnet sei die Erinnerung an diesen Gerechten. Diese Buchstabenkombination ist Gelehrten und Heiligen vorbehalten.

Risus pachalis ↗ Ostergelächter
Rittbergische Hochzeit ↗ Thomas

Rock, Heiliger

Nach biblischen Angaben (vgl. Matthäus 27,35) wird das von den römischen Soldaten unter dem Kreuz verloste Gewand Jesu als »Heiliger Rock« bezeichnet. Nach römischem Recht fiel die Kleidung Exekutierter bei einer Hinrichtung dem Exekutionskommando zu. Der Leibrock Jesu soll nach biblischem Zeugnis ein in einem Stück – ohne Naht – gewebtes Kleid gewesen sein. Theologisch wird dies seit jeher als Symbol für die Einheit der Christen verstanden. Die schriftliche Tradition berichtet seit dem 11. Jh. darüber, dass in Trier ein Gewand aufbewahrt wird, das die römische Kaiserin Helena (um 257 – um 336) gefunden haben will. Die Tuchreliquie soll nach den »Gesta Trevirorum« schon um 335 n. Chr. in Trier gewesen sein. Am 1. Mai 1196 wurde die Reliquie in den Altar des neu errichteten Ostchors des Doms eingemauert. 1512 wurde der Rock erstmals öffentlich gezeigt. Seither gab es 19 Heilig-Rock-Wallfahrten, zuletzt 1933, 1959 und 1996. Die Herkunft des von der Boulevard-Presse als »heiliges T-Shirt« und »altes Hemd« bezeichneten »ungenähten Tunika Christi« ist bislang wissenschaftlich ungeklärt. Nach Ansicht von Experten verweisen Untersuchungen des Stoffes (1,47 Meter lang und mit Ärmeln 1,58 Meter breit) in das 1. Jh. Weltweit soll es etwa 20 Heilig-Rock-Reliquien geben, von denen viele als »von Trier mitgebrachte Stücke« gelten. Bei der jüngsten Wallfahrt hat der Bischof von Trier klargestellt, der Rock sei Anlass, aber nicht Ziel der Wallfahrt. Über viele Jahrhunderte hatte der Heilige Rock als eine besonders jesusnahe Reliquie gegolten, die dem Sohn Gottes in der Passion und bis unmittelbar vor dem Tod nahe war. Die jetzige Aussage des Trierer Bischofs ermöglichte einen Tag der Ökumene, an der sich auch der damaliges Präses der Rheinischen Landeskirche, Peter Beier, aktiv beteiligte. Was Martin Luther einst als die »große Bescheißerei zu Trier« geißelte, wurde zum Anlass eines gemeinsamen Pilgerweges, gegen den sich in der evangelischen Kirche »wenig freundlicher Gegenwind aus wechselnden Richtungen« erhoben habe, berichtete Präses Beier.

Der Heilige Rock im Dom zu Trier.
Foto: Werner Schwalbe

Rogate ↗ Bitttage
Rogationstage ↗ Bitttage
Rollebuwe ↗ Nikolaus-Begleiter

Rorate-Messen

»Rorate, caeli, desuper, et nubes pluant justum« – in der Erinnerung älterer Katholiken, die diese

»Es kommt ein Schiff geladen«. Holzschnitt aus dem Elsass (um 1450). – Vorlage: Archiv Herder

lateinischen Worte lesen, klingt sofort die Melodie mit, zu der dieser Text im Advent gesungen wurde und wird. Übersetzt heißen sie: »Tauet, Himmel, von oben! Ihr Wolken, regnet den Gerechten« (Jesaja 45, 8) oder wie es in einem deutschsprachigen Lied heißt: »Tauet, Himmel, den Gerechten, Wolken regnet ihn herab ...«. Mit diesen Worten aus dem alttestamentlichen Buch Jesaja beginnt das Eingangsgebet der so genannten Rorate-Messe, einer Votivmesse zu Ehren der Gottesmutter im Advent. Vor allem in den Alpenländern war dieser Gottesdienst auch unter dem Begriff **Engelamt** bekannt und beliebt, weil das Evangelium von der Verkündigung des Herrn durch den Engel Gabriel berichtet. Bis zur Liturgiereform wurde diese Messe mancherorts vom 17. bis 24. Dezember täglich oder auch an allen Werktagen oder nur an den Samstagen des Advents gefeiert. Dadurch, dass in dem seit 1969 gültigen Messbuch jeder Tag im Advent eigene Texte erhalten hat, sind die Rorate-Messen als besondere Frömmigkeitsübung stark zurückgegangen. Heute sind die Rorate-Messen nur noch an den Werktagen des Advent bis einschließlich 16. Dezember gestattet. – Seit wann es Rorate-Messen gibt, ist unbekannt. In Bayern sind sie seit dem 15. Jh. nachgewiesen. Sie dürften aber erheblich älter sein und haben sich sicher mit dem Advent entwickelt, nachdem Maria von der Kirche seit 451 als Gottesgebärerin bezeichnet wurde. Diese besonderen Eucharistiefeiern waren bei den Gläubigen außerordentlich beliebt und wurden im Sinne eines besonderen Anliegens meist auf Jahre voraus bestellt. Man feierte sie am frühen Morgen vor dem ausgesetzten Allerheiligsten. Der Kirchenraum war nur durch die Kerzen am Altar und die von den Gläubigen mitgebrachten Kerzen erhellt. – Mit ganz besonderer Feierlichkeit beging man das Rorate-Amt am ↗ **Quatember**-Mittwoch der Adventszeit, die so genannte ↗ **Goldene Messe.** Die Bedeutung dieser Messe strahlte so sehr aus, dass die Rorate-Messen in manchen Gegenden allgemein »gulden mehs« hießen. Diese Messen dienten und dienen der Vorbereitung auf das Fest der Geburt Christi. Die ausgeprägte ↗ **Lichtsymbolik** verweist auf Christus, die aufgehende Sonne. Der Volksglaube schrieb den Rorate-Messen besondere Wirksamkeit zu: für die Familie, die Lebenden, die Toten, aber auch für das Vieh, Haus und Hof. Fruchtbarkeit im kommenden Jahr sollte durch diese würdigen Gottesdienste erwirkt werden. Im Mittelalter und im Barock wurden die Gottesdienste durch szenische Darstellungen erweitert. Den meist leseunkundigen Menschen stellte die Kirche die Heilsgeschichte spielerisch vor Augen: Die Erzählung von den klugen und den törichten Jungfrauen (11. Jh.), Teile der Kindheitsgeschichte Jesu wie

Verkündigung, ↗ **Herbergssuche** ... Die Adventerwartung der Menschwerdung Christi und die Erwartung seiner Wiederkunft verbinden sich in der Rorate-Messe miteinander. Die jahrhundertealte Tradition bedarf der besonderen Pflege, soll sie nicht unbemerkt untergehen.

Rosch Ha-Schana ↗ **Rutsch in das Neue Jahr**

Rose

Bereits der frühgriechischen Kunst ist die Rose, seit jeher als Rosette stilisiert, bekannt. Ihre Schönheit, ihr Duft und ihre Vergänglichkeit räumen ihr unter den Blumen den ersten Platz ein. Sie ist früh schon Symbol der Liebe, Teil des Totenkultes und Bestandteil des Jenseits. Der Mythos berichtet, die Rose sei aus dem Blut des sterbenden Adonis erwachsen, weshalb sie Attribut der Aphrodite wurde. Im römischen Totenkult spielte die Rose eine entscheidende Rolle mit einem eigenen Totenfest: Rosalia. Antike Jenseitsvorstellungen berichten von rosengeschmückten Wiesen des Elysions. Darüber hinaus wurde die Rose zum Symbol des Frühlings und des Monats Mai. Zwar war die Rose den Christen zunächst wegen ihrer Nähe zur Götterverehrung suspekt, tauchte aber bald in der christlichen Grabkunst auf. Im Mittelalter weiß man, dass ↗ **Adam und Eva** durch »lata rosaria« wandelten und dass den Jungfrauen im Himmel »Rosen und Lilien ewige Nahrung ihrer Augen sind«. Parallel wurde die Rose zum Symbol der Schamhaftigkeit und Sittsamkeit. Weil man im Mittelalter entdeckte, dass, wenn man im Grundriss der Rose den Mittelpunkt eines jeden Kelchblattes durch eine Linie mit dem übernächsten verbindet, sich der fünfzackige Stern (**Pentagramm, Drudenfuß**), eine alte Bannfigur, ergibt, erhielten die Rosen auch den Charakter des Geheimnisvollen und Geheimen. Schon im Altertum hatte man die Rose bei Gelagen über der Tafel aufgehängt zum Zeichen, dass die »sub rosa« gehaltenen Gespräche nicht weitererzählt werden durften. In dieser Tradition wurden plastische Rosen an der Decke von Gaststätten, Ratssälen und sogar Beichtstühlen angebracht. Eine völlig neue Interpretation der Rose brachten die Kirchenväter auf: »Weiße Kränze wurden von den im Frieden Siegenden durch gute Werke, purpurne in Zeiten der Verfolgungen durch Leiden empfangen«, heißt es. Als Zeichen des Martyriums erwirbt die Rose ihre Hauptbedeutung: Unter den Dornen der Verfolgung erblüht die rote Rose des Martyriums. Die Passion Christi wurde gerne in dieser Form dargestellt (vgl. die ↗ **Goldene Rose** des Papstes am Sonntag ↗ **Laetare**). Die weiße Rose dagegen, Symbol der Schönheit und der Minne (rosa caritatis), wurde zum Inbegriff der unbefleckten Jungfrau Maria. Der Bildtypus der »Maria mit den Rosen« oder »Madonna im Rosenhag« hat hier seinen geistigen Ort.

Rose, goldene

Im Mittelalter überreichte der Papst am Sonntag ↗ **Laetare**, der deshalb auch **Rosensonntag** hieß, die goldene Rose. Nachgewiesen ist dies erstmals für 1049 unter Papst Leo IX. (1049–1054). Mit der goldenen Rose in der Hand trat der Papst vor die Gläubigen und wies damit auf die Passion Christi hin (Christus wurde bildhaft als Rose gedeutet; vgl. das Lied ↗ **Es ist ein Ros' entsprungen...**). Der Brauch wurde bis ins 19. Jh. ausgeübt und scheint sich nicht nur auf Rom beschränkt zu haben. Die goldene Rose steht für Christus in doppeltem Sinn: Das Gold der Rose symbolisiert die Auferstehung, die Dornen die Passion. Die Rose zu »Laetare« diente dazu, wie Kardinal Petrus de Mora, Bischof von Capua, erklärte, den Gläubigen zur Minderung der Trauer über das Leiden Christi den Ruhm des Herrn bei der kommenden Auferstehung anzuzeigen. Die »goldene Rose« war ein Rosenstrauß aus sechs Rosenzweigen mit sechs Blüten, getrieben aus vergoldetem Silber. Die sechs Blüten waren mit Moschus und Balsam gefüllt. Nach Papst Innocenz III. (1198–1216) sei die Verbindung, die Gold, Moschus und Balsam eingehen, ein Bild dafür, wie die Seele den Körper mit Gott verbinde. Seit dem 11. Jh. schenkte der Papst die Rose Mitgliedern der Kurie, später verdienten Fürsten. Drei mittelalterliche »goldene Rosen« haben sich erhalten: eine im Pariser Musée Cluny (Anfang 14. Jh., ehemals Baseler Münsterschatz), eine in Andechs (1454 ?) und eine in Siena (1485 ?).

Rose von Jericho ↗ Auferstehungspflanze
Rosenbock ↗ Narrenaufträge
Rosenkönig, -königin ↗ Rosenkranzfest

Rosenkranz
Perlenschnüre zum Abzählen von Gebeten sind in allen Weltreligionen bekannt. Im Christentum hat es Gebetsschnüre (**Pater-noster-Schnüre**, »corona domini«) mindestens seit dem 12./13. Jh. gegeben, wie der Berufsstand der »Pater-noster-Macher« im 13. Jh. in ganz Europa beweist. Der Rosenkranz, vom Spätmittelalter bis in unsere Zeit eine beliebte Gebetsform für den einzelnen und Gruppen, hat sich aus alten Mariengebeten (»capelletum Mariae«, »psalterium -, rosarium -, sertum -«) entwickelt. Die Verbindung einer **Gebetsschnur** mit 15 Vater-unser, 15 x 10 ↗ **Ave-Maria** und 15 Ehre sei dem Vater, womit die Betrachtung von 15 Geheimnissen (Gesätzen) der Erlösung verbunden sind (= ganzer Rosenkranz – im Gegensatz zum Rosenkranz mit 5 Zehnern mit je 5 Geheimnissen) wurde in der zweiten Hälfte des 15. Jh. durch den Kölner Dominikanerprior Jakob Sprenger zur Grundlage des Rosenkranzes gemacht. 1475 gründete er in Köln die erste ↗ **Rosenkranzbruderschaft**. Papst Sixtus IV. (1471–1484) empfahl 1478 den Rosenkranz, dessen 15 Geheimnisse (freudenreicher, schmerzhafter und glorreicher Rosenkranz) seit 1483 bis heute im Wesentlichen gleichgeblieben sind.

Strahlenkranzmadonna (um 1525). Meister von Osnabrück. Pfarrkirche St. Mariä Himmelfahrt, Bevergern/Westf. – Foto: Rudolf Wakonigg

Der »moderne« Rosenkranz, der im 15. Jh. entstand, vereinfachte den »ganzen« Rosenkranz der Vorzeit: 5 x 10 Ave-Maria memorieren je eins der vier – freudenreichen, schmerzhaften, glorreichen und trostreichen – Geheimnisse, die jeweils aus fünf Teilen bestehen, die einer Reihe von zehn Ave-Maria zugeordnet werden. Der komplette moderne Rosenkranz umfasst also je 50 Ave-Maria zu 4 Gesätzen, also 200 Ave-Maria, während die Rosenkranz-Vorform 150 Ave-Maria mit 15 Gesätzen kombinierte.
Legendarisch setzte sich die Meinung durch, der hl. Dominikus (um 1170–1221) habe aus der Hand der Gottesmutter den Rosenkranz empfangen und sei Urheber der Rosenkranzbruderschaften. Die Dominikaner betreuen seit jeher

das Rosenkranzgebet besonders. – Der Sieg über die Türken in der Seeschlacht von Lepanto am 7. Oktober 1571 wurde wesentlich dem Rosenkranz zugeschrieben. Pius V. (1566–1572) ordnete deshalb für den ersten Jahrestag des Sieges ein Marienfest an. Gregor XIII. (1572–1585) gestattete 1573 allen Kirchen mit eigenem **Rosenkranzaltar** ein ↗ **Rosenkranzfest** am 1. Sonntag im Oktober. Nach dem Sieg über die Türken bei Peterwardein (1716) wurde das Fest durch Clemens XI. (1700–1721) auf die gesamte Kirche ausgedehnt. Leo XIII. (1878–1903) ordnete für den Oktober (↗ **Rosenkranzmonat** und – wie der Mai – ↗ **Marienmonat**) eines jeden Jahres das tägliche Rosenkranzgebet an. Pius X. (1903–1914) schließlich legte das Rosenkranzfest wieder auf sein ursprüngliches Datum, den 7. Oktober, zurück. Heute ist es ein gebotener Gedenktag. – Den Rosenkranz in traditioneller Form als Gebetsschnüre – die Deutsche Katholische Jugend hat auch einen Rosenkranz-Gebetsring entwickelt – gibt es in unzählig unterschiedlichen Ausführungen, die nach dem Zeitgeschmack variieren. Zahlreiche Ordensleute tragen einen Rosenkranz an ihrem Gürtel. Der Papst schenkt seinen Besuchern Rosenkränze mit einem Kreuz, das das Kreuz seines Bischofsstabes wiedergibt (vgl. ↗ **Marienfeste**, ↗ **Unsere liebe Frau vom Rosenkranz**).

Rosenkranzaltar ↗ **Rosenkranz**
Rosenkranzandacht ↗ **Rosenkranz**
Rosenkranzbruderschaft ↗ **Bruderschaft**, ↗ **Rosenkranz**

Rosenkranzfest

In einigen Gegenden fand am Tag von Peter und Paul, dem 29. Juni, für die jungen Leute ein Rosenkranzfest statt. Unter einem geflochten Kranz oder einer gebundenen Krone tanzten die Paare, bis der Kranz plötzlich unangekündigt über einem Paar herabgelassen wurde. Als **Rosenkönigin** und als **Rosenkönig** müssen sie den anderen nun etwas bieten: eine Geschichte erzählen, etwas vorspielen, im Duett singen, etwas vortanzen. Dieses Rosenkranzfest ist nicht zu verwechseln mit dem kirchlichen Rosenkranzfest (vgl. ↗ **Marienfeste**, ↗ **Unsere liebe Frau vom Rosenkranz**, ↗ **Rosenkranz**).

Rosenkranzmonat ↗ **Oktober**, ↗ **Rosenkranz**

Rosenmontag

Die Bezeichnung des Fastnachtsmontags als Rosenmontag (vgl. ↗ **Fastnachtszeit**) ist erst nach 1823 entstanden. Das Festordnende Comitee in Köln, das am Sonntag ↗ **Laetare**, dem ↗ **Rosensonntag**, tagte, hat erstmals für 1823 einen Karnevalsumzug am Montag nach dem ↗ **Fastnachtssonntag** organisiert. Nach dem am Rosensonntag tagenden Gremium in Verbindung mit dem Umzugstag wurde der Umzug benannt, eben **Rosenmontagsumzug**. In Einsiedeln (Schweiz) heißt der Tag ↗ **Güdelmontag** (vgl. ↗ **Karneval international**, ↗ **Montag**).

Rosenmontagsumzug ↗ **Rosenmontag**
Rosensonntag ↗ **Laetare**, ↗ **Sonntag**
Rosinenstollen ↗ **Stollen**

Rosmarin

Mit ihren witterungsbeständigen Blättern, den roten Blüten und ihrem aromatischen Duft gehörte Rosmarin zu den als heilkräftig geltenden Zauberpflanzen, die zu ↗ **Weihnachten** Verwendung fanden. Wie Weihrauchduft Segen ausbreitet, geschah durch Rosmarinduft Gleiches. Man schenkte sich kleine Rosmarinsträußchen und dekorierte mit ihnen auch das weihnachtliche Schwein, früher traditionell der Festtagsbraten. »Rosmarin und Thymian / wächst in unserm Garten. / Jungfer Ännchen ist die Braut, / kann nicht länger warten«, heißt es in einem alten Kinderlied. Als im Mittelalter die ↗ **Myrte**, das ↗ **Brautkraut** für den Brautkranz, als »heidnisch« untersagt wurde, trat Rosmarin an ihre Stelle. Wegen seines würzigen Duftes war Rosmarin bereits bei den Römern für Brandopfer beliebt. Die ↗ **immergrüne**, widerstandsfähige Pflanze galt in der Antike als Symbol für Liebe, Treue und Fruchtbarkeit. Auf ein Grab gepflanzt, symbolisierte sie die Unsterblichkeit der Seele. Diese Verbindung mit dem Tod gewann im 17. und 18. Jh. an Bedeutung; Rosmarin wurde zu einem Symbol für Trauer: »Ich hab' die Nacht geträumet wohl einen schweren Traum: / Es wuchs in meinem Garten ein Rosmarienbaum.« Der antike ↗ **Blumenstreubrauch** – heutzutage manchmal noch zu ↗ **Fronleichnam** oder bei Hochzeiten zu sehen –, bei dem früher der Boden der Festgemächer zur Ehre der Gäste mit Blumen bestreut wurde, hat sich im kulturellen Gedächtnis bewahrt. Auch in diesem Zusammenhang taucht Rosmarin auf. Paul Gerhardt (1607–1676) dichtete in Verehrung des neugeborenen Jesus:

Nehmt weg das Stroh, nehmt weg das Heu!
Ich will mir Blumen holen,
dass meines Heilands Lager sei
auf lieblichen Violen;
mit Rosen, Nelken, Rosmarin
aus schönen Gärten will ich ihn
von oben her bestreuen.

Zur Seite will ich hier und dar
viel weißer Lilien stecken,
die sollen seiner Äuglein Paar
im Schlafe sanft bedecken.
Doch liebt viel mehr das dürre Gras
dies Kindlein als alles das,
was ich hier nenn und denke.

Roter Sonntag ↗ **Judica**

Rotkehlchen

Vom Rotkehlchen erzählt der Volksmund, es habe Jesus am Kreuz einen Dorn aus der Stirn gezogen und sich dabei verletzt. Der rote Blutfleck auf der Vogelbrust erinnert in der Zeit der Freude über die Geburt Jesu an sein Leiden und seinen Tod, mit dem er die größte Freude, die Erlösung, erworben hat. Eben deshalb wird das Rotkehlchen auch als ein ↗ **Weihnachtsvogel** bezeichnet. – Als in England in der zweiten Hälfte des 19. Jh. Weihnachtspostkarten (vgl. ↗ **Weihnachtspost**) Mode wurden, sah man auf ihnen Rotkehlchen mit einem Brief im Schnabel. Hintergrund dafür war, dass die britischen Briefträger in jener Zeit rote Röcke trugen und scherzhaft »Rotröcke« oder »Rotkehlchen« genannt wurden. – Liebevoll spöttisch werden im katholischen Milieu auch jene Prälaten als »Rotkehlchen« bezeichnet, die bei ihrer (alltäglichen) geistlichen Straßenkleidung das Kollar (= steifer hochstehender Priesterkragen) mit einem violetten Hemdansatz verbunden haben, so dass sie gegenüber ihren »schwarzen« Mitbrüdern hervorstechen. In diesem Sinn heißt in Köln das von den Domherren bewohnte Terrain auch »Rotkehlchen-Siedlung«.

Rottweiler Narrensprung ↗ **Narrensprung**

Rübenschaben

Das Rübenschaben (schwäb.: ↗ **Ätsch Gäbeli**; schweiz.: ↗ **Gabelimachen**; kärnt.: **den Guler stechen**; oberhess.: ↗ **e Mörche schabe**), ist eine heute nur noch bei Kindern zu beobachtende ↗ **Bewegungs- und Spottgebärde**, meist verbunden mit dem höhnischen »Ätsch« und »Bätsch«: Schäme dich, geschieht dir recht. Die Kinder schaben, vielerorts unter Verwendung des Begriffs ↗ **Schabab**, mit dem Finger über den anderen, eben wie man ein Möhrchen schabt. Diese ↗ **Fingergebärde** fand sich im späten Mittelalter als Spottgebärde auch im Brauch der Erwachsenen.

Ruckerstag ↗ Fastnachtszeit, ↗ Rosenmontag
Rufname ↗ Namenstag

Rüge- und Spottbrauchtum
Zu verschiedenen Anlässen, besonders zur ↗ **Fastnacht**, sind Rüge- und Spottbräuche üblich. Dritte, früher vor allem unverheiratete Frauen, wurden/werden durch Verkleidete, Imitatoren, Imitationen oder Gerichtsverhandlungen (vgl. ↗ **Narrengericht**, ↗ **Büttenrede**) verspottet (vgl. ↗ **Pflug ziehen**, ↗ **Spott**, ↗ **Spottbrauchtum**).

Rügegericht ↗ Narrengericht

Rügelieder
Wenn man beim ↗ **Heischegang** nicht das erwartete Ergebnis, nämlich Geschenke, erreicht, wenden sich die Heischenden mit Rügeliedern an den »Geizhals« und verwünschen ihn.

Ruhklas ↗ Nikolaos, ↗ Nikolaus-Begleiter, ↗ Nikolaus-Name
Ruklas ↗ Nikolaus-Begleiter

Rummelpott, -topf
Ein Lärmgerät des ↗ **Lärmbrauchtums**, z. B. der ↗ **Fastnacht**, ↗ **Martini**. Ein mit einer nassen Schweinsblase oder Aalhaut überzogener Tontopf, in dem ein Stock stak, mit dessen Hilfe ein »Musikant« mit nassen Fingern dumpfe, knarrende, rumpelnde Geräusche erzeugen konnte. Das hier verwendete Wort »Rummel« hat nicht die Bedeutung von »Kram« oder »viel Gedränge« (vgl. Kirmes = Rummel), sondern ist das lautmalerisch gebildete Verb »rummeln« = lärmen, durcheinanderwerfen, entsprechend dem franz. »connaître la musique«. Im Westfälischen hieß der Rummelpott auch **Futtpott**.

Rumpelklas ↗ Nikolaus-Begleiter

Rumpel- oder Pumpermetten
In der ↗ **Karwoche** gehaltene Andachten wurden unter den Namen Rumpelmetten oder Pumpermetten bekannt. Der Name entstand zum einen dadurch, dass – weil ab ↗ **Gründonnerstag** keine Glocken mehr geläutet werden – Anfang und Ende der Andacht durch Klappern und ↗ **Ratschen** angezeigt wurden. Zum anderen beteiligte sich in früheren Jahrhunderten die Gemeinde bei dieser Geräuscherzeugung durch Schlagen und Hämmern auf die Kirchenbänke: Der Lärm sollte den Zorn der Christen über den Verräter Judas anzeigen. Die Redewendung, »den **Pumpernickel** singen«, meint: Schläge austeilen. Bezogen auf die Pumpermette heißt es: »Wo's der Brauch ist, singt mr de Pumpernickel en dr Kirch.« »Pumpernickel« wird doppelsinnig gebraucht: Es beschreibt das in der Pumpermette übliche Schlagen auf die Kirchenbänke und bezieht sich zugleich auf den **Bumbernickel**, ein ebenso derbes Lied wie das ↗ **Bohnenlied**.

Rumpelnacht ↗ Thomas
Rumpelthomas ↗ Thomas
Ruprecht, Knecht ↗ Nikolaus-Begleiter
Rupsack ↗ Nikolaus-Begleiter
Ruselmaent ↗ Monate: Oktober
Rußiger Donnerstag ↗ Donnerstag, ↗ Weiberfastnacht
Rusttag ↗ Karfreitag, ↗ Karwoche

Rute
Beim Nikolaus-Einkehrbrauch spielt die Rute ein eigene Rolle: »Böse« Kinder bekommen die Rute entweder symbolisch (dann aber natürlich ohne anhängende Süßigkeiten!) überreicht oder aber – tatkräftiger – in der Form eines Strafinstrumentes zu spüren. Da der hl. Nikolaus unmöglich selber schlagen darf – dies vertrüge seine Würde nicht –, wird diese abschreckende Aufgabe durch den von ihm beherrschten Schwarzen ausgeführt. – Im volkstümlichen Jah-

Joseph Franz von Goez, Knecht Ruprecht, Radierung (1784). München, Staatliche Graphische Sammlung (Inv.-Nr. 159983)

resbrauchtum taucht die Rute an verschiedenen Stellen auf: als ↗ **Martinigerte** zum Beispiel oder aber auch als ↗ **Narrenpritsche.** Ein ↗ **Stab**, ein **Stock** ist nach uralter Auffassung Symbol männlicher Herrschaft und Leitungsgewalt. Der Stab enthält von Natur aus Kraft und Dynamik. Er kann seine Macht auf doppelte Weise zeigen: positiv und negativ. Seine Lebenskraft kann neues Leben und Fruchtbarkeit verleihen; umgekehrt kann der gleiche Stock die gleiche Kraft zur Züchtigung einsetzen, zum Verletzen und Töten. – Wie lebendig dieses Denken noch heute ist, zeigt sich nicht nur, wenn Kinder mit Stöcken spielen, sondern es ist auch darin zu erkennen, wie englische Offiziere mit ihrem »Offiziersstock« umgehen. Auch der »Ritterschlag« vergangener Zeiten verleiht die Kraft über das dafür verwendete Gerät. Die Rute konnte zwar in Gottes Hand zu seines »Zornes Rute« (Jesaja 10,5) werden, also zu einem Instrument der Bestrafung; vom Ausgangsmaterial aber betrachtet, hatte sie die Aufgabe, die ihr innewohnende Kraft weiterzugeben, zu segnen, zu befruchten. Wenn beim Einkehrbrauch die Rute nur noch »in der Hand des Bösen« schwingt, dann ist ein guter Teil ihres Sinnes verloren (vgl. ↗ **Lebensrute**).

Rutsch in das Neue Jahr

Das Neue Jahr wird zu ↗ **Neujahr** vielfältig begrüßt, z. B. auch durch den Sprung in das Neue Jahr. Ein Rutsch in das Neue Jahr wird nicht praktisch vollzogen, wobei allerdings der »Gute Rutsch« als Wunsch bekannt ist. Es wird vermutet, dass der »Gute Rutsch« auf die Bezeichnung des jüdischen Neujahrsfestes (**Rosch Ha-Schana**) zurückgeht: Der Wunsch eines »guten Rosch Ha-Schana« habe zum Wunsch eines guten Rutsches für das allgemeine Neujahrsfest geführt.

S

Saatgang ↗ **Frühlingsbräuche**
Saatwecken ↗ **Frühlingsbräuche**

Sabbatarier (Sabbatisten, Sabbatarianer)
Bezeichnung für christliche Gruppen, die jüdische Sabbat-Vorschriften beachten und erstmalig während der Reformationszeit auftraten (vgl. Martin Luther: Brief wider die Sabbather. Wittenberg 1538). Gruppen dieser Art treten im 16. und 17. Jh. in Finnland, Siebenbürgen, England (Seventh-Day-Baptists) und den USA auf. Im 19. Jh. entstehen in England Neuisraeliten (Johann-Leute). Die amerikanischen Seventh-Day-Adventists sind eine Gruppierung der Adventisten.

Sabbatstag ↗ **Samstag**
Sabbatum ↗ **Samstag**, ↗ **Sonntag**

Sack; in den Sack stecken
Beim Einkehrbrauch des hl. Nikolaus besteht eine – pädagogisch wenig kluge (vgl. ↗ **Nikolausfalle**) – Variante darin, den »bösen« Kindern zu drohen, ↗ **Hans Muff** werde sie in den Sack stecken. Der Sack, den der ↗ **Nikolaus-Begleiter** mit sich trägt, hat demnach zwei Funktionen: Er transportiert beim Nikolausbesuch die Geschenke für die »guten« Kinder, und nimmt nach dem Besuch die »bösen« Kinder mit. In bildlichen Darstellungen war dieser Abtransport von Kindern im Sack gegenwärtig. Mit dieser Drohung nahm das Brauchtum ein sehr viel älteres Bild auf: »Einen in den Sack stecken« im heutigen Sinne von z. B. »jemandem an körperlichen oder geistigen Kräften überlegen sein« hat sei-

Max von Pocci, Pelzmärtel. Aus: Das große Festtagsbuch. Feiern, Tanzen und Singen. Hrsg. v. Walter Hansen. Freiburg i.Br. 1984. – Vorlage: Archiv Herder

nen Ursprung in einer besonderen Form von Ringkämpfen, die im 16. Jh. noch üblich waren, bei denen der Besiegte wirklich in den Sack gestoßen oder gesteckt wurde. – Literarisch lässt sich das realistische In-den-Sack-Stecken gleich mehrfach belegen: In einem alten Lügenmärchen heißt es: »Er liuget, er saehe ûf einer wise, daz ein getwerc (Zwerg) unde ein rise die rungen einen halben tac. Do nam daz getwerc einen sac, da stiez ez den risen in.« Ein Volkslied von 1400 formuliert: »Und wer den andern übermag, / Der schieb in fürbaß in den Sack.« Das »In-den-Sack-Stecken« spielt auch in vielen Volkserzählungen, insbesondere Märchen, eine Rolle: Der Geisterbanner steckt den Geist in einen Sack; der Meisterdieb zeigt seine Geschicklichkeit, indem er Pfarrer und Küster in seinen Sack lockt; ebenso beweist das Bürle (Brüder Grimm) seine List, indem es sich durch einen leichtgläubigen Wanderer aus dem Sack befreien lässt. Das gleiche gilt für den Bruder Lustig (Brüder Grimm), der alles in seinen Sack springen lässt. Mit großer Wahrscheinlichkeit kann auch der schweizerische Familienname des 15. Jh. »Springinsack« mit dieser Kampfart in Verbindung gebracht werden. Die Redewendung ist auch im 17. Jh., als die Katholische Reform und mit ihr der Einkehrbrauch Fuß fasste, noch üblich. 1639 heißt es: »Wer den andern vermag, der steckt ihn in Sack.« – Als Kaiser Maximilian II. (1564–66) sich nicht entscheiden konnte, ob sein Kriegsrat, ein wegen seiner Körpergröße und Stärke berühmter Ritter, oder ein vornehmer Spanier die Hand seiner natürlichen Tochter erhalten sollte, beschloss er, die Entscheidung durch einen Ringkampf herbeiführen zu lassen. Sieger sollte sein, wer den anderen in den Sack steckte. Als der Kriegsrat den Spanier in den Sack steckte, hatte er damit auch im übertragenen Sinne den Kaiser, die schöne Braut und die reiche Mitgift »im Sack«; denn Sack bedeutet oberdeutsch auch Tasche. Schon bei Agricola (1528) findet sich die Wendung: »Wer Meister wird, steckt den andern in den Sack.« Die Redewendung vom In-den-Sack-Stecken ist nicht im 17. Jh. mit dem Nikolaus-Einkehrbrauch erstarrt, sondern lebt weiter. So hauen wir heute u.a. »in den Sack« usw. (vgl. auch ↗ **Kinderfresser**).

Safran ↗ **Krokus**

Saint Claus ↗ **Nikolaus**, ↗ **Phrygische Mütze**, ↗ **Weihnachtsmann**

Saint Nicolas ↗ **Nikolaus-Namen**

Saint-Nicolas-du-Port

Lothringischer Wallfahrtsort, südlich von Metz bei Nancy, an der Route Nationale 59 gelegen. Seit Ende des 12. Jh. der Nikolaus-Wallfahrtsort nördlich der Alpen, zu dem Hunderttausende pilgerten. Auslöser des Kultes war eine Fingerreliquie des Heiligen, die während bzw. nach seiner Übertragung nach Bari »erworben« wurde. Hier beteten sowohl Jean d'Arc (um 1412–1431) als auch 1477 der Lothringer Herzog René II., der anschließend das Heer des Burgunderkönigs Karl des Kühnen (1433–1477) schlug. Der unbedeutende Marktflecken Port wurde in Saint-Nicolas-du-Port umbenannt.

Saiterstag ↗ **Samstag**

Sakramentstag ↗ **Fronleichnam**

Salome

So wird im Proto-Evangelium des Jakobus (Kap. 19f) jene Frau oder Hebamme genannt, die die Jungfräulichkeit Marias angezweifelt hat und eines Besseren belehrt wurde (vgl. ↗ **Jungfrauengeburt**).

Salvatorstag ↗ **Dreifaltigkeitssonntag**

Sambestag ↗ **Samstag**

Samstag

Im deutschen Sprachraum haben sich für den Samstag drei verschiedene Bezeichnungen ergeben. Der römische »dies Saturni« hat sich im Englischen als **Saturday**, in den Niederlanden und im Niederdeutschen als **Zaturdag** (**Zaterdag**, **Zaterdach**, **Saterstag**, **Saiterstag**) erhalten. Im Süddeutschen wandelte sich der **Sabbatstag** zum Samstag (ahd.: »sambastac«; mhd.: »sameztac«, »samztac«; vgl. auch **Sabbatum**, **Sambestag**).

Diese Variante steht mit dem jüdischen Sabbat ebenso in Verbindung wie die romanische Bezeichnungen: frz. »samedi«, ital. »sabato«. Im mittleren und nördlichen Deutschland hat sich für Samstag in Ableitung vom nachfolgenden Festtag der Begriff **Sonnabend** (»sunnûm âband« statt »sunnûm dages âband«) etabliert (auch: **Sunnavend**, **Sunnobint**, **Zonnavend**, **Zunnavend**, **Zunnwende** und **Snavend**, **Sneind**). Erkennbar wird hier die Zeitberechnung nach Nächten, wobei der Vorabend zum folgenden Tag gerechnet wird. – In Abweichung von den drei Varianten hat sich auch das altnordische »laugerdagr« (**Lowerdag**) bei den Dänen und »lördag« bei den Schweden erhalten, was Bade- oder Waschtag bedeutet und auf die zeitgenössischen Hygienebräuche verweist. Woher die seltener übliche Bezeichnung **Meindentag** kommt, ist offen. – Im kirchlichen Sprachgebrauch heißt der Tag »feria sabbati«, »- septima«. Besondere Samstags sind der ↗ **Karsamstag**, der Samstag der Karwoche = Samstag vor Ostern, der in Österreich als ↗ **Judassamstag** bezeichnet wird, und der **schmalzige Samstag** in Schwaben (Samstag vor Karneval). In der Liturgie der Kirche ist der Karsamstag der einzige Tag des Jahres, an dem keine Messfeier stattfinden darf. Er symbolisiert so bis in die Gegenwart den Zeitraum zwischen Tod und Auferstehung Jesu. In Österreich und Süddeutschland sind die **drei goldenen Samstage** bekannt: die drei Samstage nach Michaelis (29. September). Nach einer Legende soll Kaiser Ferdinand III. (1637–1657) an diesem Tag die Gottesmutter durch Gebet und Empfang der Sakramente besonders verehrt haben. Von ihm ausgehend, bürgerte sich dieser Brauch ein, der auch Wallfahrten auslöste. Als Familienname ist Sonnabend selten, Samstag ungewöhnlich. – Im Volksglauben galt der Samstag als heiliger Tag, an dem wenigstens teilweise Arbeitsruhe eingehalten wurde. Sicher hat dies weniger mit der alten Stellung des Samstags als Sabbat zu tun als mit der auch im Judentum bis heute üblichen Sicht, dass der Vorabend eines Tages schon Bestandteil des folgenden Tages ist. Die Christen haben ihren Festtag auf den dem Sabbat folgenden Tag, den Sonntag, gelegt, weil dieser als Tag der Auferstehung gilt. Trotz der Einrichtung des Sonntags gab es aber im Christentum immer wieder Gruppen, die den (alten!) siebten Tag der Woche, den Sabbat, als christlichen Wochenfeiertag eingeführt wissen wollten (z. B. die ↗ **Sabbatarier**). Die Kirche reagierte in ihrer Weise und machte den Samstag ab dem 11. Jh. zum **Marientag** (»sabbatum Mariae«).

Samstag, schmalziger ↗ Samstag
Samstage, drei goldene ↗ Samstag
Sankt Martin ↗ Martin von Tours
Sankt-Floriansprinzip ↗ Florian
Santa Claus ↗ Nikolaos, ↗ Nikolaus-Name, ↗ Schenktermine, ↗ Weihnachtsmann
Santa Maria Maggiore ↗ Maria
Santiago de Compostela ↗ Jakobus der Ältere
Santi Claus ↗ Nikolaos, ↗ Nikolaus-Namen
Santiklaus ↗ Nikolaos, ↗ Nikolaus-Name
Santi Klaus ↗ Nikolaos, ↗ Nikolaus-Name

Sardine

Die Personifikation des Karnevals auf den Kanaren (vgl. ↗ **Strohpuppe**).

Satan ↗ Teufel
Saterstag ↗ Samstag
Saturday ↗ Samstag
Saturn ↗ Samstag, ↗ Stern von Betlehem
Sautoni ↗ Antonius, der Eremit
Scala Sancta ↗ Heilige Stiege, ↗ Passionsfrömmigkeit

Schabab

Im Zusammenhang mit dem Brauch des ↗ **Rübenschabens** (schwäb.: ↗ **Ätsch Gäbeli**; schweiz.: ↗ **Gabelimachen**; kärnt.: ↗ **den Guler stechen**;

Skulptur des hl. Jakobus auf dem Mittelpfeiler des Pórtico de la Gloria in der Kathedrale von Santiago de Compostela. – Foto: Archiv Herder

oberhess.: ↗ **e Mörche schabe**) taucht vielerorts der Begriff »Schabab« auf. Im Elsass z. B. schaben die Kinder mit dem Finger über den anderen, eben wie man ein Möhrchen schält, und rufen:

Lawe, lawe,
D'Katz isch g'schawe!

Der heute nur noch bei den Kinder zu beobachtende Brauch des Rübenschabens ist eine ↗ **Bewegungs- und Spottgebärde**, meist verbunden mit dem höhnischen »Ätsch« und »Bätsch«: Schäme dich, geschieht dir recht! Diese ↗ **Fingergebärde** fand sich im späten Mittelalter als Spottgebärde auch im Brauch der Erwachsenen. Spätmittelalterliche Passionsdarstellungen (z. B. von Hans Holbein, d.Ä.) zeigen in einigen Fällen diese Spottgebärde. Die Gebärde war mit dem Ruf »Schabab« verbunden. Das Verb »schaben« hatte, reflexiv gebraucht (= sich schaben), den Sinn von »sich abschaben, schäbig werden« und »vertreiben, austilgen, verstoßen«. Intransitiv »sich fortscheren, schnell verschwingen«. Ahd. »scaben sinen wech« bedeutete so: »sich wegscheren, fliehen«, entsprechend der imperativischen Form. Das Substantiv »Schabab« bezeichnet das Unreine, Abgenützte, den Auswurf, das Abgeschabte. Das Wort ist aus dem Sprachgebrauch verschwunden und benennt heute nur noch den Rügebrauch. »Schieb ab!« »Schabab« bekam die Bedeutung von: ausstoßen, fortstoßen, vertreiben. Der Imperativ »Schab ab!« wurde substantiviert, die alte Bedeutung vergessen, wie die Redensart »einem den Schabab geben« belegt. In Düsseldorf riefen die Kinder beim ↗ **Möhrchen schaben**: »Hä kiß kiß schrapp Möhrke!« Carl Orff (1895–1982) hat einen solchen Spottvers in einem Lied vertont. Der Text lautet: »Ist ein Mann in' Brunnen gefallen, haben ihn hören plumpsen, wär der Narr nit reingefallen, wär er nit ertrunken. Etsch, etsch, hiß, hiß, hiß«.

Schabernack

Schabernack, meist in der Verbindung von »Schabernack treiben«, bedeutet Unsinn, Unfug, Possen treiben. Schabernack treibt man vor allem in der ↗ **Fastnacht**. Das Wort Schabernack (Got skaban) taucht im 12. Jh. als Familienname in Hessen (»Schabernacken«) auf. Mhd. bedeutet »schavernac« = Beschimpfung; mnd. »Schavernak« meint Spott. Unter allen Erklärungen, woher das Wort stammt, ist die wahrscheinlichste, dass das Scheren des Nackens als Strafe ursächlich ist.

Schaf

Die Symbolik des Schafes ist mit der der Hirten (vgl. ↗ **Agnes**, ↗ **Lamm**, ↗ **Omophorion**, ↗ **Pallium**) eng verbunden. Schafe symbolisieren die Gläubigen, die vom Hirten sorgfältig zu weiden sind, wie schon das Alte Testament lehrt. Bei dieser Symbolik wird das Schaf natürlich nicht als »dummes Schaf« verstanden, sondern als ein Tier, das sich klaglos einfügt und der Betreuung durch den Hirten (lat.: »pastor«) bedarf. Auf einer anderen Ebene spiegelt sich auch Christus selbst in der Schafherde, die von den Hirten in der Nähe seines Geburtsortes bewacht wurde. Er ist das neue Lamm, das an Pascha/Ostern von Gott als Opfer zur Erlösung der Menschen angenommen wird: Christus ist das Lamm Gottes, wie es in der Offenbarung des Johannes vor Augen gestellt wird (vgl. ↗ **Agnus Dei**).

Schalk

Schon vor dem 16. Jahrhundert ist das Wort »Schalk« (aus mlat.: »scalcius« = »barfüßig« und »di scalceatus« = »ohne Schuhe«) bekannt; got.: »sklaks« = »Diener, Knecht« bezeichnete den barfüßigen Leibeigenen. Der Begriff wird immer in einer bestimmten Form verwendet: Den Schalk hinter den Ohren/im Nacken haben. Der »Schalk« ist hier ein Gnom oder Dämon, der von den Genarrten nicht gesehen werden kann. Nach dem 16. Jh. verlagert sich die Bedeutung von (unsichtbar) »hinter« auf den »Schalk« selbst, d.h.: Akteur ist nicht mehr ein Dritter, sondern der Nasführende selbst. Der Charakter der versteckten Schelmerei geht dabei verloren: Der Schalk schaut ihm aus den Augen.

Schalknarr

Älteste bekannte Form der Narrendarstellung: Auf seinem kahlgeschorenen Kopf trug er die ↗ **Narrenkappe**, die ↗ **Gugel** (von lat.: »cucullus«), eine runde Mütze mit Eselsohren und Hahnenkamm, der in Form eines gezackten roten Tuchstreifens von der Stirn bis zum Nacken reichte. Der Schalknarr war immer der »gespielte Narr« im Gegensatz zu den so genannten »echten Narren«, psychisch Kranken und Behinderten. Seine Narrenkappe war auch Bestandteil der Bekleidung des Till ↗ **Eulenspiegel**.

Der Narr (mit Eselsohren, Hahnenkamm, Schnabelschuhen, Schellen, Marotte) und König Salomo. Aus einem Psalterium Karls VIII. (15. Jh.). Paris, Bibliothèque Nationale

Schandglocke ↗ **Glocken**
Schandmaien ↗ **Pfingsten**
Schärensprung ↗ **Narrensprung**
Schauerfeier ↗ **Hagelprozession**
Schauerfreitag ↗ **Freitag**
Schauerkerze ↗ **Unwetter, Hilfen gegen**
Schauerkreuz ↗ **Unwetter, Hilfen gegen**
Schauertage ↗ **Unwetter, Hilfen gegen**
Schauspiel, geistliches ↗ **Spiel, geistliches**
Schavakke ↗ **Narrenaufträge**
Schawuot ↗ **Pfingsten**

Schedula paschalis

Das **Osterbildchen**, das nach der ↗ **Osterkommunion** ausgeteilt wird, dient dem Nachweis der Osterkommunion. Früher konnte der Osterkommunikant so nachweisen, dass er seine ↗ **Osterpflicht** erfüllt hatte; heute lässt sich damit die Zahl der Osterkommunikanten feststellen.

Scheffastnaicht ↗ **Inovocabit**

Scheibenschießen ↗ **Schützen,** ↗ **Vogelschießen**

Scheibenschlagen

Funkenfeuer, **Feuerräderrollen** oder Scheibenschlagen am ↗ **Funkensonntag** hat seine innere Berechtigung in der Bildhaftigkeit des Tuns. Der Mensch wurde biblisch durchaus mit dem Baum gleichgesetzt (vgl. Matthäus 3,10: »Schon ist die Axt an die Wurzel der Bäume besetzt; jeder Baum nun, der nicht gute Früchte bringt, wird herausgehauen und ins Feuer geworfen«). Einen Menschen durch eine Holzscheibe darzustellen, entsprach dem üblichen »pars-pro-toto-Denken«, bei dem ein Teil für das Ganze stand. Die **Schibebube**, wie die Brauchträger heißen, widmen die einzelnen Scheiben individuellen, konkreten Menschen, die sie bei den **Ehrenscheiben** meist beim Namen nennen (z.B.: »für unseren verehrten Herrn Pfarrer ...«), bei den **Schimpfscheiben**, mit denen gerügt wird, aber meist umschrieben (z. B.: »für den, der am Aschermittwoch noch im Fastnachtskleid herumrannte ...«). Der Brauch selbst verdeutlicht, dass ein Mensch, der das Reich Gottes betreten will, von neuem geboren (vgl. Johannes 3,7), im Feuer geläutert (vgl. Sacharja 13,9) werden muss. Scheibenschlagen zu ↗ **Invocabit** verweist auf die ↗ **Alte Fastnacht**, als mit Invocabit die Fastenzeit begann und das Scheibenschlagen auf den für Christus wiedergeborenen Menschen deutete; eine Parallele zu dem am ↗ **Aschermittwoch** mit Asche bezeichneten Menschen, wofür gleichfalls Holz verbrannt wird, nämlich der ↗ **Buchsbaum** des Vorjahres.

Scheibenschlagen. – Foto: Dietz-Rüdiger Moser

Scheibensonntag ↗ **Inovocabit,** ↗ **Sonntag**

Schelle

Die Schelle zur Kennzeichnung des ↗ **Narren** hat sich – zumindest in der alemannischen Fastnacht – erhalten. Vermutet wird die Herleitung von 1 Korinther 13,1: »Wenn ich in den Sprachen der Menschen und Engel redete, hätte aber die Liebe nicht, wäre ich dröhnendes Erz oder eine lärmende Pauke [früher wurde hier übersetzt: »eine klingende Schelle«].« Diese Textstelle war Teil der Lesung am Sonntag ↗ **Quinquagesima** bzw. ↗ **Estomihi**, dem ↗ **Karnevalssonntag.** Natürlich verzichtete die alte ↗ **Narrenkappe**, ausgestattet mit Eselsohren und Hahnenkamm, nicht auf den Schellenbesatz. – Die Schelle war aber nicht immer nur ein Narrenkennzeichen. Der Hohepriester der Juden schmückte sein Gewand mit Schellen (Exodus 28,33), ebenso Ritter, Patrizier und Kleriker. Heiligenbilder und ↗ **Monstranzen** waren mit Schellen versehen. Noch bei der Krönung Karls V. (1520–1556) trugen die Beamten Schellen an ihrer Kleidung. –

Narren mit Schellen.
Foto: Rupert Leser, Bad Waldsee

Die Schelle als Narrensymbol hat sich in zahlreichen Redensarten erhalten: »Jeder hat seine Schelle« = alle haben eine närrische Seite; »die Schelle bleibt ihm unbenommen« = keiner zweifelt an seiner Narrheit; »einem die Schelle rühren« = jemandes Narrheit offenkundig machen; »seine eignen Schellen schütteln« = die eigne Schande selbst bekanntmachen; »jemandem die Schellen leihen« = ihn ärgern, necken, täuschen; »alles auf dem Markt ausschellen« = alles Wissen wie der öffentliche Ausrufer, der sich mit einer Schelle Gehör verschaffte, unter allen verbreiten. Real wird die Schelle »gezogen« beim »Schellenmänneken«, »Mäuschen fangen«; ndl.: »puisjes vangen«; frz.: »tirer les sonnettes«; engl.: »quiring runaway knocks (rings)«, also beim Läuten der Türglocken und anschließendem Fortlaufen der – in der Regel – kindlichen Übeltäter. Schwatzhafte und keifende Frauen nennt man in Süddeutschland und Österreich »alte Schelle« (vgl. ↗ **civitas dei**).

Schellenmärte ↗ **Martini**

Schellenrühren
Umzüge von Burschen und Kindern mit großen Kuhglocken durch Feld und Flur, »um das Gras zu wecken« – ein ↗ **Lärmbrauchtum** zum Winterende.

Schellenträger ↗ **Fastnachtsfiguren, -verkleidung**

Schelm
Erst seit dem 18. Jh. hat »Schelm« und »Schelmerei« die Bedeutung von Schalkheit, neckisch-witzigem Tun, Hintertriebenheit, Schäkerei. Ein »rechter Schelm« ist ebenso anerkennend gemeint, wie wenn jemand schelmisch ist, also neckisch, mit Witz werbend. Wie ↗ **Schalk**, ↗ **Narr** oder ähnliche Begriffe bezeichnet der Schelm auch den ↗ **Geck** der ↗ **Fastnacht**. Das Wort Schelm hat die Grundbedeutung »Aas, gefallenes Tier« (ahd.: »scalmo«; mhd.: »skelmo« = toter Körper von Tier und Mensch). Deshalb wurden der Schinder, der dem gefallenen Tier die Haut abzog, und der Henker, der oft das Amt des Schinders oder Abdeckers ausübte, »Schelmen« genannt. Auf diese alte Bedeutung bezieht sich die Aussage, wenn es heißt, jemand habe ein »Schelmenbein im Rücken«. Gemeint ist ein »toter Knochen«, der bewegungsunfähig macht. Nach mittelalterlichem Rechtsbrauch durften meineidige, treubrüchige Vertragspartner Schelmen genannt werden. Die gerichtliche Schelte hat sich in den Begriffen »bescholten« und »un-

bescholten« erhalten. Auch für »Seuche« konnte der Begriff Schelm stehen, insbesondere für eine bestimmte Schweineseuche.

Schenkeier ↗ **Ostereier**

Schenken

Während heutzutage das Schenken fast so etwas wie eine Pflicht, eine Statusverteidigung oder Selbstdarstellung sein kann, hatte das Schenken früher – wenigstens im Ansatz – Symbolcharakter: Den Armen schenkte man existentiell Notwendiges und – damit sie mitfeiern konnten – etwas zum Essen und Trinken. Der Kreis der Armen, für den man oft vor dem eigentlichen Fest sammelte (vgl. ↗ **Christkindl einläuten**), wurde ab der Reformation um die evangelischen Kinder erweitert, deren ↗ **Kinderbeschenktag** an ↗ **Nikolaus** damit entfallen sollte. Bis zur Reformation schenkten Erwachsene sich untereinander nichts, außer dass der Dienstherr verpflichtet war, seinen Dienstboten eine Kleinigkeit zu schenken. Das ↗ **Beschenken** der Erwachsenen untereinander begann erst mit dem Verständnis von Weihnachten als einem Familienfest. Als »nordeutsch-protestantische Sitte« wird der ↗ **Gabentisch** am Heiligabend in einer bayerischen Chronik von 1860 benannt, »welche nur in München, seit den Tagen der Königin Caroline eingeführt, in den höheren Ständen festen Fuß gewonnen hat«. Geschenke waren dabei manchmal symbolisch gemeint (vgl. ↗ **Julklapp**), aber immer etwas, was über die »Grundversorgung«

Weihnachtsfamilie von V. Katzler. München, Stadtmuseum

mit Notwendigem hinausging, ein »superadditum«: ein Buch, Süßigkeiten oder Spiele. Das Geschenk sollte die Freude vermitteln, die der Festtag bot, der ein Ereignis der »Übernatur« (lat.: »supernaturalitas«) feierte. Der qualitative, tiefergehende Sinn der Geschenke stand früher stärker vor Augen.

Schenktermine

↗ **Kinderbeschenktag** war im frühen Mittelalter das Fest der ↗ **Unschuldigen Kinder** (28. Dezember). In dem Maße, wie der hl. ↗ **Nikolaus** populär und Patron der Schüler und Kinder wurde, verlagerte sich im 13. Jh. der Kinderbeschenktag für Jungen auf den Festtag des hl. Nikolaus (6. Dezember). Im 14. Jh. ist der 6. Dezember als Geschenktermin allgemein üblich. Mancherorts scheint parallel das Fest der hl. ↗ **Lucia** (13. Dezember) zum Kinderbeschenktag für die Mädchen geworden zu sein. Um 1500 war Weihnachten als Schenktermin oder Kinderfest noch unbekannt. Die Reformation hat sowohl den hl. Nikolaus als Gabenbringer als auch den 6. Dezember als Schenktermin bekämpft. Heilige als Mittler göttlicher Gnade betrachtete man nach reformatorischer Lehre als überflüssig. Zum neuen Schenktermin – zunächst in protestantischen Gegenden, nach 1900 allmählich in ganz Deutschland flächendeckend – machte man ↗ **Weihnachten** (24./25. Dezember). In Neuss am Rhein und in weiten Teilen des (damals fast flächendeckend katholischen) Rheinlandes wird um 1900 noch am Nikolaustag beschert. ↗ **Gabenbringer** war dann eine von Martin Luther propagierte Kunstfigur: das ↗ **Christkind**, das es aber als Nikolaus-Begleiter oder als Gabenbringer schon vorher gab. In den protestantischen Ländern ließ sich der Wandel vom Nikolaus zum Christkind und damit vom 6. auf den 24. Dezember nicht überall durchsetzen: Die Niederlande hielten am alten Schenktermin und am hl. Nikolaus als Gabenbringer fest. Der von ihnen nach Amerika importierte hl. Nikolaus mutierte dort zum ↗ **Santa Claus** und ↗ **Father Christmas** und wurde als ↗ **Weihnachtsmann** in Europa reimportiert.

Scheren

Kennzeichen der ↗ **Narren** war früher u.a. der geschorene Kopf. Die Redewendung, »einem den Gecken scheren«, in der Bedeutung, jemanden zum Narren machen, mit ihm Spott treiben, belegt dies. In Bayern ist ein »G'scherter« heute noch die Bezeichnung für einen, den man für närrische hält.

Scherz

Das Wort »Scherz« ist auf den deutschen Sprachraum begrenzt (mhd.: »scherz« = Vergnügen, Spiel); auch das Verb scherzen (mhd.: »scherzen« = lustig springen, hüpfen, sich vergnügen) taucht erst im 13. Jh. auf. Erst im 17. Jh. wurden »scherzhaft« und »verscherzen« gebildet. Das Scherzen gehört zu Fest und Feier, vornehmlich an ↗ **Fastnacht**. Die Fähigkeit zum Humor ist eine zutiefst menschliche: Die Entdeckung von Widersinn, die Freude an situativer Komik und sprachlichen Mehrdeutigkeiten, an Miss- und Unverständnis treten jedoch nicht nur in einer, der fünften, Jahreszeit auf.

Scherzlschneiden

Die Kinder in der Steiermark, die zum Singen von ↗ **Weihnachtsliedern** von Haus zu Haus zogen, durften die frisch gebackenen Brote anschneiden und bekamen oft auch selbst ein ganzes Brot geschenkt. Sangen sie bei ihren Paten, bekamen sie ein ↗ **Patenbrot** dafür.

Scheuffefastnacht ↗ **Invocabit**

Schiachtperchten ↗ **Nikolaus-Begleiter**

Schibebube ↗ **Scheibenschlagen**

Schiebele
Holzscheiben (= Schiebele) werden zu ↗ **Silvester** in Brand gesetzt. Man lässt sie dann vom Berg herabrollen. Mit dieser alten und wahrscheinlich schon vorchristlich geübten ↗ **Lichtsymbolik**, die das Licht in die Dunkelheit bringt, sind in einigen Orten neckende und spöttische Sprüche verbunden.

Schiefer Dienstag ↗ Karwoche
Schiefer Mittwoch ↗ Karmittwoch, ↗ Karwoche
Schiffchensetzen ↗ Nikolaus-Schiff

Schiffsallegorese
Der hl. Hippolyt (um 235) beendet seine »Apostolische Überlieferung« mit der Schiffsallegorese: »Geliebte, wenn wir etwas ausgelassen haben, so wird Gott es dem Würdigen offenbaren; denn er steuert das Schiff der Kirche, die in den ruhigen Hafen geleitet zu werden würdig ist.« Die Gleichsetzung von Schiff und Kirche taucht erstmalig bei Tertullian (160–220) in »De baptismo« Ende des 2. Jh. auf und findet sich dann bei zahllosen Theologen und in künstlerischen Darstellungen in vergleichbarem Sinn.
Die allegorische Deutung des Schiffs geht nicht nur auf die biblische Erzählung von der Stillung des Sturms auf dem See zurück (vgl. Matthäus 8,18.23–27; Markus 4,35–41; Lukas 8,22–25). Die allegorische Deutung des Schiffs ist im Judentum (Arche Noah, Jona-Erzählung) ebenso bekannt wie in anderen antiken orientalischen Kulturen (vgl. z. B. den Gebrauch von Totenschiffen). Seit dem 4. Jh. findet diese Gleichsetzung allgemeine Verbreitung. – Früheste christliche Schiffsdarstellungen finden sich auf Grabmälern des 3. und 4. Jh. Diese **Seelenschiffchen** sind zu unterscheiden von den späteren Kirchenschiffen, die zwar auf den Hafen des Heils ausgerichtet, aber noch nicht angekommen, heilsgefährdet, zugleich aber auch heilssicher sind (vgl. ↗ **Ursula-Schifflein**). Zielhafen ist die

Jesus gebietet dem Sturm. Kupferstich von Carl Ludwig Schuler (1785–1852), Nr. 28 der Kupferstiche zum Neuen Testament, Freiburg i.Br. 1810/14. – Vorlage: Archiv Herder

»requies aeterna« (= ewige Ruhe), das himmlische Jerusalem, die »Stadt des großen Königs«, der Himmel. Der Aufbau der Kirche ist vergleichbar mit den Funktionen und der Besatzung eines Schiffes. Der Mastbaum wird mit dem Kreuz gleichgesetzt, der das Kirchenschiff über das Meer lenkt. Das Kreuz ist Siegeszeichen und Garant des Sieges der Kirche, einer Schicksalsgemeinschaft auf Leben und Tod. Der hl. Ambrosius (339–397) sieht das Schiff der Kirche »mit den Segeln am Mastbaum des Kreuzes, die sich blähen im Sturmwind des Heiligen Geistes«. Papst Klemens (ca. 88–97) vergleicht das Wesen der Kirche mit einem Schiff. – Die Kirche als Schiff, das so genannte Kirchenschiff, nimmt später auch physische Gestalt an: Romanik, Gotik, Barock, Klassizismus, Neuromanik und Neugotik bilden die Längsachse der Kirchengebäude als Kirchenschiff aus. Anhaltspunkt hierfür ist die Belehrung des Volkes durch Jesus vom Boot aus (vgl. Lukas 5,3), die als Auftrag verstanden wurde, in der Kirche das Wort Gottes zu verkünden (so Beda Venerabilis; † um 727). Das Kirchenschiff wird zur zweiten Arche des Heils mit dem Steuermann Christus, dem Windhauch des Heiligen Geistes, den Rudern der Weisheit, den Tauen der Jugend usw. Das Meer ist Bild für die Welt, die Gläubigen sind die Passagiere, die Segel symbolisieren die Liebe, der Glaube ist der Kompass. Die Gottesmutter ↗ **Maria** aber ist der Meerstern; vgl. »Meerstern, ich dich grüße«, »Ave, maris stella«. Geradezu programmatisch deutet Petrus Chrysologus (ca. 400–450) die Fastenzeit als Schifffahrt zu den Freuden des Osterfestes durch die vorbereitenden Wochen enthaltsamen Lebens. – Das Gegenmodell zum allegorischen Kirchen-Schiff ist das mittelalterliche ↗ **Narrenschiff.**

Schiffsprozession

Prozessionen zu Schiff gibt es nicht nur zu ↗ **Fronleichnam**, sondern auch zu anderen Gelegenheiten (vgl. u. a. den ↗ **Petrizug**, ↗ **Petrus und Paulus, Apostel**). Die ↗ **Schiffsallegorese** drängt sich christlichen Wallfahrern gradezu auf.

Schilda ↗ Narrenorte

Schimmel

Traditionsgemäß reitet der hl. Martin beim Martinszug auf einem Schimmel, obwohl die erste und authentische Martinsbiographie den Heiligen mit keinem Pferd oder gar Schimmel in Verbindung bringt. Der Heilige hat auch keine Nähe zu den »Schimmelreitern« Odin oder ↗ **Wotan.** Der Schimmel ist Attribut des Heiligen (wohl aufgrund von Offenbarung 19,11–14) so wie er Attribut des christlichen Kaisers war. Gegenüber dem Rappen symbolisiert der Schimmel das gute Prinzip, weshalb er auch von tugendhaften Menschen geritten wird. Aus dem gleichen Grund zählt der Schimmel auch zu den ↗ **Reittieren des hl. Nikolaus** (vgl. ↗ **Sonntagskind**).

Schimpfscheiben ↗ Scheibenschlagen
Schinkentour ↗ Christ Himmelfahrt

Schlachtfest

Zu Martini verloren nicht nur Gänse ihr Leben. In manchen Gegenden war der 11. November der Beginn der Schlachtzeit und wurde als Schlachtfest gefeiert. Der November galt als Schlacht- und Schmeermonat; Martini wurde als **Speckmärten** bezeichnet. Wenn man früher auf einem Bauernhof ein Schwein oder ein Rind schlachtete, so war das nicht ein alltäglicher Vorgang der Fleischbevorratung und -konservierung für die Winterzeit, sondern ein Ereignis, zu dem es für die Kinder sogar schulfrei gab. Alle – oft auch die Verwandten, Bekannten, Nachbarn – beteiligten sich an den Arbeiten. Am Abend feierte man die gemeinsam erledigte Arbeit: Wurstbrühe, Wellfleisch, Blut-, Leber- und Grützwürste, Speck, Tierfüße, Schweineohren und anderes wurden mit Sauerkraut, gedünsteten Äpfeln und – natürlich – mit Bier und Schnaps gereicht. Wer nicht mitfeiern konnte, dem schickte man eine Auswahl der Köstlichkeiten nach Hause. – Neben ↗ **Martini** wurde in der Frühzeit auch zu ↗ **Nikolaus** geschlachtet. Während aber das ↗ **Martinischlachten** mehr Fleisch zum Sofortverzehr bot, weil sein Termin noch vor der Fastenzeitschwelle lag, verlangte das ↗ **Nikolausschlachten** auch Fastenverhalten, weshalb das Fleisch nahezu ausschließlich zum Einpökeln bestimmt war. Der Nikolaustag wurde deshalb kaum als Schlachtfest begangen, auch wenn man sich an diesem Tag weniger »fastenmäßig« ernährte. – Beim Schlachtfest trifft man auch auf den ↗ **Heischebrauch**: Die Nachbarskinder zogen zu dem Haus, in dem ein Schlachtfest stattfand, und sangen, bis sie mit Würsten belohnt wurden (daher: **um die Wurst singen**, »es geht um die Wurst« als Preis oder Gabe). – Ein ähnlicher Brauch ist das **Wurststechen**: Spaßeshalber schoben die jungen Burschen eine lange Holzstange durch das Küchenfenster und erprobten, ob sie in der Gunst der Hausleute standen. In diesem Fall hing an der Stange eine appetitlich-pralle Wurst, im andern Fall ein mickriges Schweineschwänzchen o. ä.

Schlachtmonat ↗ **Monate: November**

Schlaggeräte

Das sind Gerätschaften, die im religiösen Brauchtum mit der Funktion des »Schlagens«, des Berührens oder »Anschlagens« gebraucht wurden, um »Segen« oder Heil mitzuteilen, z. B. die ↗ **Pritsche** oder die ↗ **Martinigerte.**

Schlamperwoche

Die acht letzten Tage des bäuerlichen Arbeitsjahres – im übertragenen Sinn ↗ **Martinioktav** genannt – galten für Mägde und Knechte als Freiraum, in denen nur noch das unumgänglich Nötigste getan werden musste. In der Schlamperwoche oder **Schlumwoche** trug man das Sonntagsgewand, aß und trank und besuchte Freunde und Verwandte. Die Mägde durften auch für sich in der Spinnstube arbeiten (vgl. auch ↗ **Licht- und Spinnstubenzeit**).

Schlenkeltage ↗ **Lichtmess**

Schlumwoche ↗ **Schlamperwoche**

Schlüsselübergabe

Im rheinischen ↗ **Karneval** gehört die symbolische Schlüsselübergabe der Stadt oder des Rathauses an den Prinzen Karneval oder an die Frauen zu ↗ **Weiberfastnacht** zum festen Ritual. Den Schlüssel zu übergeben ist äußeres Zeichen der Übergabe der Macht an einen Mächtigeren oder einen Nachfolger. Dieses Zeichen war immer üblich bei der Übergabe einer Stadt nach einer kriegerischen Eroberung oder beim Besuch des Landesherrn. In der ↗ **Fastnacht** ist die Schlüsselübergabe das Symbol für die zeitlich begrenzte Geltung des ↗ **Narrenrechts.**

Schmachten

Das Verb »schmachten« ist ein Synonym zu »hungern« und »fasten« in dem Sinne, dass jemand das Hungern oder Fasten als leidvoll erfährt. In diesem Sinne konnte die ↗ **Fastenzeit** durchaus zu einer Zeit des Schmachtens werden. Das Substantiv »Schmacht« = Hunger ist veraltet.

Schmachtlappen

In Westfalen früher eine gebräuchliche Bezeichnung für das ↗ **Hungertuch**, ↗ **Kummertuch**, ↗ **Fastenvelum** (vgl. ↗ **Fastentuch**).

Schmachtriemen

Als Schmachtriemen wurde der Gürtel von Reitern und Fuhrleuten bezeichnet, der – bei leerem Magen – stärker angezogen wurde, damit die Erschütterungen besser ertragen wurden. Die älteste Erwähnung des »smachtreeme« liegt 1756 für Osnabrück vor. »Den Schmachtriemen anziehen« bedeutet das gleiche wie die modernere Formulierung: Den Gürtel enger schnallen. Begrifflichkeiten dieser Art wurden gerne auf die ↗ **Fastenzeit** angewandt.

Schmalhans

Die Personifikaktion des Hungers in der fiktiven Person eines Kochs mit Namen »Schmalhans« entspricht dem gängigen Muster unter der Verwendung des verbreiteten Vornamens »Hans«, wie z. B. Prahlhans (vgl. ↗ **Hanswurst**). Für 1663 ist die älteste literarische Verwendung registriert. Die Redensart »Da/dann ist Schmalhans Küchenmeister« bezeichnet einen Ort oder eine Zeit, z. B. die ↗ **Fastenzeit**, in der es wenig(er) und »schlechter« zu essen gibt. Kaum geläufig ist die verbale Form: »In der Fastenzeit muss man schmalhansen.«

Schmalzgebackenes
In Schmalz oder Fett Gebackenes gab und gibt es vor allen Dingen zu ↗ **Fastnacht**, ↗ **Fronleichnam** und ↗ **Martini** (vgl. ↗ **Martinsschlachten**).

Schmalziger Samstag ↗ Samstag
Schmelzmonat ↗ Februar
Schmersauger ↗ Monate: Dezember

Schmerzensmann
Bezeichnung für Jesus während seiner Passion (vgl. ↗ **Passionsfrömmigkeit**).

Schmotziger Donnerstag ↗ Donnerstag, ↗ Weiberfastnacht, ↗ Fastnachtzeit
Schmuckbaum ↗ Christbaum

Schmuckmadonna
Bezeichnung für Gnadenbilder, die mit ↗ **Votivgaben** geschmückt sind.

Schmucktücher, Religiöse ↗ Fromme Tücher
Schmutziger Donnerstag ↗ Donnerstag, ↗ Weiberfastnacht
Schmutzli ↗ Nikolaus-Begleiter
Schnabelgeiß ↗ Silvester
Schnabelpercht ↗ Lucia
Schneckenmahlzeiten ↗ Fischessen
Schneekatze, -rose ↗ Christrose
Schneekreuz ↗ Hilfen gegen Unwetter
Schneemonat ↗ Januar, ↗ Monate: Januar
Schnittchen ↗ Stollen
Schnitzelbrot ↗ Thomas

Schmuckmadonna. Köln, Dom, Dreikönigsaltar (Detail). © Dombauarchiv Köln; Matz und Schenk

schnörzen ↗ gripschen, ↗ Heischegang
Schöner Nontag ↗ Christi Himmelfahrt
Schönmasken ↗ Fastnachtsfiguren, -verkleidung
Schokolade ↗ Fasten
Schoofsonntag ↗ Invocabit

Schornsteinfeger
Der Schornsteinfeger, der übrigens nicht nur zu ↗ **Neujahr** als ↗ **Glücksbringer** gilt, ist nur da nötig, wo der Schornstein (schon) raucht. Man sieht ihn gerne, weil sein Erscheinen auf den Wohlstand der Besuchten schließen lässt. Ein anderer Grund für die Deutung des Schornsteinfegers als Glücksbringer liegt darin, dass früher die Schornsteinfegergesellen zu Neujahr den Jahressold in den Häusern einkassierten und un-

ter Glückwünschen Gaben für sich sammelten. Sie überreichten dabei bis in die jüngste Zeit ein Kalenderblatt, das einen Glückwunsch enthielt. So waren die Schornsteinfeger die ersten Neujahrsgratulanten. Aus dem Rückschluss, dass dort, wo der Schornsteinfeger – auch nur symbolisch als Gabenbringer – auftaucht, er auch Glück bringt, wird er zum Glücksbringer.

Schuhewerfen ↗ **Losbrauchtum**, ↗ **Orakelbräuche**, ↗ **Silvester**, ↗ **Thomas**
Schülerbischofsspiel ↗ **Ludus episcopi puerorum**
Schurtag ↗ **Aschermittwoch**
Schustersonntag ↗ **Sonntag**
Schutteldach ↗ **Estomihi**, ↗ **Fastnachtszeit**, ↗ **Quinquagesima**

Schützen

Ursprünglich in ↗ **Bruderschaften**, vielfach ↗ **Sebastianus**-Bruderschaften, waren die wehrkräftigen Männer eines Ortes organisiert, die im Falle eines Angriffs die Verteidigung übernahmen. Durch die Reformation, Aufklärung und Säkularisation sind der ursprünglich kirchliche Charakter, manchmal auch die kirchliche Bindung einiger Gruppen verlorengegangen. Zum **Schützenbrauchtum**, das heute vielfach auch Frauen offen steht, gehören als verbindende Elemente: wenigstens ein gemeinsames Fest im Jahr, Umzüge in Uniform, mit Fahnen und mit Marschmusik und ein jährlicher Wettkampf um den »König«, der mit Armbrust, Gewehr oder durch ↗ **Ringstechen** ermittelt wird. Von den Obrigkeiten wurde das **Schützenwesen** in den vergangenen Jahrhunderten nicht ungern gesehen und manchmal sogar durch ausgesetzte

Gründung des deutschen Schützenbundes beim Schützenfest in Gotha 1861, aus: Das große Festtagsbuch. Feiern, Tanzen und Singen. Hrsg. v. Walter Hansen. Freiburg i.Br. 1984. – Vorlage: Archiv Herder

Preise unterstützt, boten diese Männer doch als Landsturm oder Reservisten einen guten Truppennachschub im Ernstfall.

Schützenbrauchtum ↗ **Schützen**

Schutzengel

Die Verehrung der Schutzengel ist seit dem 9. Jh. nachweisbar, meist verbunden mit der Michaelsverehrung. Ein eigenes Fest gab es seit Anfang des 16. Jh. in Spanien und Frankreich, seit 1667 in den habsburgischen Ländern am 1. Sonntag im September, sonst am 2. Oktober gefeiert, das gesamtkirchlich 1608 Papst Paul V. (1605–1621) auf den ersten festfreien Tag nach ↗ **Michael** legte. Das Fest wurde 1667 durch Klemens IX. (1667–1669) auf den ersten Sonntag im September, durch Klemens X. (1670–1676) und Pius X. (1903–1914) auf den 2. Oktober verlegt. – Deutsche Werber machen sich heute religiöse Begriffe zu eigen: Den Schutzengel, der einmal nicht aufpasst, hat die Werbung einer Versicherung auf ihre Fahnen geschrieben. Aber nicht nur hier tritt ein Schutzengel auf. Er ist in der Werbung präsent, weil sie davon ausgeht, dass dieser Glaube bei ihren Kunden »in den Köpfen« fortbesteht. – Die Annahme der Existenz von Schutzengeln entspricht nicht willkürlicher Spekulation, sondern fußt bereits auf alttestamentlichen Aussagen. Die Lesung am Schutzengelfest wiederholt seit Jahrhunderten das Wort Gottes (Exodus 23,20–23a): »Ich werde einen Engel schicken, der dir vorausgeht. Er soll dich auf dem Weg schützen ...« Die romantische Märchenoper »Hänsel und Gretel« von Engelbert Humperdinck (1854–1921) hat das kindliche Abendgebet an die Schutzengel – »Abends wenn ich schlafen geh', vierzehn Engel um mich steh'n ...« ergreifend vertont, ein Schutzengelgebet, das Generationen von Kindern gebetet haben. Wie sehr die Sehnsucht nach einem derartigen himmlischen Beistand wach ist, belegen einschlägige Untersuchungen und viele zeitgenössische Bücher (vgl. ↗ **Engel**).

Schutzengel, aus dem Rothschild-Stundenbuch (15. Jh.). Vorlage: Archiv Herder

Schutzengelfest ↗ **Schutzengel**
Schützenwesen ↗ **Schützen**
Schutzmantel ↗ **Maria**, ↗ **Pallio cooperire**, ↗ **Ursula**
Schutzmantelmadonna ↗ **Maria**, ↗ **Pallio cooperire**, ↗ **Ursula**

Schwalbe

Schwalbennester sind ein Zeichen für ↗ **Glück** (vgl. ↗ **Aberglauben**). Schwalben sind Frühlingsverkünder (vgl. ↗ **Frühlingsbräuche**), weil sie um die Zeit ↗ **Mariä Verkündigung** zurückkehren und Herbstboten, weil sie zu ↗ **Mariä Geburt** wieder wegfliegen (vgl. ↗ **Marienfeste**). Wie in germanischen Zeiten der Göttin Iduna ist die Schwalbe in christlicher Zeit ↗ **Maria** zugeordnet. Sie gilt als **Marien-** und **Muttergottesvogel**.

Schwamm ↗ Arma Christi, ↗ Leidenswerkzeuge, ↗ Passionsfrömmigkeit

Schwarz Käsperchen ↗ Nikolaus-Begleiter

Schwarze Madonna oder **- Muttergottes** ↗ Maria

Schwarzer König

Am Sonntag nach Dreikönige haben die Dienstboten von ihren Arbeitgebern große Brote mit einer oder zwei eingebackenen Bohnen geschenkt bekommen, um zu Hause mit ihrer Familie das ↗ **Dreikönigsfest** oder **Bohnenfest**, das den Namen Schwarzer König trug, zu feiern.

Schwarzer Mann ↗ Frühlingsbräuche

Schwarzer Mohr ↗ Mauritius

Schwarzer Sonntag ↗ Judica, ↗ Laetare, ↗ Sonntag

Schwein

Das traditionelle Weihnachtsgericht unserer Vorfahren war der Schweinebraten. Die einen führen dies darauf zurück, dass unseren vorchristlichen Vorfahren der Eber und das Schwein heilige Opfertiere waren. Andere sehen dies pragmatischer: Zu Weihnachten waren die Schweine eben schlachtreif, und ein ordentliches Schwein bot über die Feiertage genügend Abwechslung für den Speisezettel. Wer von beiden Parteien Recht hat oder ob beide gemeinsam Recht haben, bleibt letztlich gleichgültig. Der weihnachtliche Schweinebraten war über Jahrhunderte der Inbegriff des festlichen Mahles und des Schmausens (vgl. auch ↗ **Glücksschwein**).

Schweinethomas ↗ Thomas, ↗ Gänsmartin, ↗ Hasenbartl

Schweißtuch der Veronika ↗ Veronika

Schwerer Donnerstag ↗ Fastnachtszeit

Schwert(er)tanz

Älteste Nachrichten über Schwertertänze stammen aus Venedig zum Ende des 13. Jh.. Ende des 14. Jh. tauchen die Schwertertänze in Flandern, Mitte des 15. Jh. in Nürnberg und im Rheinland auf. Im 16. Jh. sind sie in Mitteleuropa allgemein üblich; sie gehen im 17. Jh. zur Zeit des Dreißigjährigen Krieges (1618–1648) unter. – Der Schwerttanz wird als mittelalterliches Zunftritual verstanden und wurde von den Waffen- und Messerschmieden besonders gepflegt (z. B. seit 1464 in Nürnberg). Die Schwerttänzer versinnbildlichen einen ergebnislosen Kampf, einen sinnlosen Streit und präsentieren daher die ↗ **civitas diaboli**. Die Schwerter sind Verbindungsstücke zwischen den Tänzern, die in Form einer Kette mit Schritten, Springen, Drehungen, Figuren, Tore, Gassen und »Rosen« (von mhd. »râz« = Geflecht) bildeten, tragbare Plateaus aus Schwertern, auf denen man die Vortänzer trug. Im 16. Jh. begannen sich die Schwerttänze bereits von der Fastnacht zu lösen. Erhalten hat sich der ↗ **Überlinger Schwertlestanz**, der heute am 2. Sonntag im Juli stattfindet, im 17. Jh. aber noch zur ↗ **Fastnacht** begangen wurde. Hier taucht auch heute noch der ↗ **Narr** als Brauchfigur auf, der vor der Kirche als Gottesleugner agiert. Gleich zwei Narren gehören zum **Traunsteiner Schwerttanz** am Ostermontag. Der bekannteste Schwerttanz aber war der **Nürnberger Schembartlauf** (1464–1524, 1539). Schwerttanz gab es auch im Zusammenhang mit den ↗ **Frühlingsbräuchen**.

Sebastian

Am 20. Januar gedenkt die lateinische Kirche des hl. Sebastian, heute noch vielen bekannt als Patron von Schützenbruderschaften und Feuer-

Martyrium des hl. Sebastian. Vorlage: Hellweger; Stecher: W. Forberg. – Privatbesitz, Nr. 519/1871

wehrleuten. Populär ist seine Darstellung als fast nackter, schöner Jüngling, der gefesselt vor einem Baum steht und mit Pfeilen durchbohrt wird. Diese Darstellungsform ist eine typische Modeerscheinung, und die Pfeile haben eine kaum bekannte Doppelbedeutung. Über Sebastianus liegen nur äußerst spärliche historische Nachrichten vor. Aus Mailand gebürtig, soll er in Rom als Märtyrer gestorben sein. Im Jahr 354 wird als Bestattungsort »in catacumbas« genannt, die Katakomben an der Via Appia. Die schlichte Grabstätte lässt auf einen Tod in der 2. Hälfte des 3. Jh. schließen. – In der Legende vom hl. Sebastian, die wohl erst in der 1. Hälfte des 5. Jh. entstanden ist, erscheint Sebastian als Offizier der kaiserlichen Garde, der Prätorianer, einer gefürchteten Elitetruppe. Als Christ wird Sebastian auf Befehl des Kaisers Diokletian (284–305) mit Pfeilschüssen exekutiert, überlebt aber schwerverletzt und wird gesund gepflegt. Wegen erneuter freimütiger Aussagen vor dem Kaiser wird Sebastian mit Keulen erschlagen und in die »cloaca maxima« geworfen. Christen finden seine Leiche und bestatten sie.

Am Grab Sebastians entwickelte sich ein örtlicher Kult, der bald eine Vergrößerung der Grabstelle erforderte, dann zu einer Kirche über der Grabstelle und schließlich zu einem Kloster führte. Seit dem 4. Jh. breitete sich der Sebastianus-Kult über Italien, Afrika, Spanien, Frankreich und Deutschland aus. Als bekannt wurde, dass 680 die Anrufung des hl. Sebastian bei einer Pestepidemie in Rom geholfen habe, wird er zu einem der populärsten Heiligen überhaupt: als Pestheiliger (neben ↗ **Antonius** und Rochus) und einem der ↗ **Vierzehn Nothelfer**. Die Pestepidemien seit dem 14. Jh. gaben der Sebastian-Verehrung neuen Auftrieb.

Die ältesten Darstellungen Sebastians in der Caecilia-Gruft der Calixtus-Katakombe zeigen ihn noch ohne individuelle Merkmale; dargestellt wird er zwischen dem hl. Policamus und dem hl. ↗ **Quirinus**. Ab dem 7. Jh. wird Sebastian als Soldat porträtiert, meist vor einem Baum (= ↗ **Lebensbaum**!) stehend, von Pfeilen durchbohrt. Seit der Renaissance liebt man es, den Heiligen als schönen, jungen (fast) Nackten darzustellen. Die Pfeile des hl. Sebastian wurden von den mittelalterlichen Menschen aber nicht bloß als normale Pfeile gesehen. Sie waren Symbole der Pest und wiesen auf Sebastian als Pestheiligen. Die ↗ **Pestpfeile** sind in Ausdeutung des Psalms 91,5f zu sehen: »Du brauchst dich vor den Schrecken der Nacht nicht zu fürchten, noch vor dem Pfeil, der am Tag dahinfliegt, nicht vor der Pest, die im Finstern schleicht, vor der Seuche, die wütet am Mittag.« – Sebastian wurde zum Pa-

Der Erzengel Michael bringt Gott die Seelen. Miniatur aus dem Shaftesbury-Psalter (Mitte 12. Jh.). London, British-Museum

tron zahlreicher ↗ **Bruderschaften** zur Pflege und Bestattung Pestkranker gewählt, außerdem zum Patron der Soldaten, Jäger, ↗ **Schützen**, Feuerwehrleute, Zinngießer, Steinmetze, Gärtner. Früher war sein Festtag mit Wallfahrt und geistlichem Schauspiel verbunden. **Sebastianuspfeile** wurden gegen die Pest und andere Epidemien getragen. An seinem Festtag trank man die **Sebastianusminne** und verteilte **Sebastianusbrote**. Weil von ↗ **Steffl** (vgl. ↗ **Stephanus**, 26. Dezember) bis ↗ **Bastl**, dem Gedenktag des hl. Sebastian am 20. Januar, das ↗ **Kletzenbrot** reichen musste, buk man es in großen Mengen und verspeiste die Reste an diesem Tag. Nach alter Ansicht schoss an diesem Tag der Saft in die Bäume, weshalb es verboten war, von diesem Tag an die Bäume zu beschneiden.

Sebastianusbrote ↗ Sebastian
Sebastianusminne ↗ Sebastian
Sebastianuspfeil ↗ Sebastian
Sebastianus-Schützenbruderschaft ↗ Bruderschaft
Sechseläuten ↗ Frühlingsbräuche, ↗ Karneval international
Seder ↗ Ostern
Seelenbrot ↗ Allerseelen
Seelenfresser ↗ Kinderfresser
Seelenkuchen ↗ Allerseelen
Seelenschiffchen ↗ Schiffsallegorese

Seelenwaage

Der hl. Erzengel ↗ **Michael** wird gerne mit der Seelenwaage dargestellt, einer Waage, auf der die Seelen der Verstorbenen wiegt, um festzustellen, ob sie für zu leicht befunden werden. Das Bild der Seelenwaage bezieht sich auf das im alttestamentlichen Buch Daniel (5,27) berichtete »Menetekel«: »Gewogen wurdest du auf der Waage und zu leicht befunden.« Michael gilt zudem als Vorkämpfer der Gott treu gebliebenen Engel (vgl. ↗ **Engelsturz**, ↗ **Teufel**) und als Geleiter der Seelen nach dem Tod.

Seelenwoche ↗ Woche
Seelenzopf ↗ Allerseelen
Seelgerät ↗ Allerseelen
Seelspitzbrot ↗ Allerseelen
Sefira ↗ Pfingsten

Segen

Das ahd. Wort für Segen »segan« ist gebildet von dem Verb »segnan«, der Eindeutschung des lat.

»signare« = segnen, bezeichnen. Genau genommen lautet der lat. Begriff: »cruce signare«, nämlich: »mit dem Kreuz bezeichnen«. Im Gegensatz zur »Weihe« liegt beim Segnen der Akzent auf personaler, schicksalhafter Einmaligkeit des Segnenden und des Gesegneten. Liturgisch bedeutet Segen das meist in Worten ausgedrückte und mit einer Geste oder einem Zeichen begleitete Wünschen bzw. Erbitten von heilvollen Gütern, d.h. die Bitte an Gott um Gewährung seiner Wohltaten. Vollzogen wird der Segen von dem bevollmächtigten Spender, durch den Personen oder Sachen für den Gottesdienst gesegnet oder geistige und materielle Güter erbeten oder verliehen werden. Spender des allgemeinen Segens kann jeder sein; besondere Segnungen sind dem Diakon, Priester, Bischof oder Papst (bekanntester Papstsegen ist der über »Urbi et orbi« = Stadt und Welt) reserviert. Die zahlreichen Segnungen haben ihren Ort in der Eucharistiefeier, bei der Spendung der übrigen Sakramente, beim Stundengebet, bei den verschiedensten Anlässen im ↗ **Kirchenjahr**, als individuelle Segnungen von Personen und Sachen, als Segnung mit dem Allerheiligsten (in der ↗ **Monstranz** oder im verschlossenen »Ziborium« = Hostienkelch). – Wie die Ableitung des Begriffs »segnen« belegt, wird das Segensgebet fast immer durch das Kreuzzeichen begleitet. Christus segnete die Jünger mit erhobenen Händen, die Kinder mit Handauflegung und Umarmung. In späterer Zeit wird die zu segnende Person oder Sache bekreuzigt und mit ↗ **Weihwasser** besprengt. In der lateinischen Kirche wird der Handsegen mit allen, in der griechischen Kirche mit nur drei gestreckten Fingern (Daumen und Ringfinger berühren sich) erteilt.

Segensfrüchte
Unsere Vorfahren haben geglaubt: Wer zur ↗ **Wintersonnenwende** Früchte und Gemüse auf den Tisch stelle, werde im kommenden Jahr damit üppig versorgt sein. Die Bauern des Mittelalters haben diese Sitte übernommen: Sie schenkten sich gegenseitig ↗ **Nüsse** und Früchte und gaben so den Segen untereinander weiter. Unser Weihnachtsteller mit Nüssen, Gebäck und Früchten stehen in dieser Tradition, auch wenn sie nicht mehr den Überfluss anlocken sollen, sondern das überreiche Geschenk der ↗ **Menschwerdung** versinnbildlichen.

Selentag ↗ **Allerseelen**
Selle ↗ **Februar**, ↗ **Monate: Februar**
Seltag ↗ **Allerseelen**
Semper ↗ **Nikolaus-Begleiter**
Semperstag ↗ **Fastnachtszeit**

Sendfreiheit
Die Sendfreiheit bezeichnete die – verschärfte – Polizeiordnung für die die Diözesansynode begleitende Kirmes oder den Markt, in Münster/Westfalen schlicht »Send« genannt. Die Garantie bestimmter Rechte erfolgte unter Verschärfung bestimmter Strafen. Äußeres Zeichen für die veränderte Rechtslage war das am Rathaus angebrachte **Sendschwert**, das nur während des Sends zu sehen war. Parallel zur Sendfreiheit wird z. B. die ↗ **Narrenfreiheit** gebildet.

Sendschwert ↗ **Sendfreiheit**
Senner ↗ **Monate: Januar**
September ↗ **Monate: September**

Septuagesima
Bezeichnung für den ersten Sonntag der Vorfastenzeit oder **9. Sonntag vor Ostern** (vgl. ↗ **Fastensonntage**), der auch nach dem ersten Wort des ↗ **Introitus** ↗ **Circumdederunt** genannt wurde. Andere Namen für diesen Tag: »Alleluja claudere«, »Alleluja dimittere«, »Alleluja deponere«, »dominica misse alleluja«, »- prima septuagesime«, »- qua alleluja clauditur«, »- qua alleluja dimittitur«, »- septuagesime«, »Nonagesima«

(neunwöchiges Fasten). Die Woche nach Septuagesima nannte man in Straßburg ↗ **Broderwoche.**

Servatius, Servaz ↗ **Eisheilige**

Severus, Sulpicius

Erster Biograph des hl. ↗ **Martin.** Um die Mitte des 4. Jh. in Aquitanien geboren, stammte Sulpicius Severus aus aquitanischem Adel. Ausgebildet in Bordeaux, heiratete er eine Tochter aus reicher konsularischer Familie, die früh starb. Sulpicius schloss sich der asketischen Bewegung an, für die sich der aquitanische Adel am Ende des 4. Jh. geöffnet hatte. Unter Verzicht auf das väterliche Erbe lebte Sulpicius als »conversio« (= asketisch, ehelos, dem Gebet gewidmet) auf dem Gut Primuliacum (wahrscheinlich in der Gegend zwischen Narbonne und Toulouse) seiner Schwiegermutter Bassula. – Die »Vita Sancti Martini«, Sulpicius' Niederschrift der Lebensbeschreibung des hl. Martin, erfolgte unmittelbar nach dem Tod des Bischofs von Tours. Im Todesjahr Martins erfährt Sulpicius bereits durch Paulinus von Nola (um 353–431, Bischof von Nola) Lob für seine wohlgelungene Vita. Für 395 wissen wir von einem Zusammentreffen zwischen Martin und Sulpicius, so dass feststeht, dass der Autor Sankt Martin als Lebenden persönlich noch gekannt hat. Durch Sulpicius Severus wird Martin zur zentralen Gestalt im Asketentum des westlichen Gallien. Seine Verehrung steht im Dienst der Förderung des Mönchslebens, stellt den Bischof von Tours als plastisches, leuchtendes und unüberbietbares Beispiel eines asketischen Mönchsbischofs vor. Dieses Ideal prägt über Jahrhunderte das Abendland (vgl. für Deutschland ↗ **Bonifatius**, ↗ **Liudger**). Die Vita ist somit eine Verteidigungsschrift für das asketische Leben: Martins Wundertaten beweisen die Rechtmäßigkeit der monastischen Lebensform, sie sollen den allzu verweltlichten Weltklerus beschämen. Mit dieser Zielrichtung steht Sulpicius zwischen Priscillian aus Spanien und seiner Bewegung einerseits und den zeitgenössischen Bischöfen andererseits. Während ersterer, in Spanien als Häretiker verurteilt, wohl eine gnostische Lehre vertrat, als Asket lebte und radikal die Ehe ablehnte – der Priscillianismus ist bis heute noch wenig erforscht –, waren die Bischöfe und ihr Klerus eher angepasst und gleichgültig. Sulpicius distanzierte sich von beiden Richtungen, während er aber leichte Sympathien für Priscillian nicht verbergen kann. Martin wird durch Sulpicius zu einem Heroen des Christenlebens; das heroisch Christliche zeigt sich in den Wundern und in der Lebenshaltung Martins. Seine Lebensbeschreibung durch Sulpicius Severus wird zu einer »vita miraculosa«. In den Wundern Martins ist dieses Heroentum sogar noch über seinen Tod hinaus geradezu greifbar für jedermann, der dieses Angebot annehmen will.

Die Germaneninvasion um 406 lässt die Informationen über Sulpicius Severus und sein weiteres Schicksal offen. Im Rhonetal und im Bereich der Rhonemündung scheint das propagierte martinische Mönchsideal zunächst nichts bewirkt zu haben. Die durch Sulpicius erstmalig und einzigartig – er folgt weitgehend klassischen Vorbildern und wird deshalb auch als »christlicher Sallust« bezeichnet – beschriebene Verherrlichung des Mönchsbischofs Martin von Tours findet jedoch Nachfolger: als Neubearbeiter des Stoffes treten vor allem auf: ↗ **Perpetuus von Tours** (491), der die – verlorengegangenen – »Miracula S.Martini« schrieb; ↗ **Paulinus von Périgueux**, der um 470 eine epische »Vita S. Martini« verfasste; ↗ **Venantius Fortunatus**, der um 576 die sulpicianische Vita metrisch bearbeitete und endlich ↗ **Gregor von Tours** (594) mit seiner zehnbändigen Geschichte der Merowinger, in die Martin als zentrale charismatische Figur eingebunden wurde.

Sexagesima

Bezeichnung für den 2. Sonntag der Vorfastenzeit und 8. Sonntag vor Ostern (vgl. ↗ **Fastensonntage**), der nach dem ersten Wort des ↗ **Introitus** auch ↗ **Exsurge** genannt wurde, oder anders: »dominica sexagesime«.

Sextilis ↗ **Monate: August**

Sieben Freuden Mariens ↗ **Freuden Mariens**, ↗ **Marienfeste: Gedächtnis der Schmerzen Mariens**

Sieben Schmerzen Mariens

Das Fest »Sieben Schmerzen Mariens« richtete Papst Pius VII. (1800–1823) zum Dank für seine glückliche Rückkehr aus der Gefangenschaft am 15. September ein. Früher wurde der Schmerzen Mariens am Freitag nach dem ersten Passionssonntag gedacht, gefördert durch den Servitenorden. 1423 empfahl die Kölner Synode ein eigenes Fest dafür, das 1727 Papst Benedikt XIII. (1724–1730) vorschrieb (vgl. auch ↗ **Marienfeste**, ↗ **Gedächtnis der Schmerzen Mariens**, ↗ **Sieben Freuden Mariens**).

Siebenerlei Brot ↗ **Laetare**

Siebenkräutersuppe ↗ **Grüne Kräuter**

Siebenschläfer

Der Siebenschläfertag (früher 27. Juni) als Lostag für das ↗ **Wetter** ist vielen Menschen bekannt: »Das Wetter am Siebenschläfertag sieben Wochen bleiben mag.« Der Name des Tages leitet sich aber nicht von dem gleichnamigen Nagetier mit hohem (Winter-)Schlafbedürfnis ab, sondern von einer Legende, die ↗ **Gregor von Tours** (538–594) erstmals ins Lateinische übersetzt hat. Danach hatten sich in Ephesus sieben junge Christen – in griechischer Tradition Achillides, Diomedes, Eugenios, Kyriakos, Probatos, Sabbatios und Stephanos; in lateinischer Tradition Constantinus, Dionysius, Johannes, Malchus, Martinianus, Maximianus und Serapion – im Jahr 251 bei einer Verfolgung unter Kaiser Decius (249–251) in einer Berghöhle in Sicherheit gebracht. Dort wurden sie von ihren Häschern eingemauert und schliefen 195 Jahre. Am 27. Juni 446 wurden sie zufällig entdeckt, wachten auf, um den Glauben an die Auferstehung der Toten zu bezeugen, und starben wenig später endgültig. Diese Legende, schon im 5. Jh. literarisch fassbar, gibt es in der Ostkirche in mehreren syrischen und griechischen Varianten und wurde zudem in andere orientalische Sprachen übersetzt. Sie fand neben anderen Legenden – mit Veränderungen – auch Eingang in den Koran (18. Sure). Legende und Kult der Siebenschläfer wurden in Deutschland während der Kreuzzugs- und Barockzeit populär. Bis ins 18. Jh. hat es im

Die heiligen Siebenschläfer und Muttergottes. Ex voto, süddt. (Mitte 19. Jh.). Clemens-Sels-Museum, Neuss

Bistum Passau in Eichendorf, Pildenau und Rotthof Wallfahrten zu den hl. Siebenschläfern gegeben. In Rotthof, an der Straße von Passau nach Eggenhofen gelegen, hat der berühmte Rokoko-Stukkateur Johann Baptist Modler aus Kößlarn 1785 eine Berghöhle mit Siebenschläfern nachgebaut. Von den Gläubigen wurden die Siebenschläfer als Patrone gegen Schlaflosigkeit und Fieber angerufen.

Siebentagewoche ↗ Woche

Silberlingen, Brett mit ↗ Arma Christi, ↗ Leidenswerkzeuge, ↗ Passionsfrömmigkeit

Silberner Adventssonntag ↗ Adventssonntage

Sille ↗ Februar, ↗ Monate: Februar

Silmaent ↗ Februar, ↗ Monate: Februar

Silvester, Papst

Dieser Tag gedenkt des bekanntesten Papstes, der sich seine Popularität aber nicht selbst verdiente, sondern dadurch geschenkt bekam, dass er am 31. Dezember 335 verstarb und dieser Tag spätestens seit dem 17. Jh. als letzter Jahrestag gefeiert wird. Silvester I. war von 314 bis 335 Papst. Kurz vor sein Pontifikat fiel unter Papst Miltiades (310–314) nach Zeiten der Christenverfolgungen die epochale Veränderung im Verhältnis von römischem Staat und christlicher Kirche durch Kaiser Konstantin I. (306–337); 313 kam es zum sog. »Mailänder Edikt« zwischen Konstantin und Licinius (Mitregent Konstantins im Osten; röm. Kaiser 308–324), durch das das Christentum Gleichberechtigung erhielt. – Zur Zeit Silvesters I. fand das Konzil von Nicäa (325) statt, das – gegen ↗ **Arius** – die Gottheit Christi im Sinne der Wesensgleichheit mit dem Vater definierte. In seine Regierungszeit fällt auch die Errichtung der drei großen römischen Basiliken: St. Johann im Lateran, St. Peter im Vatikan und St. Paul vor den Mauern.

In den Alpenländern gab es zu Silvester den Brauch, dass sich ein junger Mann als **Silvester** oder ↗ **Altes Jahr** verkleidete und während der abendlichen Lustbarkeiten am Ofen saß, allerdings jedesmal aufsprang und ein Mädchen küssen durfte, wenn es in seine Nähe kam. Kurz vor 24 Uhr verteilte der Hausherr an alle Gäste grüne Zweige. Mit Glockenschlag 24 Uhr vertrieben dann alle den Silvester aus dem Haus. Man nannte dieses symbolhafte Spiel **Silvesterschlagen**. Natürlich gab es am 31. Dezember auch ↗ **Orakelbräuche**, vor allem ↗ **Hochzeitsorakel** (↗ **Schuhewerfen**, ↗ **Apfelschalenorakel** ...). In der Schweiz tritt die **Schnabelgeiß** auf, eine teuflische und dunkle Schreckgestalt, die von einem guten hellen Dämon oder Engel durch den Ort geführt wird. Auch im neuen Jahr soll so das Böse durch das Gute im Griff bleiben. Das **Silvesteressen** im Kreis der Familie und Freunde bildet sichtbar den geschlossenen magischen Kreis, der für keinen Dämon aufzubrechen ist. Gemeinsam Altes zu beenden und Neues zu beginnen wirkt gemeinschaftsstabilisierend. Traditionell ist die ↗ **Erbsen**suppe das Silvestergericht. So zahlreich und schmackhaft wie Erbsen sollen Geld und Wohlstand im neuen Jahr im Haus sein. **Gutjahrsessen** nannten sich zwei unterschiedliche Bräuche: Bei dem einen richtet die Zukünftige für die Freunde und Kollegen ihres Zukünftigen ein Essen aus. Das bedeutete einerseits Übung in Sachen Gastlichkeit (heute »learning by doing«), bot andererseits aber auch die willkommene Gelegenheit, unbeobachtet und unter seinesgleichen zu sein. In Südwestdeutschland wurde mit dem gleichen Begriff das gemeinsame festliche Silvesteressen der Familie mit allen Kindern und Kindeskindern und angeheirateten Partnern bezeichnet. Als Nachspeise gab es dabei den **Gutjahrsring**, ein Hefegebäck, das – verziert mit Fruchtbarkeits- und Glückssymbolen – mit vielen Rosinen und anderen leckeren Zutaten hergestellt wurde. – Silvester galt auch als **Bechtelitag**, d.h. als Tag, an dem Knechte und Mägde den Arbeitgeber wechselten. Auf dem Hof gab es deshalb ein Abschiedsessen, das **Bechtelsmahl**. Der Begriff **Bechteln** bezeichnet jene Feiern, die durch junge Frauen und Männer vorbereitet und gefeiert wurden. Auch zu Hause wurde zu Silvester/↗ **Neujahr** und ↗ **Dreikönige** gebechtelt; denn der Hausherr spendierte für Familie und Personal ein Festessen, bei dem man – dort, wo man sich das leisten konnte – auch vom neuen Wein kredenzte.

Silvesterbrauchtum ↗ Silvester, ↗ Neujahr

Silvester-Feuerwerk. – Foto: Rupert Leser, Bad Waldsee

Silvesteressen ↗ Silvester
Silvesterfeuerwerk ↗ Feuerwerk, ↗ Lärmbrauchtum, ↗ Silvester
Silvesterkarpfen ↗ Weihnachtskarpfen

Silvesterkönig
Dem Dreikönigsspiel vergleichbarer Brauch zu ↗ **Silvester** (vgl. ↗ **Dreikönigsfest**).

Silvesterpredigt
Bezeichnung für eine grundsätzliche, das letzte Jahr und die bevorstehende Ewigkeit bedenkende Predigt im sog. **Jahresschlussgottesdienst.**

Silvesterscherz
So wie der ↗ **Aprilscherz** den Frühling eröffnet, eröffnet der Silvesterscherz das neue Jahr.

Silvesterschlagen ↗ Silvester
Simperdach ↗ Fastnachtszeit
Sin ↗ Nikolaos, ↗ Nikolaus-Name
Singezeit ↗ Advent
Sinta Class ↗ Nikolaos, ↗ Nikolaus-Name
Sintaklas ↗ Nikolaos, ↗ Nikolaus-Name
Sinte Claas ↗ Nikolaus-Begleiter
Sinte Klaas ↗ Nikolaos, ↗ Nikolaus-Name
Sinterklaas ↗ Nikolaos, ↗ Nikolaus-Name
Sinterklasen ↗ Nikolaos, Nikolaus-Name
Sirius ↗ Hundstage
Sitzungskarneval ↗ Narrengericht
Skapulierfest ↗ Marienfeste: Unsere Liebe Frau auf dem Berge Karmel
Smeremaent ↗ Monate: Dezember
Smörtisdag ↗ Fastnachtszeit, ↗ Veilchendienstag
Snavend ↗ Samstag
Sneind ↗ Samstag
Sohn der weißen Henne ↗ Sonntagskind
Soleier ↗ Ostereier
Sollman ↗ Februar, ↗ Monate: Februar
Somertras(z) ↗ Monate: Juni
Sommeranblasen ↗ Frühlingsbräuche
Sommerbräute ↗ Frühlingsbräuche
Sommerdocke ↗ Frühlingsbräuche

Sommerfest des heiligen Martin
In alter Zeit wurde nicht nur das ↗ **Winterfest** (↗ **Martinus hiemalis**) des hl. ↗ **Martin** (Tag der Beisetzung des Heiligen, 11. November) gefeiert, sondern auch das Sommerfest (↗ **Martinus aestivalis**) am 4. Juli, Gedächtnis der Bischofsweihe Martins.

Sommerheirat ↗ Frühlingsbräuche
Sommerlied ↗ Frühlingsbräuche, ↗ Trariro, der Sommer der ist do
Sommer(sonn)tag ↗ Laetare, ↗ Sonntag
Sommersonnwende ↗ Johannes der Täufer
Sommertagsumzüge ↗ Brezel
Sommerverbrennen ↗ Martinsfeuer

Sonnabend ↗ Samstag
Sonnenbraut ↗ Löwenzahn
Sonnenräder ↗ Frühlingsanfang
Sonnenwirbel ↗ Löwenzahn

Sonntag

Die Bezeichnung »Sonntag« entspricht dem römischen »dies solis«; sie hat Eingang in alle germanischen Sprachen gefunden: ahd.: »sunnentâc«; altn.: »sunnudagr«; engl.: »Sunday«; ndl.: »Zondag«; schwed.: »Söndag«; dän.: »Sondag«. Varianten sind: **Frontag**, **Sumptag** (Schwaben), **Sunnentag**, **Suntag**, **Zonnendach**, **Zundach**. – Die romanischen Bezeichnungen dagegen gehen auf den christlichen Namen »dies dominicus« oder »dominica« zurück, frz.: »dimanche«; it.: »domenica«; span./port.: »domingo«. So gut wie nie wird der Sonntag »feria prima« genannt. Die einzelnen Sonntage werden heute mit deutschen Namen bezeichnet (z. B. 4. Sonntag nach Ostern). In der Zeit vor dem II. Vatikanischen Konzil (1962–1965) benannte man die Sonntage nach den Anfangsworten des Eingangsgebetes des jeweiligen Sonntags (z. B. ↗ **Estomihi** oder ↗ **Laetare**).

Daneben haben die einzelnen Regionen eigene volkstümliche Namen ausgebildet: Der Fastnachts- oder Karnevalssonntag ist der 50. Tag vor Ostern und heißt deshalb ↗ **Quinquagesima** oder **Estomihi**, **feister Sonntag**, **Herren-** oder ↗ **Hutzelsonntag**.

Der 1. Fastensonntag heißt »Quadragesimae« oder ↗ **Invocabit**, auch **Große** oder **Letzte Fastnacht**, **Allemannenfasching**, **Nachfasching**, **Fremdensonntag**, **Brot-** oder **Käsesonntag**, **Funkensonntag**, **Scheibensonntag**, **Holepfannensonntag**.

Der 4. Fastensonntag wird ↗ **Laetare** genannt, **Tod-** oder ↗ **Totensonntag**, ↗ **Mittfasten**, **Rosensonntag**, **Mai(en)sonntag**, **Sommer(sonn)tag**, **Speissonntag**, **Fröhlicher Sonntag**, **Liebbestättsonntag**.

Der 5. Fastensonntag heißt ↗ **Judica** oder **Schwarzer Sonntag**, **Namenloser Sonntag**, auch **Weißer -**, **Lahmer** oder **loser Sonntag**.

Der letzte Sonntag vor Ostern heißt ↗ **Palmsonntag**, der 1. Sonntag nach Ostern ↗ **Quasimodogeniti**, »dominica alba« oder **Eigentlicher Weißer Sonntag**, **Fetter Sonntag** oder **Freudensonntag** (weil wieder getanzt werden durfte!).

Der 2. Sonntag nach Ostern nennt sich ↗ **Misericordia Domini** oder **Bocksonntag**, weil die »Sündenböcke«, die ihre Pflichtbeichte in der österlichen Zeit nicht absolviert hatten, die Beichte nachholen mussten.

Der 1. Sonntag nach Pfingsten heißt ↗ **Trinitatis** oder ↗ **Dreifaltigkeitssonntag**, auch **Goldener Sonntag** oder **Großer Sonntag**.

Die drei Sonntage nach Michaelis (29. September) nennt man ↗ **Goldene Sonntage**, den ersten auch **Wochensonntag**. – Ein Tag, der auf den 30. September fällt, wird als **Schwarzer Sonntag** bezeichnet, weil der 30. September als ↗ **Unglückstag** gilt.

Wenn Neujahr oder Neumond auf einen Sonntag fallen, heißt er ↗ **Neusonntag**. Der Freitag heißt auch **Jägersonntag**. ↗ **Schustersonntag** steht für niemals. Als Familienname ist der Sonntag relativ häufig.

Hatten die ersten Versammlungen der Christen noch am ↗ **Sabbat** (Samstag) stattgefunden, verlegte man den Gottesdienst bald auf den Folgetag, den Sonntag, um sich gegenüber den Juden zu profilieren. Am Tag nach dem Sabbat soll auch die Auferstehung Jesu geschehen sein, weshalb der Sonntag als Tag des Messias galt, als Siegestag, als Tag des Anfangs der neuen Welt, als Geburtstag des Christentums. Schon die Apostelgeschichte berichtet, dass sich die Gemeinde am Sonntag zum Herrenmahl versammelte (vgl. 20,7). Die Bezeichnung ↗ **Tag des Herrn** für den Sonntag ist schon um 100 in der Offenbarung des Johannes (vgl. 1,10) belegt. Der erste Tag der Woche, der Tag nach dem Sabbat, traf in der griechischen Welt, in der die siebentägige Planetenwoche galt, auf den »dies solis« (Tag der Sonne). Da in der Kirche Christus in Anlehnung an Malachias (4,2) als Sonne der Gerechtigkeit bezeichnet wurde, übertrug sich der Glanz des heidnischen Sonntags allmählich auf den christlichen Sonntag. Bereits 321 wurde der Sonntag staatlicher Feiertag. In Form von Geboten und Verboten haben sich aber auch jüdische Sabbatvorstellungen auf den Sonntag übertragen. Zumindest der spätere Samstagnachmittag galt immer als eine Art von Vorfeier auf Sonntag. Seit dem II. Vatikanischen Konzil kann – entsprechend dieser alten Vorstellung – schon Samstagabend ein Sonntagsgottesdienst (**Sonntagvorabendmesse**) gefeiert werden. – Dem Volksglauben nach dauerte der Sonntag bis zum Sonnenaufgang am Montag. Nach den abergläubischen Vorstellungen früherer Zeiten, die auf ihre Weise den Gedanken der Sonntagsheiligung stützten, durften die armen Seelen schon Samstag das Fegefeuer verlassen und mussten erst zum Sonnenaufgang am Montag zurückkehren.

Sonntag carnisprivii ↗ Estomihi, ↗ Fastnachtszeit, ↗ Quinquagesima
Sonntag, feister ↗ Sonntag
Sonntag, fetter ↗ Sonntag
Sonntag, fröhlicher ↗ Sonntag
Sonntag, goldener ↗ Dreifaltigkeitssonntag, ↗ Sonntag, ↗ Thomas
Sonntag, großer ↗ Invocabit, ↗ Sonntag
Sonntag in den dorentagen ↗ Estomihi, ↗ Fastnachtszeit, ↗ Quinquagesima
Sonntag Jerusalem ↗ Laetare
Sonntag, lahmer ↗ Sonntag
Sonntag, loser ↗ Sonntag
Sonntag, namenloser ↗ Sonntag
Sonntag ramis palmarum ↗ Palmsonntag
Sonntag, roter ↗ Judica
Sonntag, schwarzer ↗ Judica, ↗ Laetare, ↗ Sonntag
Sonntag, tauber ↗ Palmsonntag
Sonntag, weißer ↗ Sonntag
Sonntage, goldene ↗ Goldene Sonntage, ↗ Sonntag

Sonntagskind

Ein Sonntagskind sein bedeutet, ein Glückskind zu sein, dem sogar das Unglück zum Glück mutiert. Sonntagskinder galten (gelten!) als klug, schön, talentiert und erfolgreich. Später wurde der Begriff auch auf Menschen übertragen, die nachweislich nicht an einem Sonntag geboren waren. Diese – auf vorchristliche Zeiten zurückreichende – Vorstellung geht auf die abergläubische Annahme zurück, dass ein am Tag der Sonne Geborener überirdische Gaben erhalte: Er sollte die Fähigkeit besitzen, alles zu sehen und in die Zukunft blicken zu können. »Fortunae filius«, Sohn des Glücks, nannten die Römer Sonntagskinder (frz.: »un chancard«). Da alle weißen Tiere (vgl. ↗ **Schimmel**) als glücksbringend verehrt wurden, nannten die Römer die Sonntagskinder auch »albae gallinae filius«, ↗ **Sohn der weißen Henne**, was im Französischen zu »fils de la poule blanche« wurde. In Deutschland, wo der Donnerstag (Tag des Donar oder Thor) ähnliche Bedeutung hatte wie der »dies solis« (Tag der Sonne) war die Glückskindvorstellung auch mit den ↗ **Donnerstagskindern** verbunden. Für sie galt, was auf die Sonntagskinder zutraf. – Als der Sonntag im Christentum zum Tag des Herrn wurde, erhielt sich die vorchristliche Vorstellung, jetzt mit christlichem Vorzeichen: Wer am Tag des Herrn geboren wurde, musste ein besonderer Mensch sein. Da die Erfahrung lehrte, dass nicht alle an einem Sonntag geborenen Kinder zu »Sonntagskindern« wurden, schränkte der Volksglaube bald ein: Nur zu bestimmten Stunden, unter besonderen Bedingungen Geborene galten als Sonntagskinder.

Sonntagvorabendmesse ↗ Sonntag
Sonnwendefeuer ↗ Johannes der Täufer
Sophie, kalte ↗ Eisheilige

Sozialistische Weihnacht
Der SED-Staat der ehemaligen DDR versuchte, der Weihnachtsfeier säkulare Züge zu geben. Festkultur diente demnach dem Bedenken des Arbeitsjahres und der Besinnung über Jahresbilanzen und -leistungen, gerne in gemeinsamen Feiern in der Schule bei der FDJ oder in Betrieben. Christliche Begriffe (vgl. z. B. ↗ **Engel**) wurden nicht mehr verwendet. Statt Josef und Maria als Krippenfiguren gab es Bergmänner, Rehe und Zwerge auf erzgebirgischen Lichterpyramiden zu kaufen. Neben der »Betriebs-Weihnacht« entwickelte sich der Tag zu einem Familienfest mit Weihnachtsbaum, Kerzen und reichlich Essen und Trinken. Aber anders als in der Sowjetunion blieb Weihnachten ein staatlicher Feiertag (vgl. ↗ **Nazi-Weihnacht**).

Spaß
Das Wort »Spaß« in der Bedeutung von Scherz, Vergnügen, Jux taucht im 16./17. Jh. als »spasso« auf. Es ist aus dem Italienischen entlehnt von »spasso« = Zerstreuung, Zeitvertreib, Vergnügen, einer Substantivbildung zum ital. »spassare« = zerstreuen, unterhalten und dem ital. »spassarsi« = sich zertreuen, sich vergnügen. Das italienische Wort wiederum ist abgeleitet von dem vulgär-lateinichen »expassare« = ausbreiten, zerstreuen. »Spaß« hat »spaßen« gebildet: scherzen, Spaß treiben (18. Jh.) und »spaßig« = vergnüglich, lustig (17. Jh.). Der personifizierte Spaß wurde zum »Spaßvogel« = witziger, lustiger Mensch (18. Jh.), eine Bezeichnung, die auch ironisch und/oder abwertend gebraucht wird.

Spätkirmes ↗ Kirmes
Speckmaen ↗ Monate: Dezember
Speckmärten ↗ Schlachtfest
Speisenweihe ↗ Eierweihe, österliche
Speisfinztag ↗ Gründonnerstag, ↗ Karwoche
Speissonntag ↗ Sonntag

Spekulatius
Dem Hausbesuch des hl. Nikolaus beim Einkehrbrauch entspricht die bischöfliche Visitation (lat.: »visitatio« = Besuch), bei der sich der Bischof durch eigenen Augenschein von den pastoralen Verhältnissen in einer Gemeinde überzeugt. Der Bischof tritt dabei als »Spekulator« (lat.: »speculari« = spähen, sehen, gewahr werden; vgl. lat.: »speculum« = Spiegel, Vorbild; vielleicht auch von lat.: »species artificiosa« = kunstvolles Bildnis), als Beobachter auf und ist gleichzeitig Vorbild. – Ein spezielles ↗ **Gebildebrot**, der Spekulatius, scheint seinen Namen deshalb zu haben, weil es meist den Bischof, der auch den Titel »Spekulator« (lat.: »episcopus speculator«) trug, in repräsentativer Form, oft hoch zu Ross, wiedergab (vgl. frz.: »pain d'epice«). – Der Spekulatius ist ein ↗ **Formgebäck** aus dem holländisch-niederrheinischen Gebiet (in Abgrenzung vom Gebildebrot, vgl. ↗ **Weckmann** und anderen ↗ **Martinsbackwaren**), weil es durch die Benutzung von Modeln, in die der Teig hineingepresst wird, entsteht (vgl. das ↗ **Springerle**). Dargestellt werden Heilige, Szenen der Legenden und regionale Motive. Die Modeln aus Holz und Ton lassen sich bis ins 16. Jh. zurückverfolgen. Das möglicherweise zunächst nur in Verbindung mit dem Nikolausfest hergestellte Gebäck wird seit Jahren auch zu St. ↗ **Martin**, im ↗ **Advent** und zu ↗ **Weihnachten** zubereitet.

Speltmant ↗ Monate: September

Sperrnächte
Die Nächte vom 13. bis zum 25. Dezember galten im Mittelalter als Sperrnächte oder ↗ **Dunkelnächte**. Ganze Dörfer oder einzelne Gehöfte

waren mit Seilen abgesperrt und wurden von jungen Männern, die sich selbst durch Peitschenknallen ermutigten und Dieben und Dämonen Furcht einzuflössen suchten, bewacht.

Spiel, geistliches

Der mittelalterliche Mensch, der nicht lesen und schreiben konnte, eignete sich religiöses Wissen und Empfinden durch Belehrung (Predigt, Katechese), bildliche Betrachtung (Fresken, Glasfenster, Buchmalerei) oder Schauspiel an. Der Nachvollzug des Lebens Jesu (Geburt, Leiden und Tod, Auferstehung und Himmelfahrt) in Form des Schauspiels kam besonders dem Bedürfnis nach Verinnerlichung entgegen.

Spielzeug

Offenbar war es schon im Mittelalter üblich, Kindern zu Weihnachten Kleinigkeiten zum Spielen zu schenken. Diese ↗ **Christbürde** genannten Geschenke umfassten kleine Wagen, Klappern, Schäfchen, Pferde, Soldatenfiguren, Hampelmänner (seit dem 12. Jh. nachgewiesen) und Puppen. Um 1400 ist der erste »Dockenmacher« in Nürnberg nachzuweisen. »Docken« oder »Tocken« war der Name für Puppen, abgeleitet von dem Namen »tocha«, mit dem die Germanen ein junges Mädchen bezeichneten. Unsere Bezeichnung Puppe dagegen leitet sich von »pupus« ab, wie in Rom ein Säugling genannt wurde. Ob römisches oder germanisches Kind, beide spielten mit Puppen, aus Holz, Knochen, Lehm oder Stein geformt. Diese Figuren sollten – ursprünglich mit magischer Kraft ausgestattet – Dämonen abwehren und vor Krankheit und

Spinnstube; aus: Otto Frhr. von Reinsberg-Düringsfeld, Das festliche Jahr, Leipzig 1898

Gefahr schützen. Eine eigene Zunft, die der Zinngießer, ist im 16. Jh. entstanden, um mit großem Erfolg Zinn- und später auch Bleisoldaten herzustellen, die selbst an den Hof Ludwigs XIV., des Sonnenkönigs (1638–1715), geliefert wurden. Welche Produktpalette an Spielzeug in welcher Qualität bereits im 17. Jh. »im Angebot« war, zeigt ein heute in der Universität Uppsala aufbewahrtes Geschenk der Stadt Augsburg aus dem Jahr 1632 an den Schwedenkönig Gustav II. Adolf (1594–1632): einen mit Tausenden künstlerisch ausgeführten Sachen und Sächelchen gefüllten Kunstschrein, eine Art von Musterkollektion mechanischen Spielzeugs aus Nürnberg.

Spinnstubenzeit ↗ **Licht- und Spinnstubenzeit**

Spital

Spital oder ↗ **Hospital (Hospiz)** nannte man im Mittelalter und später Häuser, die Pilgern und/oder Armen Unterkunft gewährten. Der Übergang von einer Beherbergungsstätte zum Krankenhaus oder Pflegeheim war fließend, weil Erkrankte dieser Zielgruppe in diesen Häusern gepflegt wurden. Die Spitäler hatten alle einen individuellen Namen und wurden meist einem himmlischen Patron unterstellt, eine Vielzahl von ihnen dem Heiligen Geist, die sich dann Heilig-Geist-Spital nannten (vgl. ↗ **Pfingsten**).

Spitzbartel ↗ **Nikolaus-Begleiter**
Spörkel ↗ **Februar**, ↗ **Monate: Februar**
Sporkel ↗ **Februar**, ↗ **Monate: Februar**

Spott, Spottbrauchtum

Das Substantiv »Spott« = Hohn (mhd., ahd.: »spot«; ndl.: »spot«; schw.: »spott«) ist abgeleitet von dem Verb »spotten« (mhd.: »spotten«; ahd.: »spotton«; ndl.: »spotten«; schw.: »spotta«). Die verschärfende Konsonantenverdoppelung steht neben den gleichbedeutenden ahd. »spoton«, »spotison« mit einem »t«. Es wird für das Wort eine Verwandtschaft mit »speien« vermutet, in der Bedeutung: vor Abscheu ausspucken. »Spötteln« kommt im 18. Jh. auf und meint vermindertes, ironisches Spotten. Der Ausführende des Spotts, der ahd. »spottari« = gewerbsmäßige Spaßmacher, nennt sich heute Spötter oder bildhaft Spottvogel (seit dem 15. Jh.; vgl. ähnliche Bildungen wie z. B. Pechvogel, Spaßvogel ...). Spottvögel im originären Sinne nannte man früher jene Vögel, die die Stimmen anderer Vögel nachahmen konnten. Für den ↗ **Karneval** relevant wurde die seit dem 15./16. Jh. bekannte Redensart: »Wer den Schaden hat, braucht für den Spott nicht zu sorgen.« Dies galt und gilt für den Spott in den ↗ **Büttenreden** (vgl. ↗ **Rüge- und Spottbrauchtum**).

Spottgebärde ↗ **Zunge herausstrecken**

Springerle

Dieses typische Adventsgebäck kommt, im Gegensatz zum ↗ **Spekulatius** aus dem süddeutschen Raum. Das Springerle sieht wie zwei übereinandergesetzte Gebäckstückchen aus. Häufig wird ein Reiter (= Springer), aber auch Heilige oder Tiergestalten, wiedergegeben. Für die Herstellung benötigt man Modeln (Holz-Hohlreliefs für Backwerk).

Springerle mit Brautpaar und Amor.
Foto: Rupert Leser, Bad Waldsee

Springprozession ↗ Pfingsten
Sprokille ↗ Februar, ↗ Monate: Februar

Sprung in das Neue Jahr ↗ Sprung ins Glück, ↗ Rutsch in das Neue Jahr, ↗ Rosch Ha-Schana

Sprung ins Glück
Kurz vor 24 Uhr an Silvester steigt man auf einen Stuhl, um pünktlich mit dem ersten Glockenschlag »ins Glück zu springen«. Symbolhaft ist man so durch einen ↗ **Sprung in das Neue Jahr** oder den ↗ **Neujahrssprung** aus dem alten Jahr »ausgestiegen« und beginnt aktiv das neue (vgl. ↗ Rosch Ha-Schana, ↗ Rutsch in das Neue Jahr).

Sprung über die Kerze ↗ Martinsfeuer
Spurkel ↗ Februar, ↗ Monate: Februar
St. Gwer ↗ Kümmernis

Steinigung des Stephanus. Kupferstich von Carl Ludwig Schuler (1785–1852), Nr. 86 der Kupferstiche zum Neuen Testament, Freiburg i.Br. 1810/14. – Vorlage: Archiv Herde

St. Martin's summer (engl.)
»Sankt Martins Sommer« bezeichnet im Englischen das, was im Deutschen ein »Altweibersommer«, »Indianersommer« (sehr selten auch ↗ **Martinssommer**) genannt wird, also besonders schönes Wetter in schlechterer Jahreszeit. Die englische Bezeichnung wird mit der Mantelteilung in Zusammenhang gebracht: Als Martin die Hälfte seines Mantels abgegeben habe, sei ihm sehr kalt geworden, und er habe gefroren. Da hätten sich plötzlich Nebel und Wolken aufgelöst, und die Sonne sei durchgebrochen. Dies sei der erste Sankt-Martins-Sommer gewesen.

Stab ↗ Rute
Stab, grünender ↗ Christophorus
Stab-Aus-Fest ↗ Frühlingsbräuche
Stationsaltar ↗ Fronleichnam
Stechpalme ↗ Ilex
Steffl ↗ Stephanus, ↗ Sebastian

Stephaniritt
↗ **Flurumritt** am Tag des hl. ↗ **Stephanus**, dem 26. Dezember, der als ↗ **Pferdeheiliger** und dessen Festtag als ↗ **Pferdetag** gilt.

Stephaniwasser
Am zweiten Weihnachtstag nahm man früher Krüge mit Wasser mit in die Kirche, wo sie der Pfarrer während der Messe weihte. Das Stephaniwasser war ein beliebtes Weihwasser, das als besonders wirkungsvoll gegen ↗ **Teufel** und Hexen galt. Die Pferde erhielten beim ersten Frühlingsausritt mit Stephaniwasser getränktes Brot, damit sie gesund blieben und nicht verunglückten.

Stephanus
Am 26. Dezember gedenkt die Kirche ihres ersten Märtyrers. Unter den sieben Diakonen der Jerusalemer Gemeinde (vgl. Apostelgeschichte 6,5) spielte Stephanus (↗ **Steffl**) eine besondere

Rolle. Als kraftvoll und begnadet geschildert, trat er in der Auseinandersetzung mit den Vertretern des hellenistischen Judentums hervor. Am Ende wurde Stephanus durch den Hohen Rat zum Tod durch Steinigung verurteilt (vgl. Apostelgeschichte 6,8–10; 7,54–60). – Am Gedenktag fanden früher Weiß- und Rotweinweihen statt. Da dieses Ereignis in Gemeinschaft mehr Freude bereitete, traf man sich zu Essen und Wein. Stephanus gilt als ↗ **Pferdeheiliger**, der Stephanstag als ↗ **Pferdetag**, den man auch noch heute durch ↗ **Haferweihe**, ↗ **Wasserweihe** (↗ **Stephaniwasser**), ↗ **Umritte** und ↗ **Pferdesegnungen** feiert. In früherer Zeit galt der 26. Dezember als ↗ **Menschertag** – wie Oster- und Pfingstmontag. Wer zu Weihnachten von seinem Mädchen »das ↗ **Kletzenbrot** abgeholt« hatte, d.h. zum Zeichen der Annahme der Werbung dieses Gebäck erhalten hatte, durfte am Stephanstag zum ersten Male seine Liebste ausführen. Vgl. ↗ **Pflastersteine**, ein Gebäck, das die Steine symbolisieren soll, mit denen Stephanus getötet wurde (vgl. auch ↗ **Zaunkönig**).

Stern von Betlehem

Nach Matthäus 2,1ff haben die Magier (= ↗ **Dreikönige**) »einen Stern aufgehen sehen« und sind ihm gefolgt, bis er in ↗ **Betlehem** über dem Geburtsort Jesu anhielt. Dieser Stern war ihnen Zeichen und Wegweiser. Heutige Theologen gehen mehrheitlich nicht mehr von der Historizität der Magiererzählung aus und sehen sich daher auch nicht gezwungen, das Phänomen des Sterns von Betlehem naturwissenschaftlich als Supernova, Komet oder Jupiter-Saturn-Konjunktion auszudeuten. Dennoch gibt es das interessante Phänomen, dass der kaiserliche Hofastronom Johannes Kepler (1571–1630) 1603 eine Sternkonjunktion entdeckt hat, die im Jahre 7 vor Christus dreimal am Himmel zu sehen war: am 29. Mai, 3. Oktober und 4. Dezember. Es handelt sich um die Konjunktion der Planeten ↗ **Jupiter** und ↗ **Saturn** im Sternbild der Fische, eine Tripel-Konjunktion. Dabei ist es mit großer Wahrscheinlichkeit zu einer Erscheinung gekommen, die sich in Darstellungen und Erzählungen gerne als »Sternenschweif« oder »Kometenschweif« darstellt: ein zarter Lichtkegel mit den beiden Planeten an der Spitze, der von den Sternen direkt auf die Erde zu weisen schien. Bei diesem Phänomen handelt es sich um das von Astronomen so genannte ↗ **Zodiakallicht**, das mit den Planeten an sich nichts zu tun hat. Es ist Sonnenlicht, das von Staub gestreut wird und kegelartig auf die Erde »fällt«. Darum wissend, dass das Jahr 0 nicht das Geburtsjahr Jesu sein konnte und König ↗ **Herodes** bereits 4 v. Chr. gestorben war, gilt diese Sternkonjunktion als »Stern von Betlehem«. – Der ↗ **Saturn** war immer der Stern Israels und wurde zeitweise sogar im Tempel zu ↗ **Jerusalem** verehrt. Der »Tag des Saturn«, der sich im englischen Begriff »Saturday« am deutlichsten erhalten hat, ist der Tag der Juden, Symbol des Sabbats und des jüdischen Gesetzes. Der ↗ **Jupiter** dagegen galt als Königsstern, »Hirt der Sterne«, »Regent der Planeten«, Heil- und Friedensbringer, der Gnade und Segen bewirkt. Die Konjunktion kann astrologisch so verstanden werden, dass den Juden (Saturn) der König (Jupiter) der Gerechtigkeit (Saturn) geboren wird. Der Neugeborene ist die Inkarnation des höchsten Gottes (Jupiter). Die Konjunktion im Sternbild der Fische wirkt dann als Hinweis auf den Ort dieses Geschehens: Die Fische symbolisieren das Land Amurru, das Westland (aus Sicht Babylons), das heutige Palästina. Im übrigen galten die Fische als Zeichen des Endes der irdischen Welt, als Grenzstelle des Übergangs in das Jenseitige. Mit dem neugeborenen König bricht also eine neue Ära an. In der Antike galten Sterne als vernunftbegabte Lebewesen, die sich um die Welt sorgten. Oft wurden sie als Götter verehrt, so dass sich konsequenterweise die Astrologie entwickelte. Im Rahmen dieser Vorstellungen entstand – aus heutiger Sicht – der Aberglaube, dass das Schicksal eines jeden Menschen von dem Stern abhängig sei, unter dem er geboren wurde. Unter den Juden war der Sternenkult später verpönt (vgl. Deuteronomium 4,19); aber nach ihrem und der Kirchenväter Verständnis galt er für die Heiden, damit sie »nicht gänzlich gottlos würden und gänzlich zugrunde gingen ... Er war ein Weg, der ihnen gegeben worden war, damit sie sich durch die Verehrung der Gestirne zu Gott emporarbeiten sollten« (Clemens von Alexandrien: Strom VI, 110, 3ff). – Die Grundsymbolik der Sterne besteht darin, Abbild jener göttlichen Idee zu sein, nach der die Schöpfung sich um Gott bewegt, seinen Willen erfüllt. Die Sterne zeigen: Gott ist Mitte der Schöpfung, alles Leben kreist um ihn. Der moabitische Seher Balaam hatte in alttestamentlicher Zeit prophezeit: »Ich sehe ihn, aber nicht jetzt, ich erblicke ihn, aber nicht in der Nähe: Ein Stern geht in Jakob auf, ein Szepter erhebt sich in Israel« (Numeri 24,17) – deshalb auch die Bezeichnung ↗ **Jakobsstern**. Diese auf Jesus Christus hin gedeutete Weissagung erhebt ihn zum König: »Stern«, »Sonne« und »Sonnenaufgang« sind Begriffe, die in der Antike das Königtum verdeutlichen. Der neu aufgegangene Stern signalisiert aber nicht nur den neuen König, den Messias, sondern führt die Heiden – auf die ihnen angemessene Art – zur Krippe, wo sie vor Gottes Sohn anbetend niederknien, ihn durch symbolische Geschenke (↗ **Gold**, **Weihrauch**, **Myrrhe**) als Messias verehren. Der Stern, der den Weg zur Krippe weist, ist nach alter christlicher Tradition Christus selber. Er wird als achteckiger Stern dargestellt und galt als frühchristliches Symbol für Christus. Der Märtyrerbischof Ignatius von Antiochien († nach 110) formuliert: »Christus im Geheimnis der ↗ **Menschwerdung** ist selbst der Stern ... Mit dem eigenen Licht weist er also auf sich selber hin« (Ambr. in Luc. II, 45). Diese Deutung wird in der Kunst aufgenommen, die den Stern der Magier mit dem Christusmonogramm, dem Kreuz oder der Christusgestalt verbindet. Die Domherren der Kölner Kathedrale, die die Reliquien der Heiligen Dreikönige aufbewahrt, tragen bis zum heutigen Tag den Stern an einer Amtskette als Zeichen ihrer Würde.

Sternsingen ↗ **Dreikönigssingen**

Sternsinger

Die beim ↗ **Dreikönigssingen** von Haus zu Haus ziehenden Sternsinger führten früher – vor der Neubelebung des Brauchs nach dem Zweiten Weltkrieg – einen drehbaren Stern mit sich und sangen ein »Sterndreherlied«. Ein solches überliefert »Des Knaben Wunderhorn« (S. 807f):

Wir reisen auf das Feld in eine Sonne,
Des freuet sich die englische Schar,
Wir wünschen euch allen ein glückselig Neujahr.

Wir wünschen dem Herren einen goldenen Hut,
Er trinkt keinen Wein, denn er sei gut;
Des freuet sich ...

Wir wünschen dem Herrn ein tiefen Bronnen,
So ist ihm niemals sein Glück zerronnen;
Des freuet sich ...

Wir wünschen dem Herrn eine[n] goldnen
Mutzen,
Er lässt sich auch von keinem trutzen;
Des freuet sich ...

Wir wünschen dem Herrn einen goldenen Tisch,
Auf jeder Eck einen gebackenen Fisch;
Des freuet sich ...

Wir wünschen der Frau einen goldenen Rock,
Sie geht daher als wie eine Dock;
Des freuet sich ...

Wir wünschen dem Sohn eine Feder in die Hand,
Damit soll er schreiben durchs ganze Land;
Des freuet sich ...

Wir wünschen der Tochter ein Rädelein,
Damit soll sie spinnen ein Fädelein;
Des freuet sich ...

Wir wünschen der Magd einen Besen in die Hand,
Damit soll sie kehren die Spinnen von der Wand;
Des freuet sich ...

Wir wünschen dem Knecht eine Peitsche in die Hand,
Damit soll er fahren durch[s] ganze Land;
Des freuet sich ...

F. Quidemus, Sternsinger, aus Franz Joseph Bronner, Von deutscher Sitte und Art, München 1908

Steuerheiliger
Spöttische Bezeichnung für den hl. Martin (vgl. ↗ **Martini**).

Stiege, heilige
Eine besondere Form der ↗ **Passionsfrömmigkeit**, die auch außerhalb der Passionszeit praktiziert wurde, ist mit der »heiligen Stiege« verbunden: Kaiserin Helena (330) hatte aus Jerusalem eine Treppe nach Rom gebracht, die als jene galt, über die Jesus in das Haus des Pilatus zu seiner Verurteilung geführt worden war. Diese Treppe mit ihren 28 Stufen, die man nur auf den Knien erklimmen darf, baute man in der damaligen Papstresidenz, dem Lateran, ein. Die heilige Stiege wurde an verschiedenen Orten der Welt (z. B. 1746 in der Wallfahrtskirche Bonn-Kreuzberg, 1872 im Anna-Heiligtum in Auray/Belgien) nachgebaut, um auch »vor Ort« diese geistliche Übung nachvollziehen zu können. Symbolisch vollzogen und vollziehen die Gläubigen den Weg Jesu: Sie tun Buße, erniedrigen sich und folgen ihm nach.

Stille Feiertage ↗ **Feiertage, stille**

»Stille Nacht, heilige Nacht«
Das 1816 vom katholischen Pfarrer Joseph Mohr und seinem Organisten Franz Gruber im salzburgischen Oberndorf geschriebene Lied »Stille Nacht, heilige Nacht« ist um die Welt gegangen und sicherlich das populärste Weihnachtslied. Im brasilianischen Urwald singt man »Akamot met, akamot met«; die Bewohner von Samoa singen »Po Fanau, Po Manu«, und die Eskimos intonieren »Jutdlime Kimsugtut«; in mindestens 230 Sprachen wurde das Lied übersetzt, meint Pfarrer Josef Keller aus dem Ort Ippingen in der Gemeinde Immendingen im Schwarzwald. Er hat diese Übersetzungen seit 1948 gesammelt.

Stille Woche ↗ **Karwoche**
Stiller Freitag ↗ **Karfreitag**, ↗ **Karwoche**
Stiller Zaterdag ↗ **Karfreitag**, ↗ **Karwoche**

Stippefötche
Veraltetes Kinderspiel; heute nur noch im Kölner ↗ **Karneval** üblicher Tanz der Funkengarde, bei dem die Gardisten ihr »Hinterteil« miteinander im Takt schwenken und berühren.

Stock ↗ **Rute**

Stolgebühr
Mit diesem Begriff bezeichnet man Zahlungen an Geistliche, die für sakramentale Amtshandlungen anfielen – geistliche Handlungen, die das Tragen der Stola erforderten (Taufe, Beichte ...; vgl. ↗ **Beichtgeld**).

Stollen
Schon in vorchristlicher Zeit wurde für die ↗ **Rauhnächte** gebacken: 103 Brote standen auf einem festlichen Tisch zur Bewirtung der Seelen der Verstorbenen, die davon essen sollten. Diese Bewirtung versprach ↗ **Glück**. Die Opferbrote wurden natürlich von den Menschen anschließend verspeist, später auch direkt, d.h., ohne dass sie zuvor Opferbrote waren. – Je nach Landschaft erhielten diese Gebäcke eigene Namen: ↗ **Schnittchen**, ↗ **Hützel-** oder ↗ **Kletzenbrot**, ↗ **Striezel**, ↗ **Birnenwecken** oder ↗ **Stollen**. Je deutlicher die Beziehung zum christlichen Fest wurde, desto mehr verband sich der neue Namen mit dem Gebäck wie z. B. beim ↗ **Christ-** oder ↗ **Weihnachtsstollen**. Das heute bekannteste Gebäck, der Stollen, stammt ursprünglich aus Sachsen. Für 1329 lässt sich ein Zunftprivileg für die Naumburger Bäcker belegen, das ihnen vom Bischof von Naumburg ausgestellt wurde, der dafür von ihnen für sich und seine Nachfolger jedes Jahr zu Weihnachten zwei Stollen erhielt. Dieses Gebäck, das es als ↗ **Rosinen-**, ↗ **Mandel-** oder ↗ **Mohnstollen** gab, breitete sich in ganz Deutschland aus. Der ↗ **Dresdner Stollen** mit Rosinen, Mandeln und ↗ **Marzipan** ist der wohl bekannteste Stollen. Es ist umstritten, ob der Stollen ein ↗ **Gebildebrot** ist, also angenommen werden kann, dass der weißgepuderte Stollen das in Windeln gewickelte ↗ **Christkind** (vgl. ↗ **Fatschenkind**) symbolisiert. Dafür spricht, dass dies vielfach geglaubt wird, dagegen, dass nicht der ganze Körper des Jesuskindes nachgebildet ist und vor allem der Kopf fehlt. Außerdem gibt es keine historischen Belege für diese These. Im Gegensatz zum Stollen ist der ↗ **Rauchwecken** wie ein Fatschenkind geformt.

Stolzer Montag ↗ **Pfingstmontag**

Stoppelhahn
Vom Stoppelhahn spricht man im Münsterland zu ↗ **Martini**, wenn es ans Schlachten geht: »Nun wird der Stoppelhahn verzehrt.« Der »Stoppelhahn« ist die Verkörperung der Fruchtbarkeit in Form eines Tieres. Die Bezeichnung »Stoppelhahn« erinnert an das ↗ **Erntebrauchtum**, das auch an Martini stattfand.

Straßenaltar ↗ **Fronleichnam**, ↗ **Fromme Tücher**

Straßenkarneval
Als Straßenkarneval bezeichnet man die Form des Karnevals, die sich auf der Straße abspielt, das Fastnachtstreiben Verkleideter, Fastnachtsumzüge, Rosenmontagszüge. Auftakt ist ↗ **Weiberfastnacht** (↗ **schmotziger Donnerstag**); Karnevalsonntag, ↗ **Rosenmontag** und Karnevalsdienstag gehören dazu. Die drei tollen Tage finden an vier Tagen statt (vgl. ↗ **Fastnachtszeit**).

Stratelatenlegende ↗ **Nikolauslegenden**

Stratelatenwunder
Älteste Legende von Nikolaus im Osten und Westen. Diese Legende von der Rettung der drei Feldherren setzt die kultische Verehrung des hl. Nikolaus voraus und war zugleich Auslöser von Folgelegenden.

Streiche, grüne ↗ **Martinigerte**
Streuabend ↗ **Wurf- und Streuabend**
Streubauch ↗ **Palmesel**
Strick ↗ **Arma Christi**, ↗ **Leidenswerkzeuge**, ↗ **Passionsfrömmigkeit**

Striezel ↗ Stollen

Stroh

Dass die Krippe, in die der neugeborene Jesus gelegt wurde, mit Stroh gefüllt gewesen sein musste, war einer landwirtschaftlich geprägten Zeit so natürlich, dass die fehlende Erwähnung dieses Strohs im Neuen Testament niemand in Zweifel geraten ließ. Stroh als Streu war in einem Viehstall unerlässlich.

Stroheier ↗ Ostereier

Strohhalmlegen

Ein Brauch, der kaum mehr praktiziert wird, weil er – ähnlich dem berüchtigten »Fleißkärtchen« – durch eine übertreibende Pädagogik falsch verstanden wurde, ist das Strohhalmlegen, auch ↗ **Krippe füllen** genannt. Dafür wurde die Krippe, die am Heiligen Abend unter dem Christbaum steht, am 1. Adventssonntag bereits leer aufgestellt. Jedes Kind im Haus, das im Advent eine gute Tat vollbrachte – Streit schlichtete, freiwillig im Haushalt half, eine gute Note mit nach Hause brachte usw. – durfte einen Strohhalm in die Krippe legen. Ziel war es, das Jesuskind zu Weihnachten möglichst weich zu betten, also mit Hilfe vieler guter Taten die Krippe mit Stroh zu füllen. Dieser alte Brauch vermittelte anschaulich – wird er mit Verstand ausgeführt –, dass Verzicht auf Eigennutz und Streit, Friedfertigkeit und tätige Nächstenliebe eine tragfähige Basis für den Christen darstellen. Ein gutes Gewissen ist eben ein sanftes Ruhekissen – auch für das ↗ **Christkind** in der ↗ **Krippe**.

Strohmann

Heute ist das Wort »Strohmann« als verdeckender Ersatz für einen eigentlich Handelnden üblich, vielleicht entlehnt vom frz. »homme du paille«. Die bekannteste reale Präsenz eines Strohmannes ist die Vogelscheuche, die Vögeln

Das Jesuskind in der Strohkrippe. Stundenbuch König Ferdinands I. Flämisch (um 1530). Wien, Österreichische Nationalbibliothek, Codex 1875, fol. 81v

einen Menschen vortäuschen soll. Den realen Strohmann gibt es auch als Stellvertreter für reale und irreale Menschen. Beispiel für den ersten Fall ist etwa eine ↗ **Strohpuppe**, die einen Politiker (oder an ihr ggfls. auch konkrete politische Verhältnisse) darstellen soll und diese deshalb stellvertretend behandelt, z. B. geprügelt, verspottet, gehenkt, verbrannt wird. – Beispiele einer Strohpuppe für irreale Gestalten sind während des Schützenfestes der ↗ **Zachäus**, im Karneval z. B. der ↗ **Lazarus Strohmannus** (Jülich), der ↗ **Geck** oder ↗ **Jokili** im Alemannischen, der ↗ **Hoppeditz** (Düsseldorf) oder ↗ **Nubbel** (Köln), der ↗ **Doktor** (16. Jh. Münster/Westf.), der ↗ **Peijass** oder der ↗ **Bonhomme Carnaval** in Quebec/Kanada. Auf den Kanaren nimmt die ↗ **Sardine** die Rolle der in Deutschland menschlichen Strohpuppen ein. Es sind Personifikationen des ↗ **Karnevals**, die in der Nacht von Fastnachtsdienstag auf ↗ **Aschermittwoch** gehenkt, ertränkt, verbrannt oder beerdigt werden, um das Ende der ↗ **Fastnacht** anzukündigen. – Der Herr ↗ **Winter** oder der ↗ **Tod** verkörpern in ↗ **Frühlingsbräuchen** den abtretenden Winter. Es gibt sie nicht nur als Strohmänner, sondern auch als Masken, die von jungen Burschen getragen werden. – Strohmann-Funktion hatte auch der ↗ **Sündenbock** im Alten Testament, dem symbolisch die Sünden der Menschen aufgeladen wurden und den man dann in die Wüste jagte (vgl. Levitikus 16,21ff). – Die in heutiger Umgangssprache präsente Verwendung, ein »Strohmann (für ...) sein«, meint: für einen (verdeckten) Dritten handeln.

Strohmichel ↗ **Nikolaos, Nikolaus-Name**
Strohpuppe ↗ **Strohmann**
Strohschab ↗ **Martini**

Strohsterne
Der Schmuck des Christbaumes (vgl. ↗ **Christbaumschmuck**) hat nie in Zweifel gestanden, zumal in ihm die Tradition des ↗ **Paradiesbaumes** fortgesetzt wurde. Die Verwendung von ↗ **Stroh** hat dabei mindestens zwei Gründe: Erstens war Stroh für die meisten Menschen kostenlos, weil überall vorhanden. Es setzte dann aber das eigene Tun, das »Veredeln« gewöhnlichen Strohs voraus. Von seiner Struktur (lange Halme) bot sich das Stroh gerade zur Formung von Sternen an, die den ↗ **Stern von Betlehem** darstellten. Zum zweiten hat das Stroh symbolische Bedeutung: Auch überall da, wo es keine Krippe gab, z. B. in evangelischen Familien, stellten die Strohsterne den Bezug zur Krippe her. Ein mit Strohsternen geschmückter Tannenbaum war unverwechselbar ein ↗ **Christbaum**.

Struwwelpeter
Für seine eigenen Kinder zeichnete der Frankfurter Arzt Heinrich Hoffmann den 1845 erstmals im Druck erschienenen »Struwwelpeter«, der bis heute in zweistelliger Millionenauflage

Niklas tunkt Wilhelm, Ludewig und Kaspar ins Tintenfass, aus »Der Struwwelpeter. Völlig ungekürzte Volksausgabe« von Heinrich Hoffmann, 1874

Verbreitung fand. Diese von zeitgemäß bürgerlicher Anpassungs- und Drohpädagogik gespeiste Bildgeschichte, greift zwar die Figur des ↗ **Nikolaus** auf (bereits am Namen und der roten Farbe des Mantels und der Zipfelmütze erkennbar), füllt ihn inhaltlich aber völlig anders. Der »Niklas«, »bös und wild«, steckt Kinder in ein Tintenfass, statt – wie in der Legende – die toten Kinder aus dem Pökelfass zum Leben wiederzuerwecken. Der säkularisierte Nikolaus mit der ↗ **phrygischen Mütze** ist der Vorläufer des ↗ **Weihnachtsmanns**.

Stunde, goldene ↗ Kirchweihfest
Sturm des Rathauses ↗ Fastnachtsanfang, -beginn, ↗ Weiberfastnacht
Sturmglocke ↗ Glocken
Stutenkerl ↗ Weckmann
Sühudi-Umzug ↗ Karneval international
Sulle ↗ Februar, ↗ Monate
Sumpderdach ↗ Fastnachtszeit
Sumperstag ↗ Fastnachtszeit
Sumptag ↗ Sonntag
Sündenbock ↗ Strohmann

Sündenfallbaum
Bezeichnung für den ↗ **Paradiesbaum**, der zum Baum des Sündenfalls, ↗ **Adamsbaum**, wird (vgl. ↗ **Christbaum**, ↗ **Lebensbaum**, ↗ **Kreuz**).

Sunnavend ↗ Samstag
Sunnawenhansl-Frohfeuer ↗ Johannes der Täufer
Sunnentag ↗ Sonntag
Sünnerklas ↗ Nikolaos, ↗ Nikolaus-Name
Sunnobint ↗ Samstag
Suntag ↗ Sonntag
Swarte Piet ↗ Nikolaus-Begleiter
Swarzer suntag ↗ Judica
Swinetünnes ↗ Antonius, der Eremit
Swinta maica Vinire ↗ Freitag

Symboltiere
Bestimmte Tiere symbolisieren Personen oder Tatbestände: die ↗ **Gans** z. B. Wotan oder Sankt ↗ **Martin**, die ↗ **Schwalbe** die Göttin Iduna oder die Muttergottes, der (Oster-) ↗ **Hase** oder das ↗ **(Oster-)Lamm** das Osterfest.

T

Taat
Ndt. Bezeichnung für Kuchen, Torte, z. B. »Appeltaat«, »Prummetaat« = Apfelkuchen, Pflaumenkuchen (vgl. frz.: »tarte«).

Tag der Ankündigung der Geburt des Herrn
Evangelische Bezeichnung für ↗ **Tag der Verkündigung des Herrn** (↗ **Marienfeste**, ↗ **Verkündigung des Herrn**).

Tag der 40 Ritter ↗ Vierzig-Ritter-Tag
Tag des Herrn ↗ Sonntag
Tage, drei tolle ↗ Fastnachtszeit
Tag, gerader ↗ Dienstag
Tag, tumber ↗ Fastnachtszeit

Tag- und Nachtgleiche
Bezeichnung für die zwei Nächte im Jahr, an denen Tag und Nacht gleich lang sind. Der Tradition nach waren dies der 20./21. März, ↗ **Frühlingsanfang**, und der 21./22. September (vgl. ↗ **Matthäus** und ↗ **Mauritius**).

Tamper ↗ Quatember
Tampertage ↗ Quatember
Tannenbaum ↗ Christbaum

Taube
Die Taube wurde seit dem Barock zum Symbol des ↗ **Heiligen Geistes** und von ↗ **Pfingsten** – allerdings ein wenig glückliches Symbol. Theologisch ist das Symbol nicht exakt, weil es in der Schrift an drei Stellen einheitlich (Matthäus 3,16; Markus 1,10; Johannes 1,32) heißt, der Geist Gottes sei **wie** eine Taube, aber nicht **als** eine Taube herabgekommen. Allerdings schreibt Lukas, aber auch nur er, der Geist Gottes sei »sichtbar in Gestalt einer Taube« herabgekommen (3,22). – Die Taube hat als Symbol einen radikalen Bedeutungsverlust erlitten: Der Vogel der Könige wurde zur Brieftaube des kleinen Mannes und schließlich in unseren Großstädten zur »Ratte der Lüfte«. Als Bild des Heiligen Geistes taugt die Taube für die vielen Menschen nicht mehr, die sich nicht von der zeitgebundenen Konnotation

Pfingsten und die Geisttaube, aus: Rosarium. Flämisch (1. Hälfte 16. Jh.). Dublin, Chester Beatty Library, Codex Ms. Western 99, fol. 42v. – Vorlage: Archiv Herder

lösen können (vgl. ↗ **Dreifaltigkeit**, ↗ **Pfingsten**).

Taube Woche ↗ Karwoche
Tauber Sonntag ↗ Palmsonntag
Taufkleid ↗ Fromme Tücher
Taufname ↗ Namenstag
Taufwasser ↗ Osterwasser
Taumonat ↗ Februar, ↗ Monate: Februar
Taumond ↗ Februar, ↗ Monate: Februar
Tauschlepper ↗ Pfingsten
Te Deum laudamus ↗ Deielendames

Tellersaat ↗ Adonisgärtlein, ↗ Barbara, ↗ Lucia(weizen), ↗ Orakelbräuche, ↗ Thomas

Teufel
Widersacher Gottes in der Bibel, der Herr der Gegenwelt und des Reiches des Bösen, der in der mittelalterlichen ↗ **Fastnacht** häufig dargestellt wurde, ist der Teufel (nhd.: »tiuvel, tievel«; ahd.: »tiufal«) oder **Satan**, der zunächst als Engel mit dem Namen **Luzifer** im Himmel lebte und sich dann gegen Gott empörte. Die außerbiblische Literatur erzählt, in einem Kampf habe der Erzengel ↗ **Michael** den **Lucifer** besiegt und in die ↗ **Hölle** gestürzt (vgl. ↗ **Engelsturz**, ↗ **Himmelssturz**, ↗ **Höllensturz**, ↗ **Christi Himmelfahrt**). Der Legende nach soll dies an einem 1. August geschehen sein, weshalb der 1. August als Unglückstag galt (vgl. ↗ **Petri Kettenfeier**). – Entstanden ist die Wortbildung aus dem got. »diabaulus, diabulus«, das über das kirchenlat. »diabolus, diabulus« auf das griech. »diabolos« = verleumdend, schmähend zurückgeht; griech. »Diabolos« kommt von dem griech. Verb »diaballein« = durcheinanderwerfen, entzweien, verfeinden, schmähen, verleumden. Das Wort »Teufel« hat im Deutschen die einheimische Bezeichnung »Unhold« (ahd.: »unholdo«) abgelöst. – Im ↗ **Karneval** spielte der ↗ **Narr**, was er fürchtete, nämlich »des Teufels zu sein«, dem

Teufelsdarstellung am Sockel des hl. Petrus (Anfang 2. Jh.). Toulouse, St-Sernin. – Foto: Archiv Herder

Teufel anheim zu fallen, einer der seinen zu werden.

Teufelstag ↗ Mittwoch

Thaumaturgos
Griech.: Wundertäter; einer der Titel des hl. ↗ **Nikolaus**.

Thebäische Legion ↗ Mauritius
Theophanie ↗ Epiphanie

Theophanu
Byzantinische Prinzessin, um 959/960 geboren; 972 eingeheiratet in das ottonische Kaiserhaus, Gemahlin Kaiser Ottos II. (973–983) und Mutter Ottos III. (983–1002), Regentin für seinen Sohn; gestorben 991. Vgl. ↗ **Nikolaus**.

Theotokos
Der Titel der Gottesgebärerin (griech.: »theotokos«) wurde Maria durch das Konzil von Ephesus 431 zugeschrieben (vgl. ↗ **Marienfeste**).

Thomas

Seit der Neuordnung des römischen Festkalenders wird der Gedächtnistag des hl. Thomas am 3. Juli begangen. Früher wurde der Festtag des Apostels Thomas (**Dommustag**) nicht ohne Grund am 21. Dezember (in den Ostkirchen am 3. Juli oder 6. Oktober) gefeiert, sind doch durch ihn, den personifizierten »ungläubigen Thomas«, der Zweifel, die Unsicherheit und die fragwürdige Hoffnung personifiziert. Mit der ↗ **Menschwerdung** Jesu Christi am 25. Dezember werden – so die alte Festdramaturgie – alle Zweifel überwunden sein. – Der Apostel Thomas soll nach der Himmelfahrt Christi – so erzählt die Legende – in Armenien, Medien, Persien und Indien missioniert haben. In Indien habe er auch die Heiligen ↗ **Dreikönige** getroffen, getauft und zu Priestern und Bischöfen geweiht. Im Jahr 72 sei Thomas hinterrücks durch einen Lanzenstoß ermordet worden.

Das Brauchtum des **Thomastages** am 21. Dezember ist fast durchgängig vorchristlichen Ursprungs. Im südlichen Deutschland und in Österreich galt nämlich die Nacht vom 21. auf den 22. Dezember als die längste und als erste der ↗ **Rauhnächte**, auch **Rumpelnacht** genannt. Thomas wird hier mit Wotan in Verbindung gebracht, tritt als Unhold mit einem feurigen **Thomaswagen** auf, mit dem einst Wotan in wilder Jagd durch die Lüfte sauste. Mit einer Peitsche kann Thomas – der Sage nach – Augen ausschlagen. Als **Thomasnigl** – Verschmelzung von Thomas und ↗ **Nikolaus** – tritt der »Heilige« in Österreich auf, ebenso als **Thomaszoll**, in Tiergestalt oder als ↗ **Percht**. Im Bayerischen Wald erhält Thomas Wotans Werkzeug und wird so zum **Thomma mit'n Hamma**. Schreckgestalten sind auch der **Haller-**, **Holle-**, **Ketten-** und der **Rumpelthomas**. – Am Vorabend der ↗ **Thomasnacht** wird ein besonders Gebäck hergestellt: das **Früchte-**, ↗ **Hutzel-**, ↗ **Kletzen-** oder **Schnitzelbrot** (in Österr.: **Zelten**). Gegessen werden durften die Brote aber erst zu Weihnachten. In manchen Gegenden war es üblich, dass die Frauen während des Backens mit bemehlten Armen nach draußen gingen, um die Bäume zu umarmen, die so fruchtbar gemacht werden sollten (vgl. ↗ **Baum wecken**). – Welche Wunderkräfte von der **Thomasnacht** erwartet wurden zeigt der weit verbreitete Glaube, wenn ein Mädchen sein Waschwasser über Nacht vor die Türe stelle und sich darin morgens wasche, werde es ein schönes Gesicht bekommen. Nur natürlich ist deshalb, dass sich die Thomasnacht auch für ↗ **Orakel- und Losbrauchtum** eignete. Das **Thomasorakel** ist eine so genannte ↗ **Tellersaat**: Gerstenkörner werden in einem Topf mit Erde in einen

Der ungläubige Thomas. Kupferstich von Carl Ludwig Schuler (1785–1852), Nr. 79 der Kupferstiche zum Neuen Testament, Freiburg i.Br. 1810/14. – Vorlage: Archiv Herder

geheizten Raum gestellt. Nach Weihnachten kann man ablesen, ob das Wetter des nächsten Jahres Feuchtigkeit, Trockenheit, schwaches oder starkes Wachstum bringt – der jeweilige Tag, an dem sich ein Hinweis ergibt, entspricht dem so bezifferten Monat. Aus Thüringen ist ein ↗ **Hochzeitsorakel** überliefert. Das Mädchen, das Erkenntnisse über ihren Zukünftigen erreichen wollte, musste in der **Thomasnacht**, nackt vor ihrem Bett stehend, sagen: »Bettstatt, ich traat dich, Sankt Thomas, ich baat dich, laß mir erscheinen mein Herzallerliebsten mein ...« In Österreich hieß es: »Bettstattel, i tritt di, Heiliger Thomas, i bitt di, laß mir heit nacht erschein' den Herzallerliabsten mein.« Im Ansbacher Land sagten die Mädchen: »Strohsack, i tritt di, Thomas, i bitt di, laß mir erscheinen jetzt und den meinen ...«– ↗ **Bleigießen**, Leinsamen unter dem Kopfkissen, den Bettzipfel in der Hand, verkehrt herum im Bett liegen, Hundegebell, das die Richtung andeutet, aus der der Zukünftige kommt, ↗ **Schuhewerfen** (vgl. ↗ **Orakelbräuche**) usw. vervollständigen die Palette der originellen Ideen der Zukunftsschau. In Westfalen nannte man das Kind, das am **Thomastag** als letztes die Schulklasse betrat **Domesesel**. Der Langschläfer des Tages hieß **Thomas-Faulpelz**. – Im Eichsfeld hieß dieser Tag ↗ **Schweinethomas**; denn mit ihm begann das Schlachten, mit dem der weihnachtliche Festbraten vorbereitet wurde. In Westfalen veranstaltete man in der **Thomasnacht** die so genannte ↗ **Rittbergische Hochzeit**, für die ein Plattenkuchen aus Buchweizenmehl und Kartoffeln gebacken wurde. Es gab Gegenden, in denen wurde der vorweihnachtliche Markt **Thomasmarkt** genannt. In Nürnberg war der **Thomastag** auf den vierten Adventssonntag verlegt. Im Vorgriff auf spätere Jahrhunderte waren an diesem Sonntag alle Geschäfte verkaufsoffen, weshalb sich dafür die – durchaus doppelsinnig zu betrachtende – Bezeichnung ↗ **Goldener Sonntag** eingeschliffen hat. Die Studenten, die sich an diesem Tag in Nürnberg trafen, hielten ihren **Thomasbummel** über den ↗ **Christkindlesmarkt** und trafen sich anschließend in den Gasthäusern zur **Thomaskneipe**.

Thomasbummel ↗ Thomas
Thomas-Faulpelz ↗ Thomas
Thomaskneipe ↗ Thomas
Thomasmarkt ↗ Thomas
Thomasnacht ↗ Thomas, ↗ Licht- und Spinnstubenzeit
Thomasnigl ↗ Thomas
Thomasorakel ↗ Thomas
Thomastag ↗ Thomas
Thomaswagen ↗ Thomas
Thomaszoll ↗ Thomas
Thomma mit'n Hamma ↗ Thomas
Tierweihnacht ↗ Lüttenweihnacht
Till Eulenspiegel ↗ Eulenspiegel
Tiltap ↗ Dieldapp
Tistag ↗ Dienstag

Tod

Der personifizierte Tod, der ↗ **Herr Tod**, tritt im religiösen Brauchtum als ↗ **Winter**, ↗ **Herr Winter** auf. Der Winter ist so schon das, was man ihm wünscht; zugleich wird der Winter als tödliche Gefahr verstanden.

Todesangst-Christi-Bruderschaften ↗ Bruderschaften, ↗ Passionsfrömmigkeit
Todsonntag ↗ Laetare, ↗ Sonntag
Tokunft unses heren ↗ Advent
Tolle Tage, drei ↗ Fastnachtszeit
Toller Donnerstag ↗ Donnerstag, ↗ Weiberfastnacht

Totenbrett

Wozu heute der Totenbrief und Todesanzeigen dienen, erreichten die Menschen früher durch das Totenbrett, das neben der Eingangstür des Trauerhauses stand und sich heute nur noch ver-

Totenbretter, aus: Klaus Beitl, Volksglaube. Residenz Verlag, Salzburg 1978

einzelt in Museen findet. Auf der mannsgroßen schwarzen Tafel wurde mit Symbolen (z. B. Totenkopf, Kreuz, dem Kürzel ↗ **R.I.P.** ...) und Sprüchen darauf verwiesen, dass im Haus der Tod zu Gast war. Bis in die zweite Hälfte des 19. Jh. waren die Totenbretter in Brauch und konnten von der Pfarrgemeinde ausgeliehen werden. Der Hinweis für die Passanten als Einladung, im Haus ein Gebet für den Toten zu verrichten, war ein ↗ **Memento mori** wie z.B. auf dem rekonstruierten Totenbrett von Esch: »Sei willkommen und tröste die, die ich hinterließ, und denke daran, dass Du sein wirst, was ich jetzt bin. Bald!«

Totenfangen ↗ Frühlingsbäuche
Totengedenken ↗ Allerseelen, ↗ Allerheiligen, ↗ Halloween, ↗ Ewigkeitssonntag, ↗ Totensonntag
Totenglocke ↗ Glocken

Totensonntag / Ewigkeitssonntag
Evangelisches Substitut zu ↗ **Allerseelen**, seit dem 16. Jh. regional verbreitet, durch Friedrich Wilhelm III. von Preußen am 25.11.1816 offiziell eingeführt. Der Tag ist eher eine allgemeine religiöse Totenfeier und Heldengedenken als ein Weg »von hoffnungsarmer Trauer zum evangelischen Trost« (vgl. ↗ **Sonntag**).

Tours
Bischofssitz in Frankreich. ↗ **Martin** wurde der Legende nach der dritte Bischof von Tours. Der erste Bischof war Decius, 249/250 vom Papst nach Tours gesandt. 337/338 folgte ihm Litorius für dreiunddreißig Jahre. Sein Nachfolger wurde 371/372 Martin. Der neunzehnte Bischof in dieser Reihe war ↗ **Gregor von Tours.**

Traghimmel ↗ Baldachin

Translatio S. Nicolai
Der Raub der Nikolaus-Reliquien durch die Barenser in Myra wird als »Reliquientranslation« von Myra nach Bari bezeichnet. Das liturgische Fest wurde bzw. wird am 9. Mai begangen (vgl. ↗ **Bari**, ↗ **Nikolaus-Fest**).

Trapp, Hans ↗ Nikolaus-Begleiter
Trappen ↗ Narrenaufträge
Trariro, der Sommer der ist da ↗ Laetare
Traud(t)chen ↗ Gertrud

Trauerfarbe
Unsere schwarzfarbige Trauerkleidung hat ihren Ursprung weniger in einer Trauersymbolik als in der Furcht vor Toten. Man glaubte in vorchristli-

Gedenkblatt der Überführung der Nikolaus-Reliquien von Myra nach Bari. – Vorlage: Archiv Dietz-Rüdiger Moser

cher Zeit, in schwarzer Kleidung vom Geist des Toten nicht erkannt zu werden und so seiner Rache zu entgehen. Nicht die Trauer um den Toten, sondern die Furcht vor dem eigenen Tod sind deshalb das Motiv der Trauerfarbe. Dabei ist »Schwarz« keineswegs universelle Trauerfarbe. Andere Kulturen haben andere Trauerfarben: die Zigeuner rot, die Perser/Iraner braun, die Ägypter gelb, die Chinesen weiß oder rot-violett, die Japaner weiß.

Trauergebäck ↗ **Mandeltag, guter**

Trauermette

Als Trauer-, ↗ **Dunkel-** oder ↗ **Finstermette** (»Matutinum tenebrorsum, tenebrarum«) wurden die nachmittags zuvor vorausgenommene Matutin und Laudes der drei Kartage vor Ostern genannt, weil sie bei spärlichster Beleuchtung des Chorraumes stattfanden. In der »hebdomada lamentosa«, wie die Karwoche in Konzilsbeschlüssen genannt wurde, ließ die Kirche die **Klagelieder des Jeremias** (»lamentationes Jeremiae«) vortragen, eine Klage auf das 586 vor Christus zerstörte ↗ **Jerusalem**, was sinnbildlich für Christus galt. Bis in das 19. Jh. wurden diese Klagelieder Karmittwoch bis Karsamstag in deutscher Sprache in jeweils 22 Versen – entsprechend den 22 Buchstaben des hebräischen Alphabetes – als **Volkspassion** vorgetragen. In den 30er Jahren des 20. Jh. kamen diese Trauermetten, für die die süddeutsche »Burladinger Volkspassion« ein treffendes Beispiel ist, außer Übung (vgl. ↗ **Mette**).

Traunsteiner Schwerttanz ↗ **Schwert(er)tanz**
Treichler ↗ **Nikolaus-Begleiter**
Tremmelziehen ↗ **Andreas**
Trifeldichheit ↗ **Dreifaltigkeitssonntag**
Trinitatis ↗ **Dreifaltigkeitssonntag**, ↗ **Sonntag**

Trippstrill

Einer der fiktiven ↗ **Narrenorte** neben ↗ **Schilda**, ↗ **Buxtehude**. Belege für die Verwendung des Namens Trippstrill reichen zurück bis ins 15. Jh. (vgl. ↗ **Weibermühle**).

Triumphbogen ↗ **Fronleichnam**

Trizonesien

Dieses merkwürdige Reich taucht in einem Karnevalslied nach dem Zweiten Weltkrieg auf. Der Begriff gibt die Realität wieder, wonach das Rheinland in drei verschiedene Zonen eingeteilt war, jeweils einem der allierten Sieger zugeteilt: die amerikanische, die englische und die französische Zone. Für die »Eingeborenen von Trizonesien« waren die Zeitverhältnisse närrisch.

Ludwig Richter, Weihnachtslied vom Turm, aus: Das große Festtagsbuch. Feiern, Tanzen und Singen. Hrsg. v. Walter Hansen. Freiburg i.Br. 1984. – Vorlage: Archiv Herder

Trösterlein
Bezeichnung für Jesus darstellende Puppen, die man Novizinnen schenkte (vgl. ↗ **Fatschenkinder**).

Trude ↗ Gertrud
Truthahn ↗ Weihnachtsgans
Tschüss ↗ Adieu
Tumbe fassnacht ↗ Fastnachtszeit
Tumber tag ↗ Fastnachtszeit
Tunrestag ↗ Donnerstag

Türkreuz
Sebastian Franck (1499–1542) berichtet in seinem »Weltbuch«, dass man ein Kreuz macht »an die dürn oder balcken im hauß und stuben, welche creütz für vil unglück und gespenst sollen helffen, werden auch in grosser observation gehalten«, d.h. während des Jahres nicht abgewischt. Das Kreuz hatte also ↗ **apotropäische** Funktion. In mittealterlicher Zeit ist das Zeichnen von Türkreuzen von den ↗ **Sternsingern** beim Sternsingen übernommen worden (vgl. ↗ **Dreikönige**, ↗ **Dreikönigssingen**).

Turmblasen
Heiligabend, oft auch während der Adventszeit, ist es vor allem evangelischer Brauch, »den heiligen Christ herabzublasen«, d.h. ein **Adventsblasen** mit Blechbläsern und vor allem mit Posaunen zu veranstalten. Wo möglich, geschieht dies von Kirchtürmen herab oder auch in den Kirchen.

U

Überlinger Schwertlestanz ↗ Schwert(er)tanz
Uffartstag ↗ Christi Himmelfahrt
Uffelre ↗ Monate: April
Ufrelle ↗ Monate: April
Uffertstag ↗ Christi Himmelfahrt

Ulk
Der Begriff, der nicht nur in der ↗ **Fastnacht** bzw. beim ↗ **Karneval** vorkommt, wie er sich aus der Redensart »einen Ulk machen/ausfressen«, »sich einen Ulk machen« darstellt, meint: harmlosen Unsinn treiben, einen Streich spielen. »Ulk« stammt aus der Studentensprache und geht auf ndd. Mundart zurück. Es bedeutet »Lärm, Unruhe, Handel«. Ableitungen sind **ulken** = spotten, Unsinn treiben (19. Jh.), **verulken** = jemanden auf gutmütige Weise aufziehen (19. Jh.) und **ulkig** = lustig, scherzhaft, komisch (19. Jh.).

Ulken ↗ Ulk
Ulkig ↗ Ulk

Ulrichsritt
Am Tag des hl. Ulrich (923–973 Bischof von Augsburg, der 955 Augsburg gegen die Ungarn verteidigt hat), dem 4. Juli, finden ↗ **Umritte** statt. Ulrich wurde 993 in erstmaliger förmlicher Kanonisation von Papst Johannes XV. (985–996) heiliggesprochen.

Um die Wurst singen ↗ Schlachtfest

Umritte
Das Umschreiten oder Umreiten des eigenen Gebietes an bestimmten Tages des Jahres, der

Urbanireiten in Nürnberg. München, Bayerische Staatsbibliothek

↗ **Flurumgang** oder ↗ **Flurumritt**, geschah zu Ehren bestimmter ↗ **Pferdeheiliger** wie beim ↗ **Georgiritt**, ↗ **Leonhardiritt**, ↗ **Stephaniritt**, ↗ **Ulrichsritt**, ↗ **Wendelinritt** oder zur Verkündigung des Auferstandenen (vgl. ↗ **Osterritt**). Die Umritte waren in der Regel mit einer Segnung der Pferde verbunden (↗ **Pferdesegen**). Heute wird diese Tradition vielfach von Reitervereinen aufrechterhalten. Nach altem Rechtsdenken musste ein Grundherr seinen Besitz nicht nur mit dem Schwert verteidigen können, sondern auch einmal im Jahr umschreiten, um seinen Besitzanspruch zu erhalten. Noch älter ist das mit dem Umritt verbundene magische Denken: Der Umritt bildete einen magischen Kreis, der Schutz bot gegen Hexen, Dämonen und böse Geister.

Umschnalzen ↗ Martini
Unbefleckte Empfängnis der allerseligsten Jungfrau Maria ↗ Hochfest der ohne Erbsünde empfangenen Jungfrau und Gottesmutter Maria
Unbeflecktes Herz der allerseligsten Jungfrau Maria ↗ Marienfeste: Unbeflecktes Herz Mariä
Ungläubiger Thomas ↗ Thomas

Unglückstage

Dem teilweise abergläubischen Mittelalter – wir haben eigentlich heute nur neue Formen des Aberglaubens entwickelt – galten ganz bestimmte Tage als Unglückstage: Das konnten ↗ **Montag**, ↗ **Dienstag**, ↗ **Mittwoch** und/oder ↗ **Freitag** sein. Ein dreizehnter Freitag war ein besonders gefährlicher Tag, weil das Überschreiten der vorgegebenen Ordnung (= 12) mit dem Gedächtnistag des Todes Jesu zusammenfiel (vgl. ↗ **Dreizehn**). Außerdem galten als Unglückstage: der 1. April (vgl. ↗ **Aprilscherz**), 1. August (vgl. ↗ **Petri Kettenfeier**), 30. September (vgl. ↗ **Sonntag**), und der 1. Dezember.

Unglückszahl ↗ Dreizehn

Unschuldige Kinder

Nach Matthäus 2, 8–18 befahl ↗ **Herodes**, als sich die Magier von ihm nicht zur Denunzierung des neugeborenen Messias benutzen ließen, in Betlehem und Umgebung alle Knaben im Alter bis zu zwei Jahren zu ermorden (↗ **Betlehemitischer Kindermord**). Anhand profaner historischer Quellen lässt sich dieser Vorgang nicht beweisen, weshalb er in der Forschung von einigen angezweifelt wird. Andere verweisen darauf, dass dieser Bericht durchaus zur Verhaltensweise des Herodes passt. Matthäus sieht in diesem Vorgang die Erfüllung des Prophetenwortes von Jeremia 31,15. Auffällig sind die Parallelen zur Kindheitsgeschichte des Mose, der ebenfalls als Befreier seines Volkes – wenn auch nur aus der ägyptischen Knechtschaft und nicht von Sünde und Tod – auftritt. – Seit dem 5. Jh. gibt es einen Gedenktag für die Betlehemitischen Kinder, die nicht nur ohne Schuld und als Märtyrer, sondern sogar stellvertretend für Christus gestorben

Der betlehemitische Kindermord; Kupferstich nach Raffael (um 1510). – Vorlage: Archiv Herder

sind. In Zeiten hoher Säuglings- und Kindersterblichkeit gewann dieser Gedenktag besondere Bedeutung. Die **Unschuldigen Kinder** sind Patrone der Chorknaben und Findelkinder. Sie werden angerufen gegen Ehrgeiz und Eifersucht. Als Tag, an dem man sich Fruchtbarkeit wünschte und durch Rutenschläge segnend vermittelte (vgl. ↗ **Frisch und gesund schlagen**, wodurch der Tag auch den Namen ↗ **Pfefferlestag** erhielt), gewann er Bedeutung. Wahrscheinlich in Erinnerung an die im Gedenkanlass offenbare Brutalität bei Auseinandersetzungen wurde dieser Tag auch als ↗ **Versöhnungstag** im Rheinland gefeiert. Am Sonntag, nach dem Kirchgang, fand im Rathaus eine Feier zur Beendigung von Streitigkeiten und Feindschaften statt. – In Erinnerung an die ↗ **Flucht** der hl. Familie **nach Ägypten** und der Leistung, die dabei der ↗ **Esel** vollbracht hat, steckte man Eseln, denen man am 28. Dezember begegnete, eine Leckerei ins Maul. In der nur den Kindern eigenen Unbekümmertheit haben diese im Mittelalter diesen Tag für sich reklamiert und vereinnahmt. In Kloster- und Domschulen führten die Schüler das Regiment und durften in Reimform ihre Meinung sagen. Sie spielten »verkehrte Welt«, in der die Großen klein und die Kleinen groß sind. An diesem Tag fand das ↗ **Kinderbischofsspiel** (↗ **Ludus episcopi puerorum**) statt, das – um 1300 mit dem Aufkommen der Nikolaus-Verehrung – ebenso auf den Nikolaustag abwanderte wie die Sitte des Kinderbeschenkens (↗ **Kinderbeschenktag**). In Bayern schenkten die Paten ihren Patenkindern an diesem Tag Gebäck: den Mädchen eine ↗ **Lebkuchenfrau**, den Jungen einen ↗ **Lebkuchenreiter**. Bereits in vorchristlicher Zeit hatte dieser Tag für die Kinder eine besondere Bedeutung. ↗ **Frau Holle** zog in dieser Nacht mit allen Kindern, die im Jahr geboren werden sollten, umher. Das Element des Schenkens war in dieser Vorstellung bereits enthalten: Dem Geisterzug wurde Essen hingestellt.

Unsere Liebe Frau auf dem Berge Karmel
↗ **Marienfeste: Unsere Liebe Frau auf dem Berge Karmel**

Unsere liebe Frau in Jerusalem ↗ **Marienfeste: Unsere liebe Frau in Jerusalem**

Unsere liebe Frau in Lourdes ↗ **Marienfeste: Unsere Liebe Frau in Lourdes**

Unsere liebe Frau vom Rosenkranz ↗ **Marienfeste: Unsere liebe Frau vom Rosenkranz**

Unsinniger Donnerstag ↗ **Fastnachtszeit**

Unwetter, Hilfen gegen

In Zeiten, in denen wegen noch fehlender naturwissenschaftlicher Kenntnisse angenommen wurde, das Wetter gehe auf das unmittelbare Einwirken guter oder böser Geister oder Götter zurück, hatte dieser Erkenntnisstand eine logische Entsprechung im Tun der Menschen: Durch Beten und Bitten, Opfergaben und Segenssprüche suchte man die Übel abzuwehren, Schlimmeres zu verhindern oder aber wenigstens Milderung zu erreichen. Wer heute über unsere Vorfahren lächelt, braucht sich nur in ihre Situation zu versetzen, die übrigens in weiten Teilen dieser Welt noch zutrifft, in der klimabedingte Wetterkapriolen und/oder unkluge menschliche Handlungsweisen zu Wetterauswirkungen führen, die über Wohl und Wehe der Menschen entscheiden, über Natur oder ganze Städte, über Tier- und Menschenleben, wie es der hochgewaltige Orkan »Lothar« oder die Havarie des Öltankers »Erika« vor der französischen Atlantikküste unmittelbar vor der Jahrtausendwende 2000 schmerzlich erfahrbar machten. – Nicht nur das sommerliche Wetter mit Blitz, Hagel, Donner, Überflutung bot ausreichend Gelegenheit, das Ausgeliefertsein am eigenen Leib zu verspüren. Es war natürlich, dass unsere Vorfahren Hilfe und Heil im Übernatürlichen zu erhalten hofften. »Vor Blitz, Hagel und Ungewitter bewahre uns, Herr Jesus Christ« hieß es deshalb über Jahrhunderte in allen

Sommermonaten am Ende jeder Messe. Wettersegen dieser Art und leicht verwechselbare Zaubersprüche musste die Kirche im Laufe der Jahrhunderte immer wieder voneinander trennen. In vielen Kirchtürmen hingen eigens geweihte ↗ **Glocken**, die bei Gewitter geläutet wurden, um ein Unwetter zu vertreiben. – Auch die Heiligen, bei denen vor dem Zweiten Vatikanischen Konzil (1962–1965) oft mehr die Wundertätigkeiten als die Vorbildfunktion reizte und die in der Zeit ihres Erdenlebens alle Naturgefahren ja am eigenen Leib erfahren hatten, wurden angerufen. Vierzehn verschiedene Heilige sollten gegen Blitz und Gewitter helfen. Wetterprozessionen richteten sich gegen Verwüstungen durch Unwetter. Die dabei getragene »**Schauerkerze**« brannte acht Tage während der heiligen Messen. Hagelfeiertage oder Schauertage waren in katholischen Gegenden überall verbreitet. – Die bei Unwettern einzusetzenden »Abwehrmittel« (= Apotropäum) standen immer leicht in der Gefahr, ins Magische abzugleiten: etwa das Anzünden geweihter Kerzen; das Verbrennen geweihter Palmzweige oder Kräuter; das Verbrennen von Holzscheiten, die am Osterfeuer angebrannt waren; der Gebrauch von Kreuz, geweihtem Wasser oder Salz; das Aufstellen von Wetterkreuzen auf Äckern und Wetterhähnen; das Wetterläuten mit Kirchenglocken. – Wetterkreuze waren in Deutschland ursprünglich gesegnete **Weidenzweige** in Kreuzform (Palmkreuze, Antlasskreuze), die zusammen mit kleinen Kreuzen aus Holzscheiten, die man vom Osterfeuer heimgetragen hatte, auf Äckern aufstellte. Eigentliche Wetterkreuze – neben anderen Kreuzen –, die solche Funktionen mit übernahmen, waren dann die Großkreuze, die seit dem 12. Jh. feierlich gesegnet wurden und die man auf Bergspitzen und Feldern postierte. Ihnen wurde Unheil abwehrende Funktion zugesprochen. Oft erscheinen sie deshalb differenziert als Donner-, ↗ **Hagel**-, Schauer- oder Schneekreuz und sind Ziel von Prozessionen.

Urban(stag)

Der Papst und Märtyrer Urban I. (222–230) gilt als ↗ **Weinpatron**. An seinem Festtag, dem 25. Mai, feierten die Winzer. ↗ **Umritte**, Urbaniritten, die an diesem Tag stattfanden, sind vielfach auf ↗ **Pfingsten** verlegt worden. Umzüge dagegen haben sich mancherorts am Gedenktag erhalten. Der heilige Patron sollte schon jetzt um gutes Wetter und eine reiche Weinlese gebeten werden. Dabei waren die Winzer nicht zimperlich. Entsprach der Heilige nicht den Wünschen der Winzer, konnte es vorkommen, dass sie ihn »bestraften«: Die Urbansäule wurde mit Stroh umwickelt oder umgekippt.

Ursula

Ausgangspunkt des Festes der hl. Märtyrerin und Jungfrau Ursula und ihrer Gefährtinnen am 21. Oktober ist Köln, wo in der »Goldenen Kammer« der bis in die Spätantike zurückreichenden Kirche Sankt Ursula (von 922 bis 1802 Kanonissenstift, heute Pfarrkirche) die Gebeine von »11.000 jungfräulichen Märtyrerinnen« aufbewahrt werden. Die Kirche steht auf dem nördlichen römischen Gräberfeld Kölns. Auslöser des Ursula-Kultes scheint eine dreizehnzeilige steinerne Inschrift zu sein, von der umstritten ist, ob sie aus spätantiker oder frühmittelalterlicher Zeit stammt. Jedenfalls wird auf ihr mitgeteilt, ein dem Senatorenstand angehörender Clematius habe am Ort des Martyriums heiliger Jungfrauen eine Kirche wiederhergestellt. Gesichert ist, dass bereits im 3. Jh. an dieser Stelle eine Kapelle über drei Gräbern erbaut worden war. – Im 10. bis 12. Jh. entstand die Ursula-Legende. Kern der Legendenbildung ist die Annahme, Ursula sei eine britannische Königstochter gewesen, die nach einer Romwallfahrt mit ihren Gefährtinnen vor den Toren Kölns von den die Stadt belagernden Hunnen erschlagen worden sei. Der Name »Ursula« für die Anführerin der Märtyrer-Jungfrauen taucht aber erst im 10. Jh. auf; zuvor waren verschiedene andere Namen genannt worden. Vielleicht geht der Name Ursula auf den alten Grabstein für ein achtjähriges, als »unschuldige Jungfrau« verstorbenes Mädchen zurück, der bis heute aufbewahrt wird. Die Steigerung der Zahl der Gefährtinnen von elf auf elftausend scheint die Folge eines Lesefehlers im Mittelalter gewesen zu sein, der allerdings durch die zahlreichen »Reliquienfunde« im Umfeld von Sankt Ursula seine Bestätigung zu finden schien. Von diesem ergiebigsten Reliquienfundort nördlich der Alpen stammen die 1.800 Kopfreliquien in Sankt Ursula und die 1.000 weiteren im nahen (ehemaligen) Zisterzienserkloster Altenberg. Rund 4.000 Reliquienübertragungen im deutschsprachigen Raum, Frankreich, Spanien, Norditalien, den Niederlanden, Skandinavien und im Osten (z. B. Riga, Krakau) lassen sich nachweisen. – Die Intensität der volkstümlichen Ursula-Verehrung wird durch zahlreiche Einblattdrucke besonders im 15. Jh. belegt. Vor allem in der Malerei sind Darstellungen der Heiligen in Einzelbildern und in ganzen Zyklen ein eindrucksvoller Beleg für die weite Verbreitung des Ursula-Kultes. Vom 13.–15. Jahrhundert entstanden vielerorts (z. B. in Köln, Straßburg, Krakau) die so genannten **Ursula-Schifflein**, ursulanische ↗ **Bruderschaften**. An das Abzeichen, das Schiff der hl. Ursula, knüpfte sich die Vorstellung einer geistigen Fracht frommer Werke sowie die Idee des Lebens als irdische Pilgerfahrt. Die Bruderschaftsmitglieder – auch Bischöfe, Äbte und Könige – hofften, durch die heilige Fracht des **Ursula-Schiffleins**, die bei der Aufnahme »als Fahrpreis eingezahlten« oder versprochenen Messen, Gebete und guten Werke, unter dem Schutz der hl. Ursula sicher in den Hafen der ewigen Seligkeit einlaufen zu können. – Städte (z. B. Köln), Länder und Universitäten stellten sich unter den Schutz der Heiligen (z. B. Sorbonne, Coimbra). Im 16. Jh. gab Angela Merici ihrer neuen Ordensgründung, den Ursulinen, die Heilige als Patronin. Bis zum heutigen Tag gilt die hl. Ursula zudem als Patronin der Sterbenden, Erzieher/-innen, Tuchhändler und kranken Kinder. Wie ↗ **Maria** wird die hl. Ursula auch mit einem ↗ **Schutzmantel** dargestellt (vgl. ↗ **pallio cooperire**).

Ursula-Legende ↗ Ursula
Ursula-Schifflein ↗ Ursula
Ursulinen ↗ Ursula

Ursulaschiffchen (15. Jh.).
Foto: Archiv Manfred Becker-Huberti

V

Valentinstag ↗ Lichtmess
Varleichnam ↗ Fronleichnam
Vassangtag ↗ Fastnachtszeit, ↗ Veilchendienstag
Vastelabend ↗ Fastnachtszeit
Vastelaun ↗ Fastnachtszeit
Vasting ↗ Invocabit
Vastnacht ↗ Fastnachtszeit, ↗ Veilchendienstag
Vater Winter ↗ Weihnachtsmann

Väterchen Frost

Konsequente Metamorphose einer Metamorphose: Väterchen Frost ist die marxistische Mutation der aufklärerischen Nikolaus-Mutation ↗ **Herr Winter**. So wie in den marxistischen Systemen konsequent alle christlichen Feste durch marxistische Parallel-«Neu«schöpfungen ersetzt wurden (die Taufe wurde z. B. zum Fest der Namensgebung), musste natürlich auch der hl. Nikolaus abtreten. Damit aber der Tag (und die Erinnerung an den alten Sinn des Tages) überdeckt wurden, trat nun Väterchen Frost als Gabenbringer des marxistischen ↗ **Kinderbeschenktages** auf. So leicht ließ sich christlicher Sinn in säkularisierter Form in den Marxismus vermeintlich importieren und implantieren. Dass marxistische Tyrannen, die diese Nikolaus-Mutation namens »Väterchen Frost« selbst förderten, z. B. Nikita (= »Nikoläuschen« Chruschtschow) hießen, schien ihnen nicht aufgefallen zu sein (s. auch ↗ **Herr Winter**, ↗ **Weihnachtsmann**).

Väterchen Winter ↗ Herr Winter, ↗ Weihnachtsmann
Vatertag ↗ Christi Himmelfahrt

Michael Sintzel, Der heilige Valentin, aus: Das große Festtagsbuch. Feiern, Tanzen und Singen. Hrsg. v. Walter Hansen. Freiburg i.Br. 1984. – Vorlage: Archiv Herder

Vater-unser-Holz ↗ Klausenholz
Vater-unser-Hölzle ↗ Klausenholz

Vater-unser-Schnüre

Ein inzwischen untergegangener Brauch suchte mit Beginn der Fastenzeit die Gläubigen auf Tod und Auferstehung vorzubereiten. Am ersten Fastentag betete man ein Vaterunser und band in eine besondere Schnur einen Knoten. Am zweiten Fastentag betete man zwei Vaterunser und knotete einen zweiten Knoten in die »Vater-unser-Schnüre«. Die »Betleistung« steigerte sich so, dass am 40. Fastentag 820 Vaterunser zu beten waren und die Schnüre 40 Knoten besaß. Im Beinhaus der Kirche befestigte man diese Schnüre nun an einem Totenkopf, möglichst einem Totenkopf eines Ahnen, und opferte so die Gebete zugunsten des Toten, heute noch zu sehen in Hallstatt bei Salzburg. Das Wissen um den eigenen Tod, Gebete für die Toten und Auferstehungsglauben gingen als Bußübung in der Fastenzeit eine Einheit ein.

Vefstigste dach ↗ **Estomihi**, ↗ **Fastnachtszeit**, ↗ **Quinquagesima**

Veilchen
Durch seine unscheinbare Existenz und seine Verborgenheit symbolisiert das Veilchen (lat.: »viola«, wovon sich die Farbe Violett herleitet) Tugend und Bescheidenheit. Die violette (Buß-) Farbe war den Christen Symbol der Demut des Erlösers. Das seltenere weiße Veilchen galt als **Marienblume.** Auf zahlreichen Marienbildern ist es zu sehen. – In der Antike gehörten Veilchen, Rosen und Efeu zu den Pflanzen, die man bei festlichen Gelegenheiten zum Bekränzen des Hauptes verwendete. Dies war nicht nur Luxus, sondern man glaubte an eine medizinische Wirkung: Die Pflanzen sollten das Gehirn stärken und kühlen – eine sicherlich nützliche Therapie bei Folgen durch übermäßigen Weingenuss. In Griechenland war das Veilchen, eine der ersten Frühlingblumen, als Symbol der wieder erwachenden Erde heilig. Diese Symbolik war noch im hohen Mittelalter präsent. – ↗ **Frühlingsherold** hieß in den Städten der, der das erste Veilchen entdeckte. Der Türmer, der den Frühlingsherold begrüßte, und der Frühlingsherold selbst erhielten einen Ehrentrunk. Im gleichen Sinn wurde das erste Veilchen begrüßt. Es durfte im Mittelalter nur von einem ausgesuchten Mädchen gepflückt werden. Im 12. Jh. zog in Wien der Herzog mit seinem gesamten Gefolge in die Donauauen, wenn das erste Veilchen entdeckt worden war. In den Dörfern war das erste Veilchen vielfach ein Festanlass für ein Frühlings- oder Sommerfest: das **Veilchenfest.** – In Westeuropa gilt das Veilchen auch als Liebeszeichen, das ein Kind der Mutter, der Bräutigam der Braut übereicht. Während die Mehrheit der christlichen Autoren das Veilchen als Symbol der Demut verstand, erwähnt es Augustinus (354–430) als Metapher für Witwen. Bischof Eucherius von Lyon († um 450) dagegen bezeichnet die Bekenner als Veilchen im Gottesgarten der Kirche, »ob similitudinem lividorum corporum« – also weil bei Asketen die Haut infolge ihrer Kasteiungen eine »bläuliche« Farbe angenommen hat! Er ergänzt diesen Gedanken dadurch, dass er die Veilchen als Frühlingsblüter bezeichnet, die nach den Winterstürmen der Christenverfolgungen als Bekennerheilige der Kirche erblühen.

Veilchendienstag ↗ **Fastnacht**, ↗ **Fastnachtschlussbräuche**
Veilchenfest ↗ **Veilchen**

Veit
Der hl. **Vitus** = Veit soll um 304 in Sizilien den Martertod erlitten haben. Seine Reliquien kamen 756 nach St.-Denis bei Paris, 836 nach Korvey. Im St.-Veits-Dom in Prag wird seit 1355 die Kopfreliquie des Heiligen aufbewahrt. Die Popularität des hl. Veit ergab sich durch eine Zurechnung zu den ↗ **Vierzehn Nothelfern.** Die Redensart, »jemanden zum Veit haben«, meint, jemanden zum ↗ **Narren** halten. Veit bedeutet im Oberdeutschen »Dummkopf, zögerlicher Mensch«. Im Salzburgischen heißt es auch: »oan anveiteln«. Der Name des hl. Veit wurde auch verhüllend für den ↗ **Teufel** gebraucht, vgl. Goethe: »Ich will Bamberg nicht sehen, und wenn Sanct Veit in person meiner begehrte«.

Venantius Fortunatus
Venantius Honorius Clementianus Fortunatus (geboren um 535 bei Treviso, nach 600 in Poitiers verstorben), bedeutendster Dichter der Merowingerzeit, verfasste zahlreiche kulturhistorisch bedeutsame Werke, darunter auch hagiographische. Von ihm stammt aus der Zeit um 576 auch eine »Vita S. Martini«, ein Versepos nach der Schrift des ↗ **Sulpicius Severus**, die mit dem Bericht einer eigenen Wunderheilung des Venantius schließt.

Vergnügen
Das mhd. Verb »vergenüegen« ist abgeleitet von dem mhd. Adjektiv »genuoc« = hinreichend. Die Bedeutung »zufriedenstellen, befriedigen« erweiterte sich zu »eine Freude machen«, und – ab dem 18. Jh. – »fröhlich, ergötzen«.

Vergoldenstag
An einem der Abende vor Nikolaus gingen die Frauen in den Niederlanden zu einer benachbarten oder befreundeten Familie. Sie halfen, die vielen Pfefferkuchen mit Flittergold zu vergolden. Nach 21 Uhr kamen die Jüngeren dazu, und man trank Anismilchpunsch, erzählte oder spielte miteinander.

Vergoldete Nüsse ↗ **Nüsse**
Verhüllung der Altarkreuze ↗ **Fastensonntage**
Verhüllungs- und Sichtbarkeitsriten ↗ **Fastentuch**
Verjuxen ↗ **Jux**

Verkleiden
Zu Martini verkleidet sich ein Mann als Sankt Martin (Soldat oder Bischof) und – wenn es einen Bettler gibt – ein Jugendlicher oder Mann als Bettler. Das Verkleiden erlaubt dem Verkleideten, in eine andere Rolle zu schlüpfen, spielerisch eine andere Identität anzunehmen. Für eine überschaubare Zeit ist der Verkleidete jemand anderes, den er nicht nur formal, sondern auch inhaltlich nachahmt. In der Rolle des anderen, hier des St. Martin oder des Bettlers, kann er das spielen, was zu dieser Rolle gehört. Dadurch geschieht Vergegenwärtigung; das bislang nur Erzählte wird als lebendes Bild plastisch und anschaulich, prägt sich als gesehenes, gehörtes und gemeinsam erlebtes Bild beim Betrachter stärker ein. – Das Hineinschlüpfen in andere Rollen ist nicht nur für Kinder typisch, sondern auch für Erwachsene, die – soziologisch gesehen – selbst ständig wechselnde Rollen spielen.

Verkündigung der Gottesmutter ↗ **Marienfeste: Maria Verkündigung**, ↗ **Verkündigung des Herrn**

Verkündigung des Herrn
Nimmt man die Geburt Jesu am 25. Dezember an, so muss seine Empfängnis rechnerisch am 25. März erfolgt sein. Dieses Umstandes gedenkt dieses Fest. Der alte Festtitel ↗ **Maria Verkündigung** (vgl. ↗ **Marienfeste: Mariä Verkündigung**, »conceptio Mariae in der vasten«) benennt – allerdings irreführend – diesen Tatbestand.

Verkündigung Mariens ↗ **Marienfeste: Hochfest der Gottesmutter Maria**
Verlobungstag ↗ **Jahresende**

Verlorener Montag
In den Niederlanden Bezeichnung für den Montag nach dem ersten Epiphania-Sonntag (vgl. auch ↗ **Pflugmontag**, ↗ **Frauenmontag**): Es war der Tag für den Kehraus nach Weihnachten, Neujahr und Dreikönige, ein Aufräumtag.

Veronika
Die hl. Veronika, Christus auf dem Kreuzweg ein ↗ **Schweißtuch** reichend, in dem sich anschließend das Abbild Jesu wiederfindet, gehör-

Veronika mit dem Schweißtuch Jesu. Gemälde. D. Mosler; Stecher: E. Rittinghaus. – Privatbesitz, Nr. 134/1856

te seit dem Mittelalter zum Bildbestand fast jeder Kirche. Die in der Bibel nicht erwähnte Veronika, so nehmen heutige Forscher an, ist eine Personifizierung des Wissens um eine alte Abbildung des Hauptes Jesu. Wie man noch heute am Turiner Grabtuch glaubt nachweisen zu können, war dieses Tuch so gefaltet, dass man nur das abgebildete Haupt erkennen konnte. In einen Rahmen gefügt, war dieses Bild in Konstantinopel ausgestellt und prägte seither die typische künstlerische Jesusdarstellung. Für die Annahme, Veronika sei eine Fiktion, spricht ihr Name, der sich lateinisch als »vera ikona« (wahres Abbild) deuten lässt. Trotzdem hat die das **Schweißtuch** reichende Veronika bis heute die Frömmigkeit belebt: Eine Frau widersetzt sich den Römern durch eine mildtätige Handlung. Sie wird dadurch belohnt, dass Jesus sich ihr unwiderruflich einprägt. Getaner Glaube in glaubensfeindlicher Umwelt stellt sich hier prägnant dar.

Versehtuch ↗ **Fromme Tücher**, ↗ **Versehzeug**

Versehzeug

Früher bewahrten katholische Familien – meist in einer besonderen Schublade unterhalb des Hausaltares – ↗ **Taufkleid** und Versehzeug auf. Das Versehzeug bestand aus den Dingen, die beim Versehgang, dem Besuch des Priesters bei einem Schwerkranken zur Krankensalbung oder – wie es auch einmal hieß – Letzten Ölung benötigt wurden. Dies waren in der Regel wenigstens ein Sterbekreuz und zwei Kerzenständer mit Kerzen und ein ↗ **Versehtuch** – ein Tuch, auf das das Versehzeug gestellt wurde und auf das der Priester die Pyxis mit der Hostie und die Gefäße mit den geweihten Salbölen stellen konnte (vgl. ↗ **fromme Tücher**).

Versöhnungstag ↗ **Unschuldige Kinder**
Verspotten ↗ **Rüge- und Spottbrauchtum**, ↗ **Spott**, ↗ **Spottbrauchtum**
Verulken ↗ **Ulk**

Vesperbild

Das Vesperbild ist die figürliche oder bildliche Darstellung Jesu von Nazaret während der Geißelung, nur mit einem Lendentuch bekleidet, mit den Händen oder dem ganzen Körper an eine Säule gefesselt oder bereits zusammengebrochen, blutüberströmt. Seltener wird als Betrachtungsgegenstand die Verspottung Jesu mit einem roten Mantel und der ↗ **Dornenkrone** gewählt. Das früher in fast jeder Kirche zur Betrachtung während der Vesper aufgestellte Bildnis findet sich heute fast nur noch in Museen. Ein Vesperbild, der »Wiesheiland«, war Anlass zur Wallfahrt nach Wies bei Steingaden, der »Wieskirche« (vgl. ↗ **Passionsfrömmigkeit**).

Via dolorosa

Der Leidensweg Jesu, die via dolorosa, war in Jerusalem den Christen Anlass, Jesus auch physisch auf diesem Weg nachzufolgen. Außerhalb von Jerusalem folgte man der via dolorosa geistig in Form von Kreuzweg-Andachten (vgl. ↗ **Passionsfrömmigkeit**).

Vielliebchentag ↗ Lichtmess

Vierbergelauf

Der Kärntner **Vierbergelauf**, eine Wallfahrt im Zollfeld zwischen St. Veit (Glan) und Klagenfurt, wurde analog zu den vier ↗ **Leidenswerkzeugen** (**Dornenkrone, Kreuz, Lanze, Nägel**; vgl. ↗ **Arma Christi**) am ↗ **Dreinageltag** eingerichtet.

Vierjahreszeitenorakel ↗ Orakelbräuche, ↗ Weihnachtsorakel

Vier Marschälle Gottes

Die vier heiligen Marschälle sind ↗ **Antonius, der Eremit**, Papst ↗ **Cornelius**, ↗ **Hubert(us)** von Tongern-Maastricht und ↗ **Quirinus** von Neuss. Als Einzelheilige bereits hochverehrt, fasste sie das Mittelalter, das die Zahlensymbolik liebte, in dieser Gruppe zusammen. Ihre Verehrung blühte vom 14. bis zum 17. Jh. Die vier Marschälle galten als besonders einflussreiche Hofbeamte am Thron Gottes. Sie wurden angerufen gegen Fallsucht, Krämpfe, Tollwut und Viehkrankheiten. Bedingt durch die nahen Hauptkultstätten (Antoniusklöster in Köln und Wesel; Kornelimünster, St. Hubert, St. Quirin in Neuss) war der Kult vor allem im Rheinland zu Hause.

Vierzehnheilige / Vierzehn Nothelfer

Wenn man schon einen Heiligen als mächtigen Fürsprecher bei Gott betrachten kann, um wieviel mehr muss dies für ganze Gruppen gelten, dachten sich die Menschen im Mittelalter. Die bis

Die vierzehn Nothelfer mit Gottvater und dem Gnadenbild Mariens aus Passau, aus: Das große Festtagsbuch. Feiern, Tanzen und Singen. Hrsg. v. Walter Hansen. Freiburg i.Br. 1984. – Vorlage: Archiv Herder

heute bekannteste Gruppe wurde im 14. Jh. gebildet: die Vierzehnheiligen oder heute: Vierzehn Nothelfer. Das NT kennt die Vortellung, dass Kinder stets von Schutzengeln begleitet werden (vgl. Matthäus 18,10). Seit dem 14. Jh. trifft diese Tradition mit der von den Vierzehn Heiligen zusammen, d.h. dem Glauben an spezielle Heilige, die in bestimmter Not angerufen werden. Ihre

Verehrung verbreitete sich im 15. Jh. über den deutschsprachigen Raum hinaus. Dieser Gedanke ist der Hintergrund der überlieferten Erscheinung, die der Sohn des Klosterschäfers 1445/46 in Frankental bei Bamberg (Kloster Langheim) hatte: Ihm erschien Christus im Kreis von vierzehn Kindern, die sich als heilige Nothelfer vorstellten. – In Vierzehnheiligen bei Staffelstein bildete sich ein bis heute viel besuchter Wallfahrtsort. Die Vierzehn Nothelfer werden – in Bild und Plastik – meist unter der Gottesmutter Maria dargestellt. Es sind: **Achatius**, der Soldat (in Todesangst); Abt **Ägidius** (Helfer bei der Beichte); ↗ **Barbara** (in der Sterbestunde); ↗ **Blasius** von Sebaste (bei Halsleiden und anderen Krankheiten); ↗ **Christophorus** (gegen unvorbereiteten Tod); **Cyriakus** von Rom (bei Besessenheit); **Dionysius** von Paris (bei Kopfschmerzen); **Erasmus** (bei Leibschmerzen); **Eustachius** (in aller Not); **Georg** (Schutzheiliger der Reiter und der Haustiere); ↗ **Katharina** von Alexandrien (bei Kopfschmerzen); ↗ **Margaret(h)a** von Antiocheia (Beistand der Gebärenden); **Pantaleon** (bei allen Krankheiten); ↗ **Vitus** (bei Epilepsie, Tollwut und Besessenheit).

Lokale oder regionale Traditionen fügen den Vierzehnheilgen gerne noch einen ihrer Heiligen zu. Der hl. ↗ **Nikolaus** wurde ebenfalls im Hoch- und Spätmittelalter gern den Vierzehnheiligen (Nothelfern) zugerechnet. Die Bedeutung der Vierzehnheiligen ergibt sich auch daraus, dass in der zweiten Hälfte des 20. Jh. allein in Deutschland mehr als 830 spezifische Kultstätten bestehen. – Andere Heiligengruppen sind die ↗ **Vier Marschälle Gottes** und die ↗ **Drei heiligen Madl.**

Vierzig-Ritter-Tag

Der 10. März galt als 40 Ritter-Tag (Tag der 40 Ritter, Vierzig-Ritter-Tag). Gedacht wurde der vierzig Märtyrer von Sebaste, 40 christlicher Soldaten der »Legio fulminata«, die während einer Christenverfolgung unter dem oströmischen Kaiser Licinius (308–324; Mitregent Konstantins d. Gr. im Osten; von diesem besiegt) dadurch zu Tode gebracht wurden, dass sie – nackt – während einer Winternacht auf einem öffentlichen Platz oder dem Eis eines benachbarten Teiches ausgesetzt waren. Ihre erstarrten Körper wurden dann verbrannt. Der Tag war mit dem Wetterspruch verbunden: Friert es am 40-Rittertag, so kommen noch 40 Fröste nach.

Vierzigster Tag der Geburt unseres Herrn Jesus Christus ↗ **Marienfeste**, ↗ **Darstellung des Herrn**

Vierzigstündiges Gebet ↗ **Ewiges Gebet**

Vinire, swinta maica ↗ **Freitag**

Vinzenztag

Der Gedächtnistag des hl. Vinzenz (22. Januar). Vinzenz war Diakon von Saragossa und starb um 304 als Märtyrer. Zusammen mit ↗ **Stephanus** und Laurentius bildet er das berühmte Diakonen-Dreigestirn der Alten Kirche. Der Vinzenztag galt im Mittelalter als Tag der Vogelhochzeit und war deshalb mit einem ↗ **Hochzeitsorakel** verbunden: Wenn ein Mädchen oder ein junger Mann an diesem Tag ein Vogelpaar sahen, durften sie auf Hochzeit im kommenden Jahr hoffen (vgl. ↗ **Pauli Bekehrung**).

Vitus ↗ **Veit**

Vogelschießen

↗ **Scheiben**- oder Vogelschießen nennt man den Wettkampf der ↗ **Schützen**, bei dem sie ihren König für ein Jahr ermitteln.

Vogel zeigen ↗ **Narren stechen**

Volborn ↗ **Februar**, ↗ **Monate: Februar**

Volkspassion ↗ **Trauermette**

Volkstrauertag

Seit 1920 wurde vom Volksbund Deutscher Kriegsgräberfürsorge e.V. die Einrichtung eines

Vogelschießen auf der Dresdner Vogelwiese, aus: Otto Frhr. von Reinsberg-Düringsfeld, Das festliche Jahr, Leipzig 1898

Volkstrauertages zum Gedächtnis der Kriegstoten betrieben. 1925 eingerichtet und nach dem Zweiten Weltkrieg wieder neu eingerichtet, wird der Tag am vorletzten Sonntag vor dem 1. Advent gefeiert.

Volmant ↗ **Monate: September**
Volrot ↗ **Monate: Dezember**
Vorfastenzeit ↗ **Fastensonntage**, ↗ **Fastenzeit, österliche**
Vorkirmes ↗ **Kirmes**
Vorname ↗ **Namenstag**

Votivgabe

Wenn einem Beter vor einem Gnadenbild die Erfüllung seiner Bitte gewährt wurde, ob es nun als ein Wunder bezeichnet wird oder auch nicht, schenkt er oft dem Gnadenbild eine plastische oder gemalte Abbildung dessen, was ihm gewährt wurde: einen Krückstock für ein funktionsfähiges Bein, ein Herz für ein geklärtes zwischenmenschliches Problem, ein volkstümlich gemaltes Bild von einem überstandenen Unfall usw... Die plastischen Teile können aus einfachen Materialien wie Holz, Wachs oder aber auch aus kostbaren Edelmetallen und wertvollen Steinen bestehen. Nicht unüblich ist es, dem Gnadenbild eine Kerze oder einen Rosenkranz oder Ring zu schenken. Vielfach wird das Gnadenbild mit den Geschenken geschmückt und so zu einer ↗ **Schmuckmadonna**, wie z. B. das Gnadenbild im Kölner Dom.

Votivtafel

Die gewährte Bitte vor einem Gnadenbild kann nicht nur durch einen Eintrag in das ↗ **Mirakelbuch** oder durch eine ↗ **Votivgabe** gewürdigt

Votivgaben an der Schmuckmadonna: Köln, Dom, Dreikönigsaltar (Detail). Dombauarchiv Köln; W. Kralisch

werden, sondern auch durch eine Votivtafel, auf der schlicht steht: »Maria (oder Antonius ...) hat geholfen« sowie das Datum und der Spender der Votivtafel. Zum Teil finden sich solche Hinweise auch auf den Votivgaben.

Vulbuks Abend ↗ Weihnachtsessen
Vulmant ↗ Monate: September
Vulneborn ↗ Februar, ↗ Monate: Februar

Votivtafel: Natternbiss bei der Ernte, aus: Wilhelm Theopold, Votivmalerei und Medizin. Verlag Karl Thiemig, München 1977

W

Wachsgießen
Wie das ↗ **Bleigießen** ist das Wachsgießen ein ↗ **Orakelbrauch.**

Waffenstillstand
Militärische Auseinandersetzungen werden während der Weihnachtsfeiertage gelegentlich des ↗ **Weihnachtsfriedens** wegen auf Zeit unterbrochen (vgl. ↗ **Weltfriedenstag**).

Wagenkranz ↗ Adventskranz
Wagenrad ↗ Adventskranz
Wahrer Jakob ↗ Jakobus der Ältere
Walpurgisnacht ↗ Pfingsten
Waleien ↗ Eierspiele, ↗ Osterspiele
Wandelglocke ↗ Glocken
Wandelkrippe ↗ Weihnachtskrippe
Wandernde Muttergottesandacht ↗ Frautragen
Wasserwaage, Gewichte für die ↗ Narrenaufträge
Wasserweihe ↗ Dreikönige, ↗ Karsamstag, ↗ Stephanus

Wasserwunder
Die Eltern in Halle lassen den hl. Martin jedes Jahr ein »Wasserwunder« vollbringen: Die Kinder stellen nachts Krüge mit Wasser vor die Türen, weil ihnen gesagt wird, der hl. Martin habe die Macht, Wasser in Wein zu verwandeln. Nachts tauschen die Eltern das Wasser gegen frischen Most um und geben ein ↗ **Martinshörnchen** dazu.

Wechselgesänge
Seit Ephrem dem Syrer (378) sind Wechselgesänge in der Liturgie bekannt. Sie sind die Vorstufe gewesen zur Dramatisierung der Weihnachtserzählungen (↗ **Kindleinwiegen**, ↗ **Paradies- und Krippenspiele**, ↗ **Dreikönigsspiele**) und der ↗ **Weihnachtslieder.**

Weckmann
In den frühen Tagen der Kirche war es üblich, sonn- und feiertags nach dem Gottesdienst als Kommunionersatz denen, die die Eucharistie nicht empfangen hatten, nicht hatten empfangen dürfen (= Büßer, Katechumenen) oder nicht hatten empfangen können (= daheimgebliebene

Weckmänner. – Aus: Leckere Weihnachtsbäckerei. Verlag Helmut Lingen, Köln 1979

Kranke), gesegnetes, aber nichtkonsekriertes Brot zu reichen. In der griechisch- und russisch-orthodoxen Liturgie hat sich dieser Brauch erhalten, der auf die urchristliche Agapefeier (Liebesmahl) nach dem Gottesdienst zurückgeht, die wiederum ein Brauch ist, den die Juden noch heute pflegen: Nach dem Kabalath-Sabbat, dem Gottesdienst am Freitagabend zum Sabbatbeginn, versammeln sich alle Gottesdienstteilnehmer zu einem gemeinsamen Mahl. Im Laufe der Zeit erhielt in der Westkirche das dabei verwandte Gebäck eine auf den Festinhalt bezogene Form. Man nennt es ↗ **Gebildebrot.** Der Weckmann, ursprünglich wohl nur ein am Nikolaustag übliches Nikolausgebäck, später auch am Martinstag und heute in der gesamten Adventszeit üblich, (**Stutenkerl** oder **Piepenkerl** im Westfälischen; **Hefekerl** in der Schweiz; **Kloskählsche** in Neuss, aber auch **Printenmann, Hanselmann, Kla(u)senmann, Jahresmann**) ist ein ↗ **Gebildebrot**: eine mit Weizenmehlteig geformte oder in den Teig geformte Figur: Dargestellt ist ein Bischof! Die heute meist vorfindliche Tonpfeife ist ein Irrtum: Dreht man die Tonpfeife mit dem Kopf nach oben, so erkennt man noch, dass statt der Tonpfeife ursprünglich ein Bischofsstab angebracht war. Die Tonpfeifen kamen auf, als die Westerwälder Pfeifenbäcker neue Absatzmärkte suchten. Der mindestens seit dem 15. Jh. bekannte Weckmann hat seitdem eines Siegeszug angetreten, der ihn heute auch in Bäckereien Süddeutschlands, in München ebenso wie in Stuttgart oder Freiburg »heimisch« hat werden lassen. Die Bezeichnung **Printenmann** drückt die Form des ↗ **Gebildebrotes** aus, **Stuten, Stutenkerl** und **Wecken, Wegge** oder **Weckmann, Wegg(e)mann** bezeichnen Teigart und Form des Gebäcks.

Wedemaent ↗ Monate: Juni
Wegg(e)mann ↗ Weckmann
Wegge ↗ Weckmann

Weiberdingete ↗ Johannes Apostel
Weiberdonnerstag ↗ Fastnachtszeit, ↗ Weiberfastnacht
Weiberfastelabend ↗ Weiberfastnacht

Weiberfastnacht
Im Rheinland und in anderen Teilen Deutschlands übernehmen die Frauen am Karnevalsdonnerstag (vgl. ↗ **Fastnachtszeit**), der Weiberfastnacht oder ↗ **Wieverfastelovend** genannt wurde, das Regiment. Die alemannische Fastnacht nennt diesen Tag ↗ **schmotziger Donnerstag**, wobei das Wort »schmotzig« fettig bedeutet, ein Hinweis auf das fastnachtliche Fettgebäck. Andere Namen für diesen Tag sind: ↗ **Zimberstag** in Westfalen, ↗ **Lutzenfastenabend** in Köln, ↗ **fetter Donnerstag** im Rheinland, in Luxemburg und bei den Flamen, ↗ **Deckendonnerschdiesch** im Hunsrück, ↗ **feister Pfinstag** in Böhmen, ↗ **irrsinniger Donnerstag** oder ↗ **Pfinztag** in der Schweiz, ↗ **toller Donnerstag** in Westböhmen, ↗ **gumpiger**, ↗ **lumpiger** oder ↗ **schmutziger** (schmotziger = fetter) **Donnerstag** in Schwaben, ↗ **rußiger Donnerstag.** In Italien heißt der Tag »Giovedi grasso«. – Dem einen mag dieser Tag »emanzipatorisch« erscheinen, andere verweisen auf den Ursprung, der das genaue Gegenteil belegt: Die »Weiberherrschaft« galt einmal als verkehrte Welt, repräsentierte die ↗ **civitas diaboli.** An den jahrhundertealten Karnevalsgewohnheiten aber relativ neu ist, dass der Fastnachtstag der Frauen heute zum Karnevalsauftakt, früher zum Karnevalsabschluss begangen wurde. Die **Weiberzeche** oder ↗ **Jungfernfastnacht** bestanden im Mittelalter aus der Bewirtung der »besseren« Damen durch den Rat. Festmähler, Zehrgelder und kostenloser Weingenuss kennzeichneten »der lieben Weiber Sauftag«, wie der Aschermittwoch in einer Schwenninger Chronik genannt wird. – Auch in den Klöstern gab es Fastnachtsfeiern, nicht nur bei den Männern, sondern auch bei

den Nonnen und Stiftsfrauen. Was sonst verboten war, galt da als erlaubt: Von Tee, Kaffee, Schokolade, Karten- und Glücksspiel bis zum frühen Morgen berichtet eine Nonne 1729 aus einem rheinländischen Kloster. Von übervollen Speisetafeln, Wein und Tanz wissen auch Visitationsprotokolle des 16. und 17. Jh. zu erzählen. – Während die bürgerlichen Frauen im Mittelalter meist geladene Gäste des städtischen Rates waren, organisierten sie in späterer Zeit ihr Fest selber, zahlen aber mussten der Rat oder andere. Notfalls stiftete ihnen die Gemeinde einen guten Baum aus dem Gemeindewald, von dessen Ertrag sie feiern durften. Männer haben zum Weiberfastnachtstag schon immer einen schweren Stand gehabt, gehört es doch zum närrischen Ritual, sie eines symbolischen Männlichkeitszeichen zu berauben. Heute ist dies meist die **Krawatte**, die abgeschnitten und in die weibliche Trophäensammlung aufgenommen wird. Früher wurden die Männer ihrer Hüte und Jacken beraubt, die sie gegen Gebot wieder auslösen mussten. Aus Westfalen wird berichtet, dass ihnen von den Frauen die Stiefel ausgezogen wurden, um sie in die Zehen zu beißen! – Die moderne Weiberfastnacht hat ihren Ursprung 1824 in Beuel bei Bonn. Dort verdienten viele Frauen ihr Geld als Wäscherinnen, während ihre Männer die schmutzige Wäsche vor allem in Köln einsammelten und gewaschen wieder austrugen. Nachdem 1823 in Köln durch die Gründung eines Festkomitees der Karneval renoviert worden war, feierten die Beueler Männer 1824 in Köln den Karneval mit – oder muss man sagen, sie trugen an diesem Tag besonders intensiv die Wäsche aus? Die Beueler Frauen, nicht faul, nutzten die Gunst der Stunde, um ein eigenes Damenkomitee zu gründen und eigene, damengeleitete Veranstaltungen zu organisieren. Wie genau in jenem Jahr gefeiert wurde, weiß niemand mehr zu sagen; alle Unterlagen sind vernichtet. Der mündlichen Überlieferung nach zog man kostümiert durch die Straßen und traf sich anschließend zum fröhlichen Kaffeeklatsch. Heute beginnt Weiberfastnacht in Beuel, Düsseldorf und vielerorts mit der Erstürmung des Rathauses. Die ↗ **Möhnen**, wie die närrischen Weiber rheinisch genannt werden, feiern anschließend – in Köln übrigens ohne Rathaussturm – ausgiebig. Falls an diesem Tag Hausarbeit zu Hause anfällt, ist sie Sache des Ehemannes und der Kinder.

Weibermühle

Der närrische Glaube an eine Verjüngung durch den Einsatz von Wunder- und Zauberdingen ist seit der Antike lebendig – ist es doch menschlich, das Alter überwinden und die Jugend zurückgewinnen zu wollen. Aus den Kräutern der Medea wurden Verjüngungstrunke und Zaubersalben hergestellt, im Mittelalter schwor man auf die Wirkung des ↗ **Jungbrunnens** und später auf die Verjüngung in der Weibermühle. Die Redensart, »auf die Weibermühle (nach ↗ **Trippstrill**) gehen, wo man alte Weiber jung macht«, besagt: etwas völlig Unmögliches, Vergebliches tun, sich der trügerischen Hoffnung der Verjüngung hingeben. Dies drückt auch die Redewendung aus: Je-

Altweibermühle. Kupferstich aus der Offizin von Albrecht Schmidt, Augsburg (1667–1744). Aus: N.-A. Bringeus, Die Kunst, wieder jung zu werden, in: Ethnologia Scandinavica 1980

manden auf die Weibermühle bringen, wo die bösen Weiber umgemahlen werden – ein hässliches, altes, böses Weib gegen ein fröhlich, freundliches, junges eintauschen. Die Vorstellung von der Weibermühle war im 19. Jh. populär, bildete und bildet bis heute bei Fastnachtsspielen den Rahmen abwechslungsreich grotesker Szenen. Der Neu-Ruppiner Bilderbogen wirbt:

Weiber, die euch Runzeln drücken,
Die ihr gehen müsst an Krücken,
Die das Alter drückt so schwer,
Kommt in diese Mühle her!

Die ihr Männern nicht gefallet,
Deren Zunge nur noch lallet,
Und die launenhaft ihr seid,
Euch steht Hülfe hier bereit.

Falten werden hier geglättet,
Und verlorne Liebe, wettet,
Wird euch wieder hier zu Theil.
Hier ist für Geld die Jugend feil!

Zank und Hader wird vertrieben,
Und aus jeder bösen Sieben,
Wird ein sanfter Engel gleich,
Liebevoll und tugendreich.

Weiberrecht

Der Umkehrung aller Normen und Werte in der Fastnacht entspricht in männerdominierten Gesellschaften das Weiberrecht: Am Donnerstag vor dem ↗ **Fastnachtssonntag**, dem ↗ **schmotzigen Donnerstag**, hatten die »Weiber das Sagen«. (»Weiber« entspricht einem alten, nicht despektierlichen Sprachgebrauch, wie er bis zur Zeit nach dem Zweiten Vatikanischen Konzil (1962–1965) auch noch im »Ave Maria« üblich war, wenn gebetet wurde: »... du bist gebenedeit unter den Weibern«). Der Tag, in Teilen des deutschsprachigen Raumes ↗ **Weiberfastnacht**, ↗ **Altweiber(fastnacht)** genannt, wird in verschiedenen Formen begangen. Meist verkleiden sich die Frauen als ↗ **Möhnen** (= alte Frauen) oder ↗ **Muhmen**. Sie dürfen an diesem Tag die Männer zum Tanz auffordern, abküssen, ihnen die ↗ **Krawatten** abschneiden, das Signum ihrer Männlichkeit. Wo es üblich ist, stürmen die Frauen an diesem Tag das Rathaus und übernehmen die Stadtschlüssel, die meist an den Prinzen Karneval weitergereicht werden. Wo der ↗ **Sitzungskarneval** üblich ist, sind ↗ **Mädchen- oder Frauensitzungen** entstanden, bei denen – unter den Teilnehmern – kein Mann geduldet wird. In dem Maß, wie Männergesellschaften toleranter und partnerschaftlicher werden, veräußerlicht das Weiberrecht zu einer Tradition ohne inneren Druck.

Weiberzeche ↗ **Weiberfastnacht**
Weidemaent ↗ **Monate: Juni**
Weiden(zweige) ↗ **Hilfen gegen Unwetter**
Weihekorb ↗ **Eierweihe, österliche**

Weihnachten

»Ze wihen nahten«, in der Heiligen (vgl. ↗ **heilig**) Nacht, wenn »das Licht in die Finsternis leuchtet« (Johannes 1,5), wird »Weihnacht« (Singular!) gefeiert, das Christfest oder genauer: das Fest der Geburt Christi. In dem Maße, wie sich die Erkenntnis von der zweifachen Wesenheit Jesu – wahrer Gott und wahrer Mensch – entwickelte, wurde die ↗ **Menschwerdung** Christi auch liturgisch gefeiert. Gab es ursprünglich parallel zum Fest der Auferstehung an Ostern nur das Fest der Erscheinung des (göttlichen) Herrn am 6. Januar, kam seit dem 2. Jh. das Fest der Geburt Christi auf. Papst Liberius (352–366) legte 354 die Feier des Weihnachtsfestes auf den 25. Dezember fest. Die Dauer des Festes wurde von der Mainzer Synode 813 für Deutschland auf vier Tage bestimmt. Unser heutiges Weihnachtsfest entfaltete sich in mehreren Schritten. Vom 3.–5. Jh. entwickel-

Giotto, Weihnachtsfeier in Greccio (um 1295/30). Assisi, San Francesco, Oberkirche. – Vorlage: Archiv Herder

te sich Weihnachten zu einem Fest. Im 5. und 6. Jh. wird Weihnachten zum dritten Hochfest der Christen. Im 6.–9. Jh. gestaltet sich der weihnachtliche Festkreis aus. Vom 9.–16. Jh. entwickeln sich viele Festformen, die noch für uns heute Weihnachten ausmachen: Weihnachtslieder, Krippenverehrung, Schmücken usw. Vom 16.–19. Jh. verändert sich das Weihnachtsfest: Weihnachten bekommt zunehmend romantische Züge, wird in evangelischen Kreisen zum ↗ **Kinderbeschenktag**; Christbaum und Krippe halten Einzug in die Privathäuser. In Fortsetzung dieser Tradition wird Weihnachten im 18.–20. Jh. zunehmend zu einem Familienfest.

Chronologie des Weihnachtsfestes

274	25.12.: In Rom wird das heidnische Fest »Natalis Solis invicti« eingeführt.
ca. 300	In Ägypten wird Weihnachtsgottesdienst gefeiert; aus Faijum ist ein Liedblatt erhalten, das einen weihnachtlichen Wechselgesang von Chor und Gemeinde belegt.
336	25.12.: Weihnachtsfest in Rom; Quelle: röm. Kalender (Filocalus).
354	25.12.: Weihnachtsfest in Rom; Quelle: röm. Kalender (Chronograph).
354	25.12.: Erste (belegbare) Weihnachtspredigt in Rom durch Papst Liberius in S. Liberiana (dort wird eine – unechte – Reliquie der Krippe von Betlehem aufbewahrt).
ca. 360	In Nordafrika wird Weihnachten gefeiert.
379	25.12.: Gregor von Nyssa führt in Ostrom den 25.12. als Festtermin ein; für den alten Festtermin 6.1. verbleiben: Adoration der Magier, Taufe Jesu, erstes Wunder in Kana.
380	25.12.: In Spanien wird Weihnachten gefeiert.
381	Konzil von Konstantinopel: Weihnachten wird am 25.12. gefeiert.
Ende 4. Jh.	In Oberitalien wird am 25.12. Weihnachten gefeiert.
431	Konzil von Ephesus: Maria wird zur Gottesgebärerin erklärt.
432	Am 25.12. gibt es die erste Weihnachtspredigt in Alexandria durch Paul von Emesa; Formen des Helios-Kultes werden adaptiert.
498	Am 25.12. wird Chlodwig getauft.
800	Am 25.12. wird Karl der Große zum Kaiser gekrönt.
831	Mainzer Synode: Weihnachtsfest wird in Deutschland eingeführt.

Weihnachtsabend. Holzschnitt (1796).
Vorlage: Archiv Manfred Becker-Huberti

Spätestens im 20. Jh. steht Weihnachten in der Gefahr, zu einem folkloristischen Konsumfest zu verkommen.

Weihnachtsabend

Der Weihnachtsabend, auch ↗ **Heiligabend**, früher »profesto domini«, beginnt liturgisch mit dem Sonnenuntergang am 24. Dezember. Vor allem für die Kinder werden zu diesem Zeitpunkt Weihnachtsgottesdienste gefeiert. Der eigentliche Weihnachtsgottesdienst sollte Mitternacht »berühren«, ein Mitternachtsgottesdienst sein, ↗ **Weihnachtsmette.** Der 24. Dezember ist der Gedenktag für ↗ **Adam und Eva** gewesen.

Weihnachtsbaum (-plündern) ↗ Christbaum

Weihnachtsbescherung

Der ironische Ausspruch, dass etwas eine schöne Bescherung sei, kennzeichnet die Zwiespältigkeit, die mit der Bescherung heute verbunden ist. Der nur im Deutschen gebräuchliche Terminus »Bescherung« ist abgeleitet von dem mhd. Wort »beschern«, das »zuteilen« oder »verhängen« bedeutete. Verwendet wurde der Begriff meist in Verbindung mit Gott oder Schicksal: »Es ist mir (von Gott) beschert.« Weil man die Weihnachtsgeschenke als Geschenke des »Christkinds« deutete, also eine Art von nicht hinterfragbarer Zuteilung waren, wurden Kinder »beschert«. Zeitpunkt und Form der Bescherung variieren: Heute werden die Kinder meist am Heiligabend nach Anbruch der Dunkelheit zur »Bescherung« gerufen; andererseits ist es in vielen Familien auch üblich, dass die Kinder ihre Geschenke am Morgen des ersten Weihnachtstages finden. In den Familien wird in der Regel kein »Kinderbeschenker« bemüht, selten ein »Weihnachtsmann«. Ein personifiziertes »Christkind« oder ein leibhaftiger »Nikolaus« sind am Heiligabend im Familienkreis nicht üblich. Wenn man die Geschenke auf eine solche Person zurückführt, wird unterstellt, dass sie heimlich da waren. Das heimliche Schenken über Nacht ist ein Nikolaus-Relikt.

Weihnachtsbräuche

»Was gehört bei Ihnen zum Weihnachtsfest?« hat das Nachrichtenmagazin FOCUS 1994 und 1995 die Deutschen in einer repräsentativen Erhebung fragen lassen. Als »Weihnachtsbräuche« – nicht im engeren Sinne verstanden als »Brauchtum« – wurden benannt (Mehrfachnennungen möglich): Geschenke 95% (1994: 92%), Festessen 88% (1994: 84%), Tannenbaum 86% (1994: 86%), Weihnachtsmusik von Schallplatte oder CD 85% (1994: 82%), Selbstgebackenes

Der Weihnachtsfestkreis – Übersicht

Biblische Ereignisse	Liturgische Feste	
Maria Verkündigung	25.3.	Fest Verkündigung des Herrn
Geburt Johannes des Täufers	24.6.	Fest Johannes des Täufers
Mariä Heimsuchung	2.7.	Fest Mariä Heimsuchung
		[10.11. Fest St. Martin]
		(bewegliche Feste:)
		1. – 4. Advent
		Quatembertage
		Roratemessen
	30.11.	Fest Apostel Andreas
	6.12.	Fest St. Nikolaus
	8.12.	Fest der Unbefleckten Empfängnis der Jungfrau Maria
	13.12.	Fest St. Lucia
	21.12.	Fest Apostel Thomas
Herbergssuche		
	24.12.	Gedenktag für Adam und Eva
		Vigil von Weihnachten
		Heiliger Abend
Geburt Jesu Christi	25.12.	Erster Weihnachtstag
	26.12.	Zweiter Weihnachtstag
	27.12.	Fest Apostel und Ev. Johannes
Betlehemitischer Kindermord	28.12.	Fest Unschuldige Kinder
	29.12.	Fest St. Thomas, Apostel
	31.12.	Fest St. Silvester, Papst
Beschneidung des Herrn	1.1.	Fest der Beschneidung des Herrn
Anbetung der Magier	6.1.	Epiphanie, Dreikönige
Flucht nach Ägypten		
	21.1.	Fest St. Agnes
Darstellung Jesu im Tempel	2.2.	Mariä Lichtmess

Der Weihnachtsbaum wird eingekauft (um 1850).
Vorlage: Archiv Manfred Becker-Huberti

78% (1994: 85%), Besuch der Kirche 53% (1994: 61%), selbstgesungene Weihnachtslieder 30% (1994: 46%). 1994 meinten 56%, Weihnachten sei immer noch ein christliches Fest, 12% hielten es nur für eine Sache für Kinder bzw. Eltern oder Großeltern, 31% schätzten es einfach nur noch als eine überkommene Tradition ein.

Weihnachtsbriefmarken

Gezackte Weihnachtskrippen werden sie genannt. Zwei Briefmarken mit weihnachtlichen Motiven gibt die Deutsche Bundespost jährlich in Form von »Zuschlagspostwertzeichen« aus. Am 13. November 1969 erschien die erste bundesdeutsche **Weihnachtsbriefmarke**. Der erwirtschaftete Zuschlag kommt über die Bundesarbeitsgemeinschaft der Freien Wohlfahrtspflege, der Arbeiterwohlfahrt, dem Diakonischen Werk, der Caritas und dem Deutschen Paritätischen Wohlfahrtsverband zugute. Allein 1993 hat die Post von beiden Marken mehr als 17 Millionen Exemplare verkauft. Über 500 Millionen Briefmarken insgesamt sind so in Deutschland geklebt oder gesammelt worden. Wieviele andere Länder ebenfalls Briefmarken mit Weihnachtsmotiven verkaufen, lässt sich wohl kaum genau ermitteln; es dürften über 100 sein, zu denen auch islamische Staaten gehören. Dargestellt werden weihnachtliches Brauchtum, weihnachtliche und speziell christliche Motive.

Weihnachtsessen

Das traditionelle Weihnachtsessen nach der Christmette (↗ **Mettenmahl**) oder zum Mittag des Weihnachtstages, ein Festtagsmenue, bestand aus Schweinebraten (↗ **Mettensau**) und Klößen. Dass dabei tüchtig zugegriffen wurde, lag nicht nur daran, dass die Menschen im Mittelalter erheblich seltener Fleisch und überhaupt genügend zu essen bekamen. Der 24. Dezember war ein strenger Fasttag, an dem nur einmal sättigend und fleischlos gegessen werden durfte. Reichliches Essen und Trinken, oft geradezu eine Völlerei, gehörte zur mittelalterlichen Festtags«kultur« ebenso wie das überreiche Angebot, das schließlich – so lautete die Entschuldigung – dazu dienen sollte, weiteren Überfluss in Zukunft anzulocken. Wen wundert es, wenn sich in Norddeutschland für den Heiligabend der Begriff »Vulbuks Abend« (Abend des vollen Bauches) einbürgerte. Das Weihnachtsessen geschah eben nicht allein »just for fun«, sondern war genau reglementiert. Viele Bestandteile der weihnachtlichen Speisen haben vorchristliche Ursprünge (vgl. auch ↗ **Festgebäck**). Zum Schweinebraten vgl. ↗ **Schwein**. Die Klöße wurden in vorchristlicher Zeit zu Ehren der Frau Perchta gegessen; wer hier nicht genügend zugriff, musste mit Strafe durch Perchta rechnen. Fisch zu Weihnachten hatte Sühnefunktion (vgl. ↗ **Fisch**, ↗ **Weihnachtskarpfen**) oder sollte Reichtum bringen. Salate zu Weihnachten umfassten einzelne Pflanzen mit unterschiedlichen Heilkräften. Salz und Brot halfen, den Tod abzuhalten, Äpfel symbolisierten Gesundheit, Bohnen und Linsen Wohlstand. Jüngeren Ursprungs ist die ↗ **Weihnachtsgans** mit den beiden anderen Weihnachtsvögeln Puter und Truthahn.

Sonderwertzeichen der dt. Post: Weihnachten 1993.
Vorlage: Archiv Manfred Becker-Huberti

Weihnachtsfasten ↗ **Martini**
Weihnachtsfisch ↗ **Fisch**

Weihnachtsfriede
Ein Gedanke, der aus vorchristlicher Zeit übernommen wurde, in der der ↗ **Julfriede** in den ↗ **Rauhnächten** galt.

Weihnachtsgans
Die ↗ **Gans** ist ein ausgesprochen junges ↗ **Weihnachtstier** oder im übertragenen Sinne **Weihnachtsvogel**, der aus England zu uns gekommen sein soll. Einer Legende nach hat die englische Königin Elisabeth I. (1558–1603) die Nachricht vom Sieg über die spanische Armada eben in dem Moment am Heiligen Abend erreicht, als ihr eine Gans serviert wurde. So sei die englische Weihnachtsgans populär geworden, habe dann auch den Sprung über den Kanal auf den Kontinent erfolgreich geschafft, wo sie – auf der Speisetafel schon durch die Martinsgans ausgesprochen gut eingeführt – auch zunehmend das Weihnachtsessen gestaltet habe. Wie wahr jene Legende auch immer sein mag, enthält sie auf jeden Fall die Nachricht, dass die Weihnachtsgans zumindest im Haushalt der englischen Königin schon populär war, als sie sich anschickte, diese Popularität auch in anderen Haushalten erreichen zu wollen. (In den angelsächsischen Ländern scheint die Weihnachtsgans heute weitgehend durch den ↗ **Puter**, in den USA durch den **Truthahn** abgelöst zu sein). – Der Gänsemagen wurde für Orakel herangezogen. Das ↗ **Gänsemagenorakel** gab darüber Auskunft, ob das kommende Jahr fruchtbar oder mager sein würde. Der Gänsemagen war aber auch immer für Überraschungen gut, weil er oft nicht nur unverdauliche Steine enthielt, die die Gänse als Verdauungshilfe gefressen hatten, sondern auch kleinere verlorene Teile, die sich so wiederfanden. – Da wir heute unsere Gänse tiefgefroren und bratfertig aus dem Supermarkt beziehen, können wir uns gar nicht mehr vorstellen, welche Arbeit es gekostet hat, diesen Weihnachtsbraten zuzubereiten. Der angenehmste Teil dieser unangenehmen Arbeit war – außer dem Braten selbst –, dass die Daunen und Federn als Neuzugang auch den Rest des Jahres in Kopfkissen und Federbett an diesen Weihnachtsvogel erinnerten. – Da Gänse auch dazu dienten, Pacht abzugelten oder (per Naturalleistung) Pfarrer und Lehrer zu besolden, gab es Gänse bei allen Bauern und Tagelöhnern. Dass auch die Weihnachtsgans nicht mehr ganz ideologiefrei gesehen werden kann, zeigt eine großformatige Anzeige im »Deutschen Allgemeinen Sonntagsblatt« vom 16.12.1994. Eine »Initiative für offensiven Vegetarismus« fordert darin zum Verzicht auf die Weihnachtsgans auf und bietet »Festtagsrezepte ohne Mord und Totschlag« an.

Weihnachtsgarbe

Der ↗ **Weihnachtsfriede** bezog in einer ganzheitlich denkenden Zeit auch die Natur und besonders die Tiere mit ein (vgl. ↗ **Lüttenweihnacht**). Kinder sammelten früher in den Dörfern Getreidebüschel ein, die aus der aufbewahrten letzten Garbe bestanden. Die gesammelten Ähren wurden zu einer Garbe zusammengebunden und als Weihnachtsgarbe für die Vögel auf einer Stange – oft vor der Kirche – aufgesteckt.

Weihnachtsgeschäft ↗ **Kommerzialisierung von Weihnachten**

Weihnachtsgeschenke ↗ **Julklapp**

Weihnachtsgrüße ↗ **Weihnachtspost**, ↗ **Jahresende**

Weihnachtsinsel

Weihnachtsinsel oder **Christmas Island** heißt eine 156 km² große Insel südlich von Java, die zu Australien gehört. Sie wird gerne mit einer zweiten, ebenfalls Weihnachtsinsel genannten verwechselt, die auch **Kirimati** heißt und zu den Line-Inseln von Polynesien gehört.

Weihnachtsjagd

Lärm, Krach und Radau zu Weihnachten, ob in Form von Lärmumzügen mit Töpfen und Deckeln, Fuchsjagd, Pferderennen oder ↗ **grüne Jagd** (im mittelalterlichen England schoss man Mistelzweige aus den Bäumen) sollten die bösen Geister vertreiben (vgl. ↗ **Lärmbrauchtum**).

Weihnachtskarpfen

Warum der Karpfen in der dunklen Jahreszeit vor allem im deutschen Norden als Weihnachts- oder als ↗ **Silvesterkarpfen** Furore machte, verliert sich im Dunkel der Geschichte, es sei denn, man akzeptiert den pragmatischen Grund, dass der Karpfen in eben dieser Jahreszeit fett und schlachtreif ist. Im Mittelalter war er aus vergleichbaren Gründen, seiner Schmackhaftigkeit wegen und weil er sättigt, als ↗ **Fastenspeise** beliebt. Warum sollte Fisch nicht auch schmecken und satt machen? Er wurde in Klosterteichen systematisch gezüchtet, und es heißt, die Mönche hätten ihn in der kurzen und gedrungenen Art des Spiegelkarpfens eigens gezüchtet, damit er – was verboten gewesen wäre – nicht über den Tellerrand reichte, den Teller aber ordentlich füllte. Außerhalb der Klöster kam dem Karpfen deshalb eine besondere Bedeutung zu, weil er als außerordentlich fruchtbar galt und alle anderen Fischarten übertrifft. Meist bekam der Hausherr den Rogen vorab – mit etwas Zitrone – serviert. Der ↗ **Fischrogen** sollte Potenz, Wohlstand und Glück bringen. Wie bei der ↗ **Fischschuppe** (vgl. ↗ **Glückssymbole**) galt symbolisch das »pars pro toto«: Das Symbol sollte vielfältig Beispiel sein.

Weihnachtskarte ↗ **Weihnachtspost**

Weihnachtskrippe

Bezeichnung für das gesamte Szenario der Geburtsdarstellung, zu der die eigentliche ↗ **Krippe**, in die der Neugeborene gebettet war, gehört. »Ihr werdet ein Kind finden, das, in Windeln gewickelt, in einer Krippe liegt« (Lukas 2,12), sprach der ↗ **Engel des Herrn** zu den Hirten. Und weil die (Futter-)Krippe meist in einem Stall steht, galt in der westlichen lat. Kirche: Jesus wurde in einem Stall geboren. Die Ostkirche dagegen – und mit ihr die außerbiblische Tradition – nahm den Geburtsort Christi in einer ↗ **Höhle** an, wie sie von Hirten und Herden im Heiligen Land bei Schlechtwetter aufgesucht wurde. Origenes (185–254) meinte, jeder in Betlehem könne die Höhle und die ↗ **Krippe** zeigen, in der Jesus geboren sei und gelegen habe. Kaiserin Helena ließ 335 über dieser Höhle eine Kirche errichten, für deren Kuppel 386 der hl. Hiero-

Weihnachten und Ostern als parallele Festkreise

	Weihnachtsfestkreis	Osterfestkreis
Vorbereitung	Adventsquadragese (früher ab 11.11., deshalb Martins- u. Karnevalsbrauchtum)	Fastenquadragese (Karneval vor Aschermittwoch)
	4 Wochen Advent (letzte Woche: Hoher Advent)	6 Wochen Fastenzeit (letzte Woche: Heilige Woche)
1. Feier	Weihnachten 3 Messfeiern	Ostern 3 Tage: Ostertriduum: Karfreitag, Karsamstag, Ostersonntag
Oktav	Neujahr Hochfest der Gottesmutter	Weißer Sonntag
2. Feier	Epiphanie	Christi Himmelfahrt
Festzeit	früher bis 6 Sonntage nach Epihanie; heute: 2 Wochen	7 Wochen (Pentecoste = 50. Tag = Pfingsten, also 7 x 7 Tage
Schlussfest	Mariä Lichtmess	Pfingsten

nymus den Auftrag gab, die Geschichte der Geburt Christi zu malen.
Die Krippenverehrung sprang über nach Rom. Papst Liberius (352–366) ließ dort in der Mitte des 4. Jh. eine Basilika mit einer Krippenkapelle errichten, S. Liberiana; um 420 wurde an dieser Stelle S. Maria Maggiore errichtet. Hier bewahrte man Holzstücke auf, die angeblich von der Krippe Jesu stammen sollten. Wahrscheinlich hat an dieser Stelle in den Weihnachtstagen auch die erste dreidimensionale Krippe gestanden. Seit jener Zeit ist es in S. Maria Maggiore üblich, die Geburt Jesu Christi in Form einer Krippe mit einem in Windeln gewickelten Kind zu zeigen. In künstlerischen Darstellungen wird die Krippe ergänzt durch Maria, oft auf einem Ruhebett dargestellt, sowie mit Josef und gelegentlich auch Engeln. ↗ **Ochs und Esel**, Symbole der »unvernünftigen Natur« in der Krippendarstellung, gehen auf das Pseudo-Matthäus-Evangelium des 8./9. Jh. zurück: »Am dritten Tag nach der Geburt unseres Herrn Jesus Christus trat die selige Maria aus der Höhle, ging in einen Stall hinein und legte ihren Knaben in eine Krippe, und Ochs und Esel beteten ihn an. Da erfüllte sich, was durch den Propheten Jesaja verkündet ist, der

Teilansicht der »Hadamarer Krippe«. Pfarrkirche St. Johannes Nepomuk, Hadamar b. Limburg, geschaffen von dem Südtiroler Holzschnitzer Helmut Piccolruaz. Foto: Wolfgang Müller, Oberried

sagt: Der Ochse kennt seinen Besitzer und der Esel die Krippe seines Herrn. So beteten sogar die Tiere, Ochs und Esel, ihn ständig an, während sie ihn zwischen sich hatten. Da erfüllte sich, was durch den Propheten Habakuk verkündet ist, der sagt: Zwischen zwei Tieren wirst du erkannt.« (Die beiden entsprechenden Textstellen, Jesaja 1,3 und Habakuk 3,2 – griech. Fassung! – haben inhaltlich keinen Bezug zur Geburt Jesu). Diese literarische Quelle musste jedoch eine erheblich ältere Tradition aufnehmen; denn christliche Sarkophagreliefs des 3. Jh. zeigten bereits das Jesuskind in der Krippe mit Ochs und Esel.

Parallel zum ↗ **Introitus**-Tropus der Frühmesse am ersten Ostertag entwickelte im 12. Jh. der Introitus-Tropus der Mette des ersten Weihnachtstages die szenische Darstellung der biblischen Weihnachtsgeschichte. Die Krippenfeier mit ↗ **Krippenspiel**, die dramatische Vergegenwärtigung der Geburt Jesu, war engstens mit der Liturgie verknüpft, nahm sie doch ihren Stoff wie diese aus dem Weihnachtsevangelium.

Die Verbreitung der Krippe und des ↗ **Krippenspiels** über den Raum der Kirche hinaus in die Häuser der Christen ist eng mit Franz von Assisi verknüpft, der 1223 in Greccio erstmals eine neuartige Form einer Krippenfeier inszenierte. Während andernorts die traditionellen Krippenspiele die ↗ **Christmette** eröffneten, baute Franziskus eine reale figürliche Krippe mit lebendigem Ochs und Esel und einer richtigen Krippe mit Heu auf. Von diesem Zeitpunkt an hielt die figürliche Inszenierung der Geburt Jesu Einzug in die Kirchen und Häuser der Christen. Entsprechend dem Verlauf des weihnachtlichen Geschehens wurden die Krippen oft mehrfach umgestellt (**Wandelkrippe**). Die »repraesentatio« der Geburtsdarstellung nahm auch – aus katechetischen Gründen – gerne das Bild vom Kreuz in die Geburtsdarstellung hinein, z. B. durch die Darstellung des Christkindes (vgl. unter ↗ **Fatschenkinder** den Jesus-Darstellungstyp »himmlischer Bräutigam«) mit ausgestreckten Armen oder durch die Einbeziehung des Kreuzes in die Geburtsdarstellung. Die figürliche Krippendarstellung – in unseren Tagen untrennbar mit dem ↗ **Weihnachtsbaum** verbunden – wurde und blieb ein Erkennungszeichen katholischer Frömmigkeit.

Auch wenn Johann Wolfgang von Goethe 1787 die neapolitanischen Krippen in Italien bewunderte, vermochte er in ihnen doch nur »starre Bilder« und »geistlose Wesen« zu erkennen. In Neapel und der Region Kampanien werden seit Jahrhunderten Krippen gebaut und Krippenfiguren aus Ton hergestellt und bemalt. Hochblüte war der Barock. Durch den Einfluss von Byzanz in Süd-Italien wird die Geburtsszene in einer Höhle inmitten einer Felsenlandschaft gezeigt. Der Einbezug lokaler Figuren wie Pizzabäcker, Fischhändler und Melonenverkäufer ist üblich. In Andalusien wird eine Graskrippe aus Palmwedeln geflochten. In der Provence verwenden die Krippenschnitzer Baumrinde und Torfballen. Auf Korsika legt man die Krippe mit getrockneten Meeresalgen aus und deckt damit das Krippendach. In Marseille baute man früher Krippen aus Backsteinen. In Polen verwendet man zum Krippenbau Holz und Pappe, um daraus Häuser mit Türen und Fenstern zu basteln. In Thüringen versuchte man sogar, Krippen aus farbigem Glas zu blasen. In Deutschland bildeten sich in Thüringen und Oberbayern Zentren des Krippenbaus.

Hatte die Aufklärung im 18. Jh. die mit den Krippendarstellungen verbundene Frömmigkeit nur bemängelt, geht die auf die Aufklärung fußende Politik weiter. In Bayern wird 1802 das Aufstellen von Krippen in Kirchen verboten. Man erreicht aber nicht das Erhoffte. Zwar gingen unwiderbringlich viele Kirchenkrippen verloren, aber es begann gleichzeitig der Einzug von Krippen auch in Bürger- und Handwerkerhäuser. König Ludwig I. (1825–1868) gestand den Krippen schließlich wieder ihren Platz in den Kirchen zu. Auch Reformation und Aufklärung haben die Krippendarstellungen nicht untergehen lassen. Seit dem 19. Jh. gehört die Krippe zur weihnachtlichen Festinszenierung – inzwischen auch in den meisten evangelischen Familien.

Der Aufbau der Weihnachtskrippen begann vielerorts am Nikolaustag. Nach und nach wurden die Figuren entsprechend den Festtagen auf- oder umgestellt. Die Ankunft der Weisen am 6. Januar bzw. die ↗ **Flucht nach Ägypten** am 14. Januar markierten das Ende der Weihnachtskrippe (vgl. auch ↗ **Gezackte Weihnachtskrippen**).

Weihnachtskrippen, gezackte ↗ **Weihnachtsbriefmarken**

Weihnachtslieder

Das Weihnachtslied hat nicht nur eine lange Geschichte mit vielen Entwicklungsstufen erlebt, sondern – wie viele andere Bräuche auch – seinen Ursprung in der Liturgie. Seit dem 3. Jh. sind für Weihnachten spezielle Hymnen und Responsorien (= Antwortgesänge) nachgewiesen, die aber wiederum ältere Vorlagen haben. Der von Martin Luther – nicht als erstem – übersetzte altkirchliche Hymnus »Veni redemptor gentium« zu »Nun komm, der Heiden Heiland« (1524) wird auf das Jahr 386 datiert und dem Mailänder Bischof Ambrosius (334–397) zugeschrieben. Schon die Gesänge des Mittelalters und der frühen Neuzeit waren dialogisch angelegt: als Wechselgesänge mit Strophen und Refrains. Vor, während und nach der Reformation wurden in den Kirchen ↗ **Krippenspiele** aufgeführt, mit Liedern angereichert, die die Gemeinde mitsang; Elemente solcher Feiern vor dem Weihnachtsgottesdienst waren: ↗ **Herbergssuche** und Geburt, ↗ **Kindleinwiegen** (↗ **Wiegenlieder**), Verkündigung des Engels auf dem Felde bei den Hirten, Anbetung der Hirten an der Krippe. Später verselbständigten sich einige dieser Elemente zu Liedern bei ländlichen Umzügen (vgl. ↗ **Frautragen**, ↗ **Josefitragen**). Die aufkommenden reformatorischen Weihnachtslieder wenden sich ab von den kirchlichen Krippenfeiern und ihren Elementen und hin zu familienzentrierter besinnlichen Feier. Im 19. Jh. entsteht eine eigene weihnachtliche Hausmusik. Die Jugendbewegung prägt dann eine neue Art des Weihnachtsliedes, ehe die Nationalsozialisten das Weihnachtslied zu vereinnahmen suchen. Ein ganz eigenes Spektrum haben die Weihnachtslieder aufgetan, die heute Kindergarten- und Schulkinder ansprechen: Schnee, ↗ **Lichtsymbolik**, Geschenke und ein mystisch-märchenhaftes Umfeld bilden ein auch für Nichtchristen betretbares Feld. In den USA seit den 30/40er Jahren des 20. Jh., in Deutschland seit dem Zweiten Weltkrieg, entwickelt sich ein eigener kommerzieller Weihnachtsliedermarkt: Klassische Weihnachtslieder, neue auf alt, alte auf neu getrimmt, Popsongs und der »Weihnachtsrap« – für jeden Geschmack bieten diese standardisierten, von Schallplatten, Cassetten und CDs abspielbaren Fassungen etwas an. Daneben, fast unbemerkt von den Massen, entwickeln sich als zartes Pflänzchen seit 1945 aber auch neue Weihnachtslieder, die die »alte« Weihnachtsbotschaft neu zu fassen suchen.

Weihnachtslöffel

Der erste Weihnachtslöffel aus Sterlingsilber mit verziertem Griff entstand 1898 in Dänemark zum 80. Geburtstag des Königs Christian IX. (1863–1906). Weil die Idee gefiel, produziert man ihn seit 1910 für den Markt: Jedes Jahr gibt es einen neuen Löffel.

Thomas Nast, Merry Old Santa Claus, in: Harpers Weekly, 1881

Weihnachtsmann

Um 1535 schafft der Reformator Martin Luther die ↗ **Kinderbescherung** am Nikolausabend durch den hl. Nikolaus ab. Protestantische Kinder erhielten seitdem an Weihnachten Geschenke durch den »heiligen Christ«. Das ↗ **Christkind** eroberte zuerst das evangelische Deutschland und ab 1900 schließlich auch – konfessionsüberschreitend – das katholische Bayern und das Rheinland. Um 1930 hatte sich schließlich in Nordwest- und Südwestdeutschland »das Christkind«, in den anderen Landesteilen der Weihnachtsmann als Gabenbringer durchgesetzt. In den protestantischen Niederlanden dagegen blieb das Schenkfest am Nikolaustag ebenso erhalten wie Nikolaus als Gabenbringer. Der von den Niederlanden in die »Neue Welt« exportierte Nikolaus wurde zum ↗ **Santa Claus**, verlegte aber die Bescherung auf den 25. Dezember. Vermischt mit aus Deutschland importierten Vorstellungen eines ↗ **Väterchen Winter** (↗ **Herr Winter**, Holzschnitt von Moritz von Schwind, 1847) verliert Santa Claus in der ersten Hälfte des 19. Jh. die eindeutige Bischofskleidung (Mitra, Stab, Brustkreuz, Chormantel, Stola etc.) und erhält einen mit Pelz besetzten Mantel und eine ebensolche Pudel- oder »Plümmelmütze« und wird zum ↗ **Father Christmas.** Im Vordergrund steht nun die Vorstellung von einem deutschen, bayerisch-oberpfälzischen ↗ **Vater Winter:** Pausbäckig mit Bäuchlein, gemütlich und weißbebärtet, ergibt sich eine Mischung von Nikolaus und Großvater. In dieser neuen Figur verschmelzen der gute Heilige und sein böser Begleiter zu einer Person. Aus dem hageren, asketischen Nikolaus wird ein »weltlicher Herr«; durch sein »Umstylen« ist er nun säkularisiert. Diese Metamorphose vollzog sich äußerlich in seiner Erscheinung; ikonographisch und inhaltlich hat sich der Weihnachtsmann nun vom Nikolaus gelöst. Der »Macher«

dieser neuen Figur ist der 1840 am Rhein geborene und 1846 mit seiner Mutter in die USA ausgewanderte Thomas Nast. Während des amerikanischen Bürgerkriegs (1861–1865) kreierte er aus dem ↗ **Pelznickel** seiner Kindheit und dem in niederländischer Tradition stehenden Santa Claus den amerikanischen Weihnachtsmann: Aus dem Asketen Nikolaus wurde ein gemütlicher, rotgewandeter Dicker. Der weiße Pelzbesatz zur roten Kleidung schließlich erhielt der Weihnachtmann 1932 durch Coca Cola. Der Weihnachtsmann in den »Hausfarben« von Coca Cola wünschte in einer USA-weiten Plakat-Aktion neben einem Gabenstrumpf eine »erfrischende Pause«. Seit diesem außerordentlich erfolgreichen Werbefeldzug ist der Weihnachtsmann standardisiert. Der rote Mantel kann sich also nicht auf eine ungebrochene Tradition berufen und als letztes bischöfliche Attribut eine gewisse Alibifunktion haben.

Das letzte ikonographische Element versteckt sich eher, als dass es offen erkennbar ist: die Plümmelmütze. Wie bei den ↗ **Gartenzwergen** als einziges Herkunftsrelikt die spitz nach vorn geneigte rote Mütze bleibt, so auch beim Weihnachtsmann. In der ↗ **phrygischen Mütze** ist der Hinweis auf die kleinasiatische Herkunft des Nikolaus enthalten. Als Weihnachtsmann nach Deutschland und Europa reimportiert, hat er in evangelischen Familien weitgehend das Christkind abgelöst, das dafür in katholischen Familien, die die Kinderbeschenkung zu Weihnachten nachvollzogen haben, Asyl gefunden hat. Im überwiegend katholischen Süden und Westen Deutschlands glaubten die Kinder nach einer volkskundlichen Befragung 1932 vorzugsweise an das Christkind, im Norden und Osten dagegen an den Weihnachtsmann. Die konfessionsunterscheidende Funktion von »Christkind« und »Weihnachtsmann« ist seitdem weitgehend aufgeweicht. Im Ausland (Frankreich: **Papa Noël**; Italien: **Baba Noël**; Türkei: **Aba Noël** ...) hat der Weihnachtsmann weitgehend die Rolle des weihnachtlichen Gabenbringers übernommen, sofern zu Weihnachten beschert wird. Inzwischen ist der Weihnachtsmann wirklich »ein Mann von Welt« und stachelt als Animateur zu weihnachtlichen Kauforgien an. Das einst ausgesprochen positive Image des Weihnachtsmannes wandelt sich: Die Titulierung »Sie Weihnachtsmann« gilt nicht gerade als Belobigung, und wer als »ein (richtiger) Weihnachtsmann« etikettiert wird, ist ein wunderlicher, einfältiger Mensch. Als diese Redewendung um 1920 aufkam, sollte sie die Vollbartträger verächtlich machen. »Noch an den Weihnachtsmann glauben« (vgl. »noch an den Klapperstorch glauben«) meint einfältig, unaufgeklärt, unerfahren sein. Diese Redewendung ist gleichfalls um 1920 aufgekommen und entspricht dem französischen »croire encore au Père Noël«. – In den Niederlanden führte der Einzelhandelsverband 1995 eine Aktion durch und verbuchte einen klaren Punktsieg für St. Nikolaus vor dem Weihnachtsmann. Auf der einen Seite formieren sich die Sinterklaas-Fans, die keinen Weihnachtsmann auf niederländischem Territorium dulden wollen, und auf der anderen Seite stehen die Anhänger des – angeblich deutschen – Weihnachtsmannes. Wie einen Kultursieg verkünden die Eiferer: ↗ **Sinterklaas** kommt in diesem Jahr in 3,8 Millionen Haushalte, der Weihnachtsmann nur in 2,8 Millionen Familien.«

Bürgermeister haben ihre Gemeinden zu »Weihnachtsmann-freien Zonen« erklärt und gleich das passende Schild neben das Ortsschild gehängt; Geschäftsleute, die sich nicht an die »Regel« halten, müssen mit Ärger rechnen: Ihnen wird ein »Weihnachtsmann-Verbotsschild« – ein mit rotem Balken durchgestrichener Weihnachtsmann – auf die Schaufensterscheibe geklebt. Geschäftstüchtige Niederländer sehen diesen »Kulturkampf« mit großem Vergnügen und heizen ihn immer wieder an: Schließlich

Wilhelm Ritter, Der Christkindlesmarkt zu Nürnberg. Quelle unbekannt

darf man darauf hoffen, dass demnächst in den Niederlanden außer am 6. Dezember auch noch am 25. Dezember geschenkt (und damit vorher gekauft!) wird. – Das zum Auftauchen des Weihnachtsmannes passende Lied »Morgen kommt der Weihnachtsmann« hat 1835 kein Geringerer als Hoffmann von Fallersleben (1789–1874) verfasst (vgl. auch ↗ **Schenktermin**).

Weihnachtsmarkt

In der Vorweihnachtszeit kam im 14. Jh. der Brauch auf, Handwerkern wie Spielzeugmachern, Korbflechtern, Zuckerbäckern u.a. zu erlauben, Verkaufsstände auf dem Marktplatz zu errichten, um Spielsachen zu verkaufen. Schon damals wurde auch das leibliche Wohl der Marktbesucher berücksichtigt: Es gab geröstete Kastanien, Nüsse und Mandeln zum Wohlbefinden. Zu den bekanntesten Weihnachtsmärkten gehören der ↗ **Nürnberger Christkindlesmarkt**, der ↗ **Münchner Christkindlmarkt** (1310 erstmals erwähnt) und der ↗ **Dresdner Striezelmarkt** (1434).

Weihnachtsorakel

Die ↗ **Orakelbräuche** nahmen auch Weihnachten als Anlass nicht aus. So wurden z. B. Wahrsagesprüche auf ganz kleine Zettel geschrieben und in geleerte Walnüsse gesteckt, die – wieder zusammengeklebt – in den ↗ **Christbaum** gehängt wurden. Diese »prophetischen« ↗ **Nüsse** erntete man an Heiligabend oder zu Silvester. Oder: Zwei Stechpalmenblätter wurden in den ↗ **Christblock** als Symbole für ein Mädchen und seinen Freund gesteckt. Krümmen sie sich beim Versengen auseinander oder aufeinander zu, gilt dies symbolisch. Oder: Man lässt heißes ↗ **Kerzenwachs**, das ↗ **Bleigießen** der »kleinen Leute« – in Wasser tauchen und deutet aus dem erkalteten Wachs die Zukunft. Oder: Kleine Kerzen werden in Walnussschalen geklebt, entzündet und auf Wasser gesetzt. Wessen Bötchen am weitesten fährt oder wessen Kerze am längsten brennt, hat besonders viel Glück oder erhält den besten Ehemann. Zu den Weihnachtsorakeln gehört auch das ↗ **Zwiebelorakel**, ein ↗ **Wetterorakel**: Von einer halbierten Zwiebel werden zwölf Schalen nebeneinander gelegt, die jeweils einen Monat versinnbildlichen. Mit einer Prise Salz bestreut, zeigen sie am nächsten Morgen an, wie der entsprechende Monat wird: feucht oder trocken. Zu den Wetterorakeln gehört auch das ↗ **Vierjahreszeitenorakel**: An Weihnachten legt man in die vier Ecken eines Raumes, die jeweils ein bestimmtes Vierteljahr bezeichnen, eine Zwiebel. Hat an Dreikönigen eine Zwiebel ausgetrieben, wird dieses Vierteljahr fruchtbar sein.

Weihnachtspost
1841 soll ein Buchhändler mit Namen Leith in Schottland die erste Weihnachtskarte im Schaufenster angeboten haben. Henrik Cole, ein Londoner Geschäftsmann, hat 1843 nachweisbar die ersten Weihnachtspostkarten, die er sich von einem Zeichner hatte herstellen lassen, verschickt. Die überzähligen Karten verkaufte der geschäftstüchtige Mann und löste damit eine alljährlich anschwellende Lawine aus. In Deutschland mahlen die bürokratischen Mühlen langsamer, selbst wenn höhere Chargen sich bemühen. Nach fünfjährigem zähen Ringen gelang es dem Generalpostmeister des Norddeutschen Bundes, Heinrich von Stephan, am 1. Juli 1870 die ↗ **Postkarte** einzuführen, damals noch »Correspondenzkarte« genannt. Preußens Generalpostdirektor von Philipsborn befand die Postkarte dennoch als »eine unanständige Form der Mitteilung«, weil jeder Postbote und jedes Dienstmädchen mitlesen konnte. In Österreich gelang die Einführung der Postkarte zum 1. Oktober 1869. Die Sitte verbreitete sich schnell auf der ganzen Welt. Für 1995 verzeichnete allein in Deutschland die Arbeitsgemeinschaft der Verleger und Hersteller von Glückwunschkarten (AVG) den Verkauf von 600 Millionen Gruß- und Glückwunschkarten, davon allein 125 Millionen Weihnachts- und Neujahrskarten, die ihnen etwa 150 Millionen DM – und der Telekom noch einmal einen vergleichbaren Betrag – einbringen. Haben früher weihnachtliche Motive dominiert, werden heute vornehmlich »Humor-Karten« mit Cartoons und Karikaturen sowie Karten mit elektronischen Elementen (beim Aufklappen erklingt z. B. »O Tannenbaum«) verkauft (vgl. auch ↗ **Rotkehlchen**). Für Günter Garbrecht, Vorsitzender der Arbeitsgemeinschaft der Verleger und Hersteller von Glückwunschkarten, bleibt Deutschland aber »noch immer ein Entwicklungsland der Glückwunschkarte«. Seine Argumente: Jeder Holländer versendet pro Jahr 26, jeder Brite sogar 41 Glückwunschkarten, die Deutschen dagegen lediglich acht. Rund 90% der Glückwünsche werden in Deutschland als Klappkarte in Umschlägen versandt (vgl. ↗ **Briefe an das Christkind**).

Weihnachtspyramide ↗ Christbaum
Weihnachtsscheit ↗ Christklotz

Weihnachtsschießen
Das **Christkindl-Anschießen** kennt man in Oberbayern und – seltener – in Niederbayern. Am bekanntesten ist das Weihnachtsschießen in Berchtesgaden. Mit Vorderladern, einzeln oder in Salven (= Rotten), verbunden oder ergänzt durch Böllerschüsse aus kleinen Kanonen, schießen die **Weihnachtsschützen** Weihnachten ein. Nach Einbruch der Dunkelheit beginnt man am 24. Dezember an festen Standplätzen (die gebührendes Echo garantieren!) mit einzelnen Schüssen. Wenn ab 23.30 Uhr das Glockenläuten für die Mette beginnt, steigert sich das Schießen, bis um Mitternacht völlige Stille eintritt. Nur während der Wandlung in der Messe, bei der Erhebung der Hostie und des Kelches, erfolgen je drei Böllerschüsse. Nach der Mette findet das »Abschießen« statt, das sich nach einiger Zeit in der Nacht verliert. Vergleichbare Schieß-Rituale sind an Silvester üblich. Für Berchtesgaden ist der Brauch erstmals 1666 schriftlich belegt, er dürfte allerdings erheblich älter sein.

Weihnachtsschützen ↗ Weihnachtsschießen
Weihnachtsspiel ↗ Krippenspiel

Weihnachtsstern
Der Weihnachtsstern ist zunächst einmal der ↗ **Stern von Betlehem**, dann aber auch die außerordentlich populäre Pflanze gleichen Namens, die lateinisch »Euphorbia pulcherrima« heißt, »Sehr schöne Wolfsmilch«, von der jedes Jahr etwa 40 Millionen Exemplare ihre Abneh-

Stern von Betlehem. Zug der Magier (Detail). Mosaik im nördlichen Langhaus in San Appolinare Nuovo von Ravenna (um 560). – Vorlage: Archiv Herder

mer finden. Sie leuchtet in knallrot, pfirsich, lachs, rosa, weiß, und zwar in normaler Größe und als Mini-Exemplar. Erst 1825 von dem amerikanischen Diplomaten Joel R. Poinsett in Mexico entdeckt, weshalb sie auch »Poinsette« genannt wird, hat sie in atemberaubender Geschwindigkeit ihren Platz im adventlichen und weihnachtlichen Ambiente gefunden. Vor allem zwei Gründe gibt es hierfür: Einerseits blüht diese Braktee gerade in der Weihnachtszeit und bringt so neues Leben zum Ausdruck, andererseits nimmt die tradierte Poinsette mit ihren Farben die Symbolik der Weihnachtsfarben auf: grün für die Hoffnung und rot als Hinweis auf das Blut Christi, das er vergießen musste.

Weihnachtsstollen ↗ **Stollen**

Weihnachtsteller
So bezeichnet man Porzellanteller, die – jedes Jahr neu – zu Weihnachten in begrenzter Stückzahl angefertigt werden. Den ersten Weihnachtsteller gab es 1895 in Kopenhagen in tiefem Kobaltblau. Seither wird jährlich ein neuer Teller gestaltet. Dargestellt ist nordisches winterliches Brauchtum, das inhaltlichen Bezug zu Weihnachten hat.

Weihnachtstier
Ironisch werden ↗ **Weihnachtsgans**, -puter, -truthahn als Weihnachtstiere oder ↗ **Weihnachtsvögel** bezeichnet.

Weihnachtsvo(ö)gel
Spöttische Bezeichnung für die ↗ **Weihnachtsgans**, den -puter und -truthahn. Ursprünglich wurde der Begriff auf das ↗ **Rotkehlchen** und vor allem den ↗ **Zaunkönig** bezogen.

Weihrauch ↗ **Gold, Weihrauch, Myrrhe**
Weihwasser ↗ **Osterwasser**
Weihwasserbecken ↗ **Osterwasser**
Weinlesemonat ↗ **Monate: Oktober**
Weinmond ↗ **Monate: Oktober**

Weinpatron
Als Weinpatron gilt der hl. ↗ **Urban**, aber auch der hl. ↗ **Martin**, an dessen Gedenktag erstmals vom neuen Wein getrunken wurde (vgl. ↗ **Martinsminne**).

Weiße Gewänder
Die Farbe Weiß und weiße Gewänder sind schon im Judentum Symbol für Demut und

Papst Urban I., einer der großen Weinpatrone, dargestellt mit aufgeschlagener Bibel und Weintrauben. – Vorlage aus: Daniela-Maria Brandt, Heilige Helfer für Winzer & Wein. Ein Kalenderbuch über Heiligenlegenden, Wetterregeln & Bauernsprüche, Weinwunder und Volksbrauchtum, Kunst & Kirchengeschichte(n), Vogtsburg-Oberrotweil/Emmendingen 1990

Reinheit des Denkens; begründet wird dies mit Jesaja 1,18b.c: »Wären eure Sünden auch rot wie Scharlach [d.h. unbestreitbar], sie sollen weiß werden wie Schnee [d.h. nach der Reue]. Wären sie rot wie Purpur, sie sollen weiß werden wie Wolle.«

Weißer Donnerstag ↗ **Gründonnerstag**, ↗ **Karwoche**

Weißer Freitag ↗ **Freitag**, ↗ **Karfreitag**, ↗ **Karwoche**

Weißer Sonntag
Der erste Sonntag nach Ostern hieß nach den ersten Worten des ↗ **Introitus** (Eingangsgebete der Tagesmesse) ↗ **Quasimodogeniti** oder ↗ **Quasimodo** (»Quasi modo geniti infantes« = Wie neugeborene Kinder...). Als erster Tag der zweiten Osterwoche wird dieser Tag gezählt, wenn er »Secunda hebdomada pasche« genannt wird, als letzter Tag der Osteroktav, wenn er **Sonntag in der ausgehenden Osterwoche** heißt oder »dominica conductus pasche«, »pascha clausum«, »pâques encloses«, **paschachten**, **paschantdag**, **Paischachter**, **Paischandais.** – Ursprünglich galt der Sonntag ↗ **Invocabit**, erster Fastensonntag oder 6. Sonntag vor Ostern, als Weißer Sonntag, weil in Rom an diesem Tag erstmals die Täuflinge in weißen Kleidern zur Kirche zogen. Heute ist »Dominica in albis« die liturgisch korrekte Bezeichnung des ersten Sonntags nach Ostern, weil in der alten Kirche die Täuflinge am Vortag oder an diesem Sonntag zum letzten Male ihr weißes Taufkleid (lat.: »alba«) trugen. Er heißt auch: »Dominica albis depositis«, (»- in albis«). Der Samstag vor dem Weißen Sonntag heißt gelegentlich »Sabbatum pasche«. Die ↗ **zweite Osterwoche** nennt sich von daher auch »hebdomada alba« (»- albaria«, »- in albis«). Der Freitag dieser zweiten Osterwoche wird genannt: ↗ **Dreinägeltag**, ↗ **Gekrönter Freitag**, ↗ **Gottestracht**, ↗ **Kronfreitag.**
Die heutige Bedeutung als Tag der feierlichen Erstkommunion (in schönstem kölschen Knubbeldeutsch: Kummelijionsdach) der Kinder hat der Weiße Sonntag erst nach dem Konzil von Trient (1545–1563) bekommen. Nach der frühen Phase, in der die Säuglinge Taufe, Erstkommunion und Firmung erhielten, hatte das IV. Laterankonzil 1215 das Alter für den ersten Empfang der Kommunion nicht genau festgelegt. Regional unterschiedlich schwankte das Alter der Erstkommunikanten zwischen sieben und vierzehn Lebensjahren. Vorbereitung und Festsetzung des Termin waren Sache der Eltern. Nach dem Konzil von Trient nahmen sich vor allem die Jesuiten der Erstkommunion an. Neben einer gemeinsamen Vorbereitung und Feier sollte das Fest nicht durch die österliche Pflicht-

kommunion der Erwachsenen beeinträchtigt werden. Deshalb wurde der Weiße Sonntag zum Tag der Erstkommunion: 1661 in München, 1673 in Luzern, 1678 in Schlettstadt. Erst seit Mitte des 19. Jh. ist der Weiße Sonntag als Tag der feierlichen Erstkommion festgesetzt, wovon es aber nach diözesanem Recht inzwischen begründete Ausnahmen gibt. Die Kommunionkinder nahmen die formale Tradition der Täuflinge als »Bräute Christi« und »Engel« auf. Schon im »Lohengrin« (Vers 482f) heißt es: »Nû wâren sie gelîch / ein engel, den got selber hat geprîset.« Die Jungen werden parallel als »Bräutigam« in einen dunklen Anzug gekleidet. – Während der Aufklärung und während der Naziherrschaft wurde der Weiße Sonntag zu einem Tag des öffentlichen Glaubensbekenntnisses. – Leider lässt sich nicht immer ausschließen, dass den Beteiligten die Ausstattung wichtiger wird als der Festanlass. In manchen Gemeinden ist man deshalb dazu übergangen, die Kommunionkinder in eine einheitliche Albe zu kleiden. In anderen Gemeinden, wo sich die einheiltliche Kleidung nicht hat durchsetzen können, kennt man Tauschbörsen für Kommunionkleider. In nicht wenigen Pfarrgemeinden wird heute die Erstkommunion auch an anderen Tagen, z. B. Christi Himmelfahrt, gefeiert (vgl. ↗ **Sonntag**).

Weißer Sonntag, eigentlicher ↗ **Sonntag**
Weissfreitag ↗ **Karfreitag**, ↗ **Karwoche**
Weißnarren ↗ **Fastnachtsfiguren, -verkleidung**
Welterschaffung, Tag der ↗ **Frühlingsanfang**

Weltfriedenstag
Papst Paul VI. (1963–1978) hat den 1. Januar zum Weltfriedenstag erklärt. Damit wird eine Tradition aufgenommen, die schon als ↗ **Julfriede** den Weihnachtsfrieden mitbestimmt hat, vgl. auch ↗ **Waffenstillstand**.

Wendelinritt
Am 20. Oktober gedenkt die Kirche des hl. Wendelin, der in der zweiten Hälfte des 6. Jh. im Waldgebiet zwischen Saar und Hunsrück als Mönch oder Einsiedler lebte. Die Legende machte ihn zum schottischen Königssohn und Abt von Tholey. Sein Grab ist um 1000 bezeugt und hat St. Wendel (Saar) den Namen gegeben. Weil er, ehe er Mönch wurde, nach der Legende einem Ritter als Hirt gedient haben soll, gilt Wendelin als Viehpatron und ↗ **Pferdeheiliger**. Besonders in Süddeutschland feiert man ihn durch ↗ **Umritte** und ↗ **Pferdesegen**.

Wendelmaent ↗ **Monate: Dezember**
Wenige rinnabend ↗ **Fastnachtszeit**

Wetter
Dem Wetter ausgeliefert zu sein hat besonders für Agrargesellschaften existentielle Bedeutung. Es darf daher nicht wundern, dass sich die wetterabhängigen Menschen durch eine Vielzahl von Maßnahmen vor Unwettern zu sichern bzw. durch unterschiedlichste Methoden das Wetter vorauszusagen suchten (vgl. ↗ **Adventsbräuche**, ↗ **Andreas**, ↗ **Barbara**, ↗ **Bitttage**, ↗ **Christklotz**, ↗ **Christophorus**, ↗ **Christrose**, ↗ **Donnerstag**, ↗ **Freitag**, ↗ **Siebenschläfer**, ↗ **Unwetter**, ↗ **Wetterherren**, ↗ **Wetterkerzen**, ↗ **Wetterorakel**, ↗ **Wetterprozession**, ↗ **Wettersegen**).

Wetterhahn ↗ **Unwetter, Hilfen gegen**

Wetterherren
Als »Wetterherren« galten die beiden Märtyrerbrüder Johannes und Paulus – vor der Kalenderreform – am 26. Juni. Ihr Gedenktag galt als der Tag der Wetterherren, weil an diesem Tag die Hagelprozessionen und ↗ **Schauerfeiern** stattfanden.

Wetterhex, alte ↗ **Frühlingsanfang**

Wetterkerze ↗ Kerzen
Wetterorakel ↗ Orakelbräuche
Wetterprozession ↗ Donnerstag

Wettersegen

Der Wettersegen kann in der Zeit zwischen dem Fest des Evangelisten Markus (25. April) und dem Fest ↗ **Kreuzerhöhung** (14. September) an Stelle des Schlusssegens im sonntäglichen Gottesdienst gespendet werden. Eine Zeit, die sich wieder mehr als ein Teil der Natur zu verstehen lernt, begreift auch wieder neu, dass nicht alles machbar ist: weder Natur, noch Wetter. Wenn Gott, der Herr der Welten, um seinen Segen für gutes Wetter gebeten wird, kommt dieses Wissen zum Ausdruck (vgl. ↗ **Pfingsten**).

Wichfasten ↗ Quatember

Wiegenlieder ↗ Kindleinwiegen, ↗ Weihnachtslieder

Wieverfastelovend ↗ Weiberfastnacht
Wilder Mann ↗ Frühlingsbräuche
Wilgefortis ↗ Kümmernis
Wimmant ↗ Monate: Oktober
Wimmet ↗ Monate: Oktober
Windbeutel ↗ Judica

Windeln des Jesuskindes

Das gewickelte oder faschinierte (lat.: »fascia« = Binde, Wickelband, Windel; vgl. österr.: »faschen« = mit einer »Fasche« umwickeln) Jesuskind – deshalb auch ↗ **Fatschenkind** – entspricht der biblischen Vorgabe (vgl. Lukas 2,7.12). Bildlich dargestellt wird das in Windeln gewickelte und in der Krippe liegende Jesuskind seit dem 3. Jh. auf Sarkophagreliefs mit Binden umschnürt, wie Kleinkinder in etlichen Teilen dieser Welt bis in die Gegenwart gewickelt werden. Die Windeln des Jesuskindes erinnern nicht nur offensichtlich an den in Leinentücher liegenden

Der Ochse, der Jesu Windeln frißt. Freiburg, Münster; Langhaus n XXII: Schmiedefenster »Geburt Christi« (um 1320). Corpus Vitrearum Medii Aevi Deutschland, Freiburg i.Br. (Akademie der Wissenschaften und der Literatur, Mainz)

Leichnam Christi. Sie versinnbildlichen auch eine theologische Aussage: Hier wird nicht nur der Gott gezeigt, der sich in aller Form als Teilnehmer des Menschseins zeigt; er ist wirklich Mensch, hilflos und verletzlich. Zwar werden nach alten Mythologien auch Götter von Jungfrauen (vgl. ↗ **Jungfrauengeburt**) geboren, sind Kinder, wie Jesus ein Kind war. Während antike Gottheiten aber als Kleinkinder bereits mit aller Macht und Herrlichkeit wirken, an der Mutterbrust liegen und gleichzeitig Schlachten lenken, gibt sich Jesus ganz in seine Erniedrigung. Das ärmliche Ambiente der ↗ **Geburtshöhle** widersprach dem bekannten Darstellungstyp kindlicher Herrschergestalten. – Eine besondere Akzentuierung erhält dieses Motiv durch die so genannten ↗ **Josephshosen**: Nicht in der Bibel, wohl aber in der außerbiblischen Literatur wird berichtet, dass Maria kaum etwas besessen habe, um das Jesuskind zu wickeln. Joseph habe deshalb aus seinem Mantel eine Wickelschnur (= Faschen) und aus seinem Hemd eine Windel gemacht. Er habe sogar seine Hosen ausgezogen, um das Kind vor der Kälte schützen zu können. Unter der Josephshose darf man sich nun keine moderne »Hose« vorstellen. Eher waren dies lange Strümpfe. In dem alten Lied »In Teutschen singen uns die Kindt« heißt es: »Wie baldt dass Joseph die Redt vernam, / Sein hosen von seinen Beinen nam. / Er warft sie Maria in ihr schoß, / Darin schlug sie gott den hern groß. / Die ein war weiß, die ander grah, / Die zeigt man noch zu Aachen da / Zu Trier gesehen ein tewlich Kleidt, / Da Crist der her den thodt jn leidt.« Wie in Trier der ↗ **Heilige Rock** werden in Aachen – neben anderen »Heiltümern« – die Josephshosen und die »Windeln, in die das Jesuskind gewickelt wurde«, gezeigt. Zahllose Menschen sind wegen dieser Utensilien, die Jesus bezeugen und ihn selbst berührt haben, nach Aachen gepilgert. Theologisch betrachtet, können die Josephshosen zweierlei bedeuten: Zum einen untermalen sie das Bild vom hilflosen und armen menschgewordenen Gottessohn. Zum anderen signalisieren sie jedem Betrachter: Mach's wie Joseph; selbst wenn du fast nichts besitzen solltest, kannst du helfen; Gott hat sich so klein gemacht, dass der Geringste unter den Menschen ihm helfen kann. Hilfe wird hier nicht verstanden als »Ich helfe dir, damit ...«, sondern als »Ich helfe dir um Christi willen«.

Windumemanoth ↗ **Monate: Oktober**
Wineborn ↗ **Februar**, ↗ **Monate: Februar**
Winmonat ↗ **Monate: Oktober**
Winmond ↗ **Monate: Oktober**
Winnemonat ↗ **Monate: Mai**
Wintarmanoth ↗ **Monate: Januar**

Winter, Herr oder **Väterchen**
Der »Herr Winter«, 1847 von Moritz von Schwind gemalt (vgl. ↗ **Weihnachtsmann**) verleiht dem säkularisierten Sankt-Nikolaus-Ersatz Gestalt: eine Mischung aus fröhlich-senilem Dickerchen, gekoppelt mit einem pennerhaften Eremiten-Outfit. ↗ **Väterchen Winter** bot die Vorlage für die marxistische Variante: ↗ **Väterchen Frost**. Anders der Winter der ↗ **Frühlingsbräuche**: Eine mit Stroh verkleidete Person spielte den Winter, der höflich verabschiedet, vertrieben oder spielerisch ums Leben gebracht wurde (↗ **Winterverbrennen**). Verschiedentlich nimmt der Winter die Gestalt des schwarzen Mannes und des Todes ein (vgl. ↗ **Winteraustreiben**).

Winteraustreiben
Das Austreiben des Winters geschieht im Rahmen der ↗ **Frühlingsbräuche** in Form eines Spiels. Der Winter wurde – entsprechend verkleidet – personifiziert (als Winter oder Tod) und vertrieben. Das bekannteste Lied, das dabei gesungen wurde, ist von Achim von Arnim und Clemens Brentano in »Des Knaben Wunderhorn« überliefert (S. 111):

Das Todaustreiben

So treiben wir den Winter aus
Durch unsre Stadt zum Tor hinaus
Mit sein Betrug und Listen,
Den rechten Antichristen.

Wir stürzen ihn von Berg und Tal,
Damit er sich zu Tode fall
Und uns nicht mehr betrüge
Durch seine späten Züge.

Und nun der Tod das Feld geräumt,
So weit und breit der Sommer träumt,
Er träumet in dem Maien
Von Blümlein mancherlei.

Die Blume sprosst aus göttlich Wort
Und deutet auf viel schönern Ort;
Wer ist's, der das gelehret?
Gott ist's, der hat's bescheret.

Winterbär ↗ Frühlingsbräuche

Winterfest des hl. Martin
Der eigentliche Gedenktag des hl. Martin ist der Tag seiner Beisetzung (11. November). Neben diesem Winterfest (**Martinus hiemalis**) wurde in alter Zeit aber auch ein ↗ **Sommerfest** (↗ **Martinus aestivalis**) des hl. Martin begangen (4. Juli), das Gedächtnis der Bischofsweihe des Heiligen.

Winterkranz ↗ Adventkranz
Winter-Martini ↗ Winterfest des hl. Martin
Wintermonat ↗ Monate: Januar, Dezember
Winterquadragese ↗ Advent
Winterquatember ↗ Quatember
Wintersonnwende ↗ Julfest, ↗ Lucia, ↗ Martini

Winterverbrennen ↗ Herr Winter, ↗ Frühlingsbräuche

Wirbelkuchen ↗ Judica
Wisfritag ↗ Karfreitag, ↗ Karwoche
Witfritag ↗ Karfreitag, ↗ Karwoche

Wittedormsdach ↗ Gründonnerstag, ↗ Karwoche
Witteldach ↗ Gründonnerstag, ↗ Karwoche
Witumanoth ↗ Monate: September

Woche, Wochentage
So wie im Jahreslauf der heilsgeschichtlichen Ereignisse gedacht wird, geschieht dies in der Woche und an jedem einzelnen Tag. Jeder Sonntag ist ein kleines Osterfest, an dem in der Eucharistiefeier die Auferstehung gefeiert wird, und je-

Herr Winter. Münchener Bilderbogen von Moritz von Schwind (1847). Münchener Bilderbogen, Band 1, München 1847

Das Winterverbrennen, aus: Das große Festtagsbuch. Feiern, Tanzen und Singen. Hrsg. v. Walter Hansen. Freiburg i.Br. 1984. – Vorlage: Archiv Herder

der Freitag erinnert an den Karfreitag. Aus eben diesem Grund wurde an diesem Tag kein Fleisch gegessen, gilt dieser Tag heute noch als ein Tag, an dem Fisch oder Eier auf den Tisch kommen oder aber ein anderes Opfer gebracht wird. – Das Wort »Woche« (vgl. mhd.: »woche«; ahd.: »wohha, wehha«; got.: »wiko«; engl.: »week«) geht zurück auf eine indogermanische Wurzel, die mit »weichen« und »Wechsel« (lat.: »vices«) verwandt ist. Aus »Weichen, Platzmachen« entwickelte sich die Bedeutung »Reihenfolge (in der Zeit), regelmäßig wiederkehrender Zeitabschnitt«. Der verwendete Begriff bezeugt den Ursprung der Woche durch die Beobachtung des Mondwechsels, der eine sieben-, manchmal auch achttägige Woche grundlegt. Vorchristliche altgermanische Erzählungen belegen eine achttägige Woche. Wenn die Rede von neun Nächten ist, so fasst dieser Terminus den ersten und den letzten Tag zusammen, vergleichbar unserer Redensart von acht Tagen für die Woche (lat.: »nonae, nundinum, nundinae, novendinae«). Am Ausgang des 3. Jh. n. Chr. war die siebentägige Woche bei den Christen schon üblich. Die Siebentagewoche scheint durch die Teilung von vierzehn Tagen, die Zeit zwischen Vollmond und Neumond, in zwei gleiche Hälften entstanden zu sein. Sie findet sich bei den unterschiedlichsten Völkern, seit Urzeiten auch bei den Juden. Im 2. Jh. v. Chr. kam die siebentägige Woche, deren Tage nach Planeten benannt war, aus Alexandrien nach Griechenland und verdrängte dort die Dekaden (lat.: »deca« = zehn, zehntägige Woche). Auch bei den Römern fand die siebentägige Planetenwoche mit einer festen Reihenfolge von benannten Wochentagen Eingang: Saturn eröffnete die Woche, Sonne, Mond, Mars, Merkur, Jupiter und Venus folgten. Nach dieser Zählung wurde die Woche durch den Samstag eröffnet, der für die Juden wiederum der siebte Tag der Woche war. Aus jüdischem Blickwinkel stellte der Sonntag, der Tag der Christen, einen »achten« Tag dar. Seit Anfang des 4. Jh. n. Chr. hatte sich der Sonntag als Wochenanfang durchgesetzt. Der Sonntag galt als erster Tag der Woche, d.h., von der Auferstehung her ergab die Woche – das menschliche Leben »in der Zeit« – einen Sinn. Die heute meist übliche säkulare Wochensicht mit Montag als dem ersten Tag der Woche kann für sich in Anspruch nehmen, auf eine alte Tradition zurückzugreifen. Da der Sonntag kein gewöhnlicher Wochentag, sozusagen ein Wochentag außer Konkurrenz war, zählten die einfachen Leute die Wochentage beginnend mit Montag. Er war somit nach dieser Rechnung, nicht nach der theologischen Betrachtungsweise, der erste Tag der Woche. Die »ungeraden Wochentage«, also Montag, Mitt-

woch und Freitag, waren die »fleischlosen Tage«, an denen kein Fleisch und keine Wurst auf den Tisch kamen. Die »geraden Wochentage«, also Dienstag und Donnerstag, waren dagegen »Fleischtage«, an denen Fleisch gegessen werden durfte – aber nicht musste, zumal man aus wirtschaftlichen Gründen auch meist nicht konnte. – Die Kirche suchte die heidnischen Namen der Wochentage, ohne nachhaltigen Erfolg, durch die schon bei den Juden übliche Zählung zu ersetzen. Eingang fanden diese Bezeichnungen in die Liturgie: Der Sonntag war der »dies dominica«, die Wochentage wurden »feriae« genannt. Montag war »feria secunda«, Dienstag »feria tertia«, Mittwoch »feria quarta«, Donnerstag »feria quinta«, Freitag »feria sexta«, Samstag »feria septima« oder »- sabbati«. Die Zählung geht hier natürlich vom Sonntag als dem ersten Tag der Woche aus, eine Sichtweise, die in den meisten Kalendern und im Sprachgebrauch – den Sonntag erleben wir heute als »Wochenende« – nicht mehr präsent ist.
Besondere Geltung haben bestimmte Wochen des Jahres: die ↗ **Karwoche**, die ↗ **Seelenwoche**, die ↗ **Schoppwoche.** Die beiden letzten enthalten Elemente vorchristlicher Herbstfeiern, wie sie Ende September und Anfang Oktober gefeiert wurden. Die mittelalterliche Kirche hat für die gleiche Zeit eine heilige Gemeinwoche angesetzt, die mit dem ersten Sonntag nach Michaelis (damals der 29. September) begann.

Woche, große ↗ Karwoche
Woche, grüne ↗ Karwoche
Woche nach Ostern ↗ Ostern
Woche, stille ↗ Karwoche
Woche, taube ↗ Karwoche
Woche vor Palmsonntag ↗ Judica
Wochen der Verkündigung ↗ Advent
Wochensonntag ↗ Sonntag
Wode ↗ Wotan
Wodenestag ↗ Mittwoch, ↗ Wotan
Wolfablassen ↗ Martini
Wolf austreiben ↗ Martini
Wolfmonat ↗ Monate: Januar, Dezember
Wolfmond ↗ Monate: Januar, Dezember
Wolfsablassen ↗ Martini
Wolpertinger ↗ Narrenaufträge
Wonnemonat ↗ Monate: Mai

Wotan

Die dämonischen Gestalten, die ↗ **Nikolaus** begleiten, Angst einjagen und sich zum Teil hinter Teufelsmasken verbergen, sollen nach Auffassung einiger Volkskundler den germanischen Gott Wotan symbolisieren. In einem Kindervers heißt es:

Wer kommt denn da geritten?
Der Wude, Wude Nikolaus.
Lasst uns nicht lange bitten
und schüttle deinen Beutel aus.

Wochentage in verschiedenen Sprachen

Lateinisch	Französisch	Altsächsisch	Englisch	Deutsch
Dies Solis	Dimanche	Sun's day	Sunday	Sonntag
Dies Lunae	Lundi	Moon's day	Monday	Montag
Dies Martis	Mardi	Tiw's day	Tuesday	Dienstag
Dies Mercuri	Mercredi	Woden's day	Wednesday	Mittwoch
Dies Jovis	Jeudi	Thor's day	Thursday	Donnerstag
Dies Veneris	Vendredri	Frigg's day	Friday	Freitag
Dies Saturni	Samedi	Saturn's day	Saturday	Samstag

Wode, Wude, Wotan hatte vor Nikolaus am 6. Dezember seinen Festtag. Auch an seinem Fest soll man (Holz-)Schuhe vor die Haustüre gestellt haben, gefüllt mit Möhren oder Brotstückchen und dazu Hafer als Futter für sein Pferd. Für diese Gaben zugunsten des Pferdes von Wotan erwarteten die Kinder eine Belohnung. Bezeugt ist dieser jetzt auf Nikolaus bezogene Brauch seit dem 16. Jh. Auf Wotan bezogen, gelten für einige Autoren auch die Hörnchen, ein Festgebäck in Form des ↗ **Hufeisens** (↗ **Martinshörnchen**, ↗ **Lutherbrötchen**), das auf die in den Wotanmythen belegte Wilde Jagd zurückgehen soll.

Wredach ↗ Freitag
Wude ↗ Wotan
Wuetig Donnerstag ↗ Fastnachtszeit
Wuette Fassnacht ↗ Fastnachtszeit
Wulneborn ↗ Februar, ↗ Monate: Februar
Wunderblume, goldene ↗ Dreifaltigkeitssonntag

Wunderkind ↗ Donnerstag
Wunnimanoth ↗ Monate: Mai

Wunschzettel

Bis zur Reformation war das Kinderbeschenken überhaupt nicht mit Weihnachten verbunden (vgl. ↗ **Gabenbringer**, ↗ **Kinderbeschenktage**). Im Biedermeier des 19. Jh. bürgerte sich der »Wunschzettel« ein, mit dem Kinder des gehobenen Bürgertums ihre Eltern als Vermittler gegenüber dem Gabenbringer einsetzten. Dieser neue Brauch wird durch sein materielles Interesse an den »richtigen« Geschenken gekennzeichnet, der besitzenden Kreisen vorbehalten war. Vom Einkehrbrauch an ↗ **Nikolaus** ist hier nur noch die Form erhalten, der Brauchgehalt ist verschüttet. In Köln schrieben die Kinder einen Wunschzettel an den hl. Nikolaus, den sie in einem besonderen Beichstuhl im Dom einwarfen, auf dem der hl. Nikolaus mit Schülern im Pökelfass abgebildet war. Auch heute schreiben Kinder noch an den Nikolaus Wunschzettel. Diese gelangen jedoch nicht immer direkt an die Eltern. »Moderne« Kinder benutzen die Post und adressieren zum Beispiel »An den heiligen Nikolaus« oder »An das himmlische Postamt«.
Briefe dieser Art gelangen nach Angaben der Deutschen Presse-Agentur an eines der sieben deutschen »Weihnachtspostämter« mit einschlägigem Namen: 49681 Nikolausdorf, 66352 Sankt Nikolaus/Saar (= Großrosseln), 16798 Himmelpfort, 21709 Himmelpforten, 31137 Himmelsthür, 97267 Himmelstadt oder 51766 Engelskirchen. Die Kinder erhalten von hier zwar keine Geschenke, wohl aber eine Antwort: Diese Postämter halten vorgefertigte illustrierte Antworten und Briefmarken mit Sonderstempel bereit. Es gibt in Deutschland noch weitere »Nikolaus-Orte«: 06556 Niklausrieth, 14129 Nikolasee (= Berlin), 37077 Nikolausberg (= Göttingen), 83739 Nikolasreuth, 84034 Nikola (= Landshut), 97956 Niklashausen (= Werbach).
Wenigstens 150 Jahre lässt sich der Brauch, an das Christkind oder den Weihnachtsmann Wunschzettel zu schreiben, zurückverfolgen. Während in schlechten Zeiten Wünsche nach neuen Spielsachen eher hinter den Wünschen nach Reparatur alter, defekter oder beliebter Spielsachen zurückstehen, sind heute die Wünsche eher »marktkonform«: Gewünscht wird, was es auch im Handel zu kaufen gibt. Die entsprechende Beschreibung aus dem Katalog liegt u.U. dem computergeschriebenen Wunschzettel gleich bei. Um die Jahrhundertwende wurde der Wunschzettel auf vorgedruckte, kunstvoll dekorierte Karten mit farbig illustrierten Vorderseiten geschrieben (vgl. auch ↗ **Briefe an das Christkind oder den Weihnachtsmann**).

Wurf- oder Streuabend

Als Vorläufer des ↗ **Einlege-** und ↗ **Einkehrbrauches** wurden am Nikolausabend Äpfel, Nüsse,

Gebäck und Süßigkeiten in einen Raum geworfen, in dem sich die Kinder der Familie aufhielten oder aber über Nacht Geschenke ausgelegt. Später wurden die Geschenke wohl in die Schuhe gesteckt, die Futter für den Esel des hl. Nikolaus enthielten. Das ↗ **Nikolaus-Schiffchen** war einer von den Kindern gebastelter Gabenteller. Auch hängte man im Haus Strümpfe zu diesem Zweck auf. Auf diese Weise spielte man die Legende von den drei Jungfrauen nach, die von Nikolaus einen Goldklumpen empfingen. Für 1836 wird aus Münster berichtet, dass sich dort die Waisenkinder der Stadt in der früheren Nikolaiskapelle auf dem Domhof versammelten; durch eine Öffnung im Gewölbe regneten Gaben auf die Kinder herab.

Würfel, drei ↗ Arma Christi, ↗ Leidenswerkzeuge, ↗ Passionsfrömmigkeit

Wurst singen, um die ↗ Schlachtfest
Wurststechen ↗ Schlachtfest
Wurzel-Jesse-Thematik ↗ Arbor-Jesse-Thematik

Wuscheltag ↗ Fastnachtzeit

X

X-MAS ↗ Christmas

Zachäus auf dem Baum. Kupferstich von Carl Ludwig Schuler (1785–1852), Nr. 48 der Kupferstiche zum Neuen Testament, Freiburg i.Br. 1810/14. – Vorlage: Archiv Herder

Z

Zachäus

Als Evangelium der Messe am ↗ **Kirchweihfest** (= Jahrestag der Kirchweihe: »In Anniversario Dedicationis ecclesiae« = Beginn des Eingangsgebets) trug man vor der Liturgiereform Lukas 19,1–10 vor: die Einkehr Jesu in das Haus des Zachäus. Dementsprechend bezog sich die Homilie auf Zachäus. Eben dieser Zachäus, der liturgiegemäß dadurch bei jeder ↗ **Kirmes** auftauchte, wurde sprichwörtlich. Wickrams »Rollwagenbüchlein« von 1555 verdeutlicht den Zusammenhang: »wenig aber wirt dass leiden Christi bedacht. Also predigt man vom Zacheo auff allen Kirchweihen, niemandt aber volget jm inn den Wercken nach.« Der Zachäus des Evangeliums personifizierte nachgerade die Kirchweih, wenn es hieß: »Der ist auf allen Kirchweihen wie Zachäus« oder »Zachäus auf allen Kirchweihen sein«, d.h. überall anzutreffen sein, wo es fröhlich zugeht, wo es gut zu essen und zu trinken gibt. Schließlich nahm Zachäus auch Gestalt an, wurde personifiziert als ↗ **Strohmann**, den man feierlich einholte und während der Kirchweih mitführte und im Festzelt anbrachte. Nach der Kirchweih aber wurde Zachäus feierlich zu Grabe getragen. Dieser Kirmesschlussbrauch kann eine kirchliche Beerdigung persiflieren und/oder ein ↗ **Strafgericht** darstellen, dem eine Hinrichtung (Verbrennen, Ertränken, Erhängen, Köpfen ...) folgt. Hier gerät der Zachäus zusätzlich in die Rolle des ↗ **Sündenbocks**. – Statt des Zachäus wurde an anderen Orten die ↗ **Kirmes begraben**: Ein Bild des Kirchenpatrons oder ein Pferdeschädel wurden unter geheuchelter und gespielter Trauer an einer bestimmten Stelle begraben, um im nächsten Jahr mit Halodri wieder ausgegraben zu werden.

Zange ↗ **Arma Christi**, ↗ **Leidenswerkzeuge**, ↗ **Passionsfrömmigkeit**

Zaterdach ↗ **Samstag**
Zaterdag ↗ **Samstag**
Zatertag, stiller ↗ **Karfreitag**, ↗ **Karwoche**
Zaturdag ↗ **Samstag**

Zauberei
Für Zauberei galt abergläubisch der ↗ **Donnerstag** als geeignet.

Zaunkönig
Der nach vorchristlichen Vorstellungen heilige Vogelwinzling durfte nur an einem einzigen Tag des Jahres gejagt werden: am Stephanstag (26. Dezember). Deshalb gilt der Zaunkönig neben dem Rotkehlchen als ein mit Weihnachten verbundener Vogel.

Zehn Gebote
Die Zehn Gebote oder der sog. »Dekalog« (griech.-lat.: »zehn Worte«) formulieren bzw. formuliert die religiös-ethischen Grundforderungen an einen Juden und – in deren Folge – an die Christen. Mose hat diese Gebote von Jahwe am Sinai erhalten (so Exodus 20,1–21 und Deuteronomium 5,6–22). Katholiken kennen außerdem fünf ↗ **Kirchengebote**.

Zeit, gebundene ↗ **Fastenzeit, österliche**
Zelle ↗ **Februar**, ↗ **Monate: Februar**
Zelten ↗ **Thomas**
Zemperstag ↗ **Fastnachtszeit**
Ziestag ↗ **Dienstag**
Zille ↗ **Februar**, ↗ **Monate: Februar**
Zimberstag ↗ **Donnerstag**, ↗ **Weiberfastnacht**
Zimpertag ↗ **Fastnachtszeit**

Der Zaunkönig. – Foto: Archiv Herder

Zink Knatsch ↗ **Nikolaus-Begleiter**
Zink Muff ↗ **Nikolaus-Begleiter**
Zinseier ↗ **Ostereier**
Zinstag ↗ **Dienstag**, ↗ **Pfingstdienstag**
Zinterklos ↗ **Nikolaos**, ↗ **Nikolaus-Name**
Zintmätesmännchen ↗ **Mätesmännchen**
Zistig ↗ **Dienstag**
Zodiakallicht ↗ **Stern von Betlehem**
Zonnavend ↗ **Samstag**
Zonnendach ↗ **Sonntag**
Zulle ↗ **Februar**, ↗ **Monate: Februar**
Zundach ↗ **Sonntag**

Zunge herausstrecken
Jemandem die Zunge heraustrecken heißt ihn schmähen, ihn verächtlich behandeln. Im ↗ **Karneval** ist diese Gebärde als Teil des närrischen Verhaltens üblich, aber auch im »normalen« Leben kommt sie bei Kindern und Erwachsenen vor. Wahrscheinlich geht die **Spottgebärde** auf eine ältere ↗ **Abwehrgebärde** zurück (vgl. z. B. das ↗ **Gähnmaul**). Als verächtliche, abweisende Grimasse sind solche Darstellungen an

Brücken und Stadttoren oft in Stein angebracht, vgl. in Basel den so genannten ↗ **Lällekönig**, der diese Gebärde gegen Kleinbasel richtet.

Zunnavend ↗ Samstag
Zunnwende ↗ Samstag
Zwänzgerlen ↗ Eierspiele
Zwarter Piet ↗ Nikolaus-Begleiter
Zweiter Passionssonntag ↗ Palmsonntag
Zwei-Welten-Lehre ↗ Civitas dei

Zwetschgen-Krampus
In Erinnerung an den ↗ **Krampus**, der früher in Österreich an der Seite des ↗ **Nikolaus** tobte, schenkt man heute den Kindern einen Zwetschgen-Krampus; das sind auf Draht gezogene Dörrzwetschgen mit einem Walnusskopf.

Zwiebelorakel ↗ Orakelbräuche, ↗ Weihnachtsorakel

Zwischen den Jahren
Dieser Begriff bezeichnet den Zeitraum vom 25. Dezember bis zum 6. Januar, die alten ↗ **Rauhnächte** bzw. die kirchliche ↗ **Weihnachtszeit**. Die Begriffsbildung nimmt Bezug darauf, dass sowohl am 25. Dezember, am 1. Januar als auch am 6. Januar ↗ **Jahresbeginn** gefeiert wurde, je nach Gegend oder Zeitalter. Erst seit dem 17. Jh. kristallisiert sich der 1. Januar als offizieller Jahresbeginn mit allgemeiner Verbindlichkeit heraus. Die »Zeit dazwischen«, die Zeit zwischen den verschiedenen Jahresanfängen, war die Zeit »zwischen den Jahren«.

Zwölf goldenen Freitage ↗ Freitag, ↗ Freitagsgebet

Zwölf Zwiebelschalen ↗ Losbrauchtum, ↗ Orakelbräuche

Der Jahreskalender der katholischen Christen

Der Kalender benennt die sog. Herren- und Marienfeste sowie die gebotenen und die nicht gebotenen Fest- und Gedenktage der Heiligen nach dem römischen Generalkalender. Eingeordnet sind die Eigenfeiern des deutschen Sprachraums. [In Klammern angefügt finden sich die nicht selten noch bekannten Fest- und Gedenktage, wie sie *vor* der Kalenderreform üblich waren.]

Zeichenerklärung

H	**HOCHFEST**
F	**Fest**
G	Gebotener Gedenktag
g	nichtgebotener Gedenktag
g*	Eigenfeier des Regionalkalenders
*****	Diözesane Eigenfeier
[...]	*Fest- oder Gedenktag vor der Kalenderreform*

Abkürzungen zu den regionalen Gedenktagen nach den deutschsprachigen Bistümern

A	Augsburg
AC	Aachen
B	Berlin
BA	Bamberg
BB	Bozen-Brixen
BS	Basel
CH	Chur
E	Essen
EIH	Eichstätt
EIN	Einsiedeln
FB	Freiburg/Schweiz
FD	Fulda
FR	Freiburg i.Br.
G	Graz-Seckau
GÖ	Görlitz
HI	Hildesheim
K	Köln
KG	Klagenfurt-Gurk
L	Linz
LM	Limburg
LÜ	Lüttich
LUX	Luxemburg
M	München
ME	Metz
MEI	Meißen
MS	Münster
MZ	Mainz
N	St. Pölten
OS	Osnabrück
PA	Passau
PB	Paderborn
R	Regensburg
RT	Rottenburg-Stuttgart
S	Salzburg
SG	St. Gallen
SI	Sitten
SP	Speyer
T	Innsbruck
TR	Trier
V	Feldkirch
W	Wien
WÜ	Würzburg

Januar

Fra Angelico, Die Anbetung der hl. Drei Könige. Szene der Pedrella des Tabernakels der Flachskämmer (1433). Florenz, Museum des Klosters San Marco. – Vorlage: Archiv Herder

1. Januar	**H**	**HOCHFEST DER GOTTESMUTTER MARIA**
		Neujahr, Oktavtag von Weihnachten, Namengebung des Herrn
		[*In Circumcisione Domini, Fest der Beschneidung des Herrn*]
2. Januar	**G**	Basilius d. Gr. und Gregor von Nazianz, Bischöfe, Kirchenlehrer
		[*Fest des allerheiligsten Namens Jesu (am 2. Januar oder am Sonntag zwischen dem 1. und 6. Januar)*]
3. Januar	*	Irmina, Äbtissin (LUX, TR)
	*	Odilo, Abt von Cluny (FB)
4. Januar	*	Mario/Marius (FB)
5. Januar		
6. Januar	**H**	**ERSCHEINUNG DES HERRN**
		[*In Epiphania Domini, Fest der Erscheinung des Herrn*]
7. Januar	**g***	Valentin, Bischof von Rätien
	g	Raimund von Peñafort, Ordensgründer
8. Januar	**g***	Severin, Mönch in Norikum
9. Januar		
10. Januar	*	Gregor X., Papst (FB)
11. Januar		[*Hyginus, Papst, Märtyrer*]
12. Januar		Tatiana, Märtyrin
13. Januar	**g**	Hilarius, Bischof von Poitiers, Kirchenlehrer
	*	Gottfried, Prämonstratenser (MS, MZ)
		[*Fest des Gedächtnisses der Taufe unseres Herrn Jesus Christus*]
14. Januar		[*Fest des Hilarius, Bischof, Bekenner* (s. 13. Jan.)]
15. Januar	*	Arnold Janssen, Ordensgründer (A, MS)
		[*Fest des Paulus, Bekenner*]
16. Januar		[*Fest des Marcellus I., Papst, Märtyrer*]
17. Januar	**G**	Antonius, Mönchsvater in Ägypten
18. Januar		[*In Cathedra S. Petri Ap. Romae (Petri Stuhlfeier zu Rom)* (s. 22. Febr.)]
19. Januar		[*Gedächtnis der Marius, Martha, Audifax und Abachum, Märtyrer*]
20. Januar	**g**	Fabian, Papst, Märtyrer
	g	Sebastian, Märtyrer

21. Januar	g*	Meinrad, Mönch auf der Reichenau, Einsiedler, Märtyrer
	g	Agnes, Jungfrau, Märtyrin in Rom
22. Januar	g	Vinzenz, Diakon, Märtyrer in Spanien
		Vinzenz Pallotti, Ordensgründer
		[*Anastasius, Märtyrer*]
23. Januar	g*	Heinrich Seuse, Ordenspriester, Mystiker
		[*Raymund von Peñafort, Bekenner* (s. 7. Jan.)]
24. Januar	G	Franz von Sales, Bischof von Genf, Ordensgründer, Kirchenlehrer
	*	Eberhard, Benediktiner (BS)
		[*Thimoteus, Bischof, Märtyrer* (s. 26. Jan.)]
25. Januar	F	**Bekehrung des Apostels Paulus**
26. Januar	G	Timotheus und Titus, Bischöfe, Apostelschüler
		[*Fest des Polykarp, Bischof, Märtyrer* (s. 23. Febr.)]
27. Januar	g	Angela Merici, Jungfrau, Ordensgründerin
	*	Julian, Bischof von Le Mans (PB)
		[*Fest des Johannes Chrysostomus, Bischof* (s. 13. Sept.)]
28. Januar	G	Thomas von Aquin, Ordenspriester, Kirchenlehrer
		[*Fest des Petrus Nolascus, Bekenner*]
29. Januar	*	Valerius, Bischof von Trier (TR)
		[*Fest des Franz von Sales, Bischof* (s. 24. Jan.)]
30. Januar		[*Fest der Martina, Jungfrau, Märtyrin*]
31. Januar	G	Johannes Bosco, Priester, Ordensgründer

Sonntag nach dem 6. Januar: **F** Taufe des Herrn

Februar

Fra Angelico, Die Darstellung Jesu im Tempel. Szene der Pedrella der Verkündigung. Cortona, Mueseo del Gesù. – Vorlage: Archiv Herder

1. Februar	*	Brigida/Brigitte, Ordensfrau (ST)
		[*Fest des Hl. Ignatius, Bischof, Märtyrer* (s. 17. Okt.)]
2. Februar	F	**Darstellung des Herrn**
		[*In Purificatione Beatae Mariae Virginis (Fest Mariä Reinigung oder Mariä Lichtmess)*]

3. Februar	g*	Ansgar, Bischof von Hamburg-Bremen, Glaubensbote in Skandinavien
	g	Blasius, Bischof von Sebaste in Armenien, Märtyrer
4. Februar	g*	Rabanus Maurus, Bischof von Mainz
		[Fest des Andreas Corsini, Bischof, Bekenner]
5. Februar	G	Gedenktag der Agatha, Jungfrau, Märtyrin in Catania
	*	Adelheid, Äbtissin (K)
6. Februar	G	Gedenktag des Paul Miki und Gefährten, Märtyrer in Nagasaki
	*	Dorothea, Märtyrin (GÖ)
		[Fest des Titus, Bischof, Bekenner]
7. Februar	*	Richard, Vater Willibalds, Wunibalds und Walburgs (EIH)
		[Fest des Romuald, Abt]
8. Februar	g	Hieronymus Ämiliani, Ordensgründer
		[Fest des Johannes von Matha, Bekenner]
9. Februar	*	Alto, Einsiedler (M)
		Anna Katharina Emmerick
		[Fest des Cyrillus]
10. Februar	G	Scholastika, Jungfrau
11. Februar	g	Gedenktag unserer Lieben Frau in Lourdes
		[Fest der Erscheinung der unbefleckten Jungfrau Maria]
12. Februar	*	Gregor II., Papst (FD)
		[Fest der Sieben Stifter des Servitenordens (s. 17. Febr.)]
13. Februar		Kastor, Einsiedler (TR)
	*	Adolf, Bischof von Osnabrück (OS)
14. Februar	F	**Fest des Cyrill, Mönch, und Methodius, Bischof,** Glaubensboten bei den Slawen, Schutzpatrone Europas
	*	Valentin, Priester, Märtyrer (FD, LM, MZ)
15. Februar		*[Gedächtnis der Faustinus und Jovita, Märtyrer]*
16. Februar		Juliana, Märtyrin; Philippa, Klarissin
17. Februar	g	Die Heiligen Gründer des Servitenordens
	*	Bonosus, Bischof von Trier (TR)
18. Februar		*[Gedächtnis des Simon, »Bruder des Herrn«]*
19. Februar	*	Bonifatius, Bischof von Lausanne (FB)
20. Februar		Eucherius, Bischof von Orléans (LÜ)
21. Februar	g	Petrus Damiani, Bischof, Kirchenlehrer
22. Februar	F	**Kathedra Petri,** *[Petri Stuhlfeier zu Antiochien]*
23. Februar	G	Gedenktag des Polykarp, Bischof von Smyrna, Märtyrer
	*	Willigis, Erzbischof von Mainz (MZ, TR)
		[Fest des Petrus Damiani, Bischof (s. 21. Febr.)]
24. Februar	F	**Fest des Matthias,** Apostel, *(im Schaltjahr: 25. Februar)*
25. Februar	g*	Walburga, Äbtissin
27. Februar		*[Fest des Gabriel von der schmerzhaften Mutter, Bekenner]* *(im Schaltjahr: 28. Febr.)*

März

Fra Angelico, Die Verkündigung (um 1430). Cortona, Museo del Gesù. – Vorlage: Archiv Herder

1. März		
2. März		
3. März	*	Kunigunde, Königin, Kaiserin, Ordensfrau (BA)
4. März	g	Kasimir, Königssohn, Bekenner
5. März		
6. März	g*	Fridolin von Säckingen, Mönch, Glaubensbote (CH, FR)
		[*Fest der Perpetua und Felicitas* (s. 7. März)]
7. März	G	Gedenktag der Perpetua und Felizitas, Märtyrinnen in Karthago
		[*Fest des Thomas von Aquin, Bekenner, Kirchenlehrer* (s. 28. Januar)]
8. März	g	Johannes von Gott, Ordensgründer
9. März	g*	Bruno von Querfurt, Bischof von Magdeburg, Märtyrer
	g	Franziska, Witwe, Ordensgründerin in Rom
10. März		[*Fest der Vierzig Märtyrer*]
11. März		
12. März		[*Fest Gregor I., Papst, Bekenner, Kirchenlehrer* (s. 3. September)]
13. März	*	Paulina, Klostergründerin (FD)
14. März	g*	Mathilde, Gemahlin König Heinrichs I., Klostergründerin
15. März	g*	Klemens Maria Hofbauer, Ordenspriester
16. März		
17. März	g*	Gertrud, Äbtissin von Nivelles (TR)
	g	Patrick, Bischof, Glaubensbote in Irland
18. März	g	Cyrill, Bischof von Jerusalem, Kirchenlehrer
19. März	H	**JOSEF, BRÄUTIGAM DER GOTTESMUTTER MARIA**
20. März		
21. März		[*Fest des Benedikt, Abt* (s. 11. Juli)]
22. März		
23. März	g	Turibio von Mongrovejo, Bischof von Lima
24. März		[*Fest des Erzengels Gabriel* (s. 29. September)]

25. März	**H**	**VERKÜNDIGUNG DES HERRN**
		[In Annuntiatione B.M.V., Fest Mariä Verkündigung]
26. März	**g***	Liudger, erster Bischof von Münster/Westf.
27. März		*[Fest des Hl. Johannes von Damaskus, Bekenner, Kirchenlehrer* (s. 4. Dez.)]
28. März		*[Fest des Johannes von Capistran, Bekenner* (s. 23. Oktober)]
29. März	*	Ludolf, Prämonstratenser, Bischof von Ratzeburg (OS)
30. März		
31. März		

April

Fra Angelico, Beweinung Christi (1440/45). Florenz, Museum des Klosters San Marco. – Vorlage: Archiv Herder

1. April		
2. April	**g**	Franz von Paola, Einsiedler, Ordensgründer
3. April		
4. April	**g**	Isidor, Bischof von Sevilla, Kirchenlehrer
5. April	**g**	Vinzenz Ferrer, Ordenspriester, Bußprediger
6. April		
7. April	**G**	Johann Baptist de la Salle, Priester, Ordensgründer
8. April		
9. April		
10. April		
11. April	**G**	Stanislaus, Bischof von Krakau, Märtyrer
		[Fest Leo I., Papst, Bekenner, Kirchenlehrer]
12. April		
13. April	**g**	Martin I., Papst, Märtyrer
		[Fest des Hermenegild, Märtyrer]
14. April		*[Fest des Hl. Justinus, Märtyrer]*
15. April		
16. April	*	Benedikt Josef Labre (EIN)
		Bernadette Soubirous
17. April		Max Joseph Metzger, Märyter

		[Gedächtnis des Anicetus, Papst, Märtyrer]
18. April		
19. April	g*	Leo IX., Papst
	*	Gerold, Einsiedler (EIN, V)
20. April		
21. April	g*	Konrad von Parzham, Ordensbruder in Altötting
	g	Anselm, Bischof von Canterbury, Kirchenlehrer
22. April		*[Fest von Soter und Cajus, Päpste, Märtyrer]*
23. April	g*	Adalbert, Bischof von Prag, Märtyrer
	g	Georg, Märtyrer in Kappadozien
24. April	g*	Fidelis von Sigmaringen, Ordenspriester, Märtyrer
25. April	F	**Markus**, Evangelist
26. April	*	Trudpert, Einsiedler im Münstertal (FR)
27. April	g*	Petrus Kanisius, Ordenspriester, Kirchenlehrer
28. April	g	Peter Chanel, Priester, erster Märtyrer in Ozeanien
		[Fest des Paul vom Kreuz, Bekenner (s. 19. Oktober)]
29. April	G	Katharina von Siena, Ordensfrau, Kirchenlehrerin
		[Fest Petrus des Märtyrers (s. 2. Juni)]
30. April	g	Pius V., Papst
	*	Pauline von Mallinckrodt, Ordensgründerin (PB)
		[Fest der Katharina von Siena, Jungfrau (s. 29. April)]

Mai

Fra Angelico, Das Jüngste Gericht - Die Himmelfahrt Christi - Das Pfingstwunder. Fresko (um 1450). Rom, Galleria Nazionale. – Vorlage: Archiv Herder

1. Mai	g	Josef, der Arbeiter
		[Fest vom hl. Joseph, dem Mann der Arbeit, Bräutigam der allerseligsten Jungfrau Maria, Bekenner]

2. Mai	G	Athanasius, Bischof von Alexandrien, Kirchenlehrer
	*	Sigismund, König der Burgunder (M, SI; EIN 1. Mai)
3. Mai	F	**Philippus und Jakobus**, Apostel
		[*In Inventione S. Crucis, Fest der Auffindung des heiligen Kreuzes*]
4. Mai	g*	Florian, Märtyrer, und die Märtyrer von Lorch
	*	Guido, Benediktinerabt (SP)
		[*Monika, Witwe* (s. 27. August)]
5. Mai	g*	Godehard, Bischof von Hildesheim
		[*Pius V., Papst, Bekenner* (s. 30. April)]
6. Mai	*	Britto, Bischof von Trier (TR)
	*	Domitian, Bischof von Tongern (LÜ)
		[*Johannes, Apostel und Evangelist, vor der lateinischen Pforte* (s. 27. Dez.)]
7. Mai	*	Notker der Stammler, Benediktiner (SG)
	*	Gisela, Königin von Ungarn (PA)
		[*Hl. Stanislaus, Bischof, Märtyrer* (s. 11. April)]
8. Mai		[*Erscheinung des Hl. Erzengels Michael* (s. 29. September)]
9. Mai	*	Beatus, Einsiedler am Thuner See (BS)
	*	Theresia Gerhardinger, Generaloberin (M)
		[*Gregor von Nazianz, Bischof* (s. 2. Januar)]
10. Mai		[*Antoninus, Bischof, Bekenner*]
11. Mai	*	Gangolf, Märtyrer (BA)
		[*Philippus und Jakobus, Apostel* (s. 3. Mai)]
12. Mai	g	Nereus und Achilleus, Märtyrer
	g	Pankratius, Märtyrer
		[*Nereus, Achilleus, Domitilla, Jungfrau, Pankratius, Märtyrer*]
13. Mai	*	Servatius, Bischof von Tongern (AC, LÜ)
		[*Robert Bellarmin, Bischof, Bekenner, Kirchenlehrer* (s. 17. September)]
14. Mai		[*Bonifatius, Märtyrer* (s. 5. Juni)]
15. Mai	*	Rupert von Bingen, Einsiedler (LM, MZ, TR)
		[*Johannes Baptist de la Salle, Bekenner* (s. 7. April)]
16. Mai	g*	Johannes Nepomuk, Priester, Märtyrer
		[*Ubald, Bischof, Bekenner*]
17. Mai		[*Paschalis Baylon, Bekenner*]
18. Mai	g	Johannes I., Papst, Märtyrer
	*	Burkhard, Pfarrer (BS)
		[*Venantius, Märtyrer*]
19. Mai		[*Petrus Cölestinus, Papst, Bekenner*]
20. Mai	g	Bernhardin von Siena, Ordenspriester, Volksprediger
21. Mai	g*	Hermann Josef, Ordenspriester, Mystiker
22. Mai		
23. Mai	*	Guibert/Wibert, Benediktinermönch (ME)
24. Mai	*	Magdalena Sophie Barat, Ordensgründerin (FB)

25. Mai	g	Beda der Ehrwürdige, Ordenspriester, Mystiker
	g	Gregor VII., Papst
	g	Maria Magdalena von Pazzi, Ordensfrau
26. Mai	G	Philipp Neri, Priester, Gründer des Oratoriums
27. Mai	g	Augustinus, Bischof von Canterbury, Glaubensbote in England
		[*Beda der Ehrwürdige* (s. 25. Mai)]
28. Mai		[*Augustinus, Bischof und Bekenner* (s. 28. August)]
29. Mai	*	Maximin, Bischof von Trier (TR)
		[*Maria Magdalena von Pazzi, Jungfrau* (s. 25. Mai)]
30. Mai	*	Jeanne la Pucelle (Jeanne d'Arc) (ST)
		[*Felix I., Papst, Märtyrer*]
31. Mai		[*Maria Königin* (s. 22. August)]

Erster Sonntag nach Pfingsten: **H DREIFALTIGKEITSSONNTAG**
Donnerstag nach Dreifaltigkeitssonntag: **H FRONLEICHNAM**

Juni

Fra Angelico, Zacharias, den Namen Johannes des Täufers schreibend (vor 1435). Florenz, Museum des Klosters San Marco. – Vorlage: Archiv Herder

1. Juni	G	Justin, Philosoph, Märtyrer
	*	Simeon, Einsiedler (u.a. in der »Porta Nigra«/Trier (TR)
		[*Angela Merici, Jungfrau* (s. 27. Januar)]
2. Juni	g	Marzellinus und Petrus, Märtyrer
		[*Erasmus, Bischof, Märtyrer*]
3. Juni	G	Karl Lwanga und Gefährten, Märtyrer
4. Juni	*	Klothilde, Gemahlin Clodwigs I. (FB)
		[*Franz Caracciolo, Bekenner*]
5. Juni	G	Bonifatius, Bischof, Glaubensbote in Deutschland, Märtyrer

6. Juni	g*	Norbert von Xanten, Ordensgründer, Bischof von Magdeburg
7. Juni	*	Eoban und Adalar, Glaubensboten um Bonifatius (FD)
8. Juni	*	Maria Gräfin von Droste zu Vischering, Äbtissin (MS)
9. Juni	g	Ephräm der Syrer, Diakon, Kirchenlehrer
		[Primus und Felicianus, Märtyrer]
10. Juni	*	Bardo, Abt, Erzbischof von Mainz (FD, MZ)
	*	Heinrich von Bozen, Tagelöhner (BB)
		[Margarita, Königin, Witwe]
11. Juni	G	Barnabas, Apostel
12. Juni	*	Leo III., Papst (PB)
		[Johannes a. S. Facundo (von Shagún)]
13. Juni	G	Antonius von Padua, Ordenspriester, Kirchenlehrer
	*	Bernhard, Archidiakon zu Aosta (SI)
14. Juni		Meinrad Eugster, Mönch in Einsiedeln/CH
		[Basilius der Große, Bischof, Bekenner, Kirchenlehrer (s. 2. Januar)]
15. Juni	g*	Vitus (Veit), Märtyrer
	*	Isfrid, Prämonstratenser, Bischof von Ratzeburg (OS)
		[Modestus und Crescentia, Märtyrer]
16. Juni	g*	Benno, Bischof von Meißen
	*	Quirin, Märtyrer (M); Luitgard, Zisterzienserin (LÜ)
17. Juni		
18. Juni		*[Ephrem des Syrers, Diakon, Bekenner, Kirchenlehrer* (s. 9. Juni)]
19. Juni	g	Romuald, Abt
	*	Elisabeth von Schönau, Benediktinerin (LM)
	*	Modest Andlauer, Jesuit, Märtyrer (ST)
		[Juliana von Falconieri, Jungfrau]
20. Juni	*	Deodat, (evtl. Missionsbischof (ST)
		[Silverius, Papst, Märtyrer]
21. Juni	G	Aloisius Gonzaga, Ordensmann
	*	Alban, Priester und Märtyrer (MZ)
22. Juni	g	Paulinus von Nola, Bischof von Nola
	g	John Fisher, Bischof von Rochester, und Thomas Morus, Lordkanzler, Märtyrer
23. Juni		*[Vigil der Geburt Johannes des Täufers]*
24. Juni	H	**GEBURT JOHANNES DES TÄUFERS**
		[In Nativitate S. Joannis Baptistae, Fest der Geburt des Hl. Johannes des Täufers]
25. Juni		*[Wilhelm, Abt]*
26. Juni	*	Vigilius, Bischof von Trient (BB)
	*	Anselm von Chignin, Kartäuser, Bischof (FB)
		[Johannes und Paulus, Märtyrer]

27. Juni	g*	Hemma von Gurk, Stifterin von Gurk und Admont
	g	Cyrill, Bischof von Alexandrien, Kirchenlehrer
	*	Aureus, Maximus, Theonest, Bischöfe von Mainz (MZ)
	*	Heimerad/Heimo, Einsiedler (FD, FR)
28. Juni	G	Irenäus, Bischof von Lyon, Märtyrer
		[*Vigil Petrus und Paulus, Apostel*]
29. Juni	H	**PETRUS UND PAULUS, APOSTEL**
30. Juni	*	Otto, Bischof von Bamberg, Glaubensbote in Pommern (EIH, GÖ, SP)
	g	Die ersten Märtyrer der Stadt Rom
		[*Paulus, Apostel*]

Freitag nach dem 2. Sonntag nach Pfingsten: **H HERZ JESU**
Samstag nach dem 2. Sonntag nach Pfingsten: **g** Herz Mariä

Juli

Fra Angelico, Papst Sixtus II. vertraut dem hl. Laurentius den Kirchenschatz an. Fresko (1447/55). Vatikan, Cappella Niccolina. – Vorlage: Archiv Herder

1. Juli		[*Pretiosissimi Sanguinis D.N.J.C., Fest des kostbarsten Blutes unseres Herrn Jesus Christus*]
2. Juli	F*	**Mariä Heimsuchung**
		[*In Visitatione B. Mariae Virg.*]
	*	Petrus, Bischof von Metz (ME)
3. Juli	F	**Thomas,** Apostel
		[*Leo II., Papst, Bekenner*]
4. Juli	g*	Ulrich, Bischof von Augsburg
	g	Elisabeth, Königin von Portugal
5. Juli	g	Antonius Maria Zaccaria, Priester, Ordensgründer
6. Juli	g	Maria Goretti, Jungfrau, Märtyrin
	*	Goar, Einsiedler (LM, TR)
	*	Maria Theresia Gräfin Ledóchowska (N, S)
7. Juli	g*	Willibald, Bischof von Eichstätt, Glaubensbote
		[*Cyrill und Methodius, Bischöfe, Bekenner* (s. 14. Februar)]

8. Juli	g*	Kilian, Bischof von Würzburg, und Gefährten, Märtyrer
		[*Elisabeth von Portugal, Königin, Witwe* (s. 4. Juli)]
9. Juli	*	Agilof, Bischof von Köln (K)
10. Juli	g*	Knud, König von Dänemark, Märtyrer
	g*	Erich, König von Schweden, Märtyrer
	g*	Olaf, König von Norwegen
	*	Engelbert Kolland, Franziskaner (G, S, T)
		[*Sieben Brüder, Märtyrer, Rufina und Secunda, Jungfrauen*]
11. Juli	F	**Benedikt von Nursia,** Vater des abendl. Mönchtums, Schutzpatron Europas
		[*Pius I., Papst, Märtyrer*]
12. Juli	*	Hermagoras und Fortunat, Märtyrer (KG)
	*	Sigisbert und Placidus, Glaubensboten (CH)
		[*Johannes Gualbert, Abt*]
13. Juli	g*	Heinrich II. und Kunigunde, Kaiserpaar
		[*Anakletus, Papst, Märtyrer*]
14. Juli	g	Kamillus von Lellis, Priester, Ordensgründer
	*	Ulrich von Zell, Cluniazenser (FB, FR)
		[*Bonaventura, Bischof, Bekenner* (s. 15. Juli)]
15. Juli	G	Bonaventura, Ordensmann, Bischof, Kirchenlehrer
	*	Gumbert, Abtbischof (BA)
	*	Bernhard, Markgraf von Baden (FR, SP)
		[*Heinrich II., Kaiser, Bekenner* (s. 13. Juli)]
16. Juli	g	Gedenktag unserer Lieben Frau auf dem Berge Karmel
		[*Gedächtnis der allerseligsten Jungfrau Maria vom Berge Karmel,* (*Skapulierfest*)]
	*	Irmengard, Äbtissin von Frauenchiemsee (M, RT, S)
17. Juli	*	Livarius, Märtyrer (ME)
		[*Alexius, Bekenner*]
18. Juli	*	Arnulf, Bischof von Metz, Mönch (ME)
	*	Answer, Benediktinerabt (OS)
		[*Kamillus von Lellis, Bekenner* (s. 14. Juli)]
19. Juli		[*Vincenz von Paul, Bekenner* (s. 27. September)]
20. Juli	g*	Margareta, Jungfrau, Märtyrin
	*	Léon-Ignace Mangin, Jesuit, Märtyrer (ME)
		[*Hieronymus Ämiliani, Bekenner* (s. 8. Februar)]
21. Juli	g*	Laurentius von Brindisi, Ordenspriester, Kirchenlehrer
	*	Arbogast, Bischof von Straßburg (FR, ST)
		[*Praxedis, Jungfrau*]
22. Juli	G	Maria Magdalena
23. Juli	g	Birgitta von Schweden, Ordensgründerin
	*	Apollinaris, Bischof, Märtyrer (K)
	*	Liborius, Bischof (E, PB)
24. Juli	g*	Christophorus, Märtyrer

25. Juli	F	**Jakobus** [der Ältere], Apostel
26. Juli	G	Joachim und Anna, Eltern der Gottesmutter Maria
27. Juli	*	Mangnerich, Bischof von Trier (TR)
	*	Bertold, Benediktinerabt (L, N, S)
		Pantaleon, Märtyrer
28. Juli	*	Beatus und Bantus, Priester und Einsiedler (TR)
		[Nazarius und Celsus, Märtyrer; Victor I., Papst, Märtyrer, und Innocenz I., Papst, Bekenner]
29. Juli	G	Martha von Betanien
30. Juli	g	Petrus Chrysologus, Bischof von Ravenna, Kirchenlehrer
	*	Simplicius, Faustinus und Beatrix, Märtyrer (FD)
	*	Bado, Priester (M)
		[Abdon und Sennen, Märtyrer]
31. Juli	G	Ignatius von Loyola, Priester, Ordensgründer

August

Fra Angelico, Die Krönung Mariens. Fresko (nach 1437). Florenz, Zelle des Klosters San Marco. – Vorlage: Archiv Herder

1. August	G	Alfons Maria von Liguori, Ordensgründer, Bischof, Kirchenlehrer
	*	Petrus Faber, erster Gefährte des Ignatius von Loyola (MZ, SP)
		[S. Petri ad Vincula (Petri Kettenfeier); Gedächtnis der Makkabäischen Brüder, Märtyrer]
2. August	g	Eusebius Bischof von Vercelli
		[Alfons Maria von Liguori, Bischof, Kirchenlehrer (s. 1. August)]
3. August		*[Auffindung des Erzmärtyrers Stephanus]*
4. August	G	Johannes Maria Vianney, Pfarrer von Ars
		[Dominikus, Bekenner (s. 8. August)]
5. August	g	Weihetag der Basilika Santa Maria Maggiore in Rom
		[Fest der Einweihung der Kirche Maria Schnee]
	*	Oswald, Bekenner (BS, G)
6. August	F	**Verklärung des Herrn**
		[In Transfiguratione D.N.I.Chr., Verklärung Christi]

7. August	**g**	Sixtus II., Papst, und Gefährten, Märtyrer
	g	Kajetan, Priester, Ordensgründer
	*	Juliana, Ordensfrau (LÜ)
8. August	**G**	Dominikus, Priester, Ordensgründer
		Cyriakus, Largus und Smaragdus, Märtyrer
9. August	*	Altmann, Bischof von Passau (L, N. PA, W)
		Edith Stein, Jüdin, Philosophin, Karmelitin
		[*Johannes Maria Vianney, Bekenner* (s. 4. August)]
		[*Vigil des Laurentius, Märtyrer*]
10. August	**F**	**Laurentius,** Diakon, Märtyrer
11. August	**G**	Klara von Assisi, Jungfrau; Ordensgründerin
	*	Schetzel, Einsiedler, Zeitgenosse Bernhards von Clairvaux (LUX)
		[*Tiburtius, Märt., u. Susanna, Jungfrau, Märtyrin*]
12. August	*	Radegund, Königstochter, Klostergründerin (FD)
		[*Klara, Jungfrau* (s. 11. August)]
13. August	**g**	Pontianus, Papst, Märtyrer, und Hippolyt, Priester, Märtyrer
	*	Gertrud, Tochter der hl. Elisabeth (LM, TR)
		[*Cassianus, Märtyrer*]
14. August	**G***	Maximilian Kolbe, Märtyrer, Ordenspriester
		[*Vigil von Mariä Himmelfahrt*]
15. August	**H**	**MARIÄ AUFNAHME IN DEN HIMMEL**
		[*In Assumptione B.M.V., Fest Mariä Himmelfahrt*]
		Mechthild von Magdeburg, Mystikerin
16. August	**g**	Stephan I., König von Ungarn (BR)
	*	Theodor, Bischof in Martigny (BS, CH, SG, SI)
		[*Joachim, Bekenner, Vater der allersel. Jungfrau Maria* (s. 26. Juli)]
	g*	Altfird, Bischof von Hildesheim (E, HI)
	*	Rochus (FD, MZ)
17. August		
18. August	*	Helena, röm. Kaiserin (LM, TR)
19. August	**g**	Johannes Eudes, Priester, Ordensgründer
	*	Sebald, Einsiedler (BA, EIH)
20. August	**G***	Bernhard von Clairvaux, Abt, Kirchenlehrer
21. August	**G**	Pius X., Papst,
		[*Johanna Franziska Frémiot v. Chantal, Wwe* (s. 12. Dez.)]
22. August	**G**	Maria Königin
		[*Festum Immaculati Cordis B.M.V., Fest des Unbefleckten Herzens Mariä* (durch die Liturgiereform auf den Samstag nach dem 2. Sonntag nach Pfingsten verlegt, einen Tag nach dem Herz-Jesu-Fest)]
23. August	**g**	Rosa von Lima, Terziarin des Dominikanerordens
		[*Philippus Benitus, Bekenner*]
24. August	**F**	**Bartholomäus**, Apostel

25. August	g	Ludwig IX., König von Frankreich
	g	Josef von Calasanza, Priester, Ordensgründer
26. August	*	Gregor, Abt in Utrecht (TR)
		[*Zephyrinus, Papst, Märtyrer*]
27. August	G	Monika, Mutter des hl. Augustinus
	*	Gebhard, Bischof von Konstanz (FR, V)
		[*Joseph von Calasanza, Bekenner* (s. 25. August)]
28. August	G	Augustinus, Bischof, Kirchenlehrer
29. August	G	Enthauptung Johannes des Täufers
30. August	*	Heribert, Erzbischof von Köln (K)
	*	Guarin, Abt, Bischof von Sitten (SI)
	*	Amadeus, Zisterzienserabt, Bischof von Lausanne (FB)
		[*Rosa von der Mutter Gottes* (s. 23. August)]
31. August	g*	Paulinus, Bischof von Trier, Märtyrer

September

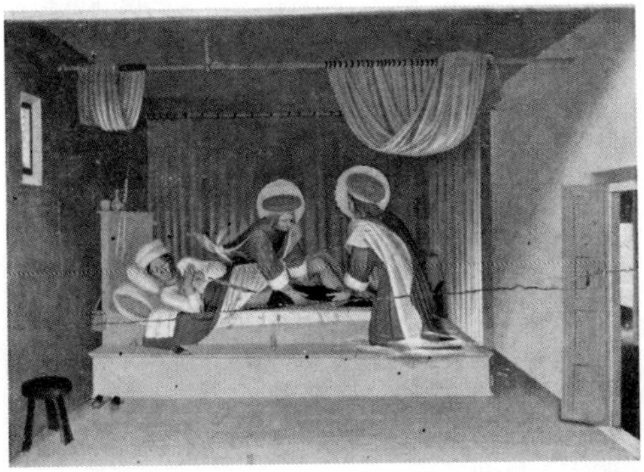

Fra Angelico, Ein Wunder der hl. Kosmas und Damian. Szene der Pedrella des Altars der hl. Jungfrau mit dem Kinde und Heiligen (um 1437/38). Florenz, Museum des Klosters San Marco. – Vorlage: Archiv Herder

1. September	*	Pelagius, Märtyrer (FR)
	*	Ägidius, Einsiedler, Abt (G)
	*	Bronislawa, Prämonstratenser (GÖ)
2. September	*	Nonnosus, Abt von Soracte (M)
	*	Appolinaris Morel, Kapuziner, Märtyrer (BS, CH, FB, SG)
	*	Franz Urban Salins de Niart, Märtyrer (ST)
		[*Stephan (von Ungarn), König, Bekenner* (s. 16. August)]
3. September	G	Gregor d. Gr., Papst, Kirchenlehrer
		[*Pius X., Papst, Bekenner* (s. 21. August)]
4. September	*	Swidbert, Bischof, Gründer von Kaiserswerth (E, K)
	*	Ida von Herzfeld (MS, PB)
	*	Jeanne-Antide Thouret, Klostergründerin (FB)
5. September	*	Maria Theresia von Wüllenweber, Ordensgründerin (AC)
		[*Laurentius Justiniani, Bischof, Bekenner*]

6. September	*	Magnus, Apostel des Allgäu (A, M, RT, SG, T, V)
7. September	*	Stephan Pongrácz, Jesuit, Märtyrer (G)
8. September	F	**Mariä Geburt**
		[In Nativitate B.M.V.]
9. September		*[Gorgonius, Märtyrer]*
10. September	*	Theodard, Bischof von Maastricht, Märtyrer (LÜ, SP)
		[Nikolaus von Tolentino, Bekenner]
11. September	*	Felix und Regula, Märtyer (CH, EIN)
	*	Maternus, der erste gesch. bezeugte Bischof von Köln (AC, E, K, TR)
		[Protus und Hyacinthus]
12. September	g	Mariä Namen
		[Fest des heiligsten Namens Mariä]
13. September	G	Johannes Chrysostomus, Bischof von Konstantinopel, Kirchenlehrer
	*	Notburga, Magd (BB, G, L, M, PA, S, T, V)
14. September	F	**Kreuzerhöhung**
		[In Exaltatione S. Crucis]
15. September	G	Gedächtnis der Schmerzen Mariens
		[Septem Dolorum B.M.V., Fest der Sieben Schmerzen der allerseligsten Jungfrau Maria]
		Josef Kentenich, Gründer der Schönstatt-Bewegung
16. September	G	Kornelius, Papst
		Cyprian, Bischof von Karthago, Märtyrer
17. September	g*	Hildegard von Bingen, Äbtissin, Mystikerin
	g	Robert Bellarmin, Bischof von Capua, Kirchenlehrer
18. September	g*	Lambert, Bischof von Maastricht
		[Fest der Wundmale des hl. Franz von Assisi]
	*	Lantpert, Bischof von Freising (M)
		[Joseph von Cupertino, Bekenner]
19. September	g	Januarius, Bischof von Neapel, Märtyrer
	*	Goërich, auch Abbo genannt, Bischof von Metz (ME)
	*	Albert von Löwen, Bischof von Lüttich (LÜ)
20. September	G	Andreas Kim Taegon, Priester, und Paul Chong Hasang und Gefährten, Märtyrer
21. September	F	**Matthäus**, Apostel, Evangelist
22. September	g	Mauritius und Gefährten, Märtyrer
	*	Landelin, Einsiedler (FR)
	*	Emmeram, Bischof (?) (EIH, M, R)
		[Thomas von Villanova, Bischof, Bekenner]
23. September	*	Liutwin, Bischof von Reims und Laon (TR)
		Linus, Papst, Märtyrer
24. September	g*	Rupert und Virgil. Bischöfe von Salzburg
		[Festum B.M.V. de Mercede, Fest der allerseligsten Jungfrau Maria von der Erlösung der Gefangenen]

25. September	g*	Nikolaus von Flüe, Einsiedler, Friedensstifter
26. September	g	Kosmas und Damian, Ärzte, Märtyrer
		[*Gedächtnis des hl. Cyprian, Märtyrer,* (s. 16. September), *und der hl. Justina, Jungfrau, Märtyrin* (s. 16. September)]
27. September	G	Vinzenz von Paul, Priester, Ordensgründer
		[*Kosmas und Damian, Märtyrer* (s. 26. September)]
28. September	g*	Lioba, Äbtissin von Tauberbischofsheim
	g	Wenzel [Wenceslaus] Herzog von Böhmen, Märtyrer
	g	Lorenzo Ruis und Gefährten, Märtyrer
	*	Thekla, Äbtissin von Kitzingen und Ochsenfurt (WÜ)
29. September	F	**Michael, Gabriel, Rafael, Erzengel**
		[*In Dedicatione S. Michaelis Archangeli, Einweihung der Kirche des Erzengels Michael*]
30. September	G	Hieronymus, Priester, Kirchenlehrer
	*	Urs und Viktor, Märtyrer (BS, CH, FB, SG, SI)

Oktober

Fra Angelico, Die Jungfrau mit dem Kind. Szene der Pedrella des Altars der hl. Jungfrau mit dem Kind und Heiligen (um 1437/38). Florenz, Kloster San Marco. – Vorlage: Archiv Herder

1. Oktober	G	Theresia vom Kinde Jesus, Ordensfrau
	*	Remigius, Bischof von Reims (ST, TR)
2. Oktober	G	Schutzengel
		[*SS. Angelorum Custodum, Fest der Schutzengel*]
3. Oktober	*	Niketius, Bischof von Trier (TR)
	*	Ewald (»der schwarze und der weiße Ewald«), Märtyrer (E, K, MS, PB)
		[*Theresia vom Kinde Jesus* (s. 1. Oktober)]
4. Oktober	G	Franz von Assisi, Ordensgründer
5. Oktober		[*Placidus und seine Gefährten*]
6. Oktober	g*	Bruno, Mönch, Einsiedler, Ordensgründer
	*	Adalbero, Bischof von Würzburg (L, WÜ)

7. Oktober	G	Gedenktag Unserer Lieben Frau vom Rosenkranz
		[*Sacratissimi Rosarii B.M.V., Rosenkranzfest*]
8. Oktober		[*Birgitta, Witwe* (s. 23. Juli)]
9. Oktober	g	Dionysius, Bischof von Paris, und Gefährten, Märtyrer
	g	Johannes Leonardi, Priester, Ordensgründer
	*	Gunther, Einsiedler (B, FD, PA)
10. Oktober	*	Gereon, Märtyrer (K)
	*	Kassius und Florentinus, Märtyrer (K)
	*	Viktor, Märtyrer (E, MS)
		[*Franz von Borgia, Bekenner*]
11. Oktober	*	Brun, Erzbischof von Köln (K)
	*	Jakob Griesinger, Glasmaler, Dominikaner (RT)
		[*Maternitas B.M.V., Fest der Mutterschaft der allersel. Jungfrau Maria*]
12. Oktober	*	Maximilian, Bischof und Märtyrer (Legende) (G, L, M, PA, S)
13. Oktober	*	Koloman, Pilger, Märtyrer (BR, N, W)
	*	Sintpert, Abt, Bischof von Augsburg (A)
		[*Eduard, König, Bekenner*]
14. Oktober	g	Kallixtus I., Papst, Märtyrer
	*	Burkhard, Benediktiner, Bischof von Würzburg (BA, FD, WÜ)
15. Oktober	G	Theresia von Jesus (von Ávila), Ordensfrau, Kirchenlehrerin
16. Oktober	g	Margareta Maria Alacoque, Ordensfrau
	*	Hedwig von Andechs, Herzogin von Schlesien (B, GÖ, M, MEI)
	g*	Gallus, Mönch, Einsiedler, Glaubensbote am Bodensee
	*	Lul, Gefährte des hl. Bonifatius, Bischof von Mainz (FD, MZ)
17. Oktober	G	Ignatius, Bischof von Antiochien, Märtyrer
		[*Margareta Maria Alacoque, Jungfrau* (s. 16. Oktober)]
18. Oktober	F	**Lukas**, Evangelist
19. Oktober	g	Jean de Brébeuf, Isaak Jogues, Priester, und Gefährten, Märtyrer
	g	Paul vom Kreuz, Priester, Ordensgründer
20. Oktober	g*	Wendelin, Einsiedler
	*	Vitalis, Abt und Bischof von Salzburg (S)
		[*Johannes Cantius, Bekenner*]
21. Oktober	g*	Ursula und Gefährtinnen, Märtyrinnen
		[*Hilarion, Abt*]
22. Oktober	*	Contardo Ferrini, Bekenner (B)
23. Oktober	g*	Johannes von Capestrano, Ordenspriester, Wanderprediger (G, N, W)
	*	Severin, Bischof von Köln (K)
24. Oktober	g	Antonius Maria Claret, Bischof von Santiago in Kuba, Ordensgründer
	*	Evergisius, Bischof von Köln (K)
		[*Erzengel Raphael* (s. 29. September)]
25. Oktober		Ludwig III., Klostergründer
26. Oktober	*	Amandus, erster bekannter Bischof von Straßburg (ST)

	*	Witta, Bischof von Büraburg (FD)
		[Evaristus, Papst, Märtyrer]
27. Oktober	*	Wolfhard, Einsiedler (A)
28. Oktober	**F**	**Simon und Judas Thaddäus**, Apostel
29. Oktober	*	Ferrutius, Märtyrer (LM, MZ)
30. Oktober		Bernhard Schwendtner, Opfer des NS
31. Oktober	**g***	Wolfgang, Bischof von Regensburg

November

Fra Angelico, Der Chor der Propheten. Fresko am Gewölbe der Birziuskapelle im Dom von Orvieto (1447). – Vorlage: Archiv Herder

1. November	**H**	**ALLERHEILIGEN**
		[In Festo Omnium Sanctorum, Fest Allerheiligen]
2. November	**H**	**ALLERSEELEN**
		[In Commemoratione Omnium Fidelium Defunctorum, Allerseelen]
3. November	**g***	Hubert, Bischof von Lüttich
	g*	Pirmin, Abtbischof, Glaubensbote am Oberrhein
	*	Idda (Ida, Itta), Inklusin (BS, SG)
	g	Martin von Porres, Ordensmann
4. November	**G**	Karl Borromäus, Bischof von Mailand
5. November	*	Emmerich, Sohn König Stephans I. von Ungarn (BR)
		Bernhard Lichtenberg, Opfer des NS
6. November	**g***	Leonhard, Einsiedler von Limoges
7. November	**g***	Willibrord, Bischof von Utrecht
	*	Engelbert I., Erzbischof von Köln (E, K)
8. November	*	Willehad, Bischof in Bremen (HI, MS, OS)
		[Vier Gekrönte, Märtyrer]
9. November	**F**	**Weihetag der Lateranbasilika**
		[Fest der Weihe der Erzbasilika des allerheiligsten Erlösers]

10. November	G	Leo der Große, Papst, Kirchenlehrer
		[Andreas Avellinus, Bekenner]
11. November	G	Martin, Bischof von Tours
12. November	G	Josaphat, Bischof von Polozk in Weißrussland, Märtyrer
	*	Kunibert, Bischof von Köln (K, TR)
		[Martin I., Papst, Märtyrer]
13. November	*	Stanislaus Kostka, Jesuiten-Novize (A, W)
		[Didacus, Bekenner]
14. November		[*Josaphat, Bischof, Märtyrer* (s. 12. November)]
15. November	g	Albert der Große, Ordensmann, Bischof von Regensburg, Kirchenlehrer
	g	Leopold, Markgraf von Österreich (KG, L, N, W)
16. November	g	Margareta, Königin von Schottland
	*	Otmar, Gründer des ersten Leprosenhauses in der Schweiz (BS, CH, FR, SG)
		[*Gertrud, Jungfrau* (s. 17. November)]
17. November	g	Gertrud von Helfta, Ordensfrau, Mystikerin
	*	Florin, Priester (BB, CH)
		[Gregor der Wundertäter, Bischof, Bekenner]
18. November	g	Weihetag der Basiliken St. Peter und St. Paul zu Rom
19. November	G	Elisabeth, Landgräfin von Thüringen
20. November	*	Korbinian, Bischof von Freising (M)
	*	Bernward, Bischof von Hildesheim (HI)
		[Felix von Valois, Bekenner]
21. November	G	Gedenktag unserer Lieben Frau in Jerusalem
		[In Praesentatione B.M.V., Fest Mariä Opferung]
22. November	G	Cäcilia, Jungfrau, Märtyrin
23. November	G	Klemens, als Bischof von Rom dritter Nachfolger des hl. Petrus
	g*	Kolumban, Abt, Glaubensbote in Frankreich
	g	Klemens I., Papst, Märtyrer
24. November	G	Andreas Dung-Lac, Priester, und Gefährten, Märtyrer
	g*	Modestus, Chorbischof in Salzburg (KG)
		[*Johannes vom Kreuz, Bekenner* (s. 14. Dezember)]
25. November	g*	Katharina von Alexandrien, Märtyrin
	*	Elisabeth (die »gute Beth«), Klausnerin (RT)
26. November	g*	Konrad und Gebhard, Bischöfe von Konstanz
	*	Johannes Berchmans, Jesuit (LÜ)
		[Silvester, Abt]
27. November	*	Bilhild, Klostergründerin (MZ)
28. November		
29. November		*[Saturninus, Märtyrer]*
30. November	F	**Andreas**, Apostel

Letzter Sonntag im Jahreskreis: **H CHRISTKÖNIGSSONNTAG**

Dezember

Fra Angelico, Die Geburt des hl. Nikolaus von Bari – Die Befreiung des Heiligen – Der Heilige und die drei jungen Mädchen. Szenen der Pedrella des Altars von Perugia/ Umbrien (1437). Pinakothek des Vatikan. – Vorlage: Archiv Herder

1. Dezember		Charles de Foucauld, Trappist
2. Dezember	g*	Luzius, Bischof von Chur, Märtyrer
		[Bibiana, Jungfrau, Märtyrin]
3. Dezember	G	Franz Xaver, Ordenspriester, Glaubensbote in Indien und Ostasien
4. Dezember	g*	Barbara, Märtyrin
	g	Johannes von Damaskus, Priester und Kirchenlehrer
		Adolph Kolping
		[*Petrus Chrysologus, Bischof, Bekenner, Kirchenlehrer* (s. 30. Juli)]
5. Dezember	g*	Anno, Bischof von Köln, Reichskanzler
		[Sabbas, Abt]
6. Dezember	g	Nikolaus, Bischof von Myra
7. Dezember	G	Ambrosius, Bischof von Mailand, Kirchenlehrer
8. Dezember	H	**HOCHFEST DER OHNE ERBSÜNDE EMPFANGENEN JUNGFRAU UND GOTTESMUTTER MARIA**
		[In Conceptione Immaculata B.M.V., Fest der Unbefleckten Empfängnis der allerseligsten Jungfrau Maria]
9. Dezember	*	Eucharius, erster bekannter Bischof von Trier (TR)
	*	Petrus Fourier, Pfarrer, Ordensgründer (ME)
10. Dezember		*[Miltiades, Papst, Märtyrer]*
11. Dezember	g	Damasus I., Papst
12. Dezember	g	Johanna Franziska von Chantal, Ordensgründerin
	*	Vizelin, Bischof von Oldenburg (OS)
13. Dezember	g	Luzia, Märtyrin
	g*	Odila (Ottilia), Äbtissin
14. Dezember	G	Johannes vom Kreuz, Ordenspriester und Kirchenlehrer
	*	Franziska Schervier, Ordensgründerin (AC, K)
15. Dezember	*	Wunnibald, Glaubensbote (EIH)
16. Dezember	*	Sturm(i), Gründer und Abt des Klosters Fulda (FD, MZ)
	*	Adelheid, Fürstin, Klostergründerin (A, FB, ST)
		[*Eusebius, Bischof, Märtyrer* (s. 2. August)]
17. Dezember		
18. Dezember		

19. Dezember		
20. Dezember		
21. Dezember	*	Peter Friedhofen, Ordensgründer (TR) [*Thomas, Apostel* (s. 3. Juli)]
22. Dezember		
23. Dezember	**g**	Johannes von Krakau, Priester
24. Dezember		[*Vigil von Weihnachten*]
25. Dezember	**H**	**WEIHNACHTEN, HOCHFEST DER GEBURT DES HERRN** [*In Nativitate Domini, Das Hohe Weihnachtsfest*]
26. Dezember	**F**	**Stephanus**, erster Märtyrer
27. Dezember	**F**	**Johannes**, Apostel und Evangelist
28. Dezember	**F**	**Unschuldige Kinder**
29. Dezember	**g**	Thomas Becket, Bischof von Canterbury, Märtyrer
30. Dezember		Felix I., Papst
31. Dezember	**g**	Silvester I., Papst

Sonntag in der Weihnachtsoktav oder, wenn Weihnachten auf einen Sonntag fällt:
30. Dezember **F** **Fest der Heiligen Familie**

Literaturhinweise

Quellenwerke

Bibliotheca hagiographica latina antiquae et mediae aetatis, ed. socii Bollandiani, 2 Bde., Brüssel 1898–1901. Suppl. editio altera. Brüssel 1911

Diaconus, Johannes: Vita s. Nicolai episcopi. In: Mombritius, Boninus: Sanctuarium seu Vitae sanctorum. Mailand um 1480. Tom. II, fol. 161v - 170r. Neudruck: Paris 1910, Bd. 2, 296–309

Fortunatus, Venantius: Vita S. Martini Turonensis (metrische Bearb. der sulpicianischen Vita, um 576)

Gregor von Tours: Zehn Bücher Geschichten, bearb. von Rudolf Buchner. 2 Bde. Darmstadt 1990 (7. und 8. unveränderte Auflage)

Heisterbach, Caesarius von: Dialogus miraculorum (= Caesarii Heisterbacensis monachi Dialogus miraculorum). Hrsg. v. Joseph Stange. 2 Bde. Köln/Bonn/Brüssel 1950/1951. (Vgl. auch die aktuelle populäre Textausgabe in Auswahl: Von Geheimnissen und Wundern des Caesarius von Heisterbach. Ein Lesebuch von Helmut Herles. Bonn ²1991

Paulinus von Périgueux (Petricordia): Vita S. Martini episcopi (um 470)

Sévère, Sulpice (Severus, Sulpicius): Vita s. Martini (397). Introduction, texte et traduction par Jacques Fontaine (lat./frz.). In: Sources Chrétiennes 133–135. Paris 1967–1969. Übertragung ins Deutsche bei: K.S. Frank: Frühes Mönchtum im Abendland. Zürich/München 1975, II, 20–52

Voragine, Jakobus de: Legenda aurea vulgo historia langobardica dicta. Hrsg. v. Th. Graesse. Dresden/Leipzig ³1890. (Neudruck: Osnabrück 1965). Deutsche Ausgabe: Die Legenda aurea. Aus dem Lateinischen übersetzt von Richard Benz. Heidelberg ¹²1997

Sekundärliteratur

Achtner, *Wolfgang / Kunz, Stefan / Walter, Thomas*: Dimensionen der Zeit. Die Zeitstrukturen Gottes, der Welt und des Menschen. Darmstadt 1998

Adam, Adolf: Geschlossene Zeit. In: LThK (1993ff) IV, 574 (Lit.)

Aka, Christine: Laßt uns das Kindlein wiegen ... In: Die Weihnachtskrippe. 58. Jahrbuch des Krippenmuseums Telgte. Telgte 1993, 11–17

Aka, Christine: Jesuskind und Weihnachtsmann. In: Museum Heimathaus Telgte (Hrsg.): Jesuskind und Weihnachtsmann. Krippenmuseum Telgte. Telgte 1995, 18–118

Albers, Johan Heinrich: Das Jahr und seine Feste. Die Feste und Feiertage des Jahres, ihre Entstehung, Entwicklung und Bedeutung in Geschichte, Sage, Sitte und Gebrauch. Stuttgart ³1917

Ameln, Konrad / Harmsen, Hans / Thomas, Wilhelm / Vötterle, Karl: Das Quempas-Buch. Lieder für den Weihnachtsfestkreis. Kassel/Basel 1962

Angenendt, Arnold: Heilige und Reliquien. Die Geschichte ihres Kultes vom frühen Christentum bis zur Gegenwart. München 1994

Angenendt, Arnold: Geschichte der Religiosität im Mittelalter. Darmstadt 1997

Angermann, Gertrud: Das Martinsbrauchtum in Bielefeld und Umgebung im Wandel der Zeiten. In: RwZVk 4 (1957) 231–256

Anrich, Gustav: Hagios Nikolaos. Der heilige Nikolaus in der griechischen Kirche. Texte und Untersuchungen. 2 Bde. Leipzig/Berlin 1913, 1917

Appuhn, Horst: Einführung in die Ikonographie der mittelalterlichen Kunst in Deutschland. Darmstadt ³1985

Arnim, L. Achim von / Brentano, Clemens: Des Knaben Wunderhorn. Alte deutsche Lieder. Vollständige Ausgabe nach dem Text der Erstausgabe von 1806/1808. Darmstadt 1995

Auer, P. Wilhelm: Goldene Legende. Leben der lieben Heiligen Gottes auf alle Tage des Jahres. Nach P. Matthäus Vogel neu bearbeitet. Köln [1904]

Balzers, *Johannes von (Hrsg.)*: Ostern wie's im Buche steht. Gerlingen 1997

Basnitzki, Ludwig: Der jüdische Kalender. Entstehung und Aufbau. Frankfurt/M. 1989

Baumstark, Anton: Advent. In: RAC, Bd. 1. Stuttgart 1950, 112–125

Bausinger, Hermann: Adventskranz. Ein methodisches Beispiel. In: Württembergisches Jahrbuch für Volkskunde 1970, 9–31. Separate Neuauflage mit Ergänzungen. Würzburg/München 1977 (= Ethnologia Bavarica, 4)
Bausinger, Hermann: Volkskunde. Von der Altertumsforschung zur Kulturanalyse. Darmstadt 1971
Bechtle, Götz: Pelzmärtle und Christkindle. In: Der Landkreis Calw. Ein Jahrbuch, Bd. 7. Calw 1989, 168–177
Beck, Rainer (Hrsg.): Der Tod. Ein Lesebuch von den letzten Dingen. München 1995
Becker, Udo: Lexikon der Symbole. Neuausgabe (Herder/Spektrum 4698). Freiburg/Basel/Wien 1998
Becker-Huberti, Manfred: 1600 Jahre Verehrung des heiligen Martin von Tours. Geschichte, Legenden, Sankt-Martin-Lexikon. (= PEK-Skript). Köln 1996ff
Becker-Huberti, Manfred: Feiern – Feste – Jahreszeiten. Lebendige Bräuche im ganzen Jahr. Geschichte und Geschichten, Lieder und Legenden. Freiburg/Basel/Wien 1998
Behland, Max: Die Dreikönigslegende des Johannes von Hildesheim. Diss. München 1968
Beissel, Stephan: Die Verehrung der Heiligen und ihrer Reliquien in Deutschland im Mittelalter. Darmstadt 1976 (Reprint)
Beitl, Klaus: Das Klausenholz. Untersuchung der Gebetszählhölzer im vorweihnachtlichen Kinderbrauch. In: Rheinisches Jahrbuch für Volkskunde 20 (1970) 7–92
Beitl, Klaus: Frautragen. In: LThK (1993ff) IV, 83 (Lit.)
Beitl, Klaus: Herbergssuche. In: LThK (1993ff) IV, 1433 (Lit.)
Belting, Hans: Bild und Kult. Eine Geschichte des Bildes vor dem Zeitalter der Kunst. München ²1991
Bendix, Regina / Nef, Theo: Silvesterkläuse in Urnäsch. (= Appenzeller Brauchtum, 1. Hrsg. v. Walter Irniger). Urnäsch 1984
Berliner, Rudolf: Die Weihnachtskrippe. München 1955
Betz, Otto: Elementare Symbole. Zur tieferen Wahrnehmung des Lebens. Freiburg i.Br. 1989
Bieger, Eckard: Das Kirchenjahr zum Nachschlagen. Entstehung – Bedeutung – Brauchtum. Kevelaer ³1995
Bieger, Eckhard / Blome, Norbert / Heckwolf, Heinz (Hrsg.): Schnittpunkte zwischen Himmel und Erde. Kirche als Erfahrungsraum des Glaubens. Kevelaer 1998
Bielefeldt, Heinz: St. Martin in Aldenhoven. Fest und Aktion. In: ru 4/1984, 142–144
Bieritz, Karl-Heinrich: Das Kirchenjahr. Feste, Gedenk- und Feiertage in Geschichte und Gegenwart. München ³1991
Bogner, Gerhard: Das große Krippen-Lexikon. Geschichte, Symbolik, Glaube. München 1981
Börsting, Heinrich: Liudger – Träger des Nikolauskultes im Abendland. Gründer der ersten Nikolauskirche nördlich der Alpen. In: WS I, 139–181
Bosch, Johannes van den: Capa, basilica, monasterium et le culte de S.Martin de Tours. Utrecht/Nijmwegen 1959
Brant, Sebastian: Das Narrenschiff. Hrsg. v. M. Lemmer (= Neudrucke dt. Lit.werke NF, 5). Tübingen 1962
Bremmer, Jan / Brodersen, Kai (Hrsg.): Kulturgeschichte des Humors von der Antike bis heute. Darmstadt 1999
Brückner, Annemarie: Advent (Frömmigkeit und Brauch). In: LThK (1993ff) I, 173
Brückner, Annemarie: Drei Könige – Überlieferung und Legende, Reliquien, Frömmigkeit und Brauch. In: LThK (1993ff) III, 365 (Lit.)
Buchner, Rudolf (Bearb.): Gregor von Tours »Zehn Bücher Geschichten«. 2 Bde. (= Ausgewählte Quellen zur Deutschen Geschichte des Mittelalters, Freiherr vom Stein-Gedächtnisausgabe, 2 und 3). Darmstadt 1990 (7. u. 8. unveränd. Aufl.)
Budde, Rainer (Hrsg.): Die Heiligen Drei Könige. Darstellung und Verehrung. Eine Ausstellung des Wallraf-Richartz-Museums. Köln 1982. (Ausstellungskatalog)
Burgstaller, Ernst: Österreichisches Festgebäck. Wien 1958
Burgstaller, Ernst: Die brauchtümliche Begehung des Martinstages in Österreich. In: Hess. Blätter für Volkskunde 56 (1965)
Buschan, Georg: Das deutsche Volk in Sitte und Brauch. Stuttgart/Berlin/Leipzig 1922
Bützler, Theodor: Kölner Martinsfest. Köln 1946

***Caillois**, Roger*: Der Mensch und das Heilige. München/Wien 1988
Cassel, Paulus: Weihnachten – Ursprünge, Bräuche und Aberglauben. Wiesbaden o.J. (Reprint der Ausgabe 1862)
Chapeaurouge, Donat de: Einführung in die Geschichte der christlichen Symbole. (= Die Kunstwissenschaft). Darmstadt ³1991
Christ, Norbert u.a. (Hrsg.): Der Fasenickl im Altmühltal. Kipfenberg 1983
Christern, Elisabeth: Die Hystori oder Legend von den Heiligen Dryen Koenigen. In: Achthundert Jahre Verehrung der Heiligen Drei Könige in Köln. 1164–1964. (= Kölner Domblatt, Köln 1964, 23–24), 180–204
Christern, Elisabeth: Johannes von Hildesheim, Florentinus von Wevelinghoven und die Legende von den

Heiligen Drei Königen. In: Jahrbuch des Kölnischen Geschichtsvereins 34/35 (1959/1960), 39–52

Christern, Elisabeth: Legenda trium regum – Die Legende von den heiligen drei Königen des Johannes von Hildesheim, übertr. v. Elisabeth Christern. (= dtv 164). München/Köln 1963

Cipolla, Carlo M.: Gezählte Zeit. Wie die mechanische Uhr das Leben veränderte. Aus d. Ital. v. Friedrike Hausmann. Berlin 1997

Clemen, K.: Der Ursprung des Martinsfestes. In: Zeitschrift für Volkskunde 28 (1918) 1–14

Coo, Josef de: Die unieke voorstelling van de »Josefskousen« in het veelluik Antwerpen-Baltimore van ca. 1400. In: Oud Holland 73 (1958) 186–198

Coo, Josef de: In Josephs Hosen Jhesus ghewonden wert. Ein Weihnachtsmotiv in Literatur und Kunst. In: Aachener Kunstblätter 30, Düsseldorf 1965, 144–184

Cullmann, Oscar: Die Entstehung des Weihnachtsfestes und die Herkunft des Weihnachtsbaumes. Stuttgart ³1991

Curti, Notker: Volksbrauch und Volksfrömmigkeit im katholischen Kirchenjahr (= Volkstum der Schweiz, 7). Basel 1947

***Dahm**, August*: Das Martinsfest. Düsseldorf 1945

Demm, Eberhard: Zur Rolle des Wunders in der Heiligkeitskonzeption des Mittelalters. In: AKuG 57 (1975) 300–433

Diederichs, Ulf: Das Große Kölner Weihnachtsbuch. Festtagsbräuche und Familienleben im Wandel der Zeit. Köln ²1994

Die Zittauer Fastentücher in der Kreuzkirche. Hrsg. v. der Kultur-Stiftung der Länder. Berlin 1996

Dihle, Albrecht: Heilig. Art. in: RAC 14 (1988) Sp. 1–63

Dinzelbacher, Peter: Die »Realpräsenz« der Heiligen in ihren Reliquien und Gräbern nach mittelalterlichen Quellen. In: Dinzelbacher, Peter / Bauer, Dieter R. (Hrsg.): Heiligenverehrung in Geschichte und Gegenwart. Ostfildern 1990, 115–174

Dinzelbacher, Peter / Bauer, Dieter R. (Hrsg.): Heiligenverehrung in Geschichte und Gegenwart. Ostfildern 1990

Dinzelbacher, Peter / Bauer, Dieter R. (Hrsg.): Volksreligion im hohen und späten Mittelalter. (= QFG, NF 13). Paderborn u.a. 1990

Dinzelbach, Peter: Die letzten Dinge. Himmel, Hölle, Fegefeuer im Mittelalter. (Herder/Spektrum 4715). Freiburg/Basel/Wien 1999

Dohmen, Christoph: Von Weihnachten keine Spur? Adventliche Entdeckungen im Alten Testament. Freiburg i.Br. ²1998

Dölker, H.: Martin und Nikolaus. In: Württembergisches Jahrbuch für Volkskunde 3-4 (1957/1958), 100–110

Donckel, Emile: St. Martinskult und St. Martinsbrauch in Luxemburg. Eine vorläufige Materialsammlung (= Sonderdruck). Luxemburg [1961]

Donckel, Emile: St. Martinskult und St. Martinsbrauch in Luxemburg. Eine hagiologische Studie. In: Luxemburger Wort. Luxemburg 114 (1962) 13/14, 13.I., p. 4

Dohrn-van Rossum, Gerhard: Die Geschichte der Stunde. Uhren und moderne Zeitordnung. München, Wien 1992

Döring, Alois: Glocken beiern im Rheinland. (= Beiträge zur rheinischen Volkskunde, 4). Köln ²1993.

Drößler, Rudolf: 2000 Jahre Weltuntergang. Himmelserscheinungen und Weltbilder in apokalyptischer Deutung. Würzburg 1999

Drumm, Joachim (Hrsg.): Martin von Tours. Der Lebensbericht von Sulpicius Severus. Übertragung von Wolfgang Rüttenauer. Ostfildern ²1997

Dümmler, Ernst: Legenden vom heiligen Nicolaus. In: Zeitschrift für deutsches Altertum und deutsche Literatur 35, Neue Folge 23 (1891) 401–407

Dünninger, Josef / Schopf, Horst: Bräuche und Feste im fränkischen Jahreslauf. Texte vom 16. bis zum 18. Jahrhundert. (= Die Plassenburg. Schriften für Heimatforschung und Kulturpflege Ostfranken, 30). Kulmbach 1971

***Ebertz**, Michael N. / Schultheis, Franz (Hrsg.)*: Volksfrömmigkeit in Europa. Beiträge zur Soziologie populärer Religiosität aus 14 Ländern. (= Religion – Wissen – Kultur, 2). München 1986

Eliade, Mircea: Geschichte der religiösen Ideen. Band 1–4: Von der Steinzeit bis zur Gegenwart; Band 5: Quellentexte. (Herder/Spektrum 4200) Freiburg i.Br. ³1997

Eliade, Mircea: Das Heilige und das Profane. Vom Wesen des Religiösen. Frankfurt/M. 1990

Eliade, Mircea: Die Religionen und das Heilige. Elemente der Religionsgeschichte. Salzburg 1954

Emmerich, Werner: Vom Nikolaus... Bayreuth 1964

Engelmeier, Paul: Westfälische Hungertücher vom 14. bis 19. Jahrhundert. Münster 1961

Engelmeier, Paul: Westfälische Weihnachtskrippen aus dem 18. und 19. Jahrhundert. In: Volkstumspflege in Deutschland. Festschrift für Joseph Klersch. o.O. 1963

Engels, Odilo: Drei Könige – Reichsheilige. In: LThK (1993ff) III, 365f (Lit.)

Engemann, Karl-Heinz: Krippenfiguren als Zugabe: Die »Margarine-Figürchen«. In: Heimathaus Münsterland Telgte (Hrsg.): 47. Krippenausstellung. Telgte 1987, 29–39

Ernst, Eugen: Weihnachten im Wandel der Zeiten. Ein Hausbuch für die Zeit vom 1. Advent bis zum Dreikönigstag. Stuttgart 1998

Ernst, Josef: Geburt Christi – Neutestamentlich-theologisch. In: LThK (1993ff) IV, 331f. (Lit.)

Everding, Willi: Von Advent bis Zuckerfest. Feste und Brauchtum im Jahreslauf. Bielefeld 1997

Fabris, *Melchior de*: Von der Martins Gans. Eine Schöne Nutzliche Predig / darinn zuosehen eine feine außlegung deß H.Evangelij S.Martini Leben: Unnd ein hailsame anmannung / wie und was gestalt wir S.Martinis Gans essen / und unser leben in ein andern gang richten sollen. Gedruckt im Closter zuo Thierhaupten 1595

Ferrari d'Occhieppo, Konradin: Der Stern von Betlehem aus der Sicht der Astronomie. Stuttgart/Altstein/Frankfurt/Berlin 1994

Fischer, Ferdy: Dreikönige und ein Stern. Ein Sternsingerbuch in Zusammenarbeit mit der Sternsingeraktion. Düsseldorf 1987

Fischer, Ferdy: St. Martin feiern. Düsseldorf 1995

Fochler, Rudolf: Von Neujahr bis Silvester. Linz 1971

Fontaine, J.: Martin. In: LThK (1993ff) VII, 118f

Forstner, Dorothea: Die Welt der Symbole. Innsbruck/Wien/München 1961

Forstner, Dorothea / Becker, Renate (Hrsg.): Neues Lexikon christlicher Symbole. Graz/Wien/Köln 1991

Frank, Hieronymus: Frühgeschichte und Ursprung des römischen Weihnachtsfestes im Lichte der neueren Forschung. In: Archiv für Liturgiewissenschaft II (1952)

Frank, Karl Suso: Frühes Mönchtum im Abendland. Bd. 1: Lebensformen, Bd. 2: Lebensgeschichten. Zürich/München 1975

Frank, Karl Suso: Martin von Tours und die Anfänge seiner Verehrung. In: Werner Groß / Wolfgang Urban *(Hrsg.)*: Martin von Tours. Ein Heiliger Europas. Ostfildern 1997, 21–62

Freudenthal, Herbert: Das Feuer im deutschen Glauben und Brauch. Berlin/Leipzig 1931

Fried, Erich: Der Stern, der tat sie lenken. Alte englische Lieder und Hymnen. München 1966

Fromme Tücher – Erinnerungen an Fronleichnam. Katalog zur Ausstellung im Neusser Clemens-Sels-Museum. Neuss 1996

Fuchs, Guido: Mahlkultur. Tischgebet und Tischritual. (= Liturgie und Alltag). Regensburg 1998

Fuchs, Peter / Schwering, M. L. / Zöller, Klaus: Kölner Karneval. Seine Geschichte, seine Eigenart, seine Akteure. Köln [2]1984

Fußbroich, Helmut: Theophanu. Die Griechin auf dem deutschen Kaiserthron 972–991. Köln 1991

Gajek, *Esther*: Adventskalender von den Anfängen bis zur Gegenwart. München 1988

Galler, Werner: Adventskalender. Ausstellung der Volkskundlichen Sammlung des Niederösterreichischen Landesmuseums 1980/81. (= Katalog des NÖ Landesmuseums, NF 103) Wien 1980

Galler, Werner: Mai- und Frühlingsbrauch in Niederösterreich. (= Katalog der NÖ Landesmuseums, NF 99) Wien 1980

Gandow, Thomas: Weihnachten. Glaube, Brauch und Entstehung des Christfestes. München 1993

Garritzmann, Hermann u.a.: Durch das Jahr – durch das Leben. Hausbuch der christlichen Familie. München 1982

Gartner, Josefine: Heiligenbluter Sternsingerlieder. Klagenfurt 1965. [Privatdruck]

Gehmacher, Max: Stille Nacht, heilige Nacht! Das Weihnachtslied – wie es entstand und wie es wirklich ist. Oberndorf 1988

Geiger, Paul: Deutsches Volkstum in Sitte und Brauch. Berlin/Leipzig 1936

Geiger, Paul: Niklaus, Begleiter. In: Geiger, Paul / Weiss, Richard: Atlas zur schweizerischen Volkskunde, Kommentar II. Basel 1949, 7–10

Geissler, Karlheinz A.: Vom Tempo der Welt. Am Ende der Uhrzeit. Freiburg/Basel/Wien 1999

Genz, Henning: Wie die Zeit in die Welt kam. Die Entstehung einer Illusion aus Ordnung und Chaos. München/Wien 1996

Geramb, Viktor von: Sitte und Brauch in Österreich. Graz 1948

Gimmler, Antje / Sandbothe, Mike / Zimmerli, Walther Ch. (Hrsg.): Die Wiederentdeckung der Zeit. Reflexionen – Anlaysen – Konzepte. Darmstadt 1997

Gockerell, Nina: Krippen im Bayerischen Nationalmuseum. München 1993

Goethe, Johann Wolfgang von: Die Heiligen Drei Könige. Manuskript. Lateinisch, aus dem fünfzehnten Jahr-

hundert. In: Goethes Werke, 29. Teil: Aufsätze zur Literatur, hrsg. v. W. Frh. von Biedermann. Berlin o.J., 124–135
Goffine, P. Leonhard: Christkatholische Handpostille. Ein Buch häuslicher Belehrung und Erbauung. Mainz 1690. [u.a. auch: Donauwörth 1926]
Goosen, L.: Martin von Tours. In: Greschat, M. (Hrsg.): Alte Kirche II. Stuttgart 1984, 87-99
Grabner, Elfriede: Martinisegen und Martinigerte in Österreich. Eisenstadt 1968
Graus, Frantisek: Volk, Herrscher und Heiliger im Reich der Merowinger. Studien zur Hagiographie der Merowingerzeit. Prag 1965
Greschat, Martin (Hrsg.): Alte Kirche, I und II. Stuttgart, 1984
Grieshofer, Franz (Hrsg.): Krippen. Geschichte. Museen. Insbruck 1987
Groß, Werner / Urban, Wolfgang (Hrsg.): Martin von Tours. Ein Heiliger Europas. Ostfildern 1997
Groß, Werner: Die Heiligenverehrung in der Glaubenspraxis der Gegenwart. In: Dinzelbacher, Peter / Bauer, Dieter B. (Hrsg.): Heiligenverehrung in Geschichte und Gegenwart. Ostfildern 1990, 358–370
Grotefend, Hermann: Taschenbuch der Zeitrechnung des deutschen Mittelalters und der Neuzeit. Hrsg. v. Th. Ulrich. Hannover [11]1971
Grün, Reinhard: Sternsinger – einst und jetzt. Aus der Geschichte des Brauchtums um den Dreikönigstag. Freiburg i.Br. 1967
Guth, Klaus: Die Heiligen im christlichen Brauchtum. In: Die Heiligen heute ehren. Eine theologisch-pastorale Handreichung. Hrsg. v. Wolfgang Beinert, unter Mitarb. v. Reiner Kaczynski. Freiburg/Basel/Wien 1983, 172–200
Guyot, Peter / Klein, Richard: Das frühe Christentum bis zum Ende der Verfolgungen. Eine Dokumentation 2 Bde. Darmstadt [2]1997
Gynz-Rekowski, Georg von: Die Festtage des Lebens. Berlin 1991

***Habel**, T.*: Der Tod im Fastnachtsspiel. Beobachtungen zum Verhältnis von Stoff und Medium. In: Blum, P.R. (Hrsg.): Studien zur Thematik des Todes im 16. Jahrhundert. (= Wolfenbütteler Forschungen, 22). Wolfenbüttel 1983, 63–95
Habermas, Rebekka: Wunder, Wunderliches, Wunderbares. Zur Profanierung eines Deutungsmusters in der frühen Neuzeit. In: Armut, Liebe, Ehre. Studien zur historischen Kulturforschung. Hrsg. v. Richard van Dülmen. Frankfurt/M. 1988, 38–66
Hall, Stuart George / Crehan, Joseph H.: Fasten / Fasttage III. Art. In: TRE, Bd. 11, 48–59
Handelmann, Heinrich: Weihnachten in Schleswig-Holstein. Hamburg 1866
Hartinger, Walter: Religion und Brauch. Darmstadt 1992
Hartke, Wilhelm: Über Jahrespunkte und Feste, insbesondere das Weihnachtsfest. Berlin 1965
Hartlaub, Gustav Friedrich: Der Gartenzwerg und seine Ahnen. (= Forum Imaginum, 6). Heidelberg 1962
Hässlin, Johann Jakob (Hrsg.): Das Buch Weinsberg. Aus dem Leben eines Kölner Ratsherrn. Köln [4]1990
Hauser, Albert: Grüezi und Adieu. Gruß- und Umgangsformen vom 17. Jahrhundert bis zur Gegenwart. Zürich 1998
Hawking, Stephen W.: Eine kurze Geschichte der Zeit. Die Suche nach der Urkraft des Universums. Hamburg 1988
Heim, Manfred: Kleines Lexikon der Kirchengeschichte. München 1998
Heim, Walter: Volksbrauch im Kirchenjahr heute. (= Schriften der Schweizerischen Gesellschaft für Volkskunde, 67). Basel 1983
Heim, Walter: Weihnachtsbrauchtum. Freiburg/Schweiz o.J.
Heinz, Andreas: Advent (Geschichte, Liturgie). In: LThK (1993ff) I, 171–173
Heinzelmann, Martin: Gregor von Tours (538–594). »Zehn Bücher Geschichte«. Historiographie und Gesellschaftskonzept im 6. Jahrhundert. Darmstadt 1994
Heiser, Lothar: Nikolaus von Myra. Heiliger der ungeteilten Christenheit. (= SOPHIA, Quellen östlicher Theologie, 18). Trier 1978
Heizmann, Berthold: Die rheinische Mahlzeit. Zum Wandel der Nahrungskultur im Spiegel lokaler Berichte. (= Beiträge zur rheinischen Volkskunde, 7). Köln/Bonn 1994
Hemmerle, E.: St. Nikolaus, der Schutzpatron der Schiffer. Stuttgart 1938
Hengst, M. / Merkel, H.: Die Magier aus dem Osten und die Flucht nach Ägypten (Mt 2) im Rahmen der antiken Religions-Geschichte und der Theologie des Matthäus. (= Orientierung an Jesus. Festschrift für J. Schmid). Freiburg i.Br. 1973, 139–169
Henrichs, Norbert: Kult und Brauchtum im Kirchenjahr. Eine kulttheologische und brauchtumsgeschichtliche Untersuchung für Schule und Seelsorge. Düsseldorf 1967

Hertling, Ludwig: Der mittelalterliche Heiligentypus nach den Tugendkatalogen. In: ZAM 8 (1933) 260–268.
Hindringer, R.: Der Schimmel als Heiligen-Attribut. In: Oberdeutsche Zeitschrift für Volkskunde 5 (1931) 9ff.
Hoffmann-Krayer, Eduard: Die Fastnachtsgebräuche in der Schweiz. In: Schweizerisches Archiv für Volkskunde 1 (1897) 47–57, 126–142. Neudruck: Hoffmann-Kryer, Eduard: Kleine Schriften zur Volkskunde. Basel 1946
Hoffmann-Krayer, Eduard: Neujahrsfeier im alten Basel und Verwandtes. In: Schweizerisches Archiv für Volkskunde 7 (1903) 102–131, 187–209
Hoffsümmer, Willi: Lexikon alter und neuer Symbole. Für die Praxis christlich gedeutet. Mainz 1999
Hofmann, Hans: Die Heiligen Drei Könige. Zur Heiligenverehrung im kirchlichen, gesellschaftlichen und politischen Leben des Mittelalters. (= Rhein. Archiv, 94). Bonn 1975
Holtorf, Anne: Neujahrslied. In: Handbuch des Volksliedes, Bd. I. München 1973, 363–390
Honnefelder, Gottfried (Hrsg.): Was also ist die Zeit? Erfahrungen der Zeit. Frankfurt/M. 1995
Hopfner, Hubert: Der historische Fasenickl. In: Der Fasenickl im Altmühltal. Hrsg. v. Norbert Christ u.a.. Kipfenberg 1983, 7–25
Hotz, W.: St. Nikolaus von Myra. (= Rheinheimer Texte, 6). Darmstadt 1974
Hünermann, Wilhelm: Sankt Martin. Der Reiter der Barmherzigkeit. Ein Lebensbild des heiligen Bischofs Martin von Tours. Innsbruck/Wien/München 1962
Hürlimann, Hans: Silvesterkläuse in Urnäsch. In: Das Jahr der Schweiz in Fest und Brauch. Hrsg. v. Rolf Thalmann u. Fritz Höfer, fotografiert v. Josef Räber. Zürich/München 1981, 58–60

Imbach, *Josef*: Der Heiligen Schein. Heiligenverehrung zwischen Frömmigkeit und Folklore. Würzburg 1999

Jahn, *Ulrich*: Die deutschen Opfergebräuche bei Ackerbau und Viehzucht. Breslau 1935

Kaczynski, *Rainer*: Die Feier der Heiligen im liturgischen Jahr. In: Die Heiligen heute ehren. Eine theologisch-pastorale Handreichung. Hrsg. v. Wolfgang Beinert, unter Mitarb. v. Reiner Kaczynski. Freiburg/Basel/Wien 1983, 158–172
Kamper, Dietmar / Wulf, Christoph (Hrsg.): Das Heilige. Seine Spur in der Moderne. (= Die weiße Reihe). Frankfurt/M. 1987
Kampschulte, H.: Die westfälischen Kirchen-Patrocinien, besonders auch in ihrer Beziehung zur Geschichte der Einführung und Befestigung des Christenthums in Westfalen. Münster 1963 (Reprint der Ausgabe 1867)
Kapellari, Egon: Heilige Zeichen. Graz/Wien/Köln 1987
Kapff, Rudolf: Festgebräuche. In: Volkstümliche Überlieferungen in Württemberg, bearb. v. Karl Bohnenberger. Stuttgart 1904–1918. [Reprint: Stuttgart 1980. (= Forschungen und Berichte zur Volkskunde in Baden-Württemberg, 5) 27–46]
Karasek-Langer, Alfred: Stand und Aufgaben historischer Krippenforschung am Niederrhein. In: Rheinisch-Westfälische Zeitschrift für Volkskunde. 1967, 9–41
Kaspar, Peter Paul: Geheiligte Zeiten. Zeichen und Symbole im Jahreskreis. Innsbruck ²1999
Kastner, Otfried: Die Krippe. Ihre Verflechtung mit der Antike. Ihre Darstellung in der Kunst der letzten 16 Jahrhunderte. Ihre Entfaltung in Oberösterreich. (= Denkmäler der Volkskultur aus Oberösterreich, 3). Linz 1964
Katechetisches Institut des Bistums Aachen - Institut für Religionspädagogik und Katechetik (Hrsg.): Komm in unser Haus, St. Nikolaus. Anregungen zur Festgestaltung. (= Religionspädagogische Arbeitshilfe, 53). Aachen 1991.
Kauß, Dieter: Nikolausbrauch im Kinzigtal (mittlerer Schwarzwald). In: Beiträge zur Volkskunde in Baden-Württemberg, 4. Stuttgart 1991, 219–240
Kaut, Thomas: Drei Könige – Biblischer Befund. In: LThK (1993ff) III, 364f. (Lit.)
Kehrer, Hugo: Die Heiligen Drei Könige in Literatur und Kunst. 2 Bde. Leipzig 1908 (Neudruck: Hildesheim 1965)
Kellermann, Dieter: Heilig, Heiligkeit und Heiligung im Alten und Neuen Testament. In: Dinzelbacher / Bauer: Heiligenverehrung, aaO., 27–47
Kellermann, Dieter: Heiligkeit II (Altes Testament). Art. in TRE 14 (1985) 697–703
Kellner, Heinrich: Heortologie oder die geschichtliche Entwicklung des Kirchenjahres und der Heiligenfeste von den ältesten Zeiten bis zur Gegenwart. Freiburg i.Br. ³1911
Kerscher, Gottfried (Hrsg.): Hagiographie und Kunst. Der Heiligenkult in Schrift, Bild und Architektur. Berlin 1993
Kimminich, Eva: Religiöse Volksbräuche im Räderwerk der Obrigkeiten. Ein Beitrag zur Auswirkung aufklärerischer Reformprogramme am Oberrhein und in

Vorarlberg. (= Menschen und Strukturen. Historisch-sozialwissenschaftliche Studien, 4). Frankfurt/M. u.a. 1989
King, Norbert: Mittelalterliche Dreikönigsspiele. Eine Grundlagenarbeit zu den lateinischen, deutschen und französischen Dreikönigsspielen und -spielszenen bis zum Ende des 16. Jahrhunderts. (= Germanistica Friburgensia, 3). Freiburg/Schweiz 1979
Kirchhoff, Hermann: Christliches Brauchtum von Advent bis Ostern. München 1984
Kirchhoff, Hermann: Christliches Brauchtum. Feste und Bräuche im Jahreskreis. München 1995
Kirschbaum, Engelbert (Begr.): Lexikon der christlichen Ikonographie (LCI). Band 1–4: Allgemeine Ikonographie; Band 5–8: Ikonographie der Heiligen. 8 Bde. Hrsg. v. Wolfgang Braunfels. Rom/Freiburg/Basel/Wien 1968–1976. Unveränd. Nachdr. 1994
Klauser, Theodor (Hrsg.): Reallexikon für Antike und Christentum. Stuttgart 1950ff
Kleeberger, K.: Das Martinsweibchen in der Pfalz. In: Oberdt. Zeitschrift für Volkskunde 6 (1932)
Klein, Diethard H.: Wetterregeln, Bauernweisheiten und alte Bräuche. Augsburg 1998
Klein, Étienne: Die Zeit. Ausführungen zum besseren Verständnis. Anregungen zum Nachdenken. Bergisch-Gladbach 1998
Kleine Bilder – Große Wirkung. Religiöse Druckgraphik des 19. Jahrhunderts. Katalog zur Ausstellung im Clemens-Sels-Museum Neuss. Neuss 1997
Kleining, G.: Das Phänomen der Gartenzwerge. In: Psychologie und Praxis 5 (1961) 118–129
Klersch, Joseph: Volkstum und Volksleben in Köln. Ein Beitrag zur Soziologie der Stadt. 2 Bde. Köln 1965, 1967
Knopf, Sabine (Hrsg.): Weihnachten im alten Kinderbuch. Zusammengestellt und mit einem Nachwort von Heinz Wegehaupt. (= Klassische kleine Kinderbibliothek, 1). Leipzig 1992.
Knörzer, Wolfgang: Wir haben seinen Stern gesehen. Verkündigung der Geburt Christi nach Lukas und Matthäus. Stuttgart 1967
Kohler, Erika: Martin Luther und der Festbrauch. (= Mittelhochdeutsche Forschungen, hrsg. v. Reinhold Olesch u.a., 17). Köln/Graz 1959
Könnecker, Barbara: Wesen und Wandlung der Narrenreiche im Zeitalter des Humanismus. Wiesbaden 1956
Koschier, Franz: Das Heiligenbluter Sternsingen. In: Lied und Brauch. (= Festschrift für Anton Anderluh zum 60. Geburtstag). Klagenfurt 1956, 113–125
Kötting, Bernhard: Vielverehrte Heilige. Traditionen, Legenden, Bilder. Münster ²1985
Kötting, Bernhard: Ecclesia peregrinans. Das Gottesvolk unterwegs. Gesammelte Aufsätze, I und II. Münster 1988
Kötting, Bernhard: Die Stellung des Konfessors in der Alten Kirche. In: Bernhard Kötting: Ecclesia peregrinans I, aaO., 122–144
Kötting, Bernhard: Die Stellung der frühen Kirche zum Militärdienst. In: Bernhard Kötting: Ecclesia peregrinans I, aaO., 245–249
Kötting, Bernhard: Christentum und heidnische Opposition in Rom am Ende des 4. Jahrhunderts. In: Bernhard Kötting: Ecclesia peregrinans I, aaO., 315–335
Kötting, Bernhard: Die religiösen Grundlagen der Volksfrömmigkeit als Quelle kirchlich-religiöser Kunst. In: Bernhard Kötting: Ecclesia peregrinans II, aaO., 9–22
Kötting, Bernhard: Heiligkeit und Heiligentypen in den ersten christlichen Jahrhunderten. In: Bernhard Kötting: Ecclesia peregrinans II, aaO., 43–60
Kötting, Bernhard: Heiligenverehrung. In: Bernhard Kötting: Ecclesia peregrinans II, aaO., 75–84
Kötting, Bernhard: Reliquienübertragungen in den ersten christlichen Jahrhunderten. In: Bernhard Kötting: Ecclesia peregrinans II, aaO., 85–89
Kötting, Bernhard: Der frühchristliche Reliquienkult und die Bestattung im Kirchengebäude. In: Bernhard Kötting: Ecclesia peregrinans II, aaO., 90–119
Kötting, Bernhard: Entwicklung der Heiligenverehrung und Geschichte der Heiligsprechung. In: Bernhard Kötting: Ecclesia peregrinans II, aaO., 120–136
Kötting, Bernhard: Die Tradition der Grabkirche. In: Bernhard Kötting: Ecclesia peregrinans II, aaO., 199–210
Kötting, Bernhard: Prinzipielles zu Wallfahrt, Heiligen- und Bilderverehrung. In: Bernhard Kötting: Ecclesia peregrinans II, aaO., 260–269
Kötting, Bernhard: Wallfahrten in den ersten christlichen Jahrhunderten In: Bernhard Kötting: Ecclesia peregrinans II, aaO., 287–302
Kolatch, Alfred J.: Jüdische Welt verstehen. Sechshundert Fragen und Antworten. Wiesbaden ²1997
Krause, Adalbert: Die Krippenkunst des steirischen Bildhauers Josef Thaddäus Stammel im Stifte Admont. Wien 1962
Krein, Daniela: Wenn wir feiern – Feste des Jahres. Wemding üb. Donauwörth 1963
Kretzenbacher, Leopold: Das Nikolausschiff. In: Blätter für Heimatkunde, 21. Graz 1951, 81–92

Kretzenbacher, Leopold: Santa Lucia und die Lutzelfrau. Volksglaube und Hochreligion im Spannungsfeld Mittel- und Südosteuropas. (= Südosteuropäische Arbeiten, 53). München 1959

Kriechbaum, E.: St. Nikolaus als Kirchenpatron in Schiffahrtsorten des Inn-Salzach-Gebietes. In: Heimatland. Burghausen 1953, 49–56

Krins, Franz: Beiträge zur Geschichte der Weihnachtskrippe in Westfalen. In: Rheinisch-Westfälische Zeitschrift für Volkskunde (1977) 279–301

Krins, Franz: Beiträge zur Geschichte der Weihnachtskrippe in Westfalen vom Anfang des 16. bis zur Mitte des 19. Jahrhunderts. In: Rheinisch-Westfälische Zeitschrift für Volkskunde (1983) 155–164

Kriss, Rudolf: Ist der volkstümliche Nikolausbrauch christlichen Ursprungs? Eine kritische Betrachtung zu: Karl Meisen »Nikolauskult und Nikolausbrauch im Abendlande«. In: Wiener Zeitschrift für Volkskunde 37 (1932) 42–51

Kruhöffer, Barbara: Weihnachtskrippen der Völker. Stolzenau 1987

Krumwiede, Hans Walter: Die Schutzherrschaft der mittelalterlichen Kirchenheiligen in Niedersachsen. In: JGNKG 58 (1960) 1–18

Krumwiede, Hans Walter u.a.: Die mittelalterlichen Kirchen- und Altarpatrozinien Niedersachsens. Göttingen 1960

Krüppel, Maria Karin: Weihnachten mit Kindern vorbereiten. Anregungen und praktische Tips. Freiburg/Basel/Wien 1976

Krüppel, Maria Karin: Ostern mit Kindern vorbereiten. Anregungen und praktische Tips. Freiburg/Basel/Wien 71990

Kügler, Hermann: Zur Geschichte der Weihnachtsfeier in Berlin. In: Niederdeutsches Jahrbuch für Volkskunde 8 (1930) 129–177

Kügler, Joachim: Die Windeln Jesu als Zeichen. Religionsgeschichtliche Anmerkungen zu SPARGANOO in Lk 2. In: Biblische Notizen 77 (1995) 20–28

Kunze, Konrad: Jacobus a (de) Voragine. In: Die deutsche Literatur des Mittelalters. Verfasserlexikon, hrsg. von Wolfgang Stammler und Karl Langosch. Bern/New York 1983, IV, 448–466

Künzig, Johannes: Die schwäbisch-alemannische Fasnet. Freiburg i.Br. 1950

Küppers, Leonhard: Martin. (= Heilige in Bild und Legende, Bd. 19). Recklinghausen 1967

Küster, Jürgen: Wörterbuch der Feste und Bräuche im Jahreslauf. Eine Einführung in den Festkalender. Freiburg i.Br. 1985

Kutter, Wilhelm: Martin und Nikolaus und ihre Begleiter in Südwestdeutschland. Eine volkskundliche Betrachtung. In: Schwäbische Heimat 11 (1960) 225–321

***Lackmann**, Max*: Verehrung der Heiligen. Versuch einer lutherischen Lehre von den Heiligen. Stuttgart 1958

Lanczkowski, Günter: Heiligkeit I (Religionsgeschichtlich). Art. in TRE 14 (1985) 695–697

Lang, Bernhard: Heiliges Spiel. Eine Geschichte des christlichen Gottesdienstes. München 1998

Lansemann, Robert: Die Heiligentage besonders die Marien-, Apostel- und Engeltage in der Reformationszeit, betrachtet im Zusammenhang der reformatorischen Anschauung von den Zeremonien, von den Festen, von den Heiligen und von den Engeln. (Diss. Theol. Münster). Göttingen 1938

Läpple, Alfred: Kleines Lexikon des christlichen Brauchtums. Augsburg 1996

Laurentin, René: Struktur und Theologie der lukanischen Kindheitsgeschichte. Stuttgart 1967

Lechner, M.-L.: Martinstag. In: LThK (1993ff) VI, 126

Legner, Anton: Reliquien in Kunst und Kult zwischen Antike und Aufklärung. Darmstadt 1995

Leibbrand, J.: Vom befleckten Leib zum »Flecklehäs«. In: Narrenfreiheit. Beiträge zur Fastnachtsforschung. (= Untersuchungen des Ludwig-Uhland-Institutes der Universität, 51). Tübingen 1980, 139–175

Lentes, Thomas: Die Gewänder der Heiligen. Ein Diskussionsbeitrag zum Verhältnis von Gebet, Bild und Imagination. In: Kerscher, Gottfried (Hrsg.): Hagiographie und Kunst, aaO., 120–151

Lilje, Hans (Hrsg.): Evangelische Weihnacht. Ein Buch von Weihnachtsglaube, Weihnachtskunst und Weihnachtssitte. Berlin 1939

Linden, Renaat van der: Ikonografie van Sint-Niklaas in Vlaanderen. Gent 1972

Linke, N.: Die Stimme Schlesiens im Weihnachtslied. In: Jahrbuch für schlesische Kirchengeschichte 72 (1993) 197ff.

Littger, Klaus Walter: Studien zum Auftreten der Heiligennamen im Rheinland. (= MMAS, 20) München 1975

Lucius, Ernst: Die Anfänge des Heiligenkults in der christlichen Kirche. Hrsg. v. Gustav Anrich. Tübingen 1904

Mack, *F.*: Evangelische Stimmen zur Fastnacht. In: Masken zwischen Spiel und Ernst. (= Volksleben, 18). Tübingen 1967, 35–49
Maier, Hans: Die christliche Zeitrechnung. Freiburg i.Br. [4]1997
Mainzer, Udo (Hrsg.): Die Wallfahrtskirche auf dem Kreuzberg in Bonn. Geschichte und Restaurierung. (= Arbeitsheft der rhein. Denkmalpflege, 35). Im Auftrag des Landschaftsverbandes Rheinland. Köln 1996
Mann, U. / Velsen, V. / Kohlmann, W.: Der Adventkranz und seine Geschichte. Hamburg 1991
Manns, Peter: Luther und die Heiligen. In: Bäumer, Remigius (Hrsg.): Reformatio Ecclesiae. Beiträge zu kirchlichen Reformbemühungen von der Alten Kirche bis zur Neuzeit. (Festschrift für Erwin Iserloh). Paderborn u.a. 1980, 535–580
Mehling, Marianne: Die schönsten Weihnachtsbräuche. München 1980
Meier-Seethaler, Carola: Von der göttlichen Löwin zum Wahrzeichen männlicher Macht. Ursprung und Wandel großer Symbole. Zürich 1993
Meisen, Karl: Die heiligen drei Könige und ihr Festtag im volkstümlichen Glauben und Brauch. Köln 1949
Meisen, Karl: St. Martin im volkstümlichen Glauben und Brauch. In: Rhein. Jahrbuch für Volkskunde 19 (1969) 42–91
Meisen, Karl: Nikolauskult und Nikolausbrauch im Abendlande. Eine kulturgeographisch-volkskundliche Untersuchung. (= Forschungen zur Volkskunde, hrsg. v. Georg Schreiber, 9–12). Düsseldorf 1931. (Reprint mit einer Einf. v. Matthias Zender und mit ergänzter Bibliographie. Düsseldorf 1981)
Mennekes, Friedhelm (Hrsg.): Die Zittauer Bibel. Bilder und Texte zum großen Fastentuch von 1472. Stuttgart 1998
Mertens, V.: Mi-Parti als Zeichen. (= Kulturgesch. Forschungen, 1). Remscheid 1983
Merzbacher, F.: Martinsrecht und Martinsbrauch im Erzstift Mainz und Hochstift Würzburg während des späten Mittelalters. In: ZSRG.K 71 (1954) 131–158
Metken, Sigrid: Sankt Nikolaus in Kunst und Volksbrauch. Duisburg 1966
Mezger, Werner: Der Ambreser Narrenteller von 1528. Ein Beitrag zur Ikonographie der spätmittelalterlichen Narrenidee. In: Zeitschrift für Volkskunde 75 (1979) 161–180
Mezger, Werner: Bemerkungen zum mittelalterlichen Narrentum. In: Narrenfreiheit. Beiträge zur Fastnachtsforschung. (= Untersuchungen des Ludwig-Uhland-Institutes der Universität Tübingen, 51). Tübingen 1980, 43–88
Mezger, Werner: Der Ambreser Narrenteller und ein Fresko auf der Churburg. In: Das Fenster (Innsbruck) 29 (1981) 2917–2926
Mezger, Werner: Ein Bildprogramm zur Narrenidee. Der Ambreser Zierteller von 1528. In: Sund, Horst (Hrsg.): Fas(t)nacht in Geschichte, Kunst und Literatur. Konstanz 1984, 81–113
Mezger, Werner u.a.: Narren, Schellen und Marotten. Elf Beiträge zur Narrenidee. (= Kulturgesch. Forschungen, 3). Remscheid [2]1984
Mezger, Werner: Der Martinstag. Brauchtum im Spannungsfeld zwischen Ökonomie und Katechese. In: Gottes Volk. Bibel und Liturgie im Leben der Gemeinde, 8. Hrsg. v. Hubert Ritt. Stuttgart 1988, 116–128
Mezger, Werner: Sankt Nikolaus zwischen Katechese, Klamauk und Kommerz. Zu den Metamorphosen eines populären Brauchkomplexes. In: Schweizerisches Archiv für Volkskunde 1 u. 2 (1990) 62–92 u. 3 u. 4 (1990) 178–210
Mezger, Werner: Narrenidee und Fastnachtsbrauch. Studien zum Fortleben des Mittelalters in der europäischen Festkultur. Konstanz 1991
Mezger, Werner: Sankt Nikolaus. Zwischen Kult und Klamauk. Zur Entstehung, Entwicklung und Veränderung der Brauchformen um einen populären Heiligen. Ostfildern 1993
Mezger, Werner: »Brenne auf mein Licht ...«. Zur Entwicklung, Funktion und Bedeutung der Brauchtumformen des Martinstages. In: Werner Groß / Wolfgang Urban (Hrsg.): Martin von Tours. Ein Heiliger Europas. Ostfildern 1997, 273–350
Mezger, Werner: Das große Buch der schwäbisch-alemannischen Fasnet. Stuttgart 1999
Minois, Georg: Geschichte der Zukunft. Orakel, Prophezeiungen, Utopien, Prognosen. Düsseldorf/Zürich 1998
Mitterwieser, Alois: Sankt Nikolaus am bayerischen Hofe. In: Bayerischer Heimatschutz 25 (1929) 87–89
Mohr, Wilhelm: Weihnachts- und Neujahrsgebäck, seine Formen und ihre Bedeutung. In: Mein Heimatland. Badische Blätter für Volkskunde. Freiburg i.Br., 15. Jg., Heft 7/8, 220–228
Moser, Bruno: Bilder, Zeichen und Gebärden. Die Welt der Symbole. München 1986
Moser, Dietz-Rüdiger: Bräuche und Feste im christlichen Jahreslauf. Brauchformen der Gegenwart in kulturgeschichtlichen Zusammenhängen. Graz/Wien/Köln 1993

Moser, Dietz-Rüdiger: »Der Narr halt die Gebot Gotes nit.« Zur Bedeutung der Elf als Narren-Zahl und zur Funktion der Zahlenallegorese im Fastnachtsbrauch. In: Werner Mezger u.a.: Narren, Schellen und Marotten. Elf Beiträge zur Narrenidee. (= Kulturgesch. Forschungen, 3). Remscheid [2]1984, 135–160

Moser, Dietz-Rüdiger: Ein Babylon der verkehrten Welt. Über Idee, System und Gestaltung der Fastnachtsbräuche. In: Sund, Horst (Hrsg.): Fas(t)nacht in Geschichte, Kunst und Literatur. Konstanz 1984, 9–57

Moser, Dietz-Rüdiger: Elf als Zahl der Narren. Zur Funktion der Zahlenallegorese im Fastnachtsbrauch. In: Jahrbuch für Volksliedforschung 28/29 (1982/83) 346–363

Moser, Dietz-Rüdiger: Fastnacht – Fasching – Karneval. Das Fest der »Verkehrten Welt«. Graz, Wien, Köln 1986

Moser, Dietz-Rüdiger: Herbergssuche in Betlehem. Zur Ursprungsfrage eines volkstümlichen Schauspiel-, Lied- und Brauchmotivs und zum Problem der Episodenreihung im späten Mittelalter. In: Schweizerisches Archiv für Volkskunde 70 (1974) 1–25

Moser, Dietz-Rüdiger: Narren – Prinzen – Jesuiten. Das Karnevalskönigreich am Collegium Germanikum in Rom und seine Parallelen. Ein Beitrag zur Geschichte der Fastnachtsbräuche. In: Zeitschrift für Volkskunde 77 (1981) 167–208

Moser, Dietz-Rüdiger: Nationalsozialistische Fastnachtsdeutung. Die Bestreitung der Christlichkeit des Fastnachtsfestes als zeitgeschichtliches Phänomen. In: Ztschr. für Volkskunde 78 (1982) 200–219

Moser, Hans: Zur Geschichte der Klöpfelnachtbräuche, ihrer Formen und ihrer Deutungen. In: Bayerisches Jahrbuch für Volkskunde 1951, 121–140.

Moser, Hans: Zur Geschichte des Sternsingens. In: Bayerischer Heimatschutz 31 (1935) 19–31

Mühlstedt, Corinna: Die christlichen Ursymbole. Wie sie entstanden, was sie bedeuten, was sie uns heute sagen. (Herder/Spektrum 4682) Freiburg i.Br. 1999

Müller, Gerhard Ludwig: Gemeinschaft und Verehrung der Heiligen. Geschichtlich-systematische Grundlegung der Hagiologie. Freiburg/Basel/Wien 1986

Müller, Helmut: Der Struwwelpeter. Der langanhaltende Erfolg und das wandlungsreiche Leben eines deutschen Bilderbuchs. In: Klassische Kinder- und Jugendbücher. Hrsg. v. Klaus Dorerer. Weinheim/Basel [2]1970, 55–97

Müller, Rüdiger / Loose, Nils Helmuth: Sankt Nikolaus. Der Heilige der Ost- und Westkirche. Freiburg/Basel/Wien 1982

Museum Heimathaus Münsterland (Hrsg.): Jesuskind und Weihnachtsmann. Krippenmuseum Telgte. Telgte 1995

***Nahmer**, Dieter von der*: Die lateinische Heiligenvita. Ein Einführung in die lateinische Hagiographie. (= Das Lateinische Mittelalter. Einführung in Gegenstand und Ergebnisse seiner Teilgebiete und Nachbarwissenschaften). Darmstadt 1994

Nersinger, Ulrich: Die Lämmerweihe am Fest der Heiligen Agnes.Von der Wolle der Lämmer zum Pallium, dem Würdezeichen des Papstes, der Patriarchen und der Metropoliten. Klosterneuburg/Wien 1995

Nersinger, Ulrich: Seligsprechungen und Heiligsprechungen heute. Eine Information. Klosterneuburg/Wien [2]1996

Neubauer, Edith: Die Magier, die Tiere und der Mantel Mariens. Über die Bedeutungsgeschichte weihnachtlicher Motive. Freiburg/Basel/Wien 1995

Neysters, Peter: Alte Bräuche wieder brauch-bar machen. Fest und Feier, Tradition und Brauchtum in der Schule. In: ru 4/1984, 139–142

Nigg, Walter: Große Heilige. Zürich 1967

Nigg, Walter / Loose, Helmuth Niels: Martin von Tours. Freiburg/Basel/Wien [2]1979

Nikolasch, Franz: Epiphanie - Liturgisch. In: LThK (1993ff) III, 720ff. (Lit.)

Nitz, Genoveva: Geburt Christi - Ikonographisch. In: LThK (1993ff) IV, 333f. (Lit.)

***Oehler**, Felicitas*: Die St.Nikolaus-Gesellschaft der Stadt Zürich. Städtische Brauchpflege im Verein. In: Schweizerisches Archiv für Volkskunde 82 (1986) 118–127

Oehler, Felicitas: Einzug des St.Nikolaus. In: Zürich und seine Feste. Hrsg. v. Paul Hugger. Zürich 1986, 142–147

Oelsner, Wolfgang / Rudolph, Rainer: Karneval ohne Maske. Köln 1987

O'Grady, Desmond: Alle Jubeljahre. Die »Heiligen Jahre« in Rom von 1300 bis 2000. Freiburg/Basel/Wien 1999

Ohloff, Günther: Irdische Düfte – Himmlische Lust. Eine Kulturgeschichte der Duftstoffe. Basel/Boston/Berlin 1992

***Pailler**, Wilhelm*: Weihnachtslieder und Krippenspiele aus Oberösterreich und Tirol. 2 Bde. Innsbruck 1881/1883

Panati, Charles: Populäres Lexikon der religiösen Gegenstände und Gebräuche. Frankfurt/M. 1998

Pastoureau, Michel: Des Teufels Tuch. Eine Kulturgeschichte der Streifen und der gestreiften Stoffe. Frankfurt a.M./New York 1995
Pelikan, Jaroslav: Maria. 2000 Jahre in Religion, Kultur und Geschichte. Aus d. Engl. v. Bernardin Schellenberger. Freiburg/Basel/Wien 1999
Pesch, Dieter: Das Martinsbrauchtum im Rheinland. Wandel und gegenwärtige Stellung. Diss. Münster 1969
Petzoldt, Leander: Nikolaus von Myra. In: LCI, Bd. 8, 45–58
Pfannenschmidt, Heino: Germanische Erntefeste. Hannover 1878
Pleticha, Heinrich (Hrsg.): Kinderlied und Kinderreim. Darmstadt 1998
Pöllath, Josef K. (Hrsg.): Hausbuch der Feste und Bräuche. München 1993
Poeschke, Joachim: Die Kirche San Francesco in Assisi und ihre Wandmalerein. München 1985
Pomplun, Kurt: Weihnachten und Neujahr im alten Berlin. Ein Beitrag zur Volkskunde der Großstadt. (= Berliner Forum, 14). Berlin 1969
Prinz, Friedrich: Frühes Mönchtum im Frankenreich. Kultur und Gesellschaft in Gallien, den Rheinlanden und Bayern am Beispiel der monastischen Entwicklung (4.–8. Jh.). München [2]1988
Prinz, Friedrich: Der heilige Martin von Tours. Heiliger in heilloser Zeit. In: Nichtweiß, Barbara (Hrsg.): Säulen der Mainzer Kirche im ersten Jahrtausend. Martinus, Bonifatius, Hrabanus Maurus, Willigis. (= Mainzer Perspektiven aus der Geschichte des Bistums, 3). Mainz 1998, 9–23

Reinsberg-*Düringsfeld, Otto Freiherr von*: Das festliche Jahr in Sitten, Gebräuchen, Aberglauben und Festen. Leipzig 1898. (Reprint Leipzig o.J.)
Riedl, Johannes: Die Vorgeschichte Jesu. Stuttgart 1968
Riemerschmidt, Ulrich: Weihnachten, Kult und Brauch – einst und jetzt. Hamburg 1962
Rietschel, Christian: Die Weihnachtskrippe. Berlin 1973
Rietschel, Georg: Weihnachten in Kirche, Kunst und Volksleben. Sammlung illustrierter Monographien. Hrsg. in Verbindung mit anderen von Hanns von Zobeltitz. Bielefeld/Leipzig 1902
Rivinius, K.J.: Ars moriendi. Die Kunst heilsamen Sterbens. In: ThG 39 (1996) 82–93
Röhrich, Lutz: Adam und Eva. Das erste Menschenpaar in Volkskunst und Volksdichtung. Stuttgart 1968
Röhrich, Lutz. Lexikon der sprichwörtlichen Redensraten. 5 Bde. Freiburg/Basel/Wien 1999
Roller, H.-U.: Der Nürnberger Schembartlauf. Studien zum Fest- und Maskenwesen des späten Mittelalters. (= Volksleben, 11). Tübingen 1965
Rotter, Fritz: Weihnachten einst und jetzt. München 1968
Rüenauver, Hubert: Leben verstehen und darstellen. Über den Zusammenhang von Brauchtum und Symbolerschließung. In: ru 4/1984, 134–137
Rühl, E.: Flecklesmo, Fleckeles, Fleckle, Fleckleshex und Flecklesdieb. In: Bayer. Jahrbuch für Volkskunde 1952, 91–94
Ruland, Josef: Weihnachten in Deutschland. Bonn 1978

Salmon, *Pierre*: Mitra und Stab. Die Pontifikalinsignien im Römischen Ritus. Mainz 1960
Sartori, Paul: Sitte und Brauch. 3 Bde. Leizpig 1912ff
Sartori, Paul: Westfälische Volkskunde. Leipzig 1922
Sauermann, Dietmar: Neuzeitliche Formen des Martinsbrauches in Westfalen. In: RwZVk 14 (1967) 42–67
Sauermann, Dietmar: Westfälische Martinslieder nach den Sammlungen des ADV. In: RwZVk 16 (1969)
Sauermann, Dietmar: Martinslied. In: Handbuch des Volksliedes, 1. München 1973, 391–417
Sauermann, Dietmar: Das Dreikönigssingen in Westfalen. In: Rheinisch-Westfälische Zeitschrift für Volkskunde 23 (1978) 264–283
Sauermann, Dietmar (Hrsg.): Weihnachten in Westfalen um 1900. Münster 1979
Schatz, W.: Studien zur Geschichte und Vorstellungswelt des frühen abendländischen Mönchtums (Diss.). Freiburg i.Br. 1957
Schladoth, Paul: Die Bedeutung von Festen und Bräuchen im menschlichen Leben. In: ru 4/1984, 130–134
Schmiedl, Hausa: Heiligenbluter Sternsingerlieder. In: Lied und Brauch. Festschrift für Anton Anderluh zum 60. Geburtstag. Klagenfurt 1956, 107–112
Schmidt, Heinrich und Margarethe: Die vergessene Bildersprache christlicher Kunst. Ein Führer zum Verständnis der Tier-, Engel- und Mariensymbolik. München [5]1995
Schmidt, L.: Die Martinisegen der burgenländischen Hirten. In: Burgenländische Heimatblätter 17 (1955)
Schmitt, Jean-Claude: Heidenspaß und Höllenangst. Aberglauben im Mittelalter. Frankfurt a.M./New York 1994
Schneider, Camille: Der Weihnachtsbaum und seine Heimat, das Elsaß. Stuttgart 1929. (Reprint: Dornach/Schweiz [3]1977)
Schnitzler, Theodor: Kirchenjahr und Brauchtum neu entdeckt. In Stichworten, Übersichten und Bildern. Freiburg/Basel/ Wien [2]1977

Schönfeldt, Sybill Gräfin: Das große Ravensburger Buch der Feste und Bräuche. Durch das Jahr und den Lebenslauf. Ravensburg [9]1993
Schönfeldt, Sybill Gräfin: 2000 Jahre Weihnachten. Freiburg/Basel/Wien 1998
Schulz, Frieder: Heilige/Heiligenverehrung VII (Die protestantischen Kirchen). Art. in TRE 14 (1985) 664–672
Schulz, H.-J.: Marienfeste. In: LThK (1962ff) VII, 65ff. (Lit.)
Schumacher, Hans-Joachim: Die Welt der Narren im Wandel der Zeit. Kitzingen 1992
Schumann, O.: Die Urfassung des Nikolaus-Spiels von der drei Jungfrauen. In: Zeitschrift für romanische Philologie 62 (1942) 386–390
Schwedt, Herbert: St. Martin, vorwärts reitend. Zur Transformation und Diffusion eines Brauchkomplexes. In: Albrecht Lehmann / Andreas Kuntz (Hrsg.): Sichtweisen der Volkskunde. (= Lebensformen, 3). Berlin/Hamburg 1988, 257–266
Schweitzer, Albert: Geschichte der Leben-Jesu-Forschung. München/Hamburg 1966
Simrock, Karl: Martinslieder, hin und wieder in Deutschland gesungen, von Alten und Jungen [...] durch Anserinum Genserich. Bonn 1846
Siuts, H.: Die Ansingelieder zu den Kalenderfesten. Göttingen 1967
Söding, Beatrize: Drei Könige – Ikonographie. In: LThK (1993ff) III, 367 (Lit.)
Söding, Thomas: Epiphanie – Religionsgeschichtlich. In: LThK (1993ff) III, 719f (Lit.)
Soetendorp, Jakob: Symbolik der jüdischen Religion. Sitte und Brauchtum im jüdischen Leben. Gütersloh 1963
Spamer, Adolf: Weihnachten in alter und neuer Zeit. Jena 1937
Städtisches Museum Schloß Rheydt (Hrsg.): Alle Jahre wieder – Weihnachten bei Arm und Reich. Buchillustrationen aus der Arbeitsbibliothek Annemarie Verweyen. Eine Ausstellung im Städt. Museum Schloß Rheydt vom 14. November 1993 bis 30. Januar 1994. Mönchengladbach 1993. Ausstellungskatalog
Stammler, Wolfgang / Langosch, Karl: Die deutsche Literatur des Mittelalters. Verfasserlexikon. 2. neu bearb. Aufl. Hrsg. v. Kurt Ruh u.a. Berlin/New York 1978ff
Stille, Eva / Pfistermeier, Ursula: Christbaumschmuck. Ein Buch für Sammler und Liebhaber alter Dinge. Nürnberg [2]1985
Stille, Eva: Christbaumschmuck des 20. Jahrhunderts. Kunst, Kitsch und Kuriositäten. München 1993
Storm, Theodor: Unter dem Tannenbaum. In: Cotta'sche Gesamtausgabe, Bd. 2. Stuttgart 1958, 7–28
Strobel, August: Ursprung und Geschichte des frühchristlichen Osterkalenders. (Ost-)Berlin 1977
Sund, Horst (Hrsg.): Fas(t)nacht in Geschichte, Kunst und Literatur. Konstanz 1984
Sydow, Carl W. von: Lucia und Christkindlein. In: Volkskundliche Studien. Berlin/Leipzig 1930, 71–76

***Tendlau**, Abraham*: Jüdische Sprichwörter und Redensarten. Frankfurt 1860 (Neuauflage Köln 1998)
Thieberger, Friedrich: Jüdisches Fest, Jüdischer Brauch. Berlin 1936 (Neudruck Berlin 1967)
Thiede, Werner: Das verheißene Lachen. Humor in theologischer Perspektive. Göttingen 1986
Thull, Martin: Martin von Tours. Aschaffenburg 1985
Thull, Martin: Mein Buch vom Heiligen Martin. Aschaffenburg 1991
Tille, Alexander: Die Geschichte der deutschen Weihnacht. Leipzig 1893
Tolksdorf, Ulrich: Essen und Trinken im Weihnachtsfestkreis. In: Ruland, Josef (Hrsg.): Weihnachten in Deutschland. Bonn 1978, 123–142
Torsy, Jakob: Der große Namenstagskalender. 3720 Namen und 1560 Lebensbeschreibungen der Heiligen und Namenspatrone. Hrsg. u. bearb. v. Hans-Joachim Kracht. Freiburg/Basel/Wien, NA [3]1998
Tremblau, Sophie: Neusser Bräuche in dunkler Jahreszeit. In: Almanach für den Kreis Neuss 1987, 10–18. Neuss 1987
Trümpy, Hans: Weihnachtsgrün und Kerzen auf Gräbern. In: Schweizer Volkskunde 67 (1977), 95–98
Tschizewskij, D.: Der heilige Nikolaus. Recklinghausen 1957

***Underhill**, James*: Engel. Hanau 1994
Urban, Wolfgang: Der Heilige am Throne Christi – Die Darstellung des heiligen Martin im Überblick von der Spätantike bis zur Gegenwart. In: Groß, Werner / Urban, Wolfgang (Hrsg.): Martin von Tours. Ein Heiliger Europas. Ostfildern 1997, 193–272
Usener, Hermann: Das Weihnachtsfest. Religionsgeschichtliche Untersuchungen. Bonn [3]1968
Uytfanghe, Marc van: Heiligenverehrung II (Hagiographie). In RAC 14 (1988), Sp. 150–183

***Veit**, Ludwig Andreas*: Volksfrommes Brauchtum und Kirche im deutschen Mittelalter. Ein Durchblick. Freiburg i.Br. 1936
Verweyen, Annemarie / Göbel, Karin: Weihnachten im Bilderbuch. (= Kleine Schriften der Freunde des Museums für deutsche Volkskunde, 10). Berlin 1987

Viebig, Clara: Zint Mäten in Düsseldorf. Gedicht. In: St.Martin. Werkheft zum St. Martinsfest, hrsg. v. der »Vereinigung der Freunde des Martinsfestes«. Düsseldorf 1965. (Erstdruck in: Clara Viebig: Die Wacht am Rhein. Berlin 1933)
Vögtle, Anton: Messias und Gottessohn. Düsseldorf 1971
Völker, Christoph: Aus dem religiösen Volksleben im Fürstbistum Paderborn während des 17. und 18. Jahrhunderts. Paderborn 1937
Vossen, Carl: Sankt Martin. Sein Leben und Fortwirken in Gesinnung, Brauchtum und Kunst. Düsseldorf [3]1986
Vossen, Rüdiger: Weihnachtsbräuche in aller Welt. Weihnachtszeit – Wendezeit – Martini bis Lichtmeß. (= Wegweiser zur Völkerkunde, 33). Hamburg [3]1991

***Währen**, M.*: Der Königskuchen und sein Fest. Ein uralter Brauch in Gegenwart und glanzvoller Vergangenheit. Bern 1958
Walch-Paul, Doris: Geburt Christi – In der Literatur. In: LThK (1993ff) IV, 332f. (Lit.)
Walter, Rudolf (Hrsg.): Laß dir Zeit. Entdeckungen durch Langsamkeit und Ruhe. Freiburg/Basel/Wien [4]1998
Walz, Markus: Weihnachtskrippen im Kölner Raum. Verbreitungsgeschichte – Funktionszuweisungen – Gestaltung. In: Rheinisches Archiv, 120. Köln/Wien 1988
Walzer, Albert: Liebeskutsche, Reitersmann, Nikolaus und Kinderbringer. Volkstümlicher Bilderschatz auf Gebäckmodeln in der Graphik und Keramik. Konstanz/Stuttgart 1963
Weber-Kellermann, Ingeborg: Das Buch der Weihnachtslieder. 151 Deutsche Advents- und Weihnachtslieder. Kulturgeschichte, Noten, Texte, Bilder. Mit Klavier- und Orgel-Begleitung. Musikal. Bearb. v. Hilger Schallehn. Mainz/London/New York/Tokyo 1982
Weber-Kellermann, Ingeborg: Das Weihnachtsfest. Eine Kultur- und Sozialgeschichte der Weihnachtszeit. München 1987
Weber-Kellermann, Ingeborg: Weihnachtslieder. Kulturgeschichte, Noten, Texte. (= Goldmann-TB 33058). München 1982
Weinhold, Gertrud: Freude der Völker. Weihnachtskrippen und Zeichen der Christgeburt in aller Welt. München 1984
Weiss, Richard: Die Frage der Kontinuität des Nikolausbrauches im nachreformatorischen Zürich. In: Archivalia et Historica. Arbeiten aus dem Gebiet der Geschichte und des Archivwesens, Festschrift für Anton Largiardèr. Hrsg. v. Dietrich Schwarz u. Werner Schnyder. Zürich 1958, 245–260
Wetter, Herbert: Heischebrauch und Dreikönigsumzug im deutschen Raum. (Phil. Diss. Greifswald). Wiesbaden 1933
Whitrow, G.J.: Die Erfindung der Zeit. Hamburg 1991
Wienand, Adam (Hrsg.): Die Heiligen Drei Könige, heilsgeschichtlich, kunsthistorisch. Das religiöse Brauchtum. Köln 1973
Wink, H. G.: St. Nikolaus, Episcopus, Thaumaturgos. In: Rhein. Vierteljahrsblätter 2 (1932) 317ff
Wolf, Gunther (Hrsg.): Kaiserin Theophanu. Prinzessin aus der Fremde – des Westreichs Große Kaiserin. Köln/Weimar/Wien 1991
Wolfram, Richard: Christentum und heidnische Überlieferung am deutschen Volksbrauch. Eine Betrachtung zu dem Buche »Nikolauskult und Nikolausbrauch im Abendlande« (1931) von Karl Meisen. In: Volk und Rasse 7 (1932) 127–179
Worschech, Reinhard: Fränkische Bräuche zur Weihnachtszeit, von Martini bis Lichtmeß. Würzburg 1978
Wrede, Adam: Rheinische Volkskunde. Leipzig 1919
Wrede, Adam: Nikolaus. In: HDAG, Bd. 6. Berlin/Leipzig 1934/1935, Sp. 1086–1107

Zender, *Matthias*: Der Brauch am Martinstage als Beispiel räumlicher Differenzierung. In: Ethnologia Europaea 4 (1970) 222–228
Zenetti, Lothar: Das Jesuskind. Verehrung und Darstellung. München 1987
Ziegler, Matthes: Deutsche Volkskunde im Schrifttum. Ein Leitfaden für die Schulungs- und Erziehungsarbeit der NSDAP. Hrsg. von der Arbeitsgemeinschaft für Deutsche Volkskunde. Berlin 1938
Zimmermann, Alfons Maria: Jacobus a Voragine. In: LThK (1993ff) V, 849–850
Zobel, Moritz: Das Jahr der Juden in Brauch und Liturgie. Berlin 1936

Abkürzungen

HDAG Bächtold-Stäubli, H.: Handwörterbuch des deutschen Aberglaubens. Berlin/Leipzig 1934/35
LCI Lexikon der christlichen Ikonographie. 8 Bde. Begr. v. Engelbert Kirschbaum. Hrsg. v. Wolfgang Braunfels. Unveränd. Nachdruck. Freiburg i.Br. 1994
LThK Lexikon für Theologie und Kirche. Hrsg. v. Walter Kapser u.a. 3. vollst. neu bearb. Aufl. 1993ff
MMAS Münstersche Mittelalter-Schriften. München 1970ff
NA Neuausgabe
NF Neue Folge
PEK Pressedienst des Erzbistums Köln
QFG.NF Quellen und Forschungen aus dem Gebiet der Geschichte. Hrsg. v. der Görres-Gesellschaft. Paderborn 1892, Neue Folge
RAC Reallexikon für Antike und Christentum. Hrsg. v. Th. Klauser u.a., Stuttgart 1941 (1950)ff., Suppl.-Lfg. 1ff. Stuttgart 1985ff
RHEF Revue d'histoire de l'église de France. Paris 1910ff
ru Zeitschrift für die Praxis des Religionsunterrichts. Stuttgart 1974ff
RwZVk Rheinisch-Westfälische Zeitschrift für Volkskunde. Bonn und Münster
ThG Theologie der Gegenwart (Zeitschrift)
TRE Theologische Realenzyklopädie. Hrsg. v. G. Krause / G. Müller. Berlin/New York 1976ff
WS Westfalia Sacra, Quellen und Forschungen zur Kirchengeschichte Westfalens, Hrsg. v. H. Börsting u. A. Schröer, Bd. 1ff. Münster 1948
ZAM Zeitschrift für Aszese und Mystik. (Innsbruck/München) Würzburg 1926ff
ZSRG.K Zeitschrift der Savigny-Stiftung für Rechtsgeschichte. Kanonistische Abteilung. Weimar

Bildmotive im Innenteil

Bei einigen Motiven ist es uns leider nicht gelungen, die Adressen von Urhebern oder Archiven ausfindig zu machen.